普通高等教育“十一五”国家级规划教材

教育部全国普通高等学校优秀教材（一等奖）

新编21世纪法学系列教材

总主编　曾宪义　王利明

中国法律史

第七版

主　编　曾宪义　赵晓耕

副主编　夏锦文

The Legal History of China

撰稿人（以撰写章节先后为序）

曾宪义　赵晓耕　高仰光　李　力

肖洪泳　朱　腾　崔永东　刘晓林

范忠信　丁相顺　夏锦文　肖周录

刘盈辛

中国人民大学出版社

·北京·

编审委员会

内容简介

本书以中国法律史研究传统体例为纲，以历史时序为经，以每一王朝的法律思想、立法概况、主要法律制度为纬，对以中华法系为代表的中国传统法律文化进行了系统的论述。在具体编时，力求做到思想与制度相关、典籍与事例互证、重点与特点突出，内容涉及自夏商至中华人民共和国成立后的中国法律历史发展进程，呼应了当代中国法律史研究的基本框架体系。本书编订追求文本的可读性、知识性和实用性，强调章目重点，设置延展阅读，辅以相关案例、图片和课后深度阅读、思考题、应试试题。

全书脉络清晰、内容丰富、用语准确、论述简明，为读者提供了翔实的法律史素材，阐述了传统中国法律文化的思维模式。

通过对传统中国法律文化的基本原理、基本知识和典型案例的学习讨论，把握中国法律史的基本理念、概念和原理，读者可以获取更多的参考信息和思考空间，能够正确理解和有效运用法学与史学知识，取精用宏、融会贯通地分析中国传统法治理论问题，重述与反思中国法治建设与法制转型中所延续的中国传统法律理念，探寻中国当今法制改革中的中国法治脉络。

主编简介

曾宪义 男，1936—2011，中国人民大学法学院一级教授、博士研究生导师、法学院名誉院长、法律史博士学位点建立人，中国人民大学法律文化研究中心主任，任中国人民大学法学院院长、国务院学位委员会学科评议组成员、教育部全国高等学校法学学科教学指导委员会主任委员、全国法律硕士专业学位研究生教育指导委员会第一副主任委员、全国博士后管理委员会法学与教育学专家组召集人、最高人民检察院专家咨询委员、中国法律史学会第四届理事会会长。

赵晓耕 男，1960年生，法学博士，中国人民大学法学院教授、博士研究生导师。兼任“马克思主义理论研究和建设工程教材”《中国法制史》首席专家；中国人民大学台湾法律问题研究所所长、中国人民大学刑事法律科学研究中心刑法史研究所所长、中国人民大学法律文化研究中心副主任；中国法律史学会常务理事、执行会长（第八、九届），中国法律史学会老庄与法律文化分会会长；中国法学会法治文化研究会副会长。

总　序

曾宪義

在人类文明与文化的发展中，中华民族曾作出过伟大的贡献，不仅最早开启了世界东方文明的大门，而且对人类法治、法学及法学教育的生成与发展进行了积极的探索与光辉的实践。

在我们祖先生存繁衍的土地上，自从摆脱动物生活、开始用双手去进行创造性的劳动、用人类特有的灵性去思考以后，我们人类在不断改造客观世界、创造辉煌的物质文明的同时，也在不断地探索人类的主观世界，逐渐形成了哲学思想、伦理道德、宗教信仰、风俗习惯等一系列维系道德人心、维持一定社会秩序的精神规范，更创造了博大精深、义理精微的法律制度。应该说，在人类所创造的诸种精神文化成果中，法律制度是一种极为奇特的社会现象。因为作为一项人类的精神成果，法律制度往往集中而突出地反映了人类在认识自身、调节社会、谋求发展的各个重要进程中的思想和行动。法律是现实社会的调节器，是人民权利的保障书，是通过国家的强制力来确认人的不同社会地位的有力杠杆，它来源于现实生活，而且真实地反映现实的要求。因而透过一个国家、一个民族、一个时代的法律制度，我们可以清楚地观察到当时人们关于人、社会、人与人的关系、社会组织以及哲学、宗教等诸多方面的思想与观点。同时，法律是一种具有国家强制力、约束力的社会规范，它以一种最明确的方式，对当时社会成员的言论或行动作出规范与要求，因而也清楚地反映了人类在各个历史发展阶段中对于不同的人所作出的种种具体要求和限制。因此，从法律制度的发展变迁中，同样可以看到人类自身不断发展、不断完善的历史轨迹。人类社会几千年的国家文明发展历史已经无可争辩地证明，法律制度乃是维系社会、调整各种社会关系、保持社会稳定的重要的工具。同时，法律制度的不断完善，也是人类社会文明进步的显著体现。

由于发展路径的不同、文化背景的差异，东方社会与西方世界对于法律的意义、底蕴的理解、阐释存有很大的差异，但是，在各自的发展过程中，都曾比较注重法律的制定与完善。中国古代虽然被看成是“礼治”的社会、“人治”的世界，被认为是“只有刑，没有法”的时代，但从《法经》到《唐律疏议》、《大清律例》等数十部优秀成文法典的存在，充分说明了成文制定法在中国古代社会中的突出地位，唯这些成文法制所体现出的精神旨趣与现代法律文明有较大不同而已。时至20世纪初叶，随着西风东渐、东西文化交流加快，中国社会开始由古代的、传统的社会体制向近现代文明过渡，建立健全的、符合现代理性精神的法律文明体系方成为现代社会的共识。正因为如此，近代以来的数百年间，在西方、东方各主要国家里，伴随着社会变革的潮起潮落，法律改革运动也一直呈方兴未艾之势。

从历史上看，法律的文明、进步，取决于诸多的社会因素。东西方法律发展的历史均充分证明，推动法律文明进步的动力，是现实的社会生活，是政治、经济和社会文化的变迁；同时，法律内容、法律技术的发展，往往依赖于一大批法律专家以及更多的受过法律教育的社会成员的研究和推动。从这个角度看，法学教育、法学研究的发展，对于法律文明的发展进步，也有着异常重要的意义。正因为如此，法学教育和法学研究在现代国家的国民教育体系和科学研究体系中，开始占有越来越重要的位置。

中国近代意义上的法学教育和法学研究，肇始于19世纪末的晚清时代。清光绪二十一年（公元1895年）开办的天津中西学堂，首次开设法科并招收学生，虽然规模较小，但仍可以视为中国最早的近代法学教育机构（天津中西学堂后改名为北洋大学，又发展为天津大学）。三年后，中国近代著名的思想家、有"维新骄子"之称的梁启超先生即在湖南《湘报》上发表题为《论中国宜讲求法律之学》的文章，用他惯有的富有感染力的激情文字，呼唤国人重视法学，发明法学，讲求法学。梁先生是清代末年一位开风气之先的思想巨子，在他的辉煌的学术生涯中，法学并非其专攻，但他仍以敏锐的眼光，预见到了新世纪中国法学研究和法学教育的发展。数年以后，清廷在内外压力之下，被迫宣布实施"新政"，推动变法修律。以修订法律大臣沈家本为代表的一批有识之士，在近十年的变法修律过程中，在大量翻译西方法学著作，引进西方法律观念，有限度地改造中国传统的法律体制的同时，也开始推动中国早期的法学教育和法学研究。20世纪初，中国最早设立的三所大学——北洋大学、京师大学堂、山西大学堂均设有法科或法律学科目，以期"端正方向，培养通才"。1906年，应修订法律大臣沈家本、伍廷芳等人的奏请，清政府在京师正式设立中国第一所专门的法政教育机构——京师法律学堂。次年，另一所法政学堂——直属清政府学部的京师法政学堂也正式招生。这些大学法科及法律、法政学堂的设立，应该是中国历史上近代意义上的正规专门法学教育的滥觞。

自清末以来，中国的法学教育作为法律事业的一个重要组成部分，随着中国社会的曲折发展，经历了极不平坦的发展历程。在20世纪的大部分时间里，中国社会一直充斥着各种矛盾和斗争。在外敌入侵、民族危亡的沉重压力之下，中国人民为寻找适合中国国情的发展道路而花费了无穷的心力，付出过沉重的代价。从客观上看，长期的社会骚动和频繁的政治变迁曾给中国的法治与法学带来过极大的消极影响。直至70年代末期，以"文化大革命"宣告结束为标志，中国社会开始用理性的目光重新审视中国的过去，规划国家和社会的未来，中国由此进入长期稳定、和平发展的大好时期，以这种大的社会环境为背景，中国的法学教育也获得了前所未有的发展机遇。

从宏观上看，实行改革开放以来，经过二十多年的努力，中国的法学教育事业所取得的成就是辉煌的。首先，经过"解放思想，实事求是"思想解放运动的洗礼，在中国法学界迅速清除了极左思潮及苏联法学模式的一些消极影响，根据本国国情建设社会主义法治国家已经成为国家民族的共识，这为中国法学教育和法学研究的发展奠定了稳固的思想基础。其次，随着法学禁区的不断被打破、法学研究的逐步深入，一个较为完善的法学学科体系已经建立起来。理论法学、部门法学各学科基本形成了比较系统和成熟的理论体系和学术框架，一些随着法学研究逐渐深入而出现的法学子学科、法学边缘学科也渐次成型。1997年，国家教育主管部门和教育部高校法学学科教学指导委员会对原有专业目录进行了又一次大幅度调整，决定自1999年起法学类本科只设一个单一的法学专业，按照一个专业招生，从而使法学学科的布局更加科学和合理。同时，在充分论证的基础上，确定了法学专业本科教学的14门核心课程，加上其他必修、选修课程的配合，由此形成了一个传统与更新并重、能够适应国家和社会发展需要的教学体系。法学硕士和博士研究生及法律硕士专业学位研究生的专业设置、课程教学和培养体系也日臻完善。最后，法学教育的规模迅速扩大，层次日趋齐全，结构日臻合理。目前中国有六百余所普通高等院校设置了法律院系或法律本科专业，在校本科学生和研究生已达二十余万人。除本科生外，在一些全国知名的法律院校，法学硕士研究生、法律硕士专业学位研究生、法学博士研究生已经逐步成为培养的重点。

众所周知，法律的进步、法治的完善，是一项综合性的社会工程。一方面，现实社会关系的发展，国家政治、经济和社会生活的变化，为法律的进步、变迁提供动力，提供社会的土壤。另一方面，法学教育、法学研究的发展，直接推动法律进步的进程。同时，全民法律意识、法律素质的提高，则是实现法治国理想的关键的、决定性的因素。在社会发展、法学教育、法学研究等几个攸关法律进步的重要环节中，法学教育无疑处于核心的、基础的地位。中国法学教育过去二十多年所走过的历程令人激动，所取得的成就也足资我们自豪。随着国家的发展、社会的进步，在21世纪，我们面临着更严峻的挑战和更灿烂的前景。“建设世界一流法学教育”，任重道远。

首先，法律是建立在经济基础之上的上层建筑，以法治为研究对象的法学也就成为一门实践性很强的学科。社会生活的发展变化，势必要对法学教育、法学研究不断提出新的要求。经过二十多年的奋斗，中国改革开放的前期目标已顺利实现。但随着改革开放的逐步深入，国家和社会的一些深层次问题，比如说社会主义市场经济秩序的真正建立、国有企业制度的改革、政治体制的完善、全民道德价值的重建、环境保护和自然资源的合理利用等等，也已经开始浮现出来。这些复杂问题的解决，无疑最终都会归结到法律制度的完善上来。建立一套完善、合理的法律制度，构建理想的和谐社会，乃一项持久而庞大的社会工程，需要全民族的智慧和努力。其中的基础性工作，如理论的论证、框架的设计、具体规范的拟订、法律实施中的纠偏等等，则有赖于法学研究的不断深入，以及高素质人才特别是法律人才的养成，而培养法律人才的任务，则是法学教育的直接责任。

其次，21世纪是一个多元化的世纪。20世纪中叶发生的信息技术革命，正在极大地改变着我们的世界。现代科学技术，特别是计算机网络信息技术的发展，使传统的生活方式、思想观念发生了根本的改变，并由此引发许多人类从未面对过的问题。就法学教育而言，在21世纪所要面临的，不仅是教学内容、研究对象的多元化问题，而且还有培养对象、培养目标的多元化、教学方式的多元化等一系列问题，这些问题都需要法学界去思考、去探索。

中国人民大学法学院建立于1950年，是新中国诞生后创办的第一所正规高等法学教育机构。在半个多世纪的岁月中，中国人民大学法学院以其雄厚的学术力量、严谨求实的学风、高水平的教学质量以及丰硕的学术研究成果，在全国法学教育领域处于领先地位，并开始跻身于世界著名法学院之林。据初步统计，中国人民大学法学院已经为国家培养法学专业本科生、硕士生、博士生一万余人，培养各类成人法科学生三十余万人。经过多年的努力，中国人民大学法学院形成了较为明显的学术优势，在现职教师中，既有一批资深望重、在国内外享有盛誉的法学前辈，更有一大批在改革开放后成长起来的优秀中青年法学家。这些老中青法学专家多年来在勤奋研究法学理论的同时，也积极投身于国家的立法、司法实践，对国家法制建设贡献良多。

有鉴于此，中国人民大学法学院与中国人民大学出版社经过研究协商，决定结合中国人民大学法学院的学术优势和中国人民大学出版社的出版力量，出版一套“21 世纪法学系列教材”。自 1998 年开始编写出版本科教材，包括按照教育部所确定的法学专业核心课程和其所颁布印发的《全国高等学校法学专业核心课程基本要求》而编写的 14 门核心课程教材，也包括法学各领域、各新兴学科教材及教学参考书和案例分析在内，到 2000 年 12 月 3 日在人民大会堂大礼堂召开举世瞩目的“21 世纪世界百所著名大学法学院院长论坛暨中国人民大学法学院成立五十周年庆祝大会”之时，业已出版了 50 本作为 50 周年院庆献礼，到现在总共出版了 80 本。为了进一步适应高等法学教育发展的形势和教学改革的需要，最近中国人民大学法学院与中国人民大学出版社决定将这套教材扩大为四个系列，即“本科生用书”、“法学研究生用书”、“法律硕士研究生用书”以及“司法考试用书”，总数将达二百多本。我们设想，本套教材的编写，将更加注意“高水准”与“适用性”的合理结合。首先，本套教材将由中国人民大学法学院具有全国影响的各学科的学术带头人领衔，约请全国高校优秀学者参加，形成学术实力强大的编写阵容。同时，在编写教材时，将注意吸收中国法学研究的最新的学术成果，注意国际学术发展的最新动向，力求使教材内容能够站在 21 世纪的学术前沿，反映各学科成熟的理论，体现中国法学的水平。其次，本套教材在编写时，将针对新时期学生特点，将思想性、学术性、新颖性、可读性有机结合起来，注意运用典型生动的案例、简明流畅的语言去阐释法律理论与法律制度。

我们期望并且相信，经过组织者、编写者、出版者的共同努力，这套法学教材将以其质量效应、规模效应，力求成为奉献给新世纪的精品教材，我们诚挚地祈望得到方家和广大读者的教正。

2006 年 7 月 1 日

序　言

法学教育是高等教育的重要组成部分，是建设社会主义法治国家、构建社会主义和谐社会的重要基础，并居于先导性的战略地位。在我国社会转型的新世纪、新阶段，法学教育不仅要为建设高素质的法律职业共同体服务，而且要面向全社会培养大批治理国家、管理社会、发展经济的高层次法律人才。近年来，法学教育取得了长足的进步，法科数量增长很快，教育质量稳步提高，培养层次日渐完善，目前已经形成了涵盖本科生、第二学士学位生、法学硕士研究生、法律硕士研究生、法学博士研究生的完整的法学人才培养体系，接受法科教育已经成为莘莘学子的优先选择之一。随着中国法治事业的迅速发展，我们有理由相信，中国法学教育的事业大有可为，中国法学教育的前途充满光明。

教育的基本功能在于育人，在于塑造德才兼备的高素质人才。法学教育的宗旨并非培养只会机械适用法律的“工匠”，而承载着培养追求正义、知法懂法、忠于法律、廉洁自律的法律人的任务。要完成法学教育的使命，首先必须认真抓好教材建设。我始终认为，教材是实现教育功能的重要工具和媒介，法学教材不仅仅是法学知识传承的载体，而且是规范教学内容、提高教学质量的关键，对法学教育的发展有着不可估量的作用。

第一，法学教材是传授法学基本知识的工具。初学法律，既要有好的老师，又要有好的教材。正如冯友兰先生所言：“学哲学的目的，是使人作为人能够成为人，而不是成为某种人。其他的学习（不是学哲学）是使人能够成为某种人，即有一定职业的人。”一套好的教材，能够高屋建瓴地展示法律的体系，能够准确简明地阐释法律的逻辑，能够深入浅出地叙述法律的精要，能够生动贴切地表达深奥的法理。所以，法学教材是学生学习法律的向导，是学生步入法律殿堂的阶梯。如果在入门之初教材就有偏颇之处，就可能误人子弟，学生日后还要花费大量时间与精力来修正已经形成的错误观念。

第二，法学教材是传播法律价值理念的载体。好的法学教材不仅要传授法学知识，更要传播法律的精神和法治的理念，例如对公平、正义的追求，尊重权利的观念。本科生、研究生阶段的青年学子，正处在人生观、价值观形成的阶段，一套优秀的法学教材，对于他们价值观的塑造和健全人格的培养具有重要意义。

第三，法学教材是形成职业共同体的主要条件。建设社会主义法治国家，有赖于法律职业共同体的生成。一套好的法学教材，向法律研习者传授共同的知识，这对于培养一个接受共同的价值理念、共同的法律思维、共同的话语体系的法律共同体，具有重要的作用。

第四，法学教材是所有法律研习者的良师益友。没有好的教材，一个好的教师或可弥补教材的欠缺和不足，但对那些没有老师指导的自学者而言，教材就是老师，其重要作用是显而易见的。

长期以来，在我们的评价体系中，教材并没有获得应有的注重，对学术成果的形式优先考虑的往往是专著而非教材。在不少人的观念中，教材与创新、与学术精品甚至与学术无缘。其实，要真正写出一部好的教材，其难度之大、工作之艰辛、影响之深远，绝不低于一部优秀的专著，它甚至可以成为在几百年甚至更长的时间内发挥作用的传世之作。以查士丁尼的《法学阶梯》为例，所谓法学阶梯，即法学入门之义，就是一部教材。但它概括了罗马法的精髓，千百年来，一直是人们研习罗马法最基本的著述。日本著名学者我妻荣说过，大学教授有两大任务：一是写出自己熟悉的专业及学术领域的讲义乃至教科书；二是选择自己最有兴趣、最看重的题目，集中精力进行终生的研究。实际上，这两者是相辅相成的。写出一部好教材，必须要对相关领域形成一个完整的知识体系，还要能以深入浅出的语言将问题讲清楚、讲明白。没有编写教材的基本功，实际上也很难写出优秀的专著。当然，也只有对每一个专题都有一定研究，才能形成对这个学术领域的完整把握。

虽然近几年我国法学教育发展迅速，成绩显著，但是法学教育也面临许多挑战。各个学校的师资队伍和教学质量参差不齐，这就更需要推出更多的结构严谨、内容全面、角度各有侧重、能够适应不同需求的法学教材，为提高法学教学和人才培养质量、保障法学教育健康发展提供前提条件。

长期以来，中国人民大学法学院始终高度重视教材建设。作为新中国成立后建立的第一所正规的法学教育机构，中国人民大学法律系最早开设了社会主义法学教学课堂，编写了第一套社会主义法学讲义，培养了新中国第一批法学本科生和各学科的硕士生、博士生，产生了新中国最早的一批法学家和法律工作者。中国人民大学法律系因此被誉为“新中国法学教育的工作母机”。半个多世纪以来，中国人民大学法学院为社会主义法制建设培养了大批优秀的法律人才，并为法学事业的振兴和繁荣作出了卓越贡献，也因此成为引领中国法学教育的重镇、凝聚国内法律人才的平台和沟通中外法学交流的窗口，并在世界知名法学院行列中崭露头角。为了对中国法学教育事业作出更大的贡献，我们有义务也有责任出版一套体现我们最新研究成果的法学教材。

承蒙中国人民大学出版社的大力支持，我们组织编写了本套教材，其中包括本科生用书、法律硕士研究生用书、法学研究生用书和司法考试用书四大系列，分别面向不同层次法科教育需求。编写人员以中国人民大学法学院教师为主，反映了中国人民大学法学院整体的研究实力和学术视野。相信本套教材的出版，一定能够为新时期法学教育的繁荣发展发挥应有的作用。

是为序。

2006年7月10日

第七版修订说明

为配合法学专业核心课程名称的变更，2020年第六版更名为《中国法律史》，并相应调整了内容与体例。本书第六版出版以后，得到了广大读者一如既往的关注和支持。

为了进一步提升本书的质量，我们在基本保持第六版体例的基础上，结合出版社以及专家和读者的建议，将本书中的某些内容和观点予以修正，对某些表述和用词加以修订，并核实了引文和注释，以使读者能更加准确地理解本书的内容。

本次修订由主编赵晓耕教授负责统稿和审订，中国人民大学法律史博士研究生阮致远协助完成了相关具体编辑事项。

由于水平所限，疏误之处在所难免，敬请广大读者在使用本书的同时，给予我们批评指正，为本书质量的不断提高提供帮助，以使本书不负广大读者的期望。

编　者

2023年1月

初版编写说明

《中国法制史》一书是中国人民大学“21世纪法学系列教材”之一。我们在总结以往教材编写经验的基础上，结合教育部新颁行的《全国高等学校法学专业核心课程教学基本要求》的规定，编写完成了此书。

本书以历史时序为经，以每一王朝的法律思想、立法概况、主要法律制度为纬，对以中华法系为代表的中国传统法律文化进行了系统的论述。在具体编写时，力求做到思想与制度相关、典籍与事例互证、重点与特点突出。全书约38万字，分为总论及15章，内容涉及自夏商至中华人民共和国成立前的中国法律历史发展进程。

本书可供法律专业本科、专科学生和爱好中国法律史的读者选用与参考。

本书由曾宪义担任主编，郑定、赵晓耕任副主编；参加撰写的有（以姓氏笔画为序）：田小梅、李力、肖周录、郑定、赵晓耕、夏锦文、崔永东、曾宪义。

因水平所限，本书不足之处在所难免，希望读者不吝赐教，以便再版时修正。

编　者

2000年10月

目　录

中　编

下 编

总　论

法律制度是一个国家在一定时期内的物质生活条件的综合反映，是对当时社会生活的整体折射。在人类历史上，不同地域、不同时代、不同民族的国家和政府在自身存续和发展过程中，都曾自觉不自觉地把自己的民族精神和最鲜明的价值观熔铸到法律制度之中，由此形成了人类社会色彩斑斓的不同法律文化体系。这些风采各异的法律文化系统，是人类历史的重要组成部分，也是每一代人留给后人的宝贵遗产和精神财富。

中国是世界四大文明古国（古埃及、古印度、古巴比伦、中国）之一。在中国，按最保守的说法，法律发展的历史也有四千多年。如果以国家的形成作为文明起步的标志的话，中国古代的文明起码可以追溯到公元前 21 世纪的夏王朝。考古学、历史学的资料都充分证明，距今已有四千多年的夏王朝已是国家的既定形态，也就是说，在公元前 21 世纪夏王朝建立时，中国已经正式形成了国家。在此之前，当然还有国家形成的漫长过程。因为从原始社会过渡到国家政权，是一个极为漫长的社会进化过程。在 20 世纪 80 年代，我国考古工作者在辽宁西部陆续发掘出原始社会末期的石砌祭坛遗址以及著名的赤峰红山文化遗址，出土的文物资料证明，距今六千多年以前，在中华大地上已经出现了国家文明的雏形。从世界历史上看，我们中华文明还有一个特点，也是足资我们自豪的优点，就是中华文明不仅历史悠久、内容博大精深，而且一直没有中断过。世界四大文明古国中的古巴比伦、古埃及、古印度，虽然都曾经辉煌过，但后来都遭受了外来文化的侵略，国家多次灭亡，原来的古老文化也未能独立、完整地保存下来。古巴比伦文化已是踪影全无，古埃及、古印度文化现在也是面目全非。只有在中华大地上孕育生长的中国文化，数千年来一直薪火相传，连绵不绝。在中国历史上，也曾多次发生外族入侵，由周边少数民族统治中原的情况，比如南北朝时期的北魏鲜卑政权、元朝蒙古政权以及清代满族政权，但结果都是入侵的少数民族文化很快被博大精深的中国汉文化所同化、包容，最终汇入中华大文化的主流之中。在几千年发展过程中，中国文化一直保持着发展的连续性和主体的纯洁性，成为东方文化的主流，与西方文明并存于世界。在世界历史上，这是独一无二的奇特文化现象，也是我们作为中国人的骄傲。

以公元前 21 世纪夏王朝建立为起点，中国古代法制伴随着国家的发达而开始了不断积累、不断发展的辉煌历程。在夏、商、西周三代漫长的时间里，在不成文的习惯法占据主导地位的同时，中国早期的成文的制定法的种子也在孕育之中。到春秋中期以后，具有成文法系基本特征的中国传统法制开始迅猛发展。经过几千年的积累与回旋，中国古代的法律体制，也就是我们通常所说的“中国传统法律制度”，从早期的幼稚、粗略的简单法条，发展成了体系完整、内容全面、风格特异、义理精深的庞大的法律体系。就立法而言，自秦汉至明清数千年间，各朝各代，各全国性主要政权，以及一些有影响的局部政治集团，在其建立之初几乎无一例外地都制定过大而全的基本法典，以为国家法制的基础，并作为“祖宗成宪”而垂范后世。除基本法典以外，还先后出现过令、格、式、科、比、典、敕、例等多种多样的法律形式，作为成文法典的补充，全面规范和调节各方面的社会关系。所以说，就立法规模之宏大、立法内容之丰富、法律形式之多样而言，中国古代法制在整个世界古代史上都是首屈一指的。除辉煌的立法成就以外，中国古代的司法体制也有极富特色的一面。在夏商以后，伴随着国家机构的不断发展，我国古代的司法体制、诉讼制度也逐渐臻于完善。从秦代开始，一套从中央到地方的完整司法体制，以及一系列具有中国古代特色的审判制度就已经建立起来，并在汉、魏晋以后得到进一步的充实和完善。从整体上看，在中国传统社会的鼎盛时期，我们的立法技术、司法体制，国家统治层运用法律的艺术，以及整体法制水平，都达到了相当高的程度。特别值得提出的是，在长期发展演变的过程中，由于儒家学说与实际政治的相互作用，一系列富于浓郁东方农耕社会特色的道德价值观念逐渐被渗透到中国传统法律之中，由此形成了一系列具有中国特色的法律制度和规范，塑造了一种富有特色的“伦理法”性格。

从历史上看，自夏商以来，中国的法律制度由简略的习惯法状态，发展成为充满哲理思维的成文法体系，由充满浓郁古代特色的早期法制，发展到近现代世界通行的法律模式，其间的演变递嬗，当然不能仅用朝代的更替、政权的变更来简单地解释。从某种意义上说，中国法律史的每一次变迁和转折，都代表和反映着我们这个民族在不同历史阶段中对社会、人生，以及人与人关系等根本性问题所作出的思考和选择。而研究中国历史上法律制度、法律文化的发展变迁，从法律的角度去理解和阐释我们的祖先遗留的精神财富，正是法律史学科的基本任务。

1978 年改革开放至今，通过对中国社会发展与国情民意的深层思考和理论凝练，形成了以习近平法治思想为代表的中国特色社会主义法治理论体系。习近平法治思想既立足于中华民族从古至今延绵不断的治理智慧和文化土壤，又注重与新时代的具体法治实践相结合，为法治建设续写了新的篇章。

一、“中国法律史”的内涵

关于本学科的定名，既与其研究范围和对象有关，也有其发展历程。自清末继受西方实施近代法学教育以来，法政科就开设了介绍中国历代刑律和法制的课程。民国时期的法科教育中，也列有“中国法制史”的科目，“中国法制史”成为学界一种惯用的说法。从课程设置而言，至迟 20 世纪 30 年代，就有“中国法制史”和“中国法律思想史”的区分。改革开放后，学科的教学研究逐步恢复，课程设置仍沿用了二者的划分。1997 年，国家教育委员会确定“中国法制史”为全国法学学科本科生 14 门必修的核心课程之一，“中国法律思想史”则是法学本科专业的选修课程。仅从课程名称而言，“法制史”的表达往往容易被理解为仅以“法律制度”为研究对象的“制度史”，“法律思想史”则是仅以“法律思想”为研究对象的“思想史”。

一方面，“法律制度”与“法律思想”虽然侧重点有所不同，但是在研究中是紧密相连的两个部分，这种划分易让人忽视思想与制度之间的必然联系。而“法律史”的名称能够较为全面地涵盖“法制史”和“法律思想史”两个分支学科，更有助于从整体上理解特定时期的法律特征。另一方面，2018年教育部发布的《法学类教学质量国家标准》，将“中国法律史”列为法学专业10门核心必修课程之一，核心课程名称的变化，客观上也推动了本教材名称的改变。① 基于以上两点考虑，本教材采用“中国法律史”的名称，既能体现学科的发展趋势，亦有助于重视把握思想意识与规范制度之间的互动，体现了本教材的编写特色。

如果仔细推敲，我们可以发现，“中国法律史”一词一般在两种意义上使用：第一，作为一个历史概念，它是比较抽象的，指的是在中国历史上曾经存在过的法律制度、法律思想乃至法律文化，是一种在过去时空中存在过的东西，人们现在无法去直接感受，只能通过历史文献、文物古迹等去间接地了解它。在这个意义上，“中国法律史”同“中国历史上的政治”“中国历史上的经济”“中国历史上的科技”一样，指的是“中国历史上的法律”。第二，作为一个学科概念，“中国法律史”指的是研究、介绍和传播中国历史上法律制度、法律文化的一门独立学科，即“中国法律史学”。作为社会科学中的独立学科，中国法律史学有一个与法学其他学科明显不同的地方，也可以说是中国法律史学的特点：它是一门涉及历史学和法学的交叉科学。也就是说，中国法律史学既是中国历史学的一个分支，一门专史，同时又是法学领域中的一门重要基础学科。所以，我们学习、研究中国法律史有双重的难度：一方面要有历史学的基本功底，另一方面还需要有法学的基本知识。所以相比较而言，法律史学是一门更需要扎实基本功、需要花更多工夫去钻研的学问。

从总体上看，中国法律史是一门以辩证唯物论和历史唯物论等基本原理为指导，以法律制度为主线，综合研究中国数千年法律制度、法律文化的发展、演变的学科。

中国法律史学研究的范围和对象非常广泛。从时间和地域的角度上看，中国法律史的研究范围应包括自中国法形成至研究者所处的年代期间，在中国地域中出现的各种类型的法律制度、法律思想和法律文化；除中国历史上各个时期全国性政权的法制情况外，一些在局部地区统治过较长时间的政治实体所建立的法律制度，对于立法、司法起到重要影响的法律思想、历史人物等，也应被包括在研究的范围内。从内容上看，中国法律史的研究对象应该包括以下几个方面。

（1）中国各个历史时期的立法活动及立法成果，包括立法体制、立法活动、立法根据、立法技术以及由此而产生的各种形式的法律规范。一些非经国家机关正式制定，而曾在社会现实生活中起实际调节作用的习惯、判例，以及调节家族、乡里关系的家法族规、乡规民约等，也是中国法律史应该研究的内容。这些静态的规范，是研究中国历史上法律制度发展演变的基本依据。

（2）中国各个历史时期的司法状况，包括各种类型政权的司法机关、司法体制、诉讼制度、诉讼原则、狱政管理、具体的司法活动，以及与司法密切相关的司法设施如监狱、配所、公堂等。历史上司法活动中所产生的有典型意义和重要影响的案例，也应该是研究中国法律史的重要资料。

---

① 为了尊重历史，对于2018年以前的内容，本教材仍用“法制史”指称本学科，2018年之后改称“法律史”。

（3）中国各个历史时期内各种类型政权的宏观法制状况，包括宏观立法情况、立法与司法的联系、法律的执行情况、法制的整体社会效益等等。

（4）对中国各个历史时期法律制度产生过重要影响的哲学思想、政治法律思想和学说，特别是一些与具体法律制度的形成、发展、演变密切相关的学说与思想，也应是中国法律史着重研究、探讨的问题。只有综合特定时期的政治、经济、思想文化等各方面因素，才能对各个时期法律现象、法律文化的演变、内容有更为深刻的理解和分析。

（5）中国各个历史时期内社会各个阶层的价值观念、风俗习惯以及宗教等文化传统。这些内容是全面、深入地研究和了解历史上的法律制度所不能回避的问题。

二、中国四千年法制发展概述

中国传统的法律制度，是中国传统文化的一个重要组成部分，经过几千年的发展和积累，不仅形成了严谨的体系、广博的内容，也形成了和其他文化圈中法律制度迥然不同的风格、特色，在世界法律史上占有重要的位置。当然，中国法制历史上下几千年，朝代不断更替，政权屡经变更，所以，从宏观上观察，各个时期法制的内容、特色也各有不同。按照发展的阶段及风格特色等粗略的标准，中国法制的历史大致可以分为早期法制、春秋以后的古代法制和近现代法制三个大的部分。

（一）中国早期法制

中国早期法制，一般是指夏、商、西周时期的法制，在时间上包括自公元前 21 世纪到公元前 770 年这一历史阶段。中国早期法制的突出特点是，以习惯法为基本形态，法律是不公开、不成文的。

在中国早期法制中，夏、商是奠基时期。自公元前 21 世纪夏启建立夏王朝开始，夏王朝前后存在了约五百年时间。在此期间，中国早期的刑罚制度、监狱制度都有了一定的发展。商朝在取代夏王朝以后也维持了将近五百年。在继承夏王朝法制经验的基础上，商王朝在罪名、刑罚以及司法诉讼制度等方面取得了长足进展。20 世纪初出土的甲骨文资料证明，商代的刑法及诉讼体制已经粗具规模。

中国早期法制的鼎盛时期是在西周。在中国历史上，西周是一个十分重要的历史阶段。在西周政权存续的五个多世纪里，中国传统的统治方式、治国策略以及一些基本的政治制度已经初步形成，作为传统文化基石的哲学思想、伦理道德观念等思想文化因素也都在此时发端。从法制上看，西周法制的形式和内容都达到了早期法制的顶峰。在西周时期所形成的“以德配天、明德慎罚”的法制指导思想，“老幼犯罪减免刑罚”“区分故意和过失”等法律原则，以及“刑罚世轻世重”的刑事政策，都是当时具有世界最高水平的法律制度，对中国后世的法制也产生了重要的影响。所以，西周法律制度是中国法律史课程学习的重点之一。

（二）春秋以后的古代法制

春秋以后的古代法制，一般是指春秋以后至鸦片战争以前中国各主要王朝的法律制度，在时间上包括自公元前 770 年至公元 1840 年这两千余年的法制历史。从春秋以后，中国开始有了向全社会公布的成文法，从此，中国的法制开始由原来的不公开、不成文的状态，过渡到以成文法为主体的状态。在从春秋到清朝后期这两千多年中，无论是法律理论、立法技术、法制规模，还是法律内容、司法体制等各个方面，都有了巨大的发展进步。我们通常所说的“中国传统法律文化”“中国传统法律制度”，其主体就是在这一时期形成、发展和成熟的。根据法制发展状况以及在整个法制传承中所起的作用，我们可以把这一漫长的历史时期划分为以下几个发展阶段。

（1）春秋战国时期。这是由早期习惯法向成文法转变的重要阶段。春秋战国是中国历史上著名的大动荡、大变革的时代。中国的许多文化精华都出自这个时期。在这种大动荡、大变革的社会背景下，西周以前那种法制不合理的状况被打破。以成文法为主体的新的法律体制开始建立起来。从春秋中期开始，在一些主要的诸侯国中，开始了一场制定、公布成文法的运动。其中，战国初年魏国李悝制定的《法经》，就是这场成文法运动的最突出的成果。另外，在整个中国古代社会中对政治法律制度影响最大的两大学术流派——儒家和法家的主要的政治法律思想，也都在这一时期内形成。

（2）秦汉时期。这是中国古代成文法法律体系全面确立的时期，在时间上，包括自公元前221年至公元220年这段历史时期。公元前221年，秦始皇统一中国，建立了中国历史上第一个以中央集权为特征的统一的帝制王朝，确立了以后几千年中国传统政治格局和社会治理模式。在指导思想上，秦代奉行的是法家学派的“法治”“重刑”等理论，而且在实践中贯彻得比较彻底，秦代的法律制度很自然地带有明显的法家色彩。在中国历史上，战国时代和秦代是法家学派最活跃的时期，而法家理论得到完整的实践，也主要是在战国时代的秦国及稍后建立的秦王朝。所以，从整个中国法律史上看，秦代法制的特色是极为鲜明的。自云梦睡虎地秦墓竹简出土以后，许多以前鲜为人知的秦代法制得以重现于世。从这些珍贵文物资料中可以看出，秦代的法治观念极深，法律制度也很严密。

在秦代以后的两汉（西汉、东汉）时期，中国古代法制在秦代法制的基础上进一步发展。从总体上看，汉代的法律制度呈现出阶段性的特点。也就是说，汉代的法律制度，从风格上可以分为前、后两个时期。前期是指在汉武帝“罢黜百家，独尊儒术”以前，主要是“汉承秦制”，就是在秦代留下的法律框架上作有限的局部改造，形成了一套与秦代法制并无太大差别的法律体制；后期则是指在“罢黜百家，独尊儒术”以后，在指导思想上接受儒家的理论，儒学成为官方的、正统的政治理论，从此，汉代的法律制度在理论、制度上开始“儒家化”。经过“儒家化”以后的法律制度，在许多方面均不同于秦代及汉初的“法家化”的法律制度。而且，汉代以后的中国古代法制，都是沿着汉代“儒家化”的方向逐步发展的。所以，汉代的法制在中国法律史上也具有重要地位。

（3）三国两晋南北朝时期。这是中国传统法制迅速发展的阶段。三国两晋南北朝时期是中国历史上第二次大动荡的时代，在时间上，包括自公元220年曹魏立国到公元589年隋文帝统一这段历史时期。在这段时间里，虽然政权快速变更，局势持续动荡，但法制仍然在动荡的年代里得到了巨大的发展。首先，立法技术不断提高，法律理论也有明显发展。其次，具体法律制度的“儒家化”得到加强。一些重要的制度，比如“八议”“官当”“重罪十条”等已经上升为成熟的法律条文。这一时期法制的发展与进步，为隋唐之际中国古代法制走向成熟奠定了重要基础。

（4）隋唐时期。这是中国传统法制的成熟、定型阶段，在时间上，包括从公元581年隋朝建立到公元960年北宋建立以前。隋唐之际是中国古代社会的鼎盛时期。从夏王朝以后，经过近三千年的积累，中国古代社会的各个组成部分都已经成熟，各种社会体制也进入了相对和谐的阶段。所以，唐代的政治、经济、文化各个方面都达到了中国古代的顶峰。这个时期的法律制度也是如此。由于有几千年的立法、司法经验作基础，隋唐的立法技术得到进一步提高，以《唐律疏议》为代表的优秀法典相继问世。在法律内容上，汉代中期开始的法律"儒家化"过程，持续了八百余年，到隋唐时期终于结出了丰硕的果实，以《唐律疏议》的制定完成为标志，中国古代道德与法律的融合过程，也就是通常所说的"礼法结合"的过程基本完成，儒家学派的一些基本主张被精巧地纳入成文法典之中，中国传统社会的"法律道德化，道德法律化"的特征，在隋唐法律中得到了充分的体现。同时，经过几千年的实践探索，中国古代的司法体制、诉讼制度也在此时达到了很高的水平。

应该特别提出的是，以《唐律疏议》为代表的唐代法制，达到了中国古代法制的最高水平。《唐律疏议》也就成为中国古代法制、中华法系的代表作，在中国法制史和世界法制史上都具有重要地位。所以，唐朝法制、《唐律疏议》很自然成为学习中国法制史的一个重点。

（5）宋元明清时期。这是中国古代法制走向专制的时期，在时间上，包括自公元960年到公元1840年鸦片战争以前这段历史时期。在宋代以后，中国的社会制度包括法律制度在隋唐所确立的基本框架内，仍得到了很大的发展。在宋、明、清时期，基本法典仍是国家法制的基础，国家法律的基本精神、主体框架仍然由《宋刑统》《大明律》《大清律例》等基本法典确定。但是，"敕""例"等法律形式，在司法实践中却发挥着实际而具体的调节作用。在传统社会后期，"律"规定着大原则，而"敕""例"则从各方面进行补充和小幅度的修正。作为大原则的"律"相对稳定，较少修改，而起实际作用的"例"等附属立法，则因时因地频繁修订，此所谓"律垂邦法为不易之常经，例准民情在制宜以善用"。这种立法上的变化说明，在经过了几千年的积累以后，到中国传统社会后期，统治者已经能够更加娴熟地运用各种法律形式和手段来调节社会。同时，从唐朝"安史之乱"以后，中国古代社会开始由盛而衰，一些传统社会体制所固有的矛盾不断激化，导致整个社会体制开始扭曲。随着皇权不断被强化，中国传统法制中维护皇权、加强专制等特质也越来越突出地显现出来。宋代的编敕、明代的廷杖和特务统治等，都是这方面的具体反映。此外，元代和清代的带有民族歧视性的和适用于少数民族地区的法律，也是这一时期法律制度的一个特点。

（三）近现代法制

中国法律史的第三大部分，是近现代法制。从公元1840年鸦片战争以后，中国社会开始遭受西方列强的一连串的侵略和欺凌。在内忧外患之际，中国社会也开始了艰难的转变。从法律上看，这种转变的突出特征是，存在了数千年的中国传统法律体制、法律观念开始瓦解，而近现代意义上的法律制度开始在中国土地上艰难地生长。一般来说，中国近现代的法制变迁，大致也可以分为以下几个阶段。

（1）清末变法时期。在中国，习惯上把1840年鸦片战争至1911年清王朝灭亡这段时间称为"清末"。鸦片战争以后，中国由一个主权独立的国家，沦为一个"半殖民地社会"。在这段历史时期内，虽然清朝政府表面上继续维持着对中国大部分地域的统治，但在一些沿海地区、通商口岸，实际上无法行使国家领土主权（如在香港）或行政司法管辖权（如在华领事裁判权的存在）。西方列强在华领事裁判权的确立，就是中国社会半殖民地化的一个法律表现。同时，在1840年以后，特别是在清政府存在的最后10年（1901年至1911年）中，清政府被迫进行了范围广泛的法制变革，大量引进了西方近现代法律学说与法律制度，对清代原有法制进行了一定程度的改造。从此中国的法制踏上了近代化之路。

清末法制变革是中国法制发展史上一个重大的转折点，从这时候开始，中国由古代法律体制向近代法律体制过渡。所以，清末变法这一部分也应该是学习、研究中国法律史的重点之一。

（2）南京临时政府时期。1911年10月，中国爆发了著名的辛亥革命，1912年1月1日，中华民国南京临时政府宣告成立。在以孙中山为核心的革命党人的领导下，南京临时政府在很短的时间内进行了一系列立法创制活动，初步奠定了民国时期法制的基础。

（3）北洋政府时期。1912年3月，袁世凯篡夺了民国政权，在北京建立了由北洋军阀控制的民国北京政府，人们习惯上称之为"北洋政府"。为应付各种需要，"北洋政府"也曾进行了一些立法活动。这些立法，在客观上为之后南京国民政府的法制建设提供了一定的有利条件。

（4）南京国民政府时期。从1927年到1949年，是国民党建立的南京国民政府统治时期。南京国民政府建立以后，也曾进行了广泛的立法，颁布了大量的法律、法令以及判例解释例，形成了"六法体系"。但国民党政权的法律制度带有明显的双重性特点，在立法上比较完善，但在司法上极为黑暗。

（5）革命根据地时期。在通常的中国法律史体系中，1921年以后中国共产党在各个革命根据地所创建的法律制度，以及新中国成立以后的法制发展，也是其重要的组成部分。其中，新民主主义革命时期，中国共产党在各个革命根据地创造性地进行了一系列立法建制活动，取得了丰硕的法制成果，同时也留下了一些深刻的教训。

（四）中华法系的演变及基本特征

在学术界，"法系"是一个经常出现的名词。特别是在中国法律史领域，中华法系更是一个基本的概念。从学术的角度讲，中华法系涉及许多理论问题。围绕中华法系的内涵、性质、形成、基本特征，中华法系到底消亡了没有等焦点问题，学术界也曾有过争论。不过，对于中华法系，学术界还是形成了许多一致的看法。

1. 法系及中华法系的概念

"法系"是学术界经常使用的一个概念，但并不是一个严谨的法律术语，而是一个约定俗成的学术概念。在对不同国家间的法律体制进行比较时，学术界习惯将在一国或一种法律体制影响下建立起来的具有共同特征的多国法律群体称为"××法系"。

一般来说，构成一个法系必须具备两个方面的条件：第一是必须有一个风格独特、特征明显、体系完整的母法系统，也就是说，首先应该有一个与众不同，而且对外发生过影响的主体法律体系；第二是必须有若干个接受这个母法系统影响、具有与母法系统相同特征的子法系统，也就是说，必须有其他国家来仿效这个母法系统，在母法的影响下建立起有共同特征的法律体制。单有一个母法系统，但在实际上并没有产生子法系统的，就难以称为一个法系。一般认为，世界历史上曾存在过五大法系，这就是大陆法系（也称成文法系）、英美法系（也称普通法系）、中华法系、伊斯兰法系、印度法系。

中华法系是指以中国古代法律制度为母法，在东亚、东南亚早期国家之间形成的一个影响广泛的法系。中华法系的母法系统，就是经数千年积累而成的中国古代法律制度。中华法系的子法系统，主要有同时期的日本、朝鲜、越南等仿效中国古代法律制度而建立起来的法律体系。

2. 中华法系的形成及基本特征

作为中华法系的母法，中国古代法律制度有一个漫长的发展过程。从夏商以后，中国的法律制度即随着社会的发展而不断充实、积累和进步，到唐代的时候，已经达到了成熟的程度。唐代的法律制度，基本精神已经铸就，主要制度已经成熟，风格也已经基本形成，所以我们可以说，中华法系的母法在唐代时已经完全成熟。同时，从唐代以后，中国对日本、朝鲜等周边国家的影响逐步加深，作为中国文化重要组成部分的法律制度、法律文化，也随之传播到了周边国家，东南亚地区先后建立了若干个以中国法为样板的法律体系，至此，中华法系正式形成。所以可以说，中华法系作为一个完整的法系，形成于唐代。

关于中华法系的特征，从不同的角度去观察，会有不同结论。比如：从立法和法典结构上看，可以说"诸法合体，民刑不分"是一个重要特征；从司法体制上观察，可以说"行政兼理司法"也是一个明显特征。所以，关于这个问题，学术界一直存在着不同的表达。我们认为，如果是总结中华法系最基本的特点，也就是说，要找出别的法系没有的或是别的国家不突出的地方的话，那么中华法系最基本的特点应该说就是"礼法结合"。"礼法结合"，是指在中华法系的法律制度中，中国传统的伦理道德规范与法律规范完全融为一体，法律的评判标准与道德的评判标准完全一致。这种倾向，在中华法系的法律制度中有许许多多的表现。比如，中国古代法所规定的"亲属相容隐"制度、"存留养亲"制度，以及关于亲属间相互侵犯的各种规定，都是非常明显的例子。"亲属相容隐"制度自汉代时已经被规定在法律之中，这个制度要求在一定范围内的亲属之间，犯了罪要相互隐瞒，不得向官府告发。对于不顾亲属间的恩义而告发的人，法律规定了极重的刑罚。在唐代以后的法律制度中，子女控告父母者，要处以绞刑。"存留养亲"制度也是一个很特别的制度。按魏晋以后的法律制度规定，凡是独生子犯斗殴杀人，家中父母年老有病，又别无其他男丁的，可以向朝廷申请免其死罪，在施加一定处罚后让其回家孝养其父母。这些都是中华法系制度法律制度的特异之处。"礼法结合"的特点，在涉及亲属关系的法律中表现得最为集中和突出。

3. 中华法系的解体

这也是一个有争议的问题。一般认为，中华法系是一个以中国古代法律制度为主体的法系。所以，在中国进入近现代社会以后，中华法系的躯体已经解体和消亡。从法系的角度来看，在日本明治维新以后，中华法系的外围，即子法系统开始解体。在清末变法过程中，中华法系的主体，即中国数千年相传的古代法律制度受到西方近现代法律制度、法律观念的强力冲击，也开始走向解体。但是，虽然中国古代法律制度的躯体已经消亡，但其几千年传下来的精神，却远远没有消失。在距清末变法一个多世纪的今天，在中华文化圈中，人们的思想观念、法律意识仍然不时受到传统法律制度的影响。

三、中国法律史学科的发展

从学科意义上看，我们可以说，中国法制史既古老，又年轻。说它古老，是指中国法制史研究的内容是古老的。因为中国法制史研究的是中国几千年以来的法律制度、法律文化，所以说是相当古老的了。说它年轻，指的是作为一门独立的学科，作为近现代社会科学领域的一个分支，中国法制史学又是相当年轻的。因为仅仅是在 20 世纪初，作为社会科学中一门独立学科的中国法制史学科才开始设立。

(一) 前学科的法制史研究

在中国，我们一直有研究历史、尊崇历史的传统。从历史中总结、领悟治乱兴衰之道，进而体会社会和人生，是中国古代最尊崇的学问。所以在中国古代历史学是一种包含政治理论、人际伦理和学术思想等许多内容的主体性学术。研究前代法制，总结前代的政治、法制的得与失，也是每个王朝建立以后的一项重要工作。所以，研究法制历史在中国也是有悠久的历史和渊源的。孔子曾说："殷因于夏礼，其损益可知也。"(《论语·为政》)可见，在中国国家和法形成的初期，研究、吸收前代的礼乐刑罚制度就已成为一项重要的工作。西周穆王时"作吕刑"，战国李悝著《法经》，汉代萧何"次律令"，都是在总结前人法制经验的基础上完成的。东汉班固修《汉书》，首次专设"刑法志"，集中总结一代法制的沿革变迁。自此以后像二十四史等大多数官修正史中，都有此设，成为官修史书中保存前代法制史料最为集中者。隋唐以后，各朝均设有国史馆或翰林院，组成官方的史学研究、编写机构，系统地研究前代的典章制度，并记述本朝的政治、法制活动。唐、宋、明、清几部重要的官修类书，如《艺文类聚》《太平御览》《册府元龟》《古今图书集成》等鸿篇巨制中，都有刑法或刑罚制度一目。历代官方正史中积累了中国法制发展的正面史料。除参加官方组织的研究活动以外，清代以前士大夫个人将研究的兴趣一度集中在前人法制之上的，也是大有人在。从滔滔雄辩的先秦诸子，到"务在深文"的汉代刀笔吏，从以诗赋见长的白居易、范仲淹，到南宋理学大师朱熹，都留下了不少对法律、法制的评价和见解。至于邓析以降，像汉朝的郑玄、马融、郭氏家族，魏晋时期的张斐、杜预等个人或家族从事律学研究的，更是代有其人。从宏观上看，如果说在明朝以前，对法制史的研究仍属于历史学的附庸的话，那么从明朝开始，专门有意义地从事法制史研究的学者已经出现。明人雷梦麟的《读律琐言》、清人薛允升的《唐明律合编》、郝懿行的《补宋书刑法志》等著作说明，在清代以后对于历史上法律制度的研究已有专业化的趋向。在清代末年，修律大臣沈家本，第一次全面而系统地对中国自传说中唐虞时代直至明代几千年间的立法、司法各个方面进行了研究和总结。沈家本对中国法制史的全面系统的研究，是对近代学科形成以前的中国法制史研究的最后总结。所以，在中国法制史学科发展史上，沈家本毫无疑问是一个承前启后的重要先驱者。

从整体上看，在清末沈家本以前，对法制史的研究作为历史学的一个组成部分，在几千年中伴随着古代法制的发展而不断积累，为后人留下了极为丰富的历史资料，其功绩和作用是十分明显的。但是，作为一种非学科性的研究，其缺陷也是显而易见的。首先，其缺乏科学的理论和体系。在一些具体时代和具体制度、具体问题上，研究可能是充实的，但从整个中国法制史沿革发展上看，这些研究是支离破碎的。其次，大部分研究成果仅是一些史料的堆砌，很少有理论性的综合分析。同时，随着社会的发展和时间的推移，绝大部分研究成果不可避免地成了后来的研究对象。

（二）近代中国法制史学科的初步形成与发展

20 世纪的头二十年，是中国社会新旧交替、脱胎换骨的重要历史时期。在当时所谓“欧风美雨”环境下，中国传统的学术理论、结构和研究方法都在西学东渐的潮流中悄悄发生着变化。1919 年爆发的伟大的五四运动，一方面在“民主”的旗帜下对中国传统的政治制度和社会观念作出了全面的否定，另一方面则在“科学”的旗帜下对中国数千年相传的学术体系、学术思想进行了彻底的清算。以此为契机，西方社会比较先进的学科分类方法、科学研究体系和研究方法不断传入中国，促使中国开始了教育和文化的现代适应过程，包括中国法制史在内的一些现代社会科学，正是在这种文化的洪流中形成、产生的。

在 1906 年前后，“中国法制史”作为一种含义广泛的学科名称逐渐为中国学者所接受。到了 20 世纪 20 年代，中国的法学教育工作逐渐形成体系，全国性的法律专科高等院校渐渐建立起来，中国法制史作为法学领域的一门基本课程的地位也随之确立。随着法制史教学的开展、普及，关于中国法制史的学术研究也逐渐趋于深化。如果说 20 年代初中国法制史学尚处于形成阶段的话，那么从 1925 年至 1945 年的 20 年，乃是新中国成立前中国法制史研究成果较为丰富、学科发展较为迅速的时期。在此期间，一些优秀的法制史学者，如程树德、杨鸿烈、陈顾远、徐朝阳、丘汉平等先后撰写了一大批重要的法制史著作和论文。可以说，到 1945 年，中国法制史学科的体系已基本形成，整个学科的学术研究也已经达到相当的水准。

在中国法制史学科发展史上，1900 年至 1945 年的近半个世纪中，中国法制史研究的成绩和贡献都是很突出的。首先，在这个时期法制史学者初步建立了比较完整的学科体系，大致确立了中国法制史的研究范围和主要的研究对象。其次，学者对本学科的一些重要理论问题进行了比较深入的探讨，比如说关于中国古代法律制度的特征，中国古代文化与古代法律制度的关系，中华法系的形成、特征及其将来，中国法制的起源等理论性问题，在当时的学术研究中都有涉及。最后，学者积累、整理了大量的法制史研究资料。这一时期的法制史研究成果，普遍以史料丰富见长，有的著作甚至是专门的史料汇辑。应该说，程树德、丘汉平等前辈学者对于中国法制史资料的搜集、整理、鉴别和运用，对于今天的法制史研究仍有重要的借鉴和使用价值。

当然，在学科发展的初级阶段，1949 年以前半个世纪的中国法制史研究，也有一些地方不尽如人意：首先，从研究的辐射面来看，这个阶段研究所及，重点在法制通史，而在法制通史中，又以汉、唐、明等重要朝代较为详备，其他时期则相对较为薄弱。其次，从研究的方法上看，其虽以史料丰富见长，但另一方面却欠缺理论性的分析。最后，从当时的一些有代表性的论著上看，传统的“国粹主义”等思想观念不同程度地存在于研究者的头脑中。另外，在当时的政治环境下，学术研究往往被打上了很深的政治印记。

（三）新中国法制史学科的曲折发展

1949 年取得全面胜利的中国革命，是中国历史上最深刻的社会变革。这次社会巨变不仅导致政权性质、社会结构、社会组织以及意识形态等政治方面的根本改变，而且也导致社会文化领域各个层次的深刻革命。在学术思想领域，随着马克思列宁主义理论成为国家上层建筑中的指导思想，一种全新的学术体系在革命胜利以后百废待兴的几年里迅速建立。1952 年政府进行院校调整，新中国的法学教育和法学研究工作次第展开。当时中国人民大学法律系、北京大学法律系等法学教育机构，相继开设了以介绍中国历史上的法律制度为主要内容的法制史课程，以新的理论、方法分析中国历史上的法律制度的学术研究活动也开始活跃起来。从此，以马克思列宁主义为指导的新型中国法制史学科开始成为新中国社会科学领域中的一个重要部分。

在新中国成立以后的近半个世纪中，中国法制史学科曾随着中国国运兴旺、昌盛而繁荣发展，也曾在国家的动荡中衰颓和凋零，经历了一个轨迹十分明显的曲折发展的过程。大体说来，中国法制史学科在新中国的发展，可以分为1966年以前、“文化大革命”期间和改革开放以后三个明显的阶段。

从新中国成立到1966年以前的17年，以马克思列宁主义为指导的中国法制史教学和科学研究从无到有，并逐渐走向深入。经过十多年的努力，我国基本上构建起了一种全新的学科体系和框架，并在学科名称、体系以及研究范围等一些基本问题上进行了有价值的探索。不过，客观地说，这一时期的中国法制史教学和研究，也存在一些明显的缺陷：首先，由于教条主义和苏联模式的影响，这个时期的教学和研究把国家制度与法律制度结合在一起，学科的名称一度被定为“中国国家和法权通史”。教学和实际研究中，对于国家制度的研究比重往往大于对法律制度的论述。因此，整个学科似乎更像国家通史或国家政治制度史，缺少法学的味道。其次，由于对马克思列宁主义丰富的科学理论的片面理解，这个时期的研究焦点主要集中在历史上各个政权的性质、各种法律制度的阶级本质等政治性强的问题上，而关于具体法律制度的论述介绍相对要少；运用历史事实论证人类社会共同发展规律的内容多，研究、说明具体法律制度的成果少。最后，受“左”倾思潮的影响，这个时期的教学和研究对剥削阶级法律制度的研究中，理论批判的成分多，实事求是的评价少，特别是从法律的角度作出的评价少。同时，一些研究成果缺少坚实的史料作基础，政治气氛浓于学术气氛。

在“文化大革命”期间，法律虚无主义等观念盛行一时。全国一些重要的政法院校被撤销，正规的法学教育与科研被迫中断。随后，整个国家的学术研究偃旗息鼓，新中国成立以后一度兴旺起来的中国法制史研究随之日渐衰落。

在1978年年底召开的中国共产党第十一届三中全会，是中国社会又一次深刻巨变的契机。从那时起，中国人开始以冷静和理性的头脑思考国家和社会的问题，中国才真正开始走上正轨。随着社会环境的改变，“文化大革命”中被荒废的学术研究迅速复苏。在新的环境下，中国法制史教学与科研也得到恢复，并迅速发展，进入了本学科历史上发展最快、研究最为深入、成果最为辉煌的时期。

在改革开放以来的四十多年中，中国法律史学科所取得的成就是多方面的，从宏观上看，主要可以归纳为以下几个方面：第一，在改革开放初期，在“解放思想，实事求是”精神的指导下，中国法制史学科很快排除了“左”倾思潮的影响，恢复和发扬了严谨、求实和科学的学风，保持了学术研究的纯洁性和相对独立性，为学科以后持续、深入地发展奠定了非常良好的思想基础。第二，在总结和吸收前人学术成果的基础上，进一步完善了法制史学科的体系和结构。在20世纪70年代末80年代初，法制史学界就中国法制史学科的名称、研究范围、研究对象等基本问题进行了实事求是的讨论，基本上消除了苏联模式的影响，确定了中国法制史学术研究的中国特色。经过一段时间的努力，中国法制史的学科体系、整体布局已经趋于成熟和合理，成为一门体系完整、结构严谨的现代学科。第三，法律史研究在深度和广度上都取得了空前的进展。由于有良好的社会环境作保障，在改革开放后的数十年间，全国法律史研究者在这一领域中辛勤耕耘，潜心研究，取得了丰硕的研究成果。法律史研究的触角涉及中国历史上各个时期、各个方面的法律制度及相关的各种文化现象、思想因素，就研究的广度、深度、质量、水平而言，改革开放以后的数十年，可谓中国法律史学科历史上最好的时期，在这段时期我国逐渐形成了一支稳定的和高素质的法律史研究和教学队伍，为学科的进一步发展提供了重要的保障。

四、学习中国法律史的意义和应注意的问题

（一）学习中国法律史的意义

中国法律史是历史学与法学的交叉学科。这意味着法律史学科既是历史学的一个分支，又是法学中的一门重要基础课程。按照中华人民共和国教育部制定的学科分类规则，中国法律史是法学的二级学科，故在研习法律史的过程中，在客观分析史料的基础上，要注重运用法学的视角和方法理解、分析问题，总结传统法律中的历史经验，关照现实的法治问题。简而言之，学习中国法律史的意义主要有以下两个方面。

第一，有利于继承和发扬中国优秀的法律文化。中国几千年来各朝各代、各个时期的统治者立官行法，经世治民，积累了极为丰富的法律经验。中华文化的博大精深，是举世公认的。而中国古代的法律文化，是中华文化遗产的重要组成部分，也有很多的宝贵财富。其中有些东西，对于现代社会仍有极高的借鉴价值。比如，中国现在刑法中的死缓制度，诉讼法中的调解制度，都是受西方国家称赞的“良法美制”。这些实际上都是古代就有的，在现代稍加改造，就是很好的东西。一直以来，如何汲取我国古代法制蕴含的智慧和资源、挖掘和传承中华法律文化精华，是党和国家领导人在国家与社会治理过程中的重要考量。2020 年习近平总书记在中央全面依法治国工作会议上再次强调：“只有传承中华优秀传统法律文化，从我国革命、建设、改革的实践中探索适合自己的法治道路，同时借鉴国外法治有益成果，才能为全面建设社会主义现代化国家、实现中华民族伟大复兴夯实法治基础。”所以说，学习、研究中国法制史，对于继承和发扬中国传统法律文化中的优秀成分，进一步丰富当今具有中国特色的法治模式，完善今天的社会治理体系，无疑有重要的意义。

第二，有利于充实学生的专业知识，培养其法学素养和法治精神，完善学生的知识结构。历史的发展是一个不间断的链条。今天的文化和法律，无不是从昨天发展过来的。要学好今天的法律，就必须寻根溯源，了解历史上的法制情况。在中国，我们习惯于成文法，所以只有对于某一法律的源流、变迁有清楚的了解，才有可能深刻地理解这个法律的真实含义。在普通法国家，人们习惯于普通法。普通法主要是由判例构成的，判例本身就是历史。道理是相同的。如果对于普通法的历史缺乏了解，做律师就比较困难，想做一个好的律师就更不可能了。从这个方面看，学好法制史的意义也是不言而喻的。

（二）应注意的问题

按照马克思主义的基本原理，法律制度是一定社会文化条件下的产物。具体的法律规

范、法律条文背后，有着深刻的社会思想因素。中国历史上的法律制度，是在中国几千年文化背景下形成和发展的，所以无疑明显地带有时代和民族的烙印。学习和研究中国法律史，不仅要研究和了解历史上法律制度的具体形态，更重要的是应该了解和领会在这些具体法律制度背后的社会思想因素，理解这种法律制度产生和发展的原因。只有如此，方能真正认识法律、认识社会。所以，在学习和研究中国法律史时，应该着重注意以下几个方面的问题。

第一，加强对中国传统法律文化的伦理特性的认识。重家族、重血缘、重伦理，这是中国文化的固有特征。这种特征，在中国古代法律中，就有极为明显的表现。中国几千年的农耕社会，塑造了中国传统法律“依伦理而轻重其刑”的特征。也就是说，在中国古代，确定罪的有无、决定刑的轻重，主要是依据伦理关系。在中国传统社会中，君臣、父子、兄弟、夫妇、长幼、尊卑、贵贱、上下，存在着巨大的社会差别。在法律上，同样一种行为，由不同主体实施，或是施加于不同的对象，其法律后果是截然不同的。比如，在唐律中常人相殴，各笞四十。但若是发生在亲属之间，就要复杂得多。差别最大的是父母、子孙之间。按唐律的规定，子孙殴打父母和祖父母，属于“十恶”大罪中的“恶逆”，不问已伤、未伤，一律处以最高刑——斩刑。相反父母、祖父母殴打子孙，其一般是不用负法律责任的。此类被称为“伦理法”的制度，在中国古代法律制度中比比皆是。所以，在学习过程中，我们应该予以充分的注意。

第二，注意儒家学说对中国古代法律制度的影响。儒家学派曾是春秋战国时期诸子百家中的一个影响较大的学派。在汉代中期“罢黜百家，独尊儒术”以后，儒家学说被奉为官方的、广为传播的思想，逐渐演变成中国古代社会的主流思想。但此时的儒家学说已有别于先秦儒家学派的学说，而是一种融合了法家、道家、阴阳家等诸家学说、更加适应统治的官方哲学，开始独霸中国思想舞台。自此，儒家学说像血液一样存在于中国传统社会的肌体之中，儒家的观念、主张极深地渗透到社会生活的各个层面，对整个中国社会发挥着极大的影响作用。从法律上看，除在战国时代和秦代曾经由法家思想主导法制建设外，其他各代的法律制度，大到立法的基本原则、宏观的法律政策，小到某一项具体的规定，都可能受儒家理论和价值观的影响。通常所说的中国古代法律制度的伦理特性，所谓的“礼法结合”，都是与儒家学说密切相关的。所以说，儒家学说和理论是研究和学习中国古代法律制度的一条不可忽视的重要线索。

第三，注意探索法律制度与社会土壤的关系。按照马克思主义的基本原理，法律制度作为社会上层建筑的重要组成部分，是由当时所处的社会物质生活条件所决定的，是一定的现实社会关系的反映。法律制度的产生、发展及特色的形成，都与当时的政治、经济、文化等社会条件密切相关。所以说，不同的文明、文化造就了不同的法律制度。在中国古代社会中，农耕的生产方式，一家一户、自给自足的小农经济，中央集权的政治制度，独特的自然和地理条件，共同构成了中国传统法律文化的独特土壤。这些社会因素是形成中国传统法律制度基本特色的真正原因。所以，了解中国古代社会的政治、经济、文化的发展和演变，是更好地了解中国传统法律制度的基础。

第四，注意民族融合对法律的影响。当今的中国是一个统一的多民族国家，各民族在长期的交流中逐渐融合。在学习中国法律史时，可以从具有民族特色的法规出发，探讨法律规范统一性与多样性的议题。例如，魏晋南北朝是民族融合的重要时期，在法律制度方面，少数民族对汉文化就呈现出逐渐接受、融合的形态；辽金元的法律具有刑罚残酷、对待各民族不平等的特点；清代在蒙古族、藏族、维吾尔族、苗族等少数民族居住的地区或边疆地区形成了一整套有特色的民族管理法律制度；等等。如何把握法律规范统一性与多样性的关系，或可以借鉴历史上制定民族法规的得失经验。这亦成为我们研习法律史时需要思考的问题。

第五，关注现代法治在发展中遇到的问题。学习中国法律史不仅要对传统法律的具体内容、发展演变等进行透彻地研究，而且应当为现代法治的发展提供智力支持。但这并不意味着要用现代部门法学知识来强行比附传统的法律制度，而是要求学习者以现实的价值关怀来看待传统的法律制度，加深对古代法律制度的理解，反过来对现实法治予以借鉴和批判；同时，系统地分析研究法律制度与其他文化现象之间的关系，总结历史的经验，进而完善现代法治，助力现代法治建设，这正是中国法律史学的终极目的。

上　编

同时期外国法律文化概况

迄今为止，考古学的证据表明，地中海东岸是人类文明的一个重要的发源地：农业革命在这里率先展开，数量可观的人群至此定居，形成规模巨大的农业社群，复杂的文明形式逐渐呈现出来。从公元前4000年开始，两河流域和古埃及（尼罗河流域）先后发展出令人叹为观止的政治、经济和文化共同体，它们在一千余年的时间里遥相呼应，持续分享着彼此在诸多领域的发现与变革，形成了古地中海文明的轴心。早在公元前3000年，古埃及人已经开始借助宗教（玛阿特神崇拜）来反映抽象的正义观念；至公元前22世纪左右，两河流域南部的乌尔第三王朝以本地特有的楔形文字创制了《乌尔纳姆法典》，这是人类已知的古代文明流传下来的最早的成文法；而在公元前18世纪，由古巴比伦王国第六代国王汉穆拉比创制的《汉穆拉比法典》则是楔形文字法中的典范之作。毋庸置疑，具有相当严谨程度的法律规范是维持人类社会正常运行的必备前提。当然，两河流域和古埃及的法律规范在很大程度上仍然与宗教、道德、习惯等其他类型的社会规范混合在一起，缺少现代法律所具有的必要的独立性。这方面更为突出的例证来自曾经长期生活在两河流域与古埃及的夹缝之中的希伯来人社群，对于他们来说，内心信奉的经典教义同时也是必须严格遵从的法律。

相比地中海东岸相对成熟的文明形态而言，欧洲文明的起源较为晚近。直到公元前8世纪之后，以古希腊文明为代表的欧洲文明才步入书写时代。值得一提的是，古希腊位于多山峦、多隘角、多海岛的古代巴尔干半岛南部，其特有的地理地貌决定了古希腊将开创一种与两河流域和古埃及完全不同的文明模式。公元前5世纪前后，古希腊进入城邦林立的“古典时代”，其领域内三百余个大小城邦均在政治上保持独立，进而发展出完全不同的政治体制，其中雅典的民主制和斯巴达的寡头制对后世的影响最深。雅典的民主制是一系列政治改革的产物，改革家梭伦最早启用以民众大会和陪审法庭为核心的决策和管理模式，从客观上强化了平民阶层的政治力量。这一体制后来经过庇西特拉图、阿菲艾尔特和伯里克利等数代执政官的进一步巩固，逐渐形成了极具特色的民主制度。鉴于意识形态和政治体制上的差异，古希腊诸城邦时有冲突，但是亦可通过第三方仲裁恢复和平，逐渐在古代巴尔干半岛形成一个并不稳定的政治共生状态。公元前5世纪初爆发的“希波战争”使这一政治共生状态的稳定性得以增强。战争胜利之后的雅典迅速成为古代希腊世界最有影响力的城邦，民主制一度被视为“最优政体”。然而，为了垄断古代希腊世界的主导权，雅典与斯巴达之间又爆发战争，雅典被彻底击败，寡头制取得了优势。斯巴达在雅典组建了“三十僭主”政府，对雅典的民主派实施血腥镇压。不过，寡头制的政体仅维持了8个月就被推翻了。

苏格拉底正好生活在这个动荡的时代，他把哲学定义为“爱智慧”，并倡导人们过有道德和讲道理的生活。他常常在雅典的大街小巷向人们施教，不收取任何学费，因而赢得了巨大的声誉。但是，晚年的苏格拉底却受到了“三十僭主”的牵连。面对民主派的死刑判决，苏格拉底一方面坚定捍卫发表言论的自由和教育学生的自由，另一方面坚定捍卫城邦法律的权威和尊严，拒绝从狱中逃走。“苏格拉底之死”使古希腊人认识到，多数人的专政与少数人的专政同样存在重大的缺陷。柏拉图在年轻时曾受教于苏格拉底，他后来写的不少著作都曾借助与苏格拉底对话的形式来表达他自己的观点。柏拉图在《法律篇》和《理想国》中较为系统地阐发了自己的哲学思想与政治理念，形成了西方自然法思想的最早渊源。在苏格拉底死后，柏拉图开始周游列国，他曾到古埃及、小亚细亚和意大利进行政治游说，但是未获成功。公元前387年，柏拉图回到故乡并建立了雅典学院，他在这里教授学生，著书立说，直至终老。柏拉图的学生亚里士多德在雅典学院中修习了二十多年，直至柏拉图去世。后来，亚里士多德仿效老师柏拉图创办私学，即吕克昂学院，从事哲学教育。亚里士多德的写作领域极为宽泛，涉及伦理学、形而上学、心理学、经济学、神学、政治学、修辞学、自然科学、教育学、诗歌、风俗，当然也涉及古希腊的法律。后人将苏格拉底、柏拉图与亚里士多德三人合称为“希腊三贤”。

公元前4世纪中期，古代巴尔干半岛北部的马其顿王国迅速崛起。国王亚历山大在平定希腊诸城邦叛乱之后挥师东进，一路所向披靡，先后征服古埃及和强大的波斯帝国，一直攻打到印度河流域，并在各处建立古希腊人的殖民地。但是，亚历山大在归途中英年早逝，他占领的辽阔地域立刻被下属分割，形成了马其顿王国、塞琉古王国和托勒密王国三足鼎立的政治局面。借助亚历山大远征，希腊文明向东方传播，并开始吸收东方文化中某些神秘主义的因素。亚历山大把世界当作自己故乡的世界主义情怀极大地促进了东西文化的融合，造就了一个伟大的希腊化时代。

古希腊文明积累了丰富的政治治理经验，孕育出西方大部分知识的基础，却并未发展出专门的法学。作为这一文明形态的后继者，古罗马完成了这一历史性的任务。从全球视野来看，古罗马在公元前1世纪第一次开创了欧洲一体化的政治局面，它与同一历史时期位于东方的帕提亚帝国于公元后才建立和中华帝国同样拥有面积辽阔的国土、数量庞大的国民、粲然可观的制度与文化。然而，理论化和系统化的法律却是古罗马独有的贡献。作为一项形成于古代世界的重要遗产，罗马法对后世产生了极为深远的影响，19世纪的德国法学家耶林曾经断言，“罗马曾三次征服世界，第一次依靠武力，第二次依靠宗教，第三次依靠法律”。

自公元前8世纪古罗马建城以来，古罗马进入了政治稳定但发展缓慢的王政时期，其城邦文明较为原始，而后因为埃特鲁斯坎人的统治而变得发达。公元前6世纪中叶，罗马城邦产生了最初的政治和法律制度。由国王图利乌斯推动的政治变革尽管比希腊雅典的梭伦改革晚了几十年，却与梭伦改革十分相似，它们都导致一种以平民参与为特征的政治氛围在城邦内部逐渐形成。公元前510年，罗马人驱逐了有埃特鲁斯坎血统的国王，建立了名为“元老院与罗马人民”(Senatus Populusque Romanus)的共和政体。在这种体制之下，国家治理由三方共同行使，其一为氏族贵族组成的三百人元老院，其二为由军事百人团会议选举的两位执政官，其三为由平民大会选举的数量不等的保民官。公元前5世纪，平民阶层的势力日渐强盛，他们试图将长期磨合形成的政治原则、宗教规范和民间习俗以法律文本的形式固定下来，于是在公元前451年与贵族共同组建十人委员会，以取代执政官的统治地位。公元前451年至公元前450年，十人委员会两次颁布成文法典，即《十二表法》，将罗马人从家庭到社会方方面面的生活全面纳入法律规制的范围，同时使共和政体得到巩固。这一时期，罗马的几乎全部立法都以罗马市民为法律主体，因而这一阶段被称为奎里蒂法（市民法）时期。

在公元前3世纪初，罗马共和国先是通过发动一系列陆上战争统一了意大利半岛，而后与位于北非的海上强国迦太基爆发了激烈的海战，最终取得了对整个地中海的控制权。这场战争之后，农业在罗马的国家经济中的比重急剧下降，手工业、商业和海上货物运输成为新的经济支柱，沿海商业城市迅速崛起。罗马共和国的疆域急剧扩大，并开始从一个内陆型国家向海洋型国家转变。公元前242年，为了缓解罗马人与居住在罗马境内的非罗马人之间的交往与纠纷日益增多的状况，共和国增设了一名最高外事裁判官，专门处理涉及非市民的案件。这一司法官职的设立造就了一个全新的法律体系，即具有衡平性质的裁判官法。由于裁判官法可以为居住在罗马境内的民众共同适用，遂成为“万民法”的直接渊源；相比之下，效力局限于罗马市民范围内的奎里蒂法则被称为“市民法”。这两个法律体系没有被强行合并，而是长期保持着互补共存的关系。

战争导致的社会贫富分化加剧，使罗马共和国于公元前2世纪中叶陷入了政治危机。这一时期，格拉古兄弟曾试图推行均田法案，限制土地兼并的状况，但是遭到军功贵族阶层的竭力反对。格拉古兄弟变法失败以后，贵族与平民相互制衡的政治结构被彻底打破，各路军阀拥兵自重，新的政治氛围已经形成。公元前49年，恺撒击败竞争者之后施行独裁统治。公元前44年，恺撒遇刺身亡，其养子屋大维于公元前27年自封为“奥古斯都”，共和制名存实亡，古罗马进入帝国时代。这一时期，罗马奉行军国主义政策，吞并了马其顿王国、塞琉古王国和托勒密王国，结束了由亚历山大远征开创的希腊化时代。西方历史正式进入“大一统”的罗马时代。与此同时，希腊人融入罗马的政治生活，他们的智慧开始与罗马的政治实践结合起来。由腓尼基人芝诺创立于雅典的斯多葛学派对于古罗马的法哲学产生了重要的影响。该学派吸收了柏拉图关于理念世界的哲学思想，但是，该学派否认柏拉图的精神与物质相对立的二元论哲学观点，认为世间只存在一个精神与物质相统协的大自然。这种统合性的观念显然受来自东方神秘主义宗教的影响。

在最初建立的百余年里，罗马帝国一直运用武力打压犹太人的反抗和基督教的活动。这一时期，帝国的政治与法律围绕着皇权展开，与分权有关的政治思想也受到官方的压制。尽管如此，帝国的社会秩序在整体上一直保持着较为稳定的局面，商品经济持续繁荣，国内及国际市场已颇具规模，这为以自然法为基础的私法理论提供了极大的发展空间。公元2～3世纪，罗马知识分子热衷于讨论私法中的各种制度是否合乎普遍理性，有影响的法学家层出不穷，其中最负盛名的五大法学家，即盖尤斯、保罗、乌尔比安、帕比尼安、莫迪斯蒂努斯，对于罗马私法的原理进行了广泛而深刻的讨论。五大法学家提出的大部分学说流传后世，并在公元5世纪成为具有实际效力的法律渊源。罗马法的发展进入繁盛期。公元426年，随着《引证法》的公布，除五大法学家以外其他学者的学说尽遭罢黜，罗马法的发展随之停滞下来。

公元3世纪末，戴克里先皇帝为了对面积广大的国土实施有效治理，尤其为了防御莱茵河一带的蛮族入侵，首创“四帝共治”的统治模式，将帝国划分为东、西两部分，各建新都。此后，君士坦丁一世皇帝直接将帝都迁往位于帝国东部的君士坦丁堡，并且开始用分封的办法处理中央与地方的关系。他在位期间颁布了著名的《米兰敕令》，首次承认了基督教的合法地位，使基督教从一个长期受迫害的地下宗教转变为罗马的国教，并在尼西亚宗教会议上亲自颁布《尼西亚信经》，确定了基督教以圣子与圣父为同质的正统。在公元4世纪，受到气候变冷的影响，原本生活在中亚地区的匈人（Huns）开始向西侵入欧陆，多次击溃南迁之中的诸日耳曼部族。这些日耳曼部族为躲避战乱纷纷南渡多瑙河，进入西罗马帝国内部，严重地破坏了西罗马帝国的社会秩序和经济生活。在公元5世纪，日耳曼人先后三次攻陷罗马，西罗马帝国于公元476年灭亡于奥多亚克之手。日耳曼诸部族纷纷在西罗马帝国的国土上建立自己的部族国家，数目多达二十余个。但是，这些刚刚脱离原始氏族生活的日耳曼人极度缺乏抽象思维，因而基本上没有采纳任何罗马式的文化，只是勉强同意让领域内的罗马人适用他们祖先制定的法律，罗马法退化为罗马人生活圈子里的民事习惯。然而，罗马法并未因此销声匿迹。公元6世纪中叶，东罗马帝国仍旧延续着数百年来罗马人对皇帝敕令和各种学说进行编纂的传统，皇帝优士丁尼先后颁布了包括《优士丁尼法典》、《法学阶梯》、《学说汇纂》和《新律》在内的一系列罗马法的集大成之作。这些法律汇编一直在东罗马帝国境内具有法律效力，而且间接流传到西罗马帝国昔日的领土之上。但是，由于社会性质发生了根本改变，农村土地经济开始在社会生活中占据支配性的地位，市场急剧萎缩，商业活动基本消失，货币退出流通领域，原本基于商品经济而发展起来的罗马法渐渐失去用武之地，复杂的私法制度逐渐被人们遗忘了。

第一章

夏商时期法律思想与制度

本章重点知识

1. 夏商法律的名称。
2. 神权法思想。
3. 夏商监狱的称谓。

第一节　中国法的起源及早期的法观念

一、中国法的起源的概述

（一）马克思主义法学的一般理论

马克思主义法学的一般理论认为，法律不是从来就有的，也不是永恒存在的。与其他的社会现象一样，法律有其产生、发展直到最后消亡的客观历史过程。具体而言，法律在起源和发展的整个历程之中，尽管在表面上显得纷繁复杂，但是也并非没有其自身发展的规律可循。

人类社会在经历数以百万年计的原始人群时代后，逐渐发展到氏族社会阶段——既没有国家，也没有法律。与此相应，调整人们社会关系的共同规则表现为氏族习惯。这些习惯又是原始的道德规范、习俗礼仪、宗教戒律，并且共同构成氏族社会的社会规范。这些社会规范对于维系当时人们的血缘关系与社会关系，促进社会的发展起过重要的作用。

简言之，世界各国法律的起源，有各自历史条件所决定的不同形式，但也有共同点，并且可以探寻到其中存在的一般规律。

马克思主义法学的一般理论认为，关于法律产生与发展的基本规律主要有三个。其一，法律是社会生产发展到一定阶段的产物，是伴随着私有制、阶级和国家的出现而产生的。这也是法律产生的根本原因。其二，法律的产生过程有一个从氏族习惯到习惯法，再从习惯法到成文法的演变发展过程。这是一个长期的、渐进的过程。其三，法律产生的过程受到宗教、道德的极大影响，因此刚刚产生的法律带有浓厚的宗教色彩和道德痕迹。

（二）中国古代学者的几种观点

根据传世文献的记载，关于法律的起源问题，中国古代学者主要有以下几种看法。

1. 起源于黄帝时代说

这是法家学派所持的观点。例如，《商君书·画策》记载："神农既没，以强胜弱，以众暴寡。故黄帝作为君臣上下之义，父子兄弟之礼，夫妇妃匹之合，内行刀锯，外用甲兵。"又如，《管子·任法》记载："黄帝之治天下也，其民不引而来，不推而往，不使而成，不禁而止。故黄帝之治也，置法而不变，使民安其法者也。"

2. 起源于尧舜时代说

这是周人的主张。例如，《尚书·吕刑》记载："伯夷降典，折民惟刑。"《竹书纪年》记载："帝舜三年，命皋陶作刑。"

3. 起源于夏代说

这是战国、秦汉时期学者的认识。例如，《左传·昭公六年》记载："夏有乱政，而作《禹刑》。"《尚书大传》有"夏刑三千条"的说法。《汉书·刑法志》记载："禹承尧舜之后，自以德衰而制肉刑。"

4. "刑起于兵""兵刑合一"说

这是先秦时期所流传的关于法律起源的最有影响力的一种观点。[①]"刑起于兵"，即法律起源于古代的氏族战争。"兵刑合一"，即战争和刑法、刑罚是一回事，二者在本质上是一致的。同时，先秦时期的主掌司法审判的职官，被称为"士""士师""司寇""廷尉"等，其本身就是源于军职。

这一观点多见于先秦时期的文献记载之中。例如，《国语·晋语六》记范文子语曰："君人者刑其民，成而后振武于外，是以内和而外威……夫战，刑也，刑之过也……细无怨而大不过，而后可以武，刑外之不服者。"又如，《国语·鲁语上》记臧文仲之言曰："刑五而已，无有隐者，隐乃讳也。大刑用甲兵，其次用斧钺；中刑用刀锯，其次用钻笮；薄刑用鞭扑，以威民也。故大者陈之原野，小者致之市朝，五刑三次，是无隐也。"

"刑起于兵""兵刑合一"说，对秦汉以后也产生深远的影响。其典型者如《汉书·刑法志》，就是先记载兵事，再记载刑事。

（三）传世文献所见有关夏代的国家与法律的记载

一般认为，从夏代的开创者"启"开始，中国便正式进入文明社会——出现的第一个王朝就是夏代，同时也产生了中国古代最早的法律。简言之，中国古代的国家和法律，起源于传世文献所记载的夏代。

以马克思主义法学理论为指导，在中国古代的传世文献记载之中，可以寻找到相关的依据。

---

① 参见顾颉刚：《古代兵、刑无别》，载顾颉刚：《史林杂识（初编）》，82～84页，北京，中华书局，1963。

第一，恩格斯在《家庭、私有制和国家的起源》中指出："国家和旧的氏族组织不同的地方，第一点就是它按地区来划分它的国民。"①

据《左传·襄公四年》引述，周太史辛甲的《虞人之箴》说："芒芒禹迹，画为九州，经启九道。"《汉书·郊祀志上》则有"铸九鼎，象九州"的记载。这说明禹时氏族血缘纽带已经松弛，开始按照地域将居民划分为九个区域，并铸造"九鼎"作为国家权力的象征。

第二，恩格斯在《家庭、私有制和国家的起源》中所说的国家和旧的氏族组织的"第二个不同点，是公共权力的设立"，而"这种公共权力在每一个国家里都存在。构成这种权力的，不仅有武装的人，而且还有物质的附属物，如监狱和各种强制设施，这些东西都是以前的氏族社会所没有的"。

从传世文献的记载来看，夏代已经初步设立这种"公共权力"机构。例如，《礼记·明堂位》记载："夏后氏官百。"《礼记·月令》记载，夏有"大理"，主掌审判工作。《左传·哀公元年》记载，夏代设有"牧正"，掌管畜牧。《左传·定公元年》记载，夏有"车正"，掌管造车。

此外，监狱在中国由来已久。据载，早在舜时，刑官皋陶就曾建造监狱。《急就篇》说："皋陶造狱。"《广韵》云："狱，皋陶所造。"这种传说在历史上广为流传，以致西汉至明清的监狱都将皋陶奉为狱神，并在监狱中设像祭祀。

夏代有监狱。《竹书纪年》记载："帝芬三十六年作圜土。"芬是少康的孙子，第七个夏王。圜土，即监狱。又，《史记·夏本纪》记载，夏桀将商族首领商汤"囚之夏台"，《索隐》云："狱名。夏曰均台。""夏台"或"均台"也是监狱，在今河南省禹州境内。

第三，恩格斯在《家庭、私有制和国家的起源》中明确指出："为了维持这种公共权力，就需要公民缴纳费用——捐税。捐税是以前的氏族社会完全没有的。"②

《史记·夏本纪》记载："自虞夏时，贡赋备矣。"为了维持国家机器的运转，夏代已经有了贡赋制度，向地方侯、伯征收贡品，贡品主要是铜。《左传·宣公三年》记载："昔夏之方有德也，远方图物，贡金九牧，铸鼎象物，百物而为之备，使民知神、奸。"杜预注："使九州之牧贡。"即使对一般的平民，也要收取贡赋。《孟子·滕文公上》："夏后氏五十而贡，殷人七十而助，周人百亩而彻。其实皆什一也。"即耕田五十亩，其中五亩土地上的收获物要作为贡赋上交。

由此可见，恩格斯所说的国家所具有的三个特征，在传世文献记载中的夏代均已具备。因此，夏代就是中国历史文献记载中的第一个王朝国家。

二、先秦时期的法观念

(一)"礼"与"刑"、"法"、"律"字及其所反映的法观念

1. "礼"字及其含义

"礼"字出现于商朝的甲骨文中，其初文一般被隶定为"豊"；战国以后加上"示"旁，成为"禮"，现简化为"礼"③。

《说文解字》载："豊，行礼之器也。从豆，象形。"又："禮，履也，所以事神致福也。从

---

①② 《马克思恩格斯选集》，第4卷，3版，187～188页，北京，人民出版社，2012。

③ 高明：《古文字类编》，327页，北京，中华书局，1980。

示、从豊，豊亦声。”可见，许慎认为“礼”字是古人用豆（器皿）作为盛器所举行的一种敬神求福的仪式。

20世纪初期，王国维根据甲骨文考释此字上从“珏”、下从“豆”，认为古人“行礼以玉”，此字当为会意字，“盛玉以奉神人之器”就是礼。[①] 裘锡圭则认为，从其字形看，将“礼”字的初文解释为其下从“豆”是错误的，“礼”字应该分析为从“壴”从“珏”[②]。

古人在祭祀时以玉作为敬神求福之物，即所谓“行礼以玉”。这已经被出土文物资料所证实。

1964年开始，河南偃师二里头的夏文化遗址大型墓葬中陆续出土了10件条形玉饰，又称玉柄形器。其形制特点是通体呈长棒形，上部有一用作握手的柄，柄与棒之间有一隔棱；棒身有刻节者，也有不刻节者。其刻节者以K4：1为例，器的顶端及其上背两侧各有一孔，三孔相通；末端侧面也有一对穿孔，这些穿孔当是作穿系缨饰之用的。器的上部有柄，柄部内凹，用于握手。棒身刻有突起的五个粗节，粗节面分别凿有花瓣纹和兽面纹，磨制光润，雕刻精美。由于出土于大型墓葬，其明显地反映出死者的身份，因而是一种礼器。这种玉柄形器的形制与殷商甲骨文中的“玉”字字形相类，因此，“玉”字很可能就是这种玉柄形器的象形。“礼”字所从之“珏”，当为两枚玉柄形器。古人“行礼以玉”，就是以玉柄形器来表示等级身份。[③]

“壴”即“鼓”字的古体。[④] 鼓为乐器之一。古人在举行祭祀时往往以鼓作乐。因为“玉”和“鼓”为古代祭祀礼仪活动的代表物，所以中原地区的古人在造字之初即以“玉”“鼓”之形来表达“礼”的概念。因此，“礼”字的本义就是在鼓乐声中“行礼以玉”[⑤]。

从“礼”字的造字结构由来可知，“礼”的观念最初源于祭祀。可以说，至迟在商朝可能已经正式形成“礼”的理念。正如《礼记·曲礼上》所说：“先圣王之所以使民信时日，敬鬼神、畏法令也。”此外，《礼记·表记》载：“殷人尊神，率民以事神，先鬼而后礼。”因此，商朝的祭祀制度也可称为“礼”，只不过还未整齐划一。

从法文化的角度来讲，商朝的祭祀中存在着“礼”观念和礼制。这些“礼”观念和礼制，在西周初期被周公等思想家规范化、制度化。战国时期，儒家将之理论化并发展成为“礼治”思想，此后其一直贯穿于整个中国法律史的发展演变进程之中，演奏出一曲中国传统法律观的主旋律。

2.“刑”字及其含义

迄今为止，在商代甲骨文中还未发现有“刑”字。但是，已可见有关刑罚的文字。在殷墟甲骨文中，能找到后世所谓五刑的相关文字。

在西周铜器铭文中，已发现有“刑”字。其有两种字形：一为“荆”，二为“井”（并非水井之“井”，为便于印刷，暂写作“井”）。

“荆”字见于西周晚期的散氏盘铭文，战国时期的子禾子釜铭文中也有。秦汉隶书则作

---

① 参见王国维：《释礼》，载王国维《观堂集林（外二种）》（上册），177页，石家庄，河北教育出版社，2001。

② 裘锡圭：《甲骨文中的几种乐器名称——释“庸”“豐”“鞀”》，载裘锡圭：《古文字论集》，200页，北京，中华书局，1992。

③ 参见郑杰祥：《释礼·玉》，载田昌五主编：《华夏文明》，第1集，355～367页，北京，北京大学出版社，1987。

④ 参见唐兰：《殷虚文字记》，65页，北京，中华书局，1981。

⑤ 林沄：《豊豐辨》，载林沄：《林沄学术文集》，4～5页，北京，中国大百科全书出版社，1998。

“荆”“刑”两种字体。后来规范文字时，便逐渐写作“刑”字，“荆”字被废除。《说文解字》云：“荆，罚罪也，从井、从刀。”其本义即征伐、杀戮。此义源于古代“兵刑不分”的观念。《左传·宣公十二年》有“伐叛，刑也”。后引申为残害肢体的肉刑，又泛指刑罚。

“井”字是铸造青铜器所用模范的象形，本义即铸造青铜器的模子。因与“刑”字古音同部而混用。春秋战国之后才在“荆”字之下加上模具的材料“土”旁，后来被规范写作“型”字。所以“荆”字还有模型、模范之意，又引申为规范、法。

传世文献还保留了这种用法，如《荀子·强国》记载：“刑范正，金锡美，工冶巧，火齐得，剖刑而莫邪已。”

中国早期的法典被称为“刑”，如夏之《禹刑》，商之《汤刑》，周之《九刑》《吕刑》，可能就是这个原因。

3.“法”字的演变及含义

目前，在甲骨文中还未发现有“法”字。西周铜器铭文中已经有“法”字的古体“灋”字，战国时期的古文字中虽然简化为“法”，但其古体字一直保留至秦汉时期。

西周青铜器铭文中的“法”字，并没有现代意义上法律的意思，其主要用法是假借为“废”字。《说文解字》对古“法”字的解释最为著名：“灋，刑也。平之如水，从水，廌所以触不直者去之，从廌去。”用金文印证，许慎之说或许并不能令人满意。这只能代表东汉人对“法”的认识，其中明显地带有战国末期阴阳五行说的痕迹。[①]

从现有材料来看，探讨“法”字的本义比较困难。但是，“后代法律之‘法’由‘废’义引申的可能性是存在的。按《尔雅·释诂》‘替……遏，止也’。《释言》‘替，废也’。可见‘废’有遏止之义。又《广雅·释诂三下》‘禁……安，止也’。王念孙疏证以‘安’、‘遏’为一字。故遏止即禁止。由此引申为‘法禁’，使作废义之‘法’具有法律之义，是很自然的。又‘废’，发声，故亦作‘发’，而‘发’有‘伐’义，‘伐’、‘罚’一音，‘罚，伐也’（以上见《经籍纂诂》去声十一队‘废’，入声六月‘发’、‘罚’下），这和法律之‘法’也是吻合的”[②]。

不过，依金文“法”字的用法与文献相印证，至少可以确定：春秋以前的“法”字，可能与现代意义上的“法”无关。从文献记载来看，商周人只知“刑”而不知“法”。现代意义上的“法”字的大量使用，是战国时期法家学派诞生以后的事情。

4.“律”字及其含义

“律”字在甲骨文中已经出现。其中所见的商代惯用语“师惟律用”，与《易·师》之“师出以律”是同一语式，这两个“律”字是同一意思。据考证，“律”乃“聿”之繁文，本具有行列、标准、规矩之义。[③] 而甲骨文“师惟律用”之“律”有纪律、军法、战时号令之义，就是从“律”字的本义引申而来的。后来的法律意义上的“律”，也是由此发展而来的。

在中国古代，作为法律意义上的“律”字，关于其使用时间，最流行的说法是始于商鞅“改法为律”，即公元前4世纪中期。但据考证，商鞅“改法为律”之说并不可信，作为法律、成文法意义上的“律”字，其使用应当始于公元前260年左右。“律”字的出现是战国晚期全

---

① 参见张国华、饶鑫贤主编：《中国法律思想史纲》（上册），229页，兰州，甘肃人民出版社，1987。

② 祝总斌：《关于我国古代的“改法为律”问题》，载《北京大学学报（哲学社会科学版）》，1992（2）。

③ 参见祝总斌：《律字新释》，载《北京大学学报（哲学社会科学版）》，1990（2）。

国走向统一，统治事务日益繁杂，因而需要更多具体规章制度的结果。①

（二）先秦时期法观念的特征

“礼”及“刑”、“法”、“律”字的构成和发展，不仅在某种程度上展示出中国传统法律观的形成与演变过程，而且其中也体现了中国传统法文化的本质特征。揭开笼罩在这些文字上的层层迷雾，或许可以看到中国古代先民独特的思维模式和对法律的价值取向，揭示出其中所蕴含的中国传统法律观的基本特征。

1. 具有直观性、单一性的特征

中国传统法律观首先表现出直观呆板的特性。人们对“刑”“法”的认识仅局限于对兵器、模具、度量衡器等进行直观的、物理性的描述，显得呆板而没有生气，缺乏生动、抽象的理论性，但是却充满了强暴的血腥味。这可能与中国古代先民不大擅长抽象思维有关。

据《国语·晋语》记载，春秋时期，虢国公曾梦到刑罚之神蓐收有这样的形貌：人面，虎爪，满身白毛，手拿颇似大板斧的钺，一副凶神恶煞的样子。虽然蓐收是神话传说中的刑神，但对其形象的描绘却反映出古人心目中的“刑”和“法”。

中国传统法律观还表现出单一性的特征。一般认为，战国以前，人们只知有“刑”，而不知有“法”；战国时期，有了“法”“律”，从历史发展来看，这无疑是进步的。但是“法”“律”的背后主要是“刑”。

“刑”是“法”“律”的内容。法家所谓法治在某种意义上也可以说是一种“刑治”。这种“刑”观念对中国帝制时代的古代社会产生了深远影响。从以《法经》为蓝本的秦律，到最后一部法典《大清律例》，基本上都是以“刑”为主的。

汉代史学家班固在《汉书》中首创的《刑法志》体例，是专门记载历代王朝法律制度和司法制度的重要法律史料。此后历代纪传体断代史大多沿用之。二十四史中的《晋书》《魏书》《旧唐书》《新唐书》《旧五代史》《新五代史》《宋史》《辽史》《金史》《元史》《明史》，其中《魏书》直接称为《刑罚志》，以及民国初年所编纂的《清史稿》中也都有《刑法志》。

2. 以功利主义、义务本位（权力本位）为核心

中国传统法律观最具特色的是其功利主义色彩。从其形成过程来看，无论是战国以前的“刑”观念，还是战国时期的“法”观念、“律”观念，都体现了同一价值取向，即功利主义。

在商、周人的观念中，“刑”源于工具（兵器、模具），因而刑法、刑罚也是工具。在法家看来，人类社会有“争”“暴”，因此才需要“法”“律”；有了法律，其功用就是《管子·七臣七主》所谓“定分止争”“兴功惧暴”，以达到“以刑去刑”的目的，最终法律成为维护“权力”的一种手段。这种认识一直贯穿于两千年的君主专制社会。

从理论上讲，作为调整人们行为的规范，法律就是规定权利、义务。法律赋予人们享有的某种权益即权利，法律规定人们应履行的某种责任即义务。二者密切相连，任何权利的实现总以义务的履行为条件。但是，就法律观而言，不同的民族在不同的时期，由于人们对法的价值取向的认知不同，因而对权利、义务总是或有偏重。

中国古代宗法社会最基本的细胞就是家族，“国”不过是“家”的扩大。而礼的作用之一

① 参见祝总斌：《律字新释》，载《北京大学学报（哲学社会科学版）》，1990（2）。

就是确定个人在“家”“国”中的等级、贵贱身份。在这个等级制的金字塔中，个人只有义务、服从，而无所谓权利；只存在君主的权力和家长的权力，个人存在的价值就是为权力尽义务。在温情脉脉的人伦情理中，“礼”扼杀了个人的独立性和权利，个人没有任何独立的法律地位，附属于家族，自然也附属于国家。因此，在以自然经济和宗法制为主导的古代社会中，不可能孕育出权利观；相反，却产生了至高无上的权力观。一切都是权力的附属物，法不过是实现权力、维护权力的工具而已。由此产生的只能是偏重义务的义务法。

第二节　夏代法律思想与制度

一、神权法思想的兴起

从文献记载来看，夏代在立法上所确立的指导思想，是“恭行天罚”的神权法思想。夏代的统治者利用宗教鬼神进行统治，将其掌握的国家政权及其权力，说成是神所授予的，具有神圣性。也就是说，夏代统治者把法律说成是神意的具体体现，而法律的实施就是“恭行天罚”。

例如，《尚书·召诰》说，“有夏服天命”；《礼记·表记》说，“夏道尊命，事鬼敬神而远之”；《尚书·甘誓》记载，夏启“赏于祖”“戮于社”；据《论语·泰伯》可知，夏禹“菲饮食而致孝乎鬼神，恶衣服而致美乎黻冕”。由此可见，夏代人们对鬼神之虔诚敬重。

二、传世文献所见的《禹刑》

夏代是文献所记载的中国第一个奴隶制国家。早在春秋时期，孔子在《论语·八佾》中就深感夏代“文献不足”。夏代法制研究所面临的最大困难，就是史料匮乏、真伪难辨。

虽然先秦乃至汉以后的学者在其著作中或多或少地追述了夏代的法律制度，但毕竟其离夏代已经非常遥远，加之目前还未发现夏人遗留下来的文字资料，因而难辨其真伪。对传世文献所载的夏代法律史料，既不能全信，也不能一概否定。在目前考古发掘无重大突破的情况下，姑且将这些史料看作是古代学者对夏代法律的一种认识。

（一）关于《禹刑》的由来

《禹刑》仅见于《左传·昭公六年》的记载。其中，晋国叔向在抨击郑国子产“铸刑书”时曾经提道：“夏有乱政，而作《禹刑》。”杜预注：“乱政谓民有犯政令者。”一般认为，《禹刑》可能是夏代法律的名称，是后人为纪念夏的先祖禹而命名的，当是后人所追述的。因为“禹”是周人神话传说中的神或人物，所以《禹刑》可能是周人传说之中的夏代法律。

（二）关于《禹刑》的性质、内容

一般认为，《禹刑》的性质相当于现代的刑法典。关于《禹刑》的具体内容，今已经无法考订。但传世文献中又有零星记载的夏代刑法。

《左传·昭公十四年》转载有“昏、墨、贼，杀”。这应是晋国的叔向在答复韩宣子有关邢侯与雍子“争田”一案处理情况时所征引的法律条文。

《左传·昭公十四年》云：“晋邢侯与雍子争鄐田，久而无成。士景伯如楚，叔鱼摄理。韩宣子命断旧狱，罪在雍子。雍子纳其女于叔鱼，叔鱼蔽罪邢侯。邢侯怒，杀叔鱼与雍子于朝。宣子问其罪于叔向。叔向曰：‘三人同罪，施生戮死可也。雍子自知其罪，而赂以买直，鲋也鬻狱，邢侯专杀，其罪一也。己恶而掠美为昏，贪以败官为墨，杀人不忌为贼。《夏书》曰：昏、墨、贼，杀。皋陶之刑也，请从之。’乃施邢侯而尸雍子与叔鱼于市。”

《夏书》载：“昏、墨、贼，杀。”杜预注：“《逸书》。三者皆死刑。”叔向认为，晋国《刑书》中“昏、墨、贼，杀”的规定最早是皋陶所制，后来可能为夏代的法律所沿袭。据叔向解释，“昏”罪，即自己做了坏事而窃取他人的美名；“墨”罪，即贪得无厌，败坏官纪；“贼”罪，即肆无忌惮地杀人。犯这三种罪的人都要被处以死刑。

可见，死刑是夏代的主要刑罚。此外，《汉书·刑法志》还记载：“禹承尧舜之后，自以德衰而制肉刑。”或许夏代已有肉刑。

三、传世文献所载的一条军法

从文献记载来看，夏代已经有了由车兵和步卒组成的军队。夏王是这支军队的最高统帅。同时，夏代也出现了军法，以保证战争的胜利。

《尚书·甘誓》记载了夏代的军法。其云：“大战于甘，乃召六卿。王曰：‘嗟！六事之人，予誓告汝。有扈氏威侮五行，怠弃三正，天用剿绝其命。今予惟恭行天之罚。左不攻于左，汝不恭命；右不攻于右，汝不恭命；御非其马之正，汝不恭命。用命，赏于祖；不用命，戮于社。予则孥戮汝。’”

《尚书·甘誓》是夏与有扈氏在甘地（今山西鄠邑区西南）大战时，夏王所作的誓师动员令。一般认为，这是迄今所见中国古代最早的军法。

“威侮五行，怠弃三正”，是夏王借以征伐有扈氏的罪名。一般认为：“五行”即金、木、水、火、土，实指“天道”“天象”；“威侮五行”，即轻慢、不敬上天。对“三正”有不同的解释：《经典释文》引“马融云：‘建子、建丑、建寅，三正也。’”；《史记集解》引“郑玄曰：‘天、地、人之正道。’”；顾颉刚、刘起釪则考证以上解释是错误的，“三正”与“五正”、“六正”、“多正”是一类的，都是诸大臣、官长的概称。① 所谓“怠弃三正”，即下不敬大臣。有扈氏犯下如此滔天大罪，上天要断绝其天命；因此，夏王要率领军队奉行上天之罚。

这条军法规定：“左不攻于左，汝不恭命；右不攻于右，汝不恭命；御非其马之正，汝不恭命。用命，赏于祖；不用命，戮于社。予则孥戮汝。”

一般认为，这是夏王在战前发布的军法。其意为：所有在战车左边的战士，如果不好好完成左边的战斗任务，就是你们不奉行命令；在战车右边的战士，如果不好好完成右边的战斗任务，也是你们不奉行命令；驾驭战车的战士，如果不胜任而贻误了御车的任务，也是你们不奉行命令。努力奉行命令的，就在庙里给予奖赏；不努力奉行命令的，就在社坛里杀掉。

---

① 参见顾颉刚、刘起釪：《〈尚书·甘誓〉校释译论》，载《中国史研究》，1979（1）。

第三节　商代法律思想与制度

一、神权法思想的盛行

“天讨”“天罚”的神权法思想，在商代发展到了高峰。商代统治者以迷信鬼神而著称。《礼记·表记》说：“殷人尊神，率民以事神。”

随着商王权力的加强，在当时的宗教中出现了一个主宰一切的至上神“帝”或“上帝”，举凡国家大事，都要通过占卜向上帝请示。发展到后来，为了假托神意，商王几乎无事不卜，无日不卜。正如《礼记·曲礼》所说“敬鬼神，畏法令也”，将实施刑罚说成是上帝的意志，是秉承神的旨意，代天行罚。“敬鬼神”的目的是使民“畏法令”。

二、传世文献所载的商代法律及其主要内容

目前所见商代甲骨刻辞中没有关于商代立法活动的记载。但是，从文献记载来看，商代统治者已经进行了立法活动，并且制定了刑事法律。

征射手甲骨文。商代征战时每乘战车有一名弓箭手。征三百名，说明已达三百乘。

“三师”甲骨文：“丁酉贞，王作三自（师），右中左。”说明商代晚期已有左、中、右三师（军）的建制。

图 1-1　商代甲骨文与法律[①]

① 参见李默主编：《中华文明大博览》，商朝，80页，广州，广东旅游出版社，1997。

（一）商代的立法概况

1.《汤刑》

《左传·昭公六年》记载："商有乱政，而作《汤刑》。"这是晋国叔向在反对郑国子产"铸刑书"时提到的。《汤刑》可能就是商代初期所制定的刑事法律。

又，《孟子·万章上》记载："伊尹相汤以王于天下。汤崩，太丁未立，外丙二年，仲壬四年。太甲颠覆汤之典刑，伊尹放之于桐。三年，太甲悔过，自怨自艾，于桐处仁迁义。三年，以听伊尹之训已也，复归于亳。"

《史记·殷本纪》也说："帝太甲既立三年，不明，暴虐，不遵汤法，乱德，于是伊尹放之于桐宫。三年，伊尹摄行政当国，以朝诸侯。帝太甲居桐宫三年，悔过自责，反善，于是伊尹乃迎帝太甲而授之政。帝太甲修德，诸侯咸归殷，百姓以宁。"

从这些记载可知，商汤曾制定了刑事法律。但汤之孙太甲即位后却不遵行，因此被相伊尹软禁于桐宫。所谓"汤法""汤之典刑"，可能就是《汤刑》的另一种名称。

到了盘庚时期，法制建设又进一步加强。据《尚书·盘庚》记载，盘庚迁都于殷（今河南安阳小屯），引起了贵族的怨言。盘庚发现贵族不愿意迁移的原因是在位的大臣本身言行不正，于是决定用先王传下的典制来整顿当时的法制。盘庚一再强调，要用刑罚来制裁那些不遵行法律者，"无有远迩，用罪伐厥死"，即无论亲疏，只要犯罪，就一律以刑罚严惩不贷。这次"正法度"就是整顿法制、修订法律，很可能对《汤刑》进行了补充、修改，增加了有关严惩大臣不遵行法律的内容。

祖甲在位时期，也对《汤刑》进行了修订。《竹书纪年》记载："祖甲二十四年，重作《汤刑》。"这里所谓的"重作"，或许就是在《汤刑》的基础上重新修订，使其内容更加完善，以适应当时社会发展的需要。

从文献记载来看，《汤刑》是商代的一个基本法律，整个商代一直适用。但是，由于《汤刑》已经失传，其内容已无法考订。《吕氏春秋·孝行》引《商书》曰："刑三百，罪莫重于不孝。"东汉高诱注："商汤所制法也。"也即传说商汤制定的《汤刑》有三百条之多，最重的就是"不孝"罪。

2.《汤之官刑》

除《汤刑》之外，商代初期还制定了单行刑事法规《汤之官刑》。《墨子·非乐上》记载："先王之书，《汤之官刑》有之。曰：其恒舞于宫，是谓巫风，其刑，君子出丝二卫，小人否。"沈家本《历代刑法考·律令一》按："此官府之刑，汤所制也。"①

这是战国时期有关《汤之官刑》的最早记载。既言"先王之书"，可知在当时这是比较有根据的一种说法。

3."弃灰之法"

据文献记载，商代还有"弃灰之法"。《韩非子·内储说上》说："殷之法，刑弃灰于街者。子贡以为重，问之仲尼。仲尼曰：'知治之道也。夫弃灰于街必掩人，掩人，人必怒，怒则斗，斗必三族相残也，此残三族之道，虽刑之可也。且夫重罚者，人之所恶也，而无弃灰，人之所

---

① 沈家本：《历代刑法考》，卷二，819页，北京，中华书局，1985。

易也，使人行之所易而无离所恶，此治之道，一曰：‘殷之法，弃灰于公道者，断其手。’子贡曰：‘弃灰之罪轻，断手之罚重，古人何太毅也?’曰：‘无弃灰，所易也；断手，所恶也。行所易，不关所恶，古人以为易，故行之。’”沈家本《历代刑法考·律令一》按：“此法太重，恐失其实，即前后两说已不甚同矣。”①

“弃灰之法”，在战国时期已经有两种不同的传说。尽管所处之刑罚轻重相差很大，但是商代出现这种酷刑也不足为怪。

（二）商代的主要法律形式

商代的法律形式，主要有：刑、王命和单行法规。

刑，即《汤刑》，是商代的刑法。王命，是商王所发布的命令，具有较高的法律效力，如《尚书·汤誓》中所保留的汤伐桀所作誓师之词，《尚书·盘庚》中所存商王盘庚发布的迁都之命。单行法规是针对某一具体事物或人所发布的命令，如《汤之官刑》、“弃灰之法”。

（三）商代的刑事法律

1. 主要罪名

（1）不吉不迪。

盘庚迁殷之前所宣布的罪名。《尚书·盘庚中》记载：“乃有不吉不迪……我乃劓殄灭之……”吉，善；迪，道；劓殄，灭绝家人。其大意即，如果行为不善，不按盘庚所说的正道行事，就将其本人处以死刑，并灭绝其全家。

（2）颠越不恭。

盘庚迁殷之前所宣布的罪名。《尚书·盘庚中》记载：“……颠越不恭……我乃劓殄灭之……”颠，狂；越，逾，指不法行为；不恭，不从王命。意即，如果狂妄放肆，违法乱纪，不服从国王的命令，就处以死刑，并灭绝其全家。

（3）暂遇奸宄。

盘庚迁殷之前所宣布的罪名。《尚书·盘庚中》记载：“……暂遇奸宄……我乃劓殄灭之……”暂，读作渐，诈欺；遇，读作隅，奸邪；奸宄，做坏事，在外为奸，在内为宄。意即，诈伪、奸邪、犯法作乱者，处以死刑，并灭绝其全家。

（4）不孝。

《吕氏春秋·孝行》引《商书》说：“刑三百，罪莫重于不孝。”商朝重祭祀，讲究宗法，因而刑法以“不孝”罪为最重者，孝的内容即要求孝顺父母，但实际上是要尊祖敬宗，以维护宗法制。

（5）巫风。

《墨子·非乐上》记载：“先王之书，《汤之官刑》有之。曰：其恒舞于宫，是谓巫风，其刑，君子出丝二卫，小人否。”“巫风”罪，即官吏沉醉于歌舞，处以罚丝。

（6）弃灰于公道。

见于前引《韩非子·内储说上》。“弃灰于公道”罪，即向公道上扬灰。因此举可引起路人

---

① 沈家本：《历代刑法考》，卷二，820页，北京，中华书局，1985。

发怒，导致斗殴，故处以重刑。

2. 主要刑名

商代的刑罚制度已经初具规模。战国时期的学者对此早已有评价。《荀子·正名》说，“刑名从商”。也即认为刑罚之名称始于商代。商代的刑罚名称，或可为传世文献记载和出土的甲骨刻辞所证实。

（1）炮格。

据《史记·殷本纪》记载，商代末期，“百姓怨望而诸侯有畔者，于是纣乃重刑辟，有炮格之法”。《史记集解》引《列女传》曰：“膏铜柱，下加之炭，令有罪者行焉，辄坠炭中，妲己笑，名曰‘炮格之刑’。”《史记索隐》引邹诞生云：“‘格，一音阁。’又云：‘见蚁布铜斗，足废而死，于是为铜格，炊炭其下，使罪人步其上’，与《列女传》少异。”

“炮烙”之“烙”，当为“格”之讹传。可见，“炮格”之刑是商纣王所创的，即在铜柱上涂油，下加火烧热，令罪犯在铜柱上走，坠炭中烧死。这是一种非常残暴的刑罚。

图 1-2　商纣王炮格害政[①]

（2）醢（音 hǎi，海）。

《史记·殷本纪》记载：“九侯有好女，入之纣。九侯女不憙淫，纣怒，杀之，而醢九侯。”

醢，即把人杀死，捣成肉酱。纣王用此酷刑最终招致亡国。屈原《离骚》说：“后辛之菹醢兮，殷宗用而不长。”

（3）脯（音 fǔ，府）。

《史记·殷本纪》记载：“醢九侯，鄂侯争之强，辨之疾，并脯鄂侯。”脯，即将罪犯晒成肉干。

① 参见刘昕主编：《中国古版画》，人物卷·教化类，84 页，长沙，湖南美术出版社，1998。

（4）断手。

《韩非子・内储说上》记载："殷之法，弃灰于公道者，断其手。"

（5）罚丝。

专门适用于官吏贵族的一种刑罚。也即判决向官府缴纳一定数量的丝。《墨子・非乐上》记载："先王之书，《汤之官刑》有之。曰：其恒舞于宫，是谓巫风，其刑，君子出丝二卫，小人否。"

（6）劓殄。

《尚书・盘庚中》记载："乃有不吉不迪、颠越不恭、暂遇奸宄，我乃劓殄灭之，无遗育，无俾易种于兹新邑。""劓殄"，即灭绝；育，即幼童。也就是说，如果犯了"不吉不迪""颠越不恭""暂遇奸宄"罪，就不仅将其本人处以死刑，而且要将其后代统统处死，不使其后代在新邑里繁衍。此即后世的族诛。

（四）商代的民事、婚姻、继承制度

由于史料所限，无法概括商代的民事、婚姻、继承制度的总体情况，只能对其中的所有权、贵族婚姻形式和王位继承的原则，作一粗略的简介。

1. 民事法律制度

关于商代的土地所有权，一般认为，从法律上讲为王所有，不存在土地私有制。商王享有最高的土地所有权，将土地分赐给贵族使用；领受土地者占有土地，并向商王缴纳贡赋，但没有所有权，不得买卖土地。奴隶则被作为私有财产，可以任意被转让和买卖。

而其他财产，则以家庭为单位，由家长占有、管理，家庭的一般成员不享有财产所有权。

2. 婚姻制度

从甲骨文所反映的信息来看，商代的贵族实际上实行一夫多妻制度。据统计，高宗（武丁）有妻妾多达 64 人。

从文献记载可知，商代贵族之间还盛行姊妹随嫁的媵嫁制。而对妇女来说，只能嫁一夫。

3. 继承制度

在古代社会，政治身份的继承意义远远超过了财产的继承。一般认为，商代初期，王位继承是兄终弟及与父死子继并行，但以前者为主要原则。也即兄死后，其王位和财产由其弟继承；若无弟，则传给其子。商代末期，父死子继基本上代替了兄死弟及，但也出现了嫡长子继承的现象。这一制度影响了西周嫡长子继承制的形成。

（五）商代的司法制度

1. 司法机关与审判活动

说起司法审判，中国古代传说中影响最大的就是所谓"神兽断狱"说。据载，远古时代，舜继尧位后，即命东夷族首领皋陶任"士"即法官，负责执掌刑法。于是，皋陶成为中国古代第一位法官。每当遇到疑难案件时，皋陶就牵出一个独角神兽，协助断决是非曲直。凡是有罪的，神兽便用独角抵触。无罪者，则不触。这种善于审断疑难案件的神兽被称为"廌"，又名"獬豸"。其形似牛或似羊，也有的说似鹿，独角，性忠，善辨曲直，因而被借助审理疑难案件。

可见，在古人看来，“廌”是一位了不起的神“法官”。这一传说流传于后世，并在实践中与法官联系在一起，在商代仍有一定的影响。

商王掌握最高审判权，主持占卜的卜者可能也参加审判。从甲骨文来看，商代人凡事都要通过占卜向“帝”请示。如年成丰歉、战争胜负、下雨打雷、官吏的任免都诉诸鬼神，或许定罪量刑也要诉诸鬼神。此外，商王还经常为营造监狱之事求神问卜。

商代统治者在司法审判实践中进行频繁的占卜，充分地反映了其“敬鬼神”的神权思想意识。《礼记·曲礼》的“敬鬼神，畏法令也”，一语道破了商代统治者神权法思想的实质，一切司法活动都成为鬼神意志的体现。

2. 监狱

《史记·殷本纪》记载：“纣囚西伯（周文王）羑里。”“羑里”，即“牖里”，本指监狱的小天窗，后来成为监狱的名称。

商代甲骨文的“圉”字，即监狱的象形，其意是罪人跪坐，双手前伸戴有刑具，囚禁于封闭的地牢之中。“囚”字则更生动、形象，为人蜷曲身体被关押在地牢中之象形。

三、殷墟甲骨文所见有关刑罚的文字[①]

目前所见商代甲骨文中已经有一些刑罚之字。从其字形来分析，商代已有后世“五刑”的滥觞，有的甚至可能就是遗留下来的用刑卜辞。

（一）黥刑

黥刑，又名墨刑，是一种古老的刑罚，起源很早。吕思勉曾指出黥刑起源于越族的文身之习俗。[②] 甲骨文中没有黥刑等字，甲骨文的“竟”字就是黥刑的会意字。其“竟”字就是“黥”字的初文，“黥”或“剠”是后起的形声字。[③]

（二）劓刑

甲骨文有“刵”字，《说文解字》云：“自，鼻也，象形，凡自之属皆从自。”甲骨文的“自”字，的确是鼻子的象形。“刵”字，从刀从自，象征割鼻之意，当是“劓”字的古体。如裘锡圭所指出的，此刑也是源自“某些边裔民族的风俗”。

（三）刖刑

甲骨文有一奇字，整个字像用锯或以手持锯，截断人的一足之形。此字应为“刖”字的古体。含有“刖”字的卜辞，较完整者有：

贞：刖寂八十人，不死？（《合集》五八正）

贞：刖寂，不死？（《合集》五八一）

---

① 参见裘锡圭：《古文字论集》，210～215页，北京，中华书局，1992。

② 参见吕思勉：《先秦史》，395页，上海，上海古籍出版社，2005。

③ 参见詹鄞鑫：《释辛及与辛有关的几个字》，载《中国语文》，1983（5）。

其大意即，对 80 个寇人施以刖刑，是否会发生死亡现象？

这些卜辞很可能是用刑占卜后遗留下来的，商代有刖刑，已属无疑问。1971 年，在安阳后冈 M16 号墓西侧的二层台上发现一殉葬者，其骨架保存较好，但少一下肢。胡厚宣断定这“是一个生前就受过刖刑残害的奴隶”①。

（四）宫刑

甲骨文还有一奇字，一边是男性生殖器的象形，一边是刀，表示以刀割去生殖器之意。一般隶定为“刵”字，是后世宫刑的古字。

（五）死刑

在甲骨文中，涉及死刑的字形较多，主要有以下几个。

“伐”字，像以戈砍人头之形。《说文解字》：“伐，击也。从人从戈。”段注：“伐谓击刺之，按此伐之本义也。”

“戠”字，于省吾认为“即今方言切物曰剁的本字”②。在甲骨文和商代铜器铭文中，都出现有用斧钺剁人的字形，非常逼真地再现了当时杀人的情形。

“敀”字，于省吾考释“乃剖腹刳肠，为后世凌迟之刑的起源”③。

“乇”“舌”“袥”字，据于省吾考释，此字典籍通作“矺”，与“磔”字同，即裂其肢体而杀之。④

“烄”字，像在火上焚烧系索于颈之人，即“火刑”⑤。

深度阅读

1. 胡留元，冯卓慧. 夏商西周法制史. 北京：商务印书馆，2006
2. 杨鸿烈. 中国法律发达史. 北京：中国政法大学出版社，2009

问题与思考

一、思考题

1. 简述中国国家和法的起源及其依据。
2. 中国古代“礼”与“刑”、“法”、“律”字的含义分别是什么？
3. 简述夏商的神权法思想及其发展。

---

① 胡厚宣：《殷代的刖刑》，载《考古》，1961（2）。
② 于省吾：《甲骨文字释林》，213、214 页，北京，中华书局，1979。
③ 同上书，167 页。
④ 参见上书，168、169 页。
⑤ 同上书，序，7 页。

4. 夏代刑法的主要内容是什么？
5. 简述商代刑法的主要内容。
6. 简述商代民事、婚姻和继承制度的主要内容。

二、练习题

（一）单项选择题

1. 中国早期的五刑指的是（　　）。（考研）

A. 大辟、膑、宫、黥、墨　　B. 墨、黥、刖、宫、大辟
C. 墨、劓、剕、宫、大辟　　D. 墨、黥、宫、大辟、劓

答案：C

2. 夏代法律的主要表现形式有（　　）。

A. 律　　B. 格　　C. 令　　D. 王命

答案：D

3. 夏代的中央最高司法官叫（　　）。

A. 大司寇　　B. 大理　　C. 小司寇　　D. 蒙士

答案：B

4. 商代的法律又被称为（　　）。（考研）

A. “殷彝”　　B. “汤诰”　　C. “九刑”　　D. “禹刑”

答案：A

5. 商代的最高司法裁决者是（　　）。

A. 司法官　　B. 商王　　C. 大贵族　　D. 小贵族

答案：B

6. “五刑之疑有赦，五罚之疑有赦”原则发端甚早，可追溯到（　　）。

A. 舜帝时皋陶执法　　B. 夏代中期　　C. 商代早期　　D. 商代中期

答案：A

（二）多项选择题

7. 夏商时期的法律思想是（　　）。

A. 天讨　　B. 明德　　C. 神判　　D. 慎刑

答案：AC

8. 商代的罪名有（　　）。

A. “颠越不恭”　　B. “不吉不迪”　　C. “暂遇奸宄”　　D. “首匿”

答案：ABC

9. 商代前期实行什么继承制度？（　　）

A. 指定继承制　　B. 父死子继制　　C. 兄终弟及制　　D. 任意继承制

答案：BC

10. 夏商时期“五刑”制度中的“肉刑”有哪些？（　　）

A. 墨、劓　　B. 剕　　C. 宫　　D. 大辟

答案：ABC

第二章 西周时期法律思想与制度

本章重点知识

1. 西周法律思想。
2. 礼刑关系。
3. 西周法律制度的主要内容。

西周时期（公元前11世纪—公元前8世纪）是指自武王灭商至平王东迁这一时期，历时约三百年。西周是继夏、商二代建立的王朝，是中国上古文明的全盛时期，其思想观念、政治文化、典章制度，经过儒家的宣扬与鼓吹，对中国后世的影响可谓无比深远。在立法思想方面，西周统治者继承了夏、商两代“天讨”“天罚”的神权法思想，进而提出“以德配天”“明德慎罚”的立法主张，并采用礼、刑并驾齐驱的法律形式，启动了中国古代礼法结合、道德与法律相互渗透和融合的历史进程。可以说，西周在比较成熟的宗法制与分封制这一社会基础上，逐步建立起了对中国后世影响全面、广泛而深远的法律体系。

第一节 “明德慎罚”思想的推行

在西周时期，在夏、商两代“天讨”“天罚”的神权法思想基础上发展起来的“以德配天”“明德慎罚”思想逐步成为立法与司法的基本指导思想。这一发展或转变，关键在于“德”这一思想观念的新的内涵的确立。这为中国后世“德主刑辅”这一正统意识形态的最终确立以及发展提供了最为直接的思想渊源，从而决定了中国古代社会法律传统的基本特征。

一、“以德配天”：“明德慎罚”思想的哲学依据

中国文明起源初期，受人们对大自然认识水平的限制，加上农耕文明成为主流的生产、生

活方式，大自然或“天”在人们的头脑中占有相当重要的位置。可以说，华夏先祖将“天”视为万物的主宰，是一切事物的本源。而在国家逐渐形成的历史过程中，这种“天道”观念也就被用来为适用法律、实施刑罚提供正当性的理由和借口。夏、商两代相继鼓吹和弘扬“天讨”“天罚”之类的思想观念，以为国家统治和刑罚适用制造依据。西周虽然继续运用“天道”观念以论证其政治统治的合理性，但是面对夏、商两代先后失去政权的社会现实，其必须对“天道”观念作出新的解释，才可能获得社会公众的认可和接受，尤其是西周作为商王朝治下的诸侯国，以“小邦周”去统治“大国殷”，必须有一种新的理论解释来为武王灭商这一“革命”提供合理性与合法性的正当理由。

正是基于这样的历史背景，西周统治者在王朝成立之初，开始对“天命”观念进行改造。改造的关键，在于引进或重新阐释一个“德”字。“德”之一词，实为中国文明之关键概念，也是中国法律文明的独特精神品质与基本指导思想。过去主流的观点一般认为，“德”的提出，乃是西周取代殷商带来的社会与思想革命。这种观点有两点值得注意：一是西周取代殷商提出“德”这一观念，主要的目的在于重新解释夏商时期的“天命”观念，也就是通过“皇天无亲，惟德是辅”① 以解释西周取代殷商的合理性；二是西周对“德”观念的解释，主要是赋予其一种内在精神。但这并不意味着“德”这一观念在西周以前是可有可无的，甚至是不存在的。事实上，“德”字本为“惪”之借字，其本字当为“悳”字，许慎解释道：“悳，外得于人，内得于己也。”② 从许慎的解释来看，“德”不仅可通“得”，而且有外在与内在两个方面，“内得于己”大致就是作为一种内在精神的道德品质，“外得于人”应是从外在世界的一种获取或获得。在这个意义上，西周时期对“德”的阐发，重在发挥“内得于己”这一面，而“外得于人”这一面的“德”，应与中国文明同步发端或起源。郭沫若在《周彝中之传统思想考》一文中便认为“得之于外”主要在于“崇祀鬼神，帅型祖德”③，这可能表明，“德”这一观念应与起源于祭祀祖先与鬼神的礼是孪生兄弟，二者是相辅相成的。既然“德”肇端于祭祀祖先与鬼神，也就必然会在“外得于人”的基础上日益强调“内得于己”，以此获得社会大众的支持与认可。班固说，“故不仁爱则不能群，不能群则不胜物，不胜物则养不足。群而不足，争心将作，上圣卓然先行敬让博爱之德者，众心说而从之”④，就是这个道理。因此“圣人取类以正名，而谓君为父母，明仁爱德让，王道之本也。爱待敬而不败，德须威而久立，故制礼以崇敬，作刑以明威也”⑤，可见德的观念不仅先于礼、刑的观念，而且还是制礼、作刑需要保障的基本目的。也正因为礼、刑逐渐成为主要的外在调控手段，“德”的观念也就从“外得于人”这一面相而向“内得于己”这一面相转化，并逐步发展成为礼、刑的指导思想，这是西周“德”的这一观念革命的真实目的与本质。

更重要的是，在这一“外得于人”向“内得于己”的思想转换中，“天人合一”观念发挥了极其重要的作用。从三皇五帝的传说时期直至夏商，频繁使用的“天讨”“天罚”这些观念

---

① 《尚书·蔡仲之命》。

② 《说文解字》。

③ 郭沫若：《金文丛考》。转引自郑开：《德礼之间——前诸子时期的思想史》，45页，北京，生活·读书·新知三联书店，2009。

④⑤ 《汉书·刑法志》。

深刻地反映了德的"外得于人"这一面，而西周"德"的观念革命，正是要从外在的"天"转向内在的"人"，这才有"皇天无亲，惟德是辅"[①]的观念转型。因此班固说"圣人因天秩而制五礼，因天讨而作五刑"[②]，是对这一观念转型的深层解释。也正是这一观念转型，不仅为"明德慎罚"思想指明了哲学依据，而且奠定了中国法律文明最为根本的思想特征。

二、"明德慎罚"思想的确立与发展

在"以德配天"哲学观念的指引下，西周的"明德慎罚"思想有着自己独特的确立与发展历程，这是一个逐步深入认识的历史过程。西周在王朝成立之初，充分吸取了殷商亡国的历史教训，开始反思"天命"观念指导下的"天罚"思想，对神权法理论进行较大程度的修正和改造。首先，周人将殷商的帝祖结合改造为帝祖分离，即将上帝崇拜与祖先崇拜明确分离开来，并以帝为天。其次，周人在帝祖分离之后，将祖和德紧密联系在一起，即德祖相配。也就是说，"经过周人的改造，从上帝神中分离出来的祖先神，已和'天罚'完成脱离关系而变成一尊专门给人赐福，护佑后代功成名就，并在周人现实生活中发挥实际作用的偶像"[③]。这样，周人就将"有德"和"无德"与国家的兴亡、政权的得失紧密联系在一起了。最后，周人继帝祖分离、德祖相配之后，对"天罚"思想进行了再改造，认为问题的关键不是在天，而是在人，因为"天命靡常"[④]，"皇天无亲，惟德是辅"。这就是说，天命并不是一成不变的，而是选择那些有德的人执掌权力以实施统治，一旦他们失去应有的德性，就会失去上天的保佑和庇护。

这样，"德"就成了联结天命与人事的关键概念。人间的君王要统治万民，就必须"敬德""明德"，"以德配天"，以求上天庇佑，从而使国祚绵长。这种理论说教一旦深入法律主张上，就会形成处理立法与司法事务的"明德慎罚"思想。这就使西周初期逐步超越了夏、商两代的"天讨""天罚"的神权法观念，确立起了更为成熟的立法与司法指导思想。不少成、康时期的铜器铭文表明，"明德慎罚"是西周初期一以贯之的法律思想，如《班簋》中的铭文"惟显敬德"和"亡弗怀刑"，就是迄今出土铜器铭文中第一次将"德"和"刑"联系在一起的铭文记载。这大致可以印证，《尚书·康诰》所载的周公教诲其弟封、追述其父文王的"惟乃丕显考文王，克明德慎罚"是具有一定的历史真实性的。

图 2-1　周公姬旦像

西周在中后期经历了几次大的社会动乱，"明德慎罚"思想在短暂的沉寂之后，又多次被重新激活，其对立法和司法活动的影响，促进了社会的复苏和稳定，反过来使自身获得进一步

① 《左传·僖公五年》。
② 《汉书·刑法志》。
③ 胡留元、冯卓慧：《夏商西周法制史》，308页，北京，商务印书馆，2006。
④ 《诗经·大雅·文王》。

发展，日益丰富和完善。西周中期，穆王败德，“明德慎罚”思想开始淡薄。穆王一方面穷兵黩武，另一方面又搜刮掠夺。为了镇压人民反抗，穆王推行高压政策，滥用酷刑。穆王晚年开始认识到这些错误，力图惩前毖后，痛改前非，并对随后继任的共王加以谆谆教诲，这就为共王、懿王时期“明德慎罚”思想的第二次兴起创造了条件。迄今出土的这一时期的铜器铭文所见“德”字之多，可见“明德慎罚”思想再次被深入地强调和弘扬。

西周后期，厉王暴德虐民，各种矛盾汇集，社会危机空前严峻，“明德慎罚”观念再次被信手抛弃。厉王的暴政和其施行的刑事高压政策，最终激起了人民的反抗，公元前841年国人暴动，厉王被逐。宣王在即位后，充分吸取厉王的沉痛教训，努力修德，带来了西周历史上第三次“明德慎罚”思想的兴起，这对于收拾厉王暴政之后的残局以及延续近半个世纪的统治起了相当重要的作用。

“明德慎罚”思想从西周初期的确立到中后期的再次兴起与发展，其内涵日益得到加深与拓宽，逐渐形成了一系列基本原则与内容，这不仅对西周的法律发展发挥了直接的指导作用，而且被后世历代统治者所继承“明德慎罚”思想被奉为政治法律制度的理想原则和正统意识形态的标本，并经儒家学派的发挥与鼓吹，最终形成“德主刑辅、礼刑并用”的基本法律思想和法制方针，成为中国古代社会最具影响力的一种法律意识形态。

三、“明德慎罚”思想的原则与内容

作为国家处理立法、司法事务的指导理论，“明德慎罚”思想主张将教化与刑罚紧密结合了起来，实施德教、推行教化是前提，是第一位的；适用刑罚是手段，是次要的或辅助的。这是“明德慎罚”思想总的原则，也就是“敬明乃罚”[①]。所谓“明德”，就是主张崇尚德治，施行德教，推行教化，也就是要求统治者通过道德教化，凭借道德力量去教育、感化民众。所谓“慎罚”，就是主张在适用法律、实施刑罚的时候努力做到审慎、宽缓，避免以严刑峻罚来迫使民众服从。只有在教化无能为力的时候，才运用刑罚予以惩治。这样，西周的统治者就将“明德”与“慎罚”巧妙地结合起来了，寓“德”或“教”于“刑”之中，使二者相辅相成，融为一体。

基于这一总的原则，“明德慎罚”思想的具体内容也就从两个方面展开，即“德”与“刑”两个方面。从“德”的方面来讲，就是推行德治与教化，以教为先。在《周书》各篇尤其是以“诰”为名的各篇中经常可以看到“文王教”“朕教”之类的话语，而“诰”字本身就包含着教的意思。譬如周公给康叔的一段诰辞说：“厥或诰曰：‘群饮。’汝勿佚，尽执拘以归于周，予其杀。又惟殷之迪诸臣惟工，乃湎于酒，勿庸杀之，姑惟教之。有斯明享，乃不用我教辞，惟我一人弗恤弗蠲，乃事时同于杀。”[②] 为了笼络殷商遗民，周公对殷商旧臣以及掌管手工业的百工“湎酒”犯罪，采取“勿庸杀之”“姑惟教之”的政策，只有在教化不能奏效时，才将他们处死。西周的统治者这种高度宣扬教化的政治态度，成为后来儒家鼓吹教化主义刑罚观念的思想渊源。

---

① 《尚书·康诰》。
② 《尚书·酒诰》。

德教或教化如何具体推行？西周的统治者逐渐归纳出内涵广博的“礼治”，也就是要求君臣、上下、父子、夫妻、兄弟等按照“礼”的秩序去生活，从而形成有效的社会关系。而“礼”的核心，在于“亲亲”与“尊尊”。“亲亲”就是要求在一定的亲族范围内，人人都应爱护自己的亲属，按照自己的身份行事，亲疏远近、尊卑长幼都应有明确的次序。“尊尊”就是要求在一定的社会范围内，人人都要尊敬一切应该尊敬的人，恪守自己的名分，君臣、上下、贵贱都有明确的分野与等级秩序。前者的核心是孝，“亲亲父为首”；后者的核心是“忠”，“尊尊君为首”。推行德教或教化的目的，就是向天下臣民灌输这种等级森严的社会体制之类的思想观念，使天下臣民接受一种自上而下的家长式的统治方式，从而使国家安定、社会稳定，天下太平。

从“刑”的方面来说，“明德慎罚”就是要在推行德教或教化的前提下，谨慎适用刑罚，努力做到用刑宽缓。为此，西周的统治者制定了一系列指导立法与司法活动的刑罚原则与政策，从而将道德教化与刑罚镇压内在结合起来，创造了一种特殊的“礼治”社会，形成了中国古代社会“礼”“刑”结合的法制特色。

第二节　立法概况与法律形式

西周的主要立法活动有二：一是制礼，二是作刑。礼与刑也就构成了西周时期最为主要的两种法律形式，二者之间相辅相成，在“以德配天”“明德慎罚”思想的指导下，共同发挥着调整社会秩序的功能与作用。

一、制礼

礼源于原始社会末期，夏、商两代礼已被上升为国家统治的基本工具。西周在夏、商两代的基础上，对礼进行了大刀阔斧的创制改革。周礼何人所作？有言周公的，也有说成王的，还有指《周礼》是伪造的。但不管怎样，西周曾有制定礼制的系列活动，这是毋庸置疑的。周礼的内容非常广泛、庞杂，上至国家的政治、经济、军事、文化制度，下至个人的言行举止以及社会风俗习惯、礼节仪式，可谓无所不包。这些名目繁多的礼，具体总结起来，大致可以归纳为以下五种，统称为“五礼”。(1) 吉礼，即祭祀之礼。用于祭祀，要求虔诚敬侍先祖与鬼神。(2) 嘉礼，即冠婚之礼。用于吉庆活动，包括饮食、冠婚各类活动的烦琐仪式。(3) 宾礼，即迎宾之礼。用于朝聘会同，要求礼貌和节。(4) 军礼，即行军作战之礼。用于征伐，要求果毅。(5) 凶礼，即丧葬之礼。用于丧葬凶荒，要求哀痛、忧思。

这些形形色色的礼仪，具有一种共同的根本精神，那就是“亲亲”与“尊尊”，也就是强调等级名分或等级差别，“定亲疏，决嫌疑，别同异，明是非也”①。可见，礼是一种统治者用来区分贵贱、尊卑、长幼、亲疏之别的统治工具。正是依托礼所具有的这一精神或特点，西周

① 《礼记·曲礼》。

建立起了金字塔般的宗法制、分封制，整个社会都被纳入一种独特的组织结构之中。这种社会组织结构，通常就被称作“礼治社会”或“礼治秩序”。所以，在西周时期，周礼不仅起着一种法律调节的作用，而且可以毫不夸张地说，周礼甚至具有国家根本大法的基本特点，是西周国家一切政治生活规范的根本，是政治、军事、司法、教育、道德等上层建筑领域的行动准则，所谓“道德仁义，非礼不成；教训正俗，非礼不备；分争辨讼，非礼不决；君臣上下，父子兄弟，非礼不定；宦学事师，非礼不亲；班朝治军，莅官行法，非礼威严不行”[①] 是也。由此可见，制礼属于西周一种极其重要的立法活动。

二、作刑

西周最早的刑事立法活动可以追溯到文王时期，为加速推翻商朝的大业，其制定和颁行了“有亡荒阅”与“罪人不孥”等民事、刑事法规。“有亡荒阅”是有关搜捕逃亡奴隶、使之归于原主的法律规定，“罪人不孥”则针对商朝“罪人以族”而制定，这些对灭商建周发挥了重要作用，是周王朝立法活动的开端。

西周初期的主要刑事立法活动应属《九刑》。《左传·昭公六年》记载，“周有乱政，而作九刑”。《九刑》也已失传，后世对其大致内容众说纷纭，有人认为《九刑》就是周公制定的九篇刑书，但也有人认为，《九刑》是在墨、劓、剕、宫、大辟“五刑”体系的基础上，再加上鞭、扑、赎、流四种刑罚，后一种说法应该比较切合实际。《九刑》制定出来以后，随着社会的发展变化，又曾得到几次大的修正。

西周中后期的主要刑事立法活动当为《吕刑》。穆王为稳定政局，增加财源，任命吕侯为司寇，对各种法律法令损益详定，制定出了《吕刑》。因为吕侯又称甫侯，所以《吕刑》也被称为《甫刑》。《尚书·吕刑》对此有着一定的历史记录，虽有后人的附会，但大致还是反映了《吕刑》的制定情况与相关内容。简而言之，《吕刑》的中心思想在于强调“德”“刑”二字以及二者之间的关系，综合起来讲，就是“明德慎罚”。此外，《吕刑》也记载了不少刑罚原则与诉讼制度，尤其强调对赎刑的运用。

三、礼、刑关系

要理解西周时期的礼刑关系，就必须紧扣“德”这一核心概念。“德”在中国文明的早期，与礼往往没有什么区别，总是“意味着规范性的社会行为方式及其原则”[②]，但随着制礼、作刑这些社会进程的演进，德的外在方面便演化为礼，而礼不足的地方，便再上升为刑。这样，“‘德’更趋内向（精神），而‘礼’更趋外在（规范）”[③]，德、礼这一基本关系便成为对中国后世影响深远的文化动力，德、刑的关系也不例外。

也正是因为德这一观念的历史转化，礼也从最初的礼仪（礼之仪）逐渐朝着礼的内在精神

---

① 《礼记·曲礼》。

② 郑开：《德礼之间——前诸子时期的思想史》，93页，北京，生活·读书·新知三联书店，2009。

③ 同上书，94页。

（礼之义）这一方向发展，使礼日益兼具外在规范与内在精神两个面相。作为外在规范的礼仪，不断得到系统化与制度化；而使其系统化和制度化的动力，则源于德这一观念的支持，从而使礼逐渐成为一种以“亲亲”“尊尊”为核心内容的内在精神。礼的这一历史转化与发展，进一步拓展出了刑的发展空间，其外在规范的一面，不断成为刑的构成来源，从而使礼、刑关系成为先秦时期重要的思想内容。

因此，在先秦时期，礼的内容也就不断成为刑的重要组成部分，很多关于各种罪行的规定，主要是依据礼的精神和规范加以制定的。在这个意义上，被并列使用的礼与刑，相辅相成，互为表里，但又有各自性质与功能的不同。首先，礼是刑的重要来源，“礼之所去，刑之所取”，“出礼则入刑”①；其次，礼是积极、主动的事先预防，而刑则是消极、被动的事后制裁，“礼禁未然之前，法施已然之后”②；再次，礼的功能重在教化，而法的功能重在惩罚；最后，礼与刑都强调等级与差别，维护不平等的社会关系与秩序，即“礼不下庶人”“刑不上大夫”③，这并不是说庶人无礼，大夫无刑，而是说礼、刑都有等级和差别，不同等级之间不能僭越。

第三节　刑事法律制度

西周的刑事法律制度在一定程度上继承了夏、商两代的立法成果，但又有着新的发展，无论是在罪名与刑名还是在刑罚原则与刑事政策方面，都有了相当大的进步，并对后世历代刑法的制定与适用产生了重要的影响。

一、罪名

西周关于犯罪种类的规定极其细密，据传有“五刑之属三千”。其主要罪名可以大致按以下九个方面加以归纳：(1) 反对王权或国家方面的犯罪，主要有违反王命罪、谤王罪、变礼易乐罪等；(2) 侵害人身安全方面的犯罪，主要有杀人罪、伤人罪、交害罪、寇攘奸宄罪、斗殴伤人罪、杀人越货罪等；(3) 侵害财产安全方面的犯罪，主要有窃诱牛马臣妾罪、有主物拾得罪、盗窃罪、侵夺山林薮泽罪、伤害牛马罪等；(4) 破坏婚姻家庭方面的犯罪，主要有不孝不友罪、不睦不姻罪、不敬宗庙罪、不以义交罪、杀亲罪、内乱罪、容奸罪等；(5) 妨害社会秩序方面的犯罪，主要有酗酒罪、疑众或惑众罪、言语不信罪、诬告罪等；(6) 违反祭祀礼制方面的犯罪，主要有不祭山川神祇罪、祭祀不敬罪、祭祀不信罪、祭祀怠慢罪等；(7) 官吏履行职责方面的犯罪，主要有五过之疵罪、有罚不终罪、攘狱罪、不永所事罪、侵削众庶罪等；(8) 破坏国家经济政策方面的犯罪，主要有失时罪、士不备耕罪、违约不信罪、过限取息罪、山川专利罪等；(9) 军事方面的犯罪，主要有不从王征罪、逆军犯师罪、军需不逮罪、出征后

① 《后汉书·陈宠传》。
② 《史记·太史公自序第七十》。
③ 《礼记·曲礼》。

至罪、泛军兴罪、嚣喧罪等。

二、刑名

西周在继承夏、商两代“五刑”体系的基础上，已经系统形成墨刑、劓刑、剕刑、宫刑、大辟的“五刑”体系，五刑条文共有三千条，其中墨刑一千条、劓刑一千条、剕刑五百条、宫刑三百条、大辟二百条。五刑之中，大辟是死刑，其他四种都是肉刑。

西周还允许以不同数量的赎金即赎刑，代替本应适用的“五刑”，从而形成了所谓的“五罚”制度。五刑对应不同的赎铜数量，分为五等：墨刑百锾，劓刑两百锾，剕刑五百锾，宫刑六百锾，大辟一千锾。除赎刑之外，西周还有流刑、鞭刑与扑刑。流刑是将有罪者放逐鄙野并限制其自由的刑罚，起源于传说时期的放刑，在西周正式发展成为一个固定的刑种。鞭刑是用荆条或株木痛击犯人背部或臀部的一种刑罚，一般适用于对贵族犯罪的惩罚。扑刑也可以称作杖刑，其与鞭刑有着相同与相异之处。相同处在于两者都是用来惩罚官僚贵族犯罪的刑罚，相异处在于两者的刑具制作与刑罚目的不一。前者用株木，后者用荆条；前者重在教化，而后者重在惩罚。五刑加上鞭、扑、赎、流，也被统称为“九刑”。

图 2－2　刖刑

此外，西周时期还形成了以“圜土之制”“嘉石之制”为名的徒刑、拘役等刑罚方式。“圜土之制”的适用对象是那些违反法律或有罪过又不至于适用五刑处罚的人，使其在狱中劳作，进行改造，以示耻辱。由于这是一种有期限的劳役刑，因而也可以说是中国早期的有期徒刑。“嘉石之制”的适用对象是比“圜土之制”的适用对象更为轻微的犯罪人，其具体处罚办法是“桎梏而坐诸嘉石，役诸司空”①。也就是将那些轻微犯罪人，束缚其手脚，坐立于“嘉石”之

① 《周礼·秋官·大司寇》。

上进行反省与悔改，然后交给司空从事一段时期的劳役，期满后释放。坐石的时间有十三日、九日、七日、五日、三日，共五等，劳役的时间重则一年，轻则三月，亦分为五个等级。可见，“嘉石之制”已经具备了劳役刑的各种要素，大致是中国劳役刑制度的开端。

三、刑罚适用原则与政策

西周在“明德慎罚”思想的指导下，制定了一系列较为明确的基本原则。

一是区分故意与过失、惯犯与偶犯原则。西周时期有了“三宥之法”，即对于三种情况下的犯罪予以宽宥：“一宥曰不识，再宥曰过失，三宥曰遗忘。”[①] 这说明当时对于犯罪在主观恶性上的差别，已经有了相当清晰和深刻的认识。另外《尚书·康诰》亦曾记载周公教谕即将统治殷商遗民的康叔说：“人有小罪，非眚，乃惟终自作不典；式尔，有厥罪小，乃不可不杀。乃有大罪，非终，乃惟眚灾；适尔，既道极厥辜，时乃不可杀。”这里的“眚”是指过失，“非眚”是指故意，“惟终”是指惯犯，“非终”是指偶犯，这里是说故意犯罪与惯犯虽犯小罪，亦不可不杀，而过失行为与偶然犯罪虽犯大罪，亦不能杀。这说明，西周时期对故意犯罪、惯犯从重处罚，对过失犯罪与偶犯从轻处断，已经有了相当高的认识水平了。

二是老幼废疾犯罪减免处罚原则。《礼记·曲礼上》记载：“八十、九十曰耄；七年曰悼。悼与耄虽有罪，不加刑焉。”此外，西周还有“三赦之法”：“一赦曰幼弱，再赦曰老耄，三赦曰蠢愚。”这不仅对老年人与未成年人的犯罪作了减免处罚的规定，而且还对蠢愚之类的废疾人员采取减免处罚的做法，具有相当高超的立法水平。

三是罪责自负、不罚无罪原则。《左传》曾引《尚书·康诰》佚文：“父子兄弟，罪不相及。”[②] “父不慈，子不祗（敬），兄不友，弟不共（恭），不相及也。”[③] 这说明，父子兄弟之间，罪责自负，有罪不相互株连。《尚书·无逸》亦记载周公告诫成王说，“不永念厥辟，不宽绰厥心，乱罚无罪，杀无辜”。

四是罪疑从轻、从赦原则。罪疑从轻、从赦，早在三皇五帝的传说时期就有记载，譬如《尚书·大禹谟》说：“与其杀不辜，宁失不经。”西周继承和发扬了这一传统，在司法实践中贯彻罪疑从轻、从赦原则，对于疑难案件，采取从轻处断或予以赦免的措施。《尚书·吕刑》曰：“五刑之疑有赦，五罚之疑有赦。”为了确保疑罪得以从轻、从赦处断，西周还有审理程序上的“三刺之法”：“一刺曰讯群臣，再刺曰讯群吏，三刺曰讯万民。”[④] 这说明，西周对于司法审判，尤其是重大疑难案件，持有极其慎重的态度。

五是用刑适中、罚当其罪原则。出于“明德慎罚”的思想主张，西周在定罪量刑方面强调“中道”“中正”“中罚”，要求宽严适中，不偏不倚。《尚书·立政》曾引周公盛赞周初司寇苏公的话说：“太史！司寇苏公式敬而由狱，以长我王国。兹式有慎，以列用中罚。”这句话正是这一方面的表现。这就要求审理案件要慎之又慎，不偏不倚，罚当其罪。

六是在刑事政策方面，西周提出了“刑罚世轻世重”理论以指导法律实践。《尚书·吕刑》

---

① 《周礼·秋官·司刺》。
② 《左传·昭公二十年》。
③ 《左传·僖公三十年》。
④ 《周礼·秋官·司刺》。

云："刑罚世轻世重，惟齐非齐，有伦有要。"也就是说，刑罚的宽严与轻重必须根据时势的发展变化，也就是根据国家的具体政治情况、社会环境等因素来加以决定。具体如何做到？孔颖达曾作注疏说："刑新国，用轻典；刑乱国，用重典；刑平国，用中典。"这一理论，是长期政治统治和用刑经验的高度结晶，并对中国后世影响深远。

此外，西周在数罪并罚、类推以及正当防卫等方面，都已经有了相当深刻的认识，逐渐形成了比较成熟的刑罚原则。《吕刑》载有"轻重诸罚有权"，孔颖达认为"下刑适重者，谓一人之身，轻重二罪俱发，则以重罪而从上服，令之服上罪"。这就是从重处断的刑罚原则。至于法律上没有明文规定的犯罪，西周已经形成"上下比罪"，司法官可以采用类推的方法，或用成例比附定罪量刑。而《周礼·地官·调人》所载"凡杀人而义者，不同国，令勿仇。仇之则死"，明显赋予了"杀人而义"这一行为的正当防卫性质。由此可见，西周时期的刑事法律制度已经达到相当可观的水平，尤其是其一系列的刑罚原则与刑事政策，闪烁着中国古代文明的灿烂火花。

第四节　民事法律制度

西周在吸收夏、商两代政治经验的基础上，建立起一套以分封制、宗法制为核心内容的独特政治体制，从而使其民事法律关系，主要受到礼的规范的影响，但随着中后期宗法体制的松弛和演化，以私人所有权为中心的民事关系以及相应的民事规则也得到了进一步的发展。

一、民事主体

民事主体方面，西周社会形成了奴隶主贵族、自由民与奴隶三个大的等级。在奴隶主贵族内部，周天子与被其分封的诸侯之间，形成了上下不同的等级。诸侯在封国内再分封，实行封邑制，受其分封的人被称为卿大夫，同样也依次形成阶梯式或金字塔式的等级结构。奴隶主贵族内部的等级制推行爵位制，可分为五等爵和六等爵两种，即在周王室内部，周天子之下分为五等爵，天子之下有公、侯、伯、子、男；在诸侯国内实行六等爵制，即"君一位，卿一位，大夫一位，上士一位，中士一位，下士一位，凡六等"①。自由民是社会上最为广泛、人数最多的劳动者阶层，主要从事农业生产，也从事手工业、畜牧业、商业等。自由民的人身地位是自由的，但必须向国家承担缴纳贡赋和服力役、兵役的义务。奴隶是西周社会中地位最为低贱的阶层，无人身权和财产权，不是法律上的权利主体，可以被任意虐待、买卖和杀戮。可以说，西周社会各阶层之间的法律地位完全不平等，各阶层所享有的民事权利和承担的民事义务迥然不同。

① 《孟子·万章下》。

二、所有权

在所有权方面，从理论上来说，天下所有的一切，包括土地和人民，最终都归周天子所有，“溥天之下，莫非王土。率土之滨，莫非王臣”①。周天子通过“授民授疆土”的方式，将天下的臣民和土地分封给各诸侯，由各诸侯实际占有、使用和收益，并可进行再次分封，形成各级更小的领主。但是随着时代的发展变化，地方势力日益强大，“王室独尊”的政治格局受到挑战，除了不能自由买卖的“公田”，西周开始出现完全由土地所有人自己控制，可以自由买卖、交换的“私田”，从而带来了土地私有化的汹涌潮流。这又促进了与私有制度密切相关的债、契约等民事制度的进一步发达。

三、债与契约

西周时期，随着私有化观念的兴起，有关债权债务关系与民事契约关系的法律规则日益丰富起来。“债”在西周被称为“责”，“凡有责者，有判书以治，则听”②。也就是说，如果债权人有双方各执一半的债务契约，官府就可以受理这一债务纠纷进行审理。西周时期，债主要有两种类型：一是因侵权行为所发生的债，二是因契约关系所发生的债。前者是指因不法侵害他人人身或财产权而发生的债，受害人有权请求赔偿损失，而加害人必须承担因侵权造成的债务，主要是补偿受害人的损失。从出土的西周青铜器《曶鼎》《散氏盘》的铭文记载来看，因侵权所引发的债的诉讼不为少见。后者是因契约关系构成的债，是西周最主要的债。契约在西周被称作“傅别”“书契”“质剂”“判书”“约剂”等，最常见的契约类型大致有：(1) 买卖契约。“凡买卖者质剂焉，大市以质，小市以剂”③，这不仅规定了买卖契约的形式——质剂，而且还区分了大买卖——质与小买卖——剂，足见西周市场贸易中买卖契约的活跃程度。(2) 借贷契约。《周礼·天官·小宰》载，“听称责以傅别”。这里的“傅别”就是借贷契约，需要借贷双方各执一半。(3) 租赁期约。《鬲攸从鼎》铭文记载了一起因承租人攸卫牧违反契约规定，拒绝缴纳租金而引起的一场民事诉讼，其中就反映了当时的土地租赁以及租赁契约的情况。④ (4) 保管契约。西周曾设“廛人”掌管市场交易中的质布、廛布等，贾公彦为《周礼·地官·廛人》中的“廛布”作注说：“廛布者，货贿诸物邸舍之税者。谓在行肆，官有邸舍，人有置货物于中，使之出税，故云廛布也。”这就是说，廛布是一种因官方保管物品而专门收取的保管费用，也就表明西周时期的保管契约已经相当发达了。

四、婚姻、家庭与继承

在婚姻、家庭、继承方面，西周的立法内容相当丰富，基本上奠定了中国后世在这一领域的立

---

① 《诗经·小雅·北山》。
② 《周礼·秋官·朝士》。
③ 《周礼·地官·质人》。
④ 参见胡留元、冯卓慧：《夏商西周法制史》，456～457页，北京，商务印书馆，2006。

法基础。西周的婚姻制度遵循“一夫一妻”原则，允许纳妾，但一个男子只能有一个正妻。除遵循“一夫一妻”以外，还要奉行“同姓不婚”与“父母之命，媒妁之言”两大原则。“同姓不婚”就是禁止同一姓氏的家族成员之间的通婚行为。“父母之命，媒妁之言”就是结婚绝非男女双方当事人的个人之事，必须取得父母的同意和经过媒人的沟通，否则视为“淫奔”，为礼法所不容。

除了“一夫一妻”“同姓不婚”“父母之命，媒妁之言”这三项原则，西周时期婚姻的缔结或成立，还必须合乎一定的礼仪，即“婚姻六礼”。具体内容包括：（1）纳采，即男方请媒氏携带彩礼到女方家里提亲；（2）问名，即在女方家长答应议婚之后，男方家请媒氏问明女方的生辰、身份等信息；（3）纳吉，即男方家于祖庙卜问吉凶，并将卜到的吉兆随礼物告知女方家；（4）纳征，即男方家送聘财至女方家，正式缔结婚姻，也称纳币；（5）请期，即男方家携礼物至女方家，确定婚期；（6）亲迎，即新郎至女方家迎娶。

西周在解除婚姻方面也有一套完整的制度，主要为“七出三不去”。“七出”，又称“七去”，是男子可以休妻的七项条件，即不顺父母、无子、淫、妒、有恶疾、口多言、盗窃。女子若有七种情形之一，丈夫即有正当的理由合法地休妻。“三不去”，是指丈夫不能休妻的三种情形，即有所取而无所归、与更三年丧、前贫贱后富贵。有所取而无所归，是指女子出嫁时尚有娘家可回，但休妻时已无本家亲人可依。与更三年丧，是指女子嫁入夫家后，与丈夫一起为公婆守孝三年。前贫贱后富贵，是指丈夫娶妻时贫贱，与妻婚后富贵发达。有这三种情形的，严禁丈夫单方面休离妻子。

西周的家庭、继承制度建立在婚姻制度与宗法制度的基石之上。通过婚姻形成的夫妻关系，是构成家庭的基本纽带。西周实行夫妻地位的公开不平等，女子无独立人格，人身依附于丈夫。宗法制度的内容广泛，涉及祭祀范围、丧服等级、土地继承、爵位继承、婚姻禁忌和收族等各个方面，对西周的家庭、继承制度具有无比深刻的影响。在家庭之内，父母掌握财产权、子女的婚姻权、惩罚子女权，一家之内长幼尊卑不得逾越等级名分。在宗族之内，宗子掌握宗族大权，包括宗族祭祀权、共有财产权等，俨然宗族之内的司法官，其至高地位不得被他人僭越。依托这样的宗法家庭制度，西周继承制度的首要任务就在于确定掌握家长权的人选，因而其继承包括宗祧继承、地位继承与财产继承。宗祧继承就是祭祀继承，祭祀继承人被称为嫡，确立祭祀继承人被称为立嫡，而立嫡采用嫡长子继承制。地位继承也就是爵位继承，亦采用嫡长子继承制。至于财产继承，则完全附属于宗祧继承，直至私有观念的日益兴起，财产继承才逐渐有所松动。

第五节　经济法律制度

西周早期主要是发展农业生产，限制商业发展，实行商业官办政策，但到中后期，随着私田的逐渐增多，商业限制开始松动，商品经济得到了一定程度的发展，这就需要制定出有关市场管理、商品价格和度量衡、税收等各项法律制度，从而带动了西周经济法律制度的全面发展。

一、市场管理

商品经济的发展与自由商人的出现，促使西周统治者不断修正自己的经济政策，初步形成了有关市场管理的各项规定。

一是形成了比较严格的市场分类和设置。譬如王城之内，一日三市，分别称作朝市、大市和夕市。朝市，早晨开市，以商贾为主；大市，中午进行，以贵族之间的交易为主；夕市，傍晚进行，以贩夫、贩妇为主。

二是对市场的行政管理体制作了一定的规定，专门设置司市总管市场，司市之下分设质人、廛人、胥师、贾师、肆长、泉府、司门等属吏，各自承担起不同的市场管理职能，譬如质人专掌对奴婢、马牛、珍奇异物等贵重物品的贸易，泉府专门负责滞销物品的处理和推销。

三是在商品管理上对商品进行限制，严禁部分物资进入市场交易，譬如礼器神祀之物与武器一般都在禁止入市交易之列。

四是在价格管理上禁止任意涨价，保护顾客。贾师作为评定市场物价的专职官吏，统一掌握物价的评定，凡是未经其评定价格的商品，一律不准入市交易。

五是关于度量衡的管理，西周要求每年二月、六月要对度量衡进行两次检验核定，以求度量衡的统一。

二、税收管理

西周税收比较发达，设置了市税与关税两种形式。市税是政府最为重要的财源，有五种最为显要，即絘布、总布、质布、罚布与廛布。絘布是市场房屋税；总布又称货物税，按物品总数一次征收；质布即质剂税，类似后世的印花税；罚布也可称为罚金税，是对违法商人所科的罚金；廛布是市场货物储存税。可见，西周的市税种类名目繁多，税收苛重。

关税是对边关贸易物品进出征收的赋税。西周放宽边关禁令，便利外商入关，严格边关贸易启闭时间与门关制度，保证关税征收的全面到位。

三、产业管理

随着生产力的发展与商品交换活动的日益频繁，西周的产业有了长足的进步，尤其在农业、林业、矿业、手工业等方面，初步形成了产业管理的法律制度。首先在农业管理方面，西周开始划分井田，实行彻法征税，并制定了一系列相应的农田管理的法律规定。所谓彻法，就是“耕百亩者，彻取十亩以为赋”①。为了保证田赋的顺利征收，西周制定了相应的法律规定：(1) 三年换土易居，推行土地定期分配，提升农夫的生产积极性；(2) 发布统一政令，修治农田，动员农耕；(3) 兴修水利，预防旱灾；(4) 禁止在农忙季节实行一切有伤农事与杀害耕畜的行为；(5) 加强田间管理，搞好粮食的保管收藏。

---

① 赵岐注：《孟子》，40页，上海，商务印书馆，1936。

其次在林业管理方面，推行“以时入而不禁”[①]，允许在法定的时间内出入山林取利，但必须缴纳山林川泽出入税，并禁止乱杀飞禽，保护山林生态平衡。

最后在矿业、手工业管理方面，实行生产官办或官营政策，各作坊设工官管理生产，全国的作坊归司空统一领导。这对中国后世的影响是极其深刻的。

第六节　行政法律制度

相比于夏、商时期，西周国家的组织活动与组织能力都有了更大程度的发展和提高，无论是在行政管理体制方面，还是在职官管理制度方面，都有着比较完整的法律规定。

一、行政管理体制

西周的行政管理体制，建立在宗法制、分封制的基础上，行政组织与宗法组织相结合，实行世卿世禄制度。在中央政府方面，周王既是国家政治权力的最高统治者和中央政府首脑，也是四方诸侯的共主和全国最大的家长或族长，其除主持祭祀、分封诸侯外，还拥有国家行政事务的最后决定权、军队统率权、官吏任命权与奖惩权。周王之下，设立卿事寮与太史寮两大中央政务机构。前者是中央政务机关，主管军政司法，以卿事为首脑；后者则兼理行政与事务，主要掌管册命、天时、历法、祭祀、占卜、文化、教育、图籍，记录史事，保管文书档案等。卿事即卿士，一般由太师、太保担任，相当于后世的丞相或宰相，总揽政务。卿士之下，设司徒、司马、司空、司寇、司士等职官。

西周的地方行政机构与分封制密切相关，首要的是周王分封的各类诸侯。诸侯国国君是地方行政组织的最高首领，在封国内有生杀予夺之大权。诸侯国的行政组织类似中央政府，当然规模要小，名称也不一定相同。掌管诸侯国军政大权的叫作“卿”或“正卿”，一般大国三卿、小国二卿皆由周天子任命，次国三卿由周天子任命二卿、国君任命一卿。卿之下为外服百官，有司徒、司马、司空等。

二、职官管理制度

西周的职官管理制度已经相当发达，其高度重视国家行政官吏的任职条件，在官吏的选拔、考绩与任免等方面，形成了不少颇有特色的法律制度。

首先，在官吏的选拔问题上，西周已经形成国家养士、国学选士、地方举士与诸侯贡士等基本途径。国家养士是各类学校为国家培养各阶层官吏的后备力量；国学选士是从乡学开始，依次逐级选拔人才进一步深造，直至推荐择优而授官；地方举士是从最基层开始，根据德行与技艺两条主要标准向上逐级推荐人才；诸侯贡士其实也属于地方举士，是由诸侯向周天子荐举

① 《礼记·王制》。

人才的一种制度。

其次，在任官问题上，西周为了确认举士即举官的法律效力，规定了相当严格而隆重的任命仪式。

再次，在官吏的考绩问题上，西周继承了尧舜时期与夏、商两代的考核传统，把"三有宅心""三有俊心"作为考核官吏政绩的标准。据说尧舜时代就有"三载考绩，三考，黜陟幽明，庶绩咸熙"[①] 的官吏考核之记载，夏代已用"三宅"之法考核官吏，商代又在夏代的基础上提出了"克用三宅三俊"的考核主张。[②] 西周继承和发展了夏、商两代这一做法，不仅从政务、理民、司法三个方面考察官吏的理政才能，而且更注重考察他们的思想品质素养。

最后，在监督官吏方面，西周已有负责纠察百官的职官——眚史，这是秦王朝设立的御史制度的雏形。

第七节　司法制度

相对来说，夏、商两代的司法制度还比较简陋。西周由于各项国家制度的迅速完善，无论是在司法机构方面还是在诉讼制度方面，都出现了巨大的飞跃，建立起了一套比较严密的法律制度，并且其对中国后世所产生的影响，也是相当长久和深远的。

一、司法机构

西周的中央司法机构仍被称为司寇，"使帅其属而掌邦政，以佐王刑邦国"[③]，但已有大、小司寇之分。大司寇卿一人，为六卿之一，"掌建邦之三典，以佐王刑邦国、诘四方"[④]，主管司法与刑事政策。小司寇中大夫二人，具体负责案件的审理。司寇之下，还设有士师、乡士、遂士、县士、方士、讶士、朝士、司民、司刑、司刺、司约、司盟、掌囚、掌戮等属吏。值得注意的是，西周时期的司寇不仅是中央最高司法长官，而且也对不服从的各诸侯国、方国进行军事征讨与镇压，明显带有军事长官的印迹。同时我们也可以看到，西周时期的司徒、司马、司空以及其他行政长官，也有权参与审判，尤其是在民事或刑事轻微案件中。这说明，西周时期的司法机构具有一定的独立性，但又存在着司法与行政没有完全分离的一面。此外，由于西周采用分封制，诸侯国内的司法具有相对独立性，其司法机构的设置一般也都类似于周王室。这是西周不同于秦汉以后朝代的一大司法特点。

---

① 《尚书·尧典》。

② 参见《尚书·立政》。

③④ 《周礼·秋官司寇》。

西周时期的监狱仍称“圜土”，又可称为“囹圄”，是对夏、商两代的继承和发展，对其管理人员的设置日趋复杂和完善。

二、诉讼制度

从历史文献与考古资料来看，西周时期的诉讼制度已有比较明显的早期文明社会的特色，对案件的分类、控诉、审理、判决和执行等诉讼程序都有相应规定，并对中国后世影响深远。

第一是区分了民事案件与刑事案件，对其适用不同的审理程序与审理方式。凡民事案件称为“讼”，“讼，谓以财货相告者”；刑事案件则称为“狱”，“狱，谓相告以罪名者”①。《周礼·地官·大司徒》更是明载大司徒之职：“凡万民之不服教而有狱讼者，与有地治者听而断之；其附于刑者归于士。”可见西周时期不仅狱、讼有所区分，而且审理程序与方式也是不一样的，大司徒可以听断“不服教而有狱讼者”，但“附于刑者归于士”则明显要求需要处以刑罚的案件必须转移给“士”这一司法官吏阶层进行管辖，大司徒无权审理。而大司寇对于狱、讼之审理，亦有在程序与方式上的不同要求，“以两造禁民讼，入束矢于朝，然后听之。以两剂禁民狱，入钧金，三日乃致于朝，然后听之”②。这里的“两造”是指双方当事人，“两剂”是双方当事人的诉讼请求，“束矢”是一百支箭，“钧金”是青铜三十斤。由此可见，西周时期对于刑事案件与民事案件的区分，已经有了相当深刻的思想认识和制度建设了。

第二是确立了三级三审制，并初步形成了会审制度。西周的司法审级可以分为两级和三级，一般案件实行地方、中央二审制，但特别重大案件往往最后还要报周王最后裁决，从而形成了事实上的三审制。《礼记·王制》载：“成狱辞，史以狱成告于正，正听之；正以狱成告于大司寇，大司寇听之棘木之下；大司寇以狱之成告于王，王命三公参听之；三公以狱之成告于王，王三又（宥），然后制刑。”这就是说，史和正是一审机关，司寇是二审机关，周王是终审机关。而在周王终审之前，还要经过三公会审，最后才终审定案。这种三审终审制与三公会审制，是西周“明德慎罚”思想在诉讼制度上的充分反映。

第三是规定了告诉方式，建立起了较为完善的起诉制度。西周时期的民事案件与刑事案件，以当事人或受害人自诉为主。只要当事人或受害人告发，诉讼即告开始，起诉是司法机关受理案件的理由。轻微的案件可以口头形式向官府提出控诉，重大的案件则必须提交书面文状，并须缴纳一定的诉讼费用。同时，西周也对告诉进行严格限制，主要是子不得告发父亲和下级不得告发上级。此外，对于侵害国家利益的犯罪，西周于告诉之外，采用由国家机关或官吏进行纠举这一方式提起诉讼。

第四是高度重视审理，形成了较为完善的审判制度。相比于夏、商两代的神明裁判，西周的审判制度有了很大进步，从当事人出庭到最终判决的作出，均有相当严格的法律制度。首先，两造具备，坐地对质。审讯开始以后，诉讼当事人出庭受审，一般不准他人代理。先由原告陈词，再由被告辩解，司法官兼听双方供词，作出公正判决。其次，以“五听”判断当事人陈述的真伪。“五听”是审判案件时的五种观察方式，具体包括辞听、色听、气听、耳听与目

---

①② 《周礼·秋官司寇》，郑玄注。

听。辞听是“观其出言，不直则烦”，也就是观察当事人陈述时的语言表达，如果语无伦次或前言不搭后语，说明所言可能有假；色听是“观其颜色，不直则赧然”，也就是观察当事人陈述时的脸色，如果面红耳赤，说明所言非实；气听是“观其气息，不直则喘”，也就是观察当事人陈述时的喘息或气息，如所言非实，则可能气息不畅甚至气喘吁吁；耳听是“观其听聆，不直则惑”，也就是观察当事人对他人所言的听觉反应，如所言非实，则听觉迟钝；目听是“观其眸子，不直则眊然”，也就是观察当事人陈述时的目光，若所言非实，往往就会双目无神。[①] 可见，“五听”积累了司法心理学的一些经验，说明西周时期的司法技艺已经具有了相当高的水平。

第五是重视口供，形成了较为完备的证据制度。口供是西周审理案件的主要依据，因此不允许当事人任意更改供词，如果罪犯三次改变供词，就要受到惩罚。西周不仅重视口供，也很重视其他各类证据的运用。《尚书·吕刑》云：“有旨无简不听。”这就是说，在只能证明作案动机而缺少真凭实据的情况下，不能仅仅根据动机定案。所以西周时期审判案件，不仅需要当事人的陈述或口供，而且还需要其他相关的物证、书证等来印证或佐证。譬如有关土地争议的纠纷，应“以图证之”[②]；有关债务的纠纷，则“有判书以治”“正之以傅别、约剂”[③]。除此以外，西周还非常重视当事人之间的盟誓，以之作为证据加以使用。为了保证证据的真实性、客观性，西周还初步建立起了证据检验、勘验制度。《礼记·月令》载：“孟秋之月……命理瞻伤、察创、视折、审断，决狱讼。”这是对检验采证情况的真实记录。

第六是重视判决，初步确立起了“读鞫”“乞鞫”制度。西周时期审理民事、刑事案件，都要将判决内容作成判决书，并称之为“成劾”。按照相关法律要求，审判官在作出判决以后，应该当众宣读判决，这被称为“读鞫”。在宣读判决以后，如果当事人认为判决有误或有冤屈，可以请求重新审理或上诉，这被称为“乞鞫”。提出重新审理或上诉的期限根据里程的远近有明确的法律规定：“凡士之治有期日，国中一旬，郊二旬，野三旬，都三月，邦国朞。期内之治听，期外不听。”[④]

第七是严格司法，建立起了较为成熟的司法官法律责任制度。西周在“以德配天”“明德慎罚”思想的指导下，不仅要求司法官具有良好的道德品质和专业素养，而且建立起了比较成熟的司法官法律责任体系，这在《尚书·吕刑》中被称为“五过之疵”：“……五罚不服，正于五过。五过之疵：惟官、惟反、惟内、惟货、惟来。其罪惟均，其审克之。”“惟官”是畏惧权势，秉承上司旨意、官官相护而枉法裁判；“惟反”是利用职权公报私仇；“惟内”是为亲徇私而枉法裁判；“惟货”是接受他人贿赂、贪赃受财或敲诈勒索而枉法裁判；“惟来”是受人请求而枉法徇私。有这五种行为的，都要受到法律的严厉制裁，其惩罚的原则是“其罪惟均”，即以所涉之案应处的刑罚加以制裁。

---

① 参见《周礼·秋官司寇》，郑玄注。

② 《周礼·地官司徒·小司徒》。

③④ 《周礼·秋官司寇·朝士》。

深度阅读

1. 胡留元，冯倬慧．夏商西周法制史．北京：商务印书馆，2006
2. 许倬云．西周史（增订本）．北京：生活·读书·新知三联书店，1994
3. 郭沫若．中国史稿：第1册．北京：人民出版社，1976
4. 茅彭年．吕刑今释．北京：群众出版社，1984

问题与思考

一、思考题

1. 简述西周时期法律思想的发展概况。
2. 西周时期有哪些主要法律形式？
3. 西周的礼的性质是什么？其作用如何？
4. 礼与礼治的关系是怎样的？礼、刑关系是怎样的？
5. 简述西周刑事法律制度的主要内容。
6. 简述西周民事法律制度的主要内容。
7. 简述西周的司法制度。

二、练习题

（一）单项选择题

1. 下列选项中不属于西周婚姻制度中婚姻缔结原则的是（　　）。（司考）

A. 一夫一妻　　B. 同姓不婚

C. “父母之命，媒妁之言”　　D. “七出”“三不去”

答案：D

2. 西周时，格伯以良马四匹折价，购买倗生三十田。双方签订买卖契约，刻写竹简之上，中破为两半，双方各执一半。依西周礼法，该契约的称谓是（　　）。（司考）

A. 傅别　　B. 质剂　　C. 券书　　D. 书券

答案：B

3. 关于中外法律制度中的习惯法，下列表述不正确的是（　　）。（司考）

A. 中国西周时期的礼是对社会生活起着调整作用的习惯法

B. 英国法的源头是盎格鲁-撒克逊时代的习惯法

C. 法国公元9世纪至13世纪是以习惯法为主的时期

D. 德国学者萨维尼认为法律是分阶段发展的，最初是自然法或学术法阶段，接下来便是习惯法阶段

答案：D

4. 西周法官在审案中判断当事人陈述真伪的方式叫作（　　）。（考研）

A. “五刑”　　B. “五听”　　C. “五行”　　D. “九刑”

答案：B

5. 西周法制的基本特点是在“明德慎罚”前提下，将下面哪一项原则制度化、法律化？（　　）（考研）

A. “亲亲、尊尊”　　B“亲亲得相首匿”　　C. “五复奏”　　D. “秋审”

答案：A

6. “六礼”作为法定的婚姻成立条件确定于（　　）。（考研）

A. 西周　　B. 商朝　　C. 汉朝　　D. 夏朝

答案：A

7. “五过”中受私人请托而枉法的称为（　　）。（考研）

A. 惟反　　B. 惟内　　C. 惟货　　D. 惟来

答案：D

8. 西周时期在定罪量刑时区分“眚”和“非眚”，二者是指（　　）。（考研）

A. 过失和故意　　B. 主犯和从犯　　C. 自首和告发　　D. 主犯和从犯

答案：A

（二）多项选择题

9. 以下属于西周时期婚姻“六礼”内容的有（　　）。（考研）

A. 纳征　　B. 请期　　C. 亲迎　　D. 拜堂

答案：ABC

10. 下面关于西周时期“礼”与“刑”关系的表述正确的有（　　）。（考研）

A. “礼”正面、积极规范人们的言行　　B. “刑”是对一切违背礼的行为进行处罚

C. 两者在运用上为“出礼入刑”　　D. “礼之所去，刑之所取”

答案：ABCD

第三章

春秋战国时期法律思想与制度

本章重点知识

1. 铸刑鼎。
2. 春秋战国时期的成文法运动。
3. 《法经》。

第一节　诸子百家对于成文法运动的反应

一、春秋战国时期的社会变迁及其影响

春秋战国是中国古代社会由宗族国家制度向君主专制集权制度转变的时代。这一时期社会的基本特点是“礼崩乐坏”，君主专制集权制度逐步确立。其具体表现在以下三个方面。

第一，在经济上，春秋时期，铁器逐渐应用于农业生产，牛耕开始普遍推广，这使得农业生产力迅速提高；尤其是在春秋中晚期，在“井田”之外，出现了“私田”；随之而来的是，私田不断增多，土地甚至可以被交换、租赁、买卖，井田制渐趋瓦解。

第二，在政治上，至春秋末期，周天子早已失去了昔日驾驭诸侯的权势，王室衰微，王权旁落，各大诸侯国争夺霸权；在各诸侯国内部，如《论语·季氏》所载“礼乐征伐自诸侯出”，卿大夫专权跋扈，新旧势力矛盾日益激烈，出现了一个所谓“礼崩乐坏”的局面。战国时期，新兴地主阶级纷纷登上历史舞台，变法改革，建立地主阶级政权，并逐渐通过兼并战争统一天下。

第三，在思想、文化、意识形态上，春秋时期也进入了一个从注重“神事”到注重“人事”，从“学在官府”到“私学”大兴、“百家争鸣”的新时代，出现了儒家、法家、墨家、道家的大论战，形成了“礼治”、“德治”、“人治”与“法治”的对立。传统的宗法等级观念和神权法思想受到了“德”“仁”思想的猛烈撞击、批判，“礼”思想和“法”思想成为社会意识形

态的重要基础。“士”（知识分子）阶层的出现，凸显文化教育走下“神坛”步入民间社会的大趋势。

“礼崩乐坏”的结果是：井田制被破坏，礼制衰落，郡县制逐步取代分封制，王权旁落，政权下移。这标志着宗族国家制度开始瓦解，君主专制集权制度逐渐兴起。由此引发了法律制度的变革。

战国时期，各诸侯国纷纷变法改革，形成了轰轰烈烈的成文法运动。随着君主专制集权制度政权的建立和巩固，君主专制集权制度下的法律形态代替了宗族国家制度下的法律形态。

在诸子百家之中，主要是法家、儒家、墨家、道家从各自的立场，就这种社会变革尤其是法律制度的转型与变化发表其看法。

二、法家学派的法律观

法家是战国时期代表新兴地主阶级利益、主张“以法治国”学说的一个学派。汉代史家在《史记·太史公自序》中评论说，“法家严而少恩；然其正君臣上下之分，不可改矣”。

春秋战国时期的成文法运动是法家学派产生的社会基础，也是法家思想的实践来源。可以说，成文法运动造就了法家学派，同时，法家学派代表人物的思想和活动，也促进了成文法运动的发展。

由于法家学派的代表人物多是各诸侯国的政治家、军事家，直接领导各诸侯国的变法运动，提出了“法”的观念作为自己主张的标志，因而汉代的史家便将这些主张“变法”并要求“以法治国”“一断于法”的人士，统称为“法家”。

法家学派的鼻祖，一般认为是战国初期的李悝。根据不同的划分标准，法家的流派大致有三种划分方法。

第一种，从时间上可以划分为前期法家和后期法家。

前期法家，指战国初期、中期的法家，即新兴地主阶级通过变法在各诸侯国内夺取政权时期的法家。其主要代表人物是李悝、吴起、商鞅、慎到、申不害等。前期法家的中心思想是：批判传统“礼治”，论证变法的重要性和正义性，探讨新兴地主阶级夺取诸侯国政权的途径，勾勒出一幅“以法治国”的政治蓝图。由于历史条件的原因，前期法家在思想上多少还受到传统思想的某些影响，带有其他诸家思想影响的某些痕迹。前期法家大都注重政治实践，兼政治家、思想家于一身，更为关注推行“法治”的实践问题。因此，前期法家的法律思想颇具有实践色彩。

后期法家，指战国后期的法家，即新兴地主阶级通过兼并战争实现全国统一时期的法家。其主要代表人物是韩非和李斯。后期法家已经具备较丰富的政治经验，因而其思想宗旨是：总结变法夺取政权和巩固政权的经验，在前期法家法律思想的基础上，提出较为完备的、系统的“法治”理论，以作为新兴地主阶级的统治理论。后期法家已经有条件对一系列重大理论问题进行探讨，因此其思想更富有理论色彩。

前期法家和后期法家有一主要区别：前期法家并不一般地完全排斥道德教育的作用，而后期法家则认为人们“好利恶害”的本性无法改变，因此完全否定道德教育的作用，把法律的作用夸大到无以复加的地步，使法家的“法治”理论发展到了极端。

第二种，从地域上可以划分为晋法家和齐法家。在大致相同的历史时期，法家内部的主张常常表现出差异性，这在很大程度上取决于不同的地域文化传统。

晋法家，或称晋秦法家，是以三晋文化和秦文化为基础而产生的法家派系。其代表人物主要有：李悝，魏国人；吴起，卫国人；商鞅，卫国人；慎到，赵国人；申不害，郑国人；韩非，韩国人；李斯，楚国人。他们都不同程度地参与了三晋（韩、赵、魏）和秦国的变法与法制建设。其中，影响最大的商鞅、韩非分别是晋法家"法治"理论的初创者和集大成者。晋法家是法家的主体，其思想是战国法家思想的主流和代表。晋法家思想的特征是：重农抑商；严刑峻罚；否认道德教育作用；极端夸大刑罚的作用。

图 3-1　商鞅和韩非

齐法家，则是以齐国文化为基础产生的法家派系。其法律思想主要反映在假托管仲之名的《管子》一书之中。《管子》一书中的法家思想是在管仲的旗帜下发展起来的，即是从管仲在政治、经济上的改革措施中推演出来的，是这些措施在理论上的发展。因此，可以说该书是对管仲思想的发挥。齐法家思想的特征是：重农而不抑商，重法而不全盘否认道德教育的作用。这可以追溯到齐国的地理环境和历史文化传统之中。

第三种，从理论上可以划分为法派、势派、术派。按照韩非的看法，前期法家代表人物可分为三派：商鞅重法——法派，慎到重势——势派，申不害重术——术派。

商鞅论证了推行"法治"的重要性，慎到、申不害则论证了推行"法治"的可能性（政权、技术）。后期法家代表人物韩非则总其大成，提出"以法为本"，并将法、势、术相结合的理论体系。

法家学派的法律观的内容相当丰富，从总体上看，主要有以下三个特征。

第一，法律是客观的、普遍的、公正的行为准则。

这种准则就像测量长度的尺寸、辨别曲直的绳墨、衡量方圆的规矩、称重的衡石、量容积的斗斛等工具一样，既不以个人意志的好恶为转移，也不以社会一部分人的主观愿望而更改。正如《商君书·修权》所说："法者，国之权衡也。"

法家以度量衡来比拟法律的目的就是要强调法的客观性、普遍性和平等性。这种观点虽然是以普遍性的形式，即以社会全体成员代表的身份提出的，但其实质上主要代表了当时的新兴地主阶级，反映了新兴地主阶级要求在法律面前与旧贵族平等的思想。因此，法家的“法”也就不同于“别亲疏，殊贵贱”的“礼”。

第二，法律是以国家强制力保障实现的特殊的行为规范。

法和刑是密切相连的。这就要求以“法”作为定罪量刑的依据，以刑、赏作为保证“法”的手段。正如《韩非子·定法》所说：“法者，宪令著于官府，赏罚必于民心。赏存乎慎法，而罚加乎奸令者也。”这种法、刑结合的思想，又有别于维护奴隶主贵族特权的“礼”。“礼”主要用来调整贵族内部以及本氏族或本部落成员之间的关系，“刑”主要用来镇压奴隶和平民。法家将“法”与“刑”结合起来，也就意味着刑可以上大夫。与此同时，“法”既然以“刑”为保证，也就成为人们必须遵守的行为规范，具有以国家暴力为后盾的强制性。如果谁敢违犯，就要受到刑罚的制裁。这是“法”不同于“礼”的又一特点。

第三，法律不是社会中一部分人局部利益即“私”的体现，而是社会整体利益即“公”的体现。

法家把“法”看作是公平、正直的客观准则，这也是对法律本质的一种看法。在法家看来，当时新兴地主阶级反对旧贵族垄断经济、政治利益的世袭特权，要求土地私有和按功劳与才能授官予爵等主张是公平的，而维护旧贵族世袭特权的“礼”则是不公平的。因此，应当按照新兴地主阶级的意志来立法，也只有按照新兴地主阶级意志所立的法才能被称为“法”。由此可见，法家所讲的“法”不是一般的法律。

基于这样一种认识，前期法家认为：法律是为整个国家利益服务的，高于包括最高统治者在内的所有社会成员的个人利益；个人利益为“私”，整体利益为“公”；体现整体利益的“法”则为“公法”；“公”高于“私”，因而“法”也高于“私”，而且二者势不两立。法家把体现新兴地主阶级意志的法看成是“公法”的观点，在法理学上显然已经朝着解决法律的本质问题迈进了一步。

三、儒家学派的法律观

儒家是春秋战国时期“百家争鸣”中最早形成且最有影响力的一个学派。“儒”字的本义是指掌握一定的文化知识、精通周礼并以教育、执掌礼仪为业者。孔丘早年曾从事这一职业，故其所创立的学派被称为儒家。汉代史家在《史记·太史公自序》中评论说，“儒者博而寡要，劳而少功，是以其事难尽从；然其序君臣父子之礼，列夫妇长幼之别，不可易也”。

图 3-2　孔子三恕[①]

儒家的主要代表人物有：春秋末期的孔丘，战国中期的孟轲，战国后期的荀况。

孔丘是儒家的创始人，其贡献在于提出并建立了以“仁”为核心、以“复礼”为目的的思想体系，以之作为整个儒家的理论基础，并构建了儒家法律思想的体系。

---

① 参见刘昕主编：《中国古版画》，人物卷·教化类，121 页，长沙，湖南美术出版社，1998。

孟轲则较为忠实地沿袭孔丘的思想体系，一般被认为是孔丘的继承者，秦汉以后往往将孔孟并提，而有“孔孟之道”。

荀况对孔丘的思想发展更大，或认为其思想已发生部分的质变，实际上成为儒法合流、礼法统一的先行者。

儒家代表了刚刚登上历史舞台的贵族的利益，因而其法律思想的基本点是为统治者建立统一的贵族政体出谋划策，维护宗法等级秩序，教育百姓要安分守己。

在继承和发展西周时期“礼治”和“明德慎罚”思想的基础上，儒家提出一系列维护“礼治”、提倡“德治”、重视“人治”的法律观。

图 3-3　荀子

维护“礼治”，即要求建立以家族为本位、以伦理道德为中心、以宗法等级为基础的法律制度和意识形态，要求以“礼”作为指导立法和司法的基本原则。

提倡“德治”，即认为法律仅仅是确立和维护“君臣父子”道德准则的辅助手段，主张“教化”，反对不教而杀；在法律和道德的关系上，相对来说，轻视法律及其强制作用，重视道德感化作用。

重视“人治”，即指重视统治者个人尤其是最高统治者在治理国家过程中的决定作用，提倡“圣贤”治国，主张将立法权、司法权集中于“英明”的君主手中。

这些法律观对秦汉以后的帝制社会法律文化产生较大的影响。汉武帝时期所形成的正统法律思想，就是以先秦儒家思想为主，结合法家等各家法律思想中有利于维护其统治的部分，重新加以改造而完成的。

四、墨家学派的法律观

墨家，是战国初期由墨翟所创立的学派，是先秦时期最早出来反对儒家的学派，也是在法家出现以前与儒家两相对峙、并称显学的学派。汉代史家在《史记·太史公自序》中评论说，“墨者俭而难遵，是以其事不可遍循；然其彊本节用，不可废也”。

其创始人墨翟，鲁国人（一说宋国人）[①]，出身于小手工业者家庭，精通手工技艺，自称“贱人”，一生并未直接从事生产，也没有做过大官。据《淮南子·要略》记载，其早年曾经入儒家学派之门，“学儒者之业，受孔子之术”，但因感到“其礼烦扰而不悦，厚葬靡财而贫民，久服伤生而害事”，故中途退学，因而最终并未成为一位儒家学派的代表人物，走上了自立门户的道路。

与先秦其他学派相比，墨家学派的独特之处在于：这是一个有着严密组织和森严纪律的团体。其首领称为“钜子”，其成员称为“墨者”，大多出身于小生产者、小手工业者家庭。他们过着艰苦的团体生活，坚持节俭自励，信奉助人为乐、自我牺牲的精神。墨者必须服从钜子，

① 今人或考证其为楚国鲁阳人（今河南省鲁山县）。详见徐希燕：《墨学研究》，3～14 页，北京，商务印书馆，2001。

正如《淮南子·泰族训》所说“墨子服役者百八十人，皆可使赴汤蹈刃，死不旋踵”。墨家的纪律时称为“墨者之法”，其主要原则就是《吕氏春秋·去私》所谓的“杀人者死，伤人者刑”。

墨家的法律观是以“兼相爱，交相利”为基础的，从总体上看，比较重视法律之作用。

关于法律，有多种表述方式，或称为“法”，或称为“法度”，或称为“法仪”。在墨家看来，从事任何工作都要有“法”可循，正如百工“为方以矩，为圆以规”一样，因此，可以说一切都应该依法而行，治理天下、管理国家当然更离不开法律。

因此，墨家认为“莫若法天”，进而必须“以天为法”，即应该以天的欲、恶来确定人们的言行是非。墨家之所以提出如此的主张，其原因就在于，墨家认为天是最公正的，也是最仁慈的。实际上，墨家最终是要求以“兼相爱，交相利”为根本法则。这样一来，“兼相爱，交相利”就是天之意志的表现，任何人都不得违背。其目的就是，强调“兼相爱，交相利”具有神圣性。因此，“兼相爱，交相利”上升为衡量一切是非曲直、善恶功过的唯一的客观标准，就如同规矩之于方圆一样。

如上可见，墨家的法律观的特点是：工具性、实用性、广泛性。其所定义的法，是广义的法，从他们所熟悉和使用的规矩、绳墨、度量衡等一般工具，到在整个社会中起调整和规范作用的法律、道德等行为规范，统统包括在内。

墨家立足于广大平民阶层的立场，反对现实社会的统治集团及其法律制度，以其所体验和认识的“法”作为实现其建立“兼相爱，交相利”理想社会的工具。因此，墨家在当时与其所反对的儒家学派并立为“显学”，并不是偶然的，其实际上顺应了占社会上人口大多数的平民阶层在政治和经济方面的需要。

虽然墨家的法律思想并没有形成严密的理论体系，但是基本上反映了当时手工业生产者、小私有者的理想和愿望，代表了社会上普通劳动者的利益，喊出了平民阶层的心声。这在以记载统治者或贵族的法律思想为主导地位的中国法律文化史的长河中，显得尤具特色且弥足珍贵，由此可以窥见平民阶层法律观念与法律意识之一斑。但是，墨家因其“非儒”，并且强烈反对贵族集团横征暴敛、不劳而获，反对“富侮贫”“贵傲贱”，故在汉代以后不仅不可能为当时的统治者所采纳，而且几乎成为绝学。

五、道家学派的法律观

道家，即西汉史家在《史记·太史公自序》称之“道德”家（简称“道家”），并评论说“道家使人精神专一，动合无形，赡足万物。其为术也，因阴阳之大顺，采儒墨之善，撮名法之要与时迁移，应物变化，立俗施事，无所不宜，指约而易操，事少而功多”。

关于道家的起源，自古以来就异说纷纭，而所谓出于隐士之说或可信从。道家学派的创始人是老子。一般认为，老子即李耳，字聃，又称老聃，春秋末期楚国人，具体生卒年不详，所处时代较孔子略早一些。据《史记·老子韩非列传》可知，早年曾做过“周守藏室之史”，“孔子适周、将问礼于老子”。后来目睹周王室衰微，便辞官回乡，过起隐居的生活。

道家在战国后期的代表人物庄子，宋国人，出身旧贵族，早年做过管理漆园的小吏，后来宁愿过着隐居的生活。在道家学派中，庄子与老子并称为老庄，犹如儒家所称之孔孟。

主要由隐士构成的道家学派，站在没落旧贵族的立场上，反对春秋战国时期所发生的社会变革，对成文法运动亦持否定的态度，其法律观的特点有以下两个。

第一，强调“道法自然”，崇尚“无为而治”。

“天之道”是世界上各种事物发展变化的自然规律：各种事物存在相互矛盾的对立面，并经常在这种矛盾中向其对立面转化、运动。这就是事物矛盾的发展法则，也就是所谓的“道”。这种“道”是天地万物的本源。另外，在这个矛盾的变化过程中，只有坚持柔弱胜刚强的原则，才能使自己保持不败的境地。

在此基础上，道家强调“道法自然”：“人法地，地法天，天法道，道法自然。”[①] 也即人以地为法，地以天为法，天以道为法，道以自然界本来的面貌为法。在这种人为制定法之外的自然法则，才是符合“无为”的“天之道”。对此，要尊崇备至、大力推广。其原因在于，“天之道”至高无上，无往而不胜，是最为公正无私的，也是最为完美的。

因此，最为理想的治国方法，就是《老子·三章》的“无为而治”“为无为，则无不治”。具体而言，《老子·五十七章》载“我无为而民自化，我好静而民自正，我无事而民自富，我无欲而民自朴”。也即统治者“无为”，国家就可以治理好，百姓就会归顺；统治者喜好安静，百姓就自然会端正；统治者不滋扰生事，百姓自然会富足；统治者不穷奢极欲，百姓自然会纯朴。如同《老子·六十章》所说的“治大国，若烹小鲜”，只要不扰民，国家就能治理好。“道法自然”“无为而治”，也就成为道家学派法律观的根本原则。

到战国后期，庄子亦继承老子“无为”的理念，同时从强调脱离物质的、高于物质的“道”的精神本源出发，主张绝对地“无为”，如《庄子·在宥》所谓“君子不得已而临莅天下，莫若无为”。

第二，鄙薄“有为”的制定法，对诸子百家均持批判与否定的态度，进而最终主张法律虚无主义。

为了达到“无为而治”的目标，老子提出了“小国寡民”的理想社会，即使有器械也不用，即使有舟车也不乘，即使有甲兵也不打仗，即使有文字也要废除，重新以结绳记事；国与国之间可以相望，鸡犬之声亦可相闻，但是，人们直到老死亦不相往来。为此，要采取“常使民无知无欲”的措施，即“不贵难得之货”“不见可欲”[②]，“绝圣弃智”“绝仁弃义”“绝巧弃利”[③]。其原因就在于，老子认为：欲望、智慧、技巧与物质文明都是坏事，不利于实现“无为而治”；而“道法自然”则是唯一正确的选择。

因此，道家极力鄙薄当时一切违背“天之道”的“有为”的社会变革和制定法，否定人为制定的所有的规则和法律、法令以及相关的制度，对于与此相应的诸子百家之说，亦持强烈批判的态度。

首先，道家对于法家“富国强兵”“以法治国”的理论，进行了猛烈的抨击。老子认为，“民多利器，国家滋昏；人多伎巧，奇物滋起；法令滋彰，盗贼多有”[④]，由此引发天下大乱，

---

① 《老子·二十五章》。
② 《老子·三章》。
③ 《老子·十九章》。
④ 《老子·五十七章》。

社会动荡不安。“民不畏死，奈何以死惧之”[①]，“民不畏威，则大威至”[②]。显然，老子在此告诫统治者，治理国家不能仅仅依靠法律和刑罚。

其次，道家反对儒家“礼治”与“德治”的主张。在老子看来：一方面，“礼者，忠信之薄，而乱之首”[③]，即人为的“礼”是忠信不足的表现，也是引起天下大乱的祸首。另一方面，仁义忠孝之类的道德都是社会病态的具体反映，即“大道废，有仁义。智慧出，有大伪。六亲不和，有孝慈。国家昏乱，有忠臣”[④]。

最后，道家竭力否定墨家所倡导的“尚贤”。因为“不尚贤”，才会“使民不争”[⑤]；民不争，则天下就不会大乱。道家进而反对开发民智，“以智治国，国之贼。不以智治国，国之福”[⑥]。

庄子则从绝对“无为”的角度，进一步阐述并发展了老子的主张，其法律思想具有浓厚的虚无主义特征。一方面，庄子揭露其所处现实社会的弊端，猛烈抨击诸子之说。例如：其认为当时社会的礼法制度、仁义道德实际上都是统治的工具，“彼窃钩者诛，窃国者为诸侯。诸侯之门，而仁义存焉”[⑦]，将墨家所主张的“兼爱”“节用”“节葬”，抨击为“乱之上也，治之下也”[⑧]；又批评儒家、法家、名家之说，“赏罚利害五刑之辟，教之末也。礼法度数刑名比详，治之末也”[⑨]。另一方面，庄子已经不再满足于老子所憧憬的“小国寡民”的社会，进而提出其所向往的是所谓“浑沌”时代，即“同与禽兽居，族与万物并”[⑩]，“无知无欲”“无人之情”[⑪]。为了实现这一目标，庄子进而主张取消人类社会既存的物质文明和精神文明，包括法律制度、道德理念、度量衡等。因此，在这个意义上，庄子被视为古代历史上虚无主义乃至法律虚无主义的始作俑者。

第二节 春秋末期的“铸刑鼎”事件及其历史意义

一、春秋末期的“铸刑鼎”事件

春秋初期，各诸侯国基本上沿袭西周时期的法律。但是，春秋末期的法律制度发生了重大的变革，就是郑、晋两国最早出现了“铸刑鼎”事件，公布了以保护私有财产为中心的成文法

---

① 《老子·八十章》。
② 《老子·七十二章》。
③ 《老子·十九章》。
④ 《老子·十八章》。
⑤ 《老子·三章》。
⑥ 《老子·六十五章》。
⑦ 《庄子·胠箧》。
⑧ 《庄子·天下》。
⑨ 《庄子·天道》。
⑩ 《庄子·马蹄》。
⑪ 《庄子·德充符》。

律。“铸刑鼎”事件的出现，标志着中国古代成文法的产生。

（一）郑、晋两国“铸刑鼎”公布法律

据传世文献的记载，春秋末期，先创制成文法的是郑国的子产。《左传·昭公六年》记载，公元前536年，“郑人铸刑书”，即将其法律铸在鼎上，公布于众。史称此为“铸刑鼎”事件。这是中国古代第一次公布法律。此举遭到晋国大夫叔向的抨击。

子产公布法律在郑国产生了很大的影响。公元前501年，郑国执政驷歂杀邓析而用其《竹刑》。《左传·定公九年》记载：“郑驷歂杀邓析，而用其《竹刑》。”杜预注：“邓析，郑大夫。欲改郑所铸旧制，不受君命而私造刑法，书之于竹简，故云《竹刑》。”《竹刑》原为郑国大夫邓析所私自编撰，并无法律效力，后经郑国官方的认可才具有法律效力。

又，《左传·昭公二十九年》记载，在郑国子产公布法律23年后（公元前513年），晋国大臣赵鞅、荀寅“帅师城汝滨，遂赋晋国一鼓铁，以铸刑鼎，著范宣子所为刑书焉”，即将范宣子所作的法律铸在铁鼎上，公布于众。这是新势力在晋国取得政权后所采取的一项重大措施，但是此举遭到孔子的反对。

（二）郑、晋两国“铸刑鼎”公布法律所引起的争论

《左传·昭公六年》记载，针对郑国“铸刑书”之举措，叔向写信痛斥子产：“昔先王议事以制，不为刑辟，惧民之有争心也……民知有辟，则不忌于上。并有争心，以徵于书，而徼幸以成之，弗可为矣……‘国将亡，必多制’，其此之谓乎！”

《左传·昭公二十九年》记载，对于晋国“铸刑鼎”，孔子强烈抨击说：“晋其亡乎！失其度矣……贵贱不愆，所谓度也……今弃是度也，而为刑鼎，民在鼎矣，何以尊贵？贵何业之守？贵贱无序，何以为国？”

由此可见，“铸刑鼎”之所以引起争论，就是因为在春秋末期以前，是根据案情的轻重来判罪，虽然有成文的法律，但却是处于秘密状态的，未公之于众。而“铸刑鼎”公布法律，则是一种崭新的、激进的东西，从形式上看，与先王“不为刑辟”的传统不符；从内容上看，与西周以来的“礼”相违背。这是两种不同法律形态下的法律形式，其内涵也截然不同。因此，叔向与孔子都诅咒郑、晋两国快要亡国了。

叔向和孔子都把郑、晋两个诸侯国“铸刑鼎”公布法律之事，看作是关系到国家政权存亡的重大事件。这表明，在此之前中国并没有公布法律，即无成文法。郑、晋两国“铸刑鼎”的确是开创了中国成文法的先河。

当时公布法律，之所以将律文铸在鼎上，就是因为鼎在中国古代是权力的象征。《左传·宣公三年》记载，公元前606年，楚庄王曾“观兵于周疆”，“问鼎之大小轻重”。据周大臣王孙满所说：从夏代就铸鼎；后来，随着朝代的更替，而鼎“迁于商”“迁于周”。鼎是王权的象征，楚庄王问鼎之大小、轻重，就是过问周王的权力，暴露了楚想替代周王室统治天下的企图。

因此，当郑、晋的新兴势力上台后，其为了使新法律具有更大的权威性、稳定性和威慑力，为了表示新兴地主阶级取得政权的合法性，就把新法律铸在鼎上，公布于众。

“铸刑鼎”，即从秘密法转变为公开法，虽然这主要是形式上的变化，但也是有其特殊意义

的，意味着从此将开始一种新的法律形态——君主专制集权制度的法律。

（三）“铸刑鼎”事件出现的社会条件

春秋末期正是中国社会从宗族国家制度向君主专制集权制度转变的时代。当时各诸侯国由于在社会、政治、经济发展方面的不平衡性，因而，进入君主专制集权制度的步伐也不一致。郑、晋两国由于其特殊的历史背景，在向君主专制集权制度过渡的道路上比其他诸侯国先迈进了一步，因而，成文法最早在这两个诸侯国产生。此外，春秋末期教育制度的变化也为郑、晋两国公布法律提供了条件。西周时期，“学在官府”，贵族垄断文化；春秋末期，私学大兴，整个社会的文化水平得到了提高，加上郑、晋之地本来就是夏、商、周三代文化的沉积带，具有良好的文化传统。因此，公布法律之事有可能最早在这里出现。

二、春秋末期“铸刑鼎”事件的历史意义

春秋末期，郑、晋两国相继“铸刑书（鼎）”。这是中国法律历史上具有划时代意义的法律事件。

它宣告了中国古代“刑不可知，则威不可测”这一秘密法之法律形态的结束和成文法的诞生，标志着中国古代法律步入了一个新的时代，从此，将开始一种新的法律形态——君主专制集权的法律。

同时，这也拉开了春秋战国成文法运动的帷幕。战国时期，各诸侯国纷纷进行变法改革，公布法律，于是掀起了一场轰轰烈烈的成文法运动。

它对后世的影响更是不言而喻的。它开启了中华法系的序幕，为历代王朝法制的发展奠定了基础，成为秦汉以后帝制时期法制的滥觞。

第三节　战国时期的成文法运动及其发展

一、战国时期成文法运动的兴起与发展

继春秋末期郑、晋两国制定成文法之后，战国时期新兴地主阶级纷纷登上各诸侯国的政治舞台，进行变法改革，制定成文法，于是掀起了一场轰轰烈烈的成文法运动。

在韩国，韩昭侯任用法家代表人物申不害为相，进行变法改革，颁布了大量的法令，即《韩非子·定法》载“晋之故法未息，而韩之新法又生”。此外，赵国颁布《国律》，魏国有《大府之宪》，楚国有《宪令》，秦国则有秦律。

成文法运动的蓬勃发展是在战国时期。成文法运动的发祥地三晋地区的魏国产生了成文法运动的丰碑——《法经》。秦国出现了成文法运动的集大成者——秦律。

春秋战国成文法运动的产生、发展过程表明，中国古代的成文法是君主专制集权社会特有的产物。春秋末期，之所以最早在郑、晋两国出现成文法，就是因为它们在走向君主专制集权

制度社会的道路上比别的诸侯国先迈进了一步。战国时期，之所以能够形成轰轰烈烈的成文法运动，是因为当时各诸侯国大都进入了君主专制集权社会。成文法是其社会经济基础的产物，同时对维护这一经济基础，促进君主专制集权制度的形成和发展，也起了不可忽视的积极作用。

二、战国时期成文法运动发展的典型——《法经》

（一）《法经》的体例与主要内容

公元前5世纪，魏文侯重用李悝为相，实行变法改革。李悝总结了春秋末期以来各诸侯国立法、司法的经验，结合魏国的具体情况，制定了中国传统社会第一部系统的法典。

据《晋书·刑法志》记载，《法经》共有六篇：《盗法》《贼法》《囚法》《捕法》《杂法》《具法》。李悝认为，“王者之政莫急于盗贼”，因此将《盗法》《贼法》列于篇首。从整体上看，《法经》是一部“诸法合体”而以刑为主的法典。

《盗法》是涉及公、私财产受到侵犯的法律；《贼法》是有关危及政权稳定和人身安全的法律；《囚法》是有关审判、断狱的法律；《捕法》是有关追捕罪犯的法律；《杂法》是有关处罚狡诈、越城、赌博、贪污、淫乱等行为的法律；《具法》是规定定罪量刑的通例与原则的法律，相当于现代刑法典的总则部分。其他五篇均为“罪名之制”，相当于现代刑法典的分则部分。

（二）《法经》的历史意义与历史地位

第一，《法经》初步确立了传统法典的体例和基本原则，是中国古代第一部比较系统的法典，标志着中国古代的立法技术已开始走向成熟，成为后世立法的滥觞。

第二，《法经》的出现有利于司法的统一，便于司法官准确适用法律和定罪量刑。

第三，《法经》的出现有利于立法的系统化，使立法活动在兼顾历史沿革和横向联系的科学环境中进行，避免重复和抵牾。

第四，《法经》将实体法（《盗法》《贼法》《杂法》）和程序法（《囚法》《捕法》）大致区分开来，有利于按客观规律指导法律实践活动。

第五，《法经》的出现，有利于法律文献的整理、修订、解释和研究。

因此，《法经》是新式法典的集中体现，是传统成文法典的雏形。但遗憾的是《法经》很早就已经失传了。《晋书·刑法志》等只保留了其框架。明代末期董说《七国考》所引西汉末年学者桓谭《新论》中有关《法经》的片段，是伪造的，不足为信。

三、各诸侯国法律制度的转型

（一）法律性质的转变

战国时期法律制度的性质发生了根本性的转变：从宗族国家制度法律转变为君主专制集权制度法律。法律体现新兴地主阶级的意志和利益，维护地主阶级的统治，具体表现在以下三方面。

1. 维护地主阶级的财产所有权

法律的首要任务，是保护地主阶级的财产所有权。《法经》将《盗法》列于篇首，主张“王者之政莫急于盗贼”。

2. 以君主专制集权等级制取代宗族国家等级制

各国变法均采取了依军功授爵的政策，取消以宗法制为核心的世卿世禄制，并将此在法律中确定下来，建立了君主专制集权等级制。如商鞅变法时定二十级爵。

3. 建立并巩固专制主义中央集权制

在变法改革中，各国以郡县制取代分封制，以官僚制取代世卿世禄制，建立了中央集权制，并将此以相应的法律形式固定下来。

(二) 法律内容的变化

(1) 法律调整的范围扩大，规定更加具体、细密。各诸侯国不仅有刑事法律规范，而且还出现了许多新的非刑事的社会关系需要用法律来调整。因而颁布了大量的非刑事法律，法律开始进入更广泛的社会领域中。同时，法律规定也更加具体、细密，如秦的《仓律》规定了收获物的收藏、保管、放置、统计、加工、发放以及种粮的保管、每亩地使用种粮的数量等。

(2) 刑罚从野蛮走向文明，出现了新的刑种。各诸侯国虽然继承了奴隶制的“五刑”，大量适用肉刑和死刑，如族诛、戮、车裂、刖刑等，但是，从总体上看，刑罚开始从野蛮走向文明，如赎刑被广泛适用，并出现了徒刑。

赎刑，首创于西周的《吕刑》之中，但当时只适用于罪疑的案件。春秋末期，赎刑被广泛适用，如《国语·齐语》记载，齐国为加强军事力量，其法律规定：重罪赎以犀甲一戟，轻罪赎以鞼盾一戟。

春秋末期出现了徒刑，战国时期徒刑在各诸侯国广泛流行。战国时期的齐国已经将这种刑罚称为“徒”。这是春秋战国时期社会、政治、经济发生重大变革从而引起法律制度变革的反映，是社会进步的表现。徒刑这一刑种不是从来就有的，是从奴隶社会将罪犯罚为官奴隶之制中逐渐分化出来的。从将罪犯罚为官奴隶，到将罪犯判处徒刑，这是历史发展的必然，是刑罚制度从野蛮走向文明的标志。从此，徒刑成为刑罚体系中的一个重要组成部分。

(三) 司法组织的发展

春秋时期，司法权下移至诸侯。各诸侯国都有自己的司法组织，其名称不一。从文献记载及有关的出土铜器铭文来看，如卫国、虞国设有“司寇”一职，宋国有“大司寇”“小司寇”之别，楚国有司败，晋国有尉氏。

这一时期司法审判活动的最大特点就是：霸主代替了昔日周天子的地位，并且审理各诸侯国争讼案件。如公元前632年城濮之战后，形成了晋楚争霸的局面。《左传·僖公二十八年》记载，“卫侯与元咺讼”于晋；《左传·文公十四年》记载，晋国的郤至与周天子争田，周天子命属下讼诸晋国；等等。在《左传》中有很多这样的案例，或可说明周天子掌握的最高司法权已经下移到成为霸主的诸侯手中。

战国时期，各诸侯国建立了从中央到地方的各级司法组织。各诸侯国除国君享有最高审判权之外，还在中央设置了专门的司法机构，如秦国设有廷尉，楚国设有廷理，齐国设有大理，魏国设有司寇。地方司法审判权，则由郡县行政长官兼理。

第四节　商鞅变法及其历史意义

一、商鞅变法及其主要内容

据《史记·商君列传》记载，秦孝公时，商鞅携《法经》入秦，并在秦国先后两次主持变法，成为战国时期法家主持变法者中最有成效的代表人物。

第一次变法开始于公元前359年（一说公元前356年），其主要内容如下：

（1）以《法经》为蓝本，结合秦国的具体情况加以修订、扩充，制定了秦律，并制定“连坐法”，即“令民为什伍而相收司连坐，不告奸者腰斩，告奸者与斩敌首同赏”，颁行秦国，厉行法治。从此以后，中国古代法典几乎都以“律”为名。

（2）奖励军功，禁止私斗，取消世卿世禄制及一切特权。具体规定或措施如下：其一，“宗室非有军功论不得为属籍”；其二，“斩一首者爵一级，欲为官者为五十石之官”；其三，“为私斗者各以轻重被刑”，使人民“勇于公战，怯于私斗”；其四，太子犯法，“刑其傅公子虔，黥其师公孙贾”。

（3）奖励耕织，重农抑商，即“僇力本业，耕织致粟帛多者复其身，事末利及怠而贫者，举以为收孥”。

第二次变法开始于公元前350年，其主要内容如下：

（1）“开阡陌封疆”，废除井田制，确立君主专制集权的土地私有制。

（2）普遍推行县制。“集小都、乡、邑、聚（村落）为县，置令、丞凡三十一县（一说四十一县或三十县）。”县令、县丞等地方官由国君直接任免，集权中央，并统一度量衡制度。

（3）按户口征收军赋，以利开垦荒地和增加赋税收入，并明令“民有二男以上不分异者倍其赋”，禁止父子无别、同室而居的旧俗。

二、商鞅变法的历史意义

商鞅变法的改革措施，一方面清理了旧贵族的政治经济势力，另一方面巩固了新兴地主阶级的经济基础和政治统治，在广度和深度上均超过了其他法家代表人物所作的改革，从而使秦国从不被人重视的“夷狄之邦”一跃成为令人畏惧的“战国七雄”之首，为后来秦统一天下奠定了基础。

商鞅在秦国主持变法，以《法经》为蓝本制定秦律，这对秦法制的统一和发展具有重要的作用，秦汉以后的传统法典都以“律”为名。其所提出的一系列“法治”理论和推行“法治”的方法，以及在法律上确立并巩固的中央集权制，为秦始皇建立统一的政治制度和法律制度奠定了基础。

深度阅读

1. 杨伯峻．春秋左传注．北京：中华书局，1981
2. 钱穆．先秦诸子系年．北京：中华书局，1985
3. 杨宽．战国史．2 版．上海：上海人民出版社，1980
4. 刘海年．战国法律制度研究中的若干问题．中国法学，1988（2）
5. 赵晓耕．中国古典法治的表达：再说韩非子．北京：商务印书馆，2021

问题与思考

一、思考题

1. 简述春秋战国时期法家学派、儒家学派、墨家学派、道家学派的法律观。
2. 春秋时期郑国、晋国“铸刑书（鼎）”的情况如何？曾遭到谁的反对？为何反对？
3. 试述《法经》的体例、主要内容及历史意义。
4. 战国时期的法律制度发生了什么变化？为什么？
5. 简述商鞅变法的主要内容及影响。

二、练习题

（一）单项选择题

1.《法经》在中国法律制度史上具有重要的地位。下列有关《法经》的表述不准确的是（　　）。（司考）

A.《法经》为李悝所制定

B.《盗法》《贼法》两篇列为《法经》之首，体现了“王者之政莫急于盗贼”的思想

C.《法经》的篇目为秦汉律及以后封建法律所继承并不断发展

D.《法经》系中国历史上第一部成文法典

答案：D

2. 关于公元前 359 年商鞅在秦国变法，下列选项正确的是（　　）。（司考）

A. 商鞅取消郡县制，实行分封制，剥夺了旧贵族对地方政权的垄断权

B. 商鞅“改法为律”，突出了法律规范的伦理基础

C. 商鞅推行“连坐”制度，鼓励臣民相互告发奸谋

D. 商鞅提出“轻罪重刑”，反对赦免犯罪，认为犯有罪者皆应受罚

答案：D

3. 郑国执政子产于公元前 536 年“铸刑书”，这是中国历史上第一次公布成文法的活动。对此，晋国大夫叔向曾写信痛斥子产：“昔先王议事以制，不为刑辟，惧民之有争心也……民知有辟，则不忌于上。并有争心，以徵于书，而徼幸以成之，弗可为矣！”关于“不为刑辟”

的含义，下列选项正确的是（　　）。（司考）

A. 不制定法律　　B. 不规定刑罚种类

C. 不需要判例法　　D. 不公布成文法

答案：D

4. 在我国古代第一次公布成文法的人是（　　）。（考研）

A. 子产　　B. 邓析　　C. 孔子　　D. 叔向

答案：A

5. 战国时期《法经》的制定者是（　　）。（考研）

A. 李悝　　B. 吴起　　C. 商鞅　　D. 管仲

答案：A

6.《法经》六篇中相当于现代法典中总则篇的是（　　）。

A.《囚法》　　B.《贼法》　　C.《杂法》　　D.《具法》

答案：D

7.《法经》中关于囚禁和审判罪犯的法律规定的部分称为（　　）。（考研）

A.《盗法》　　B.《囚法》　　C.《捕法》　　D.《具法》

答案：B

（二）多项选择题

8. 以下属于战国时期法制指导思想和原则的有（　　）。

A. “不别亲疏，不殊贵贱，一断于法”　　B. “行刑，重其轻者”

C. “明刑弼教”　　D. “刑过不避大臣，赏善不遗匹夫”

答案：ABD

9. 以下属于《法经》篇目的是（　　）。（考研）

A.《囚法》　　B.《户法》　　C.《盗法》　　D.《具法》

答案：ACD

10. 以下属于春秋战国时期法律内容变化的是（　　）。

A. 法律调整的范围扩大　　B. 刑罚从野蛮走向文明，出现了新的刑种

C. 赎刑在春秋末期被广泛适用　　D. 春秋末期出现了徒刑

答案：ABCD

第四章
秦代法律思想与制度

本章重点知识

1. 皇权体制的确立。
2. 秦律与法家等学派的关系。
3. 秦代的立法背景及主要法律形式。
4. 秦代法制的基本内容。
5. 秦律的特点。

在战国中期，商鞅变法后的秦国迅速壮大，成为关东六国关注的焦点。面对这种局势，秦国以远交近攻的策略分化瓦解关东六国，逐一削弱其力量。至公元前238年，秦王嬴政亲政时，秦国的国力已远超其他诸侯国。此后，嬴政一方面推崇商、韩之学，严厉打击嫪毐、吕不韦集团以加强王权，另一方面重用客卿，对东方诸国发起强大攻势。从公元前230年起，嬴政陆续消灭韩、赵、魏、楚、燕、齐六国，并于公元前221年建立了中国历史上第一个统一的帝国，而他本人也成为中国历史上第一个皇帝。秦统一后，始皇在政治、经济、文化等方面采取了一系列措施以加强中央集权，但此类措施也激化了关中与关东这两个不同文化地域的矛盾，所以在始皇之强势的背后实际上已隐伏着王朝统治的危机。在始皇末期的政乱中，即位的秦二世耽于逸乐，“督责益严”，以至于“刑者相半于道，而死人日成积于市”①。结果，王朝统治的危机彻底爆发，有秦一代遂因割据势力纷起而灭亡。尽管如此，秦代的法律对汉以后的中国法律史产生了深远影响，可谓中国法律史上必须予以重视的一页。

第一节　立法背景与法律思想

推崇法家学说的秦王嬴政是一个权力欲颇为旺盛的君主，这一点在他统一六国之后要求改变其名号的事件上表现得极为明显。在先秦时代，虽然“皇”和“帝”二字频繁地出现于各类

① 《史记·李斯列传》。

文献中，但如“三皇五帝”这一词汇所示，此二字基本上是分开来使用并指称上古圣王的，现实政治世界中的君主则通过称“王”来显示其尊贵地位。然而，在“六王咸服其辜，天下大定”[①] 的情况下，嬴政认为，“王”这一曾为众多诸侯所使用的名号已无法与其独一无二的君主身份相适应，遂令群臣商议新名号以显示他对天下的完全掌控。群臣上奏曰：“昔者五帝地方千里，其外侯服夷服，诸侯或朝或否，天子不能制。今陛下兴义兵，诛残贼，平定天下，海内为郡县，法令由一统，自上古以来未尝有，五帝所不及。臣等谨与博士议曰：‘古有天皇，有地皇，有泰皇，泰皇最贵。’臣等昧死上尊号，王为‘泰皇’。”[②] 在群臣看来，秦王统一天下并在辽阔的疆域内推行郡县制和“法治”，这使他的功业超过了五帝，所以应以表示至尊地位的“泰皇”名号自居。嬴政显然认同群臣所说的功业，但又认为“泰皇”仍不足以显示其尊贵，遂将“皇”与“帝”二字连在一起以宣扬自己为超越三皇五帝的第一帝，中国古代的皇帝制度则由此产生。这是一个由律令、朝觐礼仪、宗庙陵寝等要素构成的制度体系；在此体系的控制之下，任何侵犯皇帝尊严的行为、思想言论都将受到严厉的惩治。不过，在嬴政称“始皇帝”的场合，值得注意的是“法令由一统”被强调的事实。也就是说，秦代的皇权要以法令为媒介来展示其存在，因此“法治”自然而然地成为秦代的重要国策。公元前219年，秦始皇在封禅泰山时所立的“泰山刻石”以极为明确的语句再次强调了法律在国家制度中的基础地位：“治道运行，诸产得宜，皆有法式。”[③] 由此可见，在秦代，皇帝权威与法律是密不可分地联系在一起的，这是秦长期遵循法家思想的必然，也是秦代的关键性立法背景。

不过，对秦代法制有所影响的思想流派不止法家，阴阳五行说与儒家似乎也不应被忽略，以下将简略介绍这三家思想流派与秦代法制建设的关联性。

一、法家学说

在先秦各学派中，法家对法律的重视程度可谓最高，其主要原因有二。第一，在人性上，法家认为，好利恶害即“饥而求食，劳而求佚，苦则索乐，辱则求荣”[④] 是人的本性，因此与礼相比，法的行为引导功能显然更强。韩非就指出：“凡治天下，必因人情。人情者，有好恶，故赏罚可用；赏罚可用，则禁令可立，禁令可立，而治道具矣。”[⑤] 第二，在历史观上，法家主张，各个时代有不同的时代精神，也需要不同的治理手段，所以在实力较量日益成为周秦之际的历史趋势的情况下，见效迅速的“法治”自然比“为邦百年，亦可以胜残去杀”[⑥] 的德礼教化更符合时代的要求，“法与时转则治，治与世宜则有功”[⑦]。

基于此，法家设想了一套自成体系的“法治”理论。首先，推行“法治”意味着对礼治传统的挑战，必然会遭到既得利益集团和民众的抵触，因此法家意识到，“势”或者说强有力的

---

①②③ 《史记・秦始皇本纪》。

④ 《商君书・算地》。

⑤ 《韩非子・八经》。

⑥ 《论语・子路》。

⑦ 《韩非子・心度》。

君权实为“法治”成功的首要前提，遂大力提倡尊君。“君尊则令行”[①]、“权者，君之所独制也”[②]、“凡明主之治国也，任其势”[③] 等语句所说的无非都是这一点。其次，君主无法凭借一人之力实施统治，官僚体系则为君主贯彻“法治”的必要媒介，但官僚群体亦有其私利，所以治官成了君主的重要任务，韩非子就明言“明主治吏不治民”[④]。对此，法家学者构想了所谓的“术”论，这既包括“因任而授官，循名而责实，操杀生之柄，课群臣之能”[⑤] 的官僚任免及考课手段，也指“藏之于胸中，以偶众端而潜御群臣”[⑥] 的阴谋权术。最后，即使已具备强大的君权和严整的官僚队伍，如法自身缺乏各种特质，“法治”仍将困难重重。由此，法家强调“刑无等级”，如《商君书・赏刑》指出：“自卿相将军以至大夫庶人，有不从王令，犯国禁，乱上制者，罪死不赦”；强调法律应当公开、明确，如《韩非子・难三》云：“法者，编著之图籍，设之于官府，而布之于百姓者也”。以这三方面的结合为基础，法家试图用法律调整社会生活的方方面面并借此构建一个富有战斗力的“法治”国。

法家的这套理论为秦国统治者所推崇，并极其有效地推动了秦国统一大业的实现，自然也成了秦灭六国之后的基本政略。之所以出土及传世文献传递出来的秦代法制具有法网严密、烦苛细致的特点，其原因大概也就在于此。至二世时代，与韩非同出于荀子门下的李斯作为法家之学的坚定支持者更提出了以“深督重责”为主旨的督责术：“夫贤主者，必且能全道而行督责之术者也。督责之，则臣不敢不竭能以徇其主矣。此臣主之分定，上下之义明，则天下贤不肖莫敢不尽力竭任以徇其君矣。是故主独制于天下而无所制也。”[⑦] 如此严格地推行“法治”乃至于近乎严苛，导致了各地对秦王朝高压统治的不满，并最终酿成了秦末新战国局面出现的结果。秦帝国本身也在新战国时代先回缩成一国，进而被消灭。

二、阴阳五行说

先秦的学者经常用阴阳五行来解释宇宙的生成和运行，至战国时代的驺衍则进一步将阴阳五行导入政治学说中，提出了五德终始说，“称引天地剖判以来，五德转移，治各有宜，而符应若兹”[⑧]。这种学说认为，各王朝都能在金、木、水、火、土五行序列中找到自己的位置，一旦位置确定，就必须推行与之相适应的为政策略。秦始皇嬴政是五德终始说的信奉者，因此在秦统一后，“始皇推终始五德之传，以为周得火德，秦代周德，从所不胜。方今水德之始，改年始，朝贺皆自十月朔。衣服旄旌节旗皆上黑。数以六为纪，符、法冠皆六寸，而舆六尺，六尺为步，乘六马。更名河曰德水，以为水德之始。刚毅戾深，事皆决于法，刻削毋仁恩和义，然后合五德之数。于是急法，久者不赦”[⑨]。可见，秦朝廷之所以对“法治”念念不忘，放

① 《商君书・君臣》。
② 《商君书・扬权》。
③ 《韩非子・难势》。
④ 《韩非子・外储说右下》。
⑤ 《韩非子・定法》。
⑥ 《韩非子・难三》。
⑦ 《史记・李斯列传》。
⑧ 《史记・孟子荀卿列传》。
⑨ 《史记・秦始皇本纪》。

大刑罚的力量，其背后除法家思想的鼓动之外，也离不开阴阳五行说的辐射。

三、儒家学说

从学术争鸣的角度来说，先秦法家时常以儒家为辩论对象，斥儒家的礼治、德治主张为“心治”。但是，对朝廷统治者而言，“以法为教，以吏为师”的为政思路虽具有极为明显的法家倾向，却不意味着排斥其他学术流派的观点。毋宁说，某种思想只要有利于统治，就不会被彻底无视。司马迁之父司马谈在其著作《论六家之要指》中提道：“夫儒者以六艺为法，六艺经传以千万数，累世不能通其学，当年不能究其礼，故曰‘博而寡要，劳而少功’。若夫列君臣父子之礼，序夫妇长幼之别，虽百家弗能易也。”① 这就是说，儒家之学失之烦琐，但它对等级、伦常秩序的思考远胜于其他学术流派。秦尽管结束了七国竞争的局面，但六国臣民对秦并未彻底服从，社会残败仍是严重的现实问题。在这种情况下，强化君权、人伦可以说是秦代统治者必须面对的统治课题，儒家之学自然也就有了用武之地。秦律对爵制以及不同爵级享有者之间的权利差别的规定，对“伪听命书”“伤乘舆马”等罪名的设立均体现了等级意识和强化君权的目的；对“不孝”“殴大父母”“臣妾牧杀主”等行为的处罚则展示了秦统治者对伦常秩序的高度重视。由此可见，通说主张，作为中国古代法律思想之主要表现的儒法合流是从汉代开始的，但以秦代法制对等级、伦常秩序的有力维护来看，似乎也可以认为，儒法合流在秦已有其雏形。②

第二节　立法概况与法律形式

有关通过立法而逐渐形成的秦代法制的具体状况，以前由于史料缺乏，学界一直无从探知其详情，前人的最大努力也不过是从传世文献中辑佚秦代法制的只鳞片爪。1975 年 12 月，考古工作者在湖北省云梦县睡虎地发掘了十二座战国末至秦统一时期的墓葬，其中的第十一号墓出土了 1 155 支竹简及无法缀合的残简 80 片。这些竹简所载文字的大部分内容是法律，其中既有秦律的条文，也有对律文的解释及涉及治狱的文书程式。十一号墓的墓主人名喜，生于战国后期秦昭王四十五年（公元前 261 年），卒于秦统一后的第五年即秦始皇三十年（公元前 217 年），生前曾任安陆御史、安陆令史、鄢令史及鄢狱吏等与司法有关的职务，这大概就是其墓随葬大量记载法律之竹简的原因。秦简所抄写的法律虽然只不过是喜根据其为政所需而摘录的秦律的一部分，但无疑是秦的法律制度的真实反映；并且，秦简所反映的年代正是从秦国到秦帝国的这一历史阶段，这表明秦国的法制已随着秦军的征服脚步而扩展到全国且在秦统一后仍然被适用，所以这批竹简对于从整体上研究秦国和秦代的法律制度无疑具有极高的学术价值，

---

① 《史记·太史公自序》。

② 有关这方面内容的详细阐述，参见杨振红：《从出土秦汉律看中国古代的“礼”、“法”观念及其法律体现——中国古代法律之儒家化商兑》，载《中国史研究》，2010（4）。

也开启了学界研究秦律的新历程。如今，结合云梦睡虎地秦墓竹简（以下简称秦简）、其他出土文献及传世文献，可以看到秦代的主要法律形式包括如下几种。

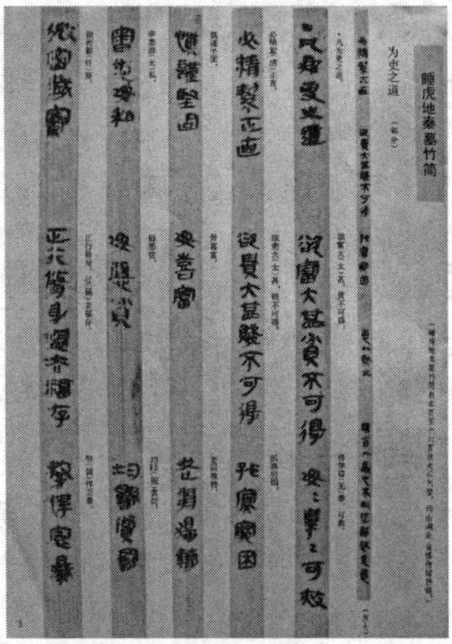

图 4-1　睡虎地秦墓竹简

（一）律

“律”是朝廷就某一专门事类正式颁布的法律。自商鞅改“法”为“律”之后，“律”便成为秦的主要法律形式。至秦统一六国后，秦律的数量更加繁多，仅秦简所载就有《田律》《仓律》《金布律》《除吏律》《戍律》等二十九种①，它们构成了秦代法制的主体。“律”在后世成为中国古代法的代表形式，其地位即由此奠定。但秦的“律”尚很分散，还远未达到法典化的程度。

（二）令

“令”是君主或皇帝针对一时之事而以命令形式发布的法律文件，它与“律”一样也是秦时经常使用的一种主要法律形式，但其效力高于律。在嬴政与群臣“议帝号”时，群臣曾提议“命为‘制’，令为‘诏’，天子自称曰‘朕’”②，并得到嬴政的认可。由此开始，“制”与“诏”成为皇帝命令的专称，从而不仅使之与其他人发布的命令区别开来，而且更赋予它以最高威严，使之具有最高法律效力。自此以后，皇帝的诏令成为中国古代最基本的和效力最高的法律形式，充分显示出中国古代皇权的至高无上。

（三）式

“式”是朝廷统一颁布的规定官吏审理案件的准则以及书写审讯笔录、现场勘查笔录、查封笔录等法律文书程式的法律形式；“式”在文字上指“准则”、“标准”、“范例”、“模式”或“格式”之意。秦简所载属于“式”一类的法律文献有《封诊式》二十五节③，从中可以看到秦代关于《治狱》《讯狱》的要求和“爰书”（案件记录）的书写格式等。

（四）法律答问

“法律答问”是朝廷和地方主管法律的官员对律令所作的权威性解释，它们与法律条文一样具有普遍的约束力。秦简《法律答问》共有一百八十七条④，多采用问答形式，对秦律的某些条文、术语以及律文的意图作出了明确解释，是对秦代律令条文的重要补充。

（五）法律文告

“法律文告”是秦代各级官吏在其职权范围内发布的具有法律效力的文告，但其效力通常

---

① 详见睡虎地秦墓竹简整理小组编：《睡虎地秦墓竹简》，北京，文物出版社，1978。
② 《史记·秦始皇本纪》。
③ 详见睡虎地秦墓竹简整理小组编：《睡虎地秦墓竹简》，244～279 页，北京，文物出版社，1978。
④ 参见上书，149～243 页。

仅限于发布者职权所辖的特定地区和范围之内。秦简所载《语书》即属此种法律形式，它是秦王政二十年（公元前227年）四月初二日南郡的郡守腾颁发给本郡各县、道的一篇法律文告。[①]

（六）程、课、廷行事

从秦简来看，秦代还有"程""课""廷行事"等多种法律形式。秦简载有《工人程》三条[②]，是朝廷颁布的用来规定主管人员考核官营手工业生产者劳动数量与质量的法律，由其内容分析，"程"与"式"一样含有"标准"之意。秦简中还载有《牛羊课》一条[③]，其内容涉及牛羊畜。此外，秦简《法律答问》中有十余条直接以"廷行事"作为依据[④]，其"廷行事"即判案成例。由此可见，在秦代，各级司法官吏先前审判案件的某些成例也是法律的补充形式，这大约可视为汉代"比"或"决事比"的渊源。

总之，一方面，秦代的法律形式多种多样，内容亦十分丰富、详尽，虽远不如后世汉代"律"、"令"、"科"[⑤]、"比"和唐代"律""令""格""式"那么整齐、简明，却已具备了它们的雏形，从而反映出秦代立法的高度发展，也体现了秦代统治者对法家之"法治"理念的落实。但另一方面，秦代法制条目繁杂，内容细碎，不仅"律"远未法典化，而且各律令条文彼此重复甚至矛盾者颇多，从而体现出法制初创时期系统化程度低、逻辑严密性不强的特征。[⑥]

第三节　法律制度

从商鞅变法开始，秦国的历代统治者都厉行"以法治国"，秦统一后始皇又任用著名法家人物李斯为丞相来主持立法，因此秦代法律制度不仅在形式上条目繁多，法网严密，而且在内容上也相当广泛和具体，诸如农业、手工业、商业、财政货币、徭戌赋税、军爵赏赐、官吏任免及什伍组织等社会生活的各个领域都有所涉及。可见，史籍对秦"事皆决于法"[⑦] 的记载在很大程度上可谓有所本。

---

① 详见睡虎地秦墓竹简整理小组编：《睡虎地秦墓竹简》，14～22页，北京，文物出版社，1978。

② 参见上书，73～75页。

③ 参见上书，142～143页。

④ 参见上书，214～220页。

⑤ 有关把科视作汉代的一种法律形式的问题，国内外学者已提出质疑，值得注意。详见滋贺秀三：《漢唐間の法典についての二三考証》，载《東方学》，第17辑（后收入滋贺秀三：《中国法制史論集法典と刑罰》，411～435页，东京，創文社，2003）；张建国：《"科"的变迁及其历史作用》，载《北京大学学报（哲学社会科学版）》，1987（3）（后收入张建国：《帝制时代的中国法》，71～88页，北京，法律出版社，1999）。

⑥ 秦简提供给我们的资料仅仅是到秦始皇三十年（公元前217年）为止的秦统一之初的法制状况，这些律文又是在一百余年间陆续增加、补充起来的，因此它存在上述种种缺陷自然是可以理解的。从有关史籍记载来看，秦代法制的真正系统化工作乃是秦始皇三十四年（公元前213年）丞相李斯主持的修律，但李斯修律的详情和成果却只能期盼未来发掘的史料来揭示一二。

⑦ 《史记·秦始皇本纪》。

一、刑事法律制度

刑事法律制度是秦代法制的主体部分，后世中国古代法亦莫不如此，以下将从罪名、刑罚及定罪量刑原则三个方面对其略加介绍。

（一）罪名

秦代法律所规定的罪名繁多，且尚无系统分类，更未形成较为科学的罪名体系。但大致而言，秦代的罪名不外乎以下五类：危害皇权罪、侵犯财产和人身罪、渎职罪、妨害社会管理秩序罪和破坏婚姻家庭秩序罪。

（1）危害皇权罪。维护皇权是秦代法制的首要任务，对危害皇帝及其集权统治的行为，秦律都处以严厉的刑罚。属于这一类的罪名很多，主要有：谋反；操国事不道；泄露皇帝行踪、住所、言语机密；偶语诗书、以古非今；诽谤、妖言；诅咒、妄言；非所宜言；投书及投寄匿名信；不行君令。

（2）侵犯财产和人身罪。秦代侵犯财产方面的罪名主要是“盗”，盗窃在当时被列为重罪，按盗窃数额量刑。除了一般意义上的盗，秦律还区分了共盗与群盗，前者指二人以上共同盗窃，后者则指聚众反抗政治统治，属于危害皇权的重大政治犯罪。侵犯人身方面的罪名主要是贼杀人、贼伤人，此处的“贼”与今义不同，而是故意或“杀人不忌”之意。此外，斗杀、斗伤在秦代亦属侵犯人身罪。

（3）渎职罪。秦代的渎职罪主要有三类：其一是官吏失职造成经济损失的犯罪，如秦简所载《厩苑律》《牛羊课》等的规定；其二是军职罪；其三是有关司法官吏渎职的犯罪，包括“不直”（指罪应重而故意轻判或应轻而故意重判）、“纵囚”（指应当论罪而故意不论罪，以及设法减轻案情，故意使案犯达不到定罪标准，从而判其无罪）[①]、“失刑”（指因过失而量刑不当）[②] 等。

（4）妨害社会管理秩序罪。按秦简，这方面的罪名主要有三个：其一是《田律》所规定的违令卖酒罪；其二是《法律答问》及《徭律》所说的逃避徭役罪；其三是《傅律》所载逃避赋税罪。

（5）破坏婚姻家庭秩序罪。秦代有关破坏婚姻家庭秩序的罪名有两类：一类是关于婚姻关系的，包括夫殴妻、夫通奸、妻私逃等；另一类是关于家庭秩序的，包括擅杀子、子不孝、子女控告父母、卑幼殴尊长、乱伦等。

（二）刑罚

秦代的刑罚种类颇多，大致而言，主要包括以下八大类：笞刑、劳役刑、流放刑、肉刑、死刑、耻辱刑、经济刑、株连刑。不过，从目前的史料来看，此类刑罚尚未形成完整的体系，呈现出过渡时期的特征。

---

① 详见睡虎地秦墓竹简整理小组编：《睡虎地秦墓竹简》，191 页，北京，文物出版社，1978。

② 同上书，165～166 页。

（1）笞刑。笞刑是以竹、木板责打犯人背部的轻刑，是秦代经常使用的一种刑罚方法，秦简中有“笞十”“笞五十”“笞一百”等多种等级，大多是针对轻微犯罪而设的，也有的是作为减刑后的刑罚。

（2）劳役刑。劳役刑即剥夺罪犯人身自由，强制其服劳役的刑罚，在秦代主要包括以下几种：城旦舂，男犯筑城，女犯舂米，但实际从事的劳役并不限于筑城舂米；鬼薪、白粲，男犯为祠祀鬼神伐薪，女犯为祠祀择米，但实际劳役也绝不止于为宗庙取薪择米；隶臣妾，即将罪犯及其家属罚为官奴婢，男为隶臣，女为隶妾，其刑轻于鬼薪、白粲；司寇，即伺寇，意为伺察寇盗，其刑轻于隶臣妾；候，即发往边地充当斥候，是秦代劳役刑的最轻等级。[①] 一般认为，秦代的劳役刑没有刑期。

（3）流放刑。流放刑包括迁刑和谪刑，都是将犯人迁往边远地区的刑罚，其中谪刑适用于犯罪的官吏，但两者都比后世的流刑要轻。

（4）肉刑。肉刑即黥（或墨）、劓、刖（或斩趾）、宫等四种残害肢体的刑罚。从秦简来看，秦的肉刑大多与城旦舂等较重的劳役刑结合使用。[②]

图 4-2 焚书坑儒[③]

---

① 有关秦汉时代的城旦舂等劳役刑的性质，近些年来，我国台湾地区学者及日本东洋史学界已指出此类刑罚内含身份性。详见邢义田：《张家山汉简〈二年律令〉读记》，载侯仁之等：《燕京学报》，新15期，北京，北京大学出版社，2003（后收入邢义田：《地不爱宝：汉代的简牍》，144～199页，北京，中华书局，2011；宫宅潔：《中国古代刑制史の研究》，77～138页，京都，京都大学学术出版会，2011；陶安ぁんど：《秦漢刑罰体系の研究》，54～80页，东京，东京外国语大学アジア・アフリカ语言文化研究所，2009；鹰取祐司：《秦漢時代の刑罰と爵制的身分序列》，载《立命馆文学》第608号等）。

② 有关肉刑与劳役刑配合使用的问题，日本学者冨谷至先生认为：在秦简中，真正配合劳役刑使用的只有黥刑；刖和劓则只是黥的附加刑，不能单独配合劳役刑来使用。详见〔日〕冨谷至：《秦汉刑罚制度研究》，柴生芳、朱恒晔译，20～22页，桂林，广西师范大学出版社，2006。

③ 参见刘昕主编：《中国古版画》，人物卷・教化类，88页，长沙，湖南美术出版社，1998。

(5) 死刑。秦代的死刑执行方法很多①，主要有：弃市，即所谓杀之于市，与众弃之；戮，即先对犯人使用痛苦难堪的耻辱刑，然后斩杀；磔，即裂其肢体而杀之；腰斩；车裂；阬，又作坑，即活埋；定杀，即将患疾疫的罪人抛入水中或生埋处死；枭首，即处死后悬其首级于木上；族刑，通常称为夷三族或灭三族，关于三族，有的认为是指父母、兄弟、妻子，有的认为是指父族、母族、妻族；具五刑，即"当三族者，皆先黥、劓、斩左右趾，笞杀之，枭其首，菹其骨肉于市。其诽谤詈诅者，又先断舌，故谓之具五刑"②。此外，秦代还实行过凿颠、抽肋、镬烹、囊扑等死刑执行方法。

(6) 耻辱刑。秦时经常使用"髡""耐""完"耻辱刑作为徒刑的附加刑。③"髡"是指剃光犯人的头发和胡须、鬓毛；"耐"与"完"是一刑二称，指仅剔去胡须和鬓毛，而保留犯人的头发。

(7) 经济刑。秦代的经济处罚刑主要是"赀"，同时，赎刑也可归入这一范畴。"赀"是秦代用经济制裁来惩治官吏的一般失职和民人的一般违法行为的独立刑种，它包括三种：其一是纯粹罚金性质的"赀甲""赀盾"；其二是"赀戍"，即发往边地作戍卒；其三是"赀徭"，即罚服劳役。赎刑不是独立刑种，而是一种允许已被判刑的犯人用缴纳一定金钱或服一定劳役来赎免刑罚的办法。据秦简，秦代赎刑的适用范围非常广泛，从"赎耐"、"赎黥"、"赎迁"直至"赎宫"、"赎死"。

(8) 株连刑。株连刑主要包括族刑（详见上文"死刑"）和"收"。收，亦称收孥、籍家，就是在对犯人判处某种刑罚时，还同时将其妻子、儿女等家属籍没为官奴婢。

(三) 定罪量刑原则

(1) 以身高为确定刑事责任年龄的标准。秦律规定，凡属未成年人犯罪，不负刑事责任或减轻刑事责任。但据秦简，在判断是否成年时，秦律以身高为标准。男子以六尺五寸、女子以六尺二寸为成年，须负完全刑事责任（详见下文"民事权利主体"）；不足六尺者为未成年人，不负刑事责任。④

(2) 确认主观意识状态，区分故意与过失（秦简称为"端"与"不端"）。秦律十分重视人的主观意识状态，一方面注重区别有无犯罪意识，另一方面则明确区分故意与过失。在前一方面，秦律将有无犯罪意识作为判定被告人的某些行为是否构成犯罪的重要依据；在后一方面，秦律对被告人所实施的某些行为，虽不论是故意还是过失均要追究刑事责任，但

---

① 有关秦的死刑种类之繁多，日本学者冨谷至先生曾提出异议，并认为秦律中的死刑可分成两类：一类是以行刑方法命名的腰斩、弃市和斩首等，另一类是根据尸体处理办法命名的枭首和磔等。仅从把犯人装上槛车游街后押往刑场，然后在众人面前砍头或者斩腰，并在长时间内不收尸这一死刑执行过程来说，秦律中的死刑完全可以归为腰斩和弃市两种。详见〔日〕冨谷至：《秦汉刑罚制度研究》，柴生芳、朱恒晔译，43～49页，桂林，广西师范大学出版社，2006。其观点也得到了另一位日本学者水间大辅的大致认可，详见水间大辅：《秦漢刑法研究》，17～18页，东京，知泉书馆，2007。

② 《汉书·刑法志》。

③ 有关肉刑、耻辱刑与劳役刑的关系，一直以来，国内外学界都认为前者为后者的附加刑，但近年来日本学者瀬川敬也先生提出了不同的看法，他认为秦的刑罚制度以身体标志为主、以劳役为从。详见〔日〕瀬川敬也：《秦代刑罰の再検討—いわゆる勞役刑を中心に—》，载《鹰陵史学》，第24号；《秦漢時代の身體刑と勞役刑—文帝刑制改革をはさんで—》，载《中国出土文字资料研究》，第7号。

④ 揆度《周礼》贾公彦疏所说"七尺谓年二十，六尺谓年十五"，即不足十五岁的人犯罪不负刑事责任。

在定罪量刑上加以区别，故意和过失所构成的罪名不同，在量刑上也是故意从重，过失从轻。另外，司法官吏用刑不当，过失为“失刑”罪，处理从轻；故意则为“不直”罪，处理从重。

（3）教唆同罪，教唆未成年犯罪加重处罚。于前者，如秦简记载，甲教唆乙盗窃，乙尚未既遂，就已被捕，则甲、乙皆当“赎黥”①。于后者，如秦简提到，甲教唆身高不满六尺的未成年人乙“盗杀人”，则甲当被处以磔刑。②

（4）诬告反坐。按秦律，对诬告他人者，当以所告之罪罪之。并且，在一般情况下，只有故意陷害他人才构成诬告罪，若是出于过失则不算诬告；但若诬告他人杀人，即使是出于过失，也要以诬告论处。

（5）累犯加重，共同犯罪和集团犯罪加重处罚。秦简《法律答问》指出，“耐为隶臣”者以应处司寇刑之罪诬告他人，其所受之刑并非司寇而是城旦③，这显然是累犯加重的一个事例。又，据秦简，凡五人以上的集团犯罪，即使盗窃仅一钱，其处刑也要比不足五人盗过六百六十钱的处刑重；而同样的盗窃犯，二人以上、五人以下的共同犯罪的处刑又比单人犯罪的处刑重④，这些自然说明对共同犯罪和集团犯罪应当加重处刑。

（6）自首减免刑罚，消除犯罪后果减免刑罚。关于自首减刑，如秦简《法律答问》载，携带所借官家物品逃亡的，如自首，只以逃亡罪论处，免其盗窃罪。⑤ 关于消除犯罪后果减刑，如秦简规定，监领人犯而人犯逃亡，能自行捕获以及亲友代为捕获的，可以免罪。⑥

（7）实行连坐。连坐就是一人犯罪，全家、邻里和其他有关的人连同受罚。按其适用范围区分，秦代的连坐主要有全家连坐、什伍（邻里）连坐、军队中士卒连坐、官吏间连坐四种，在秦简中尤以什伍连坐的律文最多。

二、民事法律制度

秦代没有现代意义上的民法，甚至没有专门的单行民事法规，但秦简所载律文中也有若干民事立法。这些民事法规混杂在刑法和其他单行法规中，或作为惯例反映在《法律答问》中，其内容涉及民事权利主体和客体、所有权、债权、婚姻家庭与继承等各个方面。

（一）民事权利主体

据秦代民事法律制度，其民事权利主体大致有以下几类。

（1）国家——皇帝，这是最完全的民事权利主体，大量的国家财产和土地、山林等社会的基本生产资料实质上都是皇帝的私产。国家经营农牧业，也垄断采矿、冶铁、铸钱等手工业，官府还经常与百姓发生买卖关系。

① 详见睡虎地秦墓竹简整理小组编：《睡虎地秦墓竹简》，152 页，北京，文物出版社，1978。

② 参见上书，180 页。

③ 参见上书，202 页。

④ 参见上书，150 页。

⑤ 参见上书，207 页。

⑥ 参见上书，205 页。

（2）有爵者、士伍或百姓，这是具有完全权利能力的民事权利主体。他们有完全的人身权利、财产权利和婚姻权利，还有单独立户的权利。

（3）作务、商贾、赘婿、后父，这是有限制权利能力的民事权利主体。他们没有完全的人身权，常与被剥夺了人身自由权的罪犯一样被发往边地；他们仅有受限制的财产权，作务和商贾有完全的立户权，但在衣着、车乘方面受到严格限制；赘婿和后父则因入赘女家而丧失单独立户之权。

（4）隶臣妾，这也是有限制权利能力的民事主体。他们有一定的人身权，由于有服兵役的义务，因而有可能立功拜爵成为“有爵者”；他们有一定的由法律确认的财产权；也有完全的婚姻权和自立门户的权利。

（5）人奴妾和官奴婢，这是完全不具有权利能力的人。作为私人或官府的奴婢，他们只是被买卖的客体，完全没有人身自由权利，也没有任何私有财产权和单独立户权，他们只具有不完全的婚姻权利，因而不能作为民事权利主体。

关于民事权利主体的行为能力，从现有史料来看，由于秦代一般按身高来确定成年与否，因而也能以身高作为评判是否具有行为能力的标准。但是，中国古代有行冠礼的风俗习惯，因此民事主体只有在冠礼以后才具有完全的行为能力。秦简《仓律》规定：“隶臣、城旦高不盈六尺五寸，隶妾、舂不盈六尺二寸，皆为小。”[①] 显然，男子身高六尺五寸（约 150 厘米）以上，女子身高六尺二寸（约 140 厘米）以上，是成年应傅（指到官府登记）的标准，也是成年冠礼的标准，更是民事主体（也是刑事责任主体）具有完全行为能力的标志。

（二）民事权利客体

秦代法律规范和司法实践对物的各种分类，如“要式移转物”与“略式移转物”、“可有物”与“不可有物”、“代替物”与“不代替物”、“消费物”与“不消费物”、“主物”与“从物”、“原物”与“孳息物”等，虽然全部尚无明确的概念，但实际上已有相当清楚的意识。[②]

（三）所有权

（1）所有权的分类。从现有史料来看，秦代存在两种所有权，即国家所有权与家户所有权。前者的客体极为广泛，其实质是皇帝所有权。后者则包括土地、牲畜等生产资料的私人所有权和房屋、衣被、家具等一切生活资料的私有权。不过，需要注意的是，此种所有权并非个人所有权，而是户和家族的所有权。

（2）所有权的取得和消灭。关于所有权的取得，秦律承认并保护先占取得、孳息取得、时效取得以及因赏赐、买卖和继承而取得财产所有权；关于所有权的消灭，秦律承认因所有物的灭失、转让以及所有权人的自愿放弃和依法籍没而使原所有权归于消灭。

（3）所有权的保护。在所有权遭到不法侵害时，秦律主要是利用刑罚手段加以保护，但也时常根据情况采取某些民法措施，主要包括确认所有权、返还原物、赔偿损失、排除妨害、返

---

① 睡虎地秦墓竹简整理小组编：《睡虎地秦墓竹简》，49 页，北京，文物出版社，1978。

② 详见栗劲：《秦律通论》，473～481 页，济南，山东人民出版社，1985。

还不当得利等五种。

(四) 债权

(1) 债的发生。债权是所有权转移的一种形式。从现有史料看，秦律关于债的发生大致规定了五种情形：因契约所生之债、因非法侵害所生之债、因不当得利所生之债、因损失公物所生之债（主要针对官吏的失职行为）、因行政措施所生之债。

(2) 债的担保。据秦简，秦代的债务关系也有担保人，相关的记载主要集中于《工律》和《金布律》之中。其情形主要有三种，即官方经手人担保、民间经手人担保和共同担保。

(3) 债的变更、履行和消灭。秦律承认在债的关系继续存在的条件下，债权人与债务人双方都有发生变更的可能。当债务难以正常履行时，在秦律中就有将债务付之于各种民事强制的规定。债务依秦律可由双方当事人协议解除，也可由债权人单方面宣布免除；在某些条件下，亦可因债务人死亡而归于消灭。

(五) 婚姻家庭与继承

秦律对与婚姻的成立条件、婚姻的形式、夫妻双方的权利和义务及婚姻的解除等方面都作了具体的规定。有关婚姻的成立和解除，秦律规定婚姻只有到官府登记的才有效，未经登记的婚姻是不受法律保护的；丈夫休妻也同样必须报官登记。有关夫妻间的权利义务关系，秦律虽然也维护男尊女卑和夫权，但因受儒家文化影响较小，因而能对夫权有所限制，对妻子人身权利的保护也超过汉以后的历代王朝。比如，秦律一方面要求妻子忠于丈夫，另一方面也规定丈夫通奸有罪，“夫为寄豭，杀之无罪”①；又如，秦简《法律答问》指出，“妻悍”，丈夫也不能随意殴打，否则将被处刑。②

在继承方面，秦代的继承范围很广，除最常见的财产继承之外，还有皇位继承、宗祧继承、官职继承、爵位继承及其他身份继承。秦律对继承人的确认则有法定继承和指定继承两种，同时对于继承的方法也有比较明确的规定。如秦简《法律答问》就提到，爵位继承人须到官府登记、经官方认可方才有效。③

三、经济法律制度

秦代调节经济生活的法规种类繁多，内容庞杂。就秦简来看，它们主要表现为《田律》《仓律》《厩苑律》《牛羊课》《金布律》《工律》《工人程》《均工》《司空》《关市》《效律》等法律条文。这些法律规范表明，秦代对国家经济生活的各个领域均以确定各专职管理职责的形式，作出了详细的规定。

(一) 农牧业管理与资源保护

农业是中国古代社会的立国之本，历朝历代都极为重视。秦代在中央和地方设置了“大

---

① 《史记·秦始皇本纪》。

② 详见睡虎地秦墓竹简整理小组编：《睡虎地秦墓竹简》，185页，北京，文物出版社，1978。

③ 参见上书，182页。

田”“田啬夫”等各级专司农事之职的官吏，并要求各专职官吏及时掌握农时，关注农业生产，以保证国家正常的农业收益。如秦简《田律》就要求掌管农事之官书面报告受雨、抽穗的顷数和已开垦而没有耕种的田地顷数。为了保障农业生产，秦律还对农业劳动力的分配、劳动时间的安排以及农作物种子的选择、供应、播种量等方面提出了具体要求。如秦简《司空》就说，在外以劳役抵偿债务之人农时应当归田，播种与管理禾苗时节各二十天。

秦代对畜牧业同样十分重视，专设有厩啬夫和牛长等官职，分别负责牛马的饲养和管理，而法律对畜牧业的管理也作了详细规定。如秦简《厩苑律》和《牛羊课》就严格设定了牲畜管理人员和饲养人员的责任及其奖惩。

此外，秦代还注意到用法律形式来保护农田水利、山林、河鱼等自然资源。如秦律《田律》就说，春天二月，不准到山林中砍伐树木，不准堵塞水道，不准采割刚刚发芽的植物或捕捉幼兽、掏取鸟卵，等等。上述禁令须到七月才解除。

（二）手工业管理

在中国古代，对于富国强兵而言，手工业几乎与农业同等重要，因而也受到历代统治者的高度重视。为此，秦代设置了官啬夫、工师、工室丞、曹长等官职负责官府手工业作坊的管理事宜。秦简中的《工律》、《工人程》、《均工》和《效律》等法律对手工业产品的规格、质量、生产定额以及劳动力的调配、劳动量的计算等方面都作了较为系统的规定。如在产品规格上，《工律》要求统一规格的产品，其大小、长短、宽厚都必须完全相同，不得参差不齐。又如在产品质量上，秦代对官营手工业产品要进行年度评比考查，如考查时被评为下等，罚工师一甲，罚丞、曹长各二甲；若连续三年被评为下等，则要加倍惩罚。在劳动定额和工作量的核算上，秦律根据季节、年龄、体力、性别、简单劳动和复杂劳动的差异而区别对待。

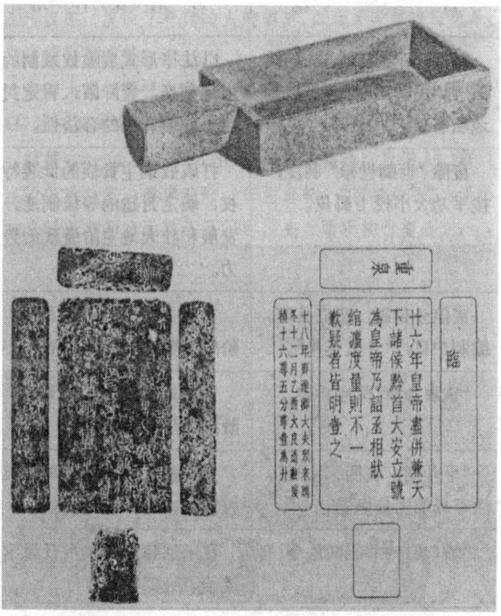

商鞅方升（附铭文拓片释文），秦孝公十八年（公元前344年）商鞅督造的标准量器，用于重泉（今陕西蒲城东南）地区。侧面刻有铸造时的铭文。秦始皇二十六年（公元前221年），底部加刻诏书，作为统一全国量器的标准。根据这件方升的实测计算，秦制一升约合今200毫升，一尺约合今23.1厘米。

图 4-3　统一度量衡

（三）商业贸易

秦代虽然重农抑商，但也注意运用法律手段来调节商业贸易。据秦简，秦代已有专门调整商业市场的法律规范，《关市》即为其中之一。现存史料表明，秦律对商业贸易的调节包括两方面：一是禁止和打击非法商业和非法经营，二是保护和规范合法商业。在前者，如秦简《田律》就禁止农村售酒；又如《秦律杂抄》则禁止官吏利用为其配备的马匹或差役经商牟利。在后者，如秦简《法律答问》规定，如窃贼盗得甲的衣服并将衣服出售于丙，然后被拿获，丙从窃盗手中合法买来的衣服不作为赃物追还；又如秦简《金布律》规定，除不值一钱的小商品之外，市场上买卖的货物均须明码标价。

（四）财政货币管理

为实现经济上的大一统，增强国力，秦统一六国后立即采取了统一货币等重要措施。秦简中的《金布律》等法规便是这一政策的具体落实。

为统一货币，秦律规定，在全国范围内只允许使用国家所确定的货币，制币权由国家绝对垄断，民间私铸钱币属犯罪行为。秦代统一货币也包含统一货币的规格和比价，并用法律确保货币的流通。按秦简，秦时以金、钱、布为流通货币。《金布律》一方面对“布”的规格作了具体要求，不合规格者不得流通；另一方面又确定了货币的比价，即十一钱折合一布，若以出入钱来折合黄金或布，应按法律规定进行。同时，《金布律》还规定，在货币流通过程中，好坏钱应一起使用，百姓在交易中不得挑拣选择；市肆中的商贾及官家府库的吏亦不准对钱布有所选择。

从秦简来看，秦代有关财政审计方面的法律规定也相当丰富和详备，《效律》即是秦时财政审计的主要法律规范之一。《效律》规定实行定期或不定期的账目检查；在检查账目时，要同时清查库存物资，做到账、物相等。此外，秦简还有许多关于度量衡的标准、称量物资的方法和程序的详细规定。

四、行政法律制度

秦代虽然没有成文的行政法典，却有一系列单行的行政法规，诸如《置吏律》《除吏律》《除弟子律》《尉杂》《内史杂》《傅律》《徭律》《司空》《军爵律》《敦表律》《戍律》《行书》《游士律》《属邦》《公车司马猎律》《中劳律》等。这些行政法规内容相当全面，几乎涉及当时行政活动的各个领域；并且，这些法规大多类型完整，结构严密，确定性程度高，从而为各个行政机关提供了行为准则，充分体现出秦代“事皆决于法”的特征。

（一）机构设置

（1）中央机构。秦代朝廷的机构设置是三公九卿。“三公”指丞相、太尉、御史大夫三个最高职官，丞相综观全国行政事务，是皇帝之下的最高执政官；太尉是最高专职武官，执掌军政[①]；御史大夫是丞相之副，掌管群臣奏章和下达皇帝诏令，兼理监察。三公率属吏组成丞相府、太尉府和御史府，构成对全国发号施令的总枢纽。三公以下是“九卿”，即奉常（掌宗庙礼仪）、郎中令（掌皇帝侍从警卫）、卫尉（掌宫廷警卫）、太仆（掌宫廷御马和国家马政）、廷尉（掌司法）、典客（掌外交和民族事务）、宗正（掌皇族事务）、治粟内史（掌租税钱谷和财政收支）、少府（掌专供皇室需用的“山海池泽之税”）。“九卿”构成中央各重要的行政职官和机构。

（2）地方机构和基层组织。秦代地方实行郡县制。郡以郡守为最高行政长官，执掌一郡全

---

① 有关“太尉”一职，据秦汉史学家林剑鸣先生考证，在秦时，“太尉”一职虽然存在，却从未委任于任何人。换句话说，“太尉”一职处于虚有其位而实无其人的状态，秦的“三公”实际上只有其二，这体现了秦始皇分相权而独揽军权的设想。详见林剑鸣：《秦汉史》，93～96 页，上海，上海人民出版社，2003。

部政务，由朝廷任命、节制；郡守之下设郡尉，主管一郡军政事务。县以县令为行政长官（但不满万户的县不称“令”而称“长”），主管一县政务并兼理司法，由朝廷任免；其下设丞和县尉，协助县令工作。县之下有乡、里、亭等基层行政组织。乡以“有秩”为主管官吏，其下设乡老、啬夫、游徼等职；里以“里正”或“里典”为主管官吏；里以下按什伍组织编制民户。此外，十里为一亭，设亭长，负责亭内侦察、拘捕人犯等警察事务。

（二）官吏任用

秦简《为吏之道》云：“审民能，以任吏，非以官禄，夬助治。”[①] 也即对民人要严格考察其德、才，方可任用为官吏，为的是不能让其白白享受官禄，而要使他能够助理政事。据此，秦统治者对官吏必须具备的基本条件作了较为明确的规定。揆诸《为吏之道》，这些条件大体包括：忠君敬上；廉洁奉公，以身作则；宽厚平和，严肃认真，果断坚决；讲求工作效益。[②] 秦简《置吏律》《除吏律》还对任用官吏的时间、原则，特别是对违法任用官吏的责任作了规定。

（三）官吏职责

秦律要求各级官吏严格执行职务。实际上，秦的各类经济法规和行政法规大多都是以规范各专职官吏之职责为内容的，秦简中的《田律》《厩苑律》《仓律》《工律》《徭律》《效律》《内史杂》和《封诊式》中的《治狱》《讯狱》等各篇，对各类专职管理的职责都作了明确规定。这表明秦代行政立法已达到相当成熟的水平。

秦代还要求官吏必须通晓法律，并严格执行法律。《语书》就说：“凡良吏明法律令……恶吏不明法律令。”[③] 所以，《内史杂》要求各县各级官员须抄写所需遵用的法律。秦律还规定各级官吏严格执法，如官吏“废令”或“犯令”，即使已被免职或已调任，仍要追究其法律责任。

（四）官吏奖惩

秦代依据法家重赏重罚、罚重于赏的思想，非常重视对官吏的考核和奖惩。这方面律文在秦简中可谓俯拾皆是，尤以《田律》《仓律》《厩苑律》《效律》《除吏律》《牛羊课》等最为集中。从这些律文来看，秦代的考核、奖惩制度绝大多数是与职务规则制定在一起的，这说明秦代统治者在通过督责官吏以整顿吏治时，高度强调严明吏责，严格考核，诱以“厚赏”，威以“重罚”。

五、秦代法制的特点

秦国是明确以法家学说为政治指导思想的诸侯国，借此而完成统一大业的秦王朝则是中国

---

① 睡虎地秦墓竹简整理小组编：《睡虎地秦墓竹简》，291页，北京，文物出版社，1978。

② 一般认为，《为吏之道》实为十一号墓墓主人喜对自己的为官要求，其普遍性仍有待考证。但是，在新出简牍《岳麓书院藏秦简》中，也有些被总括为《为吏治官及黔首》的简文，它们在对官吏之为政素养的要求上与《为吏之道》颇为类似。这说明，《为吏之道》在供职于关东地区的秦的官吏群体中或许是有一定的代表性的。有关《为吏治官及黔首》的简文，详见朱汉民、陈松长主编：《岳麓书院藏秦简·壹》，108～149页，上海，上海辞书出版社，2010。

③ 睡虎地秦墓竹简整理小组编：《睡虎地秦墓竹简》，19页，北京，文物出版社，1978。

历史上第一个中央集权的帝国。这种独一无二的身份更兼周秦转变结束之初期阶段的历史背景，使秦代法制表现出了若干值得注意的特点。

（一）坚持“法治”，重法轻儒

先秦法家从周秦转变时期政治、军事的实际状况出发强调，法是治理国家的唯一有效手段，而法自身作为一种固定、划一的行为准则必然排斥以差别化为要素的德礼之教，因此法家以“心治”来概括儒家之学并予以鄙弃。从商鞅变法开始至秦建立，秦提倡法家之学足有一百三十余年，秦代法制自然也体现出了浓厚的法家色彩并淡化宗法、血缘对法律的影响。比如，在秦统一之后发生的“焚书”事件中，李斯就强调“法令出一”“以吏为师”，这显然是《韩非子·五蠹》所说“以法为教”“以吏为师”的重申；又如，在秦律中，夫权、父权均受到一定程度的限制，这与汉以后的法律截然不同，其原因大概可归结为秦律受儒家影响较轻。

当然，这并不意味着秦律对儒家之说报以完全忽视的态度。事实上，秦律也严惩“不孝”罪，而且还提出了“议爵”“议官”“议真”等刑罚适用原则，这些都表明秦律也试图维护家族伦理以及社会等级。但是，与汉以后的法律相比，其程度可谓较轻，所以如果说重法轻儒是秦律的一个特点，这恐怕是不过分的。

（二）法网繁密与行政主义风格

法家重视法的功能，并试图把法渗入社会生活的各个角落，因此贯彻法家政略的秦人在各类事项上都设定了严格的法律规范。依秦简来看，《田律》《仓律》《厩苑律》《工律》等名称就指向了这种依事设律的立法倾向，《晋书·刑法志》所说“汉承秦制，萧何定律……益事律兴、厩、户三篇”云云大概也是指汉初从秦传承而来的一事一律的立法风格。在此种情况下，更兼社会关系的复杂性以及随着秦国扩张而带来的各类新问题，秦律的繁杂也可以说是理所当然的，因此汉人以“繁于秋荼，而网密于凝脂”[①] 来描述秦律确实是有所本的。不过，另一个与此相关的问题是对秦律之“严苛”的评价。在这一点上，必须注意的是此种评价基本上都出于汉代学者，其中多少带有为新王朝立言而否定旧王朝以及对本朝之刑治和吏治表达不满并期盼改革的政治意图。试想，如果汉代学者口中或笔下的抨击真实可信，身处关中的秦人竟能长达一百数十年地安居于故地，那或许也是不太合理的。毋宁说，对秦人而言，倡导“以刑去刑”的秦律已成为其生活的一部分，本无所谓轻重，而汉代学者所说的恰恰代表着关东六国民众对秦律的抵触并夸大了此种情绪。当然，这并不是为秦律的重刑思想辩护，而是说对一种特定的历史现象应以当时当地的眼光予以同情的理解和过程性的剖析，不可随意地指责古人并形成思维定式。

以“法网繁密”为前提，还有一个问题也值得注意，即以《田律》等秦简所提及的律名论，秦律的很多内容似乎都涉及官吏的日常行政行为，亦试图对官吏的职责权限予以明确化。这鲜明地体现了秦律的内在理念之一是以社会治理为目的的行政主义，也以实际的条文解释了法家提出的“明主治吏不治民”和对官吏予以“循名责实”的思想。

---

① 《盐铁论·刑德》。

（三）过渡性色彩

秦律是在周秦转变之际逐渐形成的，自然会有先秦的残存，也是后世法制之继续演进的起点，此即所谓过渡性色彩之意旨。在这一点上，最明显的无过于肉刑和劳役刑问题。对前者，肉刑无疑是上古刑罚的主要内容，秦律中的肉刑当然也可被视为上古刑罚的遗迹，但秦律中的肉刑多与劳役刑相配合使用，这又可谓汉代以后以劳役刑为中心的刑罚体系之建立的先声。对后者，在秦律中，各种劳役刑的刑名自然体现了这些刑罚在最初被创设时的含义，但在实际运行中，刑徒所服的劳役经常性地与其被判处的刑名不符，此类刑名自身所能发挥的标识劳役轻重的功能也逐渐趋于淡化，这正是汉朝在刑罚改革时确定刑期的重要背景。

当然，除这二者之外，秦律中体现过渡性色彩的内容还有一些。比如，在秦律中，赀刑经常以“甲”或“盾”等为计量单位，这当然指示着该刑名的初始意图，也反映了周秦之际战争成为时代主题的事实。但是，在新出简牍《岳麓书院藏秦简》中，“甲”“盾”等都被折合成了金钱①，所以不能认为秦律中的赀甲、赀盾确实以“甲”“盾”为外在表现，毋宁说应赀者为以甲、盾来显示的金钱数，这大概正是汉代罚金刑出现的原因之一。

综上所述，秦代法制是在吸收三代以来尤其是战国时期各诸侯国法制建设之经验的基础上产生的，也折射出了周秦之际历史变革的特有韵味。尽管秦代法制有其时代的局限性，但其继往开来的地位却是不容抹杀的，中华法系所包含的法家因素的创设在很大程度上也要归功于秦代法制，因此立足于中国古代法的演进对秦代法制予以客观的评价仍然是中国法制史学者的重要任务。

第四节　司法制度

一、司法机关

秦代是中国历史上第一个中央集权的专制王朝，皇帝总揽一切大权，最高司法权自然也操纵在皇帝手中。皇帝一方面有权直接审判案件，另一方面又通过一整套处于其控制之下的司法机构来判决案件。

（一）中央司法机关

秦代的中央司法机关主要是丞相、御史大夫和廷尉。丞相是最高行政长官，由于中国古代司法与行政并无严格的区分，因而丞相也时常负责审理皇帝交办的案件。御史大夫是丞相之副，除执掌群臣章奏和下达皇帝诏令之外，还负责监察和亲理诏狱。廷尉属九卿之一，专理司

① 如，《岳麓书院藏秦简》中的《数》简所载“赀、马甲类”曰：“赀一甲直（值）千三百卌四，直（值）金二两一垂，一盾直（值）金二垂。”参见朱汉民、陈松长主编：《岳麓书院藏秦简·贰》，78页，上海，上海辞书出版社，2011。

法，是秦代的中央最高审判机关和最高司法官，其职责是审理皇帝交办的案件和地方不能审理的重大案件，以及审核平决各郡的疑难案件。

（二）地方司法机关

秦代的地方司法机构分郡、县两级，司法机关与行政机关合二为一，主管一郡的郡守与主管一县的县令（或县长）也同时掌管郡、县的司法审判。县另设县丞，除负责文书、仓库事务外，还负责协助县令（长）办理狱讼案件。在基层则设有乡官，由有秩或啬夫负责乡的诉讼和赋税事务。

狱讼案件若乡里不能决，则报县，由县令（长）、县丞审理；县不能决，则报郡，由郡守审理；郡不能决，则上报中央廷尉。

二、审判制度

（一）诉讼的提起

从现有史料来看，秦代的诉讼案件一般采取以下两种方式向司法机构告诉。

（1）“劾”（官诉）。劾即官吏纠举，指官吏非因个人被侵害，而是按其职责要求对犯罪人向司法机构提起的诉讼，类似于近现代的公诉。如秦简《封诊式》所载“盗马”“群盗”“贼死”“经死”即属此类。

（2）“告”（举发）。告即为维护自己的利益而向司法机构提出诉讼，类似于近现代的自诉。如秦简《封诊式》中的“争牛”“告臣”“黥妾”等均可归于此类。

（二）告诉的限制

秦律一方面运用奖惩手段利诱和强迫人们“告奸”，另一方面又对告诉设定了种种限制。

首先，秦律限制自告父母以及奴隶告主人。秦代将自诉案件分为“公室告”与“非公室告”。“公室告”是指对他人的杀伤和盗窃行为的控告；“非公室告”是指父母控告子女盗窃自己的财产，以及子女控告父母、奴妾控告主人肆意对自己施加私刑的行为。对于这两类告诉，只有“公室告”官府才予以受理。至于“非公室告”，不仅官府不予受理，而且若当事人坚持告发，则告者有罪；即便是他人接替告发，亦不在受理之列。

其次，秦律还禁止诬告和轻罪重告，在通常情况下，也不受理对已死亡被告的控告。对诬告，秦律实行反坐原则，同时对轻罪重告也予以处罚。

（三）案件的审理①

在秦代，当司法机关决定受理案件时，对案件的审理就已开始，从秦简看，这一阶段主要包括原告和被告双方到庭、讯问、调查、作审讯记录等主要内容。

---

① 有关秦代的审判制度，日本学者籾山明及宫宅潔二位先生提出了若干与我国大陆学者不同的观点，值得注意。详见〔日〕籾山明：《秦代审判制度的复原》，徐世虹译，载刘俊文主编：《日本中青年学者论中国史》（上古秦汉卷），上海，上海古籍出版社，1995；〔日〕宫宅潔：《秦汉时期的审判制度——张家山汉简〈奏谳书〉所见》，载〔日〕籾山明主编：《中国法制史考证》（丙编第1卷），徐世虹译，北京，中国社会科学出版社，2003。

（1）原告和被告双方到庭。秦代与西周一样，在案件审讯时要求“两造具备”。在秦简《封诊式》所收录的二十三个治狱案件中，有二十个案例均提到了原告与被告。

（2）讯问。在案件审理过程中，讯问是必经程序，也是最重要的环节，它包括讯问告发人、被告人和证人，其中尤以讯问被告人以获得口供最为关键。为此，秦律允许司法官吏实行有条件的刑讯。

（3）调查。在秦代，“调查”包括三方面内容：一是指为了查清案件的局部不清问题而专门进行的单项或几项调查工作，如秦简《封诊式》中的“覆”；二是现场勘验，如《封诊式》中的“穴盗”“经死”等案的笔录即对此有所记载；三是法医检查或鉴定，这只在伤亡案件中才有必要，如《封诊式》所载“经死”“贼死”两案的笔录即提到了此类工作。

（4）作审讯记录。秦律明确规定，在案件审讯时，须将审讯经过、在场人员、被告人的口供和所使用的证据等一一记录下来。这类审讯记录和在此基础上整理出来的案情报告在《封诊式》中均被称为“爰书”。“爰书”的内容大致如下：被审讯者的姓名、身份、籍贯、现居住地址，以及因何原因被控告；原告的诉辞，被告的供述，司法官吏追问时他们的辩解词；被告人是否有前科；证人在讯问过程中提供的证词；有哪些证据；审讯过程中是否进行拷打。

（四）判决与再审

在审讯结束后，司法官吏将作出判决，并“读鞫”亦即宣读判决书。宣读后，当事人如服罪，则照判决书执行；如不服，可以要求再审，秦律称之为“乞鞫”。据秦简《法律答问》，乞鞫可由当事人提出，亦可由第三人提出。

（五）证据制度

秦律在证据方面也有不少规定，主要包括：（1）以被告人口供作为主要定案依据；（2）官吏举告与民人告奸皆须举证；（3）广泛收集证据；（4）各种证据须详载于笔录等等。

这些证据制度在秦简《封诊式》所载各案件中均有所反映。

（六）诉讼原则

在现有史籍和秦简中，虽未发现作为专门诉讼法规的《囚律》和《捕律》，但从秦简特别是《法律答问》和《封诊式》所记载的大量诉讼资料中，我们不但能够了解秦代诉讼的基本程序和若干细节，而且还可以窥见贯彻其中的基本诉讼原则，这主要包括：有罪推定原则、依法律和事实判决的原则、有条件的刑讯原则。

1. 有罪推定原则

秦代诉讼最基本的原则是“有罪推定”，即刑事被告人一经被告发，在未经司法机关判决之前，就被推定为有罪，并以罪犯身份被对待。从秦简的记载来看，在诉讼过程中，司法官吏不仅常常对未被判决的刑事被告人采取人身强制，而且可以对任何刑事被告人的私有财产随时采取法律强制；同时，刑事被告人对诉讼负有举证责任，而司法官吏则有权刑讯刑事被告人，这实际上都是在以罪犯身份对待刑事被告人。

2. 依法律和事实判决的原则

虽然实行“有罪推定”，但在诉讼过程中，秦律还是严格要求司法官吏认真查验证据，依事实适用法律，依据法律和事实对案件进行判决。从现存史料来看，秦代法律条文的一个重要特点，是对功过是非和犯罪行为的界限以及奖励和惩罚规定得比较明确、具体，这些规定乍看起来似乎过于死板，但其中贯穿的基本精神却是要求司法官吏严格依法办事。同时，秦简《法律答问》一方面就法律的概念、原则和规范进行解释，另一方面对各种违法犯罪的实施依法应给予何种法律处置作出具体解答，均充分体现出依法律和事实判决的原则。而秦律针对法官责任所规定的失刑罪、不直罪和纵囚罪，则是对这一原则的保障。

3. 有条件的刑讯原则

以刑讯及肉体摧残或精神折磨的方法逼取当事人的口供，这是中国古代盛行的诉讼原则，秦代也不例外。秦简《封诊式》所载《治狱》《讯狱》两则是现存最早的关于中国古代刑讯问题的法律规定。从这两则史料来看，秦代在一般情况下不提倡刑讯，认为“能以书从迹其言，毋笞掠而得人情为上；笞掠为下”①。但当司法官吏认为当事人回答问题不实、狡辩时，则允许刑讯，这说明秦律实行的是有条件的刑讯原则，其条件是“诘之极而数訑（訑，音佗，意为欺骗），更言不服，其律当笞掠者，乃笞掠”②。也即反复诘问到犯人词穷，多次欺骗，不断改变口供，仍拒不服罪，依法应当拷打的，就施行拷打。秦律还同时要求对刑讯的详情作出“爰书”加以记录。

作为中国古代第一个中央集权的专制王朝，秦在中国历史上具有承上启下的重要地位。其诉讼制度也同样如此，如皇帝严格控制司法权、行政与司法不分、严格限制子女和奴婢的诉讼权利、在审判过程中有条件地实行刑讯逼供、注重证据的使用、重视现场勘验和法医检验、明确司法官吏的责任以及“乞鞫”上诉等制度，均长久地为后世所沿用，可见其影响是极为深远的。

三、监狱制度

由于“繁刑严诛，吏治刻深”③，秦代的刑徒和监狱很多。除立即处死的囚犯之外，秦把大部分刑徒当作劳动力加以使用，因而在各种工程建设和官营手工业及农、牧场所均有大量刑徒。秦简中的许多律条都有监狱管理的规定，比如有关工程建设管理的《司空》，其内容就主要是管理刑徒的各种法律规范；其他如《工人程》《均工》《工律》《厩苑律》《行书律》《仓律》《金布律》也都有管理刑徒的内容。

从秦简所载律文来看，秦已形成一套较为严密的监狱管理制度。当时法律对囚犯饮食、衣着的供应标准和服劳役的办法，对是否加戴刑具以及加戴什么种类、什么规格的刑具，对不同等级、身份、年龄和不同犯罪性质的囚徒所应享受的不同待遇，都作了相当具体的规定。同时，由于刑徒众多，秦代还形成了一种利用轻罪刑徒来监领重罪刑徒的管理办法。按秦简《司

---

① 睡虎地秦墓竹简整理小组编：《睡虎地秦墓竹简》，245～246页，北京，文物出版社，1978。

② 同上书，246页。

③ 《史记·秦始皇本纪》。

空》，秦代通常是由罪行较轻的“城旦司寇”来监领城旦和其他应被监领的刑徒；若城旦司寇人数不够，则可用隶臣妾监领；一名城旦司寇或隶臣妾可以监领二十名其他刑徒。秦律还规定，若刑徒不服管理，要加重刑罚；狱吏若管理不力或违反规定，也要给予法律制裁。

四、监察制度

从史籍记载来看，秦已创立御史监察之制，在中央以御史府（台）为官署，以御史大夫为官长，对地方则派遣监御史。

秦的御史制度源于西周、春秋和战国时期的史官制度。在古语中，史是掌管文书之官的通称，御史就是在君主左右掌管文书档案记录等事的官吏。至秦时，随着中央集权的君主专制制度的确立，原先在君主左右“掌赞书而授法令”① 的御史遂发展为兼司纠察之任的监察官吏。

御史大夫属“三公”之一，是秦代的最高监察官，众御史之长。御史大夫率属吏组成御史府（台），构成秦代的中央监察机关。关于秦代御史府（台）的具体建制和活动方式，现有史料均未记载，但根据官制发展“汉承秦制”的公认定论，秦代御史府（台）的建置应大略是：御史大夫一人为官长，全面掌管群臣章奏和下达皇帝诏令，并监察文武百官；御史大夫之下设御史中丞二人，协助御史大夫问事，掌管朝廷的图籍秘书，并处理直达皇帝的一切奏章，在殿中察举违法官吏；御史中丞之下设御史（亦称侍御史）若干，主管地方送达中央的文件，并具体从事纠举办案。

秦在各郡还设有监御史。《汉书·百官公卿表上》云：“监御史，秦官，掌监郡。”这是由朝廷派往地方执行监察任务的管理，其主要职责是对所在郡的官吏实行纠察，并参与治理刑狱。但监御史并不是地方官职，也不专驻地方，而是隶属于御史府（台），受御史大夫和御史中丞直接指挥和节制的。

从上述内容可以看出，秦代的御史监察之制尚处于初创阶段，其御史大夫、御史中丞及其他御史虽领有纠察之责，辅佐皇帝监察百官，但仍负有其他各种行政事务，还不是专制的监察官员。不过，秦代开创的监察制度不仅为后世历代王朝所继承，而且，其以御史监察百官的制度还构成了中国古代政治制度和司法制度的一大特色，其历史影响是极为深远的。

深度阅读

1. 乔伟．秦汉律研究．长春：吉林大学出版社，1981
2. 栗劲．秦律通论．济南：山东人民出版社，1986
3. 〔日〕大庭脩．秦汉法制史研究．徐世虹，等译．上海：中西书局，2017

---

① 《通典》，卷二十四，《职官六》。

问题与思考

一、思考题

1. 秦的皇权体制与法律之治的关系如何？
2. 秦代法制主要体现了哪些学派的思想？
3. 秦的刑罚主要包括哪些？
4. 秦律对经济管理方面的规定主要有哪些？
5. 秦的中央及地方行政机构是如何设置的？
6. 秦的中央及地方司法机关主要有哪些？
7. 秦的诉讼程序的概貌如何？
8. 怎样对秦代法制给予相对客观的评价？

二、练习题

（一）单项选择题

1. 秦代，某地有甲乙两家相邻而居，但积怨甚深。有一天，该地发生了一起抢劫杀人案件，乙遂向官府告发系甲所为。甲遭逮捕并被定为死罪。不久案犯被捕获，始知甲无辜系被乙诬告。依据秦律，诬告者乙应获下何种刑罚？（　　）（司考）

A. 死刑　　B. 迁刑　　C. 城旦舂　　D. 笞一百

答案：A

2. 据史书载，以下均为秦朝刑事罪名。下列选项最不具有秦朝法律文化的专制特色的是（　　）。（司考）

A. “偶语诗书”　　B. “以古非今”　　C. “非所宜言”　　D. “失刑”

答案：D

3. 在秦朝，“子盗父母”“父母擅刑”等属于（　　）。（考研）

A. 公罪　　B. 私罪　　C. 公室告　　D. 非公室告

答案：D

4.《法律答问》中有这样两段记载：“甲盗，赃值千钱，乙知其盗，受分赃不盈一钱，问乙何论？同论。”“甲盗钱以买丝寄乙，乙受，弗知盗，乙论何也？毋论。”这两段区分的是（　　）。

A. 故意和过失　　B. 有无犯意　　C. 自首和告发　　D. 主犯和从犯

答案：B

5. 秦朝刑法中强制男性罪犯去山林砍柴以供祭祀的刑罚被称为（　　）。

A. 城旦舂　　B. 鬼薪　　C. 白粲　　D. 复作

答案：B

6. 秦朝的耻辱刑中有“耐”刑，就是（　　）。

A. 剃去犯人头发　　B. 剃去犯人胡须　　C. 在犯人脸上刺字　　D. 割去犯人的耳朵

答案：B

7. 秦律规定，共同犯罪加重处罚。按法律共同犯罪是指多少人所实行的犯罪？（　　）

A. 五人以上　　B. 两人或两人以上　　C. 三人　　D. 四人

答案：A

（二）多项选择题

8. 赀刑是秦代的一种独立刑，下列可以作为赀刑的客体的有（　　）。

A. 箭　　B. 盾　　C. 甲　　D. 徭役

答案：BCD

9. 秦朝时《法律答问》载“把其段（假）以亡，得及自出，当为盗不当？自出，以亡论。其得，坐赃为盗”。该段记载反映的原则不属于（　　）。

A. 区分故意与过失　　B. 诬告反坐　　C. 自首从轻　　D. 累犯加重

答案：ABD

10. 云梦秦简的法律文书包括（　　）。

A.《秦律十八种》　　B.《秦律杂抄》　　C.《法律答问》　　D.《封诊式》

答案：ABCD

第五章 汉代法律思想与制度

本章重点知识

1. “无为而治”理论与汉初政治。
2. 汉代法律的儒家化。
3. 汉代的主要法律形式及其相互关系。
4. 汉代刑法的基本内容。
5. 汉代法律原则的发展。
6. 汉代的司法制度。

秦王朝灭亡后，又爆发了长达4年之久的楚汉战争，公元前206年，刘邦打败项羽，登基称帝，定都长安，国号“汉”，史称西汉。西汉末年，社会矛盾激化，外戚王莽趁乱夺权，自称皇帝，建立“新”朝。“新”朝是一个短命王朝，公元24年，被农民起义军推翻。公元25年，刘秀称帝，重建汉朝，定都洛阳，史称东汉。东汉末年，爆发了黄巾起义。公元220年，东汉灭亡。两汉时期，在政治方面，中央集权的专制政治体制得到了进一步的加强。中央政府组织同秦朝一样，设丞相、太尉、御史大夫与诸卿。但东汉时期出现了尚书台制度，削弱了丞相和诸卿的权力。在地方，西汉初期实行郡国并行制，在汉景帝平定“七国之乱”后，改行郡县制。东汉时，出现了州、郡、县三级制。在经济方面，汉代广泛使用铁制农具和牛耕，生产力有很大提高。在思想文化方面，在汉惠帝废除《挟书律》之后，学术思想开始活跃，特别是在经学上有很大的发展，对后世产生了深远的影响。

第一节　汉代法律思想与立法背景

一、汉初的政治形势与黄老学派“无为而治”的思想

公元前206年，刘邦建立了汉朝。汉朝的建立，是对秦朝末年黑暗政治的一个否定。秦末

以严刑酷法行其暴政，以苛捐杂税刮尽民财，导致人民忍无可忍，揭竿而起，最终造成秦王朝的灭亡。刘邦的汉帝国就是建立在秦帝国的废墟之上的。长期的战乱，留给汉帝国的是一派凋敝的社会景象，生产力受到严重破坏，国库空虚，人口大减，百姓流离失所。在这种形势下，如何恢复生产、稳定社会、巩固统治等，已成为汉初统治者所面临的紧迫的问题。他们总结了秦王朝灭亡的教训，认识到轻徭薄赋、省减刑罚、让人民休养生息乃是争取民心、使社会安定和经济发展的必要措施，而要推行这种政策，又应该有相应的理论作指导。这样，道家的“无为而治”理论也就顺理成章地承担了其历史使命，成为汉初统治者治国的指导思想。

汉初被推崇的道家之学是黄老之学，黄老学派是道家中的一个支派。“黄老”是黄帝和老子的简称。黄帝之学的代表作久已亡佚，但 1973 年在湖南长沙马王堆汉墓出土了《经法》、《十六经》、《称》和《道原》等四种古佚书，学者考证这便是《汉书·艺文志》所记载的《黄帝四经》（也称“黄老帛书”），是“黄帝之学”的代表作。黄老学派在思想上兼综道家与法家学说，主张治国应德刑并用，但须以德为主，先德后刑，刑罚要轻缓，法令要省减，反映了一种重德轻刑的倾向。重德轻刑是“无为而治”的一种表现，汉初统治者采取这一原则治国，正是在吸取了暴秦酷法虐民而灭亡的教训后所作出的正确选择。汉初黄老学派的代表人物有陆贾、刘安等人，曹参、汉文帝、窦皇后、吕后、陈平等人也笃好黄老之学。陆贾鉴于秦朝“举措暴众而用刑太极”的教训，著《新语》一书，其中有一篇《无为》，专门阐述了“道莫大于无为”的道理，要求当时的统治者推行无为之治。陆贾说：“设刑者不厌轻，为德者不厌重，行罚者不患薄，布赏者不患厚。”这种重德轻刑的思想正是“无为而治”理论的主要内容之一。淮南王刘安主持撰写的《淮南子》也阐明了“无为而治”的思想，要求统治者效法“道”的无为性格，“省事”“节欲”，在政治上“反于无为”，以德为主，以刑为辅，就可取得民心，使社会安定，天下大治，即所谓“无为而无不为”“无治而无不治”。

从史籍中的有关记载看，汉初统治者受黄老学派“无为而治”思想的影响，在政治上贯彻了重德轻刑的原则，在一定程度上做到宽简刑罚、削除烦苛。《汉书·刑法志》称汉惠帝、吕后当政时期“衣食滋殖，刑罚用稀”，汉文帝时“风流笃厚，禁网疏阔”“刑罚大省”等，从而稳定了民心，也巩固了汉初的封建统治。“无为而治”理论的另一项内容就是“与民休息”①，即尽量不干预百姓的生产和生活，减轻剥削和压迫，让百姓能够在一个相对平静的社会环境中休养生息、发展生产。这也就是所谓“填以无为，从民之欲，而不扰乱”② 的意思。汉初统治者为了挽救陷于崩溃的社会经济，不得不采取与民休息的政策，轻徭薄赋，减轻对人民的剥削。据《汉书·食货志》记载，汉初的田赋、租税较秦朝的明显为轻，国家规定的田租一般在“十五税一”或“三十税一”之间（十五分之一或三十分之一），汉文帝还曾免除过一年的租税。另外，当时统治者在征发徭役方面也有一定的节制，如惠帝时修建长安城均利用农闲时间，这样可以不误农时，对农业生产有利。总之，汉初统治者为巩固其统治，采纳了道家黄老学派“无为而治”的理论，在政治上约法省禁、减轻刑罚，注重以德化民，在经济上轻徭薄赋、与民休息，从而为当时政局的稳定、经济的恢复起了积极的作用。

---

① 《汉书·景帝纪》。

② 《汉书·刑法志》。

二、“独尊儒术”政策确立的原因与过程

在西汉初年的意识形态领域，黄老之学占主导地位。统治者通过采纳黄老之学中“无为而治”的理论确实收到了显著的效果：政治稳定了，经济发展了，国力增强了。但随着时间的推移，这种“无为而治”的统治方式也带来了一些弊端。就对内政策来说，统治者放松了对农民的控制，导致不少农民为逃避赋税而脱离户籍，成为“亡人”，这对汉政府的财政基础构成了直接威胁；另外，中央对地方的管束不严，造成地方势力扩大，割据一方，有与中央分庭抗礼之势，直接威胁中央政府的安全。就对外政策而言，汉初对漠北崛起的匈奴一味妥协退让，企求平安，导致匈奴步步紧逼，汉帝国外患日重。这就要求统治者调整政策，以解决时弊。当然，应当看到，文景之后的统治者之所以放弃“无为而治”的政策，最根本的原因还是这种政策与当时统治者日益增长的加强大一统的中央集权的愿望相悖。而儒家学说则适应了这一需要，这不仅是因为儒家学说中凝聚着历代统治阶级的政治经验，而且更因为儒家宣扬的大一统理论及宗法等级制理论对加强中央集权、抑制统治集团内部的离心倾向、巩固社会秩序等非常有利。故其取代黄老之学而成为官方哲学是历史的必然。

“独尊儒术”政策确立于汉武帝时期。汉武帝虽然是在黄老之学盛行的气氛中长大的，但他又受到儒家思想的深刻影响，这与其老师卫绾的教育分不开。卫绾是一名儒生，汉武帝继位后，他深受武帝的信任，被任命为丞相。就在武帝刚刚继位之时，卫绾就上奏曰：“……治申、商、韩非、苏秦、张仪之言，乱国政，请皆罢。”① 申（不害）、商（鞅）、韩（非）是法家，苏（秦）、张（仪）是纵横家，取缔这两家意味着提高儒学的地位，这为后来的“罢黜百家”开了一个头。儒学地位的提升必然与作为官方哲学的黄老之学发生冲突，而此时尚在摄政的窦太后笃信黄老之学，故儒家不可能获得官学之位。窦太后死后，儒家学说才逐渐成为官方哲学。儒学大师董仲舒在这一过程中起了重要作用，他在上奏汉武帝的“天人三策”中曾提出：“诸不在六艺之科、孔子之术者，皆绝其道，不使并进。”② 这便是后世史学家所称的“罢黜百家，独尊儒术”，该建议被汉武帝采纳。

需要指出的是，儒学在汉武帝时期虽然获得官学的地位，但确切地说这种地位还是形式上的，实际上武帝治国更重法家那一套，他所倚重的大臣如张汤等也是法家人物，这也就是被司马迁所讽刺的“内多欲而外施仁义”，即所谓“阳儒阴法”。此种现象一直持续到宣帝时期。据《汉书·元帝纪》记载，元帝少时颇好儒学，一次曾当面向宣帝提议重用儒生，宣帝斥责道：汉代的惯例是“王道”和“霸道”杂用，而你怎么偏爱用儒生呢？看来，你必是破坏我汉代制度的人了。这一预言确实言中，汉元帝继位后，“颇改宣帝之政”，废除了代表法家学说的“霸道”，而专任代表儒家学说的“王道”，成了汉代第一位“好儒术文辞”③ 的皇帝。至此，儒学才在实质上获得了独尊的地位，而“罢黜百家”的过程也最终完成。

---

① 《汉书·武帝纪》。
② 《汉书·董仲舒传》。
③ 《汉书·匡衡传》。

三、法律“儒家化”的过程及影响

法律的“儒家化”实际上是儒家思想的法律化，它肇端于汉初。西汉初年的常规律典基本上继承了秦律，其立法思想是法家的，但从当时另外一种法律形式——令（皇帝的诏令）来看，儒家思想已在发挥其影响了。这从惠帝、平帝颁布的诏令中可以得到证实。惠帝曾下诏规定凡七十岁以上、十岁以下的人，犯了罪可以免除刑罚。① 景帝后元三年（公元前141年）下诏规定：八十岁以上、八岁以下的人和盲人、侏儒、鳏寡之人，如果犯了罪，不得捆绑。② 宣帝元康四年（公元前58年）的诏令规定：八十岁以上的人，除非犯诬告罪和杀伤人罪，若有其他罪过可免除处罚。③ 平帝元始四年（公元4年）的诏令规定：八十岁以上、七岁以下，若犯不道罪以外的其他罪，不受处罚。尊老怜幼，抚恤鳏寡、残疾之人，这是儒家所提倡的伦理道德，从上述的“令”中我们可以发现，儒家的道德原则被转化成了法律。

20世纪50年代和80年代先后出土于甘肃武威磨嘴子汉墓的《王杖十简》和《王杖诏书令册》，为我们提供了更为可靠的证据。两篇简文均是汉武帝颁布的诏令，涉及尊敬老者并对老者授以王杖、严惩侵犯持王杖老人的罪犯及抚恤鳏寡孤独残疾者等内容。《王杖十简》的大意是说，皇帝出于尊敬老人的目的，对七十岁以上的老人授以王杖，王杖上有鸠饰，若有敢谩骂、殴打持杖老人者，比照大逆不道罪论处。下面还记载了一些因侮辱“王杖主”（持王杖的老人）被处以死刑的案例。《王杖诏书令册》云：“年七十以上，人所尊敬也。非首杀伤人，毋告劾，它毋所坐。”这是说，七十岁以上的老人，应该受到人们的尊敬，如果不是犯了首谋杀伤人的重罪，则不要受起诉和处罚。又云：“孤、独、盲、侏儒，不属律人。”这是说孤独之人、盲人和侏儒不属于刑律所及之人（犯了法可免予处罚）。这部简册还说：“年七十以上杖王杖，比六百石，入官府不趋；吏民有敢殴辱者，逆不道弃市。”意谓七十岁以上的老人持有王杖，其待遇与六百石官吏的相同，进入官府不必迈小步疾走，官吏或平民有敢殴打和侮辱他的，按大逆不道罪处以弃市之刑。另外还规定了王杖主的一些特权，如做买卖免收租税，可自由出入于官府，可行驰于天子驰道之旁，等等。

从两篇简文有关尊敬和保护王杖主的规定中可以看到儒家传统中“尊尊”思想的影响。“尊尊”即尊敬尊长，而皇帝是最高的尊长，故尊长首先是尊敬皇权。皇帝赐予高龄老人的王杖也是皇权的象征，所以尊敬王杖主也就是尊敬皇权。王杖主在法律上享有种种特权，这些特权是神圣不可侵犯的。若有人胆敢侵犯，则不论其是官还是民，都要以大逆不道论处，判处弃市之刑（死刑）。可见，儒家的“尊尊”思想在汉代变成了可以操作的法律制度。

在汉代法律的“儒家化”过程中，所起作用最大的当属董仲舒的“春秋决狱”。“春秋决狱”，是指在遇到义关伦常而现行法律无明文规定或虽有明文规定但却有碍伦常时，便用儒家经典《春秋》所载有关事例及其体现的道德原则作为司法审判的依据。这实际上是汉代儒家依凭皇权的力量在法制领域进行的一场扭转乾坤的变革。它的触角先伸向了司法领域，

---

① 参见《汉书·惠帝纪》。
② 参见《汉书·景帝纪》。
③ 参见《汉书·宣帝纪》。

继之又通过“决事比”（判例法）的方式渗入立法领域。据《后汉书·应劭传》记载：“故胶东相董仲舒老病致仕，朝廷每有政议，数遣廷尉张汤亲至陋巷，问其得失，于是作《春秋决狱》二百三十二事，动以经对，言之详矣。”《春秋决狱》所记载的实际上是二百三十二个案例，可惜这些案例已大部分亡佚，只有极少数案例散见于《太平御览》《通典》等古籍中。在当时，经过皇帝的认可，《春秋决狱》成为司法审判的依据，它起了一种“判例法”的作用，故可说该书获得了某种“立法”意义，而体现在该书中的儒家道德原则变成了法律原则。

由董仲舒开创的“春秋决狱”，在汉代成为一种风气。例如，董仲舒的弟子吕步舒“持节使决淮南狱……以《春秋》之意正之，天子皆以为是”①，儿宽善据《春秋》经义断狱，深得廷尉张汤的赞扬。② 汉宣帝时的廷尉于定国，“迎师学《春秋》……其决疑平法，务在哀鳏寡，罪疑从轻”③。以至于当时有所谓“不通经术，知古今之大礼，不可以为三公及左右近臣”④ 的说法，足见《春秋》及其他儒家经典为统治者重视的程度。

事实上，汉代儒家士大夫不但据《春秋》之经义（儒家道德原理）断狱，而且还扩大范围，根据其他的儒家经典断狱，故史家又称之为“引经决狱”。引经决狱之风的盛行，又开启了引经注律的风气。这是因为，在引经决狱的过程中，遇到经义与律典有矛盾的时候，总是需要作出解释，而当时修改律典是不太容易的，故一些儒生干脆撰写一些用儒家经义解释律典的著作，使律典中的条文合乎儒家的经义。当这样的法律解释著作得到皇帝的批准而具有法律效力的时候，法律也就儒家化了。西汉时期有杜周、杜延年父子解释《汉律》，其在法律解释方面的著作被称为《大杜律》《小杜律》，并成为当时司法审判的依据。

引经注律导致了一门实用性很强的学科——律学的产生，律学实际上是经学的一个分支。到了东汉，律学有了长足的发展，许多经学大师又是著名的律学家，他们既注经又注律，或引律说经，或引经解律。据《晋书·刑法志》记载，东汉时期的法律解释著作很多，“叔孙宣、郭令卿、马融、郑玄诸儒章句，十有余家，家数十万言，凡断罪所当由用者，合二万六千二百七十二条，七百七十三万二千二百余言。言数益繁，览者益难；天子于是下诏，但用郑氏章句，不得杂用余家”⑤。在法律解释方面的诸家并起，导致著作大增，而说法各异又使司法官无所适从，最后不得不由皇帝出面，下诏规定一个统一的注本，这个注本便是“郑氏章句”（郑玄的法律注释之作），“郑氏章句”由此获得了“立法”意义，其中体现的儒家道德又被法律化了。总之，无论是引经决狱还是引经注律，都是法律“儒家化”的重要步骤，它们为后世的“纳礼入律”即直接把儒家道德纳入法典铺平了道路，随着“一准乎礼”的《唐律》的出现，法律的“儒家化”过程也就基本完成了。

---

① 《史记·儒林列传》。
② 参见《汉书·儿宽传》。
③ 《汉书·于定国传》。
④ 《史记·梁孝王世家》。
⑤ 《晋书·刑法志》。

第二节 立法概况与法律形式

一、汉初的主要立法活动及其成果

当刘邦率军攻入秦都咸阳之时，为了争取民心，便以废除秦代苛法为号召，与关中父老约法三章："杀人者死，伤人及盗抵罪。"① 这与繁密严苛的秦代法律相比，确实大大减省，故使"兆民大悦"，颇受秦人欢迎。后来，随着汉朝政权在全国的确立，新的政治、经济形势使汉帝国的统治者深感"三章之法，不足以御奸"②，于是丞相萧何受命制定新的法典，这部法典便是著名的《九章律》，它是在参照、借鉴李悝《法经》和秦律的基础上又加以扩充而成的。除继承《法经》及秦律中的《盗律》《贼律》《囚律》《捕律》《杂律》《具律》六篇外，这部法典又增加了《户律》（有关户籍、婚姻、赋税方面的规定）、《兴律》（有关徭役、防备方面的规定）、《厩律》（有关畜牧、驿传方面的规定）三篇，合为九篇，故被称《九章律》。

另外，叔孙通受汉高祖之命，又制定了《傍章律》十八篇，这是一部有关朝仪的专门法律。据《汉书·礼乐志》记载："叔孙通所撰礼仪，与律令同录，藏于理官。"与律令同录，有依傍于律令之意，故曰"傍章"。

汉武帝时期，为了加强中央集权，巩固其专制统治，又进行了大规模的修订和增补律令的活动。《汉书·刑法志》称武帝"于是招进张汤、赵禹之属，条定律令"，可知此时修订律令的工作是由张汤和赵禹负责完成的。张汤制定了《越宫律》二十七篇，赵禹制定了《朝律》六篇，这样再加上以前制定的《九章律》和《傍章律》十八篇，共计六十篇。至此，汉律的规模大体奠定了。除此之外，汉武帝还颁布了一些单行法，如《左官律》《沈命法》等。这样，汉代的法律经历了一个由简到繁的过程，据《汉书·刑法志》记载，当时的法律已繁密到这种程度："律令凡三百五十九章，大辟四百九条，千八百八十二事，死罪决事比万三千四百七十二事。文书盈于几阁，典者不能遍睹。"③ 律令如此繁多博杂，连司法官也难以遍睹。汉律久已亡佚，只在一些史书和居延汉简中尚有零星的记载。20世纪80年代初，在湖北省张家山汉墓中出土了一千多支竹简，其中有五百余支竹简所记为汉律，从而为我们了解汉律的全貌提供了第一手的资料。

二、东汉对西汉法律的继承与改造

刘秀起兵推翻了王莽的统治，成为东汉帝国的开国之君。他以"解王莽之繁密，还汉室之

---

① 《史记·高祖本纪》。

②③ 《汉书·刑法志》。

图 5-1 约法三章[①]

轻法”[②] 相标榜，废除王莽之苛法，沿袭西汉之《九章律》。东汉王朝在近二百多年的时间里，虽然主要继承了汉律，但也有一定的改变。这种改变主要表现为两个方面：其一是释放奴婢，其二是减轻刑罚。

关于第一个方面，光武帝刘秀出于恢复社会生产力的需要，曾多次颁布释奴法令。例如，建武六年（公元 30 年）十一月，“诏王莽时吏人没入为奴婢不应旧法者，皆免为庶人”。建武十一年（公元 35 年）十二月，“诏陇、蜀民被略为奴婢自讼者，及狱官未报，一切免为庶人”。建武十三年（公元 37 年）十二月，“诏益州民自八年以来被略为奴婢者，皆一切免为庶人”。光武帝是中国历史上第一个大批解放奴隶的皇帝，他的行动在当时具有非常重要的进步意义。

西汉时期，奴婢是一个严重的社会问题，它由来已久，秦朝就有大量奴婢，西汉王朝也未能解决这一问题。据记载，汉元帝时仅京师一地的官奴婢就达十万之众，这还不包括大量的私人奴婢。东汉初期，官私奴婢仍大量存在，这给当时社会经济的发展带来了十分不利的影响。光武帝的释奴法令不仅是合乎人道的，而且在一定程度上缓和了阶级矛盾，对当时政局的稳定、生产的恢复起了积极的作用。

关于第二个方面，东汉王朝的统治者吸取了王莽新朝因苛法酷刑而致灭亡的历史教训，多次颁布减轻刑罚的诏令。如建武二年（公元 26 年），光武帝诏曰：“狱多冤人，用刑深刻，朕甚愍之……其与中二千石、诸大夫、博士、议郎议省刑法。”[③] 后来，光武帝还多次发布减刑令。光武帝之后，东汉王朝的历代皇帝也曾颁布减刑令。据统计，东汉时期各代皇帝共发布了减刑诏书五十余件。应该说，东汉时期的减刑措施对争取民心、缓和阶级矛盾起了一定的积极作用，对其历史进步性当然应当肯定。但也应看到，东汉后期，法令也日渐苛酷，统治者又祭

---

① 参见刘昕主编：《中国古版画》，人物卷·教化类，14 页，长沙，湖南美术出版社，1998。

② 《后汉书·循吏传》。

③ 《后汉书·光武帝纪》。

起重刑的法宝，屡兴大狱，滥杀无辜，严重激化了阶级矛盾，从而导致了东汉王朝的覆灭。

三、汉代的主要法律形式及其相互关系

汉代的主要法律形式有如下数种。

1. 律

“律”是较为稳定的法律形式，相当于后人所说的“法典”。“律”不只是就某一事项制定的，亦非能随时修改的，具有适用的普遍性及相对的稳定性。杜预曾说：“律以正罪名，令以存事制。”[①] 可知“律”是定罪量刑的基本依据，是法律中的主要形式。我国君主专制社会中历朝的刑事法典多称“律”。汉代除《九章律》外，还有如下比较专门的“律”：关于宫廷警卫的《越宫律》，关于朝贺制度的《朝律》，关于诸侯助祭贡金的《酎金律》，关于禁止诸侯窃服宫中饰物的《尚方律》，关于对地方官进行考核的《上计律》，关于严禁擅自出仕于诸侯的《左官律》，关于铸钱的《钱律》，等等。另外，还有与“律”性质相近的专门法，如《沈命法》《相坐法》等。

2. 令

“令”是皇帝的诏令，这是汉律的重要渊源之一。它是由皇帝根据需要而随时颁布的，是一种非常灵活的法律形式。其法律效力超过“律”，可以取代“律”的有关规定。汉代的“令”既多又广，据《汉书·刑法志》记载，从汉高祖到汉武帝时期，“令”即有三百五十九章之多，到汉成帝时已“百有余万言”了。又据《汉书·宣帝纪》如淳注：“令有先后，故有令甲、令乙、令丙。”说明到汉宣帝时，因苦于诏令的浩繁，不得不对其加以分类整理，编辑为《令甲》《令乙》《令丙》三部。汉代的“令”所包含的内容也特别广泛，涉及政治、经济、军事、文化、社会生活的各个方面，从以下“令”目中可见一斑：《宫卫令》（有关皇帝警卫的），《金布令》（有关府库钱帛的），《狱令》（有关监狱管理的），《廷尉挈令》（有关审判程序的），《棰令》（有关刑具的），《祀令》（有关祭祀的），《品令》（有关官秩的），《田令》（有关租税的），《复马令》（有关养马免除徭役的），《缗钱令》（有关商业税收的），等等。

3. 比

“比”是判例。《后汉书·桓谭传》注云，“比谓类例”。说明“比”是用来比照判案的典型判例。“比”又称“决事比”。《周礼·秋官·大司寇》郑玄注云：“若今律其有断事，皆依旧事断之；其无条，取比类以决之，故云决事比。”这是说把从前判决的案例作为司法审判的依据。“比”的形式较为灵活，故为司法官所乐用。由于当时司法官普遍采用判例断狱，故“比”的数量日增，至武帝时，“大辟四百九条，千八百八十二事，死罪决事比万三千四百七十二事”[②]。结果造成“文书盈于几阁，典者不能遍睹”的局面，足见当时“比”量之多。汉代的“比”已基本散佚，传世古籍中只有零星记载。20世纪80年代出土于湖北张家山汉墓的竹简中的《奏谳书》，就是一部判例集，可能与汉代的“比”为同类。

① （宋）李昉等：《太平御览》，2859页，北京，中华书局，1960。

② 《汉书·刑法志》。

4. 法律注释著作

法律注释之风起于西汉，盛于东汉。如果法律注释著作得到皇帝的认可，便成为司法审判的依据，这样的著作也就成为一种法律形式了。例如，东汉时期的大儒郑玄所注释的汉律（称“郑玄章句”）就获皇帝批准，成为汉律的统一注本，司法审判以此为准，故“郑玄章句”便成了当时的一种法律形式。

5.《春秋》经

《春秋》在汉代被尊为经典，在遇到律无正条或虽有正条却不合乎儒家道德的案子，司法官依《春秋》经义断案，这样《春秋》也就成了一种凌驾于现行法律之上的独特法律形式，其效力大致相当于今日的宪法。赋予《春秋》如此之高的法律效力，是由董仲舒开其端的，他的“春秋决狱”，把儒家思想不仅渗透到当时的司法实践中去了，也渗透到当时的立法实践中去了。因为他依凭皇权的支持，把《春秋》经变成一种相对稳定且具有极高法律效力的重要法律形式。《汉书·艺文志》载有《董仲舒志狱》十六篇，《七略》则记为《春秋决狱》，宋代的《崇文书目》记为《春秋决事比》十卷，可知宋时此书尚存，以后便亡佚了。上述史籍所记董氏之书的名称虽异，但实际指的是一部书。应该说，董仲舒的这部书也是汉代的一种法律形式，因为它是得到皇权认可的解释《春秋》经的著作，可以说《春秋》经的法律效力是通过董仲舒的解释之作才得以体现。东汉时期应劭曾著《春秋断狱》一书，共有二百五十篇。① 该书也早已亡佚。

汉代的主要法律形式是律、令、比、《春秋》经及法律注释著作。“律”是国家的常规法典，具有相对的稳定性和普遍的适用性；而“令”是皇帝随时颁布的诏令，具有很强的针对性和灵活性。“令”的法律效力高于“律”，它可以代替、更改甚至取消“律”的有关规定，也可弥补“律”的不足。汉宣帝时的廷尉、《大杜律》的作者杜周说：“前主所是著为律，后主所是疏为令，当时为是，何古之法乎!”② 说明当今皇帝的“令”具有高于国家正规律典的法律效力。“比”是指典型的案例，在律无正条的情况下，可以比照判决的典型案例进行司法审判，它也是较“律”更为灵活的一种法律形式。法律注释著作是对“律”的一种解释，使有关律文合乎儒家的道德精神，通常这种解释之作在得到皇帝的认可后才具有法律效力。《春秋》经是汉代的“宪法”，具有凌驾于各种法律形式之上的最高法律效力，至少从理论上讲是这样的。

第三节　法律制度

一、行政法律制度

汉代与行政法律制度有关的法律有：《附益律》，系抑制诸侯势力的法律；《尚方律》，系抑制官吏私自提高品级待遇的法律；《史律》，系规范史官撰写史书的法律；《上计律》，系考核官

---

① 参见《后汉书·应劭传》。

② 《汉书·杜周传》。

吏的法律；《汉官旧议》，系规定官制的法律；等等。

汉代的行政管理体制分为中央与地方两个制度。中央确立了三公九卿制：“三公”是丞相、太尉、御史大夫，丞相协助皇帝处理政务，其地位在一人之下、万人之上；太尉主管军事；御史大夫主管监察。“九卿”是太常、光禄勋、卫尉、太仆、廷尉、大鸿胪、宗正、大司农、少府，分管礼仪、宫廷守卫、皇室事务、司法、外交、财政、赋税，等等。汉武帝为加强其权力，采取了削弱相权的措施，把丞相改为大司空；三公互不隶属，而是全部隶属于皇帝；原来作为丞相下属的九卿也改为由三公分属。

在地方上，汉初在沿袭秦代的郡、县两级行政管理制度的基础上，又复立诸侯国，出现了郡县制与封国制并存的态势。后来，随着封国势力的增大，与中央的矛盾日深，于是景帝、武帝采取了一系列的措施削弱其势力，最终结束了诸侯割据的局面。之后，西汉王朝在地方上完全确立了郡、县两级行政管理体制。郡是中央直属的地方行政机构，其长官是郡守；县的行政长官称“令”或“长”，下设县丞主管司法审判，县尉主管军事。县之下设乡、里、亭。东汉时期，又设立了州这样一级行政组织，形成了州、郡、县三级制。

在官吏的选拔和任用方面，汉初开始实行察举制度，由中央与地方的各级长官向朝廷推荐贤能之士。汉高祖曾下《求贤诏》，称“贤士大夫有肯从我游者，吾能尊显之”①。这是汉代察举之始。之后，惠帝、文帝又规定，公卿郡守及王侯，每年须向朝廷推荐“贤良方正”、“孝廉”和“直言极谏”之士。汉武帝时规定，每年要在二十万人中举荐一人，送朝廷准备录用。此外，汉代选官还采取了征辟、上书拜官、任子、纳赀等方式。关于“征辟”，皇帝直接任命士人为官称征召，大臣任命士人为官称辟召。关于“上书拜官”，指士人上书因得到皇帝的赏识而得官。关于“任子”，指二千石以上官吏，任满三年可保举一人为官。关于“纳赀”，即用钱或谷买官。

在官吏的考核和奖惩方面，汉代行政法律制度多有规定。汉代的《上计律》就是对官吏考核的专门法律。“上计”，即郡守在年终时派上计掾和上计吏各一人，把本郡的农业生产、户口增减及社会治安等方面的情况写在计簿上，向中央（西汉为丞相，东汉为司徒）汇报。对考核后认定确有政绩者，予以升迁，对没有什么成绩者，或斥责，或罢免。另外，对勤奋工作的“积劳”之官也可予以升迁，如“禹以刀笔吏积劳，稍迁为御史”②。再者，官吏若“明达法令”也可升官，如薛宣“以明习文法诏补御史中丞”③。如果官吏受贿，则会受到严惩，汉文帝下诏说：“吏坐受赇枉法……皆弃市。”④ 当时“臧直十金，则至重罪”⑤。可见汉代对贪污罪惩罚之重。

汉代统治者还很重视对地方官吏的监督，汉初曾由丞相派出监御史监察地方官吏。汉武帝时，为了强化对地方官的监督，把全国划分为十三个监察区，每个监察区都派刺史一人作为监察官，以监察地方官是否遵行诏令、是否公正执法、是否田宅逾制以及有无违法之事等等。汉代在中央设司隶校尉，主管监察。汉代的监察制度对改善官场风气起了一定的积极作用。

---

① 《汉书·高帝纪》。
② 《史记·酷吏列传》。
③ 《汉书·薛宣传》。
④ 《汉书·文帝纪》
⑤ 《汉书·薛宣传》。

二、民事法律制度

中国传统社会中虽不存在独立的民法部门，但调整民事关系的法律规范还是存在的。如在调整婚姻关系方面，汉惠帝六年（公元前 189 年）下诏曰："女子年十五以上至三十不嫁五算。"[①]"五算"就是出五倍的算赋（一算为一百二十钱）。据此诏令，女子在 15 岁至 30 岁期间若不出嫁，则对其采取多出口赋的办法予以惩罚。该诏令是出于恢复生产、增加劳动力的目的而采取的一项措施。另外，汉律还规定了男子可一妻多妾。皇帝"后宫三千"姑且不论，即使大臣、诸侯、富豪也往往"妻妾以百数"，而贫穷百姓中则有不少无力娶妻者，以致造成"内多怨女，外多旷夫"的社会现象。但从有关史料看，汉时妇女在死了丈夫或被丈夫休弃后，可以再嫁他人，这比传统社会后期的所谓"守节"制度显然开明得多。汉代法律为保护夫权，还规定"七弃"之制，即婚后女子若有不孝、无子、淫乱、嫉妒、多言、恶疾和盗窃诸行为中一种者，即可被其夫休弃。

在调整家庭关系方面，汉代法律规定了"不孝"罪，以维护父权。例如，汉武帝时期，衡山王刘赐谋反，其子向朝廷告发，结果朝廷不但未予奖赏，反而进行严惩："坐告王父不孝，皆弃市。"[②] 近年出土的张家山汉简《奏谳书》中即引用了汉律中的"不孝者弃市"的律文。东汉章帝时还制定了《轻侮法》，据《后汉书·张敏传》记载："建初中，有人侮辱人父者，而其子杀之，肃宗贳其死刑而降宥之，自后因以为比，是时遂定其议，以为轻侮法。"父亲被人侮辱，儿子杀死侮辱者，竟然受到宽宥，未被处刑，此后成为典型判例，名之曰"轻侮法"。这是汉代统治者进一步彰显孝道的表现。与此相应，汉代统治者还提倡同居共财，即不与祖父母、父母分居析财。据《后汉书·蔡邕传》载，蔡邕"与叔父兄弟同居，三世不分财，乡党高其义"。此即三世不分财得到乡亲的好评。在调整财产继承关系方面，汉代一般采取诸子均分制，《史记·陆贾传》称陆贾有五子，以"千金分其子，子二百金，令为生产"，说明陆贾采用的就是均分制。又据《太平御览》卷八百三十六引应劭《风俗通》的材料，可知汉代已出现遗嘱继承，而且庶子、女儿也均有财产继承权。另据《后汉书·顺帝纪》记载，阳嘉四年，"初听中官得以养子以后，世袭封爵"。"中官"就是宦官，因无生育能力故收养子，而养子可袭养父的爵位。此材料说明，汉代出现了收养制度。

三、经济法律制度

汉代统治者很注意运用法律手段、行政手段来干预经济。在经济立法方面，其首要任务是发展农业生产。汉文帝、汉景帝均曾下诏劝课桑农，如景帝之诏令曰："朕亲耕，后亲桑，以奉宗庙粢盛祭服，为天下先。"[③] 皇帝亲耕、皇后亲桑，显示了汉代统治者对农业的高度重视。汉代法律还加强了对农业生产的管理，为此制定了《水令》，据《汉书·儿宽传》注云："为用

---

① 《汉书·惠帝纪》。
② 《汉书·衡山王传》。
③ 《汉书·景帝纪》。

水之次，具立法令。”这说明，汉代注重用法律手段来督促农民合理用水，以利于农业生产。

汉代在财政制度方面还进行了改革，币制改革便是其中的一项。汉初，废除秦代铸钱，改铸新币，由国家垄断铸币大权，法律严禁私人铸币（有《盗铸钱律》等）。汉文帝时，允许私人铸币，对社会经济带来不利影响。到了汉武帝时，又把铸币大权收归中央，由专门的铸币机构负责铸五铢钱，对私铸钱币者处以极刑。

另外，西汉政府为了增加国库收入，还采取了盐铁官营的措施。汉初曾允许私人经营盐铁，政府向其收税，但由于豪强富商垄断了盐铁业，国家的财政收入受到严重影响。汉武帝时下令把盐铁业收归国有，严禁私人经营。据《汉书·食货志》记载：“私铸铁器鬻盐者，釱左趾，没入其器物。”上述措施强化了国家对经济的干预，大大增加了中央政府的财政收入。此外，汉武帝还采纳了桑弘羊的主张：推行均输平准政策，以调剂运输、平衡物价；设均输官，负责征发、输送租赋财物；设平准官，负责官营商业。这些措施进一步打击了私营工商业者的利益，使国库获得了巨额收益。

在调整赋税征收方面，汉代有《田租税率》《田律》《租挈》等。汉初采取“十五税一”[①]的办法，汉文帝曾下令减免一半田租，东汉曾实行过三十税一的政策。西汉多为实物地租，即缴纳谷米，东汉末年改为货币地租。另外，汉代还征收算赋，汉高祖时曾规定：十五岁至五十六岁的人，“出赋钱人百二十，为一算”[②]，一百二十钱为一算。汉惠帝时“唯贾人与奴婢倍算”[③]，以削弱商人及蓄奴婢者的利益。东汉光武帝时，曾规定妇女生子者可免三年算赋，这是为增加人口而采取的措施。汉代又有口赋，七岁至十四岁者每年交纳二十钱。户赋是每户交纳二百钱。汉武帝时还曾下达过算缗告缗令，算缗是向工商业者征收财产税，告缗是一种鼓励揭发不如实向政府申报财产的工商业者的措施。这一措施给工商业者的利益带来重大损害。

第四节　汉代的刑法制度与刑罚改革

一、汉代对秦代刑法的继承与发展

汉初，萧何根据秦律制定了《九章律》，该律中的罪名、刑名基本上沿袭了秦律。后来，随着形势的发展，西汉统治者对汉律也曾作过一些修改，如汉惠帝四年“除挟书律”，高后元年“除三族罪、妖言令”，汉文帝元年“除收孥相坐律令”，二年“除诽谤律”，十三年“除肉刑及田租税律”，等等。上述举措清除了一些在汉律中存在着的从秦律继承来的苛法，使汉律在一定程度上向着宽缓的方向发展。

汉代的刑罚种类主要是死刑、肉刑、徒刑、罚金刑、徙边刑，等等。汉代的死刑刑名基本上沿袭秦制，如“族刑”“腰斩”“枭首”“弃市”等，汉时仍加以沿用。但汉代出现了“殊死”

---

① 《汉书·食货志》。
② 《汉书·高帝纪》。
③ 《汉书·惠帝纪》。

这一新的刑名，为秦代所无。《汉书·高帝纪》有“今天下事毕，其赦天下殊死以下”之语，韦昭注曰：“殊死，斩刑也。”由此可知“殊死”即斩首。

肉刑是一种断人肢体、割人肌肤的身体刑，汉代的肉刑基本沿袭秦制，有所谓墨、劓、刖、笞、宫等刑名。

汉代的徒刑继承了秦律中的城旦舂、鬼薪、白粲、司寇、罚作，等等。但汉代新增了“顾山”这一徒刑，因其专门是针对妇女的，故又称“女徒顾山”。据《汉书·平帝纪》载：“天下女徒已论，归家，顾山钱月三百。”如淳注曰：“已论者，罪已定也……顾山遣归，说以为当于山伐木，听使入钱顾功直，故谓顾山。”颜师古亦注曰：“女徒论罪已定，并放归家，不亲役之，但令一月出钱三百，以顾人也。”这是说，对已判了刑的女犯，只要能每月出钱三百雇人上山伐木，就可返家而不服苦役。这被认为是“施惠政于妇女”的表现。

罚金刑是一种判处犯人交纳一定数目钱财的刑罚。《汉书·文帝纪》文颖注引汉律：“三人以上无故群饮，罚金四两。”又载文帝一行路过渭桥，适逢一人从桥下走出，使文帝的驾车之马受惊，张释之便上奏说：“此人犯跸，当罚金。”罚金刑只适用于犯罪情节轻微者，通过判处罚金既达惩戒之目的，又可为国库增加收入。

徙边刑并非沿承秦制，它出现于东汉时期，是一种减死罪一等并发配边疆服役的刑罚制度。《后汉书·郭躬传》“以全人命，有益于边”即指此而言。据《北堂书钞》卷四五记载，汉灵帝时的蔡邕因“以仇怨奉公”而被判处弃市，后被“减死一等”，与家属一起徙往朔方。又据《后汉书·阳球传》载，阳球因得罪宦党，被“诛死，妻子徙边”。这说明，徙边也是死刑的株连刑罚，罪犯被处死，老婆、孩子也被发配到边疆去。

汉代的罪名也多继承秦制，如盗窃罪、妄言罪、非所宜言罪、杀伤罪、不敬罪、诽谤妖言罪，等等。但也新增了一些罪名。汉代的罪名比较庞杂，下面择其要者加以述说。

1. 大逆无道罪

该罪或单称“大逆”或单称“无道”（同“不道”），或称“逆不道”，它可溯源至商代的“不吉不迪”罪，“不迪”即不道，是指“不有功于民”“作乱百姓”等罪行。秦时有“不道”罪，其内涵主要是谋反，汉继承这一罪名，但内涵急剧膨胀，包括了许多种严重损害君主专制政权的行为，故在“不道”罪名下有许多小的罪名，主要有以下十几种。

（1）祝诅上罪。

祝诅上罪是指妄图通过巫祝以鬼神的力量加害于君主，“以言告祝谓之祝，请神加殃谓之诅”，即言此意。该罪名未见于秦律，当为汉初所创。有关该罪的最早记载见于《汉书·文帝纪》：“二年五月，诏民或祝诅上以相约，而后相谩，吏以为大逆……”可见，祝诅上罪是非常严重的犯罪行为，属于大逆无道罪。按汉律，犯大逆无道罪者要判处弃市之刑。

（2）迷国罔上罪。

该罪是指欺罔君主并给国家利益带来重大危害的行为。犯此罪者往往为朝廷重臣，如《汉书·龚胜传》记载，丞相王嘉被尚书弹劾，称其“言事恣意，迷国罔上，不道”。经过朝廷大员合议，“皆以为应迷国不道法”，结果王嘉下狱死。

（3）左道罪。

“左道”即邪道，该罪是指以邪道蛊惑民众的行为。据《汉书·王商传》记载，左将军史丹上奏，称王商“执左道以乱政，为臣不忠，罔上不道”，应处死刑。

（4）漏泄省中语罪。

“省中”即宫禁之地。该罪是指臣下泄露君主的言语，或泄露臣下上奏于君主的言论。据《汉书·贾捐之传》载，贾捐之“漏泄省中语，罔上不道”，而“坐弃市”。可知泄露省中语即属大逆不道，被处弃市之刑。

（5）赃百万以上罪。

该罪也属“不道”罪。据《汉书·陈汤传》载：“弘农太守张匡，坐赃百万以上，狡猾不道。”汉律把贪污百万以上也列入“不道”罪，可见当时惩贪力度之强。

（6）诬罔主上罪。

该罪是欺骗君主罪。《汉书·李寻传》有“诬罔主上不道”，又《楚元王传》有“诬罔不道”，可知该罪也属于“不道”罪。

（7）上僭罪。

该罪是指官员在器物、乘舆、服饰方面的僭越行为。根据汉代的礼仪制度，君臣在上述东西的使用上均有严格的等级规定，不可“逾制”。据《汉书·韩延寿传》载，韩延寿“在东郡时，试骑士，治饰兵车，画龙虎朱爵”，结果被指控为“上僭不道”，“坐弃市”。

（8）谋反罪。

该罪指企图颠覆国家政权的行为。犯该罪者往往受到“夷三族”的刑罚，不仅自身受诛，整个家族也受牵连被诛。

（9）巫蛊罪。

该罪是指借助于神巫而造蛊毒、企图加害于人的行为。若加害的对象为君主，则构成大逆无道罪。《汉书·江充传》有“民转相诬以巫蛊，吏辄劾以大逆亡道”的记载，又据《汉书·外戚陈皇后传》载：“女子楚服等坐为皇后巫蛊祭祀祝诅，大逆无道，相连及诛者三百余人，楚服枭首于市。”

（10）怨望诽谤政治罪。

该罪是一种言论犯罪，指因怨恨而诽谤朝政。据《汉书·严延年传》载，汉宣帝时的河南太守严延年因对丞相不满，结果“坐怨望非谤政治不道弃市”。又据《汉书·淮阳宪王传》载：“……诽谤政治，狡猾不道……京房及博兄弟三人皆弃市，妻子徙边。”

（11）妖言罪。

该罪也是一种言论罪，即所谓以妖言惑众之行。据《汉书·律历志》载：“劾寿王吏八百名，古之大夫，服儒衣，诵不详之辞，作妖言欲乱制度，不道。”可知妖言罪也是“不道”罪中的一种。

（12）殴辱王杖主罪。

王杖是皇帝授予七十岁以上老人的一种拐杖，上有鸠饰，持此杖者即为“王杖主”，享有种种特权，殴打和侮辱王杖主的行为属于大逆不道罪。1959年在甘肃武威磨嘴子汉墓出土了《王杖十简》，1981年出土了《王杖诏书令册》。前者载，对王杖主“有敢骂詈、殴之者，比逆不道”，“年七十受王杖者，比六百石……有敢征召、侮辱者，比大逆不道”。这是说，王杖主的待遇是“比六百石”官秩，凡是对其擅自征召、侵害和侮辱的，均以大逆不道罪论处。后者载，对王杖主，“吏民有敢殴辱者，逆不道，弃市。”也即对殴打侮辱王杖主的犯人一律处以弃市之刑。该简册还记载了一些案例，如云阳白水亭长张熬、汝南郡男子王安世、南郡亭长司马护、长安东乡啬夫田宣等人因殴辱王杖主，均被判处弃市。王杖主所持王杖，乃皇权的象征，侵犯王杖主就是侵犯皇权，故受到法律严惩（处以极刑）。

2. 不孝罪

秦律中已有“不孝”罪，这已为湖北云梦睡虎地秦墓出土的竹简所证实。汉律在这方面继承了秦律，也有不孝罪的规定。湖北张家山汉墓中出土的《奏谳书》中有“不孝者弃市”之语，说明不孝罪是被判处极刑的，这反映了汉代统治者维护家族伦理的决心。又据《汉书·景帝纪》载，“襄平侯嘉子恢说不孝”，而被处死。另据《汉书·王尊传》载：“春正月，美阳女子告假子不孝，曰：儿常以我为妻，妒笞我。”养子奸污继母，此种禽兽之行被控“不孝”，结果罪犯被悬于树上，乱箭射死。

3. 不敬罪

该罪是一种有违君道尊严的失礼行为，较之“不道”罪，其情节轻一些。秦律中有“不敬”罪，指“犯上弗知害”的行为，就是说冒犯了君威却“弗知害”，这属于过失之行。到了汉代，这一罪名的内涵大大膨胀了，它包括如下一些小罪名。

（1）失礼罪。

该罪是指违反臣子之礼的行为。据《汉书·盖宽饶传》载：“长信少府檀长卿起舞为沐猴与狗斗……劾奏长信少府以列卿而沐猴舞，失礼不敬。”此明言“失礼”即是不敬。又据《汉书·萧望之传》载，萧望之因“教子上书，称引亡辜之诗，失大臣之礼，不敬”，结果“饮鸩自杀”。

（2）醉歌堂下罪。

此处之“堂”指庙堂，为皇帝祭祖之所。在庙堂之下醉酒、歌舞，是对皇帝祖先神灵的不敬。据《汉书·功臣表》载：“侯商丘成，坐为詹事侍祠孝文庙，醉歌堂下大不敬，自杀。”

（3）戏殿上罪。

殿上，是朝廷君臣议政之处。戏殿上，即在殿堂之上言行不严肃，有违朝廷之礼。据《汉书·申屠嘉传》载，申徒嘉指斥邓通以小臣的身份“戏殿上，大不敬，当斩”。

（4）不下公门罪。

官员要面见皇帝，入公门时必须下车，以示对皇帝的尊敬。若入公门而不下车，那就是一种不敬的行为。《汉书·张释之传》记载，有一次，张释之看到太子和梁王入公门时未下车，“遂劾不下公门不敬，奏之”。

（5）不朝不请罪。

按汉制，春季朝见天子曰“朝”，秋季朝见天子曰“请”。该罪名是指地方诸侯若不在规定的时间内朝见天子，则是一种不敬行为。据《史记·王子侯者年表》载：“元狩六年，建成侯刘拾坐不朝不敬，国除。”《汉书·吴王濞传》称吴王“诈称病不朝，于古法当诛”，但“文帝不忍，因赐几杖”，只是打了吴王几杖。

（6）挟诏书罪。

挟诏书是指将诏书夹在胳膊下，按汉制，应双手捧（“奉”）诏书，挟诏书就是对皇帝的不敬。《汉书·功臣表》载，元朔元年，翟不疑“坐挟诏书论，耐为司寇”。颜师古注曰：“诏书当奉持之，而挟以行，故为罪也。”

（7）废格罪。

秦律中有“废令”罪，即未按君主的命令所要求的去做，对该罪的处罚是“耐为侯”。这是一种劳役刑。汉代的“废格”与秦的“废令”一脉相承，内涵基本一致。《史记·淮南衡山王列传》中如淳注解“废格”之义为“被阁（搁）不行”。在《汉书·食货志》中如淳又注曰：“废格天子文法，使不行也。”可见，汉代也把不贯彻执行天子的命令视为犯了“废格”罪，这与秦的“废令”罪在内涵上虽无甚区别，但在对该罪的处罚方面却大相径庭，汉代的“废格”罪要判弃市（如《史记·淮南衡山王列传》有“废格明诏，当弃市”），而秦代的“废令”则仅判“耐为侯”，比前者轻得多。这说明，随着专制皇权的加强，对不执行其命令的行为的惩处大大加强了。

（8）非所宜言罪。

该罪是指说了不该说的话（有害于皇权的）。秦时已有此罪名，汉代因袭，据《汉书·王莽传》载，韩博因进谏，被王莽“以非所宜言，弃市”。又据《汉书·梅福传》载：“廷尉必曰：‘非所宜言，大不敬。’”可见，非所宜言属不敬罪，其刑罚等级是弃市。

4. 见知故纵罪

据《汉书·刑法志》记载，汉武帝时期，“作见知故纵、监临部主之法”。颜师古注云：“见知人犯法不举告为故纵。”就是说发现犯法者必须举报，若不举报就是“故纵”即故意纵容犯罪，要受到法律制裁。监临部主罪是指长官对其下属犯罪须及时纠举，否则与之同罪。上述两种单行法规旨在通过建构一个监控网络使大家互相监督、互相检举、互相揭发，以防止破坏专制秩序的活动出现。

5. 欺谩罪

该罪是欺骗君主之罪。谩，《晋书·刑法志》引张斐《律表》云：“违忠欺上谓之谩。”欺谩罪的具体表现如下：其一是呈报计簿时弄虚作假；其二是在战场上虚报所斩敌人首级之数字；其三是向皇帝上书所言内容失实；其四是核查田亩数字虚假；等等。关于第一种情况，据《汉书·功臣表》载，郝贤在元狩二年“坐为上谷太守入戈卒财物计谩，免”，颜师古注曰：“上财物之计簿而欺谩不实。”关于第二种情况，据《汉书·功臣表》载，太初四年，高不识“坐击匈奴增首不以实，当斩，赎罪免”。“增首不以实”即虚报斩首数量以邀功。关于第三种情况，《汉书·王子侯表》：“新利侯偃坐上书谩，免。”“上书谩”即上书所言不实。关于第四种情况，据《后汉书·光武帝纪》载：“河南尹张及诸郡守十余人，坐度田不实，皆下狱死。”“度田”即核查田亩，这是东汉政府与大地主隐瞒田亩之事进行斗争的一个重要措施，故法律中设“度田不实”罪，此罪名盖由秦律中的“部佐匿诸民田”罪发展而来。

6. 不直罪

该罪名源于秦律，秦简云：“罪当重而端轻之，当轻而端重之，是谓‘不直’。”不直的意思就是故意重罪轻判或轻罪重判。汉代继承了这一罪名，据《汉书·功臣表》载：“元康元年，商利侯王山寿坐为代郡太守故劾十人罪不直，免。”又据《汉书·张敞传》载：“臣敞贼杀无辜，鞠狱故不直，虽伏明法，死无所恨。”秦汉设此罪名的目的是维护司法公正，使司法官严格依法办事。

7. 选举不实罪

选举是汉代任官的基本途径，负责选举的官员必须将其选拔和荐举的人的情况如实向上级反映，若反映不实则承担法律责任。据《汉书·功臣表》载：“山阳侯张当居坐为太常择博士弟子故不以实，完为城旦。”这说明，不如实选举者要负刑事责任。又据《后汉书·胡广传》载，胡广“为济阴太守，以举吏不实免”。这是说，胡广因荐举官吏弄虚作假而被免除济阴太守的职务。

二、西汉前期的刑罚改革

汉文帝适应形势的需要，于公元前 167 年下诏废肉刑，进行刑制改革。文帝在诏令中称

“刑至断肢体，刻肌肤，终身不息”，这是为政者的“不德”（缺乏仁爱之德）所造成的，表示用其他刑罚手段来代替肉刑。之后，丞相张苍、御史大夫冯敬提出了具体的改革方案：把黥（脸上刻墨并服无期刑）改为髡钳城旦（有期刑附加头发剃光、脖子上套铁圈），把劓（割鼻子并服无期刑）改为笞三百（有期刑附加打三百板子），把斩左止（斩去左脚并服无期刑）改为笞五百（有期刑附加打五百板子），把斩右止（斩去右脚并服无期刑）改为弃市（死刑）。这样，传统的墨、劓、刖等刑罚制度至此发生了一些变化。但与此同时也出现了新的问题，即把斩右脚改为弃市，实是扩大了死刑的范围，另外以笞刑代替劓刑、斩左脚刑，结果导致受刑者多被打死。故此，汉景帝时曾两次下诏减少笞数，第一次是把笞五百减为笞三百，笞三百减为笞二百。第二次是把笞三百减为笞二百，笞二百减成笞一百。汉景帝还规定：竹板长五尺，宽一寸，末梢薄半寸，并削平竹节；笞打的部位是臀部，笞打过程中不得换人。这样就减轻了笞刑对身体的伤害程度，也减少了因受笞刑而死者的数量。汉文帝刑制改革的另外一项内容就是明确规定了刑期，以前的刑罚均为无期刑，经文帝改革，无期刑终于变为有期刑。此外，文帝还废除了收孥相坐律令及诽谤罪等。总之，西汉文、景时期的刑罚改革在中国法制史上具有比较重大的意义，它使刑罚从野蛮走向相对文明，而且在一定程度上保护了劳动力，从而有利于社会生产力的发展。另外，刑罚改革还为后来确立笞、杖、徒、流、死的传统五刑制打下了基础。

图 5－2　文帝废肉刑[①]

三、法律原则的发展

法律原则与立法的指导思想有密切的关系，有什么样的指导思想，就有什么样的法律原则。汉代与秦代相比，其法律原则有较大变化，这与汉代统治者把儒家思想作为立法的指导思想有关。尽管《汉律》基本上继承了秦律，属于法家立法，但汉代的其他法律形式如令、比、法律解释之中却贯彻了儒家的思想。儒家思想的一个突出特点是主张德主刑辅，即把刑法作为维护儒家道德的工具，汉代统治者也是把德主刑辅作为其立法的指导思想的，这自然会影响汉代的法律原则。

1. *尊老怜幼的原则*

汉惠帝曾下诏令：“民年七十以上若不满十岁，有罪当刑者，皆完之。”[②] 汉宣帝曾下诏令：“自今以来，诸年八十以上，非诬告杀伤人，它皆勿坐。”[③] 汉成帝也曾下诏令：“年未满

---

① 参见刘昕主编：《中国古版画》，人物卷・教化类，123 页，长沙，湖南美术出版社，1998。

② 《汉书・惠帝纪》。

③ 《汉书・宣帝纪》。

七岁，贼斗杀人及犯殊死者，上请廷尉以闻，得减死。”从这几个令中可看出，老幼犯罪可以减轻或免除刑罚，这正是把儒家尊老怜幼的道德原则法律化了。

2. 亲属相隐的原则

尽管秦律中也有“子为父隐”的规定，但很不完善，可以说这种规定尚处于萌芽状态。至汉代，法律在亲属相隐方面已有了非常完善的规定。汉宣帝在地节四年下达诏令：“父子之亲，夫妇之道，天性也。虽有患祸，犹蒙死而存之。诚爱结于心，仁厚之至也，岂能违之哉？自今子首匿父母，妻匿夫，孙匿大父母，皆勿坐。其父母匿子，夫匿妻，大父母匿孙，罪殊死，皆上请廷尉以闻。”[①] 首匿，首谋隐匿；大父母，祖父母；殊死，死刑。这段话是说亲属之间互相隐瞒犯罪行为，是合乎父子之亲、夫妇之道的，对这种行为，法律不应追究。从中可以看出，该规定正是对儒家所提倡的家族道德的一种维护。孔子曾说：“父为子隐，子为父隐，直在其中矣!”[②] 汉代有关亲属相隐的法律规定，意味着孔子的道德观念已经被转化为法律原则了。

3. 贵族官僚有罪先请的原则

“先请”之制创于西汉，即对犯了法的贵族官僚，必须首先向皇帝报告，“请”其作出减免的决定，以保护贵族官僚的特权。这也是对儒家所提倡的宗法道德的一种维护。据《史记·高祖本纪》载，高帝七年曾下诏令：“郎中有罪耐以上，请之。”郎中是君主的侍卫官，其秩位虽低，仅是“比三百石”，但由于是君主的亲信，故享有“先请”的特权。又据《汉书·宣帝纪》载，汉宣帝在黄龙元年下诏：“吏六百石位大夫，有罪先请。”另据《汉书·平帝纪》载，汉平帝在元始元年下诏：“公、列侯嗣子有罪，耐以上先请。”“先请”所导致的结果是贵族官僚犯法并不与百姓同罪同罚，这显然与法家“刑无等级”的主张相悖，而与儒家肯定等级伦理的“礼”观念相一致。

图 5-3　宣帝诏儒讲经[③]

① 《汉书·宣帝纪》。

② 《论语·子路》。

③ 参见刘昕主编：《中国古版画》，人物卷·教化类，27 页，长沙，湖南美术出版社，1998。

第五节　司法制度

一、主要司法机关

中央审判机构由皇帝、丞相、御史大夫和廷尉组成。皇帝掌握最高审判权，对疑难、重大案件有最后裁决权。汉代一些皇帝还亲自审案，如东汉光武帝刘秀“常临朝听讼，躬决疑事”①。丞相和御史大夫在西汉初年曾享有审判权，而东汉时罢丞相，改御史大夫为司空，于是丞相和御史大夫失掉了审判权。廷尉在两汉时期一直是中央的司法审判长官，其主要职责是审理刑狱，一方面要审理皇帝制诏移送的案子，另一方面要审理地方上送审的疑难案件。廷尉设卿一人为长官，属官有正、左右监。汉武帝时曾赋予尚书以司法审判权，东汉时尚书台成为中枢机关，下设六曹，其中的“二千石”掌审判，从而分掉了廷尉的部分职权。

地方司法机关基本上是郡、县二级，郡守、县令兼理司法。郡设决曹掾，是专职的司法官吏，审理一般案件，最后由郡守裁决。若遇疑难案件，则移送廷尉。县令是地方的基层司法机关的长官，负责“禁奸惩恶，理讼平贼”②，对一些轻微案件可予判决，而遇疑难案件则应移送郡守。东汉时期，汉灵帝曾在郡之上设立了州，长官叫州牧，州牧便成了地方上最高一级的司法长官。

二、具体诉讼制度

1. 告劾

“告劾”即起诉，它包括两个方面：一是当事人直接到官府告诉，相当于今日的“自诉”；二是由政府官吏（主要是监察御史和司隶校尉等）察举非法、举劾犯罪，相当于今日的“公诉”。在汉代，一般应按司法管辖逐级告劾，但当事人蒙受冤狱，也可越级上书中央司法机关申冤，这叫“诣阙上书”。阙：宫阙，中央司法机关所在地。之所以出现“诣阙上书”这样的越诉行为：一是因为地方司法机关判案不公，造成冤狱，受害者不得不诣阙上书；二是因为地方司法官吏互相推诿，不负责任，使受害者冤苦无诉，不得不越级上告；三是因为被告人权高位重或案情重大，使受害人或知情人不得不越级上诉。“诣阙上书”这一制度的确立，对纠正地方司法不公、减少冤假错案、缓和社会矛盾等是有一定积极意义的。

2. 逮捕

官府在接到告劾后，对被告立即进行逮捕。当然，根据逮捕对象的不同而适用不同的程序。对平民中的犯罪者，有人告发则即刻逮捕，即使有疑问也可先行逮捕；对于贵族官僚中的犯罪者，若需要逮捕则先奏请皇上，即所谓“有罪先请”。凡被逮捕及关押者均须戴刑具，而

---

① 《晋书·刑法志》。

② 《后汉书·百官志》。

法律规定老小、有废疾和妇女等人犯罪可不戴刑具，即所谓“颂系”。如汉景帝后元三年（公元前141年）下诏：“高年老长，人所尊敬也；鳏寡不属逮者，人所哀怜也。其著令：年八十以上，八岁以下，及孕者未乳、师、侏儒，当鞠系者，颂系之。”① 官员被逮捕或拘押也不戴刑具，这是官僚特权在诉讼制度上的体现。对于民事争讼一般也不予逮捕，而是采用调解的方式息讼。据《后汉书·吴祐传》记载，吴祐做胶东侯的相时，“民有争诉者，辄闭阁自责，然后断其讼，以道譬之。或身到闾里，重相和解”。以德教从事调解而达到息讼的目的，这是为汉代统治者所大力提倡的。

3. 鞫狱

“鞫狱”即进行审讯和判决。汉代司法官在审理案件时注重收集证据，除收集书证、物证、证人证言外，还重视收集被告人的口供，而收集口供往往搞刑讯逼供。经审讯获取口供后，三日后再次审讯，目的是看此次供词与上次是否有出入，从而使受审者有更正供词的机会。然后，对被告宣判。司法官对被告宣读判词，这叫“读鞫”。若被告对判决不服，请求复审，这叫“乞鞫”。

4. 覆案

“覆案”又称“覆治”“覆考”，或单称“覆”，均对复审案件而言。覆案乃秦制，汉代承袭了这一制度。秦汉推行此种制度的目的，在于改正已判决的冤假错案，防止徇私枉法、司法专横的腐败现象的出现。汉代的中央机关在接到不服判决的上书后，往往成立专案组，对该案进行复审。据《汉书·赵广汉传》记载，京兆尹赵广汉指使其下属枉法整治苏贤，使苏贤蒙受不白之冤，苏贤之父愤而“上书讼罪”，控告赵广汉，汉宣帝把此案“下有司覆治”，结果赵广汉与其属吏均受到了法律的制裁。另外，朝廷还经常特派使者巡行地方，其主要职责便是“平冤狱”，即通过使者复审案件来平反冤狱。“覆案”制度对整顿当时的司法秩序还是能起一定的积极作用的，故可称是一种善制。

三、春秋决狱

“春秋决狱”是指用儒家经典《春秋》中所体现的道德精神指导司法审判，它反映了儒家伦理思想对汉代司法领域的渗透。汉代儒家为了改变法家思想主宰当时司法领域的现状，便通过皇权的力量要求司法官在遇到律无正条或虽有正条却不合乎儒家道德的案子时，根据《春秋》经义断案，这就在实际上赋予了《春秋》经义极高的法律效力，使其成为凌驾于各种法律之上的一种法律形式。“春秋决狱”的主要代表人物是董仲舒，他曾作《春秋决狱》一书，记有232个案例，但该书后来亡佚，今天在《太平御览》及《通典》中尚可见其一鳞半爪。

图5-4 董仲舒

根据汉儒的观点，所谓《春秋》经义的主要内容是亲属相隐、尊敬尊长、原心定罪之类。据《通典》卷六九记载：“时有疑狱，曰：甲无子，拾道旁弃儿乙，养之以为子。及乙长，有罪杀人，以状语甲，甲藏

---

① 《汉书·刑法志》。

匿乙。甲当何论？仲舒断曰：甲无子，振活养乙，虽非所生，谁与易之……春秋之义，父为子隐。甲宜匿乙而不当坐。”董仲舒认为“父为子隐”乃“春秋之义”，并据此对包庇杀人犯的义父不予论处。又如：“春秋之义，君亲无将，将而诛之。”这是说，对君主和嫡亲尊长必须绝对服从，不可有反逆之心，否则，即使未付诸行动，也要予以严惩。

实际上，“原心定罪”是春秋之义中的一项最为重要的内容，汉儒把它当成司法审判的基本原则。董仲舒解释说：“春秋之听狱也，必本其事而原其志。志邪者不待成，首恶者罪特重，本直者其论轻。”“本其事”指考察犯罪事实，“原其志”指考察犯罪动机。“志邪”指动机上不合乎儒家道德，对这种主观恶性严重的犯罪必须严惩；“本直”即动机上合乎儒家道德，虽犯了法也可从轻论处。显然，这一审判原则从道德至上的立场出发，过分强调了犯罪者的主观动机而相对忽视了犯罪的客观事实，从而为酷吏任意出入人罪打开了方便之门。

四、秋冬行刑

秋冬行刑的观念由来已久，早在春秋时期，就有人提出了“赏以春夏，刑以秋冬”[①] 的主张。成书于战国中期的《黄帝四经》是道家黄老学派的代表作，该书系统探讨德刑与春夏秋冬之间的关系，主张“春夏为德，秋冬为刑，先德后刑以养生”，并认为“先德后刑，顺于天”，否则若逆天道而在春夏行刑，就会给国家带来灾难。汉初流行黄老之学，董仲舒也受黄老之学中德刑观的影响，提出了“庆为春，赏为夏，罚为秋，刑为冬……庆赏罚刑，当其处不可不发，若暖暑清寒，当其时不可不出也”[②] 的主张，这种主张受到统治者的重视，并被转化为可以操作的具体制度。据《资治通鉴》记载，汉武帝元光四年（公元前 134 年）“冬十二月晦论杀魏其于渭城”。胡省三注曰：“汉法以冬月行重刑，遇春则赦若赎，故以十二月晦论杀魏其侯。”这说明，按汉代法律规定，冬季才执行重刑，而春季则赦免罪犯或允许罪犯出钱赎罪。又据《后汉书·章帝纪》记载，章帝于元和二年下诏称：“王者生杀，宜顺时气。其定律，以十一月、十二月报囚。”除谋反大逆“决不待时”外，其他死刑犯的执行时间必须在秋天霜降以后至冬至以前，此时“天地时肃”，执行死刑也就是“顺天行诛”。这种司法制度对后世影响深远。

五、录囚制度

所谓“录囚”，是指皇帝或上级司法机关对在押囚犯的复核审录，以检查下级司法机关对案件的审判是否有失公正，并纠正冤假错案。“录囚”一词最早见于《汉书·隽不疑传》，该传称隽不疑任青州刺史时，“每行县录囚徒还，其母辄问不疑：‘有所平反，活几何人？’”。这说明，录囚与平反冤狱有密切的关系。汉代录囚有皇帝录囚、刺史录囚及郡守录囚。关于皇帝录囚，此事始于东汉明帝时期。据《后汉书·第五伦传》记载，会稽太守第五伦因犯法而入廷尉狱，“会帝幸廷尉录囚徒，得免归田里”。又据《后汉书·寒郎传》载，永平年间，汉明帝治楚

① 《左传·襄公二十六年》。
② 《春秋繁露·四时之副》。

王英案，数千人因遭牵连而被捕。当时参与审理该案的侍御史寒郎上书明帝，称被捕入狱者中必有受冤枉者，明帝采纳其建议，亲自到洛阳狱录囚徒，理出千余人。明帝之后，东汉历代帝王也多有录囚的活动。关于刺史录囚，指朝廷派往地方的刺史从事录囚活动，以平反冤狱。刺史之制始于汉武帝时，按规定，刺史于每年秋冬季节到郡国巡察，称为“行部”［汉代把全国划分为十三部（州）］。刺史行部的主要任务是“省察治状”，这当然包括审核狱讼情况。《汉书·何武传》即称何武“为刺史，行部录囚徒”。东汉时仍沿袭此制，据《续汉书·百官制》载：“诸州常以八月巡行所部郡国，录囚徒。”《后汉书·法雄传》称青州刺史法雄“每行部，录囚徒，察颜色，多得情伪，长吏不奉法者皆解印绶去”。总而言之，在两汉时期，通过皇帝、刺史及郡守的录囚活动，一些冤假错案得到了平反，也有利于提高地方司法官明法慎刑的自觉性，从而使当时的司法状况得到一定程度的改善，并对后世的司法实践产生了积极的影响。

六、监察制度的发展

当时的监察，主要体现了皇权对百官的监察。西汉初年，中央监察权由御史大夫执掌，御史大夫有权监督丞相，从而构成了对相权的制衡。西汉末年，设御史台，此乃中央监察机关，其长官为御史中丞。东汉延续此制，监察机关的地位不断加强，其职能也逐步膨胀。御史中丞主管监督百官，纠察不法以及考课百官，荐举人才，等等。汉武帝时设司隶校尉，负责监察京师及其临近各郡，因受皇帝倚重，其势颇大，每逢朝会，独居一席，同御史中丞、尚书一起被当时的人称为“三独坐”。司隶校尉拥有直接抓捕犯人的权力，且其下多属官。西汉末改隶大司空，权限有所削弱，至东汉其监察权限进一步缩小。

在对地方的监察方面，汉初废除了秦代在各郡设置的监御史，设丞相史（由丞相派出）监察数郡。汉武帝时把全国划分为十三部（州），每州派刺史一人负责监察，刺史成为固定的监察官。据史书记载，刺史监察内容主要是：词讼、盗贼、铸伪钱、狱不直、徭役不平、吏不廉、吏苛刻，等等。各部刺史根据汉武帝手订的《六条》规则对所属郡国进行监督，《六条》之中的第三条是这样规定的：“二千石不恤疑狱，风厉杀人，怒则任刑，喜则淫赏，烦扰刻暴，剥截黎元，为百姓所疾，山崩石裂，袄祥讹言。”这一条主要是讲对地方官的司法审判活动进行监督，此系刺史的一项重要职权。汉代还设有言官，其有权向皇帝进谏言，以监督和匡正皇帝的过失。言官与监察官并用，是汉代监察制度发展的反映。

深度阅读

1.〔日〕堀毅．秦汉法制史论．北京：法律出版社，1988

2. 瞿同祖．汉代社会结构．邱立波，译．上海：上海世纪出版集团，2007

3. 张建国．汉文帝刑制改革相关问题题点试诠//朝廷龙．法律史论集：第1卷．北京：法律出版社，1998

问题与思考

一、思考题

1. 汉初统治者为何采纳“无为而治”的理论？
2. 略述汉代法律的“儒家化”及其影响。
3. 简述汉代“独尊儒术”的原因及过程。
4. 汉初主要的立法活动有哪些？
5. 简述汉代的主要法律形式，并说明其相互关系。
6. 西汉刑制改革的主要内容是什么？
7. 汉代有哪些基本罪名？
8. 儒家思想与汉代法律原则的形成有什么关系？
9. 汉代的行政、民事和经济法律制度的主要内容是什么？
10. 简述汉代的司法制度。

二、练习题

（一）单项选择题

1. 西汉末年，某地一男子偷盗他人一头牛并贩卖到外乡，回家后将此事告诉了妻子。其妻隐瞒未向官府举报。案发后，该男子受到惩处。依照汉代法律，其妻的行为应如何处理？（　　）（司考）

A. 完全不负刑事责任　　B. 按包庇罪论处

C. 与其丈夫同罪　　D. 按其丈夫之罪减一等处罚

答案：A

2. 汉代时曾发生这样一件事情：齐太仓令获罪当处墨刑，其女缇萦上书请求将自己没为官奴，替父赎罪。这一事件导致了下列哪一项法律制度改革？（　　）（司考）

A. 汉高祖规定“上请”制度　　B. 汉文帝废除肉刑

C. 汉文帝确定“官当”制度　　D. 汉景帝规定“八议”制度

答案：B

3. 汉武帝时，有甲、乙二人争言相斗，乙以佩刀刺甲，甲之子丙慌忙以杖击乙，却误伤甲。有人认为，丙“殴父也，当枭首”。董仲舒引用《春秋》事例，主张“论心定罪”，认为丙“非律所谓殴父，不当坐”。关于此案的下列评论错误的是（　　）。（司考）

A. “论心定罪”是儒家思想在刑事司法领域的运用

B. 以《春秋》经义决狱的主张旨在建立一种司法原则

C. “论心定罪”仅为一家之言，历史上不曾被采用

D. “论心定罪”有可能导致官吏审判案件的随意性

答案：C

4. 汉律中关于亲属间有罪（谋反等罪除外）可容隐，并作免罪处罚的情况是（　　）。

A. 子匿父母　B. 祖父母匿孙　C. 夫匿妻　D. 父母匿子

答案：A

5. 西汉时期，“德主刑辅”的思想约确立于（　　）。

A. 汉文帝时　B. 汉武帝时　C. 汉昭帝时　D. 汉景帝时

答案：B

6. 在爵位继承方面，汉代实行（　　）。

A. 嫡长子继承制　B. 遗嘱继承制　C. 诸子继承制　D. 幼子继承制

答案：A

（二）多项选择题

7. 关于思想家、法学家在法律发展中的作用，下列说法正确的是（　　）。（司考）

A. 在中国古代法律的发展中，汉代董仲舒提出依据《春秋》等儒家经典的精神和原则判案，而不仅仅依据汉律判案

B. 在罗马法的发展中，盖尤斯、伯比尼安、保罗、乌尔比安、莫迪斯蒂努斯等法学家起过十分重要的作用

C. 在法国法律的发展中，前后近一个世纪的拿破仑与法学家之争，促使《法国民法典》具有了较高的科学性和学理性

D. 在普通法和衡平法的发展中，英国法学家对法律发展所起的作用举足轻重

答案：AB

8. 秦汉时期的刑罚主要包括笞刑、徒刑、流放刑、肉刑、死刑、羞辱刑等，下列选项属于徒刑的是（　　）。（司考）

A. 候　B. 隶臣妾　C. 弃市　D. 鬼薪、白粲

答案：ABD

9. 属于汉朝法律形式的有（　　）。

A. 法律答问　B. 律　C. 廷行事　D. 决事比

答案：BD

10. 汉朝定罪量刑的原则是（　　）。

A. 亲亲得相首匿　B. 贵族官僚有罪先请

C. 尊老怜幼　D. 恤刑

答案：ABCD

中　编

同时期外国法律文化概况

西罗马帝国灭亡之后，源自北欧和中欧的诸日耳曼部族在西欧建立起为数众多的日耳曼国家。法兰克国王克洛维率众皈依了基督教，并且将本族习惯法汇编成《萨利克法典》，刻意蠲除那些不利于国王威信和社会安定的古老风俗，同时大幅度减少复仇和私刑的使用，为其他日耳曼国家树立了榜样。公元737年，宫相查理代行王政。他废除国王向臣属无偿赠送土地的做法，改行采邑制，通过附条件的土地占有制使贵族中的上层与下层结成领主与附庸的封建关系。查理的儿子丕平在罗马教皇的支持下正式篡位，作为对教廷的报答，丕平把他从伦巴第人手中夺回的罗马城及原属东罗马帝国的部分土地划归教皇直接管辖，形成了最初的教皇国。丕平的继任者查理曼在位期间极大地扩张了法兰克的版图，将国境线向东推进到易北河流域。公元802年，查理曼在此召开立法会议，要求东部诸省份适用法兰克化的法律。法兰克帝国在查理曼死后不久分裂为西法兰克、中法兰克和东法兰克三国，即后世法兰西、意大利和德意志三个近代民族国家的雏形。

在同一时期，新的宗教和政治力量逐渐在阿拉伯半岛形成。穆罕默德于公元610年创立了伊斯兰教，并实现了阿拉伯半岛的政治统一。经历短暂的“四大哈里发”禅让时期之后，公元7世纪中叶，以家族世袭为特征的阿拉伯伊斯兰帝国形成，并开始急速向外扩张，不久就控制了中亚的大部分地区、北非沿海地区，以及欧洲西南部的伊比利亚半岛，并以这里为据点继续向欧陆腹地推进。公元732年，法兰克宫相查理率领法兰克人阻击穆斯林军队，在高卢南部地区取得了重大胜利。从此，伊斯兰教文明被基督教文明阻挡在比利牛斯山以南，两大文明形成对峙局面。

进入10世纪之后，罗马教廷与世俗王权之间的矛盾冲突逐渐成为西欧政治发展的主线。公元1054年，由于在各教会是否平等这个问题上持有不同见解，罗马天主教与希腊正教正式分裂。1075年，教皇格里高利七世颁布了包含27个条文的《教皇敕令》，宣布“教权至上”的理论，取消了世俗君主对国内主教的叙任权，并对教会的独立性以及教权与王权的关系重新加以界定。欧洲各国对此表示强烈反对，并展开一系列抵制措施。公元1122年，教俗双方缔结了《沃尔姆斯宗教协定》，罗马教皇最终获得了主教叙任权，“君权神授”理论成为教俗关系的基本准则。这表明，罗马教廷实际上转化为中世纪欧洲的政治中心，继罗马时代之后欧洲一体化的格局第二次形成了。公元11世纪末至13世纪末的近二百年间，罗马教皇以“光复圣地”

的名义召集各国的封建骑士和破产农民组成十字军向东远征，讨伐信奉伊斯兰教或东正教的地中海东岸国家，总计发动了九次大规模的对外侵略战争。这一时期，以基督教信仰为基础的教会法得到了极大的发展。1140 年左右，波伦亚修士格拉提安用时下流行的语言阐述教会法规则，并在每一条规则下面注释《圣经》原文、教皇敕令以及宗教会议决议等，使习惯法获得了学理上的解释，形成了著名的《格拉提安教令集》。它在西欧各国不仅成为宗教法庭作出裁判所参照的依据，而且成为教会和大学讲授法律所援引的依据，为教会法发展成为独立的法律体系奠定了基础。与此同时，古老的罗马法也开始复兴，以波伦亚大学为中心的伊尔内留斯等学者开始对《国法大全》等古代拉丁法律文献进行全面注释，并把他们的研究心得搬到了大学课堂。此后的百余年间，教会法与罗马法齐头并进，互为参照，联手铸就了一种从文本入手，以注释为要，追求共同理性，崇尚宏大体系的完美主义的法律风格。后人把这种主要以教会法和罗马法为内容的中世纪学者法称为“共同法”（ius commune）。此外，城市法作为封建法律体系中的一种特别法也开始大量涌现出来，尤其密集地出现在北海、波罗的海沿岸的国家和地区。

几乎在同一历史时期，英格兰走上了与欧陆各国完全不同的发展道路。1066 年，诺曼公爵威廉率军登陆英格兰，成功夺取了英国王位，史称“诺曼征服”。为了巩固尚不稳固的权力，威廉推行了一系列加强中央集权的政治措施，如剪除地方武装，进行全国土地和人口调查等。此外，威廉还竭力限制罗马教廷在英国的势力发展，他任命自己为英国大主教，并委派亲信在英格兰的领土上四处巡回，以壮王权之声威。亨利二世在位期间继续推行巩固王权的政策，确立了几项重要制度，包括模仿教会设立文秘署和财政署等组织机构，将发布令状和管理财政的权能分离；他委派法官在地方设立巡回法庭，实行陪审制，并在威斯敏斯特设立普通诉讼法庭，将判决成例法律化。在亨利二世的诸多改革之中，司法改革对英格兰的影响最为深远，这些措施直接导致了英国普通法的产生。在公元 13 世纪初，教会和地方封建主联合起来，迫使国王约翰签署了《自由大宪章》，对王权加以限制，部分恢复了教会和封建主的原有权利。但是，这份文件同时也肯定了国王至高无上的地位。因此，尽管大宪章削弱了王权，却没有从根本上动摇英格兰的司法制度。13 世纪中叶，围绕着《牛津条例》的存废争议，贵族孟福尔在僧侣、骑士和城市平民的支持下发动内战，一度完全控制了英格兰。为了妥善均衡各方利益，孟福尔召集了一次由直接选举产生代表的大评议会。但是，保王党不久就扭转了战局。爱德华一世登基之后通过镇压苏格兰起义和征服威尔士等军事行动转嫁了国内矛盾，王权重新得到巩固。不过，爱德华一世并未抛弃议会派的制度遗产，而是重新确认了《自由大宪章》的法律效力，使之成为一把悬在国王头顶的“达摩克利斯之剑”。

公元 13 世纪的法国同样经历了王权不断强化的过程。路易九世在位期间推行司法财政改革，设立高等法院专门用于审理诸如叛逆等重大案件，同时严格限制封建主法庭的权力，废除司法决斗、血亲复仇等落后风俗。在这一时期，法国征服了诺曼底，合并了安茹等大片领地，并在法国南部地区牢固树立了王权的威信。在公元 14 世纪初，法国国王腓力四世为了向教会征税，第一次召集包括社会各阶层在内的“三级会议”，并根据会议决议派军队逮捕了教皇卜尼法斯八世。从 1308 年开始的 70 年间，第七任教皇被软禁在法国南部城市阿维农，听任法王摆布。尽管教廷回归罗马之后又另立教皇，但是教权也因为两位教皇同时行使权力而发生分裂。与此同时，欧洲先后经历了大范围的饥荒和鼠疫，人口数量锐减。教会势力远不如前，世俗王权则变得空前壮大。1337 年，英法之间因争夺法国王位爆发了一场旷日持久的战争，即“百年战争”，双方各自都有几代人投入其中，给两国造成了极其严重的经济损失，但也极大地激发了两国国民的爱国意识。这场战争直到 1453 年才得以结束，法国人把英国人彻底赶出欧陆，英吉利海峡变成两国天然的边界，英、法两国向近代民族国家的转型基本完成。同样在公元 13 世纪，德意志神圣罗马帝国因王族绝嗣进入大空位时期，没有哪位诸侯能够通过武力夺取王位，七选侯制度应运而生，形成了有限范围之内的王位禅让制。此后近二百年间，王位一直在不同的家族之间轮换，直到 15 世纪中期才为哈布斯堡家族所垄断。即便如此，封建势力仍然远远超越王权。这导致德意志长期不能形成有效的中央治理，难以形成像英、法两国那样自上而下统一起来的国家法，因而在司法实践中不得不援引由中世纪学者在数百年时间里发展出来的“共同法”。

进入公元 15 世纪之后，罗马教廷对欧洲的政治影响力急剧减弱，曾经以基督教信仰为中心的一体化欧洲呈现出土崩瓦解的前兆。波希米亚和德意志地区先后出现以宗教改革为目标的大规模群众运动。1517 年，马丁·路德在抨击天主教的过程中开创了新教，反对宗教对人性的禁锢成为当时的社会潮流。与此同时，一场文化和思想的革命正在意大利北部城市佛罗伦萨如火如荼地进行，知识分子以重归古典文学为己任，希望从中寻找人类本应享有的价值和尊严。他们主张以关于人的学问取代关于神的学问，以个性自由和享乐主义取代宗教压迫和禁欲主义。这场革命被后人称为“文艺复兴”。值得一提的是，一本名为《马可波罗行纪》的口述游记出现在文艺复兴期间的威尼斯，这本书关于大元帝国的种种描述轰动了整个欧洲，大大激发了欧洲人探索神秘东方世界的热情。至 15 世纪中叶，地中海东、西两端的政治格局发生了剧变，奥斯曼土耳其帝国在东端大举扩张，西班牙和葡萄牙在西端快速崛起，他们分别在陆地和海洋上开创了版图巨大的帝国。1453 年，奥斯曼土耳其帝国攻克拜占庭帝国的首都君士坦丁堡，延续千余年的拜占庭帝国彻底灭亡。奥斯曼土耳其帝国开始掌握欧亚之间的陆路贸易路线。1492 年，意大利航海家哥伦布开辟了欧洲往返美洲大陆的新航线。此后，西班牙开始在新大陆拓展殖民地，并通过开掘北美银矿获取财富，借助菲律宾城市马尼拉将北美白银输入中国。葡萄牙航海家达·伽马于 1498 年首次抵达印度，加拉布尔则于 1500 年抵达南美，占领了巴西。为了解决欧洲与新大陆在法律适用上的问题，满足殖民主义的政治需要，西班牙法学家维多利亚再次阐释了自然法的概念，并得到荷兰、英格兰等国学者的追随。1553 年，葡萄牙人向中国政府强行索取澳门的居住权，开辟了一条从欧洲抵达中国的海上路线。利玛窦、庞迪我、熊三拔、艾儒略、汤若望等一批传教士自万历末年至天启、崇祯年间先后进入大明，给中国带来了西方的思想和学问。

在公元 17 世纪初，欧洲各国因宗教对立分化为两大阵营。1618 年，三十年战争席卷欧洲。战争期间，荷兰人胡果·格劳秀斯发表了《战争与和平法》，全面阐发了资产阶级人权学说的自然法基础，并且第一次将国际法作为一门独立学科进行系统论述。1648 年，交战双方缔结了《威斯特伐利亚和约》。据此，交战国之间初次达成了以主权平等为基础的国际新秩序，现代意义上的国际法在各国外交实践中真正成为一种被一致尊重的规则。这一时期，与欧陆隔海相望的英国爆发了影响深远的政治革命。1640 年，英国内战爆发。议会军领袖克伦威尔在 1649 年把查理一世推上断头台，成为英国的实际统治者，国家大政直到克伦威尔病逝才重归国王。1679 年，议会通过《人身保护法》并迫使国王查理二世签署，规定了国民非依法院签发的载明缘由的逮捕证不受逮捕的基本权利。1688 年，议会党派赶走国王，从荷兰请来虚位君主执政，史称“光荣革命”。为了保障革命成果不会遭到王权的践踏，英国议会通过《权利法案》，使国王的权威屈服于法律之下。1701 年，英国议会又通过了《王位继承法》，把王权更替也纳入了法律规制的范围。君主立宪制的近代英国最终形成。英国由此步入内政稳定、外交主动、经济持续增长的良性循环。18 世纪中叶，英国国内的产业升级在世界范围内开启了第一次工业革命的序幕，这导致英国的综合国力迅速上升，直到一战之前，英国都保持着世界领先的水平。

在 1756 年至 1763 年，欧洲各国为争夺霸权卷入了七年战争，英国战胜法国，取得了法国在北美的大部分殖民利益。但是，英国对殖民地的剥削却激起了殖民地人民的反抗。1776 年，13 个殖民地联合发表《独立宣言》，宣告美国成立。在法国的军事援助下，美国最终取得了独立战争的胜利。建国时期的美国秉承《独立宣言》的精神，以自由为立国之本，经历了短暂的邦联体制，不久之后通过颁布《联邦宪法》改行联邦体制，并且确定了三权分立的共和政体。较为弱势的司法权在 1803 年马伯里诉麦迪逊的案件之后得到了前所未有的加强，针对行政权力的司法制约成为公民保障自身权利的重要手段。与欧洲列强相比，美国的政治制度更富于创新性和生命力。19 世纪初，美国法对于未来发展的路线犹豫不决，有一部分学者主张维持英国的判例法传统，另有一部分学者认为美国法应当全面接受欧陆的法典化思维。这场论争持续了近半个世纪，最后只有路易斯安那州和纽约州制定了部分法典；而在联邦法层面，美国仍旧维持判例法的传统。从 19 世纪初开始，美国通过各种手段向西部大规模拓展殖民地，攫取印第安人的生存空间和资源，由此获得了与欧洲列强分庭抗礼的原始资本。美国法的适用范围也随着美国国土的增加而不断扩大。

七年战争爆发之后，欧洲政局变得动荡，法国国王路易十六与第三等级的矛盾日益激化。1789 年，法国大革命爆发，其纲领性文件《人权宣言》以美国的《独立宣言》为蓝本，宣布自由、财产、安全和反抗压迫是不可剥夺的天赋人权，确立了言论、信仰、著作和出版自由，阐明了司法、行政、立法三权分立，法律面前人人平等，私有财产神圣不可侵犯等法律原则。1791 年，法国颁行了以《人权宣言》为序言的君主立宪制宪法。但是，这部宪法并未给法国带来政治稳定。此后近十年之间，国家大政先后在不同政治派别之间轮换，新宪法频出不穷。1799 年，拿破仑通过“雾月政变”成为法国的独裁者。在他的积极推动之下，法国于 1801 年颁行了《法国刑法典》，该法典较为集中地体现了意大利刑法学家贝卡利亚在 18 世纪提出的刑法三原则，即罪刑法定、罪刑相适应和刑罚人道化，使该部刑法典成为欧陆各国刑事立法竞相效仿的对象。1804 年，拿破仑统治之下的法国颁行了更为直接地反映资产阶级利益的《法国民法典》，充分体现“个人最大限度的自由，法律最小限度的干涉”的特点。拿破仑政权于 1815 年正式解体，但是《法国民法典》在欧洲乃至世界范围内迅速传播开来，在二百余年的时间里直接或间接地影响超过 45 个国家和地区建立了本土法律体系，其精神内涵甚至被视为“现代”国家的基本标准。

第六章

魏晋南北朝时期法律思想与制度

本章重点知识

1. 魏晋南北朝时期的主要立法（《新律》《晋律》《北齐律》）。
2. 魏晋南北朝时期法典的发展变化。
3. 定罪量刑原则（“八议”“官当”“五服制罪”“重罪十条”）。

第一节　法律思想与立法背景

一、律学与引经入律[①]

（一）引经入律

两汉开始引经注律，即在不改变法律条文的情况下，以儒家经典的基本原则和精神来解释适用现行法律，这使律学与政治伦理结合而日兴。但经学的发展，导致其成为专门索隐、发微的章句之学，流于烦琐迂腐，日近绝路。到公元220年三国曹魏文帝时的情况已是“叔孙宣、郭令卿、马融、郑玄诸儒章句十有余家，家数十万言。凡断罪所当由用者，合二万六千二百七十二条，七百七十三万二千二百余言，言数益繁，览者益难”[②]。

虽然魏文帝下诏“但用郑氏章句，不得杂用余家”[③]，但这只是试图从实用层面来解决问题，并未从理论上来解决这一问题。律学大师杜预从理论源头解决了这一问题，他明确提出：

---

① 以往常有“引礼入法”的表达，但这种表达并不十分准确，更多的是现代人的一种表述。从法律的发展历程上看，先秦时期，主要表现的是礼与刑的关系；自秦代之后，律的地位大幅提升，到了汉魏晋时期，经学得到发展，逐渐演变为经与律的关系。因此本书此处采用“经与律”及“礼与律”的表述。

②③ 《晋书·刑法志》。

"法者，盖绳墨之断例，非穷理尽性之书也。"[①] 由此，其正式把律学与经学作了区分，也使律学与魏晋时期风行的玄学及影响日渐变大的佛学有了明确的界限，奠定了律学诞生的理论基础。律学在魏晋之时，开始从伦理政治的束缚中解脱出来。研究的对象也不再仅仅是对古代法律的起源、本质与作用的一般论述，而是侧重于对律典的体例、篇章结构和概念以及定罪量刑等具体问题的研究。

（二）杜预、张斐与引经入律

1. 杜预：重"理"任法的律令学说

杜预（222—284），字元凯，京兆杜陵（今陕西省西安市）人，出身于世家大族。西晋初，与车骑将军贾充等定律令，还为律注解。后与张斐所做律解合称《张杜律》。此外，他还潜心研究经籍，写成《春秋左氏经传集解》一书。

儒家思想在汉末魏初之际曾衰微不振，但在魏晋禅代之际，有振兴之势。陈寅恪先生曾说："古代礼律关系密切，而司马氏以东汉末年之儒学大族创建晋室，统制中国，其所制定之刑律尤为儒家化。"[②] 所谓晋律的儒家化，就是指晋律中较多地吸纳了本属于儒家经典所规定的"礼"的内容，即"引礼入律"。杜预作为主要的修律大臣，精通《左传》；其家族又世代以儒学自居，无疑对这种倾向产生了重要的推动作用。若说魏《新律》中引"八议"入律，尚可解释为有与官僚集团和谐相处，以期收买士大夫心之功效的话，那么，晋代的"引礼入律"则更趋向于深入具体层面，惠及普通百姓。这一观念被后继的北朝所延续，引经决狱、引礼入律之风绵延不绝。

据《晋书·礼志中》记载，杜预曾建议晋武帝"远遵古礼，近同时制，屈除以宽诸下，协一代之成典"。他还曾在奏章中说："法者，盖绳墨之断例，非穷理尽性之书也……审名分者，必忍小理。古之刑书，铭之钟鼎，铸之金石，所以远塞异端，使无淫巧也。今所注皆网罗法意，格之以名分。使用之者执名例以审趣舍，伸绳墨之直，去析薪之理也。"[③] 这段话固然主要是想阐明法律的作用，但非常明显的是，他是以儒家之"理"作为参照物来说法的，骨子里他还是认可"法盖粗术，非妙道也"[④] 的定性的。因此，他觉得法律只是小道，跟"穷理尽性"的大学问没法比；而且，制定刑书时还应该以儒家的礼仪作为指导思想，不要斤斤计较于细枝末节，而应该体现出刑罚乃不得已的拯救之道，所以要寓教于刑的理念。惩罚犯罪绝不是制定刑书的最终目的，刑期于无刑，最终归于仁义才是法律所应追求的终极目标。说到底，在德刑、礼律关系问题上，杜预还是奉行"德主刑辅"的导向的。

2. 张斐：以礼率律的法律理论

张斐，晋人，生卒年月与籍贯都不详，他因注解晋《泰始律》闻名于世，其著作留存下来的有《注律表》一篇。《注律表》在借鉴前人注律成果的基础上，概述了《晋律》的基本精神和特点，并对长期以来很多混淆不清的法律术语作了相当精确的解释，还对司法审判原则等作了较为详尽的阐释。它是我国古代律学中一篇重要的理论著作，代表了当时律学的最高水准。

---

① 《晋书·杜预传》。

② 陈寅恪：《隋唐制度渊源略论稿》，100 页，上海，上海古籍出版社，1982。

③ 《晋书·杜预传》。

④ 《晋书·刑法志》。

张斐以礼率律、礼律相须为用的法律观，发展了儒家的礼律结合的思想，加速了传统法律儒家化的进程。两汉的儒者都试图用儒家思想来改造法律，为礼律结合作了很多努力，但都无法从根本上解决礼律结合的难题，因为他们一味想去改造法律以适应儒家思想，却忽视了法律本身的特殊性。结果，“引经决狱”反而成了酷吏随意附会、徇私舞弊的利器。张斐汲取了历史的教训，对传统的法律理论进行了深入的研究和艰苦的摸索，初步解决了这一难题。方法就是：一方面仍然将儒家的纲常名教作为最根本的原则，并高屋建瓴地来引导法律运行；另一方面又突出法律的特殊性，给法律以相对独立的空间，以法律的运行规律去积极发挥它的作用，努力使传统法律体系日趋完善，平稳运行。

杜预、张斐二位正因为律学水平很高，为律学的发展作出了杰出的贡献。所以他们所注解的《晋律》，后被合而为一成《张杜律》，影响后世深远，对中华法系的发展贡献至伟。

（三）律学与律令体系

律学肇始于秦汉，兴盛于魏晋南北朝时期，而律学的发达又推动了这一时期律令体系的发展，改变了秦汉以来法律形式繁杂、彼此之间难以区别、法典体例不尽科学的状况，为隋唐时期古代律令体系发展的高峰准备了条件。

1. 律与令开始明确区分

令在汉代实际上是律的补充形式。汉时律令的繁多庞杂造成了法制上的混乱。曹魏政权建立后对此进行改革。魏明帝下诏改定刑制，删约旧科，傍采汉律，制定魏法，最后形成《新律》18篇，《州郡令》45篇及《尚书官令》《军中令》等，合计180篇。曹魏政权在立法上的贡献之一就是初步使律与令分开，并将各个单行的律与令统一起来并对其法典化。但真正使律与令功能分开、各司其职的是晋朝。早在曹魏末年掌握实权的晋王司马昭有感于前代律令本注繁杂，令贾充等定法律。经数年努力贾充终于在晋泰始三年（公元267年）修成《晋律》。《晋律》在曹魏律的基础上继续前进，开始明确区分律与令的功能，把相当部分原属于律的内容纳入令的范围，不再入律。

更为重要的是，参与《晋律》制定的杜预首次从学理上对律与令的功能进行区分：“律以正罪名，令以存事制。”[①] 律主要是固定性的刑事法律规范，令主要是暂时性的有关国家制度方面的规定，违令有罪者，依律定罪处刑。它明确了律与令这两种中国古代重要的法律形式的定位，得到了以唐律为代表的此后各代律典的认可。

2. 律典篇章体例和逻辑结构得到优化

三国两晋南北朝时期的律学成果，为其后的传统律典所吸收，因此这一时期的律典结构体例发生了很大变化，篇目篇幅趋于合理，律典体例结构也更加科学。曹魏编定的《新律》共18篇，与加上《九章律》《傍章》等律之后的汉律60篇相比，大大减少。晋《泰始律》共20章，620条，并正式将律与令分开，使其既分工又协调，整个律令体系得到大幅精简。《北齐律》在晋律基础上再次进行大的调整，整个律典共12篇，较晋律更为精简。在律典体例结构方面，《北齐律》形成了总则在前、分则在后的体例，为隋唐律《名例》总则在前，《卫禁》《职制》等实体法居中，《捕亡》《断狱》等诉讼程序法律在后的传统律典12篇的经典

---

① （宋）李昉等：《太平御览》，2859页，北京，中华书局，1960。

体例打下基础。中国传统律典经过魏晋南北朝数百年的探索，在篇目和体例方面对后世的唐、宋、元、明、清各代产生了深远影响。

二、经律互释

（一）以礼入律

礼是中国文化中含义极为广泛的一个概念，它是中国古代维持社会政治等级秩序、调整人与人之间各种社会关系和权利义务的规范和准则。礼既是中国传统法律的渊源之一，也是传统法律的重要组成部分。礼与律相辅相成、相互融合，最终礼律合流，经历了一个相当长的历史阶段。魏晋南北朝时期则是礼律合流的关键时期。

魏晋南北朝时期，礼的精神自司法而全面进入立法，在法律中得到了充分的表达，主要表现在以下方面。

（1）以伦理为中心，强化法律对儒家正统伦理的保护。沿袭中国传统法律“出礼入刑”“礼之所去，刑之所取”的传统，魏晋南北朝时期首创的“重罪十条”就是对儒家“三纲五常”伦理加以特别法律保护的制度，其规定的需要严加惩治的犯罪主要就是侵犯皇权与特权的犯罪以及违反伦理纲常的犯罪，它发展到唐代定型为“十恶”制度，成为唐律及以后的各代律典中名例律的重要组成部分。

（2）以血缘和官阶等为基础，强化对伦理等级的维护。中国传统法所体现的伦理是一种等级伦理，它以血缘关系和统治位阶为基础，处于不同地位的人所享受的法律权利及承担的法律义务均不相同。最典型的是“准五服以制罪”制度、“八议”及“官当”制度以及亲属相隐制度和族诛连坐制度等。这些制度均在魏晋南北朝时期创立或得到充分完善，到唐代定型后一直为以后各朝代所保存。

（3）以家族为本位，严惩“不孝”，维护家长特权。父权制家族本位的伦理法在中国传统法中占有重要地位，秦汉以来的法律都以严刑峻法来调整家族成员间的权利义务关系。“不孝”罪的历史悠久，是传统法律重点打击的犯罪之一。魏晋南北朝时期，“不孝”被列“重罪十条”，而且列入“不孝”犯罪的行为也在逐步细化。那些严重侵犯家族亲伦关系的行为，例如殴打及谋杀祖父母、父母及伯叔父母等尊长的行为，构成了较“不孝”更为严重的“恶逆”之罪；强奸、通奸小功以上亲、父祖妾构成“内乱”罪，依轻重不同，与“不孝”一起，构成对家族伦理的破坏，均被列为“十恶”重罪，受到法律的严惩。

（二）法律“儒家化”的重要阶段

中国法律的“儒家化”是中国传统法律发展的显著特色，而魏晋南北朝时期是中国法律“儒家化”的最重要阶段。在 20 世纪 30 年代，陈顾远先生在其《中国法制史》一书中就把“中国法制与儒家思想”作为“中国法制之质的问题”之一进行了专门探讨。他认为自汉以来，儒家思想支配中国历史数千余年，其间固有盛衰，但君主为政之道，终皆未能有逃于儒，而中国法制之经其化成，更系当然。中国法系之所以独异于人者，谓为因儒家思想在世界学术上别具风采所致，亦非过言。[①] 陈寅恪先生首次明确提出中国传统法律“儒家化”概念。他在 20 世

---

① 参见陈顾远：《中国法制史》，54～55 页，北京，商务印书馆，1959。

纪 40 年代初所著的《隋唐制度渊源略论稿》中写道："古代礼律关系密切，而司马氏以东汉末年之儒学大族创建晋室，统制中国，其所制定之刑律尤为儒家化，既为南朝历代所因袭，北魏改律，复采用之，辗转嬗蜕，经由（北）齐隋，以至于唐，实为华夏刑律不祧之正统。"[①] 瞿同祖对中国传统法律的"儒家化"进行了更为深入和系统的研究，他在 1948 年发表的《中国法律之儒家化》中对中国法律自秦汉至隋唐千年间的"儒家化"过程进行了系统论述，其认为，"秦、汉法律为法家系统，不包含儒家礼的成分在内。儒家以礼入律的企图在汉代已开始。虽因受条文的拘束，只能在解释法律及应用经义决狱方面努力，但儒家化运动成为风气，日益根深蒂固，实胚胎于此时，时机早已成熟，所以曹魏一旦制律，儒家化的法律便应运而生。自魏而后历晋及北魏、北齐皆可说系此一运动的连续。前一朝法律的儒家因素多为后一朝所吸收，而每一朝又加入若干新的儒家因素，所以内容愈积愈富而体系亦愈益精密……中国法律之'儒家化'可以说是始于魏、晋，成于北魏、北齐，隋、唐采用后便成为中国法律的正统。其间实经一长期而复杂的过程，酝酿生长以底于成"[②]。

法律"儒家化"起自汉代，经过魏晋南北朝数百年的逐渐深化，到公元 653 年唐律被制定、颁布而最终完成。这一过程可分为三个阶段：第一阶段在汉代，这是法律儒家化的开端，其基本特征是引经决狱。由于汉代法律的主体是汉初承袭体现法家思想与精神的秦代法律，因而汉代的法律"儒家化"主要通过引经决狱，在司法领域表现出来。当然，这并不意味着汉代法律"儒家化"在立法方面也无所作为。汉代法律"儒家化"在立法方面也取得了一些成果：在法律形式上，礼仪制度开始法典化；在法律内容上，纲常礼教渗入汉律，确立了体现"亲亲""尊尊"伦理原则的"刑不上大夫""先请"等若干法律制度。第二阶段在三国两晋南北朝时期，这是法律儒家化的发展阶段，法律"儒家化"的进程进一步加快，主要表现为准五服以制罪、官当制度、"重罪十条"、八议入律、存留养亲等原则与制度的确立。第三阶段在唐代，这是法律"儒家化"的成熟阶段。其标志就是明确提出"德礼为政教之本，刑罚为政教之用"的基本原则，以唐律为代表的唐代法律体系在具体规范上实现了礼律结合。

（三）非君思想

两晋之际的鲍敬言提出了"无君论"的法律思想。鲍敬言生平事迹不详，仅在葛洪所著《抱朴子外篇·诘鲍篇》中有零星资料。两晋之际门阀势力大盛，政治黑暗腐朽，鲍敬言对君主政治进行了猛烈地批判。他指出：远古之世，"无君无臣"，人们"穿井而饮，耕田而食，日出而作，日入而息"，安居乐业。后来，出现了强智欺凌弱愚的现象。于是"君臣之道起焉"。这既非天意，更非民愿，儒家所谓"天生烝民，而树之君"之说是欺人之谈。鲍敬言指出，由于"君臣既立"，社会便会产生不平等，"有司设则百姓困，奉上厚则下民贫"，"宿卫有徒食之众，百姓养游手之人"。统治者骄奢淫逸，欲壑难填，对百姓"劳之不休，夺之无已"，使他们"食不充口，衣不周身"，以致铤而走险。统治者之间还为了一己私利，不断挑起纷争杀伐，"推无仇之民，攻无罪之国"，使天下大乱，这些"皆有君之所致也"[③]。

---

① 陈寅恪：《隋唐制度渊源略论稿》，111～112 页，北京，生活·读书·新知三联书店，2004。

② 瞿同祖：《瞿同祖法学论著集》，381 页，北京，中国政法大学出版社，1998。

③《抱朴子外篇·诘鲍篇》。

鲍敬言还指出，“无道之君，无世不有，肆其虐乱，天下无邦。忠良见害于内，黎民暴骨于外”。这些暴君如果是普通百姓，“性虽凶奢，安得施之？”他们之所以能够“肆酷恣欲，屠割天下”，正因为他们是君主。君主是一切罪恶之源，所以“古者无君，胜于今世”[①]。

鲍敬言幻想一种没有君主和政府的社会，在那里人们没有徭役租赋负担，“内足衣食之用，外无势利之争”[②]。这种社会理想仍然是老子“小国寡民”主张之延续，不过是一种“乌托邦”而已。但他的“无君论”思想在中国古代社会独树一帜，对于后世的反君主专制主义思潮有重要影响。

第二节　立法概况与法律形式

秦汉以来法律形式繁杂，彼此区别亦不严谨，法典体例也不尽科学，这些在魏晋南北朝时期都有所改进。其时律与令已有别，科为格取代，式的出现，比的沿用等成为变化的主要内容，特别是《刑名》《法例》的出现意义尤为深远。

一、立法概况

（一）三国时期的立法

蜀国建都成都后，着手制法。史载诸葛亮、法正等人“共造蜀科”[③]。现除散见的部分军令外，蜀科及其他单行法规均已遗失难考。吴国也曾有两次主要的立法活动，但科令也都失传。1996 年在湖南长沙发现大量吴简，简牍内容涉及政治、军事、经济、法律等各个方面，对这批简牍的整理研究，促进了对这一时期法律制度的研究。

魏国立法较蜀国的、吴国的卓有成效。早在曹操被封魏王时，就针对汉律繁芜和不适于动乱年代的状况有所改易。但曹操迫于汉臣名分，遂制定“科”这一独立性的临时法律形式。当时制定有“新科”和“甲子科”。到魏明帝太和三年（公元 229 年）诏令陈群、刘邵、韩逊等着手制定《新律》。史载，“删约旧科，傍采汉律，定为魏法，制新律十八篇”[④]。此外，魏国还颁定了《州郡令》《尚书官令》《军中令》等和《新律》共 180 多篇。[⑤] 较东汉末年以来“律令紊乱，科比冗杂，章句歧义，览者艰难”的汉律，显得“文约而例通”，并对《晋律》的制定有着直接影响。

（二）两晋的立法

曹魏末年，晋王司马昭即命贾充、羊祜、杜预、裴楷等人以汉、魏律为基础，修订律令。历时四年，至晋武帝司马炎泰始三年（公元 267 年）完成。次年颁行全国。史称《晋律》或

①② 《抱朴子外篇・诘鲍篇》。

③ 《三国志・蜀书・伊籍传》。

④ 《晋书・刑法志》。

⑤ 参见上书。

《泰始律》。该律又经张斐、杜预作注释，为武帝首肯“诏颁天下”，与律文同具法律效力，故又称《晋律》为“张杜律”。这一形式成为以唐代《永徽律疏》为代表的律疏并行的先河。《晋律》共20篇、620条。[①] 同时颁行的还有《晋令》，共40篇、2 306条，此外还有《晋故事》30卷，与律令并行。“式”作为一种法律形式也已出现。《晋律》为东晋、宋、齐沿用，至南朝梁武帝改律共承用达二百多年，是两晋、南北朝时期行世最久的一部法典，对后世立法影响深远，促进了传统法律和律学的发展。

（三）南朝立法

宋、齐均沿用《晋律》。统治阶层崇尚玄学与佛学，蔑弃礼法，以清谈为高雅，以法理为俗务，优于辞章，疏于律令。刘宋五十多年未立新制，萧齐仅于武帝永明七年（公元489年）由王植、宋躬据《晋律》张、杜二注，抄撰同异，其旨在统一二注，成律文二十卷，史称《永明律》，共1 532条，但终因意见不一，结果是“事未施行，其文殆灭”[②]。梁武帝萧衍代齐，于天监元年（公元502年）诏蔡法度、沈约等人依照《永明律》修订《梁律》，次年成20篇，共2 529条。但与《晋律》相比，《梁律》篇目次第依旧，仅名称有所改易，作了些删削词句、统一注释的工作，未超出《晋律》范围。同时梁武帝还颁有《梁令》《梁科》各30卷。梁季丧乱，陈霸先废梁敬帝萧方智，自立为帝，认为《梁律》“纲目滋繁”“宪章遗紊”[③]，诏尚书删定郎范泉等修订律令，撰成《陈律》、令、科各30卷，皆早已失传。史载《陈律》“条流冗杂，纲目虽多，博而非要”，其“篇目条纲，轻重繁简，一用梁法”。因而《陈律》实质上仍是《晋律》的继续。

（四）北朝立法

北魏首开北朝重视法典编纂之风。自太祖拓跋珪天兴元年（公元398年）到孝武帝太昌元年（公元532年）诏议改条格的百多年中，大大小小的立法活动见于记载的有九次，前八次均是修订《北魏律》，至孝文帝太和年间（公元477～499年）始告成，前后经历了一个多世纪的改定，这大约是中国帝制历史上修订最久的一部法律，以后虽续有纂修但变化不大。《北魏律》共20篇（今篇目可考者15篇），它的颁行，一改魏初“礼俗纯朴，刑禁疏简”“临时决遣”的状况。因参与修律的崔浩、高允等人均是当时汉族中著名律学家，加之北魏历代君臣都重视法律[④]，使《北魏律》能“综合比较，取精用宏”，冶汉、魏、晋律于一炉，开北系诸律之先河。

东魏孝静帝兴和三年（公元541年）命群臣议定新法。天平年间（公元534～538年）孝静帝曾诏高澄与封述定新格，史载：“以格代科，于麟趾殿删定，名为《麟趾格》。”[⑤]

西魏大统元年（公元535年）魏文帝着手制定新法。大统十年魏文帝命苏绰编定《大统

---

① 对《晋律》篇目与条文数的文献记载，曾颇有出入，篇目数有20篇和28篇的记载，条文数有的记载为620条，有的是630条，还有的是1530条。通说多采《晋书·刑法志》所载20篇，620条。

②③ 《隋书·刑法志》。

④ 《魏书·刑罚志》载：孝文帝主持修订，多次诏群臣聚义，有疑义“亲临决之”，并亲自下笔“润饰辞旨，刊定轻重”。他认为律是礼的体现，应“齐之以法，示之以礼”。

⑤ 《唐六典·刑部》，卷六注，北京，中华书局，1992。

式》[1]，“总为五卷，颁于天下”[2]。

公元550年，东魏权臣高洋自立为帝，改东魏为北齐。初沿用《麟趾格》，至武成帝河清三年（公元564年）在封述等人主持下，以《北魏律》为蓝本，校正古今，锐意创新，省并篇名，务存清约，编定成《北齐律》12篇，共949条。《北齐律》以“法令明审，科条简要”著称，上承汉、魏律之精神，下启隋唐律之先河，成为隋唐法典的蓝本。近人程树德说：“南北朝诸律，北优于南，而北朝尤以齐律为最。”[3] 西魏权臣宇文觉于公元557年废魏恭帝自立，改国号曰周，史称北周。北周初用制诏，至武帝保定三年（公元563年），命越肃、拓跋迪等撰定法律，仿《尚书·大诰》谓之《大律》，共25篇、1 537条，原文早佚。因《大律》仿《尚书》《周礼》，杂采魏、晋诸律，使“今古杂糅，礼律凌乱”，不合时宜。《隋书·刑法志》说它“大略滋章，条流苛密，比于齐法，烦而不要”。因此，隋虽承周立国，但在立法上却以《北齐律》为本。

二、律的发展与法典结构的变化

这一时期律仍是法律（尤其是刑事法律）的主要形式。其中，变化较大的是律典的篇章体例和逻辑结构。

（一）魏《新律》对汉旧律的改革

改革内容主要有如下几项。

第一是增加篇目。《新律》将刑事条款尽入于律，作为正典，所谓“律以正罪名”[4]。

《新律》针对汉律“一章之中或事过数十，事类虽同，轻重乖异”，篇章间“错糅无常”的庞杂状况加以损益调整。如汉《九章律》的《盗律》中有劫略、恐吓等项，皆非盗事，《魏律》遂增《劫略律》一篇；汉《贼律》有欺谩、矫制、诈伪等项，《囚律》有诈伪生死，《令丙》有诈自复免，事类众多，所以《魏律》增《诈伪律》一篇。[5] 这样虽较《九章律》多了9篇[6]，但比之东汉末年的除汉律60篇外，令300余篇，法比900余卷，章句[7] 700余万言的状况，仍可说是“文约而例通”了。这基本解决了汉末“篇少则文荒，文荒则事寡，事寡则罪漏”[8] 的缺陷。

第二是体例上的调整。以往认为汉《九章律》中《具律》在第六篇，《具律》类似现代刑法总则，放在中间很不恰当，故魏《新律》将其改称《刑名》，列于律首。这一改动为以后的《晋律》《北齐律》所肯定。《刑名》后又增《法例》一篇，北齐律则将二者合为《名例》一篇，此后相沿未改，直至于清。此外是对新增篇目与“故五篇”的统一调整，其中的《告劾》《捕》《系讯》《断狱》四篇的先后排列顺序，正与当时的司法程序相吻合，体现了立法技术的进步。魏《新律》成为三国时期具有代表性的法典，并成为《晋律》的直接渊源。

---

① “以太祖前后所上二十四条及十二条新制”损益而成。

② 《周书·文帝纪》。

③ 程树德：《九朝律考·北齐律考序》，393页，北京，商务印书馆，1963。

④ （宋）李昉等：《太平御览》，2859页，北京，中华书局，1960。

⑤ 此外尚吸收律外的傍章科令中的相关内容。

⑥ 魏《新律》18篇，计：《刑名》《盗律》《劫略》《贼律》《诈伪》《毁亡》《告劾》《系讯》《断狱》《请赇》《兴擅》《乏留》《惊事》《偿赃》《户律》《杂律》《捕律》《免坐》，其中盗、贼、捕、杂、户乃“故五篇”。

⑦ 章句：法律解释之谓。

⑧ 《晋书·刑法志》。

（二）《晋律》（又称《泰始律》）设置更有进步

这主要体现为以下两点。

第一是严格区别律令界限，这是较《魏律》的重大进步。

第二是篇章体例合理，分《魏律》的《刑名》为《刑名》《法例》两篇。所谓“刑名所以经略罪法之轻重，正加减之等差，明发众篇之多义，补其章条之不足……名例齐其制”①。并因关津交往频繁，贸易活动发展，救火防火，分封侯王、郡国并行而增设《关市律》、《水火律》和《诸侯律》。《晋律》在《魏律》基础上共分20篇，计：《刑名》《法例》《盗律》《贼律》《诈伪》《请赇》《告劾》《捕律》《系讯》《断狱》《杂律》《户律》《擅兴》《毁亡》《卫宫》《水火》《厩律》《关市》《违制》《诸侯》。晋律令将多达七百余万字的汉末律令，精简到约十二万六千字，称得上是“蠲其苛秽，存其清约”。

《晋律》对《魏律》的改进，特别是张斐、杜预二人对律文的注释，促进了传统法制和律学的发展。

（三）南北朝时期律的发展变化

南北对峙后的东晋和宋、齐、梁三代均承用《晋律》，其间有《永明律》和篇目同于《晋律》的《梁律》，都无创见。《陈律》不过是《梁律》的翻版，故仍无出《晋律》之右。

继《晋律》之后有所进取的是北朝《北魏律》和《北齐律》。

《北魏律》共20篇，篇目可考者有：《刑名》《法例》《宫卫》《违制》《户律》《厩牧》《擅兴》《贼律》《盗律》《斗律》《系讯》《诈伪》《杂律》《捕亡律》《断狱》，共15篇。其中《捕亡律》似是《晋律》中《捕律》与《毁亡律》的合并，并从《晋律》的《系讯律》中分出《斗律》。

《北齐律》进一步改革体例，调整篇目确定为12篇。② 其将《刑名》《法例》合为一篇，称《名例》，冠于律首，增强了法典结构上的科学性；改《宫卫》为《禁卫律》，将原来宫廷警卫扩及关禁；增加《违制律》，完善吏制的法律规定；其他篇章也多有损益。史称“法令明审，科条简要”③。

三、其他法律形式的变化

（一）令的发展与变化

这一时期，令和律一样，仍为法律主要形式，但其内涵已开始有别于秦汉时代。汉时律令无严格区分，所谓“前主所是著为律，后主所是疏为令”④，“天子诏所增损，不在律上者为令”⑤。令实际上是律的补充形式。魏时除律的编修外，也有令，但区分仍不明确。至晋始明

---

① 《晋书·刑法志》。

② 《北齐律》12篇，计：《名例》《禁卫律》《婚户》《擅兴》《违制律》《诈伪》《斗讼》《贼盗》《捕断》《毁损》《厩牧》《杂律》。

③ 《隋书·刑法志》。

④ 《汉书·杜周传》。

⑤ 《汉书·宣帝纪》注。

确区分律令。有所谓“律以正罪名，令以存事制”[①] 的说法。律为固定性规范（主要是刑事法律），令是暂时性制度（主要规定国家制度），违令有罪者，依律定罪处刑。

（二）以格代科

北魏以格代科。北魏初，科作为副法仍在行用。[②] 后世以格代科，从其表面形式上推测有两个原因：其一是格、科读音相近[③]，二者一清一浊，古音可以相通。其二是格、科字意相近。《说文解字》中释科曰，“程也，条也”，格亦有“条文”之意。《魏书·高宗纪》载，“（和平四年）十二月辛丑诏曰：……有司可为之条格……著之于令”。此处言条格即条款之意。由于格、科相近，晋时即有混用。[④] 当然，科、格读音字意相近，只是以格代科的表面原因，更为主要的原因或许是北朝统治者未像南朝一样直接承袭汉制。其对汉文化需要有一个接受、融合的过程。其间，既仿效汉制，又更新汉制，格或许便是这一过程的产物。

北魏以格代科经历了一个发展变化的阶段。[⑤] 此时的格已有别于初期阶段的。首先，此时修订律令的立法活动已停或不了了之，律已成虚设之文，格则作为主法而常有检修更定。《北史·封述传》中载：“天平中……增损旧事，为麟趾新格。其名法科条皆述所删定。”其次，这一时期的格以尚书省诸曹名为篇目，开创了新的体例。[⑥] 由于形势的特殊需要，格已由补律令的副法上升为代律令行事的主法，由“疑事”判例的编修变为正刑定罪的条文。

（三）式的出现

式，最早见于秦，有秦简《封诊式》，多属行政性法规。汉初有品式章程，西魏文帝时编定《大统式》，成为隋唐以后，律令格式四种基本法律形式之一“式”的先声。

此外，这一时期仍沿用汉以来用“比”和经义断案的传统。

综上可见，魏晋南北朝时期法律形式有较大变化，特别是律令有别，以格代科，成为隋唐以降律令格式并行的渊源。

---

① （宋）李昉等：《太平御览》，2859页，北京，中华书局，1960。

② 参见《魏书·太祖纪》卷二略云：“（天兴元年）（398年）十有一月辛亥……三公郎中王德定律令，申科禁。”又可见《魏书·刑罚志》载：“（太祖）约定科令，大崇简易。”

③ 格，见母；科，溪母。

④ 《晋书·陈宠传》载：“初，赵王伦篡位，三王起义，制己亥格。”《南史·羊玄保传》记有“壬辰之科”。刘宋时羊希奏“依定格条上赀薄”“停除咸康二年壬辰之科”等。

⑤ 北魏中期前为第一阶段。此阶段格刚从科演变而来，在内容上与汉晋之科无大区别，作为补律令的副法行用。北魏后期至北齐初，是格演变的第二阶段。为应付动乱局面和阶级、民族、统治集团内部的各种日趋激化的矛盾，魏孝武帝太昌元年（公元532年）诏：“前主为律，后主为令，历世永久，实用滋章”；“令执事之官，四品以上集于都省，取诸条格，议定一途，其不可施用者，当局停记，新定之格勿与旧制相连，务在约通，无致冗滞”（《魏书·出帝平阳五纪》，卷十一）。从此格取代律文成其主要法律形式（《魏书·孝静帝纪》载：“先是诏文襄王与群臣于麟趾阁议定新制，甲寅，班于天下。”陈仲安认为：《麟趾格》制定“始于魏”，“作为正式颁布的法律文书则到东魏才形成”。可参见陈仲安：《〈麟趾格〉制定经过考》，载《文史》，第21辑，北京，中华书局，1983。）时隔不久，北魏分裂为东、西魏，与南梁三分天下，彼此吞并无暇顾及律令编纂。施法一直沿用北魏末期的格。东魏十七年历史中（公元534～550年）无修订律令记载，至兴和三年（公元541年）十月，颁定了著名的《麟趾格》。此后北齐文宣帝时（公元550～559年）“议造齐律，积年不成”（《隋书·刑法志》），又重新刊定《麟趾格》，作为正刑定罪的规范。这一阶段，格成为当时的“通制”。

⑥ 参见《魏书·窦瑗传》。

第三节　法律制度

一、行政法律制度

（一）皇帝制度下的中央与地方官制

在秦汉传统行政与司法体系合二而一的结构特点下，这一时期的司法体制在传统社会政治经济结构的发展变化过程中，也发生了较大的变化。东汉以来，逐渐形成大地主庄园经济和以豪门士族为核心的贵族官僚大地主集团。法律从极力维护世族大地主政治统治和经济利益的角度出发。魏晋南北朝时期，从全国范围来看，各政权长期处于割据、混战，但每一王朝又都厉行专制主义的中央集权制度。这一时期的行政司法制度以及依据法律制度设立的司法机构，大体上沿用汉制，但随着形势的变化，也有一些与汉制不同的地方，在内容上有如下几方面主要发展。

1. 中央三省制

东汉光武末年，因忧惧朝廷失权，又憎恶强臣篡权，所以“太尉”“司空”“司徒”三公尽管仍旧设置，但又使三公事权归于尚书。这使三公成了虚设之位，尚书的地位则日益显得重要。

魏初，尚书脱离少府而独立，称为“尚书台”，进而掌理政务。同时，皇帝又设有秘书作为侍从要职，称“秘书令”。魏文帝时，改秘书为中书。尚书的职权逐渐移至中书。随其权力的扩大，中书省形成。于是中书省与尚书台间产生了权限划分问题，结果是：规定中书省负责起草诏令，为决策、立法机构；尚书台负责奉行诏令，为执行行政机构。

晋代侍中的地位日益显得重要，于是成立了以侍中为主管长官的门下省，用以钳制中书省行使职权。这样，就形成了中书、尚书、门下三省并主的制度。

中央三省制的形成，一方面反映了政治机构分工的严密化、合理化，另一方面相对地加强了皇权。无论从哪一方面看，这都有利于中央集权的专制统治。中央三省的形成，使九卿逐渐流为冗曹。梁武帝时为了调整职务，曾增设大府卿、大匠卿、都水卿，使九卿变成十二卿。北魏仍改为九卿。北齐改廷尉为大理，改少府为太府，并改称其官署为“寺”，于是产生了“九寺”的名称。从此，国家机关的名称不再以官衔相称，这是国家机关发展史上的一个重要变化。

2. 地方州、郡、县三级制

东汉末年形成了州、郡、县的地方行政制度。魏承汉制，沿用未改。晋武帝时曾大封宗室二十七人为王，建立王国，又设置公、侯、伯、子、男五等爵位。王及公、侯、伯、子、男分领其“国”，各设常备军，形成了大大小小不计其数的土皇帝。这是一种行政划分。与此并行的则为州、郡、县三级行政机构，州设刺史，刺史以下设有别驾、治中、长史、司马等属官。州下设郡，郡的长官为太守，郡太守兼领兵权。郡下设县，县的长官为县令。此外还规定，重要的州刺史为持节都督，次要的为持节，不重要的州单称州牧或州刺史。北魏的州、郡、县各分上、中、下三等；北齐时，在上、中、下三等中又各有上、中、下之别，按等差设置员额不等的属吏。这表明地方机构的日益严密化。

两汉时期，地方的乡治组织比较发达，魏晋南北朝时期，乡治明显废弛。这与战事频繁密切相关。不过晋之乡仍有啬夫，里仍有吏，北魏、北齐也有里长、里正之设。乡官之设，于隋开皇十四年（公元594年）尽行罢去，从此乡治制度日渐衰落。

（二）门阀世族特权的法律化

1. “八议”入律和“官当”出现

（1）“八议”。

“八议”是指对八种权贵人物，在他们犯罪以后在刑罚上给予特殊照顾，所谓“大者必议，小者必赦”，官府不得专断。这八类人是：“亲”（皇帝宗室亲戚）、“故”（皇帝故旧）、“贤”（朝廷认为有大德行的贤人君子）、“能”（在政治军事等方面有大才能者）、“功”（对国家有大功勋者）、“贵”（有一定级别的官爵者）、“勤”（为国家服务、功绩卓著有大勤劳者）、“宾”（前朝皇帝及后裔）。

“八议”之说源于《周礼·八辟》。周有“刑不上大夫”，汉有“先请”之制①，但未必已成完整体系。曹魏总结前代经验，制定魏律时，定为“八议”。“八议”入律，使贵族官僚地主享有特权，凌驾于一般法律制裁之上，为统治阶级中不法分子破坏法律大开方便之门。东晋成帝时，庐陵太守羊聃为非作歹，滥施刑杀，一次错杀无辜一百九十人，“有司奏聃罪当死”，但因景献皇后是他祖姑，属“议亲”之列，竟免处死。② 南梁武帝时，“王侯子弟皆长而骄蹇不法”，“或白日杀人于都街；劫贼亡命，咸于王家首匿”③。晋时傅玄就曾指出，“八议”是“纵封豕于境内，放长蛇于左右”④。

（2）“官当”。

《晋律》在沿用“八议”同时，规定“除名比三岁刑”，“免比二岁刑”⑤。虽不能确定晋代以“除名”“免”抵罪，但这种相比的做法，实为以后“官当”之制的滥觞。三国两晋南北朝时期，多行“九品中正制”，朝廷用人以家世门第为标准，为保证世族地主在朝廷官僚体系中的地位，进一步扩大官僚的律上特权，“官当”制度遂应运而生，继晋之后的梁，在官身犯，只处罚金⑥，《北魏律·法例》规定，公、侯、伯、子、男五等爵，每等抵三年徒刑。官品从第五品起一阶当刑二年；免官者，三年后照原官阶降一级叙用。⑦《陈律》则正式使用“官当”一词，规定：品官犯罪判五年、四年徒刑的，准用官职抵二年刑，余刑居作外，属公罪过误，可处罚金；判二年徒刑的，可用赎刑。⑧ 及至隋、唐，“官当”制日臻完备。明、清始为加强官吏控制而取消，但“罚俸”“降级”仍可为特权者使用。

---

① 汉代曾有人（应劭）提议援用“八辟”，但未被确认。

② 参见《隋书·刑法志》。

③ 同上书。

④ （宋）李昉等：《太平御览》，2916页，北京，中华书局，1960。

⑤ 同上书，2909页。

⑥ 参见《隋书·刑法志》。

⑦ 参见《魏书·刑罚志》。

⑧ 参见《隋书·刑法志》。

2. 九品中正制与任官考绩制度

曹操曾经提出过“唯才是举”的口号，只要有才能的，都可选拔为官。他选择各地声望高的人士出任“中正官”，将当地之士按才能分成九等，由朝廷按等选任官吏。这是后来实行的九品中正制的萌芽。

（1）九品中正制。

九品官人之法是魏文帝黄初元年（公元220年）采纳尚书陈群的建议而定的，规定：郡设小中正官，州设大中正官，中正官的职责是依照家世、才能、德行将辖区内的士人分成上上、上中、上下，中上、中中、中下，下上、下中、下下，共九等；由小中正将品评结果申报大中正，再经大中正申报司徒，最后由中央按品第高下任官。

九品中正制创始于魏，沿用至宋、齐、梁、陈各代。这一制度的实行，巩固了大土地所有制基础上形成起来的士族制度，保障了士族垄断政治统治权的特殊地位。由于“九品”之分标准不确定，仅凭中正官的主观臆断，再加上请托、权势、裙带关系等影响，不但造成了“上品无寒门，下品无世族”，使士族与庶族大壤相隔，矛盾愈益加深，且弊端丛生，贿赂公行，加速了士族、官员的腐化。

（2）任官、考绩制度。

除九品中正制外，这一时期值得一提的任官、考绩制度方面还有以下几点。

其一，魏明帝时，曾令散骑常侍刘劭作“都官考课之法七十二条”，考核百官之政绩，但未施行。

其二，晋代明令规定，“不经宰县，不得入为台郎”①。这是在选任方面，重视基层官吏作用的表现。

其三，北魏孝明帝时，武人退役争相为官，吏部尚书崔亮创制《停年格》，规定以停解日月为断，依年资深浅而定选用的顺序。

二、刑事法律制度

（一）罪行标准的儒家化

1.“重罪十条”的由来及其内容和影响

为加强镇压危害皇权专制统治和违反伦理纲常的行为，“重罪十条”始于北齐正式入律。此“重罪十条”即后世法典中之“十恶”，即将直接危害朝廷根本利益的最严重的十种犯罪置于律首。这十条“一曰反逆，二曰大逆，三曰叛，四曰降，五曰恶逆，六曰不道，七曰不敬，八曰不孝，九曰不义，十曰内乱。其犯此十者不在八议论赎之限”②。

《北魏律》严惩不孝罪。北齐则将此罪列入“重罪十条”，虽属“八议”，亦不减免。南北朝时，进一步罗列罪名，《北魏律》规定，“大逆不道腰斩，诛其同籍，年十四已下腐刑，女子

① 《通典·职官》。

② 《隋书·刑法志》。汉代已有“不道”“不孝”等罪名，所谓，“汉制九章虽并湮没，其不道不敬之目见存”[（唐）长孙无忌等撰：《唐律疏议》，北京，中华书局，1983]。其他如“作上”“犯上”“大不敬”“大逆”“降叛”“禽兽行”等罪名，早见于秦汉以来律令之中。《魏律》规定，“夫五刑之罪，莫大于不孝”（《三国志·魏书·少帝纪三》）。

没县官”，且将“害其亲者”视为大逆之重，处圜刑，将“为蛊毒者”视为不道，“男女皆斩，而焚其家”①。

隋唐律在《北齐律》规定的“重罪十条”基础上发展出“十恶”定制，并为宋、元、明、清历代所承袭。

2. 服制定罪与留养制度

依服制定罪是《晋律》首创，目的在于“峻礼教之防”。它是指亲属间的犯罪，据五等丧服所规定的亲等来定罪量刑。留养，亦称“存留养亲”，指犯人直系尊亲属年老应侍而家无成丁，死罪非十恶，允许上请，流刑可免发遣，徒刑可缓期，将人犯留下以照料老人，老人去世后再实际执行。《北魏律》规定，“诸犯死罪，若祖父母，父母年七十已上，无成人子孙，旁无期亲者，具状上请，流者鞭笞，留养其亲，终则从流，不在原赦之例”②。这是中国古代法律家族化、伦常化的具体体现。这一内容亦为后代法律承袭。

图6-1　家法族规③

(二) 刑罚制度的重大变革

1. 刑罚制度的发展

北魏、北齐均据“降死从流”的原则，将流刑列为法定刑，作为死与徒的中间刑，从而取代了汉代以降司法中折抵死刑的宫刑，填补了自汉文帝改革刑罚以来死、徒二刑间的空白，为后世隋唐刑罚制度的完善奠定了基础。《北周律》又分流刑为五等，计 2 500 里、3 000 里、3 500 里、4 000 里、4 500 里。隋唐因之。如沈家本言，“开皇元年定律，流为五刑之一，实因于魏周，自唐以下，历代相沿莫之改也”④。

在刑罚方面的又一进步则是废除宫刑。自汉文帝改革刑罚以来，宫刑兴废无常。北魏、东魏时期仍有施用宫刑记载。西魏文帝大统十三年（公元 547 年）诏，“自今应宫刑者，直没官，勿刑”⑤。北齐后主天流五年（公元 569 年）亦诏令，“应宫刑者，普免刑为官口”⑥。从此宫刑不复作为一种法定刑。

2. 五刑体例的形成

魏《新律》将法定刑分为死、髡、完、作、赎、罚金、杂抵罪⑦等数种，并减轻某些刑罚，如废除投书弃市，限制从坐范围，禁诬告和私自复仇等。

---

①② 《魏书·刑罚志》。

③ 参见刘昕主编：《中国古版画》，人物卷·教化类，长沙，湖南美术出版社，1998。

④ 沈家本：《历代刑法考·刑法分考》，北京，中华书局，1985。

⑤ 《北史·西魏文帝纪》。

⑥ 《北齐书·后主纪》。

⑦ 杂抵罪指以夺爵、除名、免官来抵罪的总称。

《晋律》定刑为五种，计：死、髡、赎、杂抵罪和罚金。死刑有三，分别是枭首、腰斩、弃市；髡刑有四，分别是髡钳五岁加笞二百刑和髡钳四、三、二岁刑；赎刑有五（适用于非恶意的犯罪），分别是赎死缴金二斤，赎五、四、三、二岁刑则依次缴金一斤十二两、一斤八两、一斤四两和一斤；杂抵罪和罚金也各有五等。

《北魏律》定刑为六种，计：死、流、宫、徒、鞭、杖。《北齐律》承其后，最终确立死、流、徒、鞭、杖五刑，为隋唐以后死、流、徒、杖、笞的刑罚体系奠定了基础。

综括这一时期历代刑罚变革，总的趋势是逐渐宽缓。

3. 缘坐范围的变化

缘坐指一人犯罪而株连亲属，使之连带受刑的制度，又称“从坐”“随坐”。秦汉以来有此类规定。尤其妇女因父亲犯族刑，要从坐受戮；而夫家犯族刑亦须“随姓之戮”，使妇女“一人之身，内外受辟”。直至曹魏高贵乡公时才有改革。《新律》颁布后，又据程咸上议，修改律令，规定：在室之女从父母之诛，已嫁之妇，从夫家之罚①，开缘坐不及出嫁女之先例。后世多循此制。《新律》对缘坐范围也有缩小，律定，“大逆无道，腰斩，家属从坐，不及祖父母、孙”。

以后的《梁律》进一步缩小范围，规定：谋反、降叛、大逆等罪虽缘坐妇人，但“母妻姊妹及应从坐弃市者，妻子女妾同补奚官为奴婢”。创从坐妇女免处死刑的先例。梁武帝大同元年（公元 546 年）诏：“自今犯罪，非大逆，父母、祖父母勿坐。”但《陈律》又“复父母缘坐之刑”②。

《北魏律》缘坐范围广泛，至孝文帝时有缩小。延兴四年（公元 475 年）诏，“非大逆干犯者，皆止其身”③。然而法律上尽管有缩小的规定，而司法实践中却往往有扩大的趋势。

4. 定流刑为减死之刑

秦汉以降的死罪减等之刑——徒（迁）刑至此时期已改为流。《隋书·刑法志》载，梁武帝天监三年（公元 504 年）建康女子任提犯拐骗人口罪，子景慈证明其母确有此行。后景慈以“陷亲于极刑”之罪名被流放交州，“至是复有流徙之罪”。北魏、北齐均据“降死从流”的原则，将流刑列为法定刑，作为死与徒的中间刑，从而填补了自汉文帝改革刑罚以来死、徒二刑间的空白，为隋唐时期刑罚制度的完善奠定了基础。

三、民事经济法律制度

（一）确认和保护贵族官员按等级占田的特权

法律在确认豪门士族经济特权的同时，又极力保护中央朝廷的经济利益。它成为皇族地主与豪门士族相互依赖和妥协的产物。

1. 颁布“占田令”或“均田令”确认土地等级占有制

曹魏时，曾颁布“赐公卿以下租、牛、客户各有差”的法令，西晋进一步制定了按官品占

---

① 参见《隋书·刑法志》。

② 同上书。

③ 《魏书·刑罚志》。

田、占客，荫亲属的法规——“品官占田荫客令”和“占田令”①。

与“品官占田荫客令”同时颁行的“占田令”规定：男子占田70亩，女子占田30亩；丁男课田50亩，丁女课田20亩；次丁男课田25亩。所谓“占田”是农民可占土地数的额定指标，而“课田”则是应负田租的土地数。

北魏以降，因长期战乱，人口逃亡，土地荒芜，留居农民亦不堪沉重租调徭役，多荫附士族豪门。针对这一状况，太和九年（公元485年）颁“均田令”：15岁以上男子受露田（植谷物）40亩，女受露田（植谷物）20亩；男授桑田（植树）20亩，女授桑田（植树）5亩，产麻区男授麻田10亩。桑田“皆为世业，身终不还”；露田所有权归官府，授者年老免役或死时，将露田归还朝廷，并规定奴婢与良人一样授田；四岁以上耕牛每头授露田30亩，以4头牛为限。②

北魏后的历代也颁有类似的“均田令”。

2. 施行“租调法”保障朝廷财政收入

颁布均田令目的在于保护门阀士族经济特权，把农民束缚于土地，强制其垦荒，以保障国家财政收入和徭役来源，所以在颁布均田令同时还要推行租调法令。租调法亦始于曹魏，史载：计亩征租，按户收调，每亩粟4升，户纳绢2匹、绵2斤，余皆不擅兴。③

西晋太康元年颁“户调之式”：丁男之户，岁输绢3匹，绵3斤，女及次丁男为户者半输。④

北魏颁“均田令”，次年颁“租调法”，规定一对夫妇年纳租粟2石，调帛1匹。北齐、北周推行的租调法也大致如此。⑤

这一时期因士族豪门大量兼并土地，占有劳力，官府直接控制的农户减少，损害了赋税徭役来源。为此朝廷颁“均田令”、行“租调法”，一方面将被兼并的民田、招募的佃户，荫庇的免役人口等予以法律承认和保护；另一方面为维持官府租调徭役来源，对官僚、士族上述特权从数量上略加限制。对普通农户则定有占田数额和相应的租调数，为了“督农归田”，“寓劝于课”，以保证中央财政来源。

（二）维护尊卑良贱等级关系的婚姻制度

魏晋时期士族豪门操纵中央政权，传统尊卑良贱等级森严，反映在婚姻关系上，则是所谓士庶、良贱不婚。法律保护尊卑士庶良贱的不平等社会关系和士族占有部曲、奴婢的特权。如杀继母同杀生母，处死。殴兄姊处徒刑五年。

在婚姻方面特别重视门第家世，为不使家族系统被外族冒认，续有家谱，由官府掌握。高

---

① “品官占田荫客令”颁于太康元年（公元280年）。主要内容是：一品官占田50顷，占佃客15户，按品级逐级减少，至九品官占田10顷，占佃客1户。此外可依官品高低，荫其亲属，高者可荫“九族”，低者亦可荫三世；不在官府任职之士族地主，均可依门第高低享受荫庇特权，受荫庇的本属佃客不在官府立籍，不向国家纳税服役。从法律上确认豪门士族从国家总户口中割取一部分为私属，从国家总赋税中割取一部分为私租。［参见（唐）杜佑：《通典·食货一》，北京，中华书局，1988。（唐）杜佑：《通典·食货四》，北京，中华书局，1988。］

② 参见《魏书·食货志》，并参见上书。

③ 参见《三国志·魏书·武帝纪》。

④ 参见《晋书·食货志》。

⑤ 参见《魏书·食货志》。

门世族孩子出世就有官职。士庶良贱通婚，被视为“失类”，受讥评或弹奏和法律制裁。如南朝梁士族王源嫁女与富阳满氏，被御史中丞沈约弹奏，“唯利是求，玷辱流辈，莫斯为甚”，“请以见事免源所居官，禁锢终身，辄下禁止，视事如故”①。又如，权重一时的河南王侯景，曾对梁武帝说要请婚于王、谢之家，武帝因侯景门第不高，明确回答，“王、谢门高非偶，可于朱、张以下求之”②。

此外，这一时期纳妾被认为合法。晋令规定可依官品纳妾一至四人。实际上绝不止此数。

在继承上严别嫡庶，唯嫡子有继承权，庶子一般没有。在北朝时期，庶子更受歧视。凡此种种都旨在维护士族的团结，并以此达到巩固统治的目的。

（三）买卖、借贷等法律规范增多

汉代以来买卖关系成立，一般要订立“券书”（契约），由买卖双方各执其一，“讼则按券以正之”③。到晋代，规定买卖田宅牛马，必须订立“文券”，写明买卖成交的价值，官府按成交总额百分之四“契税”，卖方负三分买方负一分。买卖他物则可不立文券，但依上例“契税”，叫作“散估”。此制为南朝沿用。这固然有增加财政收入之利，但客观上也对买卖关系加以法律确认。如生纠纷，官府依“契税”单据（“文券”上有纳税之红色印章，称红契）为据进行裁决。

有关借贷，官府常以强力助放贷者收回本利。贪官污吏往往与富户勾结，催逼无力纳赋税者借高利贷，北魏文成帝时（公元461年）针对此弊曾诏令，“自顷每因发调，逼民假贷，大商富贾，要射时利，旬日之间增赢十倍，上下通同分以润屋……为政之弊莫过于此，其一切禁绝，犯者十疋以上皆死”④。

第四节 司法制度

一、司法机构的变化

这一时期司法制度基本承用汉制，但也有一些变化。

（一）中央审判机关廷尉改称大理寺

三国时吴称审判机关为大理，北周称审判机关为秋官大司寇。北齐改廷尉为大理，并扩建其机构为大理寺，设卿、少卿、丞各一人为主官，其下设正、监、平各一人，律博士四人，明法椽二十四人，司直、明法各十人。

---

① 《南史·沈约传》。
② 《南史·侯景传》。
③ 《周礼·秋官·士师》注。
④ 《魏书·高宗纪》。

（二）刑部的前身——三公尚书、都官尚书

东汉后三省制渐成，尚书台脱离少府成中央最高行政机构。这一重大变革，对司法机构发展影响深刻。此时虽尚无刑部，但尚书台之下均置有负责司法行政和兼理刑狱的机构。[①] 曹魏承汉制，保留三公曹、二千石曹，又增设比部郎，“以司刑狱”；晋初以三公尚书“掌刑狱”，武帝太康年间以吏部尚书取代，“领刑狱”，废三公尚书；南朝宋都官尚书“掌京师非违，兼掌刑狱”；北齐以尚书省六尚书分统列曹，其中殿中尚书统三公曹，“掌五时读时令，诸曹囚帐、断罪、赦日建金鸡等事”，都官尚书统比部曹，“掌诏书律令勾检等事”[②]。

中央行政机构兼领司法事务，标志着司法制度逐渐走上司法行政与审判分离而又彼此牵制的道路，反映了传统司法机构的完善与强化的趋势。这一变化为隋唐司法机构和中央三省制的确立提供了雏形。

（三）地方司法机构的变化

地方仍沿汉代旧制，司法权由县令、郡太守、州刺史掌领。南朝重视京畿地区的司法职能，赋予其与中央同等权力。如梁在建康设有与廷尉属官相同的正、监、平三官[③]，并以廷尉寺、建康县为两大司法机构，称“廷尉寺为北狱，建康县为南狱，并置正、监、平”[④]。

由于战事频繁，地方长官可以“军法从事”为借口擅杀部属平民，而不受通常司法约束。南朝宋曾限定军官“非临军战阵，一不得专杀”[⑤]，违者以杀人论，陈时也有“将帅职司军人犯法，自依常科”[⑥] 的规定，但多流于形式。

二、司法制度的发展与慎刑原则的制度化

（一）限制诉讼权利

秦汉时许未决犯告发犯罪，秦律有“葆子狱未断而诬告人，其罪当刑为隶臣”[⑦] 的规定。晋代律定，“囚徒诬告人反，罪及亲属”[⑧]。北魏律规定，“诸告事不实，以其罪罪之”[⑨]。北齐文宣帝时禁囚犯告诉，制定《案劾格》规定，“负罪不得告人事”[⑩]。唐律亦承之。

（二）刑讯用测立法

《梁律》首定测罚之制。凡在押人犯，不招供者均施以“测罚”之刑。具体做法是“断食

---

① 曹魏之都官尚书，南北朝之都官尚书，隋唐刑部尚书源于此。

② 《隋书·百官志》。

③ 参见上书。

④ 《隋书·刑法志》。

⑤ 《宋书·孝武帝本纪》。

⑥ 《陈书·宣帝纪》。

⑦ 睡虎地秦墓竹简整理小组编：《睡虎地秦墓竹简》，198 页，北京，文物出版社，1978。

⑧ 《晋书·刑法志》。

⑨ 《魏书·韩麒麟子熙传》。

⑩ 《隋书·刑法志》。

三日，听家人进粥二升，女及老小，一百五十刻乃与粥，满千刻止”。《陈律》在此基础上创立“测立”之制，对证据确凿而不招供的囚犯，戴刑具，鞭二十笞三十后，站在高一尺、上尖圆、仅容两足的土堆上。首次为七刻；再次分两回，朝三刻，夕七刻。七日一行鞭，至鞭杖数满一百五十仍不招供的，可免死。此方法入隋而止。

（三）妇女犯罪行刑上享有特殊规定

魏明帝时，为避免对女犯用刑使身体裸露，改妇人加笞还从鞭督之例，以罚金代之。《晋律》规定，“女人当罚金杖罚者，皆令半之”。《梁律》对其加以沿用，且扩大对女子的照顾，规定，“老小于律令当得鞭杖罚者，皆半之”，“女子怀孕者，勿得决罚”。《北魏律》则进一步明确，“妇人当刑而孕，产后百日乃决”[①]。这其中有礼教因素，但也是社会文明程度提高的结果。

（四）恢复肉刑之争

汉文帝改革刑制，废除肉刑，引发后世的激烈争议。据《晋书·刑法志》载，最早正式提出要恢复肉刑的是东汉建安年间活跃在政坛学界的一批名士，如辽东太守崔寔、大司农郑玄、大鸿胪陈纪等，主张“天下将乱，百姓有土崩之势，刑罚不足以惩恶”。此后曹操为汉相，尚书令荀彧亦有意复肉刑，遭到了少府孔融的反对。[②] 及曹氏建魏国和曹魏代汉之后，陈纪之子陈群和太傅钟繇又先后提议恢复肉刑，亦遭到反对。[③] 司马氏建立晋王朝后，围绕恢复肉刑的争论再度升温。廷尉刘颂多次上书要求恢复肉刑，认为：“今死刑重，故非命者众，生刑轻，故罪不禁奸。”其认为造成这种局面的原因就在于没有肉刑。[④] 东晋元帝时，也曾对恢复肉刑进行议论。但肉刑始终未得恢复。[⑤]

综观从汉末开始出现的旷日持久的围绕肉刑恢复的争论，肉刑恢复论者的理由大致可以概括为三点：第一，肉刑乃古制，其所由来尚矣，所谓“先圣之经，不刊之典”[⑥] 是也，具有深厚的历史基础；第二，对犯人施肉刑，一方面可以“去其为恶之具”，防止罪犯再度犯罪，另一方面，可以刑一人而儆百人，使人朝夕鉴戒，起到一般预防的效果；第三，将肉刑作为代死之刑使用，固然可以宣扬帝王的仁心仁政，而现实的功用则在于减少劳动力的损耗，即“尚不至死，无防产育”[⑦]。

后世主张恢复肉刑者亦代不乏人。如北宋神宗时，大臣韩绛、曾布提议恢复肉刑；南宋时大儒朱熹也曾三致其意，主张恢复肉刑，以求得“全生之仁，禁非之义，并行不悖”[⑧]。但大规模适用肉刑的时代还是一去不复返了。另外，我们也注意到肉刑名义上虽被废除，但在帝制时代的司法实践中却没有完全绝迹，其中最典型的就是黥刑，其在宋、辽、金、元、明、清几代长期存在，劓刑和斩趾刑在个别朝代也是偶有所见。

---

① 《魏书·刑罚志》。
②③④　参见《晋书·刑法志》。
⑤ 参见《晋书·刑法志》。
⑥ 《晋书·慕容超载记》。
⑦ 欧阳询：《艺文类聚》，卷五十四：《刑法部》。
⑧ 《朱子大全》，卷三十二：《答张敬夫书》。

三、皇帝司法

（一）皇帝频繁直接干预和参与司法审判

魏明帝太和三年（公元224年）改“平望观”为“听讼观”，史载“每断大狱，常幸观临听之”①。南朝宋武帝也常“折疑狱”，“录囚徒”，仅永初二年（公元421年）即有五次之多。北周武帝常“听讼于正武殿，自旦及夜，继之以烛”②。

（二）直诉制度——登闻鼓

直诉作为制度成于西晋。直诉，即不依诉讼等级直接诉于皇帝或钦差大臣，是诉讼中的特别上诉程序。传说的周代路鼓、肺石之制，汉代的缇萦上书文帝，以已身赎父罪，均非一种定制。晋武帝设登闻鼓③，悬于朝堂外或都城内，百姓可击鼓鸣冤，有司闻声录状上奏。此后历代相承。如北魏太武帝时，于宫阙左面悬鼓，人有冤则挝之，由公车上奏其表，南朝梁亦有“击鼓乞代父命”的记载。④

（三）司法监督与死刑复核制度的形成

秦汉时郡县有权判决死刑，至曹魏、晋代，县令的审判权受到限制，凡重囚，县令审判后须报郡，由郡守派督邮案验。南朝宋改为将案卷及人犯一并送郡，由郡太守复审后方可执行。如郡太守不能决，再送州刺史，州刺史不能决则上交中央廷尉。对此，各代还普遍施行特使察囚制度，“如有枉滞以时奏闻”，加强对地方审判的监督。

死刑复核制度在这一时期逐渐被确立。魏明帝青龙四年（公元236年）诏，“廷尉及天下狱官，诸有死罪具狱以定，非谋反及手杀人，亟语其亲治，有乞恩者，使与奏”⑤。南朝曾规定，“其罪甚重辟者，皆如旧先上”⑥。《北魏律》规定，“诸州国之大辟，皆先谳报乃施行”，“当死者，部案奏闻”⑦，又“狱成皆呈，帝亲临问，无异辞怨言乃绝之”⑧，从而使死刑决定权归于皇帝，一方面是慎刑，另一方面也是控制。

深度阅读

1. 韩国磐. 魏晋南北朝史纲. 北京：人民出版社，1983

---

① 《三国志·魏书·明帝纪》。

② 《周书·武帝纪》。

③ 参见《晋书·武帝纪》。

④ 参见《梁书·吉翂传》。

⑤ 《三国志·魏书·明帝纪》。

⑥ 《晋书·孝武帝纪》，参见《南齐书·王敬则传》载，征东将军王敬则杀路氏，武帝责问：“谁下意杀之？都不启闻。”

⑦ 《魏书·刑罚志》载，太祖武帝时，“人死不可复生，惧监官不能平”。

⑧ 《魏书·刑罚志》。

2. 朱大渭，等. 魏晋南北朝社会生活史. 北京：中国社会科学出版社，1998
3. 杨鹤皋. 魏晋隋唐法律思想研究. 北京：北京大学出版社，1995
4. 祝总斌. 略论晋律之“儒家化”. 中国史研究，1985（2）

问题与思考

一、思考题

1. 简述魏晋南北朝时期各主要法典的主要特点。
2. 简述魏晋南北朝时期主要法律形式的变化。
3. 阐述魏晋南北朝时期礼与律进一步融合的表现及影响。
4. 简述《北齐律》的主要特点及贡献。
5. 评述从《具律》到《名例律》的演变。
6. 论述《北齐律》中“重罪十条”的确立及其影响。
7. 论述魏晋南北朝时期刑罚制度的逐步完善。
8. 评述魏晋南北朝时期律学的发展及对传统立法的影响。

二、练习题

（一）单项选择题

1. 关于中国古代社会几部法典的结构体例，下列选项错误的是（　　）。（司考）
A.《法经》中相当于近代法典总则部分的《具法》被置于六篇中最后一篇
B.《魏律》对秦汉旧律有较大改革，如将《具律》改为《刑名》，并将其置于律首
C.《晋律》将《刑名》与《法例》合为《名例律》一篇，并将法典篇章数定为二十篇
D.《永徽律疏》将疏议分附于律文之后颁行，分为十二篇、三十卷
答案：C

2. 将《新律》之《刑名》篇分为《刑名》与《法例》两篇的律典是（　　）。
A.《九章律》
B.《晋律》
C.《北魏律》
D.《北齐律》
答案：B

3. 在中国传统法律发展史上，最早确立法典十二篇结构的是（　　）。
A.《开皇律》
B.《永徽律》
C.《北齐律》
D.《北魏律》
答案：C

4. 魏明帝时期制定的《魏律》的显著特点不包括（　　）。

A. 将《刑名》篇列于篇首

B. “八议”入律

C. 首创“重罪十条”

D. 调整法典的结构与内容

答案：C

5. “律以正罪名，令以存事制”，开始区分律和令是在（　　）。

A. 西晋

B. 曹魏

C. 北齐

D. 隋朝

答案：A

（二）多项选择题

6. 魏晋南北朝时期法律发生许多发展变化，对后世法律具有重要影响。下列表述中正确揭示了这些发展变化的是（　　）。（司考）

A. 《北齐律》共 12 篇，首先将《刑名》与《法例》合为《名例》一篇

B. 《魏律》以《周礼》“八辟”为依据，正式规定了“八议”制度

C. 《北周律》首次规定了“重罪十条”

D. 《北魏律》与《陈律》正式确立了“官当”制度

答案：ABD

7. 下列中国古代法律制度，直接受儒家思想影响而形成的是（　　）。（司考）

A. 汉代的“春秋决狱”

B. 明代的“九卿会审”

C. 《魏律》规定“八议”制度

D. 《晋律》和《北齐律》确立“准五服以制罪”制度

答案：ACD

8. 关于历史上法学家法律解释、法学著作的效力，下列选项正确的是（　　）。（司考）

A. 中国西晋及唐朝，律学家、官员对法律的解释经皇帝批准颁行以后，具有法律效力

B. 古代罗马帝国时代，经皇帝授权的法学家的解释具有法律效力

C. 美国有许多著名的法学家同时为杰出法官，他们的法学作品具有立法的意义

D. 在现代德国，法学教授的著述是法官适用民事法律时的重要参考材料

答案：ABD

9. 三国两晋南北朝时期，司法制度的变化包括（　　）。

A. 北齐时期正式设置大理寺

B. 登闻鼓直诉制度设立

C. 死刑复核制度确立

D. 法律上禁止刑讯逼供

答案：ABC

10. 三国两晋南北朝时期的法律制度较秦汉时期有了重大发展，其中确立于这一时期并对后世影响较大的制度包括（　　）。

A. “春秋决狱”

B. “官当”

C. “准五服以制罪”

D. 定流刑为减死之刑

答案：BCD

第七章

隋唐时期法律思想与制度

本章重点知识

1. 唐代的立法成果。
2. 唐律的特点、影响及主要内容。
3. 唐代重要法律制度及刑罚原则。

隋唐在中国历史上具有极其重要的地位，自春秋战国以降，中国社会政治、经济、文化诸方面的发展出现过三次鼎盛：西汉、隋唐与明清。隋唐时期，尤其是唐代的社会发展呈现出空前繁荣，“贞观之治”与“开元盛世”所达到的政治、经济、社会各方面的发展成就都超越了西汉的“文景之治”。隋唐时代不仅是中国历史上的鼎盛时期，从当时整个世界范围来看，隋唐帝国还是最重要、最强盛的国家，拥有着极为突出的综合实力与影响力，是当时当之无愧的“东亚世界的中心”。与政治、经济高度发达的状况相适应，隋唐又是中华文明发展史上最为瞩目的时期，唐玄宗时期文化发展达到了高峰，成就了所谓的“盛唐气象”。总的来说，隋唐时期，中国在政治、经济、文化、民族和国际交往中，都取得了极其光彩夺目的成就。

第一节　法律思想与立法背景

一、法律儒家化的形成

自汉武帝“罢黜百家，独尊儒术”之后，传统法制与法律发展便进入了“礼律融合”“法律儒家化”与正统法律思想的形成与完善过程，隋唐时期尤其是唐代正是这一过程最为成熟、完备的时期，中华法系在唐代也以最为完整的形态展现。唐代法制与法律思想最为核心的内容仍是自汉代以来立法者与思想家不断探索的问题——礼法关系，这一核心内容在唐代以“礼本刑用”的形态予以展现。中华法系的代表之作《唐律疏议》在《名例》一篇的“序”中说：

"德礼为政教之本，刑罚为政教之用，犹昏晓阳秋相须而成者也。"这段话出自唐律的作者，即唐代立法者，因此，其中的"礼本刑用"应当是立法者的目标。但从后世的评价来看，唐代立法者应当是完全实现了这一目标，其将"礼"与"刑"的关系处理得极其融洽，清代大儒纪晓岚在《四库全书总目》中说："论者谓唐律一准乎礼，以为出入得古今之平。"唐初统治者对于"礼刑"关系有非常深刻的认识，《新唐书·刑法志》中记载：唐太宗"初即位，有劝以威刑肃天下者，魏征以为不可，因为上言王政本于仁恩，所以爱民厚俗之意，太宗欣然纳之，遂以宽仁治天下，而于刑法尤慎"。魏征于贞观十一年（公元639年）上疏："故圣哲君临，移风易俗，不资严刑峻法，在仁义而已。故非仁无以广施，非义无以正身。惠下以仁，正身以义，则其政不严而理，其教不肃而成矣。然则仁义，理之本也；刑罚，理之末也。为理之有刑罚，犹执御之有鞭策也，人皆从化，而刑罚无所施；马尽其力，则有鞭策无所用。由此言之，刑罚不可致理，亦已明矣……是以圣帝明王，皆敦德化而薄威刑也。德者，所以修己也，威者，所以理人也。"①

唐代的"礼本刑用"包含了三层含义：首先，"德礼"与"刑罚"是治理国家必不可少的两种手段，就像一天中有早有晚、一年中有春有秋，两者缺一不可；其次，"德礼"与"刑罚"的地位并不是同等的，而是"本"与"用"的关系，"德礼"起到的是主导的、根本的作用，"刑罚"起到的是辅助的、表面的作用；最后，"德礼"与"刑罚"皆是手段而非目的，两者统一于维护君主统治。因此，君主要"宽仁"，要注重对民众的道德教化，只有不得已时才可适用刑罚；而刑罚适用的终极目标是"平"，不可严刑、滥刑。如果说两汉及对后世影响极大的"春秋决狱"是儒家思想在司法环节对法律规范的外部调校，唐代法律规范本身已充分融合了儒家思想。因此，在"礼刑融合"的前提之下，"春秋决狱"已经没有存在的必要。

二、立法指导思想

隋初统治者的立法指导思想中，德治、仁治、宽法轻刑的倾向非常明显，在这一思想的指导之下，隋初法制呈现出"刑网简要，疏而不失"② 的特征。但中后期未能一以贯之。唐代统治者总结了隋亡之教训，尤其是将隋初宽法、仁德的思想完全贯彻于唐代法制建设当中。唐初立法指导思想可概括为两方面内容：务从宽简与稳定划一。

唐初定律的原则是"务从宽简，取便于时"③。"宽"与"简"所表达的含义各有侧重，"宽"是说刑罚适用应当宽严适中；"简"是说法律规定应当简约易明，唐初高祖定律时，"因开皇律令而损益之，尽削大业所用烦峻之法"。《新唐书·刑法志》载："（房）玄龄等遂与法司增损隋律，降大辟为流者九十二，流为徒者七十一，以为律。"可见唐初立法过程中充分贯彻了"宽"与"简"。唐太宗曾说："死者不可再生，用法务在宽简。""古者断狱，必讯于三槐、九棘之官，今三公、九卿，即其职也。自今以后，大辟罪皆令中书、门下四品以上及尚书九卿议之。如此，庶免冤滥。"④"国家法令，惟须简约，不可一罪作数种条。格式既多，官人不能

---

① 《贞观政要·公平》。
② 《隋书·刑法志》。
③ 《唐会要·定格令》。
④ 《贞观政要·刑法》。

尽记，更生奸诈，若欲出罪即引轻条，若欲入罪即引重条。数变法者，实不益理道，宜令审细，毋使互文。”[①] 在“用法务在宽简”思想的指导之下，贞观元年（公元 627 年）至贞观四年（公元 630 年），“断死刑，天下二十九人，几致刑措”[②]。

唐初统治者总结了隋朝短命而亡的教训，力求保持法律的稳定性与连续性，希望立法能够“永垂宪则，贻范后昆”[③]。唐太宗说：“法令不可数变，数变则烦，官长不能尽记……又前后差违，吏得以为奸。自今变法，皆宜详慎而行之。”[④] 终唐之世，律、令、格、式都保持了相当的稳定性。当然，随着社会的不断发展，统治者的客观需要在发展变化，立法亦不能绝对的一成不变，但对某些不适时宜的内容，必须以严格的程序作适当的修改。划一，是说法律条文所表达的含义必须一致，尤其是定罪量刑的标准必须严格一致。《唐律疏议·名例》“序”中说：“今之典宪，前圣规模，章程靡失，鸿纤备举，而刑宪之司执行殊异：大理当其死坐，刑部处以流刑；一州断以徒年，一县将为杖罚。不有解释，触涂睽误。”因此，唐代官方对律文作了统一注解，“参撰律疏，成三十卷”，即《唐律疏议》，颁行天下之后“自是断狱者皆引疏分析之”[⑤]。

第二节　立法概况与法律形式

魏晋南北朝时期，由于分裂与战乱，法制整体上没有明显的发展。但这一时期法律制度出现了一些具体发展与变化，如新的法律形式出现、律典结构变化等，这些因素当中蕴含着整体法制变革与发展的能量。获得南北分裂之后再度大统一局面的隋唐，在立法方面呈现为全面的吸收与综合的发展，以律、令、格、式为主要法律形式的法典体系在隋初得到确立并在唐代呈现出高度完备的形态，唐中期尤其是“安史之乱”以后，法典编撰的技术与体例出现了一些新的变化，这也为五代、宋元新的法律形式的产生奠定了基础。

一、法律形式

中国古代国家制定法，自秦汉以来即呈现为以“律”为中心的发展趋势；至西晋，“令”也成了基本规范，进入律令并行时代；之后，律令以外的法律规范逐渐法典化，南北朝时期，“格”与“式”先后产生；隋初，以律、令、格、式为主干的国家法律体系基本形成，这种法律形式在唐代进一步发展、完善；唐中后期，“格后敕”与“刑律统类”产生，对律、令、格、式为主的法律形式产生了冲击。

隋开皇初年，基本上形成了以律、令、格、式为主干的国家法律体系。《隋书·经籍志》

① 《贞观政要·赦令》。
② 《贞观政要·刑法》。
③ 《旧唐书·刑法志》。
④ 《资治通鉴·唐纪十》。
⑤ 《旧唐书·刑法志》。

载："后齐武成帝时，又于麟趾殿删正刑典，谓之《麟趾格》。后周太祖又命苏绰撰《大统式》。隋则律令格式并行。"根据《隋书·苏威传》的记载："律、令、格、式，多威所定。"大业年间，对律、令、式等略有增删，但未影响其主要内容与体系。至唐代，以开皇旧制为据而经高祖、太宗、玄宗年间的全面修订，律、令、格、式的法典体系大为完备。《新唐书·刑法志》载："唐之刑书有四，曰：律、令、格、式。令者，尊卑贵贱之等数，国家之制度也；格者，百官有司之所常行之事也；式者，其所常守之法也。凡邦国之政，必从事于次三者。其有所违及人之为恶，而入于罪戾者，一断以律。"又《唐六典》载："凡律以正刑定罪，令以设范立制，格以禁违止邪，式以轨物程事。"

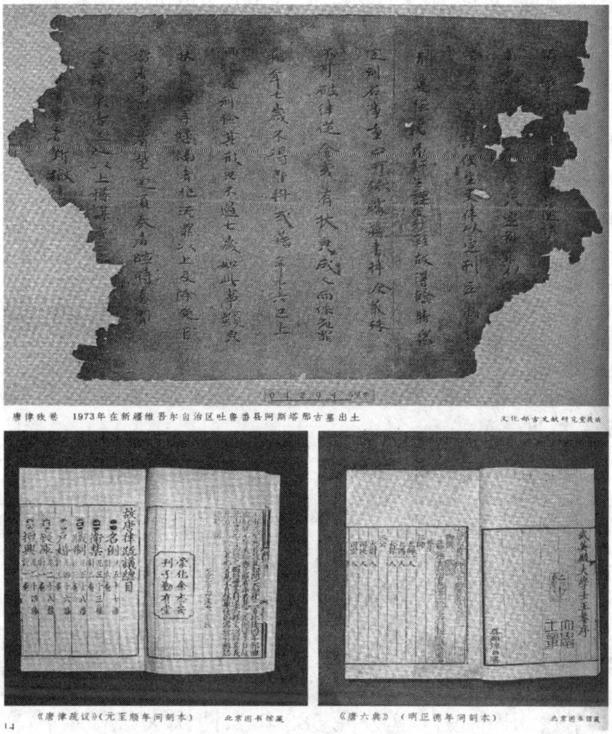

图 7-1　唐律残卷和刻本①

律，自战国商鞅变法而确定名称，为定罪量刑之依据，其内容大致相当于刑事法律规范。虽然未得见《开皇律》及《大业律》全文，但从传世文献对修律过程的记载及《唐律疏议》的内容来看，皆是对具体犯罪行为与相应处罚的列举及相关刑罚适用原则的规定。

令，最初是由皇帝发布的诏令。秦汉时期，令已经成为主要的法律形式，但秦汉律令的界限并不清晰。隋唐时期的令大致相当于行政法，隋唐令的内容已不存，《唐六典》记载了《开皇令》三十卷、唐令二十七卷名目，从篇目来看，主要是国家组织制度方面的一些规定。

格，是皇帝临时、临事而颁布的行政命令。《唐六典》卷六"刑部郎中员外郎"条载："凡《格》二十有四篇。（以尚书省诸曹为之目，共为七卷。其曹之常务但留本司者，别为《留司

① 参见李默主编：《中华文明大博览》，唐朝，广州，广东旅游出版社，1997。

格》一卷。盖编录当时制敕，永为法则，以为故事。）”由于格随时、随事而发，针对性强，属于“特别法”，故针对具体事项而言，格的法律效力高于律、令、式。唐代格按照效力范围分为两种，“留司格”与“散颁格”，后者颁行天下广泛适用。格分二十四篇，以六部的二十四司为篇目，现已不存。

式，其内容主要是尚书省二十四司及其他部门在执行律、令、格的过程中各自订立的办事细则和公文程式。《隋书·炀帝纪》载隋大业四年（公元608年）曾“颁新式于天下”，唐式自武德至开元共修订六次，定为三十三篇。现存唐式只有《开元水部式》残卷，其内容可见文字一百四十六行。

《唐律疏议·断狱》“断罪不具引律令格式”条载：“诸断罪皆须具引律、令、格、式正文，违者笞三十。”这首先说明律、令、格、式是隋唐时期主要的法律形式；其次，律、令、格、式既有明确的分工，又相互协调，令、格、式三者主要的内容近似于行政法，规定的是如何组织与行为，律规定了违反了这些内容的处罚条款。虽然《新唐书·刑法志》将律、令、格、式并称为“唐之刑书”，但需要注意的是令、格、式在条文的表述形式方面与律存在明显的差异，即令、格、式的条文内容原则上未有关于具体处罚的规定，违于令、格、式，则由律予以处罚。律、令、格、式形成了隋唐时期完备的法律体系。

二、律典沿革

（一）隋《开皇律》与《大业律》

公元581年，北周大臣杨坚建立隋朝并统一北方，为隋文帝，年号开皇；公元589年，杨坚统一南北，结束了东汉末年以来分裂的局面。隋文帝即位后即着手修订新律，《隋书·刑法志》载：“高祖既受周禅，开皇元年，乃诏尚书左仆射、勃海公高颎，上柱国、沛公郑译，上柱国、清河郡公杨素，大理前少卿、平源县公常明，刑部侍郎、保城县公韩浚，比部侍郎李谔，兼考功侍郎柳雄亮等，更定新律，奏上之……三年，因览刑部奏，断狱数犹至万条。以为律尚严密，故人多陷罪。又敕苏威、牛弘等，更定新律……自是刑网简要，疏而不失。”隋初于开皇元年（公元581年）、开皇三年（公元583年）两次大规模修律，且两次修律活动都被称为“更定新律”。开皇元年更定新律的主要内容是将旧法中的“枭首轘身”等残酷刑罚以及“杂格严科”等不合时宜的条文皆悉除去，从旧法中“取适于时”者编入新律，以达到“以轻代重，化死为生”之目的；开皇三年更定新律则是大规模删减条文数量，“除死罪八十一条，流罪一百五十四条，徒杖等千余条”，主旨在于“刑网简要，疏而不失”，最终形成了五百条、十二篇的法典体例与结构，“定留唯五百条。凡十二卷。一曰名例，二曰卫禁，三曰职制，四曰户婚，五曰厩库，六曰擅兴，七曰贼盗，八曰斗讼，九曰诈伪，十曰杂律，十一曰捕亡，十二曰断狱”。这对唐律及后世法典的结构影响极大。我们通常所说的隋《开皇律》主要指开皇三年律。客观地说，《开皇律》在法典沿革史上具有极为重要的地位，是中国古代法典编纂的里程碑与转折点，被称为中华法系代表的《唐律疏议》完全以隋《开皇律》为底本。[1]

---

① 程树德谓：“今所传唐律，即隋《开皇律》旧本。”参见程树德：《九朝律考·隋律考》，563页，北京，商务印书馆，2010。

隋文帝晚年禁网深刻、持法尤峻，“恒令左右觇视内外，有小过失，则加以重罪。又患令史赃污，因私使人以钱帛遗之，得犯立斩。每于殿廷打人，一日之中，或至数四。尝怒问事挥楚不甚，即命斩之”①。仁寿四年（公元604年），隋炀帝继位，次年改年号大业。隋炀帝“以高祖禁网深刻，又敕修律令”②，新律于大业三年（公元607年）修成，即《大业律》。

根据《隋书·刑法志》的记载，《大业律》与《开皇律》相比，有以下三方面的变化：

第一，“除十恶之条”。《大业律》仅是除去了“十恶”之条目，其内容仍在各条文之中。

第二，篇目调整。“一曰名例，二曰卫宫，三曰违制，四曰请求，五曰户，六曰婚，七曰擅兴，八曰告劾，九曰贼，十曰盗，十一曰斗，十二曰捕亡，十三曰仓库，十四曰厩牧，十五曰关市，十六曰杂，十七曰诈伪，十八曰断狱”。《大业律》在《开皇律》篇目的基础之上改变了一些原有篇目的名称，如将《卫禁》《职制》《斗讼》改为《卫宫》《违制》《斗》；又将部分原有篇目一分为二，如《户婚》分为《户》与《婚》，《厩库》分为《仓库》与《厩牧》，《贼盗》分为《贼》与《盗》；并新增了《请求》《告劾》《关市》三篇，最终形成了《大业律》十八篇的结构。从结构来看，《大业律》的变化使《开皇律》所创体系散漫无章，而结合条文数来看，律文五百条未变，仅变其篇目，这显然不是法典编纂发展的内在需求，而是“炀帝好大喜功，特欲袭制礼作乐之名”③ 的产物。

第三，刑罚有所减轻。“其五刑之内，降从轻典者，二百余条。其枷杖决罚讯囚之制，并轻于旧”。刑罚方面的变化在一定程度上对文帝晚年“持法尤峻”的状况有所改善，这是值得肯定的。

（二）唐代律典沿革

唐代律典沿革大致可分为两个时期，前后以安史之乱为界分。前期直接承袭隋开皇之制，立法频繁，后期则是在维持主要法律形式的基础之上创制“格后敕”与“刑律统类”，这在后世逐渐演变成为“编敕”与“刑统”，并成为法律体系的主干。唐代最主要的立法方式是集中修纂法典，具体方法包括：撰定，即编创或重编新的法典；删定，即增删或改动原有法典的内容；刊定，即刊削或修正原有法典的文字，但不变其内容；详定，即审查、选编原有的法律文件，而不进行加工。④ 唐代前后290年，有记载的集中立法活动有27次，内容涉及律、令、格、式等法律形式的更定及“格后敕”与“刑律统类”等法律形式的编纂。⑤ 此处将唐律的产生与沿革稍作梳理。

1.《武德律》

唐高祖武德元年，下诏撰定律、令、格、式。《唐会要·定格令》载：“武德元年六月一日，诏刘文静与当朝通识之士，因隋开皇律令而损益之，遂制为五十三条，务从宽简，取便于时。其年十一月四日颁下，仍令尚书令左仆射裴寂、吏部尚书殷开山、大理卿郎楚之、司门郎中沈叔安、内史舍人崔善为等更撰定律令。十二月十二日又加内史令萧瑀、礼部尚书李纲、国

---

① （宋）李昉等：《太平御览》，2906页，北京，中华书局，1960。
② 《隋书·刑法志》
③ 程树德：《九朝律考·隋律考》，564页，北京，商务印书馆，2010。
④ 参见刘俊文：《唐代法制研究》，1～2页，北京，文津出版社，1999。
⑤ 详细内容可参见上书，23～60页。

子博士丁孝乌等同修之。至七年三月二十九日成，诏颁于天下。大略以开皇为准，格五十三条，凡律五百条并入于新律。他无所改正。”刘文静等人奉诏在损益隋《开皇律》的基础之上制定了格五十三条或称《武德新格》，此为临时性法规，制定主旨在于约法缓刑。《武德新格》为有唐第一部法典。《武德律》主要是将隋《开皇律》与《武德新格》稍作增删后“并入于新律”，其内容在《开皇律》的基础之上变化不大，“皇朝武德中，命裴寂、殷开山等定律令。其篇目一准隋开皇之律，刑名之制又亦略同，唯三流皆加一千里，居作三年、二年半、二年皆为一年，以此为异。又除苛细五十三条”[①]。除流刑里数、居作时间以外，其删除隋律五十三条，而篇章结构、条文内容的其他方面“一准隋开皇之律”。《武德律》的意义在于废除隋《大业律》，将魏晋南北朝法典发展的集大成者《开皇律》作为基础，为唐代律典的沿革与发展确定了开端与方向。另外，武德七年还撰定《武德令》三十一卷、《武德式》十四卷，并颁下施行。

2.《贞观律》

唐太宗贞观元年（公元627年），长孙无忌、房玄龄等人受命更定新律，《旧唐书·刑法志》载：“及太宗即位，又命长孙无忌、房玄龄与学士法官，更加厘改……玄龄等遂与法司定律五百条。”此次定律先确定了律典篇章结构及基本原则等内容，如十二篇的法典结构与具体篇名；五刑二十等的刑罚体系；议、请、减、赎、当、免与十恶等刑罚适用原则。在此基础之上，贞观定律还作了大规模的删改。这使全面承袭了《开皇律》的《武德律》在内容方面有了比较大的变化，“比隋代旧律，减大辟者九十二条，减流入徒者七十一条。其当徒之法，唯夺一官，除名之人，仍同士伍。凡削烦去蠹，变重为轻者，不可胜纪”[②]。贞观定律之后，唐代法制的基本面貌已经确立，之后尤其是唐律的内容再无实质性变化。可以说唐代法制“虽始于武德，而实定于贞观”[③]。另外，贞观年间还撰定《贞观令》三十卷、《贞观格》十八卷、《贞观式》十四卷，并颁下施行。

3.《永徽律》及《律疏》

唐高宗永徽元年（公元650年），“敕太尉长孙无忌……等，共撰定律令格式，旧制不便者皆随删改”[④]。永徽二年（公元651年），奏上新删定律、令、格、式，“修勒成律十二卷、令三十卷、式四十卷，颁于天下”；同时，将格分为“留司格”与“散颁格”：“曹司常务者为留司格，天下所共者为散颁格。其散颁格下州县，留司格但留本司行用焉。”[⑤]《永徽律》在《贞观律》的基础之上所作的改动非常少，而且多是条文内容方面的变化，而在法典结构与体例、法律原则等方面没有任何变化。

唐高宗永徽三年（公元652年）下诏：“律学未有定疏，每年所举明法，遂无凭准。宜广召解律人条义疏奏闻。仍使中书、门下监定。”长孙无忌等人遂“参撰《律疏》，成三十卷，四年十月奏之，颁于天下”[⑥]。永徽四年（公元653年）颁行《律疏》，其内容是对于《永徽律》的逐条阐释，由于其为官方解释，因而，内容具有法律效力，“自是断狱者皆引疏分析之”[⑦]。

---

① 《唐六典》，卷六“刑部郎中员外郎”条。

② 《旧唐书·刑法志》。

③ 刘俊文：《唐代法制研究》，27页，北京，文津出版社，1999。

④ 《册府元龟·刑法部·定律令》。

⑤ 《唐会要·定格令》。

⑥⑦ 《旧唐书·刑法志》。

《律疏》在后世又被称为《永徽律疏》或《唐律疏议》，它是中国历史上最早的注释法典，在法制史与法学史上具有极其重要的地位。

4.《开元律》

唐玄宗开元六年（公元 718 年），“敕吏部尚书兼侍中宋璟……等九人删定律令格式，至七年上之。律、令、式仍旧名，格曰《开元后格》”①。此次集中立法活动仍是“删定”，即在旧法基础之上作修订，而所针对的对象包括律、令、格、式等主要法律形式。从结果来看，除《开元后格》的名称有所变化外，传世文献中未见内容有所变化的记载。经此次“删定”，律、令、格、式一直沿用至开元二十五年（公元 737 年）。

开元二十二年（公元 734 年），“户部尚书李林甫受诏改修格令。林甫迁中书令，乃与侍中牛仙客……等共加删缉旧格式律令及敕……总成律十二卷、律疏三十卷……又撰《格式律令事类》四十卷，以类相从，便于省览。二十五年九月奏上之，敕于尚书都省写五十本，发使散于天下”。此次删缉旧法涉及内容极其广泛，是贞观之后最重要、影响最大的集中立法活动，最终编成律与律疏。另外，需要注意的是此次撰成的《格式律令事类》，体例上“以类相从”，目的在于“便于省览”，这为唐中后期及五代“刑律统类”的产生提供了基础。

唐律作为有唐一代之法，自唐初高祖武德年间开端；太宗贞观年间确立基本面貌；高宗永徽年间作《律疏》对律文、律义条分缕析、句推字解；玄宗开元年间刊定。可将唐律的形成总结为：武德开其端；贞观定其型；永徽疏其议；开元刊其定。②

秦汉魏晋时期开始的法典化进程至隋唐时期已呈现出成熟、完备的体系，这表现在两方面：在法典体系方面，律、令、格、式作为主要法律形式，各自内容与体例、结构皆成熟完备，且相互之间形成了有机的整体，形成了以律为主的法典体系；在内容方面，更定律典总的方向是内容精简、用刑轻缓，尤其是隋唐定律“务从宽简”“削繁去蠹，变重为轻”的宗旨表现得非常明显。

三、《唐律疏议》的篇章结构

《唐律疏议》即《永徽律疏》，也就是《永徽律》及其官方注疏的合称。③《律疏》的制作最

---

① 《册府元龟·刑法部·定律令》。

② 参见叶孝信主编：《中国法制史》，165 页，北京，北京大学出版社，1996。

③ 关于《唐律疏议》的制作年代问题，自 19 世纪二三十年代以来，中、日法律史学界长期存在争议，主要有“贞观说”、“开元说”、“永徽说”以及“折中说”。日本学者仁井田陞、牧野巽主张《唐律疏议》非《永徽律疏》，而是唐玄宗开元二十五年（737 年）新颁行“开元律疏”。此说影响甚大。参见〔日〕仁井田陞、牧野巽：《故〈唐律疏议〉制作年代考》，载杨一凡总主编：《中国法制史考证》，丙编第二卷，北京，中国社会科学出版社，2003。我国学者杨廷福教授与蒲坚教授围绕《唐律疏议》的制作年代所作的详细、严密的论证，基本上澄清了以往中日学者在这个问题上的疑问，再次证明了《唐律疏议》为《永徽律疏》的传统说法是可信的。参见杨廷福：《唐律疏议制作年代考》，载《文史》，1979（5），此文又收入杨廷福：《唐律初探》，天津，天津人民出版社，1982；蒲坚：《试论唐律疏议的制作年代》，载中国法律史学会《法律史论丛》编委会编：《法律史论丛》，第 2 辑，北京，中国社会科学出版社，1982。近些年，郑显文教授撰文以敦煌文书为主，再次指出《唐律疏议》为《永徽律疏》。岳纯之教授对此提出了不同见解，在一定程度上支持了日本学者的观点。参见郑显文：《现存的〈唐律疏议〉为〈永徽律疏〉之新证——以敦煌吐鲁番出土的唐律、律疏残卷为中心》，载《华东政法大学学报》，2009（6）；岳纯之：《所谓现存的〈唐律疏议〉为〈永徽律疏〉之新证——与郑显文先生商榷》，载《敦煌研究》，2011（4）。此处，笔者仍采传统观点，即《唐律疏议》为《永徽律疏》。

初是为满足明法科考试的需要，《旧唐书·刑法志》载："律学未有定疏，每年所举明法，遂无凭准，宜广召解律人，条义疏奏闻，仍使中书门下监定。于是太尉赵国公无忌……等，参撰律疏，成三十卷。四年十月奏之，颁于天下。自是断狱者皆引疏分析之。"在《律疏》制作阶段，司法实践中的迫切需要又对其产生了直接影响，《唐律疏议·名例》"序"《疏》议曰："今之典宪，前圣规模，章程靡失，鸿纤备举，而刑宪之司执行殊异：大理当其死坐，刑部处以流刑；一州断以徒年，一县将为杖罚。不有解释，触涂睽误……爰造律疏，大明典式……譬权衡之知轻重，若规矩之得方圆。迈彼三章，同符画一者矣。"因此，制作《律疏》既是为满足明法科考试的需要，也是对司法实践中迫切需要的回应。[①]

《唐律疏议》凡502条，分为12篇，计30卷。"条"是唐律中所包含的刑事法律规范划分的基本单位；"篇"主要是按照若干法律规范的调整对象所作的划分；"卷"是按照编写中文字篇幅所作的划分。各篇包括如下基本内容。

《名例》(凡57条，计6卷)，位于律首，相当于刑法总则，《唐律疏议·名例》"序"《疏》议曰："名者，五刑之罪名；例者，五刑之体例。名训为命，例训为比，命诸篇之刑名，比诸篇之法例。"作为刑法总则，《名例》一篇大致包含以下内容：刑名，即刑罚种类及其适用细则，如笞、杖、徒、流、死之五刑刑等、各自赎铜数量等；法例，即定罪量刑过程中的通则性条款，如共同犯罪、十恶、八议等；字义，如"谋""皆""罪止"等。从法典结构的角度来看，《名例》中所包含的法律规范具有超越其他篇章的适用效力；从立法技术的角度来看，这些内容最终的指向是一致的，即为具体的犯罪行为确定适当的处罚。

《卫禁》(凡33条，计2卷)，主要内容是与宫廷警卫与关口、边境等相关的制度及违反之罚则。《唐律疏议·卫禁》"序"《疏》议曰："卫者，言警卫之法；禁者，以关禁为名。"其置于《名例》之后，可见内容之重要。

《职制》(凡59条，计3卷)，主要内容是官吏职责与相关法律规定及违反之罚则。《唐律疏议·职制》"序"《疏》议曰："言职司法制，备在此篇。"《职制》一篇是唐律立法比较重视的部分，"治吏"是历代王朝的核心任务，官吏贪赃、枉法的处罚即在此篇。

《户婚》(凡46条，计3卷)，主要内容是户口、土地、赋役、继承、婚姻、家族管理相关法律规定及违反之罚则，如"嫁娶违律""同姓为婚""子孙别籍异财"等。

《厩库》(凡28条，计1卷)，主要内容是饲养、使用公私牲畜与仓库管理方面的相关制度及违反之罚则。《唐律疏议·厩库》"序"《疏》议曰："厩者，鸠聚也，马牛之所聚；库者，舍也，兵甲财帛之所藏。"

《擅兴》(凡24条，计1卷)，主要内容是与军事、徭役、兴造相关的法律规定及违反之罚则。《唐律疏议·擅兴》"序"《疏》议曰："大事在于军戎，设法须为重防。"

《贼盗》(凡54条，计4卷)。"贼"即杀人，《左传·昭公十四年》载，"杀人不忌为贼"。《春秋谷梁传·定公八年》载："非其所取而取之，谓之盗。"张斐注《晋律》谓：无变斩击谓之"贼"，取非其物谓之"盗"[②]。"贼"，可理解为杀人与作乱；"盗"，可理解为取货、劫物，根据"盗"之手段，又可分为"强盗"与"窃盗"。本篇分为"贼"与"盗"两部分：前者包

① 参见钱大群：《唐律研究》，45～46页，北京，法律出版社，2000。

② 《通典·刑法二·刑制中》。

括叛乱、煽惑、蛊巫、杀人等处罚规定，后者包括盗贼、抢劫、勒索、掠卖、窝藏及共盗、累盗等处罚规定。“贼盗”是历代王朝立法之重点，“（李）悝撰次诸国法，著法经，以为王者之政，莫急于盗贼，故其律始于盗、贼”[①]。唐律虽将《贼盗》置于法典中部，但从其处罚内容来看，仍是立法重点。

《斗讼》（凡 60 条，计 4 卷），包含两方面内容，“斗殴”与“告诉”。《唐律疏议·斗讼》“序”《疏》议曰：“斗讼律者，首论斗殴之科，次言告讼之事。”“斗讼”包括斗殴致伤与斗殴致死，亦包括仅有殴斗行为而未致伤害的情况，另外，法律规范内容的重点在于对不同身份人，如尊卑、良贱、长幼、官民等之间“斗殴”的罚则。“告讼”即有关诉讼方面的犯罪，从本篇关于“告讼”事项禁止性规定的具体内容中可以看出：其中既有属于普遍性规定的诬告、越诉，又有属于特别性条款的诬告谋反大逆、亲属相告、奴婢告主等；既有处罚违反知而不告义务，又有禁止告发事项；通过处罚相关犯罪，规定了告发犯罪应有的程序。

《诈伪》（凡 27 条，计 1 卷），主要内容是关于欺骗、诈骗、伪造等的罚则，具体来说规定了对伪造、假冒、欺诈、伪证等四类行为的处罚。

《杂律》（凡 62 条，计 2 卷），主要内容是关于其他各篇无法包含的各类犯罪行为之处罚，《唐律疏议·杂律》“序”《疏》议曰：“诸篇罪名，各有条例。此篇拾遗补阙，错综成文，班杂不同，故次诈伪之下。”主要功能在于“拾遗补阙”，此种“拾遗补阙”既有以明确列举其他各篇未有之犯罪行为的方式而为之“补阙”，亦有通过立法技术而为之“补阙”。前者如“奸罪”，在唐律立法体例中无法纳入其他各篇，则置于《杂律》[②]；后者如《唐律疏议·杂律》“不应得为”条载：“诸不应得为而为之者，笞四十；（谓律、令无条，理不可为者。）事理重者，杖八十。”该条概括地规定了律令未有规定但应当处罚的行为。

《捕亡》（凡 18 条，计 1 卷），主要内容是抓捕逃亡罪犯、逃亡士兵、逃亡丁役及对抓捕过程中违法行为的处罚。《唐律疏议·捕亡》“序”《疏》议曰：“然此篇以上，质定刑名。若有逃亡，恐其滋蔓，故须捕系，以置疏网，故次杂律之下。”

《断狱》（凡 34 条，计 2 卷），主要内容是司法审判相关制度及违反之罚则。此篇为唐律中关于司法审判之“专则”。《唐律疏议·断狱》“序”《疏》议曰：“此篇错综一部条流，以为决断之法，故承众篇之下。”其中的“决断之法”是关于处理官员在监狱管理、审讯、判决、执行方面犯罪的法律，涉及刑讯、审理、复审、死囚复奏、疑罪处理以及狱囚管理方面的具体犯罪。其中，犯罪主体既包括主持审讯、判决的司法官员，也包括监狱管理人员、刑罚执行机构的官员等。

唐律 12 篇，根据各篇内容之性质，亦可将其结构分为：总则、事律、罪律、专则四部分。《名例》一篇为全律之“总则”，规定通用全律之刑名与法例；《卫禁》《职制》《户婚》《厩库》《擅兴》等五篇为“事律”，主要规定违反各种行政制度的罚则；《贼盗》《斗讼》《诈伪》《杂律》《捕亡》等五篇为“罪律”，主要规定各种刑事犯罪的处罚；《断狱》一篇为“专则”，主要规定司法审判制度及相关的罚则。“唐律始以总则，终以专则，先列事律，后列罪律，是一部

---

① 《通典·刑法一·刑制上》。

② 随着立法技术、法典编纂与法学理论的发展，这一现象在后世有所改变，至明代，“奸罪”独立成篇而不在《杂律》。清人沈之奇谓：“前代奸事，皆在杂律中，明始类为一篇，国朝因之。”[（清）沈之奇：《大清律辑注》（下），怀效锋，李俊点校，911 页，北京，法律出版社，2000。]

内容丰富、体例整严的综合性法典。”①

第三节　法律制度

一、刑事法制的主要内容

（一）五刑及赎刑

隋初《开皇律》“蠲除前代鞭刑及枭首轘裂之法，其流徒之罪皆减纵轻”，在此基础之上确立了传统五刑体系：“其刑名有五：一曰死刑二，有绞，有斩。二曰流刑三，有一千里、一千五百里、二千里。应配者，一千里居作二年，一千五百里居作二年半，二千里居作三年。应住居作者，三流俱役三年。近流加杖一百，一等加三十。三曰徒刑五，有一年、一年半、二年、二年半、三年。四曰杖刑五，自五十至于百。五曰笞刑五，自十至于五十。”② 隋初法定刑罚包括死、流、徒、杖、笞五种，每种法定刑又分为若干等，根据不同的刑种与刑等，对应着具体的赎铜数额：“应赎者，皆以铜代绢。赎铜一斤为一负，负十为殿。笞十者铜一斤，加至杖百则十斤。徒一年，赎铜二十斤，每等则加铜十斤，三年则六十斤矣。流一千里，赎铜八十斤，每等则加铜十斤，二千里则百斤矣。二死皆赎铜百二十斤。”隋初刑罚体系基本上被唐律沿袭，《唐律疏议·名例》载：笞刑五：笞一十。（赎铜一斤。）笞二十。（赎铜二斤。）笞三十。（赎铜三斤。）笞四十。（赎铜四斤。）笞五十。（赎铜五斤。）杖刑五：杖六十。（赎铜六斤。）杖七十。（赎铜七斤。）杖八十。（赎铜八斤。）杖九十。（赎铜九斤。）杖一百。（赎铜十斤。）徒刑五：一年。（赎铜二十斤。）一年半。（赎铜三十斤。）二年。（赎铜四十斤。）二年半。（赎铜五十斤。）三年。（赎铜六十斤。）流刑三：二千里。（赎铜八十斤。）二千五百里。（赎铜九十斤。）三千里。（赎铜一百斤。）死刑二：绞。斩。（赎铜一百二十斤。）唐律五刑与隋律五刑的体系与内容基本一致，笞刑是五刑中最轻的刑罚，“言人有小愆，法须惩诫，故加捶挞以耻之”，可见其适用于轻罪。至于其形质，“汉时笞则用竹，今时则用楚”，即唐代笞刑用荆条击打犯人。杖刑重于笞刑，除行刑数量比笞刑的多以外，行刑工具也与笞刑的不同，形质上更加大、重。徒刑比笞、杖刑更重，兼具自由刑与劳役刑的属性，即剥夺囚犯人身自由并强制劳役。流刑仅次于死刑，《唐律疏议》中说，“谓不忍刑杀，宥之于远也”，从产生之时，流刑就是作为衔接死刑与生刑之间的过渡刑而出现的。唐律中规定的三等流刑都是将犯人流放至边远地区后强制服役一年，服役期满后则在服役地落户，不得回原籍。唐太宗时期，将旧有的死刑与肉刑改为加役流，《唐律疏议·名例》“应议请减”条：“加役流者，旧是死刑，武德年中改为断趾。国家惟刑是恤，恩弘博爱，以刑者不可复属，死者务欲生之，情轸向隅，恩覃祝网，以贞观六年奉制改为加役流。”加役流皆流三千里、服役三年。死刑即剥夺生命的刑罚，根据剥夺生命的方式不同，唐律中的死刑分为绞、斩二等，绞刑保留了完整躯体，故比斩刑轻。

---

① 刘俊文：《唐律疏议笺解》（上册），30～36页，北京，中华书局，1996。

② 《隋书·刑法志》。

唐律五刑承袭隋律五刑而来，但仍有以下一些差别需要注意：

首先，在五刑的排列顺序方面，《隋书·刑法志》中所记载的顺序为由重至轻，《唐律疏议》中五刑顺序为由轻至重。当然，《隋书·刑法志》并非法典原文，其记述内容也可能与隋律有异。

其次，唐律三等流刑在隋律的基础之上各增加一千里，即二千里、二千五百里、三千里三等。

最后，唐律针对五刑及各自刑等所规定的赎铜数额与隋律不同。需要注意的是，并非所有的犯罪所科处的刑罚都可以用铜赎而不科真刑，隋律久已亡佚不见全文，我们自唐律条文中得见，适用赎刑的犯罪行为大致分为三类：第一，特定官员及其一定范围内亲属的特定犯罪：《唐律疏议·名例》“应议请减（赎章）”条：“诸应议、请、减及九品以上之官，若官品得减者之祖父母、父母、妻、子孙，犯流罪以下，听赎。”第二，过失犯罪：《唐律疏议·斗讼》“过失杀伤人”条：“诸过失杀伤人者，各依其状，以赎论。（谓耳目所不及，思虑所不到；共举重物，力所不制；若乘高履危足跌及因击禽兽，以致杀伤之属，皆是。）”此处的过失与现代刑法的“过失”不同，包含了现代刑法中的“意外事件”及“疏忽大意的过失”。第三，疑罪：《唐律疏议·断狱》“疑罪”条：“诸疑罪，各依所犯，以赎论。（疑，谓虚实之证等，是非之理均；或事涉疑似，傍无证见；或傍有闻证，事非疑似之类。）”“疑罪”即根据已查明的案件事实与法律规定，无法判断行为人有罪或无罪的情况，或者说现有证据与法律规定在判断行为人有罪和无罪方面的证明力相当。以现代诉讼法的观念来看，“疑罪听赎”是落后的，但将其置于古代刑法发展的脉络中来看，“疑罪听赎”无疑是对“疑罪从有”的批判与发展。

另外，五刑体系的确立是指法定刑罚体系或律内刑罚体系得以确立，但并不能排除法外刑罚的适用，尤其是王朝中后期，法外处刑的情况非常普遍。如隋文帝于朝堂内以马鞭笞杀楚州行参军李君才，并于殿庭内决杀兵部侍郎冯基[①]；又如唐文宗腰斩大臣数人并枭首示众。[②]

虽然唐律五刑及其具体内容与隋律稍有差异，但二者之间沿袭的脉络是非常清晰的。至唐代，新五刑体系完全确立，并为后世各朝刑律所沿袭。

（二）十恶

“十恶”的渊源与沿革：《唐律疏议·名例》“十恶”条略述，《疏》议曰：“五刑之中，十恶尤切，亏损名教，毁裂冠冕，特标篇首，以为明诫。其数甚恶者，事类有十，故称‘十恶’。然汉制九章，虽并湮没，其‘不道’‘不敬’之目见存，原夫厥初，盖起诸汉。案梁陈已往，略有其条。周齐虽具十条之名，而无‘十恶’之目。开皇创制，始备此科，酌于旧章，数存于十。大业有造，复更刊除，十条之内，唯存其八。自武德以来，仍遵开皇，无所损益。”可见，汉律中已有“十恶”部分条目的雏形，而较为完整的内容始自《北齐律》中的“重罪十条”。隋文帝开皇元年更定新律时，“置十恶之条，多采后齐之制，而颇有损益。一曰谋反，二曰谋大逆，三曰谋叛，四曰恶逆，五曰不道，六曰大不敬，七曰不孝，八曰不睦，九曰不义，十曰

---

① 参见《隋书·刑法志》。

② 参见《资治通鉴·唐纪六十一》。

内乱。犯十恶及故杀人狱成者，虽会赦，犹除名”[①]。隋炀帝制《大业律》将“十恶”之条目刊除，但其内容仍多存于律文之中。唐律沿袭隋《开皇律》“十恶”之条目，我们自《唐律疏议·名例》“十恶”条中可以看到以下具体内容：一曰谋反。（谓谋危社稷。）二曰谋大逆。（谓谋毁宗庙、山陵及宫阙。）三曰谋叛。（谓谋背国从伪。）四曰恶逆。（谓殴及谋杀祖父母、父母，杀伯叔父母、姑、兄姊、外祖父母、夫、夫之祖父母父母。）五曰不道。（谓杀一家非死罪三人，肢解人，造畜蛊毒、厌魅。）六曰大不敬。（谓盗大祀神御之物、乘舆服御物；盗及伪造御宝；合和御药，误不如本方及封题误；若造御膳，误犯食禁；御幸舟船，误不牢固；指斥乘舆，情理切害及对捍制使，而无人臣之礼。）七曰不孝。（谓告言、诅詈祖父母父母，及祖父母父母在，别籍、异财，若供养有阙；居父母丧，身自嫁娶，若作乐，释服从吉；闻祖父母父母丧，匿不举哀，诈称祖父母父母死。）八曰不睦。（谓谋杀及卖缌麻以上亲，殴告夫及大功以上尊长、小功尊属。）九曰不义。（谓杀本属府主、刺史、县令、见受业师，吏、卒杀本部五品以上官长；及闻夫丧匿不举哀，若作乐，释服从吉及改嫁。）十曰内乱。（谓奸小功以上亲、父祖妾及与和者。）

“十恶”是刑律中所规定的十类严重的犯罪，那么，传统刑律由秦汉代至隋唐将十类严重的犯罪行为逐渐概念化的原因是什么，或者说传统刑律设立“十恶”的立法意图为何？《唐律疏议》中说，“五刑之中，十恶尤切，亏损名教，毁裂冠冕，特标篇首，以为明诫”。《唐六典》载：“乃立十恶，以惩叛逆、禁淫乱、沮不孝、威不道。”[②] 唐律规定的应当受到刑罚处罚的各种犯罪行为当中，列于“十恶”的犯罪行为是最严重的，这些严重的犯罪行为皆属弃礼经、悖道德、坏伦常的行为。“集中此类行为，称以十恶，冠于篇首，其意盖欲表明律对于维护传统伦理道德的高度重视，从而达到震慑和禁绝违背礼教行为之目的。”也即“十恶之设，乃法律礼教化之体现”[③]。

“十恶”之名可视作刑律中规定的十类“恶行”，即包含了十个“恶名”，需要注意的是这里的“恶名”并不能等同于犯罪行为或“罪名”，因为犯罪行为与“罪名”及其处罚内容都是《唐律疏议·名例》以下各篇中的具体内容。《唐律疏议·名例》之内设“十恶”并非强调其适用刑罚的具体内容，同时，“恶名”并不等同于具体的犯罪行为或“罪名”，多数“恶名”包含了若干犯罪行为或“罪名”。

“十恶”可分为四类：其一，危及皇帝与皇权类，包括谋反、谋大逆、谋叛、大不敬；其二，侵犯尊长与有服亲属类，包括恶逆、不孝、不睦、内乱；其三，侵犯官长尊师类，即不义；其四，惨无人性类，即不道。“十恶”中，谋反、谋大逆、谋叛三者与律文中所列的应受处罚的行为是一一对应的，即“十恶”中此三者之“恶名”与律文中的“罪名”一一对应。如谋反与谋大逆为《唐律疏议·贼盗》“谋反大逆”条所规定的犯罪行为，谋叛为《唐律疏议·贼盗》“谋叛”条所规定的犯罪行为。“十恶”中，恶逆本身及以下七者分别包含了若干犯罪行为，即“十恶”中恶逆本身及以下七者之“恶名”各自包含了若干律文中的“罪名”。如恶逆包含了五类犯罪行为或曰“罪名”，分别为：殴祖父母、父母，规定于《唐律疏议·斗讼》“殴

---

① 《隋书·刑法志》。

② 《唐六典》，卷六“刑部郎中员外郎”条。

③ 刘俊文：《唐律疏义笺解》（上册），89页，北京，中华书局，1996。

詈祖父母父母”条；谋杀祖父母、父母，规定于《唐律疏议·贼盗》“谋杀期亲尊长”条；杀伯叔父母、姑、兄姊、外祖父母，规定于《唐律疏议·斗讼》“殴兄姊”条；杀夫，规定于《唐律疏议·斗讼》“妻殴詈夫”条；杀夫之祖父母、父母，规定于《唐律疏议·斗讼》“妻妾殴詈夫父母”条。律设“十恶”并非强调对这些犯罪行为应当严厉处罚，因为对具体犯罪行为的处罚已经由具体条文规定得非常清晰，立法者将“十恶”集中规定于《唐律疏议·名例》一篇，除体现“法律礼教化”以外，还强调了“十恶”在通常刑罚处罚基础之上的一些处罚特例。具体来说包括以下几方面内容：官员、贵族及其一定范围内的亲属犯罪享有议、请、减之特权，若犯“十恶”则不准议、请、减；有官爵之人犯罪所处除名之刑，遇赦可予以免除，若犯“十恶”则会赦犹除名；同居亲属得以相互容隐，若犯“十恶”中某些项则亲属听告；犯死罪者，可以父祖年老疾病为由上请缓于执行死刑，若犯“十恶”中某些项则不准上请侍亲；死刑执行必须于特定时间，且执行之前必须五覆奏（执行前一日两覆奏、执行之日三覆奏），若犯“十恶”中某些项则决死不待时、决前一覆奏；一般犯罪遇有赦免刑罚得以减、降，若犯“十恶”中某项则会赦不原。[①] 唐律“十恶”于刑罚适用方面的特例详见表 7-1。

表 7-1 唐律“十恶”适用处罚特例表

处罚特例 / 恶名	不准议、请、减	不准上请侍亲	会赦犹除名	亲属听告	决死不待时、决前一覆奏	会赦不原
谋反	●	●	●	●	●	○
谋叛	●	●	●	●	●	○
谋大逆	●	●	●	●	●	○
恶逆	●	●	●	○	●	●
不道	●	●	●	○	○	○
大不敬	●	●	●	○	○	○
不孝	●	●	●	○	○	○
不睦	●	●	●	○	○	○
不义	●	●	●	○	○	○
内乱	●	●	●	○	○	○

注：表内●指适用，○指不适用。

（三）贵族与官员的法定特权

（1）八议。“八议”即八种具有特殊身份的人，此制于《周礼》已见雏形，并为后世沿袭，“《周礼》以八辟丽邦法，附刑罚，即八议也。自魏、晋、宋、齐、梁、陈、后魏、北齐、后周及隋皆载于律”[②]。“八议”的具体内容，自《隋书·刑法志》中得见大概：“其在八议之科及官品第七已上犯罪，皆例减一等。其品第九已上犯者，听赎。”唐律在沿袭隋律的基础之上有更加

① 唐律中“十恶”所涉及的具体犯罪行为、刑罚及处罚特例可参见刘俊文：《唐律疏议笺解》（上册），86～103页，北京，中华书局，1996。

② 《唐六典》，卷六“刑部郎中员外郎”条。

详细的规定，详细规定了享有“八议”特权的主体，《唐律疏议·名例》“八议”条载如下：一曰议亲。（谓皇帝袒免以上亲及太皇太后、皇太后缌麻以上亲，皇后小功以上亲。）二曰议故。（谓故旧。）三曰议贤。（谓有大德行。）四曰议能。（谓有大才艺。）五曰议功。（谓有大功勋。）六曰议贵。（谓职事官三品以上，散官二品以上及爵一品者。）七曰议勤。（谓有大勤劳。）八曰议宾。（谓承先代之后为国宾者。）

关于此八种人的特权，《唐律疏议·名例》“八议者（议章）”条载：“诸八议者，犯死罪，皆条所坐及应议之状，先奏请议，议定奏裁……流罪以下，减一等。”也即，八议之人若犯应死之罪，司法机关无权审判，必须将犯罪事实与犯罪人所属的具体八议类型上报皇帝，由皇帝最终决断；八议之人除死罪以外的其他犯罪皆减一等处罚。

（2）请。“请”亦称“上请”《唐律疏议·名例》“官爵五品以上（请章）”条载：“诸皇太子妃大功以上亲、应议者期以上亲及孙、若官爵五品以上，犯死罪者，上请；（请，谓条其所犯及应请之状，正其刑名，别奏请。）流罪以下，减一等。”享有“上请”特权之人包括三类：皇太子妃大功以上亲；“八议”之人期亲以上亲属及孙；官爵五品以上之人。这些人若犯应死之罪，由司法官员将具体身份与应处的绞、斩之刑报请皇帝裁断；应上请之人若犯除死罪以外的其他犯罪，皆减一等处罚。

（3）减。“减”即减等处罚，《唐律疏议·名例》“七品以上之官（减章）”条载：“诸七品以上之官及官爵得请者之祖父母、父母、兄弟、姊妹、妻、子孙，犯流罪已下，各从减一等之例。”享有减之特权的主体包括两类：其一是六品、七品官员；其二是受有五品以上官爵之人的祖父母、父母、兄弟、姊妹、妻、子孙。这些人犯应处流刑以下之罪，减一等处罚。需要说明的是，若应减之人犯罪被处以流二千里，则减等处罚应处以徒三年。《唐律疏议·名例》“称加减”条载：“惟二死、三流，各同为一减。”也即唐律中所称的二千里、二千五百里、三千里减一等皆为徒三年。“八议”“请”及其他涉及减等处罚皆准此。

（4）赎与官当。“赎”即以铜赎罪而不科处真刑，亦可理解为以缴纳铜折抵刑罚。《唐律疏议·名例》“应议请减（赎章）”条载：“诸应议、请、减及九品以上之官，若官品得减者之祖父母、父母、妻、子孙，犯流罪以下，听赎。”享有以铜赎罪特权之人包括三类：其一是享有“八议”“请”“减”特权之人；其二是八品、九品官员；其三是六品、七品官员之祖父母、父母、妻、子孙。这些人犯应处流刑以下之罪的，得以缴纳赎铜以折抵刑罚。有一点需要注意：官员犯应处徒刑、流刑的犯罪，不得直接以铜赎罪，而是必须以官品折抵刑罚，此即“官当”。“官当之实质，乃官人犯流、徒罪之特殊赎刑。”① 官员只有在官当的范围之外，才准予以铜赎罪。关于唐律中官当的具体内容，《唐律疏议·名例》“官当”条载：“诸犯私罪，以官当徒者，五品以上，一官当徒二年；九品以上，一官当徒一年。若犯公罪者，各加一年当。以官当流者，三流同比徒四年。”官当的效力取决于两方面因素：一是犯罪行为，二是官品。官员犯私罪，即与公务行为无关的犯罪或公务活动中涉及私利的犯罪，五品以上官一官当徒二年，六品以下、九品以上官一官当徒一年；官员犯公罪，即公务活动导致的犯罪，五品以上官一官当徒三年，六品以下、九品以上官一官当徒二年。以官当罪的折算标准都是以徒刑年数计算的，因此，三等流刑皆等同于徒四年。

---

① 刘俊文：《唐律疏议笺解》（上册），192页，北京，中华书局，1996。

（四）同居相为隐

“同居相为隐”即一定范围内亲属之间相互不予告发的权利，“同居相为隐”是前代“亲亲得相首匿”的进一步发展，并且扩大了容隐的范围，这实际上是儒家思想与法律制度的进一步融合。《唐律疏议·名例》“同居相为隐”条载：“诸同居，若大功以上亲及外祖父母、外孙，若孙之妇、夫之兄弟及兄弟妻，有罪相为隐；部曲、奴婢为主隐：皆勿论，即漏露其事及擿语消息亦不坐。其小功以下相隐，减凡人三等。若犯谋叛以上者，不用此律。”从律文规定的内容来看，同居亲属之间容隐的范围也是按照服制有所区分的，不同服制之间的亲属，容隐犯罪的法律后果有所不同，大致分为两类：一类是大功以上亲（包括大功亲）以及虽然服制为小功以下但情重之亲属，本条律《疏》说：“‘外祖父母、外孙若孙之妇、夫之兄弟及兄弟妻’，服虽轻，论情重。”另一类是除去外祖父母、外孙若孙之妇、夫之兄弟及兄弟妻之外的小功以下亲（包括小功亲）。前一类同居亲属相容隐不处罚，律文又明确规定部曲、奴婢为主隐亦不处罚；后一类同居亲属相容隐减凡人处罚三等。但同居相为隐仍有例外，本条律《疏》说：“谋反、谋大逆、谋叛，此等三事，并不得相隐。”

（五）自首

《唐律疏议·名例》“犯罪未发自首”条载：“诸犯罪未发而自首者，原其罪。”“犯罪未发”即他人未告发至官府或官府尚未发觉，亦可理解为尚未进入司法程序。“原其罪”即减轻或免除处罚。但自首原免尚有例外：无法恢复原状的犯罪，自首并不减免刑罚，主要包括：于人损伤、于物不可备偿、越度关、私度关、奸、私习天文，本条律《疏》载：“伤，谓见血为伤。”不可备偿之物包括“谓宝印、符节、制书、官文书、甲弩、旌旗、幡帜、禁兵器及禁书之类，私家既不合有，是不可偿之色”。“私度者，谓无过所，从关门私过。越度者，谓不由门为越。”“天文玄远，不得私习。”这些犯罪行为皆无法恢复原状，即使自首仍不予减免刑罚。

唐律中关于自首的规定还有几点需要注意的内容：首先，让他人代为自首。其可视为本人自首。法律规定可以互相容隐的亲属向官府告发视为本人自首，亲属代为自首自然等同于本人自首。其次，余罪自首。唐律还规定被官府抓获后，若将尚未被发觉的其他犯罪向官府坦白，只要不是“于人损伤”“于物不可备偿”等犯罪，未发觉的犯罪可以自首论。再次，自首不实与不尽。若自首后并未完全坦白所有的犯罪，只将部分犯罪自首的，所坦白的部分可以自首减免刑罚，但只要有自首情节，原则上可以免除死刑。最后，知他人告发而自首。得知他人欲告发自己“亡叛”即“逃亡或叛国”等犯罪，自首或未逃亡、未抗拒抓捕的，可减二等处罚，由于“亡叛”等罪性质与普通犯罪的不同，故不能完全免于处罚。但得知他人赴官府告发，逃避官府抓捕的，不得以自首论。

（六）化外人相犯

《唐律疏议·名例》“化外人相犯”条载：“诸化外人，同类自相犯者，各依本俗法；异类相犯者，以法律论。”以现代法律观念观之，唐律此条是为处理涉外案件而规定的，其中包含了“属人”与“属地”两方面的法律适用标准：“同类自相犯”，即同属一国之人相犯，适用

“化外人”本邦之法，此为“属人主义”；“异类相犯”，即国别不同之人相犯，适用唐律定罪量刑，此为“属地主义”[①]。但有一点需要注意，关于“化外人”的含义，本条律《疏》解释为：“谓蕃夷之国，别立君长者，各有风俗，制法不同。”而化外人相犯，本条律《疏》所举的事例为“若高丽之与百济相犯之类”，高丽、百济与大唐之间的关系实质上和现代国家之间的关系并不相同，因此，唐律此条之含义与现代国际法所表达的内容还是存在本质上的差别的。但“化外人相犯”条的积极意义是值得肯定的。

（七）“比附论罪”与“轻重相举”

唐律对于犯罪行为及其处罚的规定一般采取：概括规定、具体列举、比附论罪、轻重相举四层次相结合的方式。概括规定不涉及具体犯罪情节、犯罪工具、犯罪时机、犯罪主体与犯罪对象间的身份关系等详情，具体列举则将以上详情包揽无遗，比附论罪涉及的是与律中所规定的典型犯罪罪质相同、犯罪形式相异的犯罪。在具体列举与比附论罪中，又可依犯罪主体与犯罪对象间是否存在特殊身份关系分为两类。轻重相举包含了所有在律无文的犯罪，按《唐律疏议·名例》“断罪无正条”条：“诸断罪而无正条，其应出罪者，则举重以明轻；其应入罪者，则举轻以明重。”《疏》议曰：“断罪无正条者，一部律内，犯无罪名。‘其应出罪者’，依贼盗律：‘夜无故入人家，主人登时杀者，勿论。’假有折伤，灼然不坐……此并‘举重明轻’之类……按贼盗律：‘谋杀期亲尊长，皆斩。’无已杀、已伤之文，如有杀、伤者，举始谋是轻，尚得死罪；杀及谋而已伤是重，明从皆斩之坐……是‘举轻明重’之类。”此将一切犯罪包揽无遗，避免了有罪无罚之情况。

就“轻重相举”与“比附”的含义来说，唐人赵冬曦、清人沈家本与日本学者仁井田陞将“轻重相举”等同于“比附”；我国台湾地区刑法学者蔡墩铭认为“轻重相举”近似于现代刑法解释学中的论理解释；我国台湾地区学者戴炎辉与大陆学者刘俊文肯定“轻重相举”所具有的论理解释性质，但又将其归入广义的“比附”，戴、刘之说颇具折中性质。我国台湾地区学者黄源盛总结上述观点认为，“比附援引”之性质近似于近现代刑法理论中的类推，“轻重相举”之性质近似于论理解释中的当然解释。[②]“比附论罪”与“轻重相举”不可等量观之，就其外延来说，律文中“比附论罪”的适用必须要求有相似之律文依据，所涵盖之范围相对有限；“轻重相举”则不要求有确定的律文依据，涵盖之范围较宽。其两者亦不在同一层面适用，两者结合才能构成唐律完整的罪刑体系。

这里对“比附论罪”“轻重相举”之评价只限于立法层面，法律实践中其确为官吏弄权、罪刑擅断开启了方便之门，但这是确定的法律在运行层面的问题。对援引、比附等不确定的立法模式最直接、最尖锐的批判来自唐人赵冬曦：“神龙元年正月，赵冬曦上书曰：‘臣闻夫今之律者，昔乃有千余条。近有隋之奸臣，将弄其法，故着律曰：犯罪而律无正条者，应出罪则举重以明轻，应入罪则举轻以明重。立夫一言，而废其数百条。自是迄今，竟无刊革，遂使死生罔由乎法律，轻重必因乎爱憎，赏罚者不知其然，举事者不知其犯。臣恐贾谊见之，必为恸哭

---

① 戴炎辉：《唐律通论》，戴东雄、黄源盛校订，433页，台北，元照出版有限公司，2010。

② 参见黄源盛：《唐律轻重相举条的法理及其运用》，载林文雄教授祝寿论文集编辑委员会主编：《当代基础法学理论——林文雄教授祝寿论文集》，261～292页，台北，学林文化事业有限公司，2001。

矣！夫立法者，贵乎下人尽知，则天下不敢犯耳，何必饰其文义、简其科条哉？夫条科省则下人难知，文义深则法吏得便。下人难知，则暗陷机阱矣，安得无犯法之人哉！法吏得便，则比附而用之矣，安得无弄法之臣哉！臣请律令格式，复更刊定，其科条言罪，直书其事，无假饰文；其以准、加减、比附、原情及举轻以明重，不应为而为之类，皆勿用之。使愚夫愚妇闻之必悟，则相率而远之矣，亦安肯知而故犯哉！苟有犯者，虽贵必坐，则宇宙之内，肃然咸服矣。故曰：法明则人信，法一则主尊。书曰：刑期于无刑。诚哉是言。'"①

赵氏意图在于减少司法活动中的官吏擅权、出入人罪，但依唐律客观具体之立法体例言之，赵氏观点则过于理想化。② 就唐律立法上的完善与实践中的异化的矛盾，黄源盛曾谓："单以唐律法条、法理的优越性，并不能隐瞒历代以来君主或裁判官舞文弄法的事实，这也是专制皇朝法制下的无奈！"③ 但绝不能因此忽略唐律在立法方面的成就。

（八）老小病残刑罚的减免

唐律对于老小病残等特殊人在刑罚执行方面给予了特殊优遇，《唐律疏议·名例》"老小及疾有犯"条载："诸年七十以上、十五以下及废疾，犯流罪以下，收赎。八十以上、十岁以下及笃疾，犯反、逆、杀人应死者，上请；盗及伤人者，亦收赎。余皆勿论。九十以上，七岁以下，虽有死罪，不加刑；即有人教令，坐其教令者。若有赃应备，受赃者备之。"根据唐律的规定，老小病残之人按照年龄以及健康状况可分别享有三档法定优遇。第一档包括三类人：年龄在七十岁以上（不满八十周岁）、十五岁以下（十一岁及以上）或者废疾。所谓"废疾"，唐《户令》载："诸一目盲、两耳聋、手无二指、足无三指、手足无大拇指、秃疮无发、久漏下重、大瘿瘇，如此之类，皆为残疾。痴痖、侏儒、腰脊折、一肢废，如此之类，皆为废疾。"④ 此三类人犯当处流刑之下之犯罪，可缴纳赎铜以折抵刑罚。但有例外情形，若犯加役流、反逆缘坐流、会赦犹流者，不得收赎。第二档包括三类人：年龄在八十岁以上（不满九十周岁）、十岁以下（八岁及以上）或者笃疾。所谓"笃疾"，唐《户令》载："恶疾、癫狂、两肢废、两目盲，如此之类，皆为笃疾。"⑤ 此三类人犯罪，原则上不予处罚。但有例外情形：若犯反、逆、杀人等罪本应处死者，司法官员不得裁断，奏请皇帝听裁；若犯盗及伤人等罪者，可缴纳赎铜以折抵刑罚。第三档包括两类人：年龄在九十岁以上或者七岁及以下。此两类人一般不予处罚，但仍有例外，若因父祖反逆缘坐等罪而须配没，则执行配没。

另外，唐律还对老小病残等人享有法定优遇时特殊情况的认定作了具体规定，《唐律疏议·名例》"犯时未老疾"条载："诸犯罪时虽未老、疾，而事发时老、疾者，依老、疾论。若在徒年限内老、疾，亦如之。犯罪时幼小，事发时长大，依幼小论。"行为人犯罪时属于完全责任能力人，但刑罚执行时已达年老标准或患有身体疾病的，则仍享有法定优遇；在刑罚执行过程中达到年老标准或者患有身体疾病的，仍享有法定优遇；犯罪时年龄在十五岁以下，事后

---

① 《通典·刑法五·杂议下》。

② 另可参见陈新宇：《从比附援引到罪刑法定——以规则的分析与案例的论证为中心》，16～20页，北京，北京大学出版社，2007。

③ 黄源盛：《唐律轻重相举条的法理及其运用》，载林文雄教授祝寿论文集编辑委员会主编：《当代基础法学理论——林文雄教授祝寿论文集》，292页，台北，学林文化事业有限公司，2001。

④⑤ 〔日〕仁井田陞：《唐令拾遗》，栗劲、霍存福等编译，136页，长春，长春出版社，1989。

案发，审判以及刑罚执行之时虽然达到完全责任能力年龄，但仍按照行为时的年龄享有法定优遇。可见，唐律立法不论是在技术层面还是在观念层面皆与当代刑法之轻刑、矜恤等思潮有暗合之处。

（九）共犯罪

数人共同犯罪及其各自定罪量刑问题，是中西刑法理论中最为困难的问题之一，唐律对于共同犯罪问题作了比较有特色的规定。要注意的是，唐律中只有"共犯罪"的内容，这有别于现代刑法中的"共同犯罪"问题。《唐律疏议・名例》"共犯罪造意为首"条载，"'共犯罪者'，谓二人以上共犯"，这与现代刑法理论中的"二人以上共同故意犯罪"在内涵与外延方面皆有较大差异。关于"共犯罪"中数人的认定与处罚，唐律规定："诸共犯罪者，以造意为首，随从者减一等。"造意者为共犯罪之首犯，随从者在造意者处罚的基础之上减一等。那么何谓"造意"？《广雅・释话》载："造、昌，始也。"《晋律注》载："唱首先言谓之造意。"可见"造意"强调的是倡导、最先提出犯罪意图。"最先"自然只有一人，若是有若干人皆为"造意"者，那么，只有最先提出犯罪意图的人为"首犯"，其余人等皆为"从犯"。因此，唐律中的"共犯罪"只有"首犯"，没有"主犯"，"首犯"只有一人。

存在两种特殊"共犯罪"的处罚：其一是家人"共犯罪"，即"祖、父、伯、叔、子、孙、弟、侄共犯"，在此种情况之下，原则上只处罚"尊长"，即同居家族中的男性尊长，对其他人不予处罚。但"侵损于人"仍以常人共犯罪定罪量刑，即盗窃财物或斗殴杀伤之类，不适用"止坐尊长"。其二是"共监临主守为犯"，即与主管官员共犯罪的，不论谁为"造意"，首犯皆为监临主守，其他人为从犯。

二、行政法制的主要内容

（一）行政法规规范

唐代的行政法规以令、格、式为主，唐律中《职制》《卫禁》《厩库》《擅兴》等篇对于违反行政体制、程序以及官吏职务犯罪的处罚等方面规定了相应内容。关于四者的关系，《新唐书・刑法志》载："令者，尊卑贵贱之等数，国家之制度也；格者，百官有司之所常行之事也；式者，其所常守之法也。凡邦国之政，必从事于此三者。其有所违及人之为恶而入于罪戾者，一断以律。"

（二）行政管理体制

唐代建立了完备的中央、地方行政管理体制。皇帝是政权的核心，居于总揽全局的地位。其下设有三师（太师、太傅、太保）、三公（太尉、司徒、司空），地位尊崇，但并无实权。唐代的中枢行政机构为三省六部。中书省、门下省和尚书省分工合作，共同行使宰相职权。每一道政令下达皆"俾中书出令，门下审驳，分为二省，而尚书受成，颁之有司"①。后因运用过程中出现文书往来延缓不决的问题，遂置政事堂令中书、门下长官合署办公。主持会议的宰相

① 《文献通考・职官考四》。

被称为“执政事笔”，负责将会议结论整理成诏敕文书，奏请皇帝画敕，发尚书省施行。为分相权，玄宗设具有“内相”之称的翰林学士院，负责草拟诏书、参与决策；又设具有“枢相”之称的枢密使参与政事，由宦官专任，为唐代后期宦官擅权埋下隐患。此外，中央还设有九寺、五监，二者职权范围与尚书省六部存在交叉，仰承六部的政令，并受其监督。

唐沿袭隋制，在地方设立州、县二级，首都及陪都所在（京都府）、军事要地（都督府）、边疆少数民族地区（都护府）称府，政治地位及规格略高于州。高宗以后，带使持节的都督称“节度使”，起初只掌军事，日后权力不断扩大难以制衡，并最终演化出藩镇割据的情况。县下设乡、里，负责劝课农桑、管理户籍、征派赋税、劳役、维护治安等。由于户籍管理关系到国家的赋税收入与徭役征发，因而《户婚律》对于脱、漏户口，增减年状规定了相应的刑罚，里正、州县无论知情与否都要受罚，只是不觉处罚为轻。此外，为加强对少数民族地区的控制，唐朝在相关地区设立了羁縻都督府、羁縻府州、羁縻都护府以加强管理。

（三）职官管理制度

在“明主治吏不治民”[①] 的思想影响下，唐代对官吏的管理较为严格，设立了一套较为健全的职官管理制度，包括官吏选任、员额限制、任职回避、考课、奖惩、致仕、假宁等方面内容。官吏的选拔主要包括科举和门荫两种方式。其中，科举是唐代最主要的选官方式，包括每年进行的常选和皇帝临时或特别下诏考取名士的制举。通过考试仅取得做官资格，还需通过吏部铨试（释褐试）才能被授予官职，并取得“告身”。

为提高行政效率，避免冗员，唐代对官吏员额进行限制。如《唐律疏议·职制》“置官过限”条规定：“诸官有员数，而署置过限及不应置而置，一人杖一百，三人加一等，十人徒二年；后人知而听者，减前人署置一等；规求者为从坐，被征须者勿论。”又实行考课制，以提高官吏的素质，包含每年一考的岁课和四年一考的定课，流内官以“四善二十七最”为考课标准，流外官实行“清谨勤公，勘当明审为上；居官无怠，执事无私为中；不勤其职，数有愆犯为下；背公向私，贪浊有状为下下”[②] 四等标准。考课的结果即为奖惩的依据，若考中上加禄，中中守本禄，中下夺禄。《新唐书·选举志》载：“凡贡举非其人者、废举者、校试不以实者，皆有罚。”此外，唐代还规定了公文收发、判署的期限并建立驿传制度以加强中央与地方的联系，《唐律疏议·职制》中对于“稽程”“文书应遣驿不遣”“驿使不依题署”“增乘驿马”“乘驿马枉道”“乘驿马赍私物”等行为规定了相应的刑罚。

为避免个人因素对公务活动产生不良影响，唐代实行任职回避制，具体包括地域回避（不能在本籍及临近州县任官，京兆、河南两府不在此限）、亲族回避、职务回避（监察官员、谏官的回避，以防止监察权失效）以及科场回避四方面。

唐代官吏的退休年龄为七十岁，“年虽少，形容衰老者，亦听致仕”[③]。在唐初致仕制度执行良好，但中唐以后未能彻底执行。假宁制度主要包括例假、探亲假、婚假、丧假，各有期限，不得超期，否则即要受罚。

---

① 《韩非子·外储说右下》。

② 《唐六典》，卷二“考功郎中”条。

③ 《通典·职官十五·致仕官》。

（四）行政监察制度

唐代监察制度包含监察官员纠弹百官以及谏官谏诤皇帝两方面。中央监察机关为御史台（武后时曾分为左、右肃正台，后合并），主要负责监察行政、司法系统，也参与部分案件的审判，下设台院、殿院和察院，职权各有不同。台院主要负责纠察中央官员，并参与大理寺审判以及审理皇帝交付的案件；殿院“掌殿廷供奉之仪式。凡冬至、元正大朝会，则具服升殿。若郊祀、巡幸，则于卤簿中纠察非违，具服从于旌门，视文物有所亏阙，则纠之。凡两京城内，则分知左右巡，各察其所巡之内有不法之事”①；察院分为“部察”（监察六部）和“道察”（监察地方）。唐代为加强对地方的控制，将全国分为十道监察区，后改为十五道，由皇帝派遣巡按使（玄宗时称采访处置使，观察使），监察州、县官员。唐律中称监察官员为“纠弹之官”，要求“访察精审，弹举必当”②。若纠弹之官当纠弹而不纠弹，按《唐律疏议·斗讼》“监临知犯法不举劾”条之规定，减罪人罪二等进行处罚，较之“监临主司知所部有犯法，不举劾者，减罪人罪三等”为重，可见纠弹之官基于其身份负有更重的监察义务。起初，纠弹之官按汉代“六条问事”进行纠弹，玄宗时在此基础上制定《六察法》，使监察的范围大为扩充。与此同时，为防止出现诸如“风闻弹人”、结成朋党等消极后果，要求“每弹人，必先进内状，许乃可”③“今后上封弹奏，人自陈论，不得群署章疏”④。《唐律疏议·斗讼》“诬告反坐”条规定：纠弹之官挟私弹事不实者，当以所弹之事反坐。为吸取隋朝灭亡的教训，唐代建立谏官机构，位于中书省和门下省。谏官的职责在于“凡发令举事，有不便于时，不合于道，大则廷议，小则上封。”⑤ 奏议与封驳是其主要的谏诤方式，对于政策、法令、重大措施中的不当之处以及皇帝的不当言行都要规谏，这对于纠正决策失误大有裨益。

（五）军事管理制度

唐代初期实行府兵制，基本组织单位为折冲府。卫士从各州、县二十一岁到六十岁的壮丁中挑选，自备武装，负责京师防务、戍守边塞，不上番时从事生产。“有事则将以征伐，事已各解而去。”⑥ 卫士若应上番不到及因假而违，按《唐律疏议·卫禁》“宿卫上番不到”条：“一日笞四十，三日加一等；过杖一百，五日加一等，罪止徒二年。”随着土地兼并日益严重，府兵制逐渐为募兵制取代，这种临时招募的士兵被称为“征人”。开元年间募兵制被推行于边防军之中，这种就地募兵的权力为日后藩镇割据局面的形成了埋下了隐患。

唐代军事立法较为完备，对于军人的职责、赏罚等都有较为详细的规定。逃避服兵役、擅发兵、乏军兴、泄露军事机密、临阵脱逃、投降等行为都要受罚。唐代军事立法不限于律、令、格、式，将军于战时临时颁布的军令亦是重要的组成部分。《唐律疏议·擅兴》“征人稽留”条载：“军中号令，理贵机速，用舍从权，务在成济。”为保证军事行动的顺利进行，战时

① 《旧唐书·职官三》。

② 《唐六典》，卷二“考功郎中”条。

③ 《隋唐嘉话》。

④ 《旧唐书·德宗本纪上》。

⑤ （宋）李昉等：《太平御览》，1062页，北京，中华书局，1960。

⑥ 《新唐书·方镇一》。

需赋予将军便宜行事之权，其颁布的军令在军队中效力高于律，战后即失去效力。《唐律疏议·擅兴》“主将临阵先退”条规定，“直违将军教令，在律无条，军还之后，不合论罪”。此外，从军征讨者若死亡当送还本乡、若受伤患病须提供医食，否则按《唐律疏议·杂律》“征行身死不送还乡”条论处：“违而不送者，杖一百。若伤病而医食有阙者，杖六十；因而致死者，徒一年。”

三、《唐六典》及其性质

《唐六典》是奉皇帝诏命由官方修撰而成的典章制度汇编，关于其修撰过程，《大唐新语》载：“开元十年，玄宗诏书院撰《六典》以进。时张说为丽正学士，以其事委徐坚。沉吟岁余，谓人曰：‘坚承乏，已曾七度修书，有凭准皆似不难。唯《六典》，历年措思，未知所从。’说又令学士毋婴等，检前史职官，以今式分入六司，以今朝《六典》，象周官之制。然用功艰难，绵历数载。其后张九龄委陆善经，李林甫委苑咸，至二十六年，始奏上。百寮陈贺，迄今行之。”开元十年（公元722年），唐玄宗亲书六条：理、教、礼、政、刑、事，并下诏要求将唐代官制按照《周礼》体例撰成《唐六典》，时任宰相张说最初交由徐坚编修，但“历年措思，未知所从”，数度更换编修人员后，最终于开元二十六年（公元738年）修成奏上，书题“御撰，李林甫等奉敕注”。《唐六典》中编入了很多令、式等法律规范的内容，具体内容包括：国家机构设置，人员编制、职责以及各司官员选拔、任用、考核、奖惩等规定。《唐六典》正文三十卷，分别是：三师、三公、尚书省；尚书吏部；尚书户部；尚书礼部；尚书兵部；尚书刑部；尚书工部；门下省；中书省、集贤院、史馆、匦使院；秘书省；殿中省；内官、宫官、内侍省；御史台；太常寺；光禄寺；卫尉、宗正寺；太仆寺；大理、鸿胪寺；司农寺；太府寺；国子监；少府、军器监；将作、都水监；诸卫；诸卫府；太子三师、三少、詹事府、左右春坊、内官；太子家令、率吏、仆寺；太子左右卫及诸率府；诸王府、公主邑司；三府、都督、都护、州县官吏。同时，《唐六典》还将这些制度的历史沿革附注于后。

就《唐六典》本身的性质来说，其并非法典，唐代的“典”也非与律、令、格、式并行的法律形式。如上所述，《唐六典》中的确包含了部分令、式的内容，但这些内容只是唐代部分令、式的摘要或概括，并非令、式的全部，也不是某些具体法律规范的全文；而且，有唐一代，《唐六典》并未作为法律规范行用；更加重要的是，编撰《唐六典》的过程并非立法活动，修撰机构为“书院”①。因此，《唐六典》虽然是记载了唐代大量典章制度的重要文献并且记载了大量法律内容，但其本身并非法典，也不是一种法律形式。

四、民事与经济法制的主要内容

（一）契约制度

据传世文献的记载，西周时期已有“契约”出现，主要包括傅别、质剂、书契三种形式，形式较为单一，内容相对简单。经由秦汉魏晋时期的发展，唐代的契约形式已相对规范化和固

---

① 关于《唐六典》的性质，可参见钱大群：《唐律与唐代法制考辨》，314～335页，北京，社会科学文献出版社，2013。

定化，在敦煌和吐鲁番出土的唐代文书中见有大量订立契约的“样文”，同时契约内容也渐趋复杂化和完备化，一般包括标的、价金、交割方式、期限、违约责任、担保等。

唐初统治者吸取隋亡教训，轻徭薄赋，与民休息，社会经济得到了恢复并逐渐发展，与之相应的是财产关系变动频繁，契约文书在经济交往中被普遍使用。因此，相关法规对契约的订立、履行、违约责任等内容作了较为细致的规定，以保证经济活动正常有序。

1. 契约的订立和履行

买卖契约和借贷契约是唐代最为普遍的契约形式，在唐代有关契约的法律规范当中，与买卖、借贷相关的规范占多数。

唐代对买卖契约的规定，根据标的可分为动产和不动产两类，对于不动产尤其是田土的买卖程序、形式、条件和范围等都有严格规定。第一，《唐令·田令》规定买卖田土必须向官府申请办理文牒，即“凡卖买，皆须经所部官司申牒，年终彼此除附。若无文牒，辄卖买财没不追，地还本主”。第二，为维护均田制的长久稳定，土地买卖受到很大限制，永业田只有在满足一定条件的情况下才被允许买卖，对于一般庶民，“身死家贫无以供葬者，得卖永业田”“乐迁就宽乡者，并得卖口分田”，对于经商地主，“卖充田宅、邸店、碾硙者，虽非乐迁，亦听私卖”①，但对于官僚贵族的永业田和赐田则放宽限制。第三，田土买卖契约中要写明买卖双方姓名、中人、地价、土地亩数和四至等内容。对于部分重要动产的交易，唐代法律亦作出规定。《唐令·关市令》载，“凡买卖奴婢、牛马，用本司本部公验以立券”。若买卖不立市券则予以处罚，《唐律疏议·杂律》载：“诸买卖奴婢、马、牛、驼骡、驴等，已过价，不立市券，过三日笞三十，卖者减一等。”法律还明确规定了在买卖契约履行过程中卖家对标的物瑕疵的担保责任，《唐律疏议·杂律》规定，“立券之后，有旧病者，三日内听悔”。

唐代的借贷契约分为无息和有息两种，即“负债”和“出举”，法律针对有息借贷的规定较多，为限制高利盘剥、抑制其害，唐朝统治者多次下诏明定利息和取利限额，“天下负举，只宜四分收利”②、“诸公私以财物出举者……每月取利不得过六分，积日虽多，不得过一倍”③。

2. 违约责任

为保证契约的正常履行和双方的合法权益，对于违约不履行者，可诉至官府寻求救济，并由官府根据具体违约情节对违约方予以相应处罚。《唐律疏议·杂律》载：“诸负债违契不偿，一匹以上，违二十日，笞二十，二十日加一等，罪止杖六十；三十匹，加二等；百匹，又加三等，各令备偿。”债权人亦可采取“自力救助”的办法，具体形式分为两种：其一为“牵掣”。《唐律疏议·杂律》规定：“公私债负，违契不偿，应牵掣者，皆告官司听断。若不告官司而强牵财物，若奴婢、畜产，过本契者，坐赃论。”此办法一方面规定债权人得自取债务人财物以保护自身债权，另一方面亦规定“牵掣”须报官司而行，且所取财物不得超过债务，从而将“牵掣”置于官司管理中并在一定程度上保护债务人权利。其二为“役身折酬”。《唐令·杂令》规定：“诸公私以财物出举者，任依私契，官为不理……家资尽者，役身折酬，役通取户内男

---

① 《唐令·田令》。

② 《唐会要·盐铁》。

③ 《唐令·杂令》。

口……”当债务人家资殆尽时，债权人可令债务人户内所有男子为其劳役以折抵债务。

（二）婚姻制度

唐代婚姻的缔结要满足一定的形式要件：第一，男女双方要达到法定结婚年龄。贞观元年（公元627年）规定法定结婚年龄为：男年二十，女年十五；开元二十五年（公元737年）有所降低，改为：男年十五，女年十三以上。第二，需有“父母之命，媒妁之言”。唐律确定并维护尊长对于卑幼的定婚和主婚权，且要求缔结婚姻必须要有媒妁介绍，即“嫁娶有媒”①，“为婚之法，必有行媒”②。第三，实行婚约财礼制度。《唐律疏议・户婚》规定：“诸许嫁女已报婚书及有私约，而辄悔者，杖六十。虽无许婚之书，但受聘财亦是。”订立“婚书”、私约或接受财礼，婚约便已具有了法律约束力，“无故辄悔者，杖六十。更许他人者，杖一百，已成婚者，徒一年半，女追归前夫”。第四，整个缔结婚姻的过程要经过“六礼”程序。也即纳采、问名、纳吉、纳征、请期、亲迎六种仪式。唐代对于缔结婚姻还有诸多限制，“同姓为婚”“有服亲属为婚”“良贱为婚”“为婚妄冒”“有妻更娶妻”“以妻为妾、以婢为妻、以妾及客女为妻”“娶逃亡妇女”“官员为己或亲属娶所监临女”“卑幼自娶妻”等皆在法律禁止之列，对违律为婚者予以严厉处罚。

唐代离婚分为出妻、断离、和离三种情况：第一，出妻即“休妻”，指男方单方面解除婚姻关系。《唐令・户令》规定：“凡弃妻须有七出之状：一无子，二淫逸，三不事舅姑，四口舌，五盗窃，六妒忌，七恶疾。皆夫手书弃之……虽有弃状，有三不去：一经持舅姑之丧，二娶时贱后贵，三有所受无所归。即犯义绝及淫逸恶疾，不拘此令。”第二，断离指夫妻“义绝”，国家强制离婚。“义绝”指夫或妻，殴打或詈骂对方祖父母、父母，或杀伤对方尊亲属、近亲属等，犯此者，是谓夫妻恩义已绝，必须离婚，如判“义绝”而不离者，处徒刑一年。第三，和离，即基于双方自愿协议离婚。《唐律疏议・户婚》规定，“若夫妇不相安谐而和离者，不坐”。

（三）继承制度

唐代实行宗法主义的继承制度，将继承分为两种：一种是身份的继承，即宗祧继承，另一种是财产的继承。宗祧继承主要包括对家长或族长身份、祭祀权、爵位、荫庇权等的继承，唐律对此继承的原则和方式有明确的规定。《唐令・封爵令》规定：“王、公、侯、伯、子、男，皆子孙承嫡者传袭。无嫡子，立嫡孙；无嫡孙，以次立嫡子同母弟；无母弟，立庶子；无庶子，立嫡孙同母弟；无母弟，立庶孙。曾、玄以下准此。”若无子孙者，“听养同宗于昭穆合者”“无后者为户绝”。对于立嫡违法者，《唐律疏议・户婚》规定“徒一年”。财产继承实行“诸子均分”原则，《唐令・户令》规定：“应分田宅及财物者，兄弟均分……兄弟亡者，子承夫分。兄弟俱亡，则诸子均分，其未娶妻者，别与聘财。姑姊妹在室者，减男聘财之半，寡妻妾无男者，承夫分。”女子出嫁后原则上没有继承权，但据《宋刑统・户婚》“户绝资产”条引唐开成元年七月五日敕节文“自今后，如百姓及诸色人绝，无男，空有女，已出嫁者，令女合

① 《唐律疏议・名例》。
② 《唐律疏议・户婚》。

得资产”可知，出嫁女在“户绝”情况下，依法可得全部家产。

（四）土地制度

隋末战乱，造成人口大量流亡，土地被大面积抛荒，作为传统经济基础的农业遭到了严重破坏，如何稳定流民、恢复农业生产成了亟须解决的问题。唐初实施均田制并不断对其进行完善，武德七年（公元 624 年）颁布《均田令》：“丁男、中男给一顷，笃疾、废疾给四十亩，寡妻妾三十亩，若为户者加二十亩。所授之田，十分之二为世业，八为口分。世业之田，身死则承户者便授之，口分则收入官，更以给人。”“狭乡授田，减宽乡之半，其地有薄厚，岁一易者，倍授之。宽乡三易者，不倍授。”开元二十五年（公元 737 年）又有所完善：“丁男给永业田二十亩，口分田八十亩，其中男十八以上亦依丁男给。老男、笃疾、废疾，各给口分田四十亩，寡妻妾各给口分田三十亩。先有永业者，通充口分之数。黄、小、中、丁男女及老男、笃疾、废疾、寡妻妾当户者，各给永业田二十亩，口分田二十亩。应给宽乡，并依所定数。若狭乡新受者，减宽乡口分之半。其给口分田者，易田则倍给。”①

为保护均田制的稳定，唐律严禁“占田过限”和官吏侵夺私田，禁止随意出卖、贴赁和质口分田，禁止“盗耕种公私田”“妄认盗卖公私田”“盗耕人墓田”等，违者予以严厉处罚。但因人口增多、国家掌握土地减少、土地兼并和土地私有化加剧等缘故，唐中后期逐渐放宽了对土地买卖的限制，均田制逐渐遭到破坏。

（五）禁榷制度

唐朝的禁榷主要针对的是获利甚丰的盐、酒、茶三类商品。唐初时商税很轻，且盐、酒、茶等商品皆不收税，但是到了唐朝中后期，伴随着均田制遭到破坏，地方藩镇自立，国家财政出现危机，国家开始逐步对盐、酒、茶三类利润丰厚的商品收税以致禁榷专卖。唐玄宗开元年间，开始征收盐税；唐肃宗乾元元年（公元 758 年）进一步变盐法，实行“榷盐”专卖制度。唐代宗广德二年（公元 764 年），唐朝开始征收酒税；唐德宗建中三年（公元 782 年），开始实行“榷酒”专卖制度。唐德宗建中三年（公元 782 年），开始征收茶税；唐穆宗时期，开始实行“榷茶”专卖制度，但“榷茶”引起了天下大怨、普遍反对；唐文宗遂于大和九年（公元 835 年）停止“榷茶”专卖，恢复茶税制。

五、唐律的历史地位及其影响

《唐律疏议》为我国现存最早、保存最完整的法典与法律学著作，其集先代立法之大成、开后代立法之先河，对东亚各国法制的建立和完善也产生过广泛、深远的影响，是东亚文化圈形成与发展的重要基础。关于其历史地位，《明史·刑法志》载：“自汉以来，刑法沿革不一。隋更五刑之条，设三奏之令。唐撰律令，一准乎礼，以为出入。宋采用之，而所重者敕。律所不载者，则听之于敕。故时轻时重，无一是之归。元制，取所行一时之例为条格而已。明初，丞相李善长等言：‘历代之律，皆以汉《九章》为宗，至唐始集其成。今制宜遵唐旧。’太祖从

① 《唐令·田令》。

其言。”可见唐律乃是自秦汉以来法典发展的最成熟形态，其撰成后对后世法典影响极大，且本身亦在后世很大程度上发挥着制定法的效力。《历代刑法考・刑制总考四》载：“宋以后皆遵用，虽间有轻重，其大段固体本于唐也。”同时，其在立法技术、法律原理方面的成就也远远超过了同时代的西方各国。“在当时世界上，达到像唐律（及律疏）这样发达程度的法典一部也没有。即使被称为中世纪西欧划时代法典的《加洛林纳法典》，也比唐律晚了九百年，且发达的程度也远不如唐律。甚至19世纪西欧的刑法典，与其相比也未必增色多少。”[①] 日本、朝鲜、越南等周边国家在法典编纂的过程中对于唐律基本上是全面模仿的。“罗马法代表了古代奴隶制文明、唐律疏议代表了古代封建制文明、拿破仑法典代表了近代资本主义制文明。”[②] 由此可见，《唐律疏议》是代表中古时期法治文明最高水平的世界性法典。

第四节　司法制度

一、司法机构

（一）中央司法机构

（1）审判机构——大理寺。秦汉时期，审判机构主要是廷尉，北齐将廷尉改为大理寺，后世在机构设置方面始终沿袭。唐代大理寺负责审理中央百官犯罪及京师徒刑以上案件，对刑部移送来的地方死刑案件有重审权；但判处徒、流刑的案件，须移交刑部复核；死刑案件的判决须奏请皇帝最终决断。在人员设置方面，大理寺设置官吏共计285人，大理卿与大理少卿为大理寺的正、副长官，官职分别为从三品与从四品上。[③]

（2）复核机构——刑部。刑部执掌全国司法行政事务，并复核大理寺判决的流刑以下及州县判决的徒刑以上案件，有权将这些案件发回重审。在人员设置方面，刑部设置官吏共计191人。其中刑部尚书、刑部侍郎为刑部正、副长官，官职分别为正三品、正四品下[④]，可见行政级别高于大理寺的正、副长官。

（3）监察机构——御史台。唐代中央监察机构为御史台，下设有三个院：台院、殿院、察院。台院（侍御史），掌纠察百僚、弹劾不法；审判皇帝特命的案件，并与门下省的给事中、中书省的中书舍人分直朝堂，受理冤讼，并称“小三司”。殿院（殿中侍御史），掌殿廷供奉之仪式，纠察朝会典礼失仪和随驾检举非违等事。察院（监察御史），掌监察地方官吏及尚书省的六部。唐代以“道”为监察区，唐太宗时全国划分为十道，玄宗时增为十五道。每道派监察御史一人，后来也称巡按使、观察使、按察使等。唐代御史台监督中央机构的官吏以

① 〔日〕仁井田陞：《补订中国法制史研究・刑法》，172页，东京，东京大学出版会，1981。转引自何勤华：《律学考》，169页，北京，商务印书馆，2004。

② 曹漫之主编：《唐律疏议译注》，序言，7页，长春，吉林人民出版社，1989。

③ 参见《唐六典》，卷十八“大理寺”条。

④ 参见《唐六典》，卷六“尚书刑部”条。

及地方的官吏、弹劾不法，又称“宪司”“宪府”，被称作“执法之地”。在人员设置方面，御史台设置官吏共计136人，其中御史大夫、御史中丞分别为御史台正、副长官，官职分别为从三品、正五品上。[①] 从部门正、副长官的行政级别来看，御史台低于大理寺与刑部。

图7-2　唐令守断案[③]

(二) 地方司法机构

(1) 司法参军负责刑事审判。唐代司法参军的职掌为，“法曹司法参军事，掌鞫狱丽法、督盗贼、知赃贿没入”[②]。具体来说，“（三府、诸都督府、诸州）法曹、司法参军，掌律、令、格、式，鞫狱定刑，督捕盗贼，纠逖奸非之事，以究其情伪，而制其文法。赦从重而罚从轻，使人知所避而迁善远罪”[④]。“鞫狱定刑”大致属于刑事司法的范围，其司法依据则是律、令、格、式。

(2) 司户参军负责民事审判。唐代司户参军的职掌为，“户曹司户参军事，掌户籍、计账、道路、过所、蠲符、杂徭、逋负、良贱、刍藁、逆旅、婚姻、田讼、旌别孝悌”[⑤]。具体来说，“（三府、诸都督府、诸州）户曹、司户参军，掌户籍、计帐，道路、逆旅，田畴、六畜、过所、蠲符之事，而剖断人之诉竞。凡男女婚姻之合，必辨其族姓，以举其违；凡井田利害之宜，必止其争讼，以从其顺。凡官人不得于部内请射田地及造碾磑，与人争利”[⑥]。可见，与司法参军的相比，司户参军的职掌有两个特点：其一是涉及事项较多；其二是具体职掌皆为琐碎之事。

(三) 特殊司法机关——三司

由中书省中书舍人、门下省给事中和御史台侍御史等官员组成司法机构，鞫听“天下冤滞”、详决“国之大狱”，此谓“三司”。《唐六典》中有以下记载：“凡国之大狱，三司详决，若刑名不当，轻重或失，则援法例退而裁之……凡天下冤滞未申及官吏刻害者，必听其讼，与御史及中书舍人同计其事宜而申理之。（每日令御史一人共给事中、中书舍人受辞讼。若告言官人事害政者及抑屈者，奏闻；自外依常法。）”[⑦] “凡察天下冤滞，与给事中及御史三司鞫其事。”[⑧] “凡天下之人有称冤而无告者，与三司诘之。（三司：御史大夫，中书，门下。大事奏裁、小事专达。）”[⑨] “凡三司理事，则与给事中、中书舍人更直于朝堂受表。（三司更直，每日

---

① 参见《唐六典》，卷十三“御史台”条。
② 《新唐书·百官四下》。
③ 参见刘昕主编：《中国古版画》，人物卷·教化类，长沙，湖南美术出版社，1998。
④ 《唐六典》，卷三十三“府督护州县官吏”条。
⑤ 《新唐书·百官四下》。
⑥ 《唐六典》，卷三十三“府督护州县官吏”条。
⑦ 《唐六典》，卷八“给事中”条。
⑧ 《唐六典》，卷九“中书舍”人条。
⑨ 《唐六典》，卷十三“御史大夫”条。

一司正受，两司副押，更递如此。其鞫听亦同。）”①“三司”可概括为：“依据法令规定，由中枢部门中书省、门下省和中央监察部门御史台联合组成的、作为最高审级而直接对皇帝负责的、类似于最高法院的常设司法机构。”②“三司”在唐代司法体系中的地位极高，直接对皇帝负责，即“大事奏裁，小事专达”，有权受理县、州及尚书省在内的各级司法机关处理不当之上诉案件。

另外，唐代还有刑部、大理寺、御史台官员共同推鞫案件的事例，这类案件一般是重大案件，但是，这类司法组织是临时性的，案件审理结束即撤销。唐代宗大历四年（769年）六月三日敕：“有大狱即命中丞、刑部侍郎、大理卿允，谓之大三司使。次又以刑部员外郎、御史、大理寺官为之，以决疑狱，谓之小三司使，皆事毕日罢。”③同时，其组成人员并不固定，有时由“三司”正、副长官组成，如刑部尚书、侍郎，御史大夫、中丞，大理卿、少卿，有时由“三司”中其他官员组成，如刑部郎中、员外郎、侍御史、殿中侍御史、监察御史、大理丞、大理正、司直、评事等。临时机构组成后，一般赴案发地点进行推鞫。“若三司所按而非其长官，则与刑部郎中、员外郎、大理司直、评事往讯之。”④

二、诉讼与审判

（一）案件的受理机构与审级

1. 专门机构受理辞诉

唐代规定了受理辞诉的专门机构，其余官司无权受理。提起告诉者亦只能向专门机构告诉。唐代受理辞诉的专门官司分为中央和地方两级。

中央受理辞诉的专门官司按其职掌不同，可分为以下三类：其一是在京专受辞诉的专门机构，为尚书省、御史台和“三司”（由中书省中书舍人、门下省给事中和御史台侍御史组成）；其二是大理寺专受内外官人之投告辞诉；其三是中央政府派往各地巡视省察之使节，如巡察使、按察使、巡抚使等，可受理巡察之地投告辞诉。

地方受理辞诉的专门官司是州、县级政府。其中州一级地方政府的户曹参军、司户参军专门受理民事诉讼，法曹参军、司法参军专门受理刑事诉讼；而县一级地方政府的行政长官县令则被要求“躬亲狱讼”⑤，即全面受理，未有刑、民之分。

凡投告辞诉，皆不得向上述官司以外之他司，特别是严格禁止向军、府投告辞诉；即使有告诉，军、府之官亦不得受理。除非投告之人所告之事为谋反、逆、叛及盗等重大犯罪，始得受诉，但军、府受诉后一日内必须转送附近有受理辞诉之职权的官司，而不得自行审理，否则即依律科罚。《唐律疏议·斗讼》“告人罪须明注年月”条载：“其军府之官，不得辄受告事辞牒。”又《唐律疏议·斗讼》“犯罪皆经所在官司首”条载：“诸犯罪欲自陈首者，皆经所在官

---

① 《唐六典》，卷十三“侍御史”条。

② 刘俊文：《唐代法制研究》，245页，北京，文津出版社，1999。

③ 《唐会要·诸史杂录》。

④ 《唐六典》，卷十三“侍御史”条。

⑤ “京畿及天下诸县令之职……审察冤屈，躬亲狱讼，务知百姓之疾苦。”（《唐六典》，卷三十三“府督护州县官吏”条，亦可见《旧唐书·职官三》。）

司申牒，军府之官不得辄受。其谋叛以上及盗者，听受，即送随近官司。若受经一日不送及越览余事者，各减本罪三等。”专司受诉之制确立之目的在于规范司法程序，尤其是控制诉讼的渠道，防止非司法部门，尤其是军事部门干预司法。① 不过，这一规定在唐后期有所变化，唐德宗贞元中有诏：“贞元……七年……三月……辛巳，诏神威、神策六军将士自相讼，军司推劾；与百姓相讼，委府县推劾；小事移牒，大事奏取处分，军司、府县不得相侵。”② 此后军、府及其长官获得一定的受理辞诉职权。

2. 自下而上逐级上告

唐代司法审级制度规定得也极为复杂，有权受理辞诉的官司依照其行政级别自下而上分为四级：第一级是县司，第二级是州、府司和都督、都护府司，第三级是尚书省，第四级是“三司”。《唐律疏议·斗讼》“越诉”条载：“凡诸辞诉，皆从下始。从下至上，令有明文。谓应经县而越向州、府、省之类，其越诉及官司受者，各笞四十。”其中的“令有明文”即《唐令·公式令》中的相关规定，具体内容可见《唐六典》卷六“刑部郎中员外郎”条载：“凡有冤滞不申欲诉理者，先由本司、本贯；或路远而踬碍者；随近官司断决之。即不伏，当请给不理状，至尚书省，左、右丞为申详之。又不伏，复给不理状，经三司陈诉。”一般诉讼案件的告诉人应当向所在县司投告辞诉，如对县一级受诉机关的审判结果不服，则可要求发给上诉证明“不理状”，然后持状向上级州、府司或都督、都护府司“上诉”；如对州一级受诉机关的审判结果仍旧不服，则可再次要求发给“不理状”，然后持状进京，向中央尚书省“上诉”；如对尚书省的审判结果还是不服，则继续要求发给“不理状”，然后持状向最高诉讼官司“三司”上诉；对“三司”的审判结果不服，再邀驾、挝鼓或上表，直诉于皇帝。规定逐级上诉的意图是通过完善诉讼程序来间接保障诉讼公正，若违反这一程序，逾级上诉，即为越诉。越诉是非法行为。一方面，凡越诉概不得受理；另一方面，诉讼人合法的逐级上诉，相应官司亦必须受理，否则要予以处罚。《唐律疏议·斗讼》“越诉”条载：“诸越诉及受者，各笞四十。若应合为受，推抑而不受者笞五十，三条加一等，十条杖九十。”《疏》议曰：“凡诸辞诉，皆从下始。从下至上，令有明文。谓应经县而越向州、府、省之类，其越诉及官司受者，各笞四十。若有司不受，即诉者亦无罪。‘若应合为受’，谓非越诉，依令听理者，即为受。推抑而不受者，笞五十。‘三条加一等’，谓不受四条杖六十，十条罪止杖九十。若越过州诉，受词官人判付县勘当者，不坐。请状上诉，不给状，科‘违令’，笞五十。”

若违反法律规定越级告诉，告诉者与受诉官司各笞四十。若对告诉者合法的诉讼，应予受理的官司不予受理，则拒受官司拒受一条笞五十，每三条加一等，即拒受四条杖六十，拒受七条杖七十，拒受十条杖九十。可见唐律对于告诉人的要求是依法而告，对受诉官司的要求是该受理的必须受理、不该受理的不得受理。另外，告诉人不服判决欲上诉，可要求作出判决的官司发给上诉凭证“不理状”，官司拒而不发的行为，也是违法行为，要受到处罚；官司拒不发给“不理状”并不影响告诉人上诉，时经三日，上讼人只要记下不给官司之姓名，虽无“不理状”，仍可按级上诉。而上级官司受诉后，只要问明不给原因，即可依情处断。虽然唐令原文不存，但日本《养老令》保存完整，其内容基本沿袭唐《永徽令》，故据此可以看到唐令的具

① 参见刘俊文：《唐代法制研究》，166页，北京，文津出版社，1999。

② 《旧唐书·德宗本纪下》。

体规定。日本《养老令·公式令》第53条载："凡诉讼皆从下始，各经前人本司、本属，若路远及事碍着，经随近官司断之。断讫，诉人不服，欲上诉者，请'不理状'以次上陈。若经三日内不给，听诉人录不给官司姓名以诉。官司准其诉状，即下推不给所由，然后断决。"①

另外，需要注意的是向尚书省上诉的案件，必须是被枉判徒罪以上的案件。被枉判杖罪以下的案件，不得向尚书省上诉。同时向尚书省上诉者，必须由上诉人先向京城四面关附近之州、县司申诉，并出示"不理状"，由近关州、县勘实后上报尚书省，递送至京，而不得由上诉人自行上诉至尚书省。

（二）案件受理程序——"三审"

唐制，官司受理辞诉以后，须对告诉人进行三次审问，核实诉状与诉讼内容，然后才能正式立案审理，即"三审"立案制。首先，受诉官司向告诉人说明诬告反坐的法律规定，即《唐律疏议·斗讼》"诬告反坐"条："诸诬告人者，各反坐。即纠弹之官，挟私弹事不实者，亦如之。（反坐致罪，准前人入罪法。至死，而前人未决者，听减一等。其本应加杖及赎者，止依杖、赎法。即诬官人及有荫者，依常律。）"其次，受诉官司每隔一日就诉讼内容对告诉之人进行一次问讯，每次问讯，须作书面审问记录，审问完结，经告诉人确认后签名画押，不能书写者由典吏代书。经过三次问讯，告诉人前后诉辞一致即予立案，案件正式进入审理阶段。如果受理辞诉之官司为巡察使，因有公务不便在途久停，则三次问讯可在一日中进行，不必隔日进行。《通典·刑法三·刑制下》载："诸言告人罪，非叛以上者，皆令三审。应受辞牒，官司并具晓示，并得叛坐之情。每审皆别日受辞，（若使人在路，不得留待别日受辞者，听当日三审。）官人于审后判记审讫，然后付司……不解书者，典为书之。"

"三审"立案制的意图在于保证诉讼的严肃性，防止妄诉和诬告。然而应注意的是，此制对下述两种情况不适用，《通典·刑法三·刑制下》载："若事有切害者，不在此例。（切害，谓杀人、贼盗、逃亡若强奸良人，并及更有急速之类。）"又《唐六典》卷六"刑部郎中员外郎"条载："称告谋反已上不肯言事意者，给驿部送京。其犯死罪囚及缘边诸州镇防人等若犯流人告密，并不在送限。""事有切害"与"谋反已上"二事，不适用"三审"立案制，原因在于与诉讼秩序相比，君主安全和统治稳定更加重要。"不过由此例外，亦造成有唐一代妄诉和诬告反逆之事屡见不鲜，而大部分冤假错案即因之而起。"②

（三）重罪案件的审结程序

唐制，司法官员凡断当处徒刑以上之重罪，案件审讯完结后，应当向罪犯本人及其家人、亲属等公开宣判，并将所断罪名、所处刑罚以及判决依据（事实依据与法律依据）予以告知，同时当面听取罪犯本人对判决的意见与申辩。如罪犯服从断决，即命其立"服状"，案件即告审结并予归档；如罪犯不服从断决，即命其立"辩状"，听其申诉，并重新详加审理该案。司法官员若断当处杖刑以下之轻罪，则立断立决，无须取囚服辩。如违反该制，即司法官员断当处徒以上之重罪而不公开宣判，或虽公开宣判而不听取囚犯申辩，或虽听取囚犯申辩而不为之

---

① 〔日〕仁井田陞：《唐令拾遗》，栗劲、霍存福等译，533页，长春，长春出版社，1989。

② 刘俊文：《唐代法制研究》，174页，北京，文津出版社，1999。

重新详审，予以处罚。《唐律疏议·断狱》“狱结竟取服辩”条载：“诸狱结竟，徒以上，各呼囚及其家属，具告罪名，仍取囚服辩。若不服者，听其自理，更为审详。违者，笞五十；死罪，杖一百。”本条律《疏》作了进一步解释：“‘狱结竟’，谓徒以上刑名，长官同断案已判讫，徒、流及死罪，各呼囚及其家属，具告所断之罪名，仍取囚服辩。其家人、亲属，唯止告示罪名，不须问其服否。囚若不服，听其自理，依不服之状，更为审详。若不告家属罪名，或不取囚服辩及不为审详，流、徒罪并笞五十，死罪杖一百。”司法官员审断当处流、徒之重罪而不具告罪名或不取囚服辩或不为其审详者，三种情节具备一种即笞五十，若司法官员同时具备三种处罚情节，根据律文仍处笞五十之刑；司法官员审断死罪而不具告罪名或不取囚服辩或不为其审详者，各杖一百。“狱结竟取囚服辩”的立法意图在于，明确罪犯及家属对审判过程与审判结果的监督权，同时赋予罪犯申诉与辩护的权利。其目的在于避免和纠正审判中的重大失误，保障司法公正。

（四）死刑覆奏

死刑覆奏制入律的源头可追溯至北魏，北魏世祖太武帝拓跋焘即位后主张轻刑并重视刑狱，神䴥年间下诏改定律令，其中一项重要举措便是死刑处决的覆奏制度，规定死刑案件审理完结之后、刑罚执行之前，必须经过皇帝亲自问讯，确保囚犯“无异辞怨言”。地方死刑案件亦实行“谳报”，即覆核和奏报皇帝，经皇帝同意方可行决。这应当对隋、唐时期的死刑覆奏制度产生了极大的影响。隋文帝于开皇十二年（公元 592 年），“诏诸州死罪不得便决，悉移大理案覆，事尽然后上省奏裁”[①]。地方的死刑案件要由大理寺案“覆”，然后“奏”裁；“十五年（595 年）制，死罪者三奏而后决”[②]；又于“（开皇）十六年（596 年）……秋八月丙戌，诏决死罪者，三奏而后行刑”[③]。这说的是全国范围内的死刑案件，在执行之前一律经三次奏闻，确立了后世死刑三覆奏制度。唐代承袭了隋代的死刑案件三覆奏的规定，但在太宗时将三覆奏增加为五覆奏，这在隋唐法制史乃至中国法制发展史上是一件大事，据《通典》：“因大理丞张蕴古、交州都督卢祖尚并以忤旨诛斩，帝寻追悔，遂下制，凡决死刑，虽令即杀，二日中五覆奏，下诸州三覆奏。”张蕴古案与卢祖尚案皆为唐贞观初年的重大案件，一般认为，唐太宗将三覆奏增为五覆奏的缘由是追悔诛杀大理丞张蕴古与交州都督卢祖尚。[④]

唐代从制度上对死刑的执行作出了非常严格的限制规定，按唐制，死刑案件已经由中书门下奏请皇帝裁决，但正式行决前，仍要再次奏请皇帝核准。关于死刑覆奏的具体程序：“诸决大辟罪，在京者，行决之司五覆奏；在外府，刑部三覆奏。（在京者，决前一日二覆奏，决日三覆奏。在外者，初日一覆奏，后日再覆奏。纵临时有敕，不许覆奏，亦准此覆奏。）若犯恶逆以上，及部曲、奴婢杀主者，唯一覆奏。”[⑤] 死刑覆奏按行决地点与死罪性质不同，分为三类：第一类是五覆奏，在京城行决死刑案件，决前要由负责行决官司连续覆奏五次，其中两次是在行决的前一天，三次是在行决的当天。第二类是三覆奏，在京外行决死刑案件，决前要由

---

①② 《隋书·刑法志》。

③ 《隋书·高祖纪下》，又见《北史·隋本纪上》。

④ 对唐代三覆奏改为五覆奏的过程以及缘由尚有不同观点，可参见陈俊强：《唐代前期的死刑覆奏》，载日本中国史学会编：《中国史学》，第 23 卷，2013。

⑤ 《通典·刑法六·考讯》。

刑部连续覆奏三次，其中一次是在行决前日，两次是在行决当日。第三类是一覆奏，行决犯恶逆以上及部曲、奴婢杀主之死刑案件，决前要由行决官司（京城）或刑部（京外）进行一次覆奏。即使皇帝临时敕令不得覆奏，亦照奏不误。同时，死刑案件经皇帝最终核准后，由尚书省签发"决符"。行决官司接到"决符"，仍须停候三日才能执行死刑。若行决之司违反死刑覆奏规定，则依律予以严惩。《唐律疏议·断狱》"死囚覆奏报决"条载："诸死罪囚，不待覆奏报下而决者，流二千里。即奏报应决者，听三日乃行刑，若限未满而行刑者，徒一年；即过限，违一日杖一百，二日加一等。《疏》议曰：'死罪囚'，谓奏画已讫，应行刑者。皆三覆奏讫，然始下决。若不待覆奏报下而辄行决者，流二千里。'即奏报应决者'，谓奏讫报下，应行决者。'听三日乃行刑'，称'日'者，以百刻，须以符到三日乃行刑。若限未满三日而行刑者，徒一年。即过限，违一日杖一百，二日加一等。在外既无漏刻，但取日周晬时为限。"若行决官司未取得皇帝之最终核准，擅自执行死刑，处以流二千里；若行决官司违反三日候限，提前执行死刑，处以徒一年；若行决官司违反三日候限，延期执行死刑，延期一日处以杖一百，延期一日以上则每二日加一等，即延期三日处以徒一年、延期五日徒一年半，以此类推。延迟十七日处以流三千里，以上不再加刑。[①]

深度阅读

1. 唐律疏议．刘俊文，点校．北京：中华书局，1983
2. 钱大群．唐律研究．北京：法律出版社，2000
3. 王立民．唐律新探．北京：北京大学出版社，2016

问题与思考

一、思考题

1. 简述《开皇律》的主要内容及影响。
2. 分析隋代法制的历史教训。
3. 论述唐初立法指导思想的确立及对唐代立法的影响。
4. 唐代的主要法典是如何制定和不断完善的？
5. 唐代的主要法律形式有哪些？其相互关系如何？
6. 《唐律疏议》的体例结构及各篇的主要内容。
7. 论述《唐律疏议》中规定的主要刑法原则。
8. 《唐律疏议》中的五刑制度是如何规定的？

---

① 《唐律疏议·名例》"加减"条，"加者，数满乃坐，又不得加至于死"。《疏》议曰："加者数满乃坐者，假令凡盗，少一寸不满十疋，依《贼盗律》：'窃盗五疋徒一年，五疋加一等。'为少一寸，止徒一年。又不得加至于死者，依《捕亡律》：'宿卫人在直而亡者，一日杖一百，二日加一等。'虽无罪止之文，唯合加至流三千里，不得加至于死。"

9. 分析《唐律疏议》中“十恶”制度的内容、特点及实质。
10. 唐律是如何维护皇权的？
11. 唐律是如何维护贵族官僚的等级特权的？
12. 具体阐述唐律的基本特点。
13. 评述唐律与“礼法合一”。
14. 唐律是如何维护宗法伦理道德的？
15. 唐律如何促进和保障经济发展的？
16. 评述唐律在“吏治”方面采取的法律措施。
17. 试述唐律的历史地位和影响。
18.《唐律疏议》中的诉讼审判制度是如何继承和发展前代法律成果的？
19. 试述唐代的监察制度及其作用。

二、练习题

（一）单项选择题

1. 唐朝开元年间，旅居长安的突某（来自甲国）将和某（来自乙国）殴打致死。根据唐律关于“化外人”犯罪适用法律的原则，下列哪一项是正确的？（　　）（司考）

A. 适用当时甲国的法律　　B. 适用当时乙国的法律

C. 当时甲国或乙国的法律任选其一　　D. 适用唐朝的法律

答案：D

2. 关于唐律中的“五刑”，下列选项正确的是（　　）。（司考）

A. 笞刑、羞辱刑、流放刑、经济刑、死刑　　B. 笞刑、徒刑、流放刑、株连刑、死刑

C. 笞刑、杖刑、徒刑、流刑、死刑　　D. 杖刑、徒刑、流刑、肉刑、死刑

答案：C

3. 关于中国古代社会几部法典的结构体例，下列选项错误的是（　　）。（司考）

A.《法经》中相当于近代刑法典总则部分的《具法》被置于六篇中的最后一篇

B.《魏律》对秦汉旧律有较大改革，如将《具律》改为《刑名》，并将其置于律首

C.《晋律》将刑名与法例律合为《名例律》一篇，并将法典篇章数定为二十篇

D.《永徽律疏》将疏议分附于律文之后颁行，分为十二篇三十卷

答案：C

4. 杜甫有诗云：“朝回日日典春衣，每日江头尽醉归。酒债寻常行处有，人生七十古来稀。”对诗歌涉及的典当制度，下列可以成立的选项是（　　）。（司考）

A. 唐代的典当形成了明确的债权债务关系　　B. 唐代的典当契约称为“质剂”

C. 唐代的典当称为“活卖”　　D. 唐代法律规定开典当行者构成“坐赃”

答案：A

5. 下列选项中不属于唐律“十恶”的是（　　）。

A. 谋反　　B. 谋叛　　C. 谋杀　　D. 谋大逆

答案：C

（二）多项选择题

6. 永徽四年（公元 653 年），唐高宗李治的妹夫房遗爱谋反案发犯“十恶”罪。依《永徽律疏》规定，对房遗爱应作何处置？（　　）（司考）

A. 可适用“八议”免于死刑　　B. 应被判处死刑

C. 可以赦免　　D. 不适用自首

答案：BD

7. 关于《永徽律疏》，下列选项错误的是（　　）。（司考）

A.《永徽律疏》又称《唐律疏议》，是唐太宗在位时制定的

B.《永徽律疏》首次确立了“十恶”即“重罪十条”制度

C.《永徽律疏》对主要的法律原则和制度做了精确的解释，而且尽可能以儒家经典为根据

D.《永徽律疏》是对《贞观律》的解释，在中国立法史上的地位不如《贞观律》

答案：ABD

8. 根据唐律，不属于“不孝”的行为有（　　）。

A. 祖父母、父母在，别籍异财　　B. 谋害皇帝、危害国家的行为

C. 控告祖父母、父母的行为　　D. 殴打祖父母、父母的行为

答案：BD

9. 关于唐律中的刑罚适用原则，下列表述正确的是（　　）。（考研）

A.“十恶”犯罪为“常赦所不原”　　B. 老年人和残疾人犯罪可减免刑罚

C. 禁止以类推方法定罪量刑　　D. 外国人犯罪一律依照唐律处罚

答案：AB

10. 唐律中有关拷讯的限制包括（　　）。

A. 依法享有议、请、减等特权的不得刑讯　　B. 老小废疾不得刑讯

C. 女犯不得刑讯　　D. 拷囚不得超过三次

答案：ABD

第八章

宋辽金元时期法律思想与制度

本章重点知识

1. 宋代主要法律形式及立法（刑统、编敕、条法事类）。
2. 宋代的诉讼审判制度。
3. 宋代的刑罚制度。
4. 宋代的婚姻家庭与继承制度。
5. 元朝的立法、婚姻继承制度、诉讼制度。
6. 元代的四等人制度。

第一节　宋代法律制度

一、宋代的法律思想

两宋时期，前代依据门阀和等级取得禄位、占有土地的制度，转变为主要经由科举考试任命官员和主要通过买卖取得土地的制度。经济制度和政治制度上的变革，势必推动意识形态发生相应的变革。地主阶级需要新的理论以维护其新的社会关系和政治思想统治。宋学便在这一历史条件下产生了，并成为宋代三百多年间及以后元、明、清时期占统治地位的思想学说。而宋学中居首的是理学，其思想的主要来源大致包括三方面：其一是汉学以前原始儒学经典，主要是《易》《春秋》《周礼》；其二是佛学，主要是华严宗和禅宗；其三是道教，主要是太极和阴阳学说。上述思想内容遂成为两宋法律思想的主要渊源，在立法、司法中有着不同程度的反映。

如前所述，宋代以科举取士，重文轻武，遂摆脱了前代门阀、武臣的羁绊，朝政议论呈现出前所未有的活跃局面，从而形成在政治、思想上较为自由的风气，这种风气也影响到法律思想方面。

宋代应当说是懂法的皇帝最多和讲究法律的一个朝代。这或许也是宋代一个积贫积弱的王朝却维持三百多年之久的原因之一。从整个宋代的法制变化来看，其法律思想大致可分为三个时期：北宋初至仁宗朝末年，神宗熙丰变法以后到北宋末年，南渡后至宋亡于元。

第一个时期，立法基本指导思想在于强化中央集权，从法律上肯定“稍夺其（藩镇、节度使）权，制其钱谷，收其精兵”① 的政策，重在刑事和行政立法。这一时期不仅在行政上以文官知州县事，在司法上强调武人不得干预，同时认为“王者禁人为非，莫先于法令”②，注重法律的修订和司法体制、诉讼程序的设置，视各级司法官吏的人选为“天官选吏，秋曹谳狱，具谓难才”③，强调在司法中应“防闲考核者，纤悉委曲”，以免“偏听独任之失”④。凡此种种，用心仍在于控制地方司法，以达到强化集权中央的目的。北宋前期对官吏犯罪惩治较重。太祖、太宗都一再主张“赏罚之典，断在必行”⑤。太祖时，因官吏违法获罪，还曾下诏自责，表示“朕失于任用，良切愧怀”⑥，这对克服司法官吏多“滞狱以不断，多避事而上言”⑦ 的弊端无疑有一定作用。中央集权的发展，进一步使行政、司法合一，以致有人认为，宋代与其说是以行政官兼理司法，毋宁说是以司法官兼理行政。

第二个时期，在政治上经历的“庆历新政”和“元祐党争”，尤其是神宗年间以王安石为首进行的“熙丰变法”，对宋初以来法制影响颇大。其立法思想较前一时期的最大不同，就是由以法律强化中央集权，变为以法律来适应传统商品经济的畸形发展。“熙丰变法”对官僚、司法体制进行了较大改革，而其中心是对财政体制的改革，意在缓和与改良立国以来冗兵、冗官、冗费有增无已的状况。与此相适应，在思想上遂有由传统的“讳言财利”向“利义均重，利义相辅”思想的转变。所谓“利者义之和，义固所为利也”⑧。加之不抑兼并的土地政策，使民事交往较前频繁和广泛，以致神宗下诏称：“政事之先，理财为急。”⑨ 一方面朝廷重视民事方面的立法，使其有一定发展；另一方面迫于阶级矛盾的激化，北宋末年对官吏犯罪惩处有所宽缓，颁布了诸如《元祐党人移徙诏》《除外州奸党石刻御笔手诏》等宽宥罪吏的特别法，认为“惩责已久，俯从宽贷”，以明皇帝“用示至仁”之心；但同时加强了对农民起义的镇压。此外，其对司法官吏明定“以三年为任”，以避免其因频繁调动而产生“决词讼则鲜肯究心，视公局则犹同传舍，簿书案牍，首尾罕详，吏缘为奸，民受其弊”⑩ 的恶果。

第三个时期，立法思想主要受程朱理学和“永嘉”功利学派的影响，所谓“乾淳诸老既殁，学术之会总为朱陆二派，而水心龂龂其间，遂称鼎足”⑪。程朱理学强调和论证的“理”，其时主要不是用以解释宇宙，而是用以说明现存的社会秩序。“二程”说，“父子君臣，天下之

---

① （宋）司马光：《涑水纪闻》，卷一，11 页，北京，中华书局，1989。

② 《宋大诏令集·政事》，卷二，739 页，北京，中华书局，1962。

③ 《宋大诏令集·政事》，卷一六，605 页。

④ （明）黄淮、杨琦编：《历代名臣奏议》，卷二一七之九，2852 页，上海，上海古籍出版社，1989。

⑤⑥ 《宋大诏令集·政事》，卷一六，605 页。

⑦ 《宋大诏令集·政事》，卷二，739 页。

⑧ （宋）李焘：《续资治通鉴长编》，卷二一九“神宗熙宁四年春正月壬辰”条，5321 页，上海，上海古籍出版社，1986。

⑨ 《宋史·食货志》，卷一八六。

⑩ 《宋大诏令集·政事》，卷一六，617 页。

⑪ （清）黄宗羲：《宋元学案》，11 页，上海，商务印书馆，1934。

定理”；“居今之时，不安今之法令，非义也”①。到朱熹更明确地说，“礼字，法字，实理字”，认为“正风俗而防祸乱”必须以“礼律之文”为根本。而“永嘉”功利学派则强调“以利和义”，认为“善为国者，务实而不务虚”②，批评程朱理学是“既无功利，则道义者，乃无用之虚语尔”③。朝廷对上述思想采“择善而取，为我所用”的原则，在当时的司法中，表现为对一般犯罪刑罚有所宽缓，认为“法深无善治”④，注重狱事和清理民诉，以此缓和内外矛盾。随着商品经济的畸形发展，以大量敕例、指挥变通旧律，有关婚姻、财产继承等方面的律法尤其如此。债法得到了进一步发展。但终宋之世，它所反映的主要民事法律关系，仍是以血缘、地缘为其基本活动半径的。随着理学渐成为统治者的“教条”，礼的作用不是被削弱而是加强了。南宋中期以后，冗官、冗兵、冗费现象更加严重，所以朝廷十分重视赋税之征，强调“县令于簿书，当如举子之治本经”⑤。与此相适应，会计立法有所完善，所谓“一县必有一县之计，一郡必有一郡之计，天下必有天下之计，天下之计总郡县而岁考焉”⑥。到南宋末年，由于内外阶级矛盾和民族矛盾的激化，加之累朝不绝的大量法律，已是“内外上下一事之小，一罪之微，皆先有法以待之”⑦。

相关案例

赁人屋而自起造案

李茂森赁人店舍，不待文约之立，不取主人之命，而遽行撤旧立新，固不无专擅之罪。但自去年十月初兴工，至今年三月末讫事，历时如此其久，蒋邦先岂不知之？若以为不可，则当不俟终日而讼之于官矣，何为及今而始有词？况当其告成之后，又尝有笔贴（帖），令其以起造费用之数见谕。以此观之，则是必已有前定之言矣，不然，则李茂森非甚愚无知之人，岂肯贸然捐金糜粟，为他人作事哉！词讼之兴，要不为此，必是见李茂森具数太多，其间必不能一一皆实，所以兴讼以邀之，其意不过欲勒其裁减钱数耳，非果欲除毁其屋也。小人奸状，有何难见，两家既是亲戚，岂宜为小失大，押下本厢，唤邻里从公劝和，务要两平，不得偏党。

——选自《名公书判清明集》卷九《户婚门·赁屋》

解析：

这是一起因房屋租赁而引起的民事纠纷。从判决的观点我们可以看出：在宋代租赁房屋契约关系中，一方面，债务人应该有保持房屋原状的义务，如果要加以修葺，则应取得债权人的同意；另一方面，当债权人发现或应该发现债务人的违约行为时，应该及时阻拦，否则法官会认为他有默许的可能。另外，根据对案情的审理，法官推断二人之间的纠纷不是因为是否“撤

---

① （宋）朱熹编辑：《二程语录·遗书二》（影印本），北京，中华书局，1985。

② （宋）叶适：《水心文集·补遗·奏劄》，载叶适：《叶适集》，617页，北京，中华书局，1961。

③ （宋）叶适：《习学记言》，200页，上海，上海古籍出版社，1992。

④ （宋）陈亮：《龙川文集·补遗》，北京，中华书局，1974。

⑤ （明）张四维辑：《名公书判清明集·赋役门》，中国社会科学院历史所宋辽金元史研究室点校，62页，北京，中华书局，1987。

⑥ （清）徐松辑：《宋会要辑稿·食货十一》，5003页，北京，中华书局，1957。

⑦ （清）顾炎武著，（清）黄汝成集释：《日知录集释》（上），646页，上海，上海古籍出版社，1985。

旧立新”引发的，而是因为“起造费用”引发的。“撤旧立新”的行为是李茂森作出的，“起造费用”是李茂森先垫付的，但这笔费用最终应该由蒋邦先来支付。从案件的解决方式上，我们可以看到我国传统法律主张调处息讼的特点，如果因为钱财的关系而伤害了亲戚关系，就是“为小失大”，因此要求二人在乡亲邻里的调解下来解决纠纷。由此我们可以看出宋代民事法律制度的鲜明特点：一方面，为了适应宋代商品经济的进一步发展，宋代统治者制定出在当时来说比较详细、完备的一套调整民事关系的法律制度；另一方面，宋代司法官在处理民事纠纷的时候，并没有脱离传统法律文化中的重伦理、和为贵以及贱讼息讼等法律价值取向，他们解决纠纷的理想境界是在兼顾伦理人情的基础上解决纠纷，即合法与合理能完美结合。

二、宋代主要立法及法律形式

(一)《宋刑统》的编纂及特点

宋太祖建隆四年（公元963年），在工部尚书判大理寺卿窦仪等人的奏请下，开始修订宋代新的法典。该法典于同年七月完成，由太祖诏“付大理寺刻板摹印，颁行天下”，成为历史上第一部刊印颁行的法典，全称《宋建隆详定刑统》，简称《宋刑统》。

《刑统》的编纂体例可追溯至唐宣宗时颁行的《大中刑律统类》。北宋初曾一度沿用的《大周刑统》，便是《刑统》体例在五代时发展的结果。《刑统》在具体编纂上，仍以传统的刑律为主，同时将有关敕、令、格、式和朝廷禁令、州县常科等条文，都分类编附于后，使其成为一部具有统括性和综合性的法典。

《宋刑统》和《唐律疏议》相比有这样一些特点：

一是两者的篇目、内容大体相同。《宋刑统》也是30卷，12篇，502条。

二是《宋刑统》在12篇的502条中又分为213门，将性质相同或相近的律条及有关的敕、令、格、式、起请等条文作为一门。

三是《宋刑统》收录了五代时通行的部分敕、令、格、式，形成一种律令合编的法典结构。

四是《宋刑统》删去《唐律疏议》每篇前的历史渊源部分，因避讳，对个别字也有改动，如将“大不敬”的“敬”字改为“恭”字等。

(二) 敕及其他法律形式的特点

1. 敕

敕的本意是尊长对卑幼的一种训诫。南北朝以后敕成为皇帝诏令的一种。宋代的敕是指皇帝对特定的人或事所作的命令。敕的效力往往高于律的，敕成为断案的依据。依宋代成法，皇帝的这种临时命令须经过中书省“制论”和门下省“封驳”，才被赋予通行全国的“敕”的法律效力。

编敕，是将一个个单行的敕令整理成册，上升为一般法律形式的一种立法过程。编敕是宋代一项重要和频繁的立法活动，神宗时还设有专门编敕的机构“编敕所”。从太祖时的《建隆编敕》开始，大凡新皇帝登极或改元，均要进行编敕。编敕的特点如下：

(1) 仁宗以前基本上是“敕律并行”，编敕一般依律的体例分类，但独立于《宋刑统》

之外。

(2) 神宗朝敕的地位提高，“凡律所不载者，一断以敕”，敕已到了足以破律、代律的地步。

(3) 敕主要是关于犯罪与刑罚方面的规定，所谓“丽刑名轻重者，皆为敕”。

2. 条法事类

南宋，在敕、令、格、式四种法律形式并行和编敕的基础上，将敕、令、格、式以“事”分类统一，分门编纂，形成了条法事类这一新的法典编纂体例。孝宗淳熙年间曾编有《淳熙条法事类》。宁宗庆元年间（公元1195年至1200年）开始编撰的《庆元条法事类》，于嘉泰二年（公元1202年）完成，次年颁行。该法典共437卷，分为职制、选举、文书、禁榷、财用、库务、赋役、刑狱等16门，每门之下又分若干类，每类载敕、令、格、式、申明等。理宗朝又编有《淳祐条法事类》。其中《庆元条法事类》至今留有残卷70卷。

3. 例

南宋时还有编例，以补充律、敕，以例断案有所发展。敕、例的广泛应用是宋代法制混乱的重要原因之一。宋代例对明、清有较大的影响。

三、宋代法律的主要内容

（一）行政法律规范①

两宋的行政体制正处在由唐向元、明、清过渡这一历史时期，使有宋一代行政律法十分庞杂。历朝均对行政律法有所编纂，如至今尚可见到的《吏部七司法》残卷及《景定吏部条例》等，但终宋之世没有一部像《唐六典》或明、清《会典》那样的集一代行政法之大全者。

两宋的行政律法仍以职官为纲目编制，故对官吏的铨选、考课、奖惩仍为其主要内容，此外，对文书管理的规定趋于完备，在中央由中书省、门下省和枢密院分掌。行政与司法进一步结合，行政处分与刑罚相辅而行。随着传统商品经济的发展，有关手工业、商业方面的行政律法日渐增多。

1. 中央“二府”与“三司”机构及其相互关系

(1) 中书。

宋代中央最高行政机关是中书门下（简称中书）。历来中书省取旨、门下省审议、尚书省施行三权在宋代渐归于中书，使三省形同虚设。以“中书门下平章事”行宰相事，一般设二三人，无定员。中书有权对下级行政机关发布命令，下级机关也直接向中书报告工作，形式上如《宋史·职官志》所载，“佐天子，总百官，平庶政，事无不统”。而宰相实权却被一分为三：军权划归枢密院，财权给了三司使，所剩行政权也多因奏请皇帝而大受限制。相权的削弱，反

---

① 公元960年，赵匡胤“陈桥兵变”建立北宋，为免有人以同样方式推翻赵宋王朝而黄袍加身，不久他便以“杯酒释兵权”，开始了改变五代以来“君弱臣强”局面的一系列行政体制的变革。为达到“稍夺其权，制其钱谷，收其精兵”这一削弱地方、强化中央的目的，遂有禁军制的创立和地方、中央行政、财政体制的改革。无论中央还是地方，均行分权制，随之机构重叠日益严重，官员也就越设越多。所以有宋一代，疆域虽远不及唐，但官吏之数为唐的两倍多；而且行政机构重叠、体制繁紊又总统于皇帝，显示了传统社会后期行政管理的发展趋势。

衬出皇权的加强。

（2）枢密院。

宋承五代旧制，以枢密院[①]为中央最高军事行政机关，其长官为枢密使，其下有副使、知枢密院事等官。枢密院的设立既分割了相权，又收兵权于中央。所以神宗改革官制时，唯枢密院不变。枢密院虽有发兵权，而掌兵之权却分属三衙（殿前司、马军司、步军司），以便于皇帝驾驭。

中书与枢密院号称“二府”。虽有相互牵制，便于皇帝分别控制，但“二府”因“所言两不相知，以故多成疑贰”[②] 的弊端，影响到军政事务的统一执行与相互配合。尤其战时，常出现“中书欲战，密院欲守，何以令天下”[③] 的矛盾局面。到南宋宁宗时，朝廷内外矛盾激化，以宰相兼枢密使遂成定制。但有宋一代毕竟同战乱频仍的五代不同，所以枢密院的地位较中书的稍低，其长官为当然的副宰相。

（3）“三司”。

地位仅次于“二府”的“三司”（盐铁、度支、户部司）为中央最高财政管理机关，总揽全国贡赋和钱粮出纳，权任甚重。其长官三司使、副使地位、待遇与“二府”长官相同，被称为计相。

两宋政权、军权的集中，使官僚机构日益臃肿，军力反而减弱；财权的集中，更加速了统治集团的腐化。

2. 中央监察与司法机关

宋沿唐制于中央设御史台，为中央最高监察机关，下分台院、殿院、察院，掌“纠察官邪，肃正纲纪”。其长官为御史大夫。

除御史台外，两宋尚于门下省设谏院，以分属于门下、中书的左右谏议大夫、司谏、正言为谏官。后随御史职权扩大，许其兼负规谏之责，御史台与谏院渐合二为一，成为台谏合制的历史发端。监察权的扩大与皇权的加强是一致的，实际上它成为官僚大臣排斥异己的工具。

中央司法机关，初为大理寺与刑部，太宗时在宫中增设审刑院。神宗元丰改制，又恢复大理寺、刑部旧制。

3. 地方政权机构及其与中央的关系

宋初，地方分州、县两级，后为加强中央对地方控制，又于州上设路，作为地方最高一级行政机构。而原来的节度使一职仅成优宠官僚贵戚的空衔。

宋代的路不仅是一级行政机构，同时还具有监察区的性质。路的权力一分为四，称帅司（经略安抚使）、宪司（提点刑狱使）、漕司（转运使）和仓司（提举常平使）。它们分别管理一路军政、司法、财赋与边防，以及监察、赈灾或专卖等政务。四司之间互不隶属，彼此监督，直接对皇帝负责。宪、漕、仓三司又合称“监司”[④]，并确立了独具特色的监司巡检制，以此来加强对地方州县的控制。时人将其与御史台对称为“外台”。

---

① 《宋史·职官志》载：枢密院“掌军国机务，兵防、边备、戎马之政令，出纳密命，以佐邦治。凡侍卫诸班直，内外禁兵招募，阅试、迁补、屯戍、赏罚之事，皆掌之。”

② （宋）王明清：《挥尘录》，66 页，北京，中华书局，1961。

③ 同上书，67 页。

④ （宋）吴曾撰：《能改斋漫录》，卷二，27 页，上海，上海古籍出版社，1979。

路下有府、州、军、监，属同级政权，其中以州为主。其长官由皇帝直接任命中央文官担任，防止地方官拥兵自重，并在官衔上加“权知”二字，以表示“名若不正”，“任若不久”。以后还规定“三年一易”，本地人不得在本地为官。此外，设有“事得专达”皇帝的通判一至二员，以分知州职权。凡一州兵民财刑诸政，皆须通判签署方能生效，故有“监州”之称。通判以后演变成州的副长官。

州以下的县设知县，由皇帝任命的文官担任。大县设丞、簿、尉，小县设簿、尉，辅佐知县掌赋税、诉讼和镇压盗贼等。乡里设有里正等官，专管治安与税收。

有宋一代，不仅地方官的任免由皇帝直接控制，且州、县的行政权、财权、司法权尽收朝廷，所谓“收乡长、镇将之权悉归于县，收县之权悉归于州，收州之权悉归于监司，收监司之权悉归于朝廷”①。中央对地方的控制达到了前所未有的程度。

4. 职官的管理与任用

（1）考选与任用。

苏东坡曾对自古以来选拔人才的方式有所概括，指出：“三代以上出于学，战国至秦出于客，汉以后出于郡县，魏晋以来出于九品中正，隋唐至今出于科举。”宋初仿唐制，至英宗时改为三年一科举，以后遂成定制。值得一提者，终宋之世“明法科”相沿不断。史载太宗很曾有意“使经生明法，法吏通经”。《文献通考·选举》卷三十二载，雍熙三年曾诏曰：“应朝臣，京官及幕职、州县官等，今后并须习读法书……当令于法书内试问，如全不知者，量加殿罚。”

两宋行任官考试制，即一经录取便获得“入官”（做官）资格，各科入仕对象优劣不等。此外有监考官回避制度。南宋淳熙五年诏：“试院官（谓主司及应预考校之官）亲戚，及试院余官（谓监门巡捕、弥封、誊录、对读之类）亲戚，并两相避。”为防考试舞弊，还采用了“糊名”（封弥）和“誊录”（考卷由他人抄写）等制度。

但是，这种阻挠权贵子弟作弊的封弥、誊录等制度，自始就受到人为的破坏。如封弥制推行之初的天圣元年（公元1023年）开封府试，就有考官“擅拆举人卷首，择有名者居上”。南宋时则愈演愈烈，在封弥盖印上做手脚，“有全不印在封弥处者”。

此外宋代还分贡举、恩荫、摄署、流外、从军五种任官制度。其中以恩荫法最为宽滥，凡皇族宗室和高官子弟亲属，均可以此授官。多至一家可恩荫数十人，往往未成年的儿童也有官职。

两宋对官吏的铨选（任用）初由中书省、审官院分掌。神宗元丰改制后，文官归吏部铨选，武官归兵部铨选。

（2）考课与奖惩。

宋代官员任满一年为一考。《纲鉴易知录·宋》卷六十五载：“初，帝虑中外官吏清浊混淆，命官考课，号磨勘院，至是改为审官院，掌审京朝官；其幕职州县官，别置考课院主之。”考绩分三等，居上者提升或减磨勘（试用）年限；居中者无升降；居下者降职或增磨勘年限。而实际上则往往是一旦入官，便不问贤愚劳逸，文官三年一迁，武职五年一升。神宗时有考守令的“四善四最”之制。绍兴年间又有“以七事考监司”之制。但宋代考课重视年资，一般在任期内无过错即予升迁，故官吏大多不求有功，但求无过，使看来完备的考课奖惩制，实际上

① （宋）范祖禹：《范太史集》，卷二十二之三，载陈有方编译：《文渊阁四库全书（影印）》，1100～1269页，台北，“商务印书馆”，1986。

多为一纸空文。

（3）致仕。

两宋官吏冗员惊人，仁宗之后，俸禄之优厚史所罕见。宋初统治者以为“俸禄薄而责人以廉，甚无谓也，与其冗员而重费，不若省官以益俸”，遂颁行许多“增俸诏”和“省官诏”、“省吏诏”，而实际是“官”没“省”下来，“俸”却都“益”了上去。为此，不得不用致仕来缓解这一弊端。特别是到北宋中后期，“大夫七十而致仕，其礼见于经，而于今为成法”①，致仕已成为具有强制性的制度，规定“凡文武官致仕者，皆转一官，或加恩其子孙”②。不仅致仕者本人升职、加衔、领取俸禄，并且按官品高低，荫补一定名额的子孙为官。对贪恋禄位拒不致仕者，则由谏官弹劾，或由官府按籍处理。

5. 两宋行政律法的特点

（1）皇帝君权的集中与臣僚事权的分割。

如前所述，宋代历朝皇帝为使高度的中央集权不致旁落，采取了一系列分割臣僚事权的措施，在职官设置上形成了独具特色的“官与职殊”“名与实分”的“官”“职”“差遣”制度。上至宰辅重臣，下到州、县长官，均受到来自不同机构的牵制，如相权的一分为三、监司巡检制、通判的设置等。皇帝不再担心某个大臣的叛逆，因为每个人的权限都不大，并且彼此都是且应当是皇帝的“耳目之司”。

（2）“异论相搅”的用人原则。

在各级官府的设置上，有几个平行机构，彼此各管一摊，又互不隶属且直统于皇帝，这是体制上的分权结果。但皇帝尤感不足，在具体的官吏任用上，尤其是在对朝臣的重用上，遵循“异论相搅”的用人原则，即任用政见不同者，使彼此“各不敢为非”，显例如神宗朝的王安石与司马光。然后是“不任官而任吏”，官与吏相比，前者权势大易自作主张，而后者权势小只能谨守成法。自徽宗时始，便诏令地方州县长官详理刑狱，不得假手胥吏。

这些特点，使皇帝能够“一纸下郡县，如身使臂，如臂使指，无有留难，而天下之势一矣”③。

（二）刑事法律规范

1. 刑事政策

两宋刑事政策在《唐律疏议》基础上多有损益，主要变化有以下几点。

（1）维护地主对佃农的特权。

随着均田制向租佃制的转化，地主和佃客便成为两宋社会的两大对立阶级。朝廷通过刑事立法公开维护地主对佃客的特权。哲宗元祐年间规定：“佃客犯主，加凡人一等。主犯之，杖以下勿论，徒以上减凡人一等……因殴致死者不刺面，配邻州本城，情重者奏裁。”④ 光宗绍熙元年（公元1190年）还严禁佃客控告地主。如果佃客犯主，“虽直不宥”。这种刑事政策，助长了地主对佃客的压迫，到南宋末年将佃客“计其口数立契，或典或卖”，“主户生杀，视佃

---

① （宋）王安石撰：《临川先生文集》，568页，北京，中华书局，1959。

② （清）徐松辑：《宋会要辑稿·职官七十七》，4146页，北京，中华书局，1957。

③ （明）陈邦瞻：《宋史纪事本末》，卷二，11页，北京，中华书局，1977。又见（宋）陈亮：《龙川文集》，北京，中华书局，1974。

④ （宋）李焘：《续资治通鉴长编》，卷四四五，10716页，北京，中华书局，1992。

户不若草芥”①。南宋钟相曾指出，“法分贵贱贫富，非善法也”，把起义的矛头直接对准朝廷不公正的法制。

（2）限制适用“请”“减”“当”“赎”法。

传统法制“辟贵施贱”的传统，在两宋特殊情况下，不仅起不到强化其统治基础的作用，反而使“不肖自恃”，形成对朝廷潜在的威胁。因此，两宋除个别皇帝治下以外，大都对犯赃私罪的官吏适用“真刑”。例如，哲宗绍圣年间规定：“重禄人受乞财物，虽有官印，并不用请、减、当、赎法。”②《庆元条法事类》亦规定：“诸私铸钱者，不以荫论，命官不在议、请、减之例。”

朝廷对一般百姓犯罪，也限制适用赎刑。《宋史·刑法志》载：太宗淳化四年（公元993年）诏，除妇女犯杖以下，非故为，可赎铜以外，其余不得以赎论。从整个宋代来看，“赎法惟及轻刑而已”。

（3）增加附加刑、扩大“奏请敕裁”的范围以减少死刑的适用。

随着编敕的增加，死刑条款也随之剧增。仅仁宗天圣三年（公元1025年）就断大辟2 436人，断死刑数比唐代增加几十或上百倍。尖锐的阶级矛盾不容许朝廷大规模使用极刑，于是朝廷采取两种办法加以调节以控制死刑的适用。

其一是扩大“奏请敕裁”的范围。也即对于某些可判可不判处死刑的人犯通过刑部，报中书奏请皇帝裁夺，裁夺结果实际上大都不判处死刑。

其二是增加附加刑以代死刑。例如，乾道六年（公元1174年）皇甫谨受赂及侵盗官物入己论死，孝宗不判他死刑，但判处了追毁出身以来文字、除名、勒停、脊杖二十、刺面、籍没、配牢城等③七种刑罚，除配牢城为主刑以外，其余六种均为附加刑。

（4）肆行“恩宥”。

由于犯罪日多，“刑用滋章”，统治者不得不通过恩宥之制来加以缓解。宋代恩宥之制主要有大赦、曲赦、德音三种，又统称为贷雪。《宋史·刑法志》载：“凡大赦及天下，释杂犯死罪以下，甚则常赦所不原罪皆除之。凡曲赦，惟一路或一州、或别京、或畿内。凡德音，则死及流罪降等，余罪释之，间亦释流罪，所被广狭无常。”

此外，还有录囚释降之制，如《宋史·刑法志》所载：“天子岁自录京师系囚，畿内则遣使。往往杂犯死罪以下，第降等，杖笞释之，或徒罪亦得释，若并及诸路，则命监司录焉。”

两宋时期赦降之频“于古未有”。徽宗在位二十五年，而大赦二十六，曲赦十四，德音三十七。南宋光宗绍熙年间竟岁至四赦。朝廷原本想以此来“荡涤瑕秽”，“使人洗心自新”，以“感召和气”，但行之过频，如《宋史·刑法志》所言：“有罪者宽之未必自新，被害者抑之未必无怨。不能自新，将复为恶；不能无怨，将悔为善。”结果是“刑政紊而恩益滥矣”。

2. 刑法打击的主要对象

两宋的刑事法律规范主要是《宋刑统》、敕以及断例、指挥和申明。从现存刑事法律规范来看，两宋刑法打击的主要对象、刑事政策以及刑罚制度都较前代的有所变化。

---

① 《元典章》（影印本），卷四十二，625页，北京，中国书店，1990。

② （清）徐松辑：《宋会要辑稿·刑法一》，北京，中华书局，1957。

③ 参见（清）徐松辑：《宋会要辑稿·刑法六》，北京，中华书局，1957。

“十恶”“四杀”（劫杀、谋杀、故杀、斗杀）等犯罪依然是两宋刑法打击的主要对象。除此之外，朝廷尤重视惩治以下几类犯罪。

（1）严惩贪墨之罪。

宋初，“凡罪罚悉从轻减，独于治赃吏最严”①。北宋太祖、太宗之世，数百赃吏或被杖杀朝堂，或被腰斩弃市，或刺配沙门，外增脊杖、籍没等附加刑。不仅在刑罚上从重论处，而且限制“请”“减”“当”“赎”等法的适用。一般不以赦降原减。对有赃贪劣迹者禁重入仕途。这些措施，有效地阻止了贪赃之风的恶性发展。

（2）重惩强盗的《重法地法》与《盗贼重法》。

其一，《重法地法》。自宋初以来，《宋刑统》和其他敕令对包括谋反、叛逆、杀人、造妖书妖言、强盗、窃盗、恐吓取财等犯罪，在处刑上都比唐律要重。

据《宋史·刑法志》载，仁宗嘉祐年间，统治者先出于京畿地区安全的考虑，将京城开封诸县划为“重法地”，规定在“重法地”内犯罪的，加重处罚。随着地方民众反抗的加剧，“重法地”的范围逐渐扩展到各个重要的府、州、军，其量刑也日益加重。这方面的一系列法律称为《重法地法》。神宗以后，重法地占全国地域的42%以上。

其二，《盗贼重法》。强盗罪在五代即为重点打击对象。宋在仁宗前对强盗罪的量刑，一般较五代为轻。神宗后，量刑渐重，神宗熙宁四年（公元1071年），又颁行《盗贼重法》，进一步强化对谋反、杀人、劫略、盗窃罪的镇压。凡犯有《盗贼重法》所定各罪者，无论是否在重法地内犯罪，都依《重法地法》从重惩处。《宋史·刑法志》载：“凡劫盗罪当死者，籍其家赀以赏告人，妻子编置千里”，“若复杀官吏及累杀三人，焚舍屋百间，或群行州县之内，劫掠江海船栰之中，非重地，亦以重论”。

《重法地法》和《盗贼重法》的实质是为了维护统治阶层的人身财产和利益，以严刑峻法打击民众的反抗，同时重法地范围逐渐扩大，徽宗朝对结伙强盗加兵剿杀。南渡后，由于民族矛盾激化，加之行法效果不佳，朝廷不得不稍缓强盗之法，但仍规定：犯强盗贷命者，“并于额上刺强盗二字”②。

（3）严治传习“妖术”“妖教”罪和“妖言惑众”罪。

两宋时期人们经常以宗教形式秘密结社，图谋反抗。大规模的农民起义也往往与宗教联系在一起。人们的宗教活动，被统治者诬之为“妖”而被严加镇压。按《宋史·刑法志》载，“凡传习妖教，夜聚晓散，与夫杀人祭祀之类，皆著于法，诃察甚严”。真宗天禧年间，就将“厌魅咒诅”“造妖书妖言”“传授妖术”等罪与“十恶”相提并论。仁宗朝对杀人祭鬼（妖术）的人犯，处以残酷的凌迟刑。徽宗时亦曾一再命令诸路提刑按察州、县，对此类犯罪务必做到“止邪于未刑”。不仅对犯者“加之重辟”，而且对不觉察者加等坐罪。朝廷还规定对这类犯罪不能以赦降原免。

此外对严重伤“理”害“义”的行为，特别是诈伪行为，也严加惩治，量刑也较前代加重。

3. 宋代刑罚制度的变化

（1）折杖法。

---

① （清）赵翼：《廿二史札记·宋初严惩赃吏》，525页，北京，商务印书馆，1984。

② （元）马端临：《文献通考·刑考》，1455页，北京，中华书局，1986。

《宋史·刑法志》说："太祖受禅，始定折杖之制。"建隆四年（公元963年）颁行"折杖法"，意在笼络人心，改变五代以来刑罚严苛的弊端。新的"折杖法"规定：除死刑外，其他笞、杖、徒、流四刑均折换成臀杖和脊杖。具体的折换办法是：笞、杖刑一律折换成臀杖，依原刑等分别杖七下至杖二十下，杖后释放。徒刑折换成脊杖，依原刑等分别杖十三下至二十下，杖后释放。流刑折换成脊杖，依原刑等分别杖十七下至二十下，杖后就地配役一年。其中加役流则脊杖二十，就地配役三年。折杖法使"流罪得免远徙，徒罪得免役年，笞杖得减决数"。

折杖法对缓和社会矛盾曾起到一定作用。但其对反逆、强盗等重罪不适用，具体执行当中也存在流弊，《宋史·刑法志》就曾说："良民偶有抵冒，致伤肌体，为终身之辱，愚顽之徒，虽一时创痛，而终无愧耻。"

（2）配役。

配役刑渊源于隋唐的流配刑。推行折杖法之后，原有的流刑实际上便被称为配役刑。为补死刑和折杖后的诸刑等刑差太大，有轻重失平之弊，朝廷遂增加配役刑的种类和一些附加刑，使配役刑成为一种非常复杂的刑名。

配役刑在两宋多为刺配，刺是刺字，即古代黥刑的复活；配指流刑的配役。刺配是对罪行严重的流刑罪犯的处罚。刺配源于后晋天福年间的刺面之法。宋初刺配并非常行之法，《宋刑统》也无此规定。太祖时偶一用之，意在克服推行折杖法后死刑与其他诸刑之间刑差太大的弊病。但仁宗以后，刺配的诏敕日多，刺配之刑滥用，渐成常制。

宋代对刺配刑规定详尽，主要适用于杂犯死罪减赎者和强盗、窃盗及一些累犯罪犯。依所犯罪行种类和轻重，刺面的部位和刺的字或记号都有不同；因配役地区远近，刺的深浅也不一样。细分起来，主要有以下几类。

其一，配役有有无附加刑的区别。配役常附加黥刺和杖责二刑。刺字即"黥刑"的复活，所刺部位依情节轻重有耳后、背、额、面之分；所刺标记，有字（一般为罪名）和记号（一般为环形）；所刺深度，有四分、五分、七分等种类。杖责有数量和部位（臀或脊）的不同。如果人犯罪行严重或犯死罪贷命，通常"既杖其脊，又配其人，且刺其面，是一人之身，一事之犯，而兼受三刑"①。罪行稍轻的人犯，或可杖而不刺，配而不杖。除黥刺和杖责外，有时还附带罚铜、罚金、追毁出身以来文字、勒停、除名、籍没等附加刑。

其二，配役有军役、劳役。前者编入军籍；后者则配往官营工矿处所就役，如煮盐、造酒、烧窑、开矿、冶铁，等等。

其三，配役有地理远近之别。北宋初沿用五代旧制，将人犯配往西北边区服军役，后改配登州沙门岛、通州海岛和岭南一带。南宋时又有变化，大致分为"广南海外四川"②，远恶州军（琼州、万安、昌化、朱崖），广南，三千里外，二千五百里外，二千里外，一千五百里外，一千里外，邻州，本州牢城和本州州城等种类。

其四，配役还有放还时间的差别。凡罪重被判为永不放还的人，在南宋经过三次郊赦之后方可移向较近地区。如不注"永不放还"，则有放还年限的区分；如果期满或者遇赦，都可以近移或免罪释放。

---

① （明）丘濬：《大学衍义补》，金良年整理，朱维铮审阅，177页，上海，上海书店出版社，2013。

② 《宋史·刑法志三》。

配役刑两宋使用最多，南宋时被判此刑者一度竟多达十余万人。配役刑虽然改变了推行折杖法后轻重失平的状况，但也带来不少难以解决的问题。如崇宁年间，蔡京建议仿《周官》推行“圜土”法，将应配人犯禁锢在“圜土”内，但因经费或管理上的困难而旋行旋罢。

刺配对后世刑罚制度影响极坏，是刑罚制度上的一种倒退，在宋代和后世都曾颇遭非议。

(3) 凌迟。

作为死刑的一种，凌迟始于五代，是一种碎而割之，使被刑者极端痛苦，慢慢致人死亡的一种酷刑。史书说受刑者往往“身具白骨，而口眼之具尤动，四肢分落，而呻痛之声未息”。仁宗时使用凌迟刑，神宗熙宁以后成为常刑。至南宋，凌迟在《庆元条法事类》中正式作为法定死刑的一种。

(4) 管置。

管置，是指将犯人安置到一定地区进行改造的刑罚方法，可能创于北宋中期，类似于当今的管制刑，主要适用于被除名、勒停（勒令停职）的官吏。管置刑分为：“羁管”（羁系而管束之）；“编管”（“迭送他所，量力役作时限，无得髡钳”）；“编置”（或称“安置”“居住”，轻于编管，谓编籍而安置之）等。各刑又有地理远近（或为本州，或为邻州，或为远州）之分和年限多少之别。

(三) 民事经济法律规范

1. 所有权方面的法律规定

(1) 土地所有权。

两宋时期随着商品经济的发展，“义利并重”的思想逐渐取代了“贵义贱利”的思想，民事法律关系与法律制度也发生了相应的变化。宋初统治者注重对所有权加以保护，并规定：“垦田即为永业”，“满五年，田主无自陈者，给佃者为永业。”太祖开宝二年（公元969年），进一步规定印契（红契）制度及税契制度，即用官府加盖红印的契据确认土地所有权，以收取契约税的形式保护土地交易的合法性。

图8-1　宋代商业[①]

① 参见李默主编：《中华文明大博览》，宋辽金夏，1120页，广州，广东旅游出版社，1997。

（2）物权。

两宋的所有权已划分为动产所有权（宋称物主权）与不动产所有权（宋称业主权）。《宋刑统》对动产如宿藏物（埋藏物）、阑遗物（遗失物）、漂流物、无主物、生产蕃息等所有权都作了明确规定。同时其对不动产（田宅）所有权的转移形式，包括租佃、典、押等，都规定要书面立契并取得官府承认，即所谓“皆得本司文牒，然后听之”；否则，发生纠纷，法律不予保护。

（3）典权。

宋代实行不抑兼并的土地政策，“人户交易田地，投买契书，交争讼界至，无日无之”[1]。土地所有权的变更使宋代对典卖的法律调整有所加强。自宋初以降，对土地、房屋等的典卖，规定须向官府纳税和订立书面契约，在典卖活动中以法律维护家长的特权。同时《宋刑统》和许多皇帝的诏敕中，明确规定严禁一物两典，违犯者“准盗论”，用以维护典权人的利益。

2. 债法与契约关系的发展

宋代对债的发生、履行或不履行，债的消灭，债的担保均有具体的法律规定。《庆元条法事类》中还有对抵押权和留置权的规定。宋代流行的契约主要有买卖契约、租赁契约、借贷契约等。[2] 其中有关土地的租赁称佃，租佃制是当时法律调整的最重要的债务关系之一。宋初就明定租佃双方应以契约规定租佃关系，佃农被官府登入户籍，称为“编户齐民”。仁宗时曾诏令：佃户起移有一定自由，“不取主人凭由”。但随着土地兼并的加剧，至南宋，佃户对地主的人身依附关系又有所强化。法律对负债出逃者严加稽查，以维护债权人的利益。

（1）债的发生。两宋因契约所生之债占大多数，当然还有其他形式引发的债权，《宋刑统》与《庆元条法事类》在买卖契约的法律规定上，强调双方的“合意”性，对强行签约违背当事人意愿的，要“重寘典宪”。同时其维护家长的财产支配权，即“应典卖物业，或指名质举，须是家主尊长对钱主或钱主亲信人，当面署押契贴。或妇女难于面对者，须隔帘幕亲闻商量，方成交易”。

（2）买卖契约。宋代的买卖契约分为绝卖、活卖与赊卖三种。绝卖为一般买卖。宋代“活卖”又称典卖，即通过让渡物的使用权收取部分利益而保留回赎权的一种交易方式。因典卖田宅者多为贫困之人，当他们过期无力回赎时，有钱人则可以低廉的代价获得田宅的所有权，而使典卖田宅者蒙受损失。赊卖是采取类似商业信用或预付方式，而后收取出卖物的价金。这些重要的交易活动，都须订立书面契约，取得官府承认，才能被视为合法、有效。

（3）租赁与租佃契约。宋时对房宅的租赁称为“租”、“赁”或“僦”，对人畜车马的租赁称为“庸”“雇”。以房屋租赁为例，宋朝法律规定得很详细，即所谓“假每人户赁屋，免五日为修移之限，以第六日起掠（收房租），并分舍屋间椽、地段、钱数，分月掠、日掠数，立限送纳”。

两宋租佃土地活动十分普遍。地主与佃农签订的租佃土地契约中，必须明定纳租与纳税的条款，或按收成比例收租（分成租），或实行定额租。地主同时要向国家缴纳田赋。若佃农过

① （清）徐松辑：《宋会要辑稿·食货三》，4844页，北京，中华书局，1957。

② 参见赵晓耕：《宋代法制研究》，北京，中国政法大学出版社，1994。本章“民事经济法律规范”一小节中引文不注明出处者，均参见该书第48～170页。

期不交地租，地主可于每年十月初一到正月三十日向官府投诉，由官府代为索取。

（4）借贷契约。宋代法律因袭唐制，对借与贷作了区分。借指使用借贷，而贷则指消费借贷。当时把不付息的使用借贷称为负债，把付息的消费借贷称为出举，并规定，“（出举者）不得还利为本”，且不得超过规定实行高利贷盘剥，以防激化社会矛盾。

图 8－2　宋兄弟争财①

3. 婚姻法规

宋承唐律，规定：“男年十五，女年十三以上，并听婚嫁。”违反成婚年龄的，不准婚嫁。宋律禁止五服以内亲属结婚，但对姑舅两姨兄弟姐妹结婚并不禁止。另外，《宋刑统》还规定：“诸州县官人在任之日，不得共部下百姓交婚，违者虽会赦仍离之。其州上佐以上及县令，于所统属官亦同。其定婚在前，任官居后，及三辅内官门阀相当情愿者，并不在禁限。”

在离婚方面，宋代仍实行唐制“七出”与“三不去”制度，但也有少许变通。例如《宋刑统》规定：夫外出三年不归，六年不通问，准妻改嫁或离婚。但是“妻擅走者徒三年，因而改嫁者流三千里，妾各减一等”。如果夫亡，妻“不守志”者，宋《户令》规定：“若改适（嫁），其见在部曲、奴婢、田宅不得费用。”严格维护家族财产不得转移的固有传统。

① 参见刘昕主编：《中国古版画》，人物卷·教化类，236页，长沙，湖南美术出版社，1998。

4. 继承法规

两宋法律在继承关系上有较大的灵活性。除沿袭以往遗产兄弟均分制外，允许在室女享受部分继承财产权，同时承认遗腹子与亲生子享有同样的继承权。至南宋又规定了绝户财产继承的办法。绝户指家无男子承继。绝户立继承人有两种方式，凡“夫亡而妻在”，立继从妻，称“立继”。凡“夫妻俱亡”，立继从其尊长亲属，称“命继”。继子与绝户之女均享有继承权，但只有在室女（未嫁女）的，在室女享有四分之三的财产继承权，继子享有四分之一的财产继承权。只有出嫁女（已婚女）的，出嫁女享有三分之一的财产继承权，继子享有三分之一，另外的三分之一收为官府所有。

5. 禁榷律法

宋代财政匮乏，禁榷是其获取财政收入的重要方法之一。宋代禁榷（专卖）范围有所扩大，除传统的盐、酒、茶外，矾、铁、煤等均被列为禁榷物种。在禁榷律法中，以盐法、茶法、酒法最为重要和完备。盐法是有关盐的煮制、买卖和贩运方面的法律。在中央有三司中的盐铁使，在地方有各产盐地和商埠所设场务专理盐的专卖。其时分为盐的官运、官销和商运、商销两种方式。盐法规定：贩私盐一两，笞四十。但因官盐价高，私贩禁而不绝。酒法是有关酒的酿制、征税和专卖等方面的律令。宋代称酒的专卖为“榷酤”。酿酒的酒曲由官府垄断，禁止民间私造，违犯者重至处死。官府严格控制酒的制售且税课繁重。后人评价“历代榷酤，未有如宋之甚者”①。

四、宋代司法制度

（一）司法机构的发展变化

1. 中央司法机构

（1）大理寺。

《宋史·刑法志》载：大理寺是中央审判机关，内设左断刑、右治狱。凡地方各州报请奏谳（复审）及地方官犯罪案件由左断刑负责；凡京师百官案件由右治狱负责。同时还将“审”“判”分开，审讯归断司，用法归议司。

（2）刑部。

刑部负责大理寺详断的全国死刑已决案件的复核及官员叙复、昭雪等事。神宗改制后，审刑院并入刑部，元丰四年（公元 1081 年）后刑部分设左、右曹，左曹负责死刑案件复核，右曹负责官吏犯罪案件的审核。其职能有所扩大，处理有关刑罚、狱讼、奏谳、赦宥、叙复等事。

（3）审刑院。

《宋史·刑法志》载：审刑院是神宗以前为加强皇帝对司法的控制而增设的中央审判机关。设知院事为长官及详议官六人。凡是上奏案件先交审刑院备案，后交大理寺复核，之后再返回审刑院详议并奏请皇帝裁决。

---

① （清）赵翼著：《陔余丛考·宋元榷酤之重》，栾保群、吕宗力点校，281 页，石家庄，河北人民出版社，1990。

2. 地方司法机构

地方司法机构中，各路设提点刑狱司，是中央在各路的司法派出机构，真宗时称提点刑狱公事，仁宗后称提刑司。州设专职司法官司法参军与司理参军，分掌检法议罪和调查侦讯，州长官是主审官。县由知县负责审判，“杖罪以下在县断遣”。地方死刑案件一般由州一级审判，上报路一级转送刑部复核。

（二）诉讼审判制度的特点

（1）宋代皇帝多亲自断案。徽宗时更常以御笔手诏断罪，“变乱旧章”。凡对“御笔断罪”执行不力者，多以“大不恭”论处。此类判决多不依法，更不许诉冤。

（2）重视证据和现场勘验。为重口供定有“翻异别勘”制度。因犯人翻供，所涉情节重大，一般换法官审理，称“别推”；若换司法机关审理，则叫“别移”。官府设有专门的勘验官并制有详细的勘验格式，南宋时还颁布了《检验格目》，重视对犯罪现场的勘验和取证，客观上推动了其时法医学的发展。著名的《洗冤集录》等法医学著作的出现，与此有直接关系。

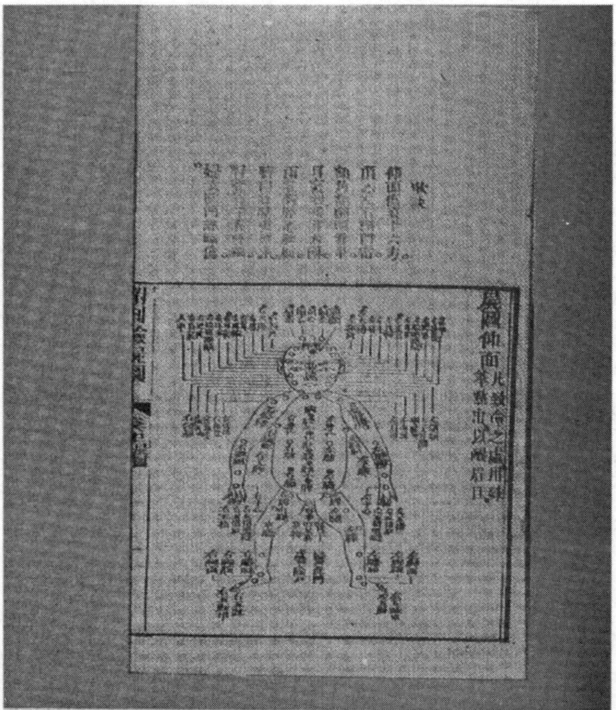

宋宁宗嘉泰四年（1204）诏颁的验尸正面人形图，载《洗冤集录》

图 8-3　《洗冤集录》插图[①]

（3）宋代对民事诉讼定有明确的时效规定，称“务限法”；对刑事案件，也依案件性质、

① 参见李默主编：《中华文明大博览》，宋辽金夏，1257 页，广州，广东旅游出版社，1997。

情节的不同和轻重，定有不同的审结期限。这对防止积案、发挥司法职能有积极作用。

（三）审判监督制度的特点

宋代除审判机构间上下、左右监督外，还设立了较完备的审判监督制度。在中央，扩大御史台司法职能，太宗时曾设御史台推勘官，分赴地方审理大案。在地方，提刑司监督州、县司法，这诚为后世巡按制度的渊源。① 此外，宋代还专门规定有平反冤案及错案的“理雪制度”与“推勘院”②。

第二节　辽金两代立法概况及法制特点

一、辽代的立法概况及特点

（一）辽代法制沿革

辽最早的一部法典，是辽太祖时诏令制定法律而编成的《决狱法》。其时仍奉行“以国法治契丹，以汉制待汉人”的分治制度。直至圣宗时，才规定契丹人和汉人犯罪，“一等科刑”。此后，兴宗重熙五年（公元1036年）诏令重修法典，参照唐律同时将太祖以来历朝法令编订成一部新的法典《新定条制》，史称《重熙新定条制》，颁行全国，成为当时基本的法律。道宗时，进一步强调契丹、汉人风俗虽不同，但国法不可异施，诏令在《重熙新定条制》基础上加以修订。《辽史·刑法志》载：咸雍六年（公元1070年），在增收唐律173条、新创71条、删除旧律2条以后，完成了一部本民族较成熟的法典《咸雍重修条制》。这是契丹族在法制上的进步。

（二）辽代法制的特点

辽代法制反映了民族压迫和民族传统的内容。如圣宗时规定契丹人与汉人互殴致死，处刑轻重不同；熙宗以前允许主人对奴婢施以私刑，对反叛者处以投高崖、活埋等带有民族传统刑罚色彩的酷刑；此外还有木剑、大棒、铁骨朵等传统刑罚。

二、金代的立法概况及特点

（一）金代法制沿革

金熙宗皇统五年（公元1145年），在参照唐律和辽、宋立法，并保留许多女真旧制的基础上，编成了首部成文法典——《皇统新制》。《金史·刑法志》载：世宗大定十九年（公元1151年），在已有法律基础上颁行了《大定重修制条》。章宗明昌五年（公元1194年）参酌前朝律

---

① 参见（宋）李焘：《续资治通鉴长编》，卷三九五，9632页，北京，中华书局，1985。

② （清）徐松辑：《宋会要辑稿·刑法三》，北京，中华书局，1957。

令制条，用《宋刑统》中的疏议加以注释，修订成一部新法《明昌律义》。泰和元年（公元1201年），进一步取唐律12篇的体例，存留律文563条，修成了著名的《泰和律义》（又称《泰和律》），《金史·刑法志》说此“实唐律也”。与此同时，金代还颁行有《泰和令》《新定敕条》《六部格式》等法规，是为金国最大的一次立法活动，使其法制趋于完备。其中的《泰和律》最有代表性，对元代法制产生了巨大的影响。

（二）金代法制的特点

金代法制在奉行民族压迫政策的同时，对民众的反抗严加剿捕，对本民族和汉族适用不同的法制。同时，其在司法中留有许多民族传统刑罚手段，如罪犯要割去耳鼻，以示与常人不同等。在金初，曾施行刑、赎并行的制度，允许以马牛杂物赎罪。因连年战争，法律多成具文。

第三节　元代法律制度

一、元代法制的沿革及特点

（一）元代主要的法律

元建立以前，除适用成吉思汗时期的《大札撒》外，多沿用金《泰和律》。

1.《至元新格》

据《元史·世祖本纪》记载：世祖建元后，于至元八年（公元1271年）下令禁用金《泰和律》；至至元二十八年（公元1291年），又将历年所颁格、例按“公规、治民、御盗、理财等十事辑为一书”，史称《至元新格》。《至元新格》成为元代首部成文法典。

2.《风宪宏纲》

《元史·刑法志》载：仁宗时将“格例条画有关风纪者，类集成书”，称《风宪宏纲》。

3.《大元通制》

《元史·刑法志》载：英宗至治三年（公元1323年）又在前面的基础上，仿唐、宋旧律篇目，修订成一部新的法典《大元通制》，共20篇，2 539条，其内容由诏制、条格、断例组成，下分11目。这也成为元代基本的法律形式。

4.《元典章》

与《大元通制》这一法典几乎同时出现的，还有一部由当时地方官府汇编而成的法规大全《大元圣政国朝典章》，即流传至今的《元典章》。该书收集了自元初至英宗至治二年（公元1322年）五十多年间的律令典章和判例，共60卷，分诏令、圣政、朝纲、台纲、吏部、户部、礼部、兵部、刑部、工部10类，下设373目，目下列有条格。其内容涉及元代政治、经济、军事、法律和风俗民情等各个方面。

5.《至正条格》

《元史·刑法志》载：元末顺帝至元四年（公元1267年）对《大元通制》重行修订，于至正六年（公元1346年）完成了一部新的法典《至正条格》，予以颁行。其内容包括制诏、条

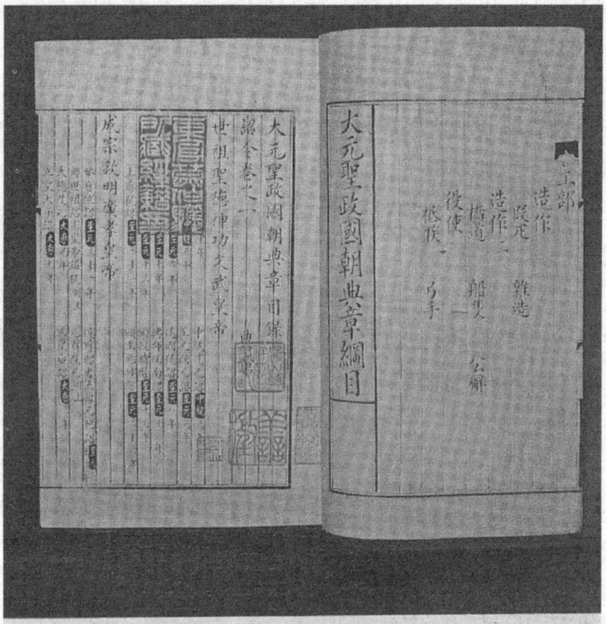

图 8-4　《元典章》

格、断例等，共二千九百余条。

（二）元代的基本法律形式

元代的基本法律形式深受两宋编敕的影响，内容广泛，具有法规大全的性质。从中央到地方，各级官府都十分注重以判例断案。历次法典编纂都纳入大量断例，地方也时常收集和汇编断例，致使“有例可援，无法可守”。

综括元代法律，其基本法律形式以条格、断例为主。

（1）条格，是由皇帝亲自裁定或由中书省等中央机关颁发给下属官府的政令，主要是有关民事、行政、财政等方面的法规。

（2）断例，是经皇帝或司法官员所判案件的成例，多属刑事法规。这种以临时颁发的政令和以判例为主的法律内容，与划一的法规时相差异，使其法律内容很不规范。元代司法主要是依据这些条格、断例，致使“奸贪之吏独习知而舞文”。

二、元代法制的主要内容特点

（一）以法律维护民族间的不平等

元初，依据不同民族将民众的社会地位划分为四等：蒙古人社会政治地位最优越；色目人（西夏、回回）次之；汉人再次之；南人（原南宋统治的民众）最低。举凡科举任官都定有一系列优待蒙古人、色目人而限制歧视汉人、南人的法规。有元一代，朝廷高级官员几无汉人染指，有些官职则明令不许汉人、南人担任。如仁宗皇庆二年（公元 1313 年）定科举条例，规定蒙古人、色目人考二场，汉人、南人考三场。乡试录取名额四等人平均分配，而实际上极不平等。

（二）定罪量刑上的民族差别

元代规定宗室及蒙古人案件，由中央大宗正府专门负责。汉人、南人诉案归刑部，且审判机关的正官亦由蒙古人担任。遇有蒙古人与汉人纠纷案件，多偏袒蒙古人。不仅如此，元代在法律上明定蒙古人犯罪与汉人犯罪同罪异罚。如窃盗罪，犯人均处黥刺之刑，而蒙古人则免刺。蒙古人因争斗或酒醉打死汉人，只是“断罚出征，并全征烧埋银（丧葬费）”[①]。反之在同样情况下，汉人若打死蒙古人，则一律处死并付烧埋银。蒙古人犯死罪也可免拷掠，日给饮食。如果是蒙古官员犯罪，连行刑也必须是蒙古人，且法律往往不规定对犯罪官吏的具体处罚，即使规定，刑罚也比唐、宋律轻。

（三）维护僧侣特权和农奴制残余

元代奉佛教为国教，世祖尊八思巴喇嘛为帝师。帝师法旨在西土与皇帝诏敕并行。中央设宣政院，地方设行宣政院，专理僧侣案件。一般轻罪由寺院主持负责。法律对僧侣人身、财产给予多种特殊保护，僧侣犯罪也获种种宽免，致使僧侣恃法上特权专横跋扈。成宗时对僧侣特权始有限制。受传统习俗的影响，法律严格维护主奴尊卑间不平等的关系。罪犯家人籍没为奴，扩大了奴隶数量。主人对奴隶可施用刺面、割鼻等私刑，杀死奴隶者处刑也很轻。准许任意买卖奴隶，允许地主役使佃户及其亲属。这些规定都是法律制度上的历史倒退，反映了元代法律维护农奴制残余的特点。

（四）特殊的刑罚制度

（1）将隋唐以来以十为尾数的笞杖刑改为以七为尾数，并说是因为“天饶他一下，地饶他一下，我饶他一下”[②]。杖刑则每等加七下。徒刑每半年加杖十七下。流刑则不定里数，汉人、南人犯罪多流放辽阳、迤北等边远地方。死刑分凌迟和斩，无绞刑。

（2）刑罚适用中多带有民族传统内容。立法技术的粗陋，使有些条文无明确的刑罚规定，仅泛称“禁之”“罪之”“重罪之”等。有些刑罚如“红泥粉壁”“巡街”等带有传统习俗的色彩。此外，尚有许多法外酷刑如“剥皮”“醢”等。严窃盗之罪，处刑多重于唐、宋，规定“强盗皆死，盗牛、马者劓，盗驴、骡者黥”，恢复了许多野蛮落后的肉刑。

三、元代的司法制度

（一）司法机构的变化

（1）中央设刑部、大宗正府、御史台和宣政院。各长官皆由蒙古人担任。不设大理寺。

1）刑部“掌天下刑名、法律之政令”及冤、疑案的复审和死刑复核、录囚等职责。

2）大宗正府审理蒙古人、色目人和宗室案件。其与中书省、枢密院并列，不受御史台监

---

① 《元史·刑法志》。

② （元）叶子奇：《草木子·杂制篇》，64页，北京，中华书局，1959。

察，成为蒙古王公垄断的中央审判机构。

3）御史台实为中央分立的司法监督与审判机关，负有纠举百官违法犯罪、监督京师与地方刑狱、平反冤狱等职能。

4）宣政院是宗教管理和宗教审判的最高专门机关，官员由僧侣担任。地方各路设行宣政院，形成了一个宗教与世俗权力并行的特殊司法体系。地方僧侣间案件由地方长官与有关寺院主持会审。僧侣与民人涉诉案件，除奸盗、诈伪、人命等重案可由地方长官审理报宣政院外，其他民、刑案件地方官不得擅断。

（2）地方路、府、州、县设达鲁花赤，由蒙古人担任，直接断案。杖罪以下案件可自行判决，徒罪以上案件须经路申奏刑部。

此外，地方管军官“奥鲁”负责辖下军户间的“斗讼、婚田、钱债、财产、继承及科差不公”等案件。

（二）诉讼制度的特点

元代法律“诉讼”已独立成篇①，诸如原告、被告、书状、刑狱、听讼、问事等均详予规定。一般不准越诉，较唐、宋律限制更多，但也规定有击登闻鼓等非常上诉制度。确立诉讼官吏亲嫌回避的法律，并明文禁止审判官吏私自抄没人家、摘录私书以文致人罪，这是较前代法律一个重大变化。此外，元代还规定有代诉制度，对民事案件当事人一般不予收押，军官巡检不得受理民事案件等。

深度阅读

1.（明）张四维. 名公书判清明集. 中国社会科学院历史所宋辽金元史研究室，点校. 北京：中华书局，1987

2.（宋）郑克. 杨奉琨，译. 折狱龟鉴选. 北京：群众出版社，1962

3. 薛梅卿，赵晓耕. 两宋法制通论. 北京：法律出版社，2002

4. 黄时鉴. 元代法律资料辑存. 杭州：浙江古籍出版社，1988

问题与思考

一、思考题

1. 简述《宋刑统》与《唐律疏议》相比在体例上的变化。
2. 简述宋代的主要法律形式。
3. 简述“条法事类”的立法结构。
4. 简述宋代的死刑。

---

① 参见《大元通制·诉讼部》，《通制条格》，杭州，浙江古籍出版社，1986。

5. 简述宋代折杖法的主要内容。
6. 简述宋代的司法机构。
7. 简述宋代的“翻异别勘”制度。
8. 简述辽、金的立法概况。
9. 简述元代的条格与断例。
10. 简述元代的“四等人”制度。
11. 简述元代的中央司法机关。
12. 简述元代的监察机构。
13. 简述元代诉讼中的回避和代诉制度。

二、练习题

（一）单项选择题

1. 南宋庆元年间，某地发生一桩“杀妻案”。死者丈夫甲被当地州府逮捕，受尽拷掠，只得招认“杀妻事实”。但在该案提交本路（路为宋代设置的地位高于州、县的地方行政区域）提刑司审核时，甲推翻原口供，断然否认杀妻指控。提刑司对本案可能作出的下列处置中，符合当时“翻异别勘”制度规定的做法是（　　）。（司考）

A. 发回原审州府重审　　B. 指定本路管辖的另一州级官府重审

C. 直接上报中央刑部审理　　D. 直接上报中央御史台审理

答案：B

2. 关于中国古代婚姻家庭与继承法律制度，下列选项错误的是（　　）。（司考）

A. 西周时期“七出”“三不去”的婚姻解除制度为宗法制度下夫权专制的典型反映，然而“三不去”制度更着眼于保护妻子权益

B. 西周的身份继承实行嫡长子继承制，而财产继承则实行诸子平分制

C. 宋承唐律，但也有变通，如《宋刑统》规定，夫外出三年不归、六年不通问，准妻改嫁或离婚

D. 宋代法律规定遗产除由兄弟均分外，允许在室女享有部分的财产继承权

答案：B

3. 南宋时，富人甲去世，妻已亡，家中有继子乙及在室女丙。关于甲的遗产继承，依当时法律，下列选项正确的是（　　）。（司考）

A. 乙享有全部财产继承权，丙没有继承权

B. 丙享有全部财产继承权，乙没有继承权

C. 乙享有 1/4 财产的继承权，丙享有 3/4 财产的继承权

D. 乙、丙都没有继承权，财产收为官府所有

答案：C

4. 关于宋代法律和法制，下列选项错误的是（　　）。（司考）

A.《宋刑统》为我国历史上第一部刊印颁行的法典

B. 宋代法律因袭唐制，对借与贷作了区分

C. 宋仁宗朝敕、例地位提高，“凡律所不载者，一断于敕、例”

D. 宋建隆四年颁行“折杖法”

答案：C

5. 宋承唐律，仍实行唐制“七出”“三不去”的离婚制度，但在离婚或改嫁方面也有变通。下列不属于变通规定的选项是（　　）。（司考）

A. “夫外出三年不归，六年不通问”的，准妻改嫁或离婚

B. “妻擅走者徒三年，因而改嫁者流三千里，妾各减一等”

C. 夫亡，妻“若改适（嫁），其见在部曲、奴婢、田宅不得费用”

D. 凡“夫亡而妻在”，立继从妻

答案：D

6.《折狱龟鉴》载一案例：张泳尚书镇蜀日，因出过委巷，闻人哭，惧而不哀，遂使讯之。云：“夫暴卒。”乃付吏穷治。吏往熟视，略不见其要害。而妻教吏搜顶发，当有验。乃往视之，果有大钉陷其脑中。吏喜，辄矜妻能，悉以告泳。泳使呼出，厚加赏方，问所知之由，并令鞠其事，盖尝害夫，亦用此谋。发棺视尸，其钉尚在，遂与哭妇俱刑于市。关于本案，张泳运用了下列哪一断案方法？（　　）（司考）

A. “春秋决狱”　　B. “听讼”“断狱”　　C. “据状断之”　　D. 九卿会审

答案：C

（二）多项选择题

7. 中国南宋规定户绝指家无男子承继。按照南宋的继承制度，若出现户绝，立继承人的方式有哪些？（　　）（司考）

A. “立继”　　B. “祖继”　　C. “嗣继”　　D. “命继”

答案：AD

8. 下列有关我国唐宋时期法制的表述正确的是（　　）。（司考）

A.《永徽律疏》不仅是中华法系的代表性法典，也是中国封建法制的最高成就

B.《宋刑统》不仅是一部具有统括性和综合性的法典，也是中国历史上第一部刊印颁行的法典

C. 自首、类推、化外人、区分公罪与私罪等原则都是唐律中重要的刑罚原则

D. 唐代和宋代在中央司法机构的设置上是一致的，即在皇帝以下设置大理寺、刑部、御史台三大司法机构，分掌中央司法审判职权

答案：ABCD

9.《疑狱集》载：“张举，吴人也。为句章令。有妻杀夫，因放火烧舍，乃诈称火烧夫死。夫家疑之，诣官诉妻，妻拒而不认。举乃取猪二口，一杀之，一活之，乃积薪烧之，察杀者口中无灰，活者口中有灰。因验夫口中，果无灰，以此鞫之，妻乃伏罪。”下列关于这一事例的表述不成立的是（　　）。（司考）

A. 作为县令的张举重视证据，一般用猪来作为证据

B. 张举之所以采取“积薪烧猪”的方法来查验证据，乃因当时的法律没有规定刑讯的程序

C. 该案杀人者未受刑而服罪，因其符合当时法律规定禁止使用刑讯的一般条件

D. 张举在这个案件中对事实的判断体现了当时法律所规定的“据状断之”的要求

答案：ABC

10. 宋代“折杖之制”的目的是（　　）。

A. 流罪得免远徙　　B. 徒罪得免役年　　C. 笞杖得减决数　　D. 死罪得免杀戮

答案：ABC

第九章

明代法律思想与制度

本章重点知识

1. 明代立法成果。
2. 明代的定罪量刑原则、刑罚、婚姻继承制度、诉讼审判制度。
3. 明代司法机关及司法制度。

第一节　明代立法思想与立法概况

一、立法思想

(一)“明刑弼教”的立法指导原则

“明刑弼教”一词最早见于《尚书·大禹谟》中“明于五刑，以弼五教”之语，后人简称“明刑弼教”。从字面而观，“弼”乃辅佐之义，似与“德主刑辅”的传统立法、司法原则并无不同；实则不然，“德主刑辅”中“德”为“刑”纲，“刑”要受“德”的制约，始终处于次要、辅助位置。宋以前论及“明刑弼教”，多将其附于“德主刑辅”之后，其着眼点仍是“大德小刑”和“先教后刑”。宋代以降，在处理德、刑关系上始有突破。著名理学家朱熹先对“明刑弼教”作了新的阐释。他有意提高了礼、刑关系中刑的地位，说：“礼字，法字实（是）理字。”① 他认为礼法均是理的体现，二者对治国同等重要，决“不可偏废”。他又从“礼法合一”角度对“明刑弼教”作进一步说明：“故圣人之治，为之教以明之，为之刑以弼之，虽其所施或先或后，或缓或急，而其丁宁深切之意，未尝不在乎此也。”②

与前代儒家学说不同的是，他强调刑与教的实施可“或先或后”，“或缓或急”。经此一说，

① （宋）朱熹：《朱文公文集·答吕子约》，838页，台北，“商务印书馆”，1979。

② （宋）朱熹：《朱文公文集·戊申延和奏札一》，198页，台北，“商务印书馆”，1979。

刑与德的关系不再是“德主刑辅”中的“从属”“主次”关系，德对刑不再有制约作用，而只是刑罚的目的，刑罚也不必拘泥于“先教后刑”的框框，而可以“先刑后教”行事。这看来小小的变通之义，却意味着中国传统法制指导原则沿着“德主刑辅—礼法合一—明刑弼教”的发展轨道，进入了一个新的阶段，并对明、清两代法律实施的方法、发展的方向和发挥的社会作用产生了深刻影响。在我国古代法律史上，一般说来，倡导“德主刑辅”，本意是注重道德教化，限制苛刑，所以它往往是同轻刑主张相联系的。而经朱熹阐发，风行于后世的“明刑弼教”思想，则完全是借“弼教”之口实，为推行重典治国政策提供思想理论依据。

（二）“重典治国”的司法指导思想

由于“明刑弼教”主张在处理德、刑关系上，可使统治者根据形势与本身利益的需要，在重刑罚还是重教化的道德问题上有充分选择的余地，所以，它被奉行“重典治国”的朱元璋视为明初立法、司法的重要原则。如果说朱熹还只是在理论上为“明刑弼教”原则的贯彻开辟了道路，朱元璋则是从理论与实践的结合上把此原则推向了新的高度。“重典治国”在“明刑弼教”作为其理论和伦理基础的前提下，成了明初司法的具体指导思想。

自称“淮右布衣”“起自微寒”的明太祖朱元璋，对法制非常关注，1365 年攻占武昌后就着手议定律令。以元末“朝廷暗弱，威福下移”、纲纪废弛、官吏放纵，导致矛盾激化、王朝倾覆的教训为鉴，针对动乱之后明王朝初立，他采取了“治乱世用重典”的原则，声言：“胡元以宽而失，朕收平中国，非猛不可。”① 朱元璋的“刑用重典”不同于秦代的“专任法治”，而是“仿古为治，明礼以导民，定律以绳顽”②，从而与“明刑弼教”原则相统一。

【延伸阅读】

《明史·刑法志二》载：“有明一代刑法大概。太祖开国之初，惩元季贪冒，重绳赃吏，揭诸司犯法者于申明亭以示戒。又命刑部，凡官吏有犯，宥罪复职，书过榜其门，使自省。不悛，论如律。累颁犯谕、戒谕、榜谕，悉象以刑，诰示天下。及十八年《大诰》成，序之曰：‘诸司敢不急公而务私者，必穷搜其原而罪之。’凡三《诰》所列凌迟、枭示、种诛者，无虑千百，弃市以下万数。贵溪儒士夏伯启叔侄断指不仕，苏州人才姚润、王谟被征不至，皆诛而籍其家。‘寰中士夫不为君用’之科所由设也。其《三编》稍宽容，然所记进士监生罪名，自一犯至四犯者犹三百六十四人。幸不死还职，率戴斩罪治事。其推原中外贪墨所起，以六曹为罪魁，郭桓为诛首。郭桓者，户部侍郎也。帝疑北平二司官吏李彧、赵全德等与桓为奸利，自六部左右侍郎下皆死，赃七百万，词连直省诸官吏，系死者数万人。核赃所寄借遍天下，民中人之家大抵皆破。时咸归谤御史余敏、丁廷举。或以为言，帝乃手诏列桓等罪，而论右审刑吴庸等极刑，以厌天下心，言：‘朕诏有司除奸，顾复生奸扰吾民，今后有如此者，遇赦不宥。’先是，十五年空印事发。每岁布政司、府州县吏诣户部核钱粮、军需诸事，以道远，预持空印文书，遇部驳即改，以为常。及是，帝疑有奸，大怒，论诸长吏死，佐贰榜百戍边。宁海人郑士利上书讼其冤，复杖戍之。二狱所诛杀已过当。而胡惟庸、蓝玉两狱，株连死者且四万。”

《明史·刑法志一》载：“始，太祖惩元纵弛之后，刑用重典。”“三十年作《大明律诰》

---

① （明）刘基撰，何镗编校：《诚意伯文集》，3 页，上海，商务印书馆，1936。

② （清）张廷玉等：《明史·刑法志》，2284 页，北京，中华书局，1974。

成。御午门，谕群臣曰：'朕仿古为治，明礼以导民，定律以绳顽，刊著为令。'""建文帝即位，谕刑官曰：'《大明律》，皇祖所亲定，命朕细阅，较前代往往加重，盖刑乱国之典，非百世通行之道也。'"

《明史·刑法志二》载："盖太祖用重典以惩一时，而酌中制以垂后世，故猛烈之治，宽仁之诏，相辅而行，未尝偏废也。"

二、立法概况与法律形式

（一）《大明律》的制定与颁行

1. 吴元年《大明律》

鉴于元末法制"条格繁冗""其害不胜"，朱元璋曾说："夫法度者，朝廷所以治天下也。"[①] 因此，早在吴元年（公元1367年）他就命左相国李善长等草创律令，编律285条、令145条，到吴元年十二月"甲寅，律令成，命颁行之"。这是最早拟定颁行的明代法律即《大明律》。律文按唐律取舍编订，依《元典章》体例按六部顺序编订。其中"吏律十八，户律六十三，礼律十四，兵律三十二，刑律一百五十，工律八"，于同年十二月颁行。这为以后的《大明律》奠定了基础。

2. 洪武六年《大明律》

到了洪武六年（公元1373年）冬，朱元璋又详定《大明律》，次年二月书成，其"篇目一准之于唐……合六百有六条，分为三十卷"。其仿唐律十二篇体例，将《名例律》置于最后，内容繁于唐律，经朱元璋"亲加裁酌"后颁布。

3. 洪武二十二年《大明律》

以后又因条例"增损不一"和洪武十三年（公元1380年）废中书省、宰相，朱元璋于二十二年（公元1389年）"更定大明律"。此次以"名例"一篇冠首，其下按六部改为吏、户、礼、兵、刑、工六律[②]，共30卷，460条。隋唐以降（元代例外）沿袭八百年的法典结构至此一变。其基本条款仍同唐律，只是明律"轻其轻罪，重其重罪"；在立法技术上较唐律更为精细，体例也更趋完备和科学。以后明代又将洪武十八年和二十年的《明大诰》选出147条，附于律后。

4. 洪武三十年《大明律》

至洪武三十年（公元1397年）最后完成《大明律诰》，"刊布中外，令天下知所遵守"。

明律从初创到定型，历时三十多年，表明了统治者对立法的积极与慎重态度。

（二）《御制大诰》的颁行

朱元璋以明初乱世和"民不从教"为口实[③]，仿周公东征殷顽时训诫臣民的书面文告——"诰"，制定了所谓《明大诰》。《明大诰》是以判例形式出现的、带有特别法性质的重刑法令，

---

① 《明太祖实录》，卷一一六，见《明实录》，台湾研究院历史语言研究所以北平图书馆藏明内阁副本缩微胶卷影印本，1961。

② 元代的《元典章》已有此编纂体例。

③ 参见（清）张廷玉等著《明史·刑法志》载，"患民狃元习，徇私灭公，戾日滋"。

是律外之法。《明大诰》共四编，即《大诰一编》、《大诰续编》、《大诰三编》和《大诰武臣》，于洪武十八年（公元1387年）至二十年（公元1385年）之间颁行，共236条。“明刑弼教”是其颁行《明大诰》的重要指导思想。《明大诰》是明前期《大明律》之外最重要的法律。它以案例形式出现，也起到了宣传法制的作用。

大诰较之明律新增了许多禁令、罪名，且处刑多重于明律，手段残忍。大诰偏重于惩治贪官与豪强，如《大诰续编》87条中，事涉贪官豪强的就占七十余条。

朱元璋非常看重他亲手所定的《明大诰》，在颁行时宣言：“一切官民诸色人等，户户有此一本，若犯笞、杖、徒、流罪名，每减一等；无者每加一等。”① 朱元璋在洪武三十年（公元1397年）五月下诏，“今后法司只依律与大诰议罪”，并令各级学校讲授大诰，科举考大诰，乡民集会宣讲大诰等。② 但因《明大诰》远比明律苛刻，太祖一死，不久便被后人抛弃不用③，所谓“言从于当面，而行违于身后”，至明中叶已很难见到了。

【延伸阅读】

《明史·刑法志》载：“三十年，作《大明律诰》成……《大诰》者，太祖患民狃元习，徇私灭公，戾日滋，十八年采辑官民过犯，条为《大诰》。其目十条：曰《揽纳户》，曰《安保过付》，曰《诡寄田粮》，曰《民人经该不解物》，曰《洒派抛荒田土》，曰《倚法为奸》，曰《空引偷军》，曰《黥刺在逃》，曰《官吏长解卖囚》，曰《寰中士夫不为君用》，其罪至抄札。次年复为《续编》，《三编》，皆颁学宫以课士，里置塾师教之；囚有《大诰》者，罪减等……”

（三）“例”的编修

太祖在颁行《大明律》时曾言：“令子孙守之。群臣有稍议更改，即坐以变乱祖制之罪。”但律书所载有限，犯罪情状无穷，囿于“祖制”，为防“法外遗奸”和力求“情罪无遗”，太祖以后各代皇帝遂据“一时权宜”定有不少的例。

1.《钦定律诰条例》

洪武三十年（公元1397年）五月，就曾订《钦定律诰条例》，共147条，均属死罪规定，用以补律之不足，此后《明大诰》不再援用。

2.《问刑条例》

百年之后的孝宗弘治五年（公元1492年），因前朝条例纷繁，法司问刑多有轻重失宜，加之临事奏报“取自上裁”的例在司法中的作用愈益显重，有刑部尚书彭韶等应鸿胪寺少卿李隧的奏请，删定《问刑条例》；弘治十三年（公元1500年）孝宗钦命三法司及卿等将历年有关问刑方面条例“经久可行者”297条议定，作为常法与律并行。武宗正德年间（公元1506年至1521年）又增44条。世宗于嘉靖二十八年（公元1549年）重修《问刑条例》为249条，于三十四年（公元1555年）又增89条。神宗于万历十三年（公元1585年）再次重修，计382条，以后续修成385条。

---

① 《大诰·颁行大诰第七十四》。参见杨一凡：《明大诰研究》，252页，南京，江苏人民出版社，1988。

② 如明朝刘三吾所著《御制大诰后序》记：“载劳圣虑，条画成书，颁示中外臣民，家传人诵，否者罪之。”另参见杨一凡：《明大诰研究》，253～254页，南京，江苏人民出版社，1988。

③ 洪武三十年（公元1397年），太祖选《明大诰》中36条，列入《钦定律诰》，附于律后，称《大明律诰》。参见杨一凡：《明大诰研究》，55页，南京，江苏人民出版社，1988。

3.《真犯、杂犯死罪条例》

《真犯、杂犯死罪条例》是关于死罪的严重程度、量刑轻重、处刑期限的规范。“真犯”指情节、性质严重的死罪，常赦不原，减一等仍为流刑，且执行“不待时”；“杂犯”指某些性质、情节不太严重的死罪，判刑后不马上执行，等秋审、朝审时再行处理，并可比五年徒论赎。该条例几经修订，趋势是“真犯”越来越多。

4.《充军条例》

《充军条例》在太祖时已颁有 22 条，皆律所不载。明代减死之刑以充军最重。《大明律》中充军罪有 46 条，均重于前代的规定。继太祖之后，嘉靖二十九年（公元 1550 年）所定充军条例共 213 条。万历十三年（公元 1585 年）又新增充军条例 39 条。同年刑部尚书舒化等纂辑嘉靖三十四年（公元 1555 年）以后诏令，及《宗藩军政条例》《捕盗条格》《漕运议单》中与刑名相关部分，编例 382 条，作为明律正文的附注，形成了今日我们所见到的《明律集解附例》。

事实上明代各朝条例相当多，“事同而二三其例”的情况比比皆是，因循日久，例愈纷繁，弊端无穷，奸吏随意重轻，朝廷生杀任情，律反成具文。所以，明代刑狱冤滥是十分惊人的。

（四）《大明会典》的编纂

《大明会典》仿《唐六典》体例，内容远比《唐六典》的充实。英宗正统年间始编纂，孝宗弘治十年（公元 1497 年）由敕分馆编辑，至十五年（公元 1502 年）成书，共 180 卷。自称其将开国百多年典制“足法万世者，荟萃无遗”①，但未及颁行。以后武、世、神宗三朝相继重修，并分别颁行。现存有正德、万历年间《会典》，其体例“以本朝官职制度为纲”，有关各职的历朝律令典籍规范（所谓“祖宗旧制”）和历代损益之事分载于后，使“官领其事，事归于职，以备一代之制”，对调整政权机关的行政活动有重要作用。由于《大明会典》汇集了明代法令典章，如《诸司执掌》《皇朝祖训》《大诰》《大明令》《洪武礼制》《大明律》《军法定律》等内容，故也具有法规大全的性质。

第二节　明代法律内容的发展及特点

一、明代行政立法

（一）皇权专制的内阁与六部

1. 内阁及其权限

自秦开始的宰相制度，至此为之一变。朱元璋借“胡蓝之狱”之机裁撤中书省，废除宰相，由其亲自接管六部，并下令：今后臣下有敢再议“奏请设立（宰相）者，文武群臣即时劾

① （明）申时行等修：《大明会典·御制明会典序》，北京，中华书局，1989；（明）李东阳纂，（明）申时行重修：《大明会典》（万历刊本），2 页，台北，文海出版社，1984。

奏，处以重刑”[①]。他说：“自古三公论道，六卿分职。自秦始置丞相，不旋踵而亡。汉、唐、宋因之，虽有贤相，然其间所用者多有小人，专权乱政。我朝罢相，设五府、六部、都察院、通政司、大理寺等衙门，分理天下庶务，彼此颉颃不敢相压，事皆朝廷总之，所以稳当。”这里所说的朝廷，实际是指他本人。罢相以后，中央的府、部、院、寺，分理庶务，各不统属，一切大权都由皇帝掌握，所以不必担心大权旁落了。这样，皇帝就在事实上兼任了宰相，皇权和相权合而为一，从制度上集君权与相权于一身，保证了皇帝的专制独裁。

随着权力空前的集中，一切政务都要皇帝去亲理又是很难办到的。据吴晗先生统计，洪武十六年（公元 1383 年）九月十四日至二十一日，八日之内，内外诸司呈送皇帝的奏章，就有 1 666 件，总计说了 3 391 件事。[②] 任何个人也是看不完的。此是废宰相之一弊。为革除此弊，遂有内阁的设立，作为皇帝的秘书处，协助皇帝处理大量的公文奏章。在制度上内阁不能领导六部，但后来内阁大学士是事实上的宰相，入阁就是拜相。此是废宰相之二弊。内阁不能领导六部，而皇帝又管不了那么多事，于是必然政出多门，朝政焉能不乱！此是废宰相之三弊。

洪武十五年（公元 1382 年）仿宋制设殿阁大学士，成祖以后改称“内阁大学士”，又因其办事地点在皇宫内，故称“内阁”。太祖时内阁大学士只有正五品，只是皇帝的秘书，“侍左右，备顾问而已”[③]，内阁也不过是皇帝的办公厅或秘书处。内阁成为中央的重要机构，则始于成祖。《明史·职官志·内阁》载：“成祖即位……阁臣之预务自此始。”

初期的阁臣，尚不可以侵夺各部的职权，诸司有事也直接向皇帝奏闻，无须向阁臣“关白”。从仁宗以后，随着阁臣职位渐崇重，又复兼职六部，于是“阁权之重，偃然汉、唐宰辅”[④]。随着内阁职权的加重，机构扩大，执掌军国机务，势必要设主持者，以代皇帝之劳。官制上没有“首辅”之名，但实际上内阁有主要柄政者，于是习惯上就称内阁中主要负责人为首辅。景泰以后内阁设诰敕房和制敕房，由其掌办一切诏敕机密文书。正统年间，国有重要大事，内阁大学士可会同各衙门于内阁会议，“遂为例”。内阁已成为明代全国行政中枢机构。到代宗景泰以后，六部承奉意旨，靡所不领，而阁权益重。世宗嘉靖中叶以后，夏言、严嵩迭相用事，遂赫然为真宰相，朝位班次俱在六部之上了。[⑤]

关于明代阁臣的职权，《明史·职官志》载：“点检题奏，票拟批答，以平允庶政。”就是说，一切奏章、政事、看详批答，都要经过阁臣的手。所谓“票拟批答”，是用一个小条子（票）拟具意见，附在奏本之上，送皇帝斟酌。待皇帝自己看过，把小条子拿掉，亲用红笔批示，称“朱批”，批好拿出来，这便是正式的谕旨。票拟是阁臣的主要职责，其必须亲自拟定，不得假手他人，否则便是违法。票拟要求须在内阁进行，因为事关国家机密，不得带回私宅。

阁臣的任用，初由皇帝直接任命，谓之“特简”，后由廷臣推荐，叫作“廷推”。阁臣由廷推任用，在嘉靖以后渐成为制度。首辅“十余人之多”，相当于宰相，而其余阁臣则相当于唐、

---

① 《明太祖实录》，卷二三九，见《明实录》，3478 页，台湾研究院历史语言研究所以北平图书馆藏明内阁副本缩微胶卷影印本，1961。

② 参见吴晗：《明史简述》，321～325 页，北京，中华书局，1980。

③ 《明史·职官志·内阁》，卷七十二，1733 页。

④ 《明史·宰辅年表》，卷一九，3305 页。

⑤ 参见《明史·职官志·内阁》，卷七十二，1734 页。

宋之参知政事、同平章事。明代内阁阁臣人数没有一定的数字，少则一二人，多则十余人，和唐代设置宰相的情况类似。到崇祯时“辅相至五十余人”。

明代中期以后皇帝多不见大臣，不去内阁。万历皇帝 24 年不上朝，宪宗和熹宗前后竟有一百多年没有召见大臣。① 而阁臣又不可随时前往后宫，于是皇帝和阁臣之间的接触联系便只有依靠太监。皇帝有事交给太监，由太监交给内阁。内阁有事也同样交给太监，再由太监呈送皇帝。这就使宦官可以上下其手，从中弄权。加之明代实行“厂卫”特务统治，司礼太监遂因此成为特务最高指挥官，在政治上“无宰相之名，有宰相之实”，甚至成了事实上的皇帝。而内阁在政治制度上，并不是唐、宋以来的尚书省或中书省，内阁首辅毕竟不是名正言顺的宰相，因此，时人有“知有西厂，而不知有朝廷”② 的讥讽。即使是明代最有名的首辅张居正，他在任相十年大力推行改革中也不得不和太监冯保合作，因为冯保是司礼太监兼掌东厂。张居正的改革如果没有冯保支持，困难是可想而知的。总之，明代宦官之所以能够窃权祸国，探本求源，最主要的原因在于过分集权于皇帝，而这与太祖废除宰相关系甚重。

2. 六部机构设置

明代初年，沿用元制，尚书六部隶属于中书省。洪武十二年（公元 1379 年）废中书省以后，六部（吏、户、礼、兵、刑、工）的职权和地位大大提高，成为直接对皇帝负责的中央最高一级行政机关，六部各设尚书一人，正二品，左右侍郎各一人，正三品。下置各司设郎中一人，正五品，员外郎一人，从五品。③

（1）吏部下设文选、验封、稽勋、考功四清吏司。

吏部尚书掌天下官吏选授、封勋、考课之政令，以甄别人才，赞治天子。文选司掌官吏班秩迁升、改调之事；验封司掌封爵袭荫、褒赠、吏算之事；稽勋司掌勋级、名籍、丧养之事；考功司掌官吏考课、黜陟之事。④

吏部掌理铨政，主管文官的考核与任免。政府各部门，从中央到地方，官吏的多寡、出缺，都由吏部调补任免。明制，吏部对官吏的任免，皇帝和阁臣一般不得干涉。但有明一代是宦官专权，内阁首辅也常常俯首听命，吏部尚书欲正直用人而不受司礼太监的制约是很难的。

（2）户部按省下设十三清吏司。

户部尚书掌天下户口、田赋之政令，稽版籍、岁会、赋役实征之数，以下达所司。每 10 年编订黄册（户口簿册）一次，详列每户户主、户口、田产以及应负赋役，一式四份，分存各级政府，作征收赋役的根据。凡田地之侵占、投献、诡寄、影射有禁，人户之隐漏、逃亡、朋充有禁，继嗣、婚姻不如令有禁，皆得综核而纠正之。

十三清吏司各掌其分省之事，每司下设：民科主所属省府、州、县地理、人物、图志等；度支主会计夏税、秋粮、存留、起运、赏赐、禄秩之经费等；金科主市舶、鱼盐、茶钞税课，及赃罚之收折；仓科主漕运，军储出纳料粮。

（3）礼部下设仪制、祠祭、主客、精膳四清吏司。

---

① 参见（清）赵翼著：《陔余丛考·有明中叶天子不见群臣》，卷十八，栾保群、吕宗力点校，296～298 页，石家庄，河北人民出版社，1990。

② （清）谷应泰撰：《明史纪事本末》，卷三十七，558 页，北京，中华书局，1997。

③④ 参见《明史·职官志一·吏部》，卷七十二，1734 页。

部

成丁贰口

不成丁壹口

本身年叁拾陆岁

兄廣年肆拾岁

男祖寿年肆岁

妻阿李年叁拾叁岁

嫂阿王年叁拾叁岁

田地無

房屋壹間

右户帖付江寿収執准此

洪武四年　月

图 9-1　徽州府祁门县江寿户帖

礼部尚书分掌天下礼仪、祭祀、宴飨、贡举、礼文、宗封、学校以及诸祀典、天文、国恤、庙讳和诸蕃朝贡接待给赐、牲豆、酒膳等事务。

(4) 兵部下设武选、职方、车驾、武库四清吏司。

(5) 刑部其属有辖区同户部的浙江等十三清吏司。

刑部尚书掌天下刑名及徒隶、勾复、关禁之政令，十三司各掌其分省及兼领所分京府、直隶之刑名。

(6) 工部其属有营缮、虞衡、都水、屯田四清吏司。

工部尚书掌天下百工、山泽之政令。

明代六部以户、刑二部最重要，各辖十三司，实行按地区划分辖区的制度，这是前代所没有的，从此打破了隋、唐以来中央机关六部二十四司的体制。户、刑二部机构的扩大，表明了明代君主专制的空前加强。

南京六部均加“南京”字，即“南京吏部”“南京户部”等，亦设尚书、侍郎等官职，其所属机构要远小于北京六部，尤其是户、刑二部，则不设十三司。另外，南京御史弹劾北京朝官之事颇多。总的看来，南京六部多属清闲衙门。

(二) 通政使司和廷议制度

1. 通政使司

通政使司始设于太祖洪武十年（公元 1377 年），朱元璋说：置通政使司是为了“有喉舌之司，以通上下之情”，“政犹水也，欲其常通，故以‘通政’名官”[①]。设通政使一人，正三品，“掌受内外章疏敷奏封驳之事”。凡在外之题本、奏本，在京之奏本，一并受之，于早朝汇而进上。午朝则引奏臣民之言事者，有机密则不时入奏。月终类奏，岁终通奏。凡议大政、大狱及会推文武大臣，必参与。[②]

通观明代政治，在皇权专制极端发展和宦官专权祸国的情况下，通政使司欲行使上述职掌，是很难办到的。朱元璋的本意不错，他说通政使司的机构性质犹如唐之门下省。但明代长达276年间，很少有通政使司作出如唐太宗时代门下省封驳的事来。所以，明代的通政使司，实际上是朝廷负责收管内外章奏的机构。前有太祖专制，后有宦官专权，又有特务的恐怖统治，大臣敢封驳的能有几人？况且在制度上也没有通政使封驳的机会，内阁阁臣和皇帝决定大政方针之后，草拟诏书，直接下达有关部门，根本不需要问及通政使司同意与否。内外大臣的章奏，须经通政使司转到内阁，由内阁进行票拟之后送司礼太监转呈皇帝朱批，批好后再由太监拿出来转交内阁。因此，通政使司和内阁的地位是不能相比的，两个机构的性质也不尽相同。由于宋朝曾经设置专掌接受章疏的机关——银台司，故而通政使司也有“银台”之称。

2. 廷议制度

“廷议”即廷臣会议，是明代朝廷的议事制度。明代廷议之事均为“事关大利害”的政事，须下廷臣集议。廷议多按部门以商讨问题的形式进行。如世宗时，任内阁首辅的杨一清被告劾“受宦官张永贿”，“法司承一清风指，构成萼罪”，世宗遂“令法司会廷臣杂议”[③]。杨一清虽贵为正一品，加特进左柱国、华盖殿大学士，也不能免。又如天启元年（公元1621年）“兵部尚书王永光大集廷臣议战守”，以此来阻挠主战一派的袁崇焕等人。

依明制，廷议的结果须上奏皇帝，廷议意见不一致时，应摘要奏闻皇帝作裁决。有明一代，廷议所涉及的内容主要是位号、祭祀、官制、人事、财政、军事等方面。参加廷议的人数因所议内容而异，少则三十余人，多则百余人。[④]

明代除廷议外，还有“朝议”和“部议”制度。前者指皇帝亲自参加的朝堂集议，后者指皇帝交由主管部门讨论决定的制度。

（三）地方省、府、州、县制度

明代行省、府、县三级制，间或有省、州二级和省、府、州、县四级制。

1. 省

省是明代地方最高一级行政机构，设承宣布政使司，布政使为一省行政长官。[⑤] 另有提刑按察使司，掌一省法律监察事务。都指挥使司的都指挥使为一省最高军事长官。三者又俗称为

---

① 《明史·职官志二·通政使司》，卷七十三，1781页。

② 参见《明史·职官志二·通政使司》，卷七十三，1780页。

③ 《明史·杨一清传》，卷一九八，5231页。

④ 参见《明史·商辂传》，卷一七六，4687页；《明史·廖纪传》，卷二二，5323页；《明史·李秉传》，卷一七七，4710页；《明史·邹应龙传》，卷二一，5569页；《明史·卫青传》，卷一七五，4655页；《明史·王佐传》，卷一六七，4504页；《明史·刘体乾传》，卷二一四，5661页；《明史·方孝孺传》，卷一四一，4017页；《明史·张敷华传》，卷一八六，4918页；《明史·郭正域传》，卷二二六，5944页；《明史·张问达传》，卷二四一，6260页。

⑤ 参见《明史·职官志四·承宣布政使司》，卷七十五，1838～1839页。

"藩司"、"臬司"和"都司"，合称为"三司"。三机构地位平等，互不隶属，共同向皇帝负责，其彼此牵制，便于皇帝操纵。

一省内又分为若干道，作为监察区而非一级行政机构。明代根据需要设置一些没有地盘的专职道员，如督粮道、提学道、兵备道、屯田道、盐法道、漕运道和水利道等。[①]

2. 府

府一般直隶于布政使司。省辖府设知府一人为其长官，负责所辖境内的"宣风化，平狱讼，均赋役"[②]。北京的顺天府和南京的应天府直隶于中央。其长官称府尹。知府之下有同知、通判、推官等属官。明初改路为府，至宣德三年（公元1428年）天下共有府159个。

州分为直隶州和府属州两类。前者直接隶属于省，其地位与府相似。后者地位与县相似，又称为散州。其长官为知州，另有同知、判官等官职。

3. 县

县是明代第三级行政机构。长官是知县，其下有县丞、主簿、典史各一人，负责一县的养老、祭祀、贡士、宣法、彰善、听讼、治安等事务。明代共有1 171个县。县下设乡，实行里甲制度。其作用主要是征收赋税和维护地方治安。[③]

（四）官吏的管理

1. 科举与选官

明代科举三年一试，省一级称乡试，在各省布政使司考试，中试者为举人；次年集于京师称会试，在礼部贡院考试，中试者参加由皇帝主持的在宫廷中进行的殿试（又称廷试），考中者称进士。每场考试一般以一日为限。[④] 考试内容仍以"四书""五经"为主，采用"八股文"形式。[⑤] 殿试、会试的第一名均称"状元"。

《明史·选举志序》载："选举之法大略有四：曰学校，曰科目，曰荐举，曰铨选。"有明一代对乡试主考官的选任非常重视。科举成为获得任官资格的最普遍和最重要的途径。永乐年间以降，能入内阁者几乎均为进士出身，论资排辈成为任官通例，"掌铨选者，罔论贤否，第循资格"[⑥]。官吏的选任分为四种：其一是"大选"，一般在双月进行，有新科进士选授、官员大考升迁等；其二是"急选"，一般在单月进行，主要是对文官的改授、改降、"丁忧"与候补等；其三是"远方选"，指对边远地区官员的委任；其四是"岁贡就教选"，指对会试落选的举人选授学正、教谕之类的官员。此外还有"拣选"（从贡生、监生中选择可充任州、县正官者）等制度。[⑦]

---

① 参见《明史·职官志四·分司诸道》，卷七十五，1842页。

② 《明史·职官志四·知府》，卷七十五，1849页。

③ 参见《明史·职官志四·县》，1850页。

④ 参见《明史·选举志二》，卷七十，1693～1694页。

⑤ 清代顾炎武所著《日知录·拟题》，卷十六载："今日科场之弊，莫甚于拟题"；"场屋可出之题，不过数十，富家巨族延请名士，馆于家塾，将此数十题各撰一篇，计篇酬价，令其子弟及僮奴之俊慧者记诵熟习，入场命题，十符八九，即以所记之文抄誊上卷"；"卒而问其所未读之经，有茫然不知为何书者"；"愚以为八股之害，等于焚书"。[（清）顾炎武：《日知录集释》（中），1258～1260页，上海，上海古籍出版社，1985。]

⑥ （明）丘濬：《大学衍义补·铨选之法》，卷十。另参见《明史·周叙传》，卷一五二，4198页。

⑦ 参见《明史·选举志三》，卷七十一，1716页。

2. 考核与致仕

文官有考课之制，分“考满法”与“考察法”。

“考满法”规定：内外官任职满三年为一考，六年再考，九年通考黜陟。每次“考满”分上、中、下三等，即“称职”“平常”“不称职”，按三次考核的政绩决定去留。[①]

“考察法”规定：京官六年一察，称“京察”；外官三年一察，称“外察”。其中的“京察”有“一贪，二酷，三浮躁，四不及，五老，六病，七疲，八不谨”之法。史载：京官自陈其状，由皇帝决定去留。“五品以下，分致仕（老、病）、降调（浮躁、不及）、闲住（罢、不谨）、为民（贪、酷）有差，具册奏请。”[②] 万历四年（公元 1576 年）张居正整顿吏治，建议将“考察法”分为“定期考察”“随事考察”“访察告诫”三种形式。“称职”者升，“平常”者复职，“不称职”者免。

然而实际上的情况与法律规定相去甚远。万历十一年（公元 1583 年）左副都御史邱舜说：京官考满，例书“称职”；外吏给由，概与保留；“以朝廷甄别之典，为人臣交市之资”，徇私枉法，恶无所惩，贤亦安劝?[③] 加之百官俸薄，一个七品县令的月俸尚不足二两银子，如何能不贪？明中叶以降，已是大官贪污以致富，小官舞弊以救贫。居官者甚或成无耻之徒。清廉如张居正者，死后被抄家，其诸子兄弟竟有黄金万两，白银十余万两之多。[④]

关于官员的致仕，洪武年间规定：“文武官六十以上者，听致仕，给以诰敕。”孝宗弘治四年（公元 1491 年）又规定：凡告疾官员，年 55 岁以上者，冠带致仕。65 岁以上官员不再铨选任用。致仕的待遇，物质方面多为给原官俸之半，但非人人都有。一般四品以下官员致仕，可升一级。致仕的官员除皇帝特准留京者外，一般均告老还乡。致仕官员死亡后多会得到皇帝的赠官、赐谥和褒奖。

二、明代刑事立法的发展

（一）加重对危害君主专制集权国家犯罪行为的惩罚

在“重典治国”原则指导下，对“事关典礼及风俗教化”一类非直接侵犯君主政权的犯罪，明律量刑轻于唐律；但对“贼盗”及“帑项钱粮”之类直接危及专制统治的重大犯罪，明律量刑则重于唐律（也称“重罪加重”）。

对谋反、大逆、谋叛、劫囚、强盗等罪，明律处刑远重于唐律，死刑和缘坐范围都大于唐；特别对“贼盗”“乱臣贼子”，不仅据律加诛，且大量法外用刑，可谓狂诛滥罚。据《明太祖实录》载：洪武五年（公元 1372 年），南海“盗”号称“黑鬼”者为乱，被捕斩共 370 余人。七年广东儋州陈逢愆起义，陈被斩，部属 1 400 多人被处劓刑。同年广东雷州王子英“谋乱”，王被斩，擒其部属 231 人均枭首于海滨。十五年广州“铲平王”起义，被杀者 8 800 人。明成祖师承乃父，据朝鲜《李朝实录》载：他疑后宫有人图谋“弑逆”，遂把严刑诬服、连坐的两千多人凌迟处死。武宗时将“流贼”首领赵隧等六人凌迟后，剥皮制成马鞍、马镫，供皇帝骑坐；对一般“贼盗”者增设“刺字”“起除刺字”等条；规定“常人盗”及“窃盗”皆于

---

① 参见（明）申时行等修：《大明会典·考功清吏司》，卷十二。

② 《明史·选举志》。

③ 参见《明史·邱橓传》，卷二二六，5934 页。

④ 参见《明史·张居正传》，卷二一三，5651 页。

手臂刺字，私除字者，杖六十补刺。[①]《明大诰》则干脆对私除字者处枭示。

（二）严法整饬吏治

为裁抑臣僚，强化君主专制集权，明律始废除创自魏晋完备于唐律的"官当、减赎及荫法"[②]。明律对官吏犯罪实行"重罪加重"原则。

1. 重惩贪官污吏

明初"严犯赃官吏之禁"，诏"重惩贪吏"，并敕令刑部，官吏受赃，连同行贿者一并处罚，"徙其家于边"。明律沿用唐律"六赃"罪名。除"常人盗""窃盗"外，其余四赃（监守盗、受财枉法、受财不枉法、坐赃）均与官吏有关。《明律·刑律》专设"受赃"之门，内有"官吏受财""坐赃致罪""事后受财""有事以财请求""在官求索借贷人财物""家人求索""风宪官吏犯赃""私受公侯财物""克留盗赃"等详细律条。这也反证出当时官吏贪墨上的"机关算尽"和皇帝提防臣下的苦心。此外，"有禄人"犯法重于"无禄人"犯法，"风宪官"犯者加罪二等。其刑罚手段更是残酷。《明大诰》记：龙江卫仓库官吏勾结户部官吏盗卖官粮，被墨面文身，挑筋去膝。太祖还诏令："凡守令贪酷者，许民赴京陈诉。"

官吏赃至六十两以上，枭首示众，剥皮实草。史载：府、州、县、卫官署左旁特设土地庙，为剥皮场所，俗称"皮场庙"。官府公堂正座之旁，各悬一个剥皮实草的前任赃官的人皮囊，使现任官吏"触目警心"[③]。

【延伸阅读】

《典故纪闻》卷二记："太祖谕群臣曰：'朕昔在民间时，见州县官吏多不恤民，往往贪财好色，饮酒废事，凡民疾苦，视之漠然，心实怒之。故今严法禁，但遇官吏贪污蠹害吾民者，罪之不恕，卿等当体朕言。若守己廉而奉法公，犹人行坦途，从容自适，苟贪贿罹法，犹行荆棘中，寸步不可移，纵得出，体无完肤矣。可不戒哉！'"

洪武十八年（公元1385年）户部侍郎郭桓盗吞官粮的"秋粮案"，从中央到地方被牵连者数万人，皆论死罪，且不避权贵。开国元勋永嘉侯朱亮祖受贿枉法，也被召入京城鞭死。然而实际效果并不理想，太祖在《明大诰》中曾言：我每日早朝晚朝，说了无限的劝诫言语……我这般年纪大了，说得口干了，气不相接，然而"若文若武，于中听从者少，努（怒）目不然者多，其心专一害众成家"[④]，视"朕命"如儿戏，"终化不省"，"明知故犯"。他顿首疾呼："奸顽之徒""可谓之难教者欤"[⑤]。"朕才疏德薄，控驭之道竭矣！"[⑥] 他哀叹："中外臣庶，罔体圣心，大肆贪墨"[⑦] "临事之际，私胜公微，以致愆深旷海，罪重巍山，当犯之期，弃市之尸未移，新犯大辟者即至"[⑧]。

---

① 参见《明太祖实录》，见《明实录》，台湾研究院历史语言研究所以北京图书馆藏明内阁副本缩微胶卷影印本，1961。

② （清）薛允升：《唐明律合编》，卷二，22～30页，北京，法律出版社，1999。

③ （清）赵翼：《廿二史札记·重惩贪吏》，764页，北京，商务印书馆，1984。

④ 《大诰武臣序》，载杨一凡：《明大诰研究》，426页，南京，江苏人民出版社，1988。

⑤ 《大诰续编·朝臣蹈恶第五十》，载杨一凡：《明大诰研究》，308页，南京，江苏人民出版社，1988。

⑥ 《御制大诰三编序》，载杨一凡：《明大诰研究》，341页，南京，江苏人民出版社，1988。

⑦ （明）刘三吾：《御制大诰后序》，载杨一凡：《明大诰研究》，253页，南京，江苏人民出版社，1988。

⑧ 《御制大诰序》，载杨一凡：《明大诰研究》，197页，南京，江苏人民出版社，1988。

到成祖时，有人上书言称已是“贪官污吏，遍布内外”了，连朝廷派出巡察贪污的巡按御史也公然收受贿赂，有时多达二三万金。[①] 武宗正德年间（公元 1506—1521 年）竖宦刘谨弄权，索贿一人就有至五千两黄金的。终明一世，贪风是愈刮愈烈。

2. 严禁臣下结党内外官交结

“尊君抑臣”是历代宗旨，汉时即有“阿党”“左官”之法。《明律·吏律》“职制门”中专设“奸党”条，规定“左使杀人”[②]、“巧言谏免”、“交结朋党，紊乱朝政”、“不执法律，听从上司官主使，出入人罪”、“上言宰执大臣美政才德”等，均属“奸党”罪，尤其对后三类量刑从重，本人不分首从“皆斩，妻子为奴，财产入官”。

明代在司法实践中大杀“奸党”之狱，这在明初的几十年间经常不断。洪武二十三年（公元 1390 年）和二十六年（公元 1393 年）的“胡蓝之狱”即为一例：先后诛杀 3 万人，并发布《昭示奸党录》以诫群臣。受牵连的开国元勋李善长也是“家口七十余人诛之”。而明代借凉国公蓝大将军谋反一案又诛杀 15 000 余人。公侯、宿将、重臣、坐奸党被杀，几无幸免，“实千古所未有”。正是在大戮奸党的同时，《大明律》修订完成。明律“猜防臣下”，禁绝奸党的意图随处可见，对皇权空前严密的维护为唐律所不及。成祖以后，因宦官权势发展，上述律文渐成具文。如熹宗时魏忠贤专擅朝政，满朝文武皆成魏党，且甘愿做其义子，为其立生祠。对排除威胁皇权的势力集团曾起过一定作用的律令，终酿成宦官专权的恶果，这也是太祖始料不及的。

(三) 刑罚制度的变化

1. 廷杖制度化

廷杖即依皇帝旨意，对犯颜直谏或忤旨过犯的官员，杖责于殿阶之下（后行杖于午门外）。由宦官监刑，锦衣卫行杖。杖具为木棍，五杖一易人。廷杖，隋唐已有，但仅偶尔用之，至明则成常制。以太祖杖死工部尚书薛祥为开端。英宗时宦官王振专权，“殿陛行杖习为故事”。武、世两朝一次杖责大臣百余人，杖死十余人。[③] 诚所谓“公卿之辱，前所未有”[④]。

无论平民百姓还是宰执大臣，皆以严刑镇压，维护皇权。结果是“重罪加重则多冤”[⑤]。

2. 刑罚手段异常残酷

明代除承用宋以来凌迟、刺配外，又增加了充军，创制了枭令、枷号、枷项发遣等酷刑。其他见于史书和《明大诰》的酷刑多为历代罕见，比秦犹过之而无不及。

(四) 加强文化思想专制的“文字狱”

《明律·吏律》“公式”门有“上书奏事犯讳”条。误犯者止“杖八十”。但太祖时，因其出身“寒微”（对此他并不掩饰），又有和尚及红巾军的经历，对奏章行文十分敏感，尤忌与“贼”“盗”“僧”“髡”等谐音之字。他往往望文生义，仅以一字之疑误，动辄杀人。如尉氏县教谕许元作《万寿贺表》，内有“体乾法坤，藻饰太平”，被认为有讽皇帝“发髡”“早失太平”之嫌，

---

① 参见（清）赵翼：《廿二史札记·遣大臣考察官吏》，762 页，北京，商务印书馆，1984。

② 洪武元年曾颁“奸邪进谗言佐使杀人者”斩，大赦不原。

③ 参见（清）张廷玉等：《明史·刑法志》，卷九十五，2330 页，北京，中华书局，1974。

④ 宋以前朝臣有座，宋以后始立，至明则与家奴相去无多。

⑤ （清）薛允升：《唐明律合编》，卷九，168 页，北京，法律出版社，1999。

被论死。① 因诗词被疑为暗寓讽刺皇帝而丧命的，也不乏其例。如僧人来复的谢恩表，内“殊域”二字被理解为是骂“歹朱”，其遭杀身之祸。明初此类文字狱，成为清代文字狱的先声。

相关案例

方孝孺案

方孝孺，字希直，一字希古，宁海人……长从宋濂学，濂门下知名士皆出其下。

……燕兵起，廷议讨之，诏檄皆出其手。

乙丑，金川门启，燕兵入，帝自焚。是日，孝孺被执下狱……（成祖）至是欲使草诏。召至，悲恸声彻殿陛……顾左右授笔札，曰：“诏天下，非先生草不可。”孝孺投笔于地，且哭且骂曰：“死即死耳，诏不可草。”成祖怒，命磔诸市……

孝孺之死，宗族亲友前后坐诛者数百人。其门下士有以身殉者，卢原质、郑公智、林嘉猷，皆宁海人。

——选自《明史·方孝孺传》

解析：

方孝孺案不仅在中国法制史上，而且在中国历史上都是一个非常重要的事件。明成祖朱棣当皇帝涉及最高权力来源的合法性这一重大问题，因此，和其他文字狱一样，方孝孺案也是王朝思想与皇权观念和正统思想的产物。在方孝孺之前，中国古代没有“诛十族”之说，最重的是“诛九族”。而方孝孺之事确实诛连到他的朋友、门生。而诛方孝孺十族的根本目的，就在于用残酷的手段对挑战皇权合法性的思想和行为进行严厉的镇压，以此来巩固和延续王朝的统治。

三、明代经济立法的发展

（一）颁行《茶法》《盐法》等单行特别法

明代立法严禁买卖“私盐”“私茶”，颁行《茶法》《盐法》，以确保官府的财政收入。

《明律·户律》“课程”门专设《盐法》，“犯私盐者罪至死”。《茶法》也规定犯私茶者，“与私盐同罪”，“私茶出境，与关隘失察者并凌迟处死”②。

后来虽有减轻，但犯者及知情人牙人也“俱发烟瘴地面充军”。太祖时驸马欧阳伦犯法也被赐死。《茶法》《盐法》虽保住了财政收入，却严重阻碍了正常的社会商品经济的发展。

（二）严行《钞法》，禁私铸钱

《明律·户律》的仓律中有《钞法》《钱法》专条，准民间将大明宝钞（纸币）与洪武、大中通宝（铜钱）相兼行使；市场交易及各种赋税“并听收受”，违者杖一百；同时严禁民间以金银来交易货物，违者要处以刑罚。为控制金融，稳定经济，防止通货膨胀，《明律·刑律》“诈伪”门“伪造宝钞”条规定：凡伪造者，不分首从，窝主以及知情使用者，“皆斩，财产并

① 参见（清）赵翼：《廿二史札记·明初文字之祸》，740页，北京，商务印书馆，1984。

② 《明史·食货志》，1951页。

入官”。里长知而不举发者杖一百，巡捕官知情故纵者与其同罪。而检捕者则赏银二百五十两，并给犯人财产。“私铸铜钱”条规定，“凡私铸铜钱者绞，匠人罪同”，从犯及知情行用者，减一等。里长知情而不告发者杖一百。以后的条例及明初的《明大诰》处刑均重于明律，如浙江地区有人伪造宝钞，被捕枭示，自京城（南京）至句容县沿途九十里，尸首相望。但因官府出钞过多，以致“物重钞轻”，民间不愿用钞，加之铸钱掺和铅锡，使民间盗铸日多，《钞法》《钱法》日坏。以后税收只好“惟用白银”，白银成为主要支付手段。

（三）严格控制市场，加重商税

传统抑商政策至明又趋严格。在市场管理上，《明律·户律》“市厘”门规定：市场贸易中估价及中介的“牙行”（设于城乡集市）、“埠头”（设于码头），须由官方选任有家业者充当，发给“印信文簿”等，每月持簿赴官署查对。违者“杖六十，所得牙钱入官”。牙行成为官府控制市场的工具。若与“夷人”私相贸易，私货入官，本行牙人等枷号一月。在课税方面，严惩偷漏税行为。太祖时曾有“凡商税，三十而税一”的规定。《明律·户律》“课程”门设有“匿税”“舶商（海外商人）匿货”“人户亏兑课程”等条，规定：匿税及卖酒醋之家不纳税者，笞五十，官府没收所卖货物一半，取十分之三赏告发者，买牲畜（称“匹头”）“罪亦如之”；要求外商将货物如实“报官抽分”（抽十分之一），不报或不实报者，皆杖一百，货物入官；包庇者与同罪，告发者赏银二十两。

上述这些法律，一方面，增加了王朝的财力储备，维护了主权；另一方面，因政治腐败，借律衍生的苛捐杂税日益增加，“既税于所产之地，又税于所过之津”①。隆庆后，“凡桥梁、道路、关津”皆“私擅抽税”。万历年间增设各省税吏，水陆要道数十里即有一税卡，暴敛行商；对土商（当地商人）、罕行贩运者也巧立名目，以至于虽“穷乡僻壤、米盐鸡豕，皆令输税”②，使税法成了掠夺民众的合法工具。

四、民事法规的发展

明代有关民事方面的法规，诸如所有权的形成与变更，债与契约的规定等，与唐宋相比，变化不大，但其加重了对田宅钱债的违法惩处，并编有鱼鳞图册等。至清多承用不改。

明代传统土地制度集中反映着当时的主要民事法律关系。明代的土地占有形式分为官有与私有两大类。明初在长期战乱之后，各地荒田数量剧增。国有土地规模前所未有。明中叶以后，土地国有制渐衰，土地私有制急剧发展。由于商品货币经济的发展，土地再分配的频率增高，土地兼并的程度超过了前代。上述状况构成明代民事法律制度变化的社会背景。

（一）土地所有权的形成——鱼鳞图册与垦荒

1. 鱼鳞图册与土地所有权——增加赋税的手段之一

自元末丧乱到明王朝重新统一的二十余年间，兵祸蔓延，饥饿相继，百姓死亡流移，到处

① 《明史·解缙传》，卷一百四十七，4118页。

② （清）龙文彬：《明会要·食货志》，北京，中华书局，1956。

是土地荒芜、人烟稀疏的景象。所有这些遗弃的荒闲无主之田，自然都被政府没为官田，朱元璋在掌握政权之后，先关注的是如何均赋役以增加财政收入，而不是均土地以安定流民。史载："元季丧乱，版籍多亡，田赋无准。明太祖即帝位，遣周铸等百六十四人，核浙西田亩，定其赋税。复命户部核实天下土田。而两浙富民畏避徭役，大率以田产寄他户，谓之铁脚诡寄。洪武二十年（公元 1387 年）命国子生武淳等分行州县，随粮定区。区设粮长四人，量度田亩方圆，次以字号，悉书主名及田之丈尺，编类为册，状如鱼鳞，号曰鱼鳞图册。"①

上述引文中所称"鱼鳞图册"，是官府在丈量土地基础上制定的田亩清册。这是在宋代方田均税法的经验基础上，执行的一种更为完备的清查土地、确立税制的办法。土地经过量度核实，绘图登记，则田之多寡等级，税之科则数目，皆有图册可凭，买卖移转，皆须官为设籍登记。这样一来，田产户籍皆不易隐匿逃避。这一土地法律制度为明代后来历朝所奉行，且一直沿用到近代。由此亦可见明初在解决朝廷赋税问题上所采取的这一土地法律制度的重要性。

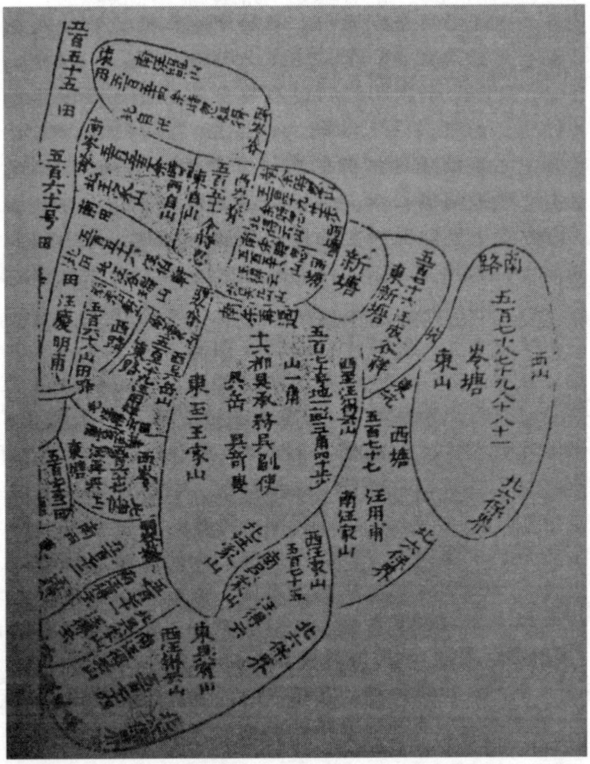

图 9-2　明鱼鳞图册

这一制度的具体做法是：先派官到州、县，根据原来税粮的多少，定划若干区，每区设粮长四人，然后召集里甲居民，丈量每块土地的方圆四围，绘成简图，以《千字文》的顺序编上字号，登记田主姓名和田地土质优劣及方圆尺寸大小。最后，编类成册，一式四份，分存各级政府作为征税根据。这是历史上较为完整的地产记录。"鱼鳞图册"以土地为主，其他如坟地、山地、沙荒地、盐碱地等，均一一注明。如果出卖土地，税粮随契过户，各州、县年终通行造

① 《明史·食货志一·田制》，卷七十七，1881 页。

册上交。鱼鳞图册制度的实行，使赋税收入有了依据，同时使长期隐匿的土地重新归入政府的控制。此外，“鱼鳞图册”还是其时土地纠纷争讼的重要司法依据。一些地方官吏觉得鱼鳞图册制度的实施有碍于营私舞弊，故时常加以破坏。加上时间一长，图上的记载和实际情况屡有变更、逐渐不符。所以，明中叶以后，官府对鱼鳞图册常加修订。

2. 募民垦荒与土地所有权——增加赋税的手段之二

经过元末十几年的战乱，大量土地荒废。明初各省荒田很多，而尤以中原为甚。顾炎武曾言：“明初承元末大乱之后，山东河南多是无人之地。”[①] 其他各地情形亦大同小异。朱元璋建立明王朝后，立即采取措施实行奖励垦荒的政策，召诱流散的农民尽量垦荒。

明政府将这些无主之地的荒田没收为官田后，采取了募人开垦和移民屯垦的办法，这个政策的目的也还是增加赋税。洪武一朝，有关奖励垦田的政令不绝于史。奖励垦荒的具体内容为：凡垦荒成熟的田地，都为垦者己业，垦荒数额不限，尽力而为之。这类田地都免三年租或免三年徭役；三年后，再依民田起科，也有些地方是“永不起科”。

官府在地广人稀的中原一带，虽曾“计民授田”，实际上仍然是募人耕种官田，但各人却可以把开垦出来的荒田作为己业；三年后照民田起科，形式上是纳税，实质上还是纳租。这种办法，比宋代直接由官府经营的营田更为简便。

除自由垦荒外，还有迁民垦荒。这种垦荒虽然也能享受奖励，但多少带有强制的性质。[②] 属于迁民垦荒的，除能蠲免三年赋役外，还能得到购买农具的钞币。朱元璋于洪武二十四年（公元 1391 年）又下诏令规定：任何人都不得任意占荒田为己有，凡是荒田都属国家所有，只在开垦者将荒田垦耕为熟田后，方能得到这块田地的所有权。

同时立法鼓励农民尽力耕种并惩罚使田地荒芜者。如《大明律·户婚》中规定：凡是还乡复业的农民，“若多余占田而荒芜者，三亩至十亩，笞三十，每十亩加一等，罪止杖八十，其田入官”。“凡里长部内已入籍纳粮当差田地，无故荒芜及应课种桑麻之类而不种者，俱以十分为率，一分笞二十，每一分加一等，罪止杖八十。县官各减二等，长官为首，任职为从。人户亦计荒芜田地有不种桑麻之类，以五分为率，一分笞二十，每一分加一等，追征合纳税粮还官。”也即凡将田地荒芜的，对当地的主管官吏和田主都要分别治罪。

（二）土地买卖形式和租佃制

1. 土地买卖形式

在明代，一般地主对土地的占有方式，仍然以购买为主。明中叶以后，由于商品经济发展

---

① （清）顾炎武：《日知录·开垦荒地》，《日知录集释》（上），787 页，上海，上海古籍出版社，1985。《续文献通考卷二·田赋考二》载：洪武初郑州知州苏琦上书说：“自辛卯［元顺帝至正十一年（公元 1351 年）］河南起兵，天下骚然。兼以元政衰微，将帅凌暴，十年之间，耕桑变为草莽，若不设法招徕耕种，以实中原，恐日久国用虚竭。为今之计，莫若计复业之民垦田外，其余荒芜土田，宜责之守令，召诱流移未入籍之民，官给牛种，及时播种。除官种外，与之置仓，中分收受。”［（清）嵇璜等撰：《续文献通考》（又称《续通典》），卷二之四，见《文渊阁四库全书（影印）》，626～645 页。］

② 《续文献通考·田赋考》载，洪武三年（公元 1370 年）六月谕中书省曰：“苏松嘉湖杭五郡，地狭民众，无田以耕，往往逐末利而食不给，临濠，朕故乡也，田多未辟，土有遗利，宜令五郡民无田者往开种就，以所种田为己业，给资粮牛种，复三年。”洪武二十二年（公元 1389 年），“又命湖杭温台苏松诸郡无田之民，往耕淮河迤南滁和等处闲田，仍蠲赋三年，给钞备农具”。参见（清）嵇璜等撰：《续文献通考》，卷二之四、之十一，见《文渊阁四库全书（影印）》。

很快，土地买卖不仅仅在一般地主与农民之间进行，随着富商大贾巨额资金的积累，买田置地成为商业剩余资本最好的出路。因此，商业资本和高利贷资本同土地的结合更加紧密。土地买卖活动的频繁，使买卖关系也更加复杂。这时，地权分裂为田底权（田底又称田骨）和田面权（田面又称田皮）。田底权是土地所有权，田面权是土地使用权或耕作权。田主可以作为己业出卖或租让田底权，获有田面权的所谓“二地主”则可以出卖或转租土地的耕作权即佃权。这些买卖反映在契约上，就有活契、找贴契和绝卖契等不同的古代民事法律关系及其立法规范。

（1）活契。

活契是指土地没有彻底卖绝的契约。田主在出卖田底或田面时，没有将地权绝对移转，而是保留赎回的权利，允许卖主在若干年后，按照原价将土地赎买回来。

（2）找贴契。

找贴契是卖主将田底或田面出卖后，在一定时期内因无力赎回土地，可以向买主索找、索贴、索增田价。前提是地权未绝对移转，卖主仍保留赎回的权利，且可以继续向买主索取找贴费。《天下郡国利病书·福建》引《南靖志》载：南靖“卖田者，见昔贱而今贵，则索买者之增价；或一索，或再索，或屡索，其名曰洗业”。

（3）绝卖契。

绝卖契或称死契、卖断契、休心断骨契、找断休心尽契，等等，即业主因将地权绝对出卖而形成的契约文书。当土地卖断或卖绝以后，买卖双方在所有权关系上发生了绝对移转，卖主从此丧失赎回权或索找、索贴、索增田价的权利。这种买卖一般在契约上特别写明，如“立绝卖契”或“立找断休心尽契”等。

一般土地买卖的契约都写明土地的来历、四至以及同土地所有权有关的一些问题，如土地确实系私产、与旁亲没有牵葛、也无重叠买卖情况、买卖出自双方自愿、无准折债贷之类，田价由中人三面议定，等等，说明土地私有权在法律上、观念形态上是明确的。当时的土地买卖，一次卖绝的不多，一般都是经过卖、找、断的过程，既说明土地所有权的牢固，也反映了土地私有制的发展。

2. 租佃制

租佃制既涉及土地问题，也涉及地租问题。明代的租佃制分为三种：佃仆制、分成租制、定额租制。

（1）佃仆制。

佃仆制是最落后的一种租佃制。所谓的世仆、庄奴、庄仆、地仆、伙佃、伙当、伙余等，都是佃仆异称。大多为丧失生产资料和生活资料的农民。他们租种地主土地，在缴纳地租外，还要为地主提供各种仆役，如看守坟墓祠堂，照管山场，造房修路等。当时所订的佃仆文约中，都订有“应役”“服役”“供役”等内容，这是佃仆和佃户的重要区别。佃仆的人身乃至家属都受地主的支配，但他们同奴婢还有区别。佃仆有自己的私有经济，包括除地租外的生产品，有些还有房屋、土地等。明末清初，政府不断颁布法令，限制佃仆制。又因“奴变”风潮不断发生，佃仆制逐渐衰落。

（2）分成租制。

分成租制在明代占有重要地位。产品分配的比例一般是“主佃各半”，也有按四六、三七、二八比例分配的。由于实行分成租制，所以地主对农产品的收获量是很关心的。他们对生产的重要环节，如播种、施肥、锄草、灌溉、收获等都要直接干预，直到“监田监分”。在分成租制下，佃农的人身隶属关系较为严格，如地主规定佃农要送租到仓，要为地主守夜，或兴修水利等。

（3）定额租制。

定额租制在明代中叶以后的江南地区取得了主要地位。当时，“南方佃户自居己屋，自备牛种，不过籍业主之块土而耕之，交租之外，两不相问，即或退佃，尽可别图，故其视业主地轻，而业主亦不能甚加凌虐”。就是说，南方的佃户有自己的生产资料和生活资料，他们和地主的关系，除“交租之外，两不相问”，说明了隶属关系的松弛。定额租制的租额，一般在50%上下，当然也有高达60%至80%的。

此外，一些地区还有预租制（预收一定的田租方可签订租佃契约）、押租制（以一定的动产或不动产作为订立租佃契约条件）、永佃制（依据已有租佃的时间或其他附加条件而获得对该佃耕土地的永久租种权），等等。

为稳定社会经济及财产所有制度，《大明律》设专条禁止在土地买卖上的违法行为，如严禁盗卖田宅等：“凡盗卖，换易及冒认，若虚钱实契典买，及侵占他人田宅者，田一亩、屋一间以下，笞五十，每田五亩、屋五间，加一等，罪止杖八十徙二年。系官者，各加二等。”①

此外，在《大明律·户律》中还有“功臣田土”“典卖田宅”“盗耕种官民田”等专条规定，以维护土地占有秩序。

（4）官田地租之重。

自明初移民屯垦官田，官府均照例收租。“河南、山东、北平、陕西、山西及直隶、淮安诸府屯田，凡官给牛种者十税五，自备者十税三。”②

可见明政府不仅是一个出租土地的大地主，而且是一个贪婪残酷的地主，其官田租率之高，远过于民间的私人地主。明代著名司法官吏况钟曾言：“臣所领七县，秋粮二百七十七万九千石有奇。其中民粮止十五万三千余石，而官粮乃至二百六十二万五千余石，有亩征至三石者，轻重不均如此。”③ 这不仅剥削了农民的剩余劳动，而且连农民的大部分必要劳动也都囊括进去了。不仅苏松一带官田租率高，而且其他地区的官田租率都很高，就是募民垦种的屯田，租率多的高达50%，少的也达30%，官府对流离迁播的贫民，丝毫没有赈济救恤之意。城市官地和近城好地，均不按亩出租，而以丈尺计算，其租率之高更是惊人。例如：天顺三年，“令各处军民有新开无额田地，及愿佃种荒、闲地土者，俱照减轻则例起科”④。江南官田之租一般不少于八斗。

官田不仅租重，而且在输纳时额外的负担更多。顾炎武说：“愚历观往古，自有田税以来，未有若是之重者也。以农夫蚕妇冻而织，馁而耕，供税不足则卖儿鬻女；又不足，然后不得已而逃，以至田地荒芜，钱粮年年拖欠。”⑤

---

① 《大明律·户律》，沈阳，辽沈书社，1990；《明律集解附例》（二），608页，台北，成文出版社，1969。

② 《明史·食货志一·田制》，卷七十七，1883页。

③ 《明史·况钟传》，卷一百六十一，4379页。

④ 《明会典·户部四·田土》，卷十七，见（明）李东阳纂，（明）申时行重修：《大明会典》。

⑤ （清）顾炎武：《日知录·苏松二府田赋之重》，载《日知录集释》（上），793页，上海，上海古籍出版社，1985。

官田中害民最甚的莫过于皇庄[①]及诸王勋戚内监等庄田。从明初起，朝廷即不断以庄田赏赐，多者百顷，亲王千顷，以其租入充俸。其后公侯复岁禄，多归赐田于官。至仁宣朝，乞请渐多，除诸王公主勋戚内监等近幸多所乞请外，大臣亦不断请得没官庄舍，并不断占夺民田。以后更日益加甚，权贵宗室等人庄田，或赐或请，不可胜计。

至于地方上的权豪势要倚势侵夺民产的事，更是屡见不鲜。清史学家赵翼论明乡官虐民一事说："前明一代风气，不特地方有司，私派横征，民不堪命，而缙绅居乡者，亦多倚势恃强，视细民为弱肉，上下相护，民无所控诉也。"[②] 这些缙绅豪右，对于倾人之家、夺人之产，视若家常便饭。

（三）土地所有权的变更

1. 限制土地兼并

洪武年间，政府在奖励垦荒的同时，也注意到土地兼并问题，曾下诏令加以限制。如洪武三年令，"验其丁力，设田给主，毋许兼并"；二十四年，又"令公侯大官以及民人……其山场水陆田地，亦照原拨赐则例为主，不许过分占为己有"。洪武五年（公元 1372 年），朱元璋颁布了申诫公侯的《铁榜》文九款，规定：凡公侯之家"倚恃权豪，欺压良善，虚钱实契，侵夺人田地、房屋、孳畜者"，均据初犯、再犯、三犯，给予不同处罚。同时《大明律》明令禁止官吏在任所置买田宅。"凡有司官吏，不得于见任处所置买田宅，违者笞五十，解任，田宅入官。"本意在于防止官吏利用职权，强取豪夺。

尽管如此，土地兼并并没有得到太多的抑制。英宗天顺二年（公元 1458 年）再次颁令："皇亲公侯伯文武大臣，不许强占官民田地……事发坐以重罪。"[③] 可见，皇亲公侯伯文武大臣强占土地之事在不断发生，因此又在成化十六年（公元 1480 年）下令"禁势家侵占民田"。明代在限制地主豪强兼并土地的同时，也对寺观僧道兼并的土地采取了相应的措施。英宗正统十三年（公元 1448 年）令："各处寺观僧道，除洪武年间置买田土，其有续置者，悉令各州县有司查照散还于民。"[④] 代宗景泰三年（公元 1452 年）又下诏："令各处寺观田土，每寺观量存六十亩为业，其余拨与小民佃纳税粮。"[⑤]

2. 贫民投献

权贵豪门侵夺民产的另一主要方式是贫民投献，此法早在元代已很盛行。在明代除贫苦无告的农民为了"托庇势家"，自将田产投献外，还有恶徒奸棍擅将别人田产献于豪势之家，借以邀赏。例如："又有投献田产之例，有田产者为奸民籍而献诸势要，则悉为势家所有……万历中，嘉定、青浦间有周星卿，素豪侠。一寡妇，薄有赀产，子方幼，有侄阴献其产于势家。势家方坐楼船鼓吹至阅庄，星卿不平，纠强有力者突至索斗，乃惧而去。诉于官，会新令韩某颇以扶抑为己任，遂直其事。此亦可见当时献产恶习……其他小民，被豪占而不得直者，正不知凡几矣。"[⑥]

---

① 皇庄为皇室私田，其公开设置，始于仁宗，以后愈演愈烈，成为直接对人民的一种血腥掠夺，其历时之久，为害之烈，在历史上是罕见的。

② （清）赵翼：《廿二史札记·明乡官虐民之害》，卷三十四，785 页，北京，商务印书馆，1984。

③④⑤ 《明会典·户部四·田土》，卷十七，见（明）李东阳纂，（明）申时行重修：《大明会典》。

⑥ （清）赵翼：《廿二史札记·明乡官虐民之害》，卷三十四，786 页，北京，商务印书馆，1984。

投献田产之风与明代相始终。到崇祯年间投献之风仍很盛行。据崇祯三年（公元 1630 年）马如蛟巡按四川时，上疏说州县丞佐、吏胥以至生员、监生无不接受投献。

3. 土地占有的集中

据弘治十五年（公元 1502 年）的统计，“官田视民田得七之一”[①]。在占耕地总数七分之六的民田中，凭借特权而得自侵占和投献的虽占有一定的比重，但就全国而言，仍然是少数，私田的绝大部分，还是得自凭借经济优势而进行的土地兼并，所以买卖始终是占有土地的主要方式。正由于各色财富所有者都争先恐后地在抢购土地，土地价格必然因之高涨，且不易买到。

前明中叶，田价甚昂，居间者辗转请益，彼加若干，此加若干，甚至鸡鸣而起，密室成交。谚云：黄昏正是夺田时，此之谓也。[②] 明代地主争购土地的炽热情形，于此可以概见。这样，所谓民田，实际上都是富民之田，真正耕田的农民，或者只有很少一点土地，或者完全没有土地。顾炎武说：“吴中之民，有田者十一，为人佃作者十九。”[③] 不论地主所凭借的是特权，还是经济势力，或者两者兼而有之，全国耕地的绝大部分掌握在这类为数不多的地主阶级之手。其中不但有动以万顷计的皇庄和王庄以及勋戚阉宦等庄田，而且有寺观、书院、祠堂等公产，而为数更多的则是千顷万顷的私人大地产，往往一县钱粮系由一两家缙绅乡宦所包办。这样，所谓农民实际上几乎全部都变成佃户了。

4. 科田法

明初的屯田条例对于屯田的扩大，起过重要的促进作用；特别是赏罚条例，刺激了军士屯田的积极性。随着屯田内部的私有土地发展，官府逐渐采取了“科田法”，即采用了民田惯例，定出科则征粮。据万历《凤阳颍州志》载：“国初本卫之法……以百亩屯田，余皆为屯军余地，不过纳粮一分而已。”据此，屯军余地则不必纳粮，因它属于私人，不在国家军屯定额之内。这些“不得起科”的私人田地，大都是屯军军官役使士兵垦耕而占为己有的。屯田士兵受到了国家和军官的双重奴役剥削而被迫逃亡，加上侵占盗卖屯田的现象常常发生，在这种背景下，屯田中的“科田法”产生了。“科田法”的内容为：招人佃种屯地，或开垦荒芜屯地，按民田起科。武宗正德年间，辽东地区的这类“科田”性质的田有二万七千余顷，超过正规屯田一倍多；到崇祯时规定：“勿论军种民种，一照民田起科。”同时对新开垦的军屯土地，官府“给予执照，永为己业”。这就在法律上承认了军屯土地私有的合法性。

（四）婚姻、家庭、继承方面的法律规定

1. 结婚的条件

由于法律确认家长的主婚权以及强迫包办、买卖婚姻的合法性，所以，青年男女不存在自主恋爱的婚姻自由。《大明律·户律》中婚姻门明确规定其时的结婚条件：“男女定婚之初，若有残疾、老幼、庶出、过房、乞养者，务要两家明白通知，各从所愿，写立婚书，依礼聘嫁。”为此，已报婚书而自悔，男女双方同罪，比唐律只惩罚自悔的女方，在立法上更进了一步。另外，与唐律不同的是，明律对亲民官、豪势之人的婚娶设专条约束。明律增设“娶部民妇女为

---

① 《明史·食货志·田制》，卷七十七，1882 页。

② 参见（清）顾公燮：《消夏闲记摘抄》，下·前明田阶。转引自傅筑夫：《中国经济史论丛》（上），183 页，北京，生活·读书·新知三联书店，1980。

③ （清）顾炎武：《日知录·苏松二府田赋之重》，载《日知录集释》（上），811 页，上海，上海古籍出版社，1985。

妻妾”“强占良家妻女”等专条，严禁府州亲民官在任内娶部民妇女，以及豪势之人强夺奸占良家妻女为妻妾的行为。违反的亲民官处杖至徒刑，豪势之人处绞。虽然两种情节处理轻重失平，但这表明了朝廷加强吏治和抑制豪强的措施在法典上得到多方面的强调。

2. 妻妾制度

明律虽形式上规定平民实行一夫一妻制，但“庶人四十以上无子，许选娶一妾”。也即“妻妾”制作为补充。根据身份与特权，明律规定亲王可娶妾媵十人，世子及郡王可娶四人，长子及各将军可娶三人。这种形式上的限定，并不可能解决特权人物随意纳妾的社会问题，从而使女性，特别是出身低微的女性陷于悲惨的境遇而不可自拔。此外，明律禁止“良贱为婚姻”，违者杖八十。关于离婚的“七出”与“义绝”条款与唐律同，不再赘述。

3. 夫妻家庭关系的规定

在家庭关系方面，明律继续维护家长的支配权。家长拥有惩戒子女之权，子女必须服从。子女擅自动用家财，要受到相应的处罚。明律规定：“凡同居卑幼不由尊长私擅用本家财物者，二十贯笞二十，每二十贯加一等，罪止杖一百。”另外，夫妻关系也不平等，如明律规定：“其夫殴妻”，“至死者绞”；“凡妻殴夫”，“至死者斩”。明律全力维护家长对子女的支配权，丈夫对妻子的支配权，意在稳定君主专制集权统治的社会基础，防止非礼的“犯上作乱”行为的发生。

4. 新增加的婚姻条款

明律承袭元律，新列唐律所无的婚姻条款，诸如“典雇妻女”、“逐婿嫁女”、“娶乐人为妻妾”、“僧道娶妻”及“蒙古色目人婚姻”，等等，都是其时社会婚姻家庭关系复杂化的现实反映；同时也表明了明律对社会婚姻家庭关系调整的进一步强化。

5. 嫡长子继承制

在继承方面，明律注重维护嫡长子继承制。明律规定：“立嫡子违法者，杖八十”；对“乞养异姓义子以乱宗族者，杖六十”；“若以子与异姓人为嗣者，罪同，其子归宗”。明律纂注解释说，“嫡子，正妻所生之子，庶长子，众妾所生之子也。立子以嫡，无嫡立长，国家定法”，明确确认嫡长子继承的合法性，意在维护有利于稳定传统秩序的继承关系，以及确保传统家族与家庭财产不被分割。

第三节 明代司法制度的发展变化

一、司法机构的特点

（一）中央司法机构

中央司法机构为刑部、大理寺、都察院。一改隋唐以降的大理寺、刑部、御史台体系。

（1）刑部增设十三清吏司，分掌各省刑、民案件，加强对地方司法的控制。

（2）大理寺掌复核驳正，发现有“情词不明或失出入者”，驳回刑部改判，并再行复核。如此三改不当者，奏请皇帝裁决。[①]

---

① 参见（清）张廷玉等：《明史·刑法志》，卷九十四，2306页，北京，中华书局，1974。

(3) 都察院掌纠察[①]，设有十三道监察御史。

中央上述三大司法机关统称“三法司”。对重大疑难案件三法司共同会审，称“三司会审”。

(二) 地方司法机构

地方司法机构分省、府（直隶州）、县三级。沿宋制，省级有专门司法机关“提刑按察使司”，“掌一省刑名按劾之事”[②]。府、州、县仍是知府、知州、知县兼理司法。明代越诉要受重惩。

图 9-3 锦衣卫印[③]

(三) “厂”“卫”特务司法机关

这既是明代司法的一大特点，又是有明一代的一大弊政。“厂”是直属皇帝的特务机关。成祖时“恐外官徇情”设“东厂”，宪宗时又为监督厂、卫而设“西厂”，至武宗为监督东、西厂，又设“内行厂”。“卫”是指皇帝亲军十二卫中的“锦衣卫”，下设镇抚司，由皇帝任命亲信“提督”厂卫，多由宦官充当，如宦官刘谨、魏忠贤等人均把持过厂卫，权倾天下于一时。明末曾下令尽毁锦衣卫刑具，不许再用。

二、诉讼制度的特点

(一) 皇帝进一步控制最高司法权

第一，皇帝握有一切死刑和重案的最后裁决权，各类会审均须由刑部“拟律以奏”，然后依旨执行。第二，皇帝亲自审案，任意用刑，如朱元璋凡“有大狱必面讯”，“重案多亲鞫（审

① 其主要是纠察百司，司法活动仅限于会审及审理官吏犯罪案件，并无监督法律执行的职责。

② 《明史·职官志·职官四》，卷七十五，1840 页。

③ 参见李默主编：《中华文明大博览》，1384 页，广州，广东旅游出版社，1997。

理），不委法司”[①]。成祖又令“死罪必五复奏”[②]。有明一代，皇帝多“任喜怒为生杀”[③]。明初太祖滥刑及作为常制的廷杖姑且不论，仅成祖诛戮建文帝旧臣，其酷刑就可谓无所不用其极，对方孝孺凌迟，夷十族，犹不解恨，连其朋友、门生也不得免，“坐死者八百七十三人”，其他还有先去齿、断手，再断颈，有用油煎，有先割耳鼻再凌迟，有用铁扫帚扫尽肤肉致人死的[④]，而皇帝竟自称是轻刑之举。[⑤] 这不能不对明代法制产生极大影响。

（二）“厂”“卫”特务性机关参与司法

厂卫之制是皇权高度集中的产物，它几乎凌驾于司法机关之上，被赋予种种司法特权。

（1）侦查缉捕之权。

厂卫侦缉范围主要是涉及国家政权的大要案，对一般刑事案不干预，即其他“作奸犯科，自有（法）司存，不宜缉”[⑥]。凡认为要案者“虽王府不免”，民间有人在密室酒后大骂魏忠贤，声未落即被厂卫特务捕到魏府凌迟处死。[⑦]

（2）监督审判之权。

依明律，厂卫有讯问权，无判决权。凡厂卫所获人犯“必移镇抚再鞫”[⑧]，但镇抚司只能审讯无权判决。判决权仍归法司独有，所谓“大狱经讯，即送法司拟罪”[⑨]。孝宗于弘治时还曾下诏法司，对“厂卫送囚，从公审究，有（冤）枉即与办理，勿构成案”。

但实际上法司慑于厂卫得宠于皇帝的淫威，对其所交案件，虽然“洞见其情，无敢擅更一字”[⑩]；明知厂卫严刑逼供而定，但“法司不敢平反”。然而法司不敢过问、改判，不等于其无权过问、改判，更不能由此推导出厂卫有判决权；否则，对正确认识“厂”“卫”司法的历史，是有害而无益的，以往的著述在这一点上多是混淆不清的。此外，“锦衣卫”可派员参与三法司录囚和承天门外的会审，对未直接参与的审判，“东厂”可派人前往“听记”监督，然后直达御听，至于厂卫奉旨所理“诏狱”，三法司即使洞见冤情，也不敢过问，以至于其时大臣仍有“法司几成虚设”之叹。

（3）法外施刑之权。

厂卫“杀人至惨而不丽于法”[⑪]，法外酷刑致死人命亦不负责任。如魏忠贤好用立枷枷人，枷重三百斤，“不数日即死，先后死者六七十人”[⑫]。

---

① （清）张廷玉等：《明史·刑法志》，卷九十四，2305、2307页，北京，中华书局，1974。

② 《明史·成祖本纪》，卷六，89页。

③ 《明史·解缙传》，卷一百四十七，4117页。

④ 参见（清）谷应泰撰：《明史纪事本末·壬午殉难》，卷十八，291～308页，北京，中华书局，1977。

⑤ 参见（明）沈德符：《万历野获编·刑部》，卷十八，北京，中华书局，1959。

⑥ （清）张廷玉等：《明史·刑法志》，卷九十五，2334页，北京，中华书局，1974。

⑦ 参见上书，2333～2334页。

⑧ 同上书，2339页。

⑨ 同上书，2335页。另据证载：“祖宗以刑狱付法司，以缉获奸盗付镇抚，讯鞫既得，犹必付法司拟罪。”（《明史·林俊传》，卷一百九十，5139页。）

⑩ 《明史·徐珪传》，卷一百八十九，5010页。

⑪ （清）张廷玉等：《明史·刑法志》，卷九十五，2329页，北京，中华书局，1974。

⑫ 《明史·李应升传》，卷二百四十五，6365页。

三、各种会审制度的发展

（一）九卿会审（又称“圆审”）

九卿会审是指由六部尚书及通政使司的通政使、都察院的左都御史、大理寺卿共九人会审皇帝交付的案件或已判决但囚犯仍翻供不服之案。

（二）会官审录

会官审录即由皇帝直接任命中央各行政机构官吏审理大案重囚的制度。洪武三十年（公元1397年），令五军都督府（总督天下军队的机构）、六部、都察院、六科给事中（稽查六部百司之官，清代归属都察院）、通政使司（朱元璋所设的接受内外章奏，上达不法冤情的机构）、詹事府（太子东宫属之长），以及驸马都尉等共同审理大狱，死罪及冤案奏闻皇帝，其他依律判决。仁宗又特命内阁学士（皇帝秘书班子）参与会审。

（三）朝审

朝审始于天顺三年（公元1459年），英宗命每年霜降之后，三法司会同公侯、伯爵，在吏部尚书（或户部尚书）主持下会审重案囚犯，从此形成制度。清代秋审、朝审皆渊源于此。

（四）大审

大审始于成化十七年（公元1481年），宪宗命司礼监（宦官二十四衙之首）一员[①]，会同三法司在大理寺共审囚徒，“至十七年（成化），定在京五年大审”[②]。

上述制度是一种慎刑思想的反映，但却导致多方干预司法，以致皇帝家奴也插手司法，最终结果是司法更加冤滥。有明一代，法律制度与实际执法是两张皮，以任意不任法著称，加速了王朝整个政体的腐朽。

深度阅读

1. 杨一凡. 明大诰研究. 南京：江苏人民出版社，1988
2. 尤韶华. 明代司法初考. 厦门：厦门大学出版社，1998
3. 杨雪峰. 明代的审判制度. 台北：黎明文化公司，1978
4. 韦庆远. 明代的锦衣卫和东西厂. 北京：中华书局，1979

---

① 参见（清）张廷玉等：《明史·刑法志》，卷九十五，2341页，北京，中华书局，1974。（手捧钦命的司礼监在堂居中而坐，尚书各官列居左右，从此“九卿抑于内官之下，遂为永制”，三法司“俱视中官意”断之，不敢擅决。）

② （清）张廷玉等：《明史·刑法志》，卷九十四，2311页，北京，中华书局，1974。

问题与思考

一、思考题

1. 简述《大明律》和《明大诰》的主要内容。
2. 简述明代奸党罪的主要内容。
3. 简述明代的充军刑。
4. 简述明代的司法机构。
5. 简述“厂卫”制度的主要内容。

二、练习题

(一) 单项选择题

1. 关于中国古代刑罚制度的说法，下列选项错误的是（　　）。(司考)

A. 八议制度自曹魏《北齐律》正式入律，其思想渊源为《周礼・秋官》的八辟丽邦法之说

B. 秋冬行刑制度自唐代始，其理论渊源为《礼记・月令》关于秋冬季节戮有罪，严断刑之述

C. 大诰是明初的一种特别刑事法规，其法律形式源自《尚书・大诰》周公对臣民之训诫

D. 明刑弼教作为明清推行重典治国政策的思想基础，其理论依据源自《尚书・大禹谟》明于五刑，以弼五教之语

答案：B

2. 关于明代法律制度，下列选项错误的是（　　）。(司考)

A. 明朱元璋认为，“夫法度者，朝廷所以治天下也”

B. 明律确立“重其所重，轻其所轻”刑罚原则

C. 《大明会典》仿《元六典》，以六部官制为纲

D. 明会审制度为九卿会审、朝审、大审

答案：C

3. 关于中国古代法律历史地位的表述，下列选项正确的是（　　）。

A. 《法经》是中国历史上第一部成文法

B. 《北齐律》在中国古代法律史上起着承先启后的作用

C. 《宋刑统》是中国历史上第一部刊印颁行的仅含刑事内容的法典

D. 《大明会典》以《元典章》为渊源，为《大清会典》所承继

答案：B

4. 最早将例附于律后，律例并行的法典是（　　）。

A. 唐律　　B. 宋刑律　　C. 元律　　D. 明律

答案：D

5. 明代将由中央刑部、大理寺和都察院组成联合审判的制度，称为（　　）。

A. 三司会审　　B. 热审　　C. 朝审　　D. 大审

答案：A

（二）多项选择题

6. 中国古代社会的死刑复奏制度是指奏请皇帝批准执行死刑判决的制度。关于这一制度，下列选项正确的是（　　）。（司考）

A. 北魏太武帝时正式确立了死刑复奏制度

B. 唐代的死刑案件在地方实行“三复奏”，在京师实行“五复奏”

C. 明清时期的朝审制度取代了死刑复奏制度

D. 死刑复奏制度的建立和完善既加强了皇帝对司法、审判的控制，又体现了皇帝对民众的体恤

答案：ABD

7. 关于《明大诰》，下列选项正确的是（　　）。（司考）

A. 《明大诰》是朱元璋在位时，为防止“法外遗奸”而制定的

B. 《明大诰》强调“重典治吏”，其中多数条文是专为惩治贪官污吏而定的

C. 《明大诰》对《大明律》中原有的罪名，一般都加重了处罚

D. 《明大诰》在当时家喻户晓，是中国法制史上空前普及的法规

答案：ABCD

8. 关于中国古代诉讼、审判制度的说法，下列选项正确的是（　　）。（司考）

A. 西周时期“听讼”为审理民事案件，“断狱”为审理刑事案件

B. 唐代县以下乡官、里正对犯罪案件具有纠举责任，对轻微犯罪与民事案件具有调解处理的权力

C. 明代的大审是一种会审制度，每三年举行一次

D. 清末改大理寺为大理院，为全国最高审判机关

答案：ABD

9. 明代的法律指导思想有（　　）。

A. 礼刑合一　　B. 德主刑辅　　C. 明刑弼教　　D. 重典治国

答案：CD

10. 下列刑罚创设于明代的有（　　）。

A. 凌迟　　B. 枭令　　C. 枷号　　D. 枷项发遣

答案：BCD

第十章

清代法律思想与制度（上）

本章重点知识

1. 清代立法成果。
2. 清代司法制度。
3. 清代的会审制度。
4. 清代的继承制度。

清王朝是君主制中国的最后一个王朝，由世居东北的满族于明末成立，前后存续时间长达296年（其中关外28年，关内268年）。1616年女真族首领努尔哈赤在东北亚成立大金政权（史称后金），1636年大汗皇太极改国号为大清并称帝，定都盛京（今沈阳）。1644年，在明将吴三桂协助下，乘闯王李自成军攻占北京之机，清军进入山海关击败闯军并定都北京。此后数十年间清政权建立了对全中国的统治，直至1911年辛亥革命时覆亡。清朝的疆域幅员及民族格局，奠定了近代中国领土版图及多民族国家基础。清代的法制，继承明代法制并有所发展，以1840年鸦片战争为界，分前后为两个发展阶段。前一阶段（1644—1840年）系在传统政治法律体制和格局下发展，后一阶段（1840—1911年）系在西方文明冲击下实行大规模政治法律变革。本章仅介绍鸦片战争前清王朝的法律思想与制度。

第一节　法律思想与立法背景

一、清初立法思想

清初统治者的立法指导思想，大致可以分为关外时期、入关初期两个时期来考察。

关外时期，自1616年后金建国至1644年入关前。这一时期清王朝统治者的法律思想，以注重立法建制、学习汉法为基调。自清王朝成立起，努尔哈赤即特别重视法制：“若谓为国之道何以为坚，则事贵乎诚，法令贵乎严密完备。毁弃良谋，轻慢所定之严格法令者，乃无益于政，国之鬼祟也。”[①] 他认为严守法制是“为国之道”，主张“严守法度，信赏必罚”[②]，为清政权法制确定了基调。皇太极时期，在部分保留习惯法同时，注重仿效明朝法制，确立了“参汉酌金”立法指导思想。天聪年间，文馆大臣宁完我建议仿《大明会典》制定《金典》，主张“看会典上事体，某一宗我国行得，某一宗我国且行不得，某一宗可增，某一宗可减，参汉酌金，用心筹思，就今日规模立个金典出来……务使去因循之习，渐就中国之制”[③]。皇太极欣然采纳了这一建议，“参汉酌金”遂成清初立法指导思想。“参汉”即引入或沿用汉族（明朝）法制，“酌金”即整理阐述后金原有习惯法或旧法令，最终的目标是要“渐就中国之制”，亦即仿效汉民族先进法制。

入关初期，面对前所未有的人口、疆域及社会生活，清政权更加注重承用明朝法制。入关途中，摄政王多尔衮即明令“问刑衙门准依明律治罪”，并令启动修律，要求“详译明律，参酌时宜，集议允当”，制定大清律。顺治元年（1644 年）顺治帝登基伊始，即要求“参稽满汉条例”修大清律。[④] 顺治三年（1647 年）律成，顺治帝亲为作序，申明“详译明律，参以国制，增损剂量，期于平允”[⑤] 的立法宗旨。“详译明律”即详尽借鉴《大明律》，以明律为蓝本；“参以国制”即适当参留入关前旧制。至康熙帝，更深染儒教，服膺“德主刑辅”，认为“至治之世，不专以法令为务，而以教化为先……盖法令禁于一时，而教化维于可久。若徒恃法令，而教化不先，是舍本而务末也”[⑥]。他认为“以德化民，以刑弼教”[⑦] 乃是治国之本。

清初统治者，一方面注重立法建制，通过整理原有部落习惯法并仿行明律，向成文法体制迅速过渡；另一方面，重视游牧文明体制向农耕文明体制过渡，重视学习汉民族的儒家文化和先进法制，促成其治理体系的迅速升华。这就是清初立法思想的两大主旋律。

二、清代立法背景

入关前的清政权，治理体系相对简朴。因长期处于对明政权的战争中，治理主要靠习惯法，成文法不太发达。在政治体制方面，清政权从八王共治过渡到君主集权制，仿明朝建立中央六部体制，并设理藩院、都察院等机构；对部众和地方实行八旗制度、牛录制度，由管旗贝勒大臣和牛录额真章京统领，实行兵民合一的治理体制。在司法方面，清政权初设八大臣和四十断事官执掌司法，同时各旗贝勒大臣、各牛录额真（章京）也兼领司法，天聪五年（1631 年）确定刑部为最高司法机关；对于旗人讼争，强调断事官和众官公议于公所，注重宣誓为证及据誓断案；在刑事方面，“有罪或杀或囚，或夺其兵器，或夺其妻妾奴婢家财，或贯耳，或

① 中国第一历史档案馆中国社会科学院历史研究所译注：《满文老档·太祖》，第 3 册，癸丑年十二月，19 页，北京，中华书局，1990。

② 《满洲实录》，卷八，11 页，沈阳，辽宁通志馆，1930。

③ 《天聪朝臣工奏议》，卷中，71 页，沈阳，辽宁大学历史系，1980。

④ 参见赵尔巽等撰：《清史稿·刑法志一》，卷一四二，卷一百十七，北京，中华书局，1977。

⑤ （清）吴坛：《大清律例通考》，卷首录·《谕旨》，见马建石等：《大清律例通考校注》，2 页，北京，中国政法大学出版社，1992。

⑥ 《圣祖仁皇帝御制文集》，卷二，《谕礼部》。

⑦ 《清圣祖实录》，卷九十四。

射胁下"[①]，其所特别注重打击的犯罪行为，主要是偷盗、杀人、斗殴、口角、奸情、隐藏逃人及户口、谎报军功、买卖武器等。在婚姻方面，清代保留着氏族社会残余，同族通婚、兄弟转房（互娶遗孀）、子侄娶庶母婶母，伯叔娶侄妇，不以为怪；至太宗皇太极时始感有伤风化而专令禁止。在立法方面，"俗纯政简，所著为令，鞭扑斩决而已"[②]，大汗或皇帝的"谕令"是具有最高效力的法律形式。至天命五年（1620 年）太祖努尔哈赤发布《禁单身行路谕》，这是后金政权最早的成文法规，是其由不成文法向成文法过渡的标志。此后，以成文的形式公布的法令开始占有越来越大的比重。

入关之初，面对从边陲民族政权到全中国统治政权的转变，从兵民合一的部落治理模式向编户齐民的郡县治理模式的转变，从游牧文明的社会生活方式向农耕文明的社会生活方式的转变，清政权的角色地位和目标任务都发生了巨大变化。这一变化，促使清统治者迅速调整治国方略，重视立法建制，注重从习惯法治理向成文法治理的转变，注重向被征服者（汉民族）学习法制文明。"抚临中夏，人民既众，情伪多端"[③] 是清初统治集团面临的最紧迫课题。为了应对这一课题，为了因应统治新格局，清政权入关伊始即加紧仿效明代政治法律，完善国家政权体制，完善部、院、寺、监体系，建立内阁制度，完善地方督抚州县体制，完善各类法律制度特别是仿效明律和《大明会典》制定《大清律例》并编订《清会典》，完善乡里制度和基层社会治理体系。在很短的时间里，其典章制度快速实现了历史转型升华，为其后来二百余年的统治奠定了基础。

第二节　立法概况与法律形式

一、立法概况

入关前的清政权尚处于习惯法向成文法过渡时期，法律制度相对简朴。努尔哈赤、皇太极先后颁布了一些法律规范，如《禁单身行路令》《离主条例》《盛京定例》等，但只是仿效汉法形式体例对原有习惯法加以简单整理而已，尚不能算正式编纂法典；此外还曾于崇德元年"议定会典"，但未正式颁布。[④] 入关初，鉴于原有习惯法已无法满足新的统治需要，摄政王多尔衮于 1644 年 6 月即下令"问刑衙门准依明律治罪"，沿用《大明律》为过渡性法律。

顺治二年（1645 年）皇帝即委任大臣起草律典[⑤]，三年五月《大清律集解附例》竣工并颁

---

① （朝）李民英（寏）：《栅中日录校释，建州闻见录校释》，44 页，沈阳，辽宁大学历史系，1978。

② 《皇朝文献通考》，卷一七九，《刑考一》。

③ 赵尔巽等撰：《清史稿·刑法志一》，卷一四二，卷一百十七，北京，中华书局，1977。

④ 《清太宗实录稿本》载："（皇太极）崇德元年（1634 年）四月十二登基后议定会典。"其所谓会典，不过是天聪朝重要谕令汇编，内容包括礼制、官制、刑制、婚姻、诉讼、经济、宗教等多方面，仅汇集当时重要谕令 52 条，尚未具备明会典体例。李燕光、张晋藩先生将其命名为《崇德会典》，田涛先生曾撰专文辩驳。参见倪正茂主编：《中国法律史研究反拨》，205～234 页，北京，法律出版社，2002。

⑤ 参见赵尔巽等撰：《清史稿·刑法志一》，卷一四二，北京，中华书局，1977。

行全国。律文共459条，比明律仅少一条，篇、门、条、目全袭明律。律文后附相关“条例”430多条，比明律所附“问刑条例”略增。[①] 因该律典几乎全文抄袭《大明律集解附例》，遭人讥评“大清律即大明律改名也”[②] 并不冤枉。

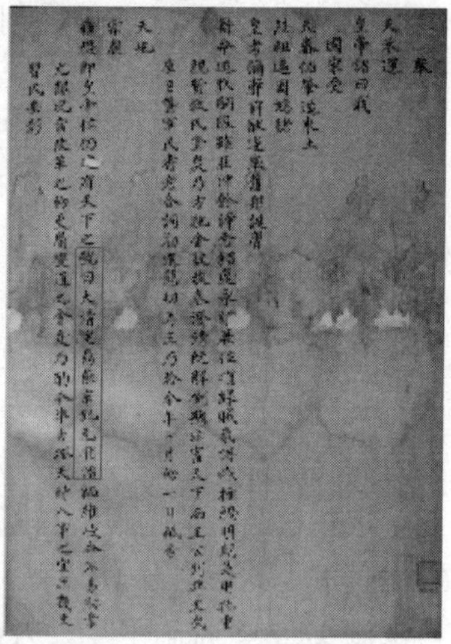

图 10-1　顺治皇帝登极诏书

康熙十八年（1679年），为消除律文和条例之间的矛盾冲突，康熙帝命对既有条例（定例）进行全面删修。次年编成《刑部现行则例》，该例典比照《大清律》按“六部”分篇之体例，对律条之外新增治罪条例（定例）加以编纂。康熙二十八年（1689年），为消除律文与则例并行之矛盾，帝又令“将《刑部现行则例》附入大清律内”[③]，即把则例放到律典中（与原有条例合到一处）。与此同时，康熙帝还下令对顺治三年律开始修订。但终康熙之世，新律例（法典）迄未告竣颁行。[④]

雍正初年在康熙朝律例修订稿基础上完成了修订。雍正五年（1727年），新版《大清律集解附例》颁布。律文增删调整为30门、436条，比顺治三年律少26条；条例也有整理，定为824条。[⑤]

《大清律》(清雍正五年刻本)　北京图书馆藏

图 10-2　《大清律》

乾隆继位后再次修订律例，乾隆五年（1740年）完成并颁布，更名为《大清律例》（律名删除了“集解”）。这次修订后，律文仍为30门、436条，但附例经删修增加到了1 042条。[⑥]

---

① 参见郑秦：《顺治三年律考》，载《法学研究》，1996（1）。
② （清）谈迁：《北游录》，378页，北京，中华书局，1981。
③ 赵尔巽等撰：《清史稿·刑法志一》，卷一四二，卷一百十七，北京，中华书局，1977。
④ 参见郑秦：《康熙现行则例考》，载《清代法律制度研究》，27～28页，北京，中国政法大学出版社，2000。
⑤ 参见郑秦：《雍正三年律考》，载《清代法律制度研究》，40～42页，北京，中国政法大学出版社，2000。
⑥ 参见郑秦：《乾隆五年律考》，载《清代法律制度研究》，54～55页，北京，中国政法大学出版社，2000。

经顺、康、雍、乾四朝立法努力，大清律至乾隆初年基本定型。此后直至清末，律典正文基本不变，再未增删，但律后附例的“续纂”则因时而行。起初“定限三年一次编辑”，后又定为“五年一小修，十年一大修”。经乾隆初至咸丰初百年间的大致定期修订，例文条数逐年增加。乾隆二十六年（1761 年）律文增至 1 456 条，于同治九年（1870 年）增至 1 892 条；至光绪、宣统时期则连修例也顾不上了。

二、法律形式

清代的法律形式，最重要的是“律”、“例”和“注解”。“律”为基本刑事法典，曰“大清律”。“例”为刑事补充条款，多由皇帝御笔断罪而来，曰“问刑条例”或“拟罪条例”，或称“定例”。法典编纂时常将“例”分类附编在相应“律”条之后，合称“大清律例”；为解释律文而有“注解”，包括官注（律文夹注和每条总注）和律家解说（附于律条后）两者，后者经官方编选认可有法律效力；将各家注解选编附于律例，则合称“大清律集解附例”。

“则例”作为法律形式相当于汉唐的“令”，是关于各部院政务的行政规则，分为一般则例和特别则例。一般则例，是关于部院一般政事的则例，主要有《刑部现行则例》《吏部则例》《户部则例》《礼部则例》《工部则例》《中枢政考》《理藩院则例》《钦定台规》等。此外，国子监、内务府等均有各自则例。特别则例，指关于各部管辖特定事项的行政规章，如《钦定八旗则例》《兵部督捕则例》。此外，《户部漕运全书》《学政全书》《赋役全书》等虽无则例之名，实际上也是特别则例。此外还有《吏部处分则例》《六部处分则例》《兵部处分则例》《吏部铨选则例》《吏部稽功司验封司则例》等关于办事手续章程及官员违制处罚的专门则例。

“会典”也可视为法律形式。康熙二十三年（1684 年）仿照《大明会典》编成《清会典》162 卷。该书按宗人府、内阁、六部、理藩院、都察院、通政使司、内务府、大理寺等机构分目，“以官统事，以事类官”，开列每一官衙机构建制、官品职数编制、职掌权限，并考述其沿革及附载历年事例或则例，此次所编称为《康熙会典》。其后雍正年间又修订成《雍正会典》250 卷，乾隆时期又编成《乾隆会典》100 卷（并将附于会典中事例的则例另行辑出编为《乾隆会典则例》180 卷），嘉庆朝又修订成《嘉庆会典》80 卷（另有《会典事例》920 卷），光绪朝又编成《光绪会典》100 卷（另有《会典事例》1220 卷）。会典是清代行政制度汇辑考订，是官制政书，有组织法典属性。

第三节 法律制度

一、政体与行政制度

（一）清代政治体制

清代的政治与行政，其基本体制大致沿袭明制，但也变相保存了局部的关外旧制，在中央，至高无上的皇帝独揽一切权力。在其下，直接辅佐皇帝的有内阁，设内阁大学士若干人

“赞襄机务”，代拟批旨，呈进奏章。大学士起初品秩较低，仅充机要秘书事，雍正朝起渐由各部尚书或侍郎兼任，渐有集体宰相之实，但权力远不及明初宰相。内阁之外，雍正时中央始设军机处，以军机大臣若干人协助皇帝。军机处初仅为对西北用兵之临时军务机构，后来常置并逐渐取代内阁权力。此外还有议政处、南书房等御用机要机构。直接隶属皇帝的吏、户、礼、兵、刑、工六部为中央行政机构，各设满汉尚书、侍郎主之。设都察院，都御史主之，掌百官监察；还有大理寺、太常寺、光禄寺、鸿胪寺、太仆寺、国子监、通政司等中央直属机构，以及宗人府、内务府等主管宗室和宫内事务的机构。这些中央机构，总称部院寺监。在地方，设省、府、县三级政权机构。省为最高级地方政权机构，由巡抚主之，下设布政司、按察司分掌一般行政和司法。巡抚之上还有总督，一般管数省（也有的仅管一省）。省下为府（或直隶州、直隶厅），设知府、知州、同知主之；府下为县（或散州、散厅），设知县或同知主之。在省、府之间还设有“道”，分为隶属布政司的“分守道”和隶属按察司的“分巡道”，前者有相对固定辖区，渐成地方政区层级，设道台（道员）主之。在州县之下，有督催赋役的里甲组织，维护治安的保甲组织，教化自治的乡约组织，土地管理的都图组织等。这些组织，大约都与传统的乡、村两级组织相对应。

（二）官吏管理与监察制度

1. 管理制度

首先是选用制度。科举为官吏选用“正途”，分为乡试（省试，考取者为举人）、会试（礼部试，考取者为贡士）、殿试（皇帝策试，考取者为进士）三级。乡试之前，有县试、府试、院试（省学政主试）三级考试，经院试录取的府州县官学生员（俗称秀才）才有资格参加乡试。殿试后，除一甲（前三名，俗称状元、榜眼、探花）直接授予翰林院修撰、编修等职外，其余所有进士均要通过吏部主持的“朝考”方可授予庶吉士、主事、中书、知县（州）、教授（谕）等职务。除正途外，还有荐举（高官保举）、捐纳（捐钱粮买职衔或出身）、荫授（高官或功臣烈士子女荫授职衔）等多种入仕途径，称为“异途”。未中进士的举人可以出任官员幕友，或通过保举、捐纳等方式入仕。此外还有各级衙门书吏通过“考职”考试获授从九品或流外职等途径。[①]

其次是官缺制度。官缺有两义：一为辨民族差异之官缺制，二为辨职岗轻重之官缺制。关于前者，清朝将所有官职分为满官缺、蒙古官缺、汉军官缺、汉官缺四类。不同官缺只能由各该族人出任或补授。中央如理藩院、宗人府及掌钱粮、火药、兵器之府库职官，各省驻防将军、都统、参赞大臣、盛京五部侍郎等，都是满官缺，不得授汉人；有些卑微的小官职如驿丞等仅为汉官缺，不得任命满人；地方督抚、司道、总兵、提督等虽满汉兼用，但近畿和要隘多用满官。关于后者，清朝按位置、面积、治理难易等因素将州县分为四类，以“冲”（地理位置重要）、“繁”（政务繁剧）、“疲”（赋税拖欠多）、“难”（民风刁悍命盗案多）四字标之。四字全占为“最要缺”，占三字者为“要缺”，占两字为“中缺”，只占一字或一字也不占的为“简缺”。还有腹俸缺、边俸缺、苗疆缺、烟瘴缺、沿海缺、沿河缺之类划分。选用州县官时，根据官缺需要与候选者资历能力，因地因才而授以不同官职。

---

① 参见瞿同祖：《清代地方政府》，范忠信等译，71页，北京，法律出版社，2011。

再次是考绩制度。清初行考满法，三年一考，数考为满，量绩陟黜。康熙朝始行“京察大计”法。“京察”为对京官和地方督抚考核，三年一次；“大计”为对各省藩（布政使）臬（按察使）及以下所有官员的考核。京察大计均以“四格八法”为标准。“四格”即考核才（长、平、短）、守（廉、平、贪）、政（勤、平、怠）、年（青、中、老）四个方面（各三等），评定为称职、勤职、供职三等；列优等者记名，优先议叙。“八法”即察明贪、酷、罢软、不谨、年老、有疾、浮躁、才弱等八类恶德或缺陷：贪、酷者治罪，不谨、罢软者革职，浮躁、才弱者降级，年老、有疾者退休。后来去掉贪、酷两条，仅称“六法”。

最后是某些“官禁”。清律例禁止官吏任期内在所辖范围内典买田宅产业、为己为子孙娶部民女或案涉妇女及乐人（妓者）为妻妾、私借官有车船店舍钱粮、举放钱债典当财物等，这些防腐特殊制度值得注意。

2. 监察制度

首先是监察体制。在中央，设都察院为最高监察机关，以左都御史、左副都御史领之。全国分若干道（初分13道，后渐增至20道）监察区，每道设监察御史满汉各一人，还设六科给事中，专责监察中央六部；后来六科（谏）并入都察院（台），实行“台谏合一”，合称“科道”。此外，以右都御史、右副都御史为总督、巡抚兼衔，兼职监察。各省有按察使、分巡道主持省内监察。在京师还有隶属都察院的五城察院，以巡城御史主各城（区）治安和监察。

其次是监察法规。清监察制度主要体现于《钦定台规》《都察院则例》两者。前者系乾隆时以皇帝名义亲制，后多次增修，共43卷，包括训典、宪纲、六科、各道、五城、稽察、巡察、通例等八类规章，主要规定都察院职权和监察纪律。后者是前者的实施细则汇编，主要包括封驳呈奏、京察大计监察、各道巡监、科举监察等规定。此外，《清会典》中有关于都察院机构员额职掌的规定。

最后是监察权范围。清监察机关职权主要包括弹劾官吏违失、财政审计、考核官吏、监督决囚、审判复核、参与会审等，特别是可以于巡按中接受人民对官吏贪污渎职的投诉。

（三）民族管理制度

清代对于蒙古、藏、回、苗等少数民族地区暨边疆地区，形成了一整套有特色的民族管理法制。

对于蒙古地区，清廷坚持“满蒙一家”国策。皇太极时先以《盛京定例》规范蒙古事务，后修订为《蒙古律例》①；乾隆朝又多次续修；嘉庆时修订为《理藩院则例》（仍习称“蒙古律”“蒙古例”）。这是关于蒙古等北方民族地方管理的专门法规，确定了蒙地的盟旗制度及设官袭爵、职守、边防、法制、朝觐等制度。

对于西藏地区，雍正初年即派驻藏大臣协助统治；乾隆初年确立达赖喇嘛政教合一体制，颁布《钦定西藏章程》，不久又修订为《西藏通制》（后收入《理藩院则例》中）。《西藏通制》规定：“西藏设驻扎大臣二人，办理前后藏一切事务”，其地位“与达赖喇嘛、班禅额尔德尼平行”；西藏对外事务由驻藏大臣负责；设金瓶掣签制决定达赖、班禅转世灵童（继任者），由驻藏大臣亲自主持仪式后奏皇帝批准。此外，还有关于西藏的《禁约十二事》。

---

① 参见《清实录·高宗纯皇帝（乾隆）实录》，卷一五六。

对于青海地区（蒙藏族聚居），雍正初置西宁办事大臣；后“从蒙古例内摘选番民易犯条款”，编成《番例》，又称《西宁青海番夷成例》或《西宁番子治罪条例》，亦称“番例条款”。

对于回疆地区，乾隆时设伊犁将军为回疆地区最高行政长官。嘉庆年间制定了《回疆则例》作为管理回疆的特别法规。

对于西南地区的苗、瑶、彝、藏、侗等少数民族，清朝主要实行“改土归流”的政策，即逐渐废除土司、改派流官即国家官吏治理。因清朝习惯于称以贵州为中心的少数民族地区为“苗疆”，故在《大清律例》中增列了关于苗疆地区的十余条“苗例”。为推行“改土归流”，雍正初年还在苗疆地区颁行了《保甲条例》。乾隆年间还对苗地颁布了《苗疆事宜》《苗汉杂居章程》《苗疆善后事宜》《苗犯处分例》等特别法令。

对于台湾地区汉番杂居问题，清朝也订有特别法规，如乾隆二年（1737 条）颁布《台湾善后事宜》，禁止汉民侵占或购买“番地”。乾隆十一年（1746 年）颁布《占地民番事宜》又重申此禁。此外，《大清律》中有多条关于台湾地区番蛮犯罪案件的特殊“条例”。

二、刑事法律制度

（一）刑法原则与刑事政策

清代的刑法原则，继承发扬了历代刑法重惩侵犯君父、重惩盗贼、五服制罪、亲亲相隐、贵贱有别、重法治吏、矜老恤幼等一系列基本价值原则，及累犯加重、鼓励自首、区分故失、共犯重惩首犯、数罪并罚从一重、有限罪刑法定、类推适用、从旧兼从轻、疑罪从慎从赎等一系列基本技术原则，集唐律、明律之大成并有所发展。这些变化发展主要有以下方面。

1. 自首减免罪责原则的发展

清律因袭明律，对自首制度有所发展。康熙时为惩处“逃人”（役人逃亡）修订《督捕则例》，规定逃走三次者仍可“自回自首”获免罪[①]，扩大了自首的适用范围。嘉庆时定例：在监犯人“如有因变逸出自行投归者”，照原犯罪名各减一等发落。这种奖励逃犯归案的规定扩大了自首适用的范围。

2. 共犯区分首从原则的发展

关于共犯处理，清律对唐律有所发展，取消了唐律“与监临主守共犯”皆“以监主为首（犯）”的规定，显示对官吏责任的减轻；取消了唐律“擅入皇城宫殿、私越渡关、避役在逃、犯奸者不分首从皆以正犯科罪”的规定，显示对此类犯罪处罚减缓的倾向。关于家人共犯，清廷曾定例：“一家共犯侵损于人者，以凡人首从论”，“家人共盗，以凡人首从论”[②]。这改变了清律正条关于家人共犯一概以尊长为首犯的原则规定。

3. 公罪私罪区别对待原则的发展

《大清律》规定：官吏犯公罪该笞者，笞一十折易为罚俸一月，笞二十三十各递加一月；至杖一百，折易为降四级调用。[③] 犯私罪，笞一十则罚俸二月，直至杖一百革职离任。显然，

---

① 参见（清）徐本、唐绍祖等纂修：《督捕则例》，卷上“逃人自回自首”条，上海，上海古籍出版社，1995。

② 《大清律例·名例律》“共犯罪分首从”条附例及《贼盗律》上强盗条附例。

③ 参见《大清律例·名例律上》“文武官犯公罪”条。

私罪的处罚较公罪为重。清律虽取消了“官当”，但在官吏犯公罪、私罪的“刑罚折易”上轻重有别，仍体现了宽公罪、严私罪的原则。

4. 有限罪刑法定原则的发展

清律虽规定，“凡断罪，皆须具引律例，违者笞三十……其特旨断罪，临时处治，不为定律者，不得引比为律”①，近乎确认“罪刑法定”原则，但保留类推制度。不过其对类推限制更严格：“凡律令该载不尽事理，若断罪无正条者，引律比附，应加应减，定拟罪名，议定奏闻。若辄断决，致罪有出入，以故失论。”② 这废除了唐律“举重明轻、举轻明重”即法官自行类推适用近似律条的权利，使罪刑法定有所深化。

5. “化外人犯罪”处理原则的变化

关于外国人犯罪，唐律确立“诸化外人同类自相犯者，各依本俗法；异类相犯者，以法律论”之原则，明律规定“凡化外人犯罪者，并依律拟断”，清律承袭明律条文并在“化外人”处加“来降”小注。按此规定，凡外国人犯罪概依中国刑律处罚，不再参照“本俗法”，这有强调刑法主权效力和刑事排他管辖权之意义，但把“化外人”仅定义为“来降”者，不再考虑外人在华经商、求学、传教情形，过于闭锁狭隘。

（二）主要罪名

清代的刑事罪名，规定于《大清律例》。除仅为原则规定、不涉罪名的《名例律》46 条之外，吏、户、礼、兵、刑、工等六律的 390 个律条则规定了许多刑事罪名，此外少量条例（定例或例）也增设若干独立罪名。有清一代的例，从清初的 430 个（条）渐增至清末的 1892 个（条）。有的例规定了独立罪名（如“光棍”罪），有的则仅仅申明禁令或仅为程序性规定。因此，要准确统计两千多条“律”和“例”到底一共规定了多少个罪名，相当困难。清律中的罪名，有重罪和轻罪之分。所谓“笞杖轻罪”，主要指民事违律行为及官吏较轻职务犯罪。这些轻罪，用后世眼光看，仅系民事违法或行政违法，大多不应被视为犯罪。所谓重罪，主要指律例规定可处绞斩刑（死刑）的犯罪，当时称为“绞斩重罪”。但广义上讲，重罪也包括应处徒刑、流刑、充军、发遣等刑罚的犯罪。

按犯罪客体划分，清代的罪名可以分为侵犯皇权危害国家罪、侵犯父权危害伦常罪、侵犯公私财产罪、侵犯人身罪、妨碍社会管理秩序罪、官吏贪贿渎职罪等六大类。

1. 侵犯皇权危害国家罪

这类罪名，主要包括谋反罪、谋大逆罪、谋叛罪、造妖书妖言罪、邪教罪、奸党罪、大不敬罪等多个罪名。“大不敬”罪，包括“盗大祀神御之物、乘舆服御物，盗及伪造御宝，合和御药误不依本方，及封题错误，若造御膳误犯食禁，御幸舟船误不坚固”之类的对皇帝不敬的行为。“造妖书妖言”罪，主要打击诈称鬼神之语，妄说吉凶灾祥，妄言国家咎恶的言论书籍。谶纬之书、“淫词小说”也被列入此罪严加打击的对象。邪教罪，主要打击民间秘密宗教、结社、会党组织活动，如白莲教、天地会、白阳教、红阳教、八卦教、天理教、哥老会、混元教、收元教、三阳教、西天大乘教等都被视为邪教。

---

① 《大清律·刑律·断狱上》。

② 《大清律·名例律下》“断罪无正条”条律文。

2. 侵犯父权危害伦常罪

这类罪名，主要包括“十恶”中的不孝罪、不睦罪，以及“子孙违反教令”“父母为人杀而私和”之类犯罪。所谓“不孝”，“谓告言咒骂祖父母父母、夫之祖父母父母，及祖父母父母在别籍异财，若奉养有缺，居父母丧身自嫁娶，若作乐释服从吉，闻祖父母父母丧匿不举哀，诈称祖父母父母死”。所谓“不睦”，“谓谋杀及卖缌麻以上亲，殴告夫及大功以上尊长、小功尊属”[①]。除其中谋杀、卖、殴可以归入侵犯人身罪外，“告”关系稍远的尊亲属也单独构成不睦罪。至于十恶中的“恶逆”“内乱”，主旨为保障父权及伦常秩序，但谋杀、卖、殴等行为实可归入侵犯人身罪。

3. 侵犯公私财产罪

这类罪名，主要包括强盗罪、白昼抢夺罪、窃盗罪、恐吓取财罪、诈欺官私取财罪、监守自盗罪等多种罪名。清律将各类非法取财罪行统称为“赃罪”，将监守盗、常人盗、窃盗、枉法赃、不枉法赃、坐赃等六种赃罪合称“六赃”。所谓“坐赃”，主要指官吏利用职务非法取财但未占为己有的行为，如境内水旱灾情不察不报，赋税钱粮当免不免仍行征收，征收钱粮时超额多收入库等。“六赃”前三者是侵犯财产罪，后三者实为官吏渎职罪。

4. 侵犯人身罪

这类罪名，主要包括谋杀罪、故杀罪、斗殴杀罪、戏杀罪、误杀罪、过失杀罪、斗殴伤人罪、诬告罪、奸罪（强奸、和奸、刁奸、通奸）等多个罪名。清律将谋杀、故杀、斗殴杀、戏杀、误杀、过失杀等六者合称“六杀”，以动机、恶性不同而论刑之轻重。“或谋诸心，或谋诸人”的蓄谋或预谋杀人为谋杀；“临时有意欲杀，非人所知”者为故杀；“原无杀心”斗殴致人死者为斗殴杀。明清律在此对唐律有所改变。唐律规定：若斗殴时用了金刃（刀剑）之类，即不再视为斗殴杀，而视为故杀；斗殴时将对方击倒在地且对方无还手之力时仍继续殴打致死，也不再视为斗殴杀，而视为故杀。但明清律对这些情形仍视为斗殴杀。

5. 妨碍社会管理秩序罪

这类罪名，主要包括诈伪罪、光棍罪、略人罪、略卖人罪、发冢罪、私盐罪等多个罪名。“光棍罪”不见于律文，是由“例”增设的罪名，相当于后世的流氓罪、寻衅滋事罪、敲诈勒索罪之和。“光棍”最初指“凡凶恶光棍好斗之徒，生事行凶，无故扰良人者”[②]，后扩大至“凡恶棍设法索诈官民，或张帖或捏告各衙门，或勒写借约，吓诈取财，或因斗殴，纠众系颈，谎言欠债，逼写文卷，或因诈财不遂，竟行殴毙，此等情罪重大实在光棍事发者”[③]，还有“不法之徒如乘地方歉收，伙众抢夺，扰害善良，挟制官长，或因赈贷稍迟，抢夺村市，喧闹公堂，及怀挟私愤，纠众罢市辱官者”[④]，以及“刁民假地方公事，强行出头，逼勒平民，约会抗粮聚众，联谋敛钱搆讼，及借事罢考、罢市，或果有冤抑不于上司控告，擅自聚众至四五十人，尚无哄堂塞署，并未殴官者”[⑤]，均“照光棍例治罪”。此一罪名，为明代条例首创，清初即沿用并扩张，实为方便官府罗织构陷任何抗议者的“口袋罪”。

---

① 《大清律例·名例律上》“十恶”条。

② 《大清律例·刑律·贼盗》“恐吓取财”条附第三条例文。

③ 《大清律例·刑律·贼盗》“恐吓取财”条附第四条例文。

④ 《大清律例·刑律·贼盗》“白昼抢夺”条附第十一条例文。

⑤ 《大清律例·兵律·军政》“激变良民”条附第一条例文。

6. 官吏贪贿渎职罪

这类罪名，主要包括受贿（受赃）罪、行贿罪、介绍贿赂（说事过钱）罪、故禁故勘平人罪、凌虐罪囚罪、官司出入人罪（包括故出、故入、失出、失入罪）、制书有违罪、官文书稽程罪、泄露军情大事罪、主将不固守罪等多种罪名。清律的受贿罪，分为枉法、不枉法两种情节处理：如受贿赃一两以下，枉法者杖七十，不枉法者杖六十；受贿赃五十两以上，枉法者杖一百，流二千五百里，不枉法者杖六十徒一年；至受贿赃一百二十两以上，不分是否枉法，均绞监候，后改为实绞。清律还规定滥设官吏、信牌逾期限、讲读律令有违、朝谒失仪、奏对失序、迎送出城等行为构成渎职犯罪。

（三）刑罚及执行制度

清代的刑种，首先应注意其笞、杖、徒、流、死"五刑"即正刑体系。笞刑，十至五十，共五等；杖刑，六十至一百，共五等；徒刑，一年至三年，共五等（半年为差）；流刑，流二千里至三千里，共三等（五百里为差）；死刑，绞、斩二等。死刑有立决、监候之别。"立决"即"决不待时"，只要皇帝核准，即可执行（但仍须避禁刑日）；"监候"即死缓，留待秋审大典再定是否执行。

其次是律例有规定但未正式列入"五刑"体系的派生刑和附加刑。这些刑罚主要有以下几类。第一是死刑类。有"凌迟"，即俗称"千刀万剐"或"割千刀"，为死刑极重者，一般用于十恶中"不道"以上重罪，特别是谋反大逆。有"枭首"，多用于强盗罪，悬头颅于城门或街市示众。有"戮尸"，多用于恶逆、强盗应枭首而先身故者，即脔割其尸体示众。第二是流徙类。有"充军"，初为发配边疆戍所充军中杂役，系流刑之派生；后并不真入营服役，与流刑无异。充军分附近、近边、边远、极边、烟瘴五等，乾隆时定《五军道里表》规定远近处所。有"发遣"，与充军类似，但被发遣人地位更低，即"发给披甲人（军人）为奴"，常见有发遣至尚阳堡、宁古塔、乌拉等地。第三是附加刑类。有"枷号"，即戴大枷在衙门口或城门口示众，多为对盗匪奸淫犯的附加刑。时间有数日、一月二月、半年一年，甚至有永远枷号。有"刺字"，即附加墨刑，多用于盗贼，初犯刺臂，惯犯刺面。

清代刑罚执行制度，特别区分"真犯"和"杂犯"。真犯，又称"实犯"即"有心故犯"；其过误或牵连致罪者为"杂犯"。关于死罪，清律以十恶、故杀人、反逆缘坐、监守自盗、略人略卖人、受财枉法等性质严重法定死刑之罪为"真犯死罪"；以过失杀人、误杀人、斗殴杀人及某些职务犯罪等虽法有死刑但性质不太严重者为"杂犯死罪"。流罪也有真犯、杂犯之分。真犯流罪，大约指谋反、谋叛、谋大逆应流及不道杀人会赦犹流者；此外因过误犯流罪，牵连致流罪，或因职责致流罪者，均为杂犯流罪。杂犯的处刑，一般均有折易可替代，如杂犯死罪一般不执行死刑，而是照例减等为五年徒刑，并以资财收赎，此即"杂犯死罪准徒五年"；杂犯流罪一般也折易为徒刑，此即"杂犯流罪总徒四年"。

关于刑罚执行程序，清律规定，"凡狱囚鞫问明白、追勘完备，军、流、徒罪，各从府州县决配；至死罪者，在内法司定议，在外听督抚审录，无冤依律议拟（斩绞），法司覆勘，定议奏闻回报，（应立决者）委官处决。故延不决者，杖六十"①。

---

① 《大清律例·刑律·断狱》"有司决囚等第"条。

三、民事与经济法制

（一）民事法制

1. 民法渊源与民事法规

清代民事法律，与刑事法律、行政法律不同，没有法典或专门法规为渊源，相关规范系散见于各处。其民事法源主要有四者。第一，各种则例为最主要渊源。如行政法典《户部则例》在户口、田赋、税则、兵饷、通例等目下存有大量民事法律规范；其他则例如《礼部则例》《八旗则例》《蒙古则例》也包含部分民事规范。第二，《大清律例》亦为重要渊源。在《户律》“立嫡违法”“典买田宅”“男女婚姻”“违禁取利”“得遗失物”等每一律条正文中，各包含一两句民事性规定（关于应该怎么正确实施民事行为的指导性规定），其他部分律文也夹附有关于民事关系特别是侵权损害责任的规定。在《户律》上述律条之后所附条例中，有更多民事直接规范；其他律文附例也有含民事规定者。第三，官修《大清通礼》中包含许多民事规范，存于儒经中的“礼”也常被引据为民法渊源。第四，地方民商事习惯或民间规约，曰“民俗”“乡例”“俗例”“乡规”“土例”“市例”“商例”等，有些也常被司法审判尊重或引据，也应被视为清代民事法律的补充渊源之一。①

2. 身份与主体制度

清代的身份与主体制度，笼括政治、经济、文化、社会各方面，部分含有民事身份或主体制度属性。其主要体现，一方面是关于人之个体作为民事主体时的各种不同身份资格（如贵族、旗人、良民、贱民等）的相关制度；另一方面是关于人之集体作为民事主体，即作为社会生活或经济经营的集体组织时的资格制度。

（1）个人主体身份。

1）贵族身份。清代的贵族主要指宗室觉罗，及因功劳或恩荫获授爵位者。宗室指努尔哈赤本支子孙，觉罗是努尔哈赤伯叔兄弟之子孙；有爵位者指被授予王、公、侯、伯、子、男（女性则为公主、郡主、县主之类）爵位者。宗室觉罗一般也会被授予各种各等爵位（亲王、郡王、贝勒、贝子、公、将军之类）。贵族除享有一定地域的赋税收入（俸银、禄米）及八议、赎刑等司法特权之外，在占地、建房、丧葬、婚姻、继承、契约等多方面还享有一定民事特权。

2）旗人身份。旗人初仅指编入满洲八旗（正黄、红、蓝、白，镶黄、红、蓝、白）的满族人，后来也包括蒙古八旗、汉军八旗。旗人除享有领受国家俸禄、免除赋税徭役、官府分配土地房屋、减免刑罚或刑事强制措施、无须科考即可入仕等特权外，国家还通过禁止“旗民交产”（禁止旗人与汉民的不动产交易）来保障其不动产所有权和继承权等民事特权。

3）良民身份。良民指一般民户，即传统的士、农、工、商四民。清初曾袭元明旧制，分人民为军、民、匠、灶四类（相应设军、民、商、灶四籍），士未单列户籍。顺治时废军、匠两籍后只剩下民、商两籍，这些人被统称为“良籍”，概称良民；理论上为完全民事主体，身

---

① “湖南省所属未薙发之苗人与民人结亲俱照民俗以礼婚配”，《大清律例·户律》“嫁娶违律主婚媒人罪”条附例。参见梁治平：《清代习惯法：国家与社会》，127～140页，北京，中国政法大学出版社，1996。

份平等。国家以“四民以士为首，农次之，工商为下也”[①] 为国策，四民身份权益不全等，故民户冒籍被严禁。曾有军（卫）籍者（以屯戍兵丁、充军者及亲属为主体）不得与他籍通婚的限制，军、商、灶籍者在科考入仕方面也曾有某些限制。

4）贱民身份。贱民指列入“贱籍”的低端生计群体，地位低于良民。第一是奴仆（奴婢），包括失地投旗为奴的“投充”（“壮丁”），及因犯罪发遣、罪人亲属籍没、以印契购买为奴者，还包括奴仆子息。奴仆隶属于家主，没有人身和婚嫁自由。第二是雇工人，即庶民私家仆役，其民事地位低于良民，但略高于奴婢。第三是行业贱民，包括倡优（戏子）、皂隶（衙役），及晋陕的“乐户”（从古时官娼业户而来）、苏州的“丐户”等。他们不得参与科考，脱籍后仍须至第四代方可应科试或捐纳功名。第四是族群贱民，如绍兴府有“堕民”（惰民），男子只许以捕蛙、卖锡、逐鬼为业，妇女只准作媒婆或伴嫁婢，或游走市巷为人盘髻梳头、穿珠花等，皆不得从事民人常业。徽州府和宁国府有“伴当”“世仆”，与地主有人身依附关系，不得擅自离主另佃。广东有“疍户”，浙江有“九姓渔户”，世代以船为居，捕捞为生或事岸边贱业；不准上岸定居、读书应试、与民人通婚。虽然雍正朝起即先后对部分贱民“开豁为良”，乾隆帝时曾宣布取消一切贱籍，但对其科考仕进仍有限制，其在应试和操业方面所受歧视实际持续到清末。[②]

（2）集体主体资格。

1）皇庄、官庄。皇庄，即以皇家名义圈占土地建起的农庄，属皇室所有，内务府管理，各设庄头经管。顺治年间即有皇庄四百多个，占地共达四万余顷。官庄，即属各级官府所有的公有田庄，亦设庄头管理，均为农业经营单位，土地一般租佃给农民耕种。

2）私人田庄。其包括贵族、官僚、商贾们通过受赐、强占或购置土地而建起的农庄，还包括其他地主私人购地建起的农庄，都是农业经营单位。田庄均由地主本人或雇用庄头（管家）管理，庄头负责经营田庄土地、作坊、店铺的租佃或租赁，管理奴仆、雇工人和佃户。

3）工商业户。其包括厂矿、工场、作坊和商号（各种店铺和钱庄票号），由贵族官僚、商贾、地主拥有，自己直接经营或雇人经营。受雇经营者称厂头、掌柜、管家、经理、朝奉之类，具体负责经营管理。这是近代工商企业的前身。

宗族组织。百姓聚族而居，通过修谱建祠而形成血缘自治组织，至清代其作为经济生活组织或准法人属性大增。宗族大致由族、房、户三级组织构成。宗族以祠堂为合族祭祀、议事、行罚场所，祠堂一般有堂号为集体名称，还有义田（祭田、族田、墓田）、义学、义庄等为公共资产，有族长、宗子、族正等负责管理族产经营，代表宗族进行民事活动。

4）工商行会。清代的工商业行会多以籍贯、行业纽带而形成，多以会馆、公所为活动中心，有时径以会馆公所为行会组织本身。行会作为工商业者的自治团体，除祭祀神祇、议办公事、扶贫帮困、仲裁解纷外，还可经营田庄、店铺、学校、慈善机构等公共资产以筹公益经费或践行公益。[③]

5）宗教组织。清代宗教场所包括佛教寺庵、道教宫观、伊斯兰教清真寺、天主或基督教

---

① 《清实录·世宗宪皇帝（雍正）实录》，卷十六，272页，北京，中华书局，1985。

② 参见叶孝信主编：《中国法制史》，327～328页，上海，复旦大学出版社，2002。

③ 以上五种主体情形，参见孔庆明、胡留元、孙季平：《中国民法史》，582～590页，长春，吉林人民出版社，1996。

堂等。它们除具有宗教事业单位性质外，因其可拥有并经营土地、店铺、学校、医院、慈善机构等，故兼有经济单位属性，常被视为民事主体。

3. 物权与债契制度

(1) 物权制度。

第一，所有权。关于不动产所有权，清代以“印信执照”确认土地房屋所有权。旗人和贵族官僚通过圈拨、受赐，商民通过购买取得的田宅所有权也受法律保护；学校、寺观、宗族、行会拥有的学田、寺田、祭田、义田、善堂、义庄、宗祠、会馆等公共田宅所有权也受特别保护，禁止盗卖侵占。《户律》有“盗卖田宅”条专以打击盗卖、换易、冒认、盗耕、盗占等行为。田宅所有权以官制“鱼鳞图册”、纳税凭证（完粮印串）、地契房契、地碑族谱记载等为证据，遇有争讼则以此为准。

第二，永佃权。承租人（佃户）永久租耕出租人（田主）土地且可子孙承继耕种的权利即永佃权。这是用益物权之一，即使土地易主，租耕权不废，此即所谓“卖田不卖佃”“倒东不倒佃”。只要交纳佃租、完纳国税，佃户可永久耕种收益，包括盖房造坟，而田主无权收回或转租。这种永佃权，后来在江南地区甚至发展出“一田二主”习惯，超越了永佃权：田主（骨主）保有对田骨（田底、田根）的所有权，而佃户（皮主）享有对田面（田皮）的永久使用权。后来发展到佃户（皮主）可以转佃、典押、出卖“田皮”。

第三，典权。典权是指典主通过支付典价后占有、使用（甚至转典）业主田宅，典期届满业主未回赎时则拥有该产业的留置权和先买权等权利。对业主而言，出典实为抵押借贷；对典主而言，典权实质上是一种用益物权。典期内典产损坏灭失，典主负赔偿义务，但出于不可抗力原因的除外。

(2) 债契制度。

首先是买卖契约。清代土地、房屋、奴婢买卖，均须正式立契。立约后须“税契”即缴纳契税，并办理“过割”即赋税义务过户。办理税契、过割手续时，官府将有关完税、过户单据粘贴于契约尾部（称为“契尾”）并加盖骑缝章。此种粘贴契尾并加盖官印的契约（称为“红契”）等于经官府备案登记，兼有土地权证功能；无此手续则称“白契”。在诉讼中，红契的证据效力高于白契。

在买卖契约中，典卖契约的争议最多。绝卖为卖，活卖（附回赎权）为典。民间田宅转让到底是“典”是“卖”，常因用语不明起争讼。雍正八年（公元1730年）定例：“卖产立有绝卖文契，并未注有‘找贴’字样者，概不准贴赎。如契未载‘绝卖’字样，或注定年限回赎者，并听回赎。若卖主无力回赎，许凭中公估找贴一次，另立绝卖契纸。若买主不愿找贴，听其别卖归还原价。”即便有此规定，典契超期未赎而业主多年反复向典主索要补价（找贴）者仍多，纠纷不断，以致乾隆十八年（公元1753年）清廷再制条例作彻底了断：凡契内未注明绝卖者，只要未超过三十年，仍可找贴或回赎；但超过三十年者，即使没有注明绝卖，仍“以绝产论，概不许找赎”；并规定此后“民间置买产业，如系典契，务于契内注明‘回赎’字样；如系卖契，亦于契内注明‘绝卖’‘永不回赎’字样”①。此后标准遂明。

其次是租佃契约。清代之土地租佃耕种，一般均需要订立正式契约。契约须注明或规定土

---

① 《大清律例·户律·田宅》“典买田宅”条附例。

地面积位置、租佃期限、地租数额、交租时间方式等，并重申不得拖欠，还有中人见证或保人担保。如佃户欠租，田主可以撤佃另租，但禁止“临春起佃”即临春耕时撤佃另租。江南地区还形成了永佃契约，佃户永久佃耕田主土地，即使因多年积欠租谷而不得不暂时“退佃”，仍可立“退佃契约”约定将来交清欠租后取回土地继续佃耕，而业主“不得执留”①。

最后是借贷契约。清律特别限制高利贷：“凡私放钱债及典当财物，每月取利并不得过三分。年月虽多，不过一本一利。违者笞四十，以余利计赃重者，坐赃论，罪止杖一百”；同时对“负欠私债违约不还者”根据债额及欠期给予笞十至杖六十的刑罚，“并追本利给主”。清律还规定：债权人若以私债“强夺”债务人财物，“若估价过本利者”计多余部分坐赃论罪，但“无多取余利，听赎不追”②。这实际上承认了债权人“自力救济”权。

4. 婚姻、家庭、继承制度

（1）婚姻制度。

第一是结婚。《大清通礼》规定男十六岁、女十四岁即可结婚。清律例有同姓不婚、尊卑不婚、中表不婚、良贱不婚之禁制，还有居父母丧或囚嫁娶、娶亲属妻妾、娶逃亡妇女、与僧道为婚等禁制。但对于同姓、中表婚禁，实践中均有放松。“同姓者重在同宗。如非同宗，当援情定案，不必拘文”③；“其姑舅两姨姊妹为婚者听从民便”④。订婚或婚约（婚书）有法律效力：“若许嫁女已报婚书及有私约而辄悔者……笞五十”⑤，但若男方在婚约五年后仍不迎娶或逃亡三年不归者，则女方可经官府证明改嫁，财没不追。最后完成“六礼”方视为正式成婚。

第二是主婚权。清律例规定，“嫁娶皆由祖父母父母主婚。祖父母父母俱无者，从余亲主婚。其夫亡携女适人者，其女从母主婚”⑥，并规定不得强迫寡妇改嫁。

第三是离婚。除遵循传统的“七出”（夫主离婚）、“和离”（两愿离婚）、“义绝”（强制离婚）规定外，清律还规定夫妻一方犯罪受刑者，则另一方可解除婚姻关系或婚约。

（2）家庭制度。

第一是父家长权。法律确认家长地位，“一户人口，家长为主”⑦。家长集父权、夫权于一身，对“违反教令”之子孙可“依法决罚”，即使“邂逅致死”仍不追究⑧；卑幼未经家长同意“私擅用财”者要处以笞杖刑。家长有主祭、主婚、抚养、教令、监护、惩戒、家产及家计经营管理、督率纳税服役、决定分家析产等权责，因而在发生脱漏户口、田地荒芜、偷税避役、窝藏盗匪或逃犯、私为僧道、违律嫁娶、分财不均、家人共犯等违法事件时，家长即使不知情也要负罪责。

第二是宗族权。清律将“族长”入律，承认宗族地位和族长权。雍正时定例“地方有堡子村庄，聚族满百人以上……选族中有品望者立为族正”负责治安防盗⑨，族正常与族长合一；

---

① 张晋藩：《清代民法综论》，150页，北京，中国政法大学出版社，1998。

② 《大清律例·户律·钱债》。

③ 《大清律例汇辑便览·户律·婚姻》“同姓为婚”条辑注。同治十一年湖北谳局刻本。

④ 《大清律例·户律·婚姻》“尊卑为婚”条所附雍正八年定例。

⑤ 《大清律·户律·婚姻》“男女婚姻”条律文。

⑥ 《大清律例·户律·婚姻》。

⑦ 《大清律例汇辑便览·户律·户役》“脱漏户口”条注文。

⑧ 参见《大清律例·刑律·斗殴下》。

⑨ 参见《大清律例·刑律·盗贼》“盗贼窝主”条附例。

还定例“倘族人不法，事起一时，合族公愤，不及鸣官，处以家法，以致身死，随即报官者”，可以“取具里保甲长公结”，“免其拟抵（罪）”[①]，此实为授予宗族刑事审判权。律例或谕旨认可族长的主持祭祀、劝谕教化、解决纠纷、惩处轻犯、维持治安、举报或鸣送罪犯、制止族人械斗、监护疯病人、主持立嗣、管理族产制止盗卖等权责，实将家族视为私法人。

（3）继承制度。

第一是身份继承，包括爵荫继承、宗祧继承两者。爵荫继承，即爵号及袭荫资格的继承。官贵、圣裔、功臣、烈士受褒赏，或士民直接捐纳，获出身爵号者，除政治礼遇外，还有荫庇子孙为官或出身（监生贡生）或减免刑罚等待遇。这些资格利益有的可以继承，一般按嫡长继承制进行。清律例规定：“凡文武官员应合袭荫者，并令嫡长子孙袭荫。如嫡长子孙有故，嫡次子孙袭荫。若无嫡次子孙，方许庶长子孙袭荫。如无庶出子孙，许令弟侄应合承继者袭荫。”[②] 宗祧继承，为宗脉代表权、主祭权及族产和族务管理权的继承，即“宗嗣”或“为后”身份（“香火”）的传承。这种继承亦采嫡长继承制。如嫡庶子孙全无，听“立继”或“立嗣”即“过继”，清律例规定：“无子者，许令同宗昭穆相当之侄承继，先尽同父周亲，次及大功、小功、缌麻。如俱无，方许择立远房及同姓为嗣。”[③] 即使无子孙也不许以异姓养子义子为嗣。清律例开创“兼祧”即“一子两祧”制度：“如可继之人，亦系独子，而情属同父周亲，两相情愿者，取具阖族甘结，亦准其承继两房宗祧。”[④] 兼祧者于两房均可娶妻生子传香火。

第二是财产继承，一般以父母在世时安排分家析产方式实现。如无预先分析或有余产，则听从家长或父母遗嘱；如无遗嘱，始依律例以“诸子均分”原则继承。《大清律例》规定：“其分析家财田产，不问妻妾婢生，止依子数均分；奸生之子，依子数量与半分；如别无子，立应继之人为嗣，与奸生子均分；无应继之人，（奸生子）方许承绍全分。”[⑤] 户绝且未立嗣者财产全由亲女继承；寡妇无子守志者继承夫份，立嗣后归嗣子；赘婿养子也有部分继承权。

（二）经济法制

1. 土地制度

第一是通过圈地、投充方式形成的国有制土地。清入关初即大规模圈占近京无主荒地或明朝官贵弃地，后来“不论有主无主一律圈取”，以在数百里外“拨补”贫瘠土地“兑换”膏腴民地的方式强行将汉地原主赶走。这些被强行圈占的土地，包括地上房宅改为国有的，以皇帝名义分配给宗室、贵族、八旗官兵享用，建立起各种各样的官庄——皇庄、王庄、官庄。官庄采取庄田制经营形式，由原田主佃户或新招农民纳租耕种；耕种者没有人身自由、少有私人财产和经营，实际成为官庄农奴。此外，大批汉人为避圈占或避赋役，也被迫带地、带房“投充”旗人为奴，旗人“所收（投充）尽皆带有房地富厚之家”，其所带土地房屋亦为各类官庄所有。此乃以落后领主农奴制取代此前私有租佃制，为历史大倒退。这些名义上的国有土地按等级分配给宗室、贵族、旗人后，虽称“旗地”“旗房”，但允许在旗人之间买卖典当，唯不可

---

① 《大清会典事例》，卷八一一，《刑律·斗殴》。

② 《大清律例·吏律·职制》“官员袭荫”条附例。

③ 《大清律例·户律·户役》“立嫡子违法”条所附第一条定例。

④ 《大清律例·户律·户役》“立嫡子违法”条附例。

⑤ 《大清律例·户律·户役》“卑幼私擅用财”条附例。

典卖与“民”即汉人（此即禁止“旗民交产”），这实际上确立了有一定限制的土地私有权。

第二是鼓励垦荒形成的私有制土地。顺治元年（1644 年）发布鼓励流民垦荒令，对于各地无主荒田，农民呈明官府“晓示”公告数月，无人承认者即由“州县官给以印信执照，开垦耕种，永准为业”[①]。有些省份甚至规定有主土地荒芜而地主不愿垦种者，也可由农民呈明官府后垦种，“例得给照，永为世业”[②]。“印信执照”即户部颁发的土地权证。垦占土地视为私有土地，可以典卖、继承。

第三是通过“更名田”形成的私有制土地。对于原明朝王公贵族拥有的大量土地，除通过圈占转为旗地者外，清初曾下诏“给予原种之人，令其耕种，照常征粮”[③]，“给予原种之人，改为民户，号为‘更名地’，永为世业”[④]。大约十六万余顷土地所有权以“更名田”方式授予原佃户，这些土地成为其私有土地，使原宗藩权贵名下的佃农转变为编户制下的国家自耕农。

第四是屯垦地由国有制向私有制转化。清初即在属于国有的土地上招募军人、民人、商人屯垦，再由主屯者招佃，分别称军屯、民屯、商屯。屯垦主要集中于东北、西北地区，国家给予农具、农资奖助；垦种者既向屯主交屯租，也向国家交税，实为国有土地的承包经营。后来，国家逐渐放任屯地出售或典当给商民或原佃户，不收屯租只交国税，屯地逐渐变为私有制土地即自耕农所有制土地。

2. 赋税制度

首先是赋役法规。清入关初沿袭明制征收“三饷”，顺治初正式仿明制颁行《赋役全书》，确定赋役制度。《赋役全书》按各省府分编，卷帙浩繁，规定了各地根据登录土地、人丁数量等级计算确定的田赋丁银的应缴额；规定了地方所征赋税的分配使用原则（包括“存留”的使用）；规定了各地承办朝廷所需实物贡赋（如漕粮）的种类数额。这一全书为地方征派赋役和财政收支提供了法律依据，其内容（定额）也根据土地、人丁数量变化定期修订。

其次是赋税种类。清代赋税，初按土地、人口两种标准计征田赋、丁银，还有其他杂项贡赋，曾仿明制行“一条鞭法”合并征收；后来因为经济社会发展致土地流转和人口流动加剧，按人丁数征税更难操作，康熙五十二年（1713 年）改革：以康熙五十年（1711 年）丁册登记人口数为常额，此后新增人丁“永不加赋”。此举减去了因人丁滋生而来的赋税负担，是赋役制一大改革。雍正初年开始实行“摊丁入亩”改革，“各省将丁口之赋，摊入地亩输纳征解，统谓之‘地丁（银）’”[⑤]，即将各地应征缴的丁银总额均摊到土地亩数中去，与田赋合计征收，不再按人丁数征税。这一改革进一步减轻了人民负担，使劳动者对土地的依附有所减轻，人身束缚的放松为工商业提供了更多自由劳动力。

最后是赋税减免。《户部则例》规定所有学田、寺田、祭田等民间公益土地免征赋税，对新垦土地也以免税数年作为奖励。另外，清代常因灾异（天象）、自然灾害、皇帝及太后寿诞等缘由减免百姓当年赋税。

---

① 《清实录·世祖章皇帝（顺治）实录》，卷四十三。
② 《治浙成规》，卷一，《藩政一》。
③ 《清实录·世祖章皇帝（顺治）实录》，卷二十八。
④ 《清通典》，卷一，《食货一·田制》。
⑤ 《清史稿》，卷一二一，《食货志二》。

3. 商业和市场管理制度

清朝标榜“恤商”国策。首先是保护商人经营。雍正三年（1725 年）曾下诏对霸占关市、阻遏贸易、勒索商民的官贵家人或棍徒予以严惩，重至“斩首示众”[①]。其次是严禁滥征商税。顺治帝曾定例，对有“徇情放免”或“例外多征”行为的税吏“一经查出，立行重处”[②]。康熙帝曾制定《关税条例》，雍正帝又定《各关征税则例》，乾隆帝制《各省课税则例》，均立榜于各省关口，防止违例收税，减轻商人负担。再次是维护交易秩序。清政府曾定例专门打击强买强卖、贱物贵卖、把持行市、通同牙行为奸、高下比价惑乱取利等扰乱市场秩序行径。[③] 最后是加强对牙行的管理控制。康熙帝于二十五年（1686 年）开始实行牙行五年编审换照制度，使牙行普遍成为官牙（并征牙税），牙行职在协助官府管理市场、平抑物价及征收商税；同时明令“若有光棍顶冒朋充，巧立名目，霸开总行，逼勒商人不准别投”[④]，则严加打击；乾隆帝曾制定《清厘牙行之例》，从严牙帖（执照）发放和牙商管理；《大清律例》也有专条打击“私充牙行埠头”行为。[⑤] 此外，工商业自治组织——行会（会馆、公所）也是官府管理工商业者和市场的重要辅助力量。

第四节　司法制度

一、司法体制

（一）“三法司”与中央司法体制

清朝承袭明朝司法体制，设刑部、大理寺、都察院掌中央司法，号称“三法司”。

刑部为中央审判机关，由尚书、侍郎主之。其下设十七省清吏司、督捕司、秋审处、律例馆、提牢厅等。刑部职“掌天下刑罚之政令”，在皇帝之下行使最高审判权，包括：核拟死刑案上呈皇帝，批结充军、流放、发遣案件，审理京师徒刑以上现审案件及中央官吏犯罪案件，通过“黄册”对全国命盗案、秋审案、案赃或罚没钱物等进行统计管理，主持全国狱政，主持律例修订等。

大理寺为中央慎刑机关，由大理正卿、少卿主之。其下设左右二寺及丞、正、评事、主簿等职官。大理寺的职责为复核驳议：“掌平天下之刑名”，主掌对刑部拟判死罪案的复核，发现拟判不当则驳回；另外还主持热审，参与秋审、朝审。

都察院作为最高监察机关也参与司法。其具体职责有两个方面：一是参与会谳：刑部所核拟的死刑案，须送都察院审核；都察院署拟意见后转大理寺，大理寺署拟意见后退回刑部；最后由刑部办理题奏（撰写题本上奏皇帝）。二是参加秋审和朝审，执行复奏（皇帝对死刑执行的最后核准）

---

① 《大清会典事例》，卷七六五，光绪二十五年重修本。
② 《清朝文献通考》，卷二十六，《征榷考一·征商》。
③ 参见《大清会典事例》，卷七六五，光绪二十五年重修本。
④ 《大清会典事例》，卷一六，光绪二十五年重修本。
⑤ 参见《大清律例·户律·市廛》。

之职。

关于“三法司”之间的关系，有人概括为：“持天下之平者（刑）部也，执法纠正者（都察）院也，办理冤枉者（大理）寺也。”[①] 也即刑部主审判，都察院掌监督，大理寺掌复核。但实际上刑部之权特重，寺、院并无审判实权。

（二）地方司法体制

1. 京师地方司法

京师地方司法由五城察院、步军统领衙门、刑部共同掌管。京师分东、西、南、北、中五城（区），各设察院（五城察院）掌监察、治安和司法，各设巡城御史主之。察院管辖户婚、田土、钱债、斗讼等轻案，杖罪以下自行审结，徒罪以上报刑部定案。此外，负责京师治安的步军统领衙门，也有“平决狱讼”职责：杖罪以下自行审结，徒罪以上初审后送刑部定拟。

2. 各省地方司法

各省地方司法，由督抚、按察司、府（或直隶州、厅）、县（或散州、厅）四级执掌。徒刑以上案件一般采取逐级审判、无条件上报的“逐级审转制”。县（或散州、厅）为第一审级，有权审决笞、杖刑案件及户婚、田土、钱债、斗殴等“自理案件”；徒刑、流刑、死刑案即人命、盗匪、奸诈等重案，县初审拟判后上报府级衙门（案卷、案犯一起解送）复审。县还设县丞、主簿、吏目、典史等协助长官开展司法活动、执行缉捕或管理监狱，但无权直接受理词讼。

府（或直隶州、厅）为第二审级，复审县上报来的徒罪以上刑案及上诉申诉案，直隶州、厅也同时辖理一审案件（因与府平级，故以道为二审）。知府、知州复审后提出判决意见，再上报省按察司。府也设通判、经历司、司狱司、推官等辅佐办案，但无权单独受理案件。

提刑按察司为第三审级，对府（或直隶州、厅）上报的刑案进行复审；对徒罪案仅书面复核（因人犯不解省），对充军、流放、发遣、死刑案则升堂讯问；如无异议，则加“审供无异”看语后上报督抚复审；如有异议，则驳回重审或改发别州县更审。

总督、巡抚为第四审级，对按察司报来的复核无异之徒刑案予以批准执行；对充军、流放案加以复核；如同意按察司意见即转而咨报刑部，如不同意则发回重审；对死罪案人犯须当堂亲审，如与司、府、县审供相同（无异议），就“具题”向皇帝奏报，副本咨送都察院、大理寺，如有异议就驳回重审或另发他司更审。

（三）特别司法体制

清代特别司法体制，包括对宗室觉罗、旗人、军人、宦官的特别审判管辖体制。

首先是对宗室觉罗案件的审理。按《大清会典》的规定：凡户婚田土案件，系宗室者，由宗人府为主，会同户部审理；系觉罗者，由户部为主，会同宗人府审理。凡人命斗殴案件，系宗室者，由宗人府为主，会同刑部审理；系觉罗者，由刑部为主，会同宗人府审理。[②] 盛京地区的宗室觉罗案件，由盛京刑部、盛京将军等审理。

其次是对旗人案件的审理。这分为京师旗人和各省驻防旗人两种情形。京师旗人户婚、田

---

① （清）魏珫：《申明三法司旧例疏》，载《皇朝经世文编》，卷九三，《刑政四·治狱上》。

② 参见康熙朝《大清会典》，卷一，《宗人府》。

土、房屋案件，由所属各旗佐领、章京、都统等初审，不服则上诉至步军统领衙门和户部。户部现审处专门负责审理旗人民事案件。京师旗人刑事案件由各旗章京、都统初审，笞杖刑案件在各旗审结，徒刑以上案件初审后上报内务府和刑部。各省驻防旗人案件，其户婚、田土、钱债案件，若系旗汉争讼，则由该地州县衙门初审结案；若两造均系旗人，则由该地专管旗人事务的理事厅（设理事同知或通判）初审。其刑事案件，笞杖刑案件由所在州、县审结，徒刑以上案件由理事厅初审后上报将军、都统复审，直至上奏皇帝。旗人犯命盗重案，由理事同知（通判）会同州、县官审理。①

再次是对军人案件的审理。在旗人案件（旗人为清代军人主体）之外，对其他军人案件也有特别管辖。按照《大清律例》，“凡军人有犯人命，管军衙门约会有司检验、归问；若奸盗、诈伪、户婚、田土、斗殴与民相干事务，必须一体约问。与民不相干者，从本管军职衙门自行追问”②。若纯系军人内部案件，不涉及百姓者，由军事衙门自行审理；涉及百姓者，实行“军民约会词讼”，即由军事长官与州、县长官共同审理。

最后是对宦官案件的审理。凡太监犯罪，轻者由敬事房总管太监审理，重者由总管太监奏明皇帝请旨判决。皇帝或直接降旨定罪，或命交内务府治罪，或命交其他大臣议罪；如交内务府，则具体由内务府慎刑司审理拟判后请旨定罪。

二、诉讼制度

诉讼制度，在这里主要指百姓参与诉讼活动必须遵行的手续程序规范。清代的诉讼制度，主要规定于《大清律例·刑律·诉讼》的律和例的有关规定中。

（一）诉诣衙门限制

（1）诉须先经本管，不准越诉。清律规定：“凡军民词讼，皆须自下而上陈告。若越本管官司，辄赴上司称诉者，笞五十。”本管官司，主要指州县衙门及相当级别土司、军府等。“须本管官司不受理或受理而亏枉者，方（许）赴上司陈告。”③ 不经下级官府而越级诉告者，即构成“越诉罪”。各州县衙门口“越诉笞五十”警示碑正源自此律。

（2）允许有限京控直诉。清律规定：“若邀车驾，及击登闻鼓申诉而不实者，杖一百。”④按此规定，直诉（京控）至京师或御前，若所诉属实则无罪。这就等于有限地允许直诉，承认人民有直诉权。不过，清廷也先后制颁 19 条例文，对直诉加以严格限制，禁止无理或挟闹性直诉、上诉，禁止越诉。

（二）诉告资格限制

（1）须本人为“干己事”亲告。清律附例规定：提起告诉须为“干己”或“切己”之事⑤，亦即必须本人亲告；除依法代告（抱告）情形外，无关之人不得参与告诉，禁止扛帮

---

① 参见那思陆：《清代中央司法审判制度》，206～207 页，北京，北京大学出版社，2004。
② 《大清律例·刑律·诉讼》“军民约会词讼”条。
③④ 《大清律例·刑律·诉讼》“越诉”条。
⑤ 参见《大清律例·刑律·诉讼》“诬告”条附第六条例文载：“凡实系切己之事，方许陈告。”

诉讼。

（2）被囚者不得告举他事。清律规定：凡被囚禁者，除供述己案顺带干连他人，或告发非理虐害自己的狱官狱卒之外，“不得告举他（人之）事”①。此规定旨在防止有人利用囚徒以诬告罗织。

（3）老幼妇疾享有限诉权。清律规定，老幼（八十以上、十岁以下）、笃疾、妇女，“谋反叛逆、子孙不孝、或己身及同居之内为人盗诈、侵夺财产及杀伤之类听告，余并不得告”②。此即规定，除国事罪案及事关切身利害的几类案件外，对其余各类案件，老幼妇疾没有告诉权。此举旨在防止有人利用智力、见识、知识不足的弱势者去诬告陷害他人。

（4）禁止“干名犯义”告亲属。清律禁止任何人告祖父母、父母、丈夫及所有缌麻丧服以上尊亲属甚至某些卑亲属，告者则构成“干名犯义”罪。即使所告之事属实，告者仍要受罚，被告者则视同自首减轻处罚。但有谋反、大逆、谋叛、窝藏奸细，及母杀父、养父母杀生父母，以及被期亲以下尊长侵夺财产或殴伤等情形，则允许告发亲属，“不在干名犯义之限”③。

（三）诉讼代理限制

（1）老幼妇疾和生员的诉状由亲属代告。清例规定：“年老及笃疾之人，除告谋反、叛逆及子孙不孝，听自赴官陈告外，其余公事，许令同居亲属通知所告事理的实之人代告。诬告者，罪坐代告之人。”④ 按此规定，老幼妇疾之人对于自己依法可诉告的案件，可自己亲告，也可由亲属代告。清例又规定，“生监、妇女、老幼、废疾，无抱告者不准”⑤。按此规定，这四类人员似乎只准由亲属代告。与此相关，清例还有妇女因牵连犯轻罪则由子侄兄弟出庭代审的制度。⑥

（2）官吏词讼由家人代告。清律规定：“凡官吏有论争婚姻、钱债、田土等事，听令家人告官对理，不许公文行移。违者笞四十。”⑦ 按此规定，官吏的一般民事诉讼，可由家人代理，同时禁止官吏用公文移行方式递交诉状。

（3）禁止教唆词讼，打击讼师。清律例规定，“凡教唆词讼，及为人作词状增减情罪诬告人者，与犯人同罪”，“讼师教唆词讼为害扰民，该地方官不能查拏禁缉者……照例严处”⑧。讼师在清代从未成为合法职业。

（4）须雇官代书代写书状。清例规定：“凡有控告事件者，其呈词俱责令自作；不能自作者准其口诉，令书吏及官代书据其口诉之词从实书写。如有增减情节者，将代书之人照例治罪”，“择里民中之诚实识字者考取代书。凡有呈状，皆令其照本人情词，据实誊写，呈后登记代书姓名，该衙门验明方许收受。无代书姓名，即严行查究”⑨。

---

①② 《大清律例・刑律・诉讼》“见禁囚不得告举他事”条。

③ 《大清律例・刑律・诉讼》“干名犯义”条。

④ 《大清律例・刑律・诉讼》“见禁囚不得告举他事”条附例。

⑤ 《大清律例会通新纂》“越诉”条附例所录同治十二年《通行控诉条款》第九项，2932页。

⑥ 参见《大清律例・刑律・断狱》“妇人犯罪”条规定：“妇女有犯奸盗人命等重情，及别案牵连身系正犯，仍行提审。其余小事牵连，提子侄兄弟代审。”

⑦ 《大清律例・刑律・诉讼》“官吏词讼家人诉”条。

⑧ 《大清律例・刑律・诉讼》“教唆词讼”条及第五条附例（乾隆元年定例）。

⑨ 《大清律例・刑律・诉讼》“教唆词讼”条所附第十二条、第十条例文。

（四）诉状内容限制

（1）诉状只许一告一诉。清例规定："凡词状，止许一告一诉。告实犯实证，不许波及无辜；及陆续投词，牵连原状内无名之人。"[①] 此为禁止一状告多人多事，禁止陆续补状增加被告等。

（2）禁止匿名告言人罪。清律规定："凡投（贴）隐匿（自己）姓名文书告言人罪者，绞（监候，虽实亦坐）。"[②] 此即禁止匿名告罪，即使匿名所告之事属实也要受此条之罚。

（3）禁止诬告。清律规定：凡诬告人罪者，若系诬以笞罪，加所诬罪二等罚之；若系诬以流、徒、杖罪，则加所诬罪三等罚之。若系诬以死罪，被诬者若已决死，则"反坐以死"；若被诬者未决，则"杖一百，流三千里，加徒役三年"[③]。各州县衙门前"诬告加三等"警示碑，正源自此条。

（五）诉讼期日限制

（1）农忙季节禁讼。清例规定："每年自四月初一日至七月三十日，时正农忙，一切民词，除谋反、叛逆、盗贼、人命及贪赃坏法等重情，并奸牙铺户骗劫客货，查有确据者，俱照常受理外，其一应户婚、田土等细事，一概不准受理。自八月初一日以后，方许听断。"[④] 此即规定农忙期间（四月初一日至七月三十日）不得诉告"自理词讼"，即民事及轻微刑事案。

（2）放告日受诉。非农忙季节，并非每天可以诉告。清代州县衙门一般都自行规定惟"放告日"可以诉告。在清代前期，各州县一般以每月逢三六九日（初三、初六、初九、十三、十六、十九、二十三、二十六、二十九日）受诉。在清代后期，则一般以每月逢三八日（初三、初八、十三、十八、二十三、二十八日）受诉。[⑤] 也就是说，每月可受理"自理词讼"的时间为九天或六天。

三、审判制度

（一）一般审判制度

审判制度，在这里主要指官府的官吏审理案件过程所须遵循的程序或手续规范。清代的一般审判制度，主要列于《大清律例·刑律》的"诉讼"和"断狱"两门的规定中。

1. 案件管辖制度

清代的案件管辖制度，分为地域管辖、身份管辖等情形。清律规定："若词讼原告、被论（即被告）在两处州县者，听原告就被论（本管）官司告理归结。"[⑥] 这就是关于一般案件由被告住所地官府管辖的规定。清例又规定："其邻省地方官自行盘获别省盗犯，及协同失事地方

---

① 《大清律例·刑律·诉讼》"诬告"条附第四条例文。

② 《大清律例·刑律·诉讼》"投匿名文书告人罪"条。

③ 《大清律例·刑律·诉讼》"诬告"条。

④ 《大清律例·刑律·诉讼》"告状不受理"条附第一条例文。

⑤ 参见瞿同祖：《清代地方政府》，范忠信等译，183页正文及注，北京，法律出版社，2011。

⑥ 《大清律例·刑律·诉讼》"告状不受理"条。

差役缉捕拏获者，均令在拏获地方严行监禁，详讯供词，备移被盗省分查明案情。赃证确实，即由拏获省分定拟，题请正法。”[①] 这即规定案件由被告所在地（捕获地）官府管辖。还有军人、旗人、番人、僧人在各自系统内部的案件，分别由本管军职衙门、理事厅、土司等管辖；其与民人相涉案件，则由上述特特殊系统官员与相关地方官府“约会”共同审理。这相当于身份管辖。

2. 案件受理制度

首先是禁止“告状不受理”。案件依法当受理而拒不受理者，若系谋反叛逆重案，尚未酿成事变者，官员杖一百徒三年；导致变乱者，斩监候。拒不受理杀人及强盗案，杖八十；拒不受理斗殴、婚姻、田宅案，各减犯人罪二等罚之。[②]

其次是禁止农忙期间受理民事案及刑事轻案。“若农忙期内受理细事者，该督抚指名题参。”[③] 此处“细事”指“州县自理案件”，“指名题参”就是指名弹劾以求政纪处分或刑事处罚。

3. 案件审理制度

（1）官员听讼回避。清律规定：“凡官吏，于诉讼人内关有服亲及婚姻之家，若受业师（或旧为上司与本籍官长有司），及素有仇隙之人，并听移文回避。违者（虽罪无增减）笞四十。若罪有增减者。以故出入人罪论。”[④] 清律不仅禁止与原、被告有亲戚、师生、同僚及仇嫌等关系者参与审判，更规定拒不回避者即使未导致枉法裁判也要受刑惩。

（2）两司“约会”审理。清律例规定：凡涉军人、旗人、番人犯罪案件，若仅系内部犯罪不涉民人者，由各自本管军事、旗务、土司官员初审；若系人命重案，或事涉民人案件，则由州县长官“约会”上述特殊系统官员共同审理。[⑤]

（3）须依告状鞫狱。清律规定：“凡鞫狱，须依（原告人）所告本状推问。若于（本）状外别求他事，摭拾（被告）人罪者，以故入人罪论。”[⑥] 禁止“状外求罪”旨在防止官吏株连罗织诬罔以求功。

（4）严格依法裁判。清律规定：“凡断罪皆须具引律例，违者笞三十……其特旨断罪，临时处治，不为定律者，不得引比为律。若辄引（比）致（断）罪有出入者，以故失论。”[⑦] 这一规定，旨在防止官吏“引比”皇帝临时特旨或其他法外之条以高下其手、出入人罪。

4. 证据与刑讯制度

（1）众证定罪仅限少数情形。清律例规定，“若犯罪事发在逃者，众证明白，即同狱成，不须对问”[⑧]，“其有实在刁健，坚不承招者，如犯该徒罪以上，仍具众证情状，奏请定夺，不

---

① 《大清律例·刑律·贼盗上》“强盗”条附例第十五条。

② 参见《大清律例·刑律·诉讼》“告状不受理”条。

③ 《大清律例·刑律·诉讼》“告状不受理”条附第一条例文。

④ 《大清律例·刑律·诉讼》“听讼回避”条。

⑤ 参见《大清律例·刑律》“军民约会词讼”条。另参见那思陆：《清代州县衙门审判制度》，46～49页，北京，中国政法大学出版社，2006。

⑥ 《大清律例·刑律·断狱》“依告状鞫狱”条。

⑦ 《大清律例·刑律·断狱》“断罪引律令”条。

⑧ 《大清律例·名例律下》“犯罪事发在逃”条。

得率行咨结"[①]，"凡应八议之人，及年七十以上十五以下，若废疾者，并不合拷讯，皆据众证定罪。违者以故失入人罪论"[②]。按此规定，只有在罪犯在逃、抗打不招、被告为应八议者或老幼废疾等三种情形下，才可以据众证（证据齐全明白）定罪结案。

（2）须据招供定案。清律例规定："内外问刑衙门审办案件，除本犯事发在逃、众证明白，照律即同狱成外；如犯未逃走，鞫狱官详别讯问，务得输服供词；勿得节引众证明白即同狱成之律遽请定案。"[③] 此等规定，当然迫使审问官刑讯逼供，此乃当时刑讯逼供现象普遍的原因之一。

（3）允许拷讯逼供。清律例规定，"若因公事干连人犯，依法拷讯，邂逅致死，或受刑之后因他病而死者，均照邂逅致死律，勿论"[④]，"若公事干连平人在官，事须鞫问，及（正犯）罪人赃仗证佐明白（而干连之人独为之相助匿非），不服招承，明立文案，依法拷讯。邂逅致死者勿论。"[⑤] 按此规定，官吏只要系依法刑讯逼供，致死人犯也无刑事责任。

（4）不得非法拷讯。清律允许刑讯，但有明确限制。首先是刑具种类、规格法定，不得"私自创设刑具"，也不得私自创设刑讯方式。其次是须正印官决定并主持刑讯，其他任何官吏不得私自刑讯。最后就是对特别人群（八议之人、老幼废疾、孕妇、嫌犯的近亲属等）不得拷讯。[⑥] 不依法拷讯（或使用刑事强制措施）或决罚（笞杖刑执行），即构成"决罚不如法"之罪，应笞四十；"因而致死者，杖一百，均征埋葬银一十两"[⑦]。

（5）不得逼近亲属和老幼废疾作证。清律规定："其于律得相容隐之人，及年八十以上十岁以下，若笃疾，皆不得令其为证。违者笞五十。"[⑧] 对这些人，不得逼其作证，更不得拷讯逼证。

5. 宣判与取服辩制度

清律规定："凡狱囚，徒流死罪，各唤囚及其家属（到官），具告所断罪名，仍（责）取囚服辩文状。若不服者，听其自（行辩）理，更为详审。违者，徒流罪笞四十，死罪杖六十。其囚家属（远）在三百里之外（不及唤告者），止取（本）囚服辩文状，不在具告家属罪名之限。"[⑨] 此即规定，宣判时须传唤囚犯及家属到堂听判，并当场签结"服"（接受而不上诉）或"辩"（不服并声明上诉）文书，保障其上诉权。

（二）重大案件会审制度

在清代审判制度中，各类会审制度尤其值得注意。

首先是"秋审"。秋审号称国家大典，是每年一度对在押死刑犯进行特别复核的制度，系

---

① 《大清律例·名例律下》"犯罪事发在逃"条附例第五条。

② 《大清律例·刑律·断狱》"老幼不拷讯"条。

③ 《大清律例·名例律下》"犯罪事发在逃"条附例第五条。

④ 《大清律例·刑律·断狱》"故禁故勘平人"条附例第五条。

⑤ 《大清律例·刑律·断狱》"故禁故勘平人"条。

⑥ 参见《大清律例·刑律·断狱》"老幼不拷讯、决罚不如法两"条。另参见那思陆：《清代州县衙门审判制度》，115～119页，北京，中国政法大学出版社，2006。

⑦ 《大清律例·刑律·断狱》"决罚不如法"条。

⑧ 《大清律例·刑律·断狱》"老幼不拷讯"条。

⑨ 《大清律例·刑律·断狱》"狱囚取服辩"条。

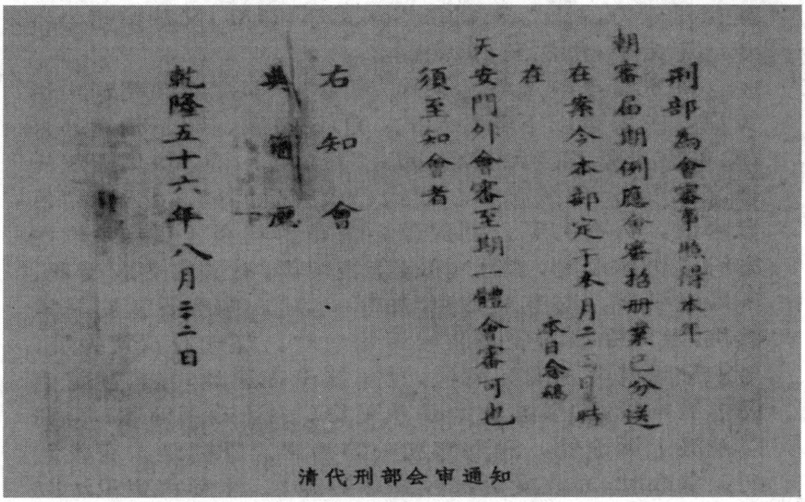
刑部為會審事照得本年
朝審屆期例應會審招册業已分送
在案今本部定于本月二十三日時
在
天安門外會審至期一體會審可也
須至知會者
右知會
乾隆五十六年八月二十二日

图 10－3　清代刑部会审通知

沿袭明代朝审制而来。依律例，凡死刑（绞、斩）监候案，须经过复核再决定是否执行。因复核照例于每年秋八月中下旬举行，故曰秋审。在秋审前，刑部及各省已将应入秋审案犯整理复核完毕，并区列为情实、缓决、可矜、留养四类。因可矜（有应矜恤、宽免情节而免死改判他刑）、留养（家有老父母须侍养的独丁，免死改判他刑）者少见，故实际上仅是区分决定实、缓。当秋审日，在天安门前金水桥西，齐集内阁、军机、九卿、詹事、科道及各院、寺、司、监主官，对所有死刑案件“逐一唱名”确认最后结论，实为显示审慎的共鉴、共诺程序。大典之后，由刑部领衔具题奏报皇帝，皇帝作出实、缓、矜、养的最后裁决。奉旨入“情实”（“实”）者被当年处决。处决前，还须由刑科给事中向皇帝“复奏”（初为三复奏，乾隆时改为一复奏），然后由各道御史奏请“勾到”，最后奉旨勾决者，才被下令实际处决。奉旨入“缓决”（“缓”）者，则被留待下一年度秋审；凡经三次缓决者多被改为流刑或发遣。

其次是“九卿会审”。凡遇特别重大的案件，皇帝常命六部尚书、大理寺卿、都察院左都御史、通政使等高官会同审理，称为九卿会审。其主要是对斩监候、绞监候案件进行重审，也审理当年死刑案件。许多案件在进入朝审、秋审之前已经过九卿会审。

清代还有“朝审”“热审”之制。在秋审大典的前一天，对京师刑部狱中在监死囚进行复核，称为“朝审”。朝审与秋审程序相同，但须将囚犯解至现场审录。此外，每年小满后十日至立秋前一日，由大理寺下属左右二寺官员，会同各道御史及刑部承办司共同审录关押在京师各狱的笞杖罪囚，称“小三司会审”，以期及时对轻罪囚犯加以免释、减等、保释。因于热季举行，故称“热审”，于康熙时确定各省同时举行。此外还有“大三司会审”（刑部尚书、大理寺卿、都察院左都御史会审重大案件）、王大臣九卿会审、宗人府刑部会审以及军民约会等会审制度。

深度阅读

1. 瞿同祖. 清代地方政府. 北京：法律出版社，2003
2. 那思陆. 清代中央司法审判制度. 台北：文史哲出版社，1992
3. 梁治平. 清代习惯法：社会与国家. 北京：中国政法大学出版社，1996
4. 苏亦工. 明清律典与条例. 北京：中国政法大学出版社，2000

问题与思考

一、思考题

1. 简要说明清入关以前的法制状况。
2. 说明清朝“详译明律，参以国制”的立法指导思想。
3. 说明清朝主要法典的制定及特点。
4. 说明清朝行政立法及其主要内容。
5. 简要说明清律对明律的继承与发展。
6. 简要说明清朝刑事立法的发展。
7. 说明清朝少数民族立法及其意义。
8. 说明清朝会审制度的发展。

二、练习题

（一）单项选择题

1. 乾隆年间，四川重庆府甲“因戏而误杀旁人”，被判处绞监候。依据清代的会审制度，对甲戏杀案的处理，适用下列哪一项程序？（　　）（司考）

A. 上报中央列入朝审复核定案　　B. 上报中央列入秋审复核定案

C. 移送京师列入热审复核定案　　D. 上报中央列入三司会审复核定案

答案：B

2. 清乾隆律学家、名幕王又槐对谋杀和故杀的有关论述：

①“谋杀者，蓄念于未杀之先；故杀者，起意于殴杀之时。”

②“谋杀则定计而行，死者猝不及防、势不能敌，或以金刃，或以毒药，或以他物，或驱赴水火，或伺于隐蔽处所，即时致死，并无争斗情形，方为谋杀。”

③“故杀乃因斗殴、谋殴而起，或因忆及夙嫌，或因畏其报复，或虑其控官难制，或恶其无耻滋事，或恐其遗祸受害。在兄弟，或利其赀财肥己；在夫妻，或恨其妒悍不逊。临时起意，故打重伤、多伤，伤多及致死处所而死者是也。”

据此，下列最可能被认定为谋杀者的选项是（　　）。（司考）

A. 张某将浦某拖倒在地，骑于身将其打伤。浦某胞弟见状，情急之下用木耙击中张某顶

心，张某立时毙命

B. 洪某因父为赵某所杀，立志复仇。后，洪某趁赵某独自上山之机，将其杀死

C. 卢某欲拉林某入伙盗窃，林某不允并声称将其送官。卢某恐其败露欲杀之，当即将林某推倒在地，割伤其咽喉并用腰带套其脖颈，林某窒息而死

D. 雇主李朱氏责骂刘某干活不勤，刘某愧忿不甘，拿起菜刀将李朱氏砍倒。刘某逃跑之际，被李朱氏4岁的外孙韩某拉住衣服并大声呼救，刘某将其推倒在地并连砍数刀，致其立时毙命

答案：B

3. 清朝的则例（　　）。

A. 专指刑事单行法规

B. 指某一行政部门或某项专门事务方面的单行法规汇编

C. 指皇帝就某项事务发布的"上谕"或经皇帝批准的政府部门提出的建议

D. 指经过整理编订的事例

答案：B

4. 清朝秋审审理的是（　　）案件。

A. 斩立决、绞立决　　B. 杖以下

C. 斩监候、绞监候　　D. 流以下

答案：C

（二）多项选择题

5. 关于明清时期的司法制度，下列选项正确的是（　　）。（司考）

A. 明清时期各中央司法机构的职能与隋唐时期的相反，刑部负责审判，大理寺负责复核

B. 明朝的廷杖之制是根据皇帝意志而形成的法外用刑惯例

C. 明清会审制度是慎刑思想的反映，但是导致多方干预司法，使实际执法与法律制度日益脱节

D. "申明亭"为明代法定的基层调解机构，对维护社会秩序有一定积极作用

答案：ABCD

6. 关于中国古代诉讼、审判制度的说法，下列选项正确的是（　　）。（司考）

A. 西周时期"听讼"为审理民事案件，"断狱"为审理刑事案件

B. 唐代县以下乡官、里正对犯罪案件具有纠举责任，对轻微犯罪与民事案件具有调解处理的权力

C. 明代的大审是一种会审制度，每三年举行一次

D. 清末改大理寺为大理院，为全国最高审判机关

答案：ABD

7. 乾隆五十一年（公元1786年），四川发生一起杀人案：唐达根与宋万田本不相识，因赴集市买苞谷遂结伴同行。途中山洞避雨，宋万田提议二人赌钱。后宋万田得赢，唐达根将钱如数送上。归途，宋万田再次提议赌钱，唐达根得赢。宋万田声称唐达根要骗不肯给钱，唐达根与之争吵进而双方互殴，争斗中唐达根将宋万田打死。依据《大清律例》及《大清律辑注》，你认为唐达根有可能被官府认定犯下列哪些罪行？（　　）（司考）

A. 唐达根系没有预谋、临时起意将宋万田打死，应定故杀

B. 唐达根系恼羞成怒，欲夺赌钱故意将宋万田打死，应定谋杀

C. 唐达根系无心之下，斗殴中不期将宋万田打死，应定斗殴杀

D. 唐达根系无怨恨杀人动机，以力共戏将宋万田打死，应定戏杀

答案：AC

8. 中国传统戏剧多有剧目涉及中国古代法律观念和法律制度。对此，下列说法成立的是（　　）。（司考）

A. 越剧《梁山伯与祝英台》中，祝父强许祝英台婚配马文才的情节，反映了东晋仍然沿袭西周确立的父母之命的婚姻缔结原则

B. 粤剧《斩娥》中，窦娥被无赖诬陷又被官府错判斩刑的案件，反映了元代对诬告等行为严加处罚的具体法律规范

C. 昆曲《十五贯》中，况钟对娄阿鼠偷盗十五贯杀死店主尤葫芦案调查取证的故事，反映了清初“明律令、重调查、唯证据”的审案观念

D. 京剧《徐九经升官记》中，徐九经当官不为民作主，不如回家卖红薯的唱词，反映了清末为官清明、为民父母的法律思想和观念

答案：ABCD

9. 清乾隆年间，甲在京城天安门附近打伤乙被判笞刑，甲不服判决，要求复审。关于案件的复审，下列选项正确的是（　　）。（司考）

A. 应由九卿、詹事、科道及军机大臣、内阁大学士等重要官员会同审理

B. 应在霜降后十日举行

C. 应由大理寺官员、各道御史及刑部承办司会同审理

D. 应在小满后十日至立秋前一日举行

答案：CD

10. 清朝刑部的职权有（　　）。

A. 审理京师百官犯罪案件　　B. 刑名总汇

C. 参与或主持国家立法　　D. 负责全国的司法行政事务

答案：ABCD

第十一章
清代法律思想与制度（下）

本章重点知识

1. 清末变法修律的特点和主要内容。
2. 清末“预备立宪”。
3. 清末司法制度的变化。
4.《钦定宪法大纲》。
5.《十九信条》。
6. 领事裁判制度。

第一节　清末法律改革的历史背景

“清末变法”主要是指20世纪初叶，清政府在内外压力之下，为了维护自身的统治，达到废除外国在华领事裁判权的目的，被迫推行的政治法律变革活动。鸦片战争后，清政府由于西方列强的入侵而丧失了部分国家主权，但仍然保持着专制统治权力。在中国沿海地区的主要通商口岸，根据与外国列强签订的不平等条约，清政府丧失了对涉外国人案件以及部分诉讼案件的处理权。而在中国内陆，清政府仍然有效地实行专制集权统治，仍然适用以《大清律例》为主的传统法律体系。但是，1900年，以英、法为首的“八国联军”借口保护本国侨民，入侵了北京，血腥镇压了“义和团”运动。慈禧太后携带光绪皇帝及亲信大臣仓皇出逃西安，不得不向西方列强求和，被迫与西方列强签订丧权辱国的《辛丑条约》。为摆脱这场异常严重的政治危机，迎合西方列强的需要，敷衍国内的舆论与民情，以慈禧太后为首的清朝廷不得不于1901年（清光绪二十七年）发布“变法”上谕，表示“世有万古不易之常经，无一成不变之治法”，“大抵法积则弊，法弊则更”，“欲求振作，当议更张”，从而开始了以考察西学、官制改革、预备立宪、开设新学、变法修律为主要内容的改革运动。

一、国际背景

自17世纪以来，随着新技术的发展，世界政治、经济格局发生了巨大的变化。在欧洲和北美，旧的统治秩序被打破，各国在推行富国强兵政策的同时，也加快了对外殖民扩张的步伐。随着欧美资本主义商品经济的高度发展，以英国为代表的西方资本主义国家需要开拓更大的市场，以获取廉价的工业生产原料和更廉价的劳动力，以及推销生产的产品。因此，英国、西班牙、法国、德国等老牌资本主义国家和新兴资本主义国家都先后走上了对亚洲、非洲、中南美洲等落后地区武装侵略，并进行殖民地化掠夺和统治的道路。人口众多、资源丰富而政治、经济都相对落后的中国，也成为西方列强侵略的目标。

自17世纪以来，英国国王授权在印度开展贸易的东印度公司，由其建立军队、铸造钱币和行使其他权力，从而建立了在印度的殖民统治。其后，东印度公司的触角延伸到亚洲其他国家，于18世纪中叶将孟加拉变为答应帝国的保护国，并垄断了孟加拉的贸易。在这一过程中，东印度公司以南亚为据点，不断对华开展茶叶和鸦片贸易。由于中国政府采取的禁烟政策，与源源不断地以各种方式对华输入鸦片的大英帝国的利益产生了冲突，英国政府于1840年借口“保护通商”，出兵中国，发动了侵华战争，也就是“鸦片战争”。由于清政府的腐败无能，这场战争以英国取得全面胜利而告终，清政府被迫与之签订《中英南京条约》《中英五口通商章程》《虎门条约》等一系列丧权辱国的不平等条约。

自19世纪以来，不仅英国，而且欧美其他列强也通过武力的方式，将殖民的触角延伸到亚洲其他国家。1853年美国海军准将马休·培里（也译作“佩里”）等率领舰队未经允许驶入对外锁国的日本江户湾海面，逼迫当时的幕府政府在横滨签订了《日美亲善条约》（又称《神奈川条约》），这也是日本与西方列强国家签订的第一个不平等条约。其他西方国家纷纷效仿，日本被迫改变闭关锁国的状态，从而导致幕藩体制也随之瓦解。在东北亚的朝鲜半岛，也同样面临着外部武力威胁的局面。1866年，法国舰队驶抵朝鲜半岛附件的江华岛海域。尽管此次登陆被朝鲜军队击退，但其后，美国以及明治维新后的日本先后实施了对朝鲜半岛的侵略。1876年，日本与朝鲜签订了不平等的《江华条约》（又称《丙子修好条约》），条约赋予日本诸多特权，包括治外法权、免除关税和在对外通商港口正式承认日本货币等，为日本进行侵略提供了法律基础。不平等条约的签订标志着朝鲜被迫向列强打开了国门，开始了被殖民的命运，并最终于1910年彻底沦为日本的殖民地。

二、国内背景

清朝是在推翻明朝统治基础上建立起来的一个君主专制集权制王朝。尽管在清王朝统治前期，曾经出现过康熙、雍正、乾隆时期为史家所称道的“盛世”局面；但是，在“盛世”过去以后，潜藏在君主专制集权体制内部的种种矛盾，如君主个人极端专制、满族权贵专横、吏治贪污腐败、土地兼并造成农民极端贫困等，开始不断发展、激化，使清朝社会从18世纪中叶开始走上了迅速衰败的道路。

在 19 世纪中叶，清政府在鸦片战争中遭到重创，被迫签订不平等条约。这极大地震撼了中国朝野上下，打破了清政府自认为“天朝大国”的自负，迫使中国社会各阶层开始思考“天朝大国”为什么会落后挨打、中国应该如何改变现状等问题。1894 年，清王朝在甲午中日战争中战败，被迫与日本签订《马关条约》，丧失了一系列权益。《马关条约》的签订，进一步加剧了西方列强对大清帝国的掠夺和瓜分。列强不断加强对华侵略，也激发了中国对帝国主义侵略的反抗。在此内外交困的局势下，清政府也不得不效仿日本维新的做法，开始变法改革。1898 年，清朝光绪帝任用康有为、梁启超等推行变法改革，力图学习、借鉴日本的经验，实现维新图强。但这一变法运动因与守旧派对立而失败。1900 年 5 月，英国、美国、法国、德国、俄罗斯、日本、意大利王国、奥匈帝国八国以“保护使馆”、应对义和团的名义，进犯天津、北京，从而爆发了八国联军侵华战争。以慈禧为首的清政府在西方列强的高压下，被迫接受严苛的条件，与列强签订了不平等的《辛丑条约》，丧失了国家的主权。清政府与西方列强签订的《辛丑条约》虽然保住了其统治地位，但进一步加剧了列强对中国人民的统治，激化了民族危机以及国内对清政府统治的不满。

在外来侵略和以慈禧太后为首的清政府腐朽统治下，中国社会各阶层之间的矛盾日渐突出，出现了以推翻帝制、建立民主共和制度为宗旨的资产阶级民主革命运动和以“排满兴汉”为口号的民族解放运动。在内外压力下，清政府被迫宣布进行政治改革，希望通过建立君主立宪制政体，实行法律改革，废除野蛮、残酷的刑罚制度。当时的统治集团希望在保持政权统治的前提下，进行某种程度的法律改革，以期通过外交途径收回领事裁判权，并通过压制国内的资产阶级民主革命，继续维持清朝皇帝统治。

三、清末法律改革的过程

为了维护清王朝的统治，1901 年 1 月，慈禧太后用光绪皇帝的名义颁布上谕，命督抚以上大臣就朝章国政、吏治民生、学校科举、军制财政等问题详细议奏，宣称切实整顿“一切政事”，“以期渐致富强”，“取外国之长”，“补中国之短”；提出“考酌中西政治”，实施新政。同年 4 月，清政府下令成立以庆亲王奕劻为首的“督办政务处”，作为筹划推行“新政”的专门机构，任命李鸿章、荣禄等人为督办政务大臣，任命刘坤一、张之洞（后又增加袁世凯）为参与政务大臣，总揽一切“新政”事宜。随后，清政府开始采取筹饷练兵，停止武科科举考试，建立新军；振兴商务，奖励实业，颁布一系列工商业规章和奖励实业办法；废科举，育才兴学，办学堂，派留学；改革官制、整顿吏治等一系列的政治、经济、社会、教育以及法律改革措施。

1901 年 8 月，清政府下谕全国停止武科科举考试；9 月命令各省仿北洋、两江筹建武备学堂，编练“常备军”。1904 年 9 月，清政府颁布了《陆军学堂办法》。1906 年 11 月 7 日，清政府改兵部为陆军部，将练兵处并入其中，命铁良为尚书，统一指挥全国“新军”。1903 年 9 月，清政府设立商部，倡导官商创办工商企业；接着，颁布了一系列有关工商业的法律、规章和奖励实业办法，如《钦定大清商法》《商会章程》《铁路简明章程》《奖励华商公司章程》《矿务章程》《公司注册章程》《试办银行章程》等。这些章程规定，允许自由发展实业，奖励兴办工商企业，鼓励组织商会团体。清政府在教育领域推行“新政”的另一个重要内容是废科举、派留学、办新学。1904年1月，清政府颁布《重订学堂章程》，详细规定了各级学堂章程及管理体制，以法令形式要求在全国推行。1905年9月，光绪皇帝下令“立停科举以广学校”。这使在中国历史上延续了一千三百多年的科举制度被最终废除，科举取士与学校教育实现了彻底的脱钩。清政府在推行“新政”过程中，还大力推行奖励游学的政策，“奖游学”与“改学堂，停科举”并举，要求各省筹集经费选派学生出洋学习，学习专业知识。对毕业留学生，分别赏给进士、举人等出身。改革官制是清政府“新政”的一项重要内容，1901年7月，清政府撤销总理各国事务衙门，改设外务部，“班列六部之首”。1905年7月，清廷宣布停止捐纳武职。

为了了解各国政治的基本情况，1905年7月，慈禧派载泽、端方等五大臣出访欧美、日本，考察各国宪政；同年10月设考察政治馆，研究各国政法，招揽人才。1906年7月五大臣回国后，面陈慈禧实行立宪有三大好处：一是“皇位永固”，二是“外患渐轻”，三是“内乱可弭”。同年9月1日，清廷颁发了“仿行立宪”的上谕，确立“预备立宪”为基本国策，预备期为9年，理由是立宪须要先将各项法律详慎厘定，广兴教育，清理财务，整顿军备，使绅民悉明国政。为了进行预备宪政，清政府仿照日本“明治维新”，设立考察政治馆的先例，设立“宪政编查馆”，专责从事宪政准备工作。随后清政府进行官制改革，“更定官制”，以为立宪的基础。其主要内容包括：改巡警部为民政部；户部改称度支部（以财政处、税务处并入）；礼部照设（以太常寺、光禄寺、鸿胪寺并入）；兵部改为陆军部（以练兵处、太仆寺并入）；刑部改为法部；设邮传部（负责轮船、邮政、电线、铁路事务）；工部并入商部，改称农工商部；理藩院改为理藩部；外务部、吏部、学部均照设。这样中央行政机构有11个部及两院（大理院、都察院）。官员的设置，除外务部堂官和制度照旧外，其他各部堂官均设尚书一人，侍郎二人，丞、参各若干人，且明确规定不分满、汉族出身。1907年，清廷谕令设立资政院，作为正式议院的基础，令各省筹设谘议局并预筹设立州、县理事会。1908年9月，清廷的实际掌权者慈禧颁布规定国家政治体制的《钦定宪法大纲》，实行九年立宪期限，规定了“君上大权”和“臣民权利义务”。其中充斥着大量巩固皇帝专权的制度规定，并且明确宣布：“皇帝统治大清帝国，万世一系，永永尊戴。”

在进行宪政改革的同时，清政府也在积极进行修改法律的准备。1902年，光绪帝下诏：“参酌外国法律，改订律例。”1907年，清政府委任沈家本等人为修律大臣，设立“修订法律馆”，修律大臣主持起草民刑法典。沈家本通过到日本考察的侍郎董康，邀请日本东京控诉院判事松冈义正、帝国大学刑法教授冈田朝太郎、司法省事务官小河滋次郎、帝国大学商法教授志田钾太郎等来华，协助起草法典，并在京师法律学堂担任教习。1910年，清廷颁布实施了变法时期的过渡性法典——《大清现行刑律》。此外，清政府在修订法律馆的主持下，还先后草拟了《大清民律草案》《大清新刑律》《大清民事刑事诉讼法草案》等近代法律草案。

1911年，由于武昌起义的爆发，清政府统治被推翻，“预备立宪”和变法修律并没有取得直接效果，但是，这在中国近代历史上促进了传统法的转型。

第二节　近代法律思想的引进与传播

一、近代法律思想引进的时代背景

19 世纪中叶以来，西方势力进入中国，在给清政府的统治和中国人民带来极大危害的同时，也带来了新的工业产品、工业技术以及新的思想文化观念。中国人在与西方文化接触过程中，也逐渐认识到传统政治、经济、社会文化中存在的一些弊端。在对社会现实进行反思的过程中，一些知识分子力图通过吸收近代思想文化，来改造中国的政治统治，从而出现了新的政治思想文化。

在传统儒法政治法律文化框架下，专制君主是最高的统治者，“言出法随”，君主的权力不受任何制度限制。但是，清末统治者在西方外来入侵和国内不断反抗的压力下，被迫开始进行法律改革。从总体上看，“清末变法”运动是 20 世纪初清朝政府在国内外压力下被迫推行的一次自上而下的重大法律变革。其中，西方列强所施加的政治、军事压力，是迫使顽固保守的清政府推动法律变革的重要原因之一。鸦片战争以后，以英国为首的西方列强，以中国的法律落后、刑罚残酷为借口，攫取了在华领事裁判权，并经常以法律落后为借口，对清政府施加压力，攫取其他政治经济利益。一直主持变法修律活动的修订法律大臣沈家本曾在《奏请变通现行律例内重法数端折》中表示：“盖西国从前刑法，较中国尤为惨酷，近百数十年来，经律学家几经讨论，逐渐改而从轻，政治日臻美善。故中国之重法，西人每訾为不仁。其旅居中国者，皆借口于此，不受中国之约束。夫西国首重法权，随一国之疆域为界限，甲国之人侨寓乙国，即受乙国之裁判，乃独于中国不受裁判，转予我以不仁之名。此亟当幡然变计者也。”①因此“折冲樽俎，模范列强”，迎合和满足西方列强的政治需要，就成为变法修律的一个直接目标。但对于清政府而言，“变法”与“修律”，均是不得已而为之的政治措施，其根本目的是借“变法”之名，压制国内的反对势力，缓和各种矛盾，进而挽救自己的统治。因此，清政府一方面提出“折中世界大同各国之良规，兼采近世最新之学说”，并表示“我法之不善者当去之”；另一方面又为变法修律设置了不能逾越的一条底线，“不戾乎中国数千年相传之礼教民情”，也就是坚持正统法律所坚持的“三纲五常”观念及其所体现的儒家纲常伦理等级制度。基于满足列强需要，及废除领事裁判权与维护专制统治的考虑，清朝政府在变法修律过程中提出以“参考古今，博稽中外”“务期中外通行”为基本目标，并以“中国法律与各国参考互证”作为修订法律的基本方法。但在实际上，修订法律的重心仍然落在维护“三纲五常”等伦常观念及相应的伦理秩序上。因此，在清末变法修律过程中，旨在维护皇权统治的“君主立宪”思想得到了广泛的关注。同时，在变法修律的过程，围绕着新法的基本原则和基本内容，代表守旧势力的“礼教派”和“法治派”也产生了激烈的争论。

① 沈家本：《历代刑法考·附寄簃文存》，卷四，2023～2028 页，北京，中华书局，1985。

二、主张“变法维新”，以实行“君主立宪”的近代思想

在19世纪末20世纪初，清末出现了一些进步的思想家，他们在深刻认识到中国面临的内忧外患的前提下，站在清末统治者的立场上，适当吸收近代政治法律思想，提出了一系列变法维新、君主立宪的主张，形成了立宪思潮，成为指导清末政治法律改革的重要主张。其中，代表性的人物有康有为、梁启超等。

戊戌变法失败以后，康有为等被迫流亡海外。这也客观上使其有机会亲身考察世界各国的政治制度、治理方式，从而逐渐完善其君主立宪的政治主张。清政府宣布变法以后，康有为对清统治者提交了《请归政皇上立定宪法以救危亡折》，提出政治改革的方向是要立宪法、开国会，使君主与国民共议一国之政治。康有为建议清政府制定宪法，立与民权，实行新政。相较于康有为，梁启超的宪政思想更加系统、完备。为了推介其君主立宪主张，梁启超发表了一系列的学术研究成果，包括《各国宪法异同论》《立宪法议》《立法权论》等，对比分析了各国宪法制度，宣传了自己的立宪理论。可见，梁启超主要思想理论的出发点是希望通过实行开明的君主立宪制，适应清末局势发展的需要。

（1）中国面临积贫积弱的形势，变法维新是维护清政府统治，解决政治危局的必由之路。变法维新派对清末国家内外交困的现状有着清晰的认识，认为在列强的瓜分宰割下，清政府犹如羊处群虎之间，危在旦夕。在这种情况下，“非变法万无可以图存之理”[①]。在变法维新派代表人物看起来，“变法”“保教”，是“救亡图存”的必由之路。例如：梁启超在《戊戌政变记》中认为，“必有忧国之心，然后可以言变法；必知国之危亡，然后可以变法；必知国之弱由于守旧，然后可以言变法；必深信变法之可以致强，然后可以言变法”。

（2）变法是自然的公理，只有变法才能顺应时代发展，兴利除弊。例如，康有为认为，“时既变而仍用旧法，可以危国”，统治者应该顺应时代发展，兴利除弊，及时变革，“能变则存，不变则亡，全变则强，小变仍亡”[②]（康有为政论集·上清帝第六书）。梁启超则接受了社会进化的理论影响，认为人类是不断进化的，“生存竞争，优胜劣汰”，不是以人的主观意志而改变的。“上下千岁，无时不变，无事不变，公理有固然，非夫人之为也。”[③] 他进一步论证道：要而论之，法者，天下之公器也。变者，天下之公理也。大地既通，万国蒸蒸，日趋于上，大势相迫，非可阏制，变亦变，不变亦变。变而变者，变之权操诸已，可以保国，可以保种，可以保教。不变而变者，变之权让诸人，束缚之，弛骤之。[④]

（3）变法应“定典章宪法”，实行“君主立宪”。康有为、梁启超等人看到了传统君主专制集权制度的弊端，主张在维护君主绝对统治的前提下，对君权进行适当限制，实行君主立宪，设立国会、政府以及司法机构等，通过制定典章宪法的形式，明确君主和相关机构的职责。例如，维新立宪派主张国家应该开设国会，设立责任内阁，建立司法制度，只有这样才能充分反

---

① 梁启超：《论中国宜讲求法律之学》，载《饮冰室合集》，第1册，北京，中华书局，1989。

② 康有为：《康有为政论集·上清帝第六书》（上册），北京，中华书局，1998。

③ 梁启超：《变法通议自序》，载《饮冰室合集》，第1册，中华书局影印本（1936年版），北京，中华书局，1989。

④ 参见梁启超：《论不变法之害》，载《饮冰室合集》，第1册，中华书局影印本（1936年版），北京，中华书局，1989。

映百姓的意愿，实现“庶政与国民共之”，“君与国民共议一国之政法”，做到“立宪法以同受其治，有国会以会合其议，有司法以保护其民，有责任政府以推行其政”。梁启超认为：“立宪政体，亦名为有限权之政体……有限权云者，君有君之权，权有限；官有官之权，权有限；民有民之权，权有限。故各国宪法，皆首言君主统治之大权及皇位继袭之典例，明君之权限也；次言政府及地方政治之职分，明官之权限也；次言议会职分及人民自由之事件，明民之权限也。”而要实现这一点，就需要制定宪法，这是因为“宪法者，何物也，立万世不易之宪典，而一国之人，无论为君主、为官吏、为人民，皆共守之者也”。

君主立宪派在当时的政治危机下，力图通过变法维新的方式，实行“君主立宪”，一方面保留君主统治，另一方面实现国家“救亡图存”。在清廷于1905年派遣载泽等五大臣出洋，考察欧美及日本等国政治制度时，五大臣也在一定程度上受到了梁启超的君主立宪制思想的影响，这在其提交的宪政考察报告中得到了一定程度的反映。

三、清末变法中的“礼法之争”与法治观念冲突

所谓“礼法之争”，是指在清末变法修律过程中，以张之洞、劳乃宣为代表的“礼教派”与以修订法律大臣沈家本为代表的“法理派”，围绕《大清新刑律》等新式法典的修订而产生的论争。修订法律大臣沈家本等人由于对清朝所面临的社会危机、近代国家的政治法律制度有比较深入的了解，因而主张中国应该大幅度地引进近代法律理论与观念，运用“国家主义”等政治法律理论来改革中国旧有的法律制度。在修订法律过程中，沈家本主持的修订法律馆经常运用近代国家的“通行法理”来对抗保守派的攻击，因而被称为“法理派”。而以曾任湖广总督、后任军机大臣的张之洞、江苏提学使劳乃宣为代表，包括直隶总督袁世凯等“封疆大吏”、地方督抚在内的上层官僚、清廷贵族，则对变法修律一直持反对、消极的态度。在变法修律已成定局以后，他们又对沈家本等主持的修订法律馆进行指责，要求修订新律应“浑道德与法律于一体”，尤不应偏离中国数千年相传的“礼教民情”，故而被称作“礼教派”。

清末修律过程中“法理派”与“礼教派”之间的斗争，主要集中在1906年（清光绪三十二年）修订法律馆上奏《大清民事刑事诉讼律》及次年上奏《新刑律草案》以后。围绕这两部草案，“礼教派”利用政治上的优势，发动各省督抚及实力派，挥动“纲常名教”等传统大棒对以沈家本为代表的法律草案起草者进行围攻和抨击，而沈家本等人则运用近代法理百般解释、争论。双方争执的核心，在于如何理解并在新律中处理中国数千年相传的“纲常名教”的问题。“法理派”从近代法学理论出发，认为应该采用部门法分立的方式，按照各自的范围、特点来制定新的法律，建立起新的法律体系。因此，“法理派”在修订《大清民事刑事诉讼律》和《大清新刑律》时，在不违背和损害君主专制制度的前提之下，大量引进和采用了“罪刑法定”“正当防卫”等概念与制度，试图取消“干名犯义”“存留养亲”制度，以及一些因亲属身份等级关系而设立的罪名与制度，主张将实体法与程序法分离，并使道德与刑法、犯罪有所区分。而“礼教派”则认为，“三纲五常”及其所体现的传统社会秩序，是天地间唯一正理，是中国数千年来赖以存在的“根本”，是绝对不可以稍有改变的。变法修律只能在“中学为体，西学为用”的框架内，在形式上采纳一些近代法律术语，而不能从根本上去触动传统的“纲常

名教”。在制定《大清新刑律》过程中，“法理派”与“礼教派”争论的焦点主要集中在下面几个问题上。

1. 关于“干名犯义”条存废问题

“干名犯义”是传统法律中的一个重要罪名，是指子孙控告祖父母、父母的行为。按照儒家的理论，亲属之间理应相互包庇、隐瞒犯罪。亲属相互告言，“亏教伤情，莫此为大”。因此，自孔子以来，各代儒生皆主张“亲属相隐”。汉代以后，“亲属相容隐”正式成为一条国家律法。隋唐以后，控告祖父母、父母的行为，被列入“十恶”中的“不孝”。明清律中，子孙控告祖父母谓之“干名犯义”，亦属十恶之条。清末修律过程中，沈家本等人从近代国家通行的法理出发，提出“干名犯义”属“告诉之事，应于编纂判决录时，于诬告罪中详叙办法，不必另立专条”。而“礼教派”则认为，“中国素重纲常，故于干名犯义之条，立法特为严重”，由此足见“干名犯义”条款关乎礼教之事，是传统伦理的根本所在，因而绝不能在新刑律中没有反映。

2. 关于“存留养亲”制度

“存留养亲”亦是传统法律中的一项重要制度。一般而言，“存留养亲”多适用于独子斗殴杀人之案。在此类案件中，若有“亲老丁单”，即凶犯系家中独子、父母年老有病、家中又无其他男丁情形，考虑到其父母年老无人侍养，又无其他男丁继承宗嗣，经有关部门代为声请，得到皇帝特许以后，可免其死罪，施以一定处罚后，令其回家“孝养其亲”。这一做法自南北朝时成为定制以后，围绕“存留养亲”的条件、限制等问题，各朝形成了一整套制度。长期以来，“存留养亲”一直被视为“仁政”的重要标志。沈家本等人认为，“古无罪人留养之法”，而且清嘉庆六年（公元 1801 年）上谕中也明白表示过：“是承祀、留养，非以施仁，实以长奸，转以诱人犯法。”因此，“存留养亲”不编入新刑律草案，“似尚无悖于礼教”。“礼教派”认为，“存留养亲”是宣扬“仁政”、鼓励孝道的重要方式，不能随便就排除在新律之外。

3. 关于“无夫奸”及“亲属相奸”等问题

依照传统伦理，“奸非”是严重违反道德的行为，故各朝法律均有对此进行严厉处罚的条款。“亲属相奸”更是“大犯礼教之事，故旧律定罪极重”。因此，“礼教派”认为，在新律中也应有特别的规定，对此种行为加以严厉惩罚。“法理派”则认为，“无夫妇女犯奸，欧洲法律并无治罪之文”。“此事有关风化，当于教育上别筹办法，不必编入刑律之中”。至于亲属相奸，“此等行同禽兽，固大乖礼教，然究为个人之过恶，未害及于社会，旧律重至立决，未免过严”。因此，对此等行为，依“和奸有夫之妇”条款处以三等有期徒刑即可，“毋庸另立专条”。

4. 关于“子孙违反教令”问题

“子孙违反教令”是传统法律中一条针对子孙卑幼“不听教令”、弹性很大的条款。只要子孙违背了尊长的意志、命令，即可构成此罪名。隋唐以后，各朝法律都规定有此罪条，给予违反父母、尊长意志的子孙以惩罚。清律之中，除规定子孙违反教令处以杖刑以外，还赋予尊长“送惩权”，即对于多次触犯父母尊长者，尊长可以直接将其呈送官府，要求将其发遣。“礼教派”认为，这样“子孙治罪之权，全在祖父母、父母，实为教孝之盛轨”。“法理派”则指出：“违反教令出乎家庭，此全是教育上事，应别设感化院之类，以宏教育之方。此无关于刑事，不必规定于刑律中也。”

5. 关于子孙卑幼能否对尊长行使正当防卫权问题

“礼教派”认为，按照中国传统的伦理，“天下无不是之父母”，子孙对父母、祖父母的教训、惩治，最多像舜帝那样“大杖则走，小杖则受”，只有接受的道理，而绝无“正当防卫”之说。“法理派”则认为，“国家刑法，是君主对于全国人民的一种限制。父杀其子，君主治以不慈之罪；子杀其父，则治以不孝之罪”，唯有如此，“方为平允”。

在修订新刑律过程中，一些近代刑法制度和刑法原则对中国传统的价值观念、刑法制度产生了强烈的冲击，引起了以礼教派为首的保守势力的激烈反对和攻击。在修律的方向和宗旨等问题上，“礼教派”的观点实际上代表了包括清朝廷、社会上层贵族官僚、食古不化的士大夫在内的保守势力的观念和态度。因此，在清宣统元年（1909 年）正月二十七，清朝政府针对修律过程中的争议，正式发布上谕，明确表示，“惟是刑法之源，本乎礼教。中外各国礼教不同，故刑法亦因之而异……良以三纲五品，阐自唐、虞，圣帝明王兢兢保守，实为数千年相传之国粹，立国之大本。今寰海大通，国际每多交涉，固不宜墨守故常，致失通变宜民之意，但祇可采彼所长，益我所短。凡我旧律义关伦常诸条，不可率行变革，庶以维天理民彝于不敝。该大臣务本此意，以为修改宗旨，是为至要”。因而，清末变法修律过程中的“礼法之争”，最终以“法理派”的退让和妥协而结束。

第三节　清末变法修律的主要内容

一、清末“预备立宪”

（一）清末“预备立宪”的主要活动

所谓“预备立宪”，是清廷在 1906 年以后推行的一场以预备“仿行宪政”为名的自上而下的政治改革活动。1901 年在以慈禧太后为首的清廷宣布实施“变法”、实行“新政”以后，国内外矛盾并没有因此而缓和。要求推翻清廷统治的资产阶级革命派、统治阶层内部的改良派，以及与清廷既有共同利益又存在重大分歧的西方列强，都对清廷造成了极大的压力，要求其进行政治变革。面对越来越强大的政治、舆论压力，清廷不得不考虑“预备立宪”，企图以此来缓和内外矛盾和舆论的强大压力。1905 年，清廷派遣以载泽为首的五大臣出国，赴日本、欧洲考察宪政，史称“五大臣出洋”。1906 年 8 月，五大臣完成“考察”回国后，在向慈禧太后上奏的密折中陈述了实行君主立宪的三大利处：“以今日之时势言之，立宪之利最重要者三端：一曰皇位永固。立宪之国，君主神圣不可侵犯，故于行政不负责任，由大臣代负之；既偶有失宜，或议会与之反对，或经议院弹劾，不过政府各大臣辞职，另立一新政府而已。故相位旦夕可迁，君位万世不改，大利一。一曰外患渐轻。今日外人之侮我，虽由我国势之弱，亦由我政体之殊，故谓为专制，谓为半开化，而不以同等之国相待。一旦改行宪政，则鄙我者转而敬我，将变其侵略之政策，为和平之外交，大利二。一曰内乱可弭。海滨洋界，会党纵横，甚者倡为革命之说。顾其所以煽惑人心者，则曰政体专务压制，官皆民贼，吏尽贪人，民为鱼肉，无以聊生，故从之者众。而今改行宪政，则世界所称公平之正理，文明之极轨，彼虽欲造言而无词可惜，欲倡乱而人不肯从，无事缉捕搜拿，自然冰消瓦解，大利三。”[①] 为了说明“立宪”对于清政府统治没有害处，载泽等人还在密折中表示，在中国将要实行的，只不过是“预备立宪”而已：“不知今日宣布立宪，不过明明宗旨为立宪之预备。至于实行之期，原可宽立年限。”[②]

五大臣密折所言立宪之“三大利”，特别是第一利“皇位永固”，打消了慈禧太后等的顾虑。慈禧太后几经考虑，终于于1906年9月1日（清光绪三十二年七月十三日）以光绪皇帝的名义发布“宣布预备立宪”上谕，表示：“时处今日，惟有及时详晰甄核，仿行宪政，大权统于朝廷，庶政公诸舆论，以立国家万年有道之基。”但是，“目前规制未备，民智未开”，不能“操切从事，涂饰空文”，只能“分别议定，次第更张”，实行“预备立宪”，“俟数年后，规模粗具，查看情形，参用各国成法，妥议立宪实行期限，再行宣布天下”[③]。而且，清政府在该上谕中强调，“预备立宪”应该以“大权统于朝廷，庶政公诸舆论”为原则，也就是说，立宪的根本，在于巩固朝廷既有的一切统治大权，准予“舆论”即社会大众讨论的仅是“庶政”。更有甚者，在该上谕中，清政府要求士、庶人等，“各明忠君爱国之义，合群进化之理。勿以私见害公利，勿以小忿乱大谋。尊崇秩序，保守和平，豫备立宪国民之资格”。很显然，清政府宣布“预备立宪”的真实目的在于要求天下臣民“忠君爱国”“尊崇秩序”，并非“立宪”或“宪政”。而且有论者认为，清朝政府在所谓的“预备立宪”过程中，“借立宪之名，行敛财之实”。

在发布“预备立宪”上谕以后，清政府于1906年开始推行“官制改革”，并着手草拟《资政院院章》和《谘议局章程》及起草《钦定宪法大纲》。1908年，清政府陆续公布上述三项宪法性文件，同时，为将来开设国会进行准备，于1909年在各省设立“谘议局”，1910年在中央设立“资政院”。1911年10月，在辛亥革命武昌起义爆发以后，清政府又匆匆抛出《宪法重大信条十九条》（简称《十九信条》）。但这些丝毫未能改变清王朝崩溃的命运。随着清王朝的覆灭，“预备立宪”的政治改良也自然收场。在清末“预备立宪”活动中，产生了两个重要宪法性文件——《钦定宪法大纲》与《十九信条》。

图11-1　五大臣考察西方的宪政

---

① 《出使各国大臣会奏请宣布立宪摺》，载《东方杂志》，1906（7）。

② 载泽：《奏请宣布立宪密折》，载《中国通史参考资料：近代部分》（下册），285～288页，北京，中华书局，1962。

③ 上海商务印书馆编译所编纂：《大清新法令1901—1911点校本》，第1卷·光绪新法令　谕旨　宪权　司法　法律草案，37页，北京，商务印书馆，2010。

（二）《钦定宪法大纲》与《十九信条》

1.《钦定宪法大纲》

《钦定宪法大纲》是由“宪政编查馆”编订，于1908年8月27日颁布的宪法文件。制定、公布“宪法大纲”是清朝政府“预备立宪”活动的一个重要步骤。《钦定宪法大纲》也就成为中国历史上第一个有“宪法”字样的宪法性文件。

《钦定宪法大纲》共23条，分正文“君上大权”与附录“臣民权利义务”两个部分。第一部分“君上大权”共14条。第1条、第2条规定了皇帝至高无上的地位：“大清皇帝统治大清帝国，万世一系，永永尊戴。”“君上神圣尊严，不可侵犯。”第3条至第14条，则具体规定了皇帝在立法、行政、司法、军事、宣布战争与媾和、宣布戒严、召集、开闭、停展及解散议会等方面的绝对权力，并在许多条文之后加上“议院不得干涉”“皆非议院所得干预”等词语，以保证君主的绝对权力。从本质上看，关于君上大权的规定实际上是将君主已经具有的独裁权力加以文字化而已。该大纲的附录部分，也罗列了一些臣民的权利、义务，但对于每项臣民权利，均以“在法律范围内”作为限制语，并规定皇帝“得以诏令限制臣民之自由”。

无论在结构形式上还是在条文内容上，《钦定宪法大纲》都充分体现了“大权统于朝廷”的精神。主持编订该大纲的宪政编查馆在《宪政编查馆会奏遵拟宪法大纲暨议院选举各法并逐年应行筹备事宜折》中明白表示：“故一言以蔽之，宪法者所以巩固君权，兼以保护臣民者也。臣等谨本斯义，辑成宪法大纲一章，首列大权事项，以明君为臣纲之义；次列臣民权利义务事项，以示民为邦本之义。虽君民上下同处于法律范围之内，而大权仍统于朝廷；虽兼采列邦之良规，而仍不悖本国之成宪。”[①]《钦定宪法大纲》的制定与颁布，清楚地表明了清朝统治集团以仿行君主立宪制，维护自己专制集权统治的本质。因此，《钦定宪法大纲》的颁布并没有能够满足各个政治派别的需求。该大纲公布以后，立即遭到社会各界的强烈批评与反对。不仅资产阶级革命派没有因此停止革命活动，就连统治集团内部的温和改良派也大感失望，清朝的统治陷入更深的危机之中。

图11-2　《钦定宪法大纲》

① （清）奕劻：《宪政编查馆会奏遵拟宪法大纲暨议院选举各法并逐年应行筹备事宜折》，清光绪三十四年农工商部印刷科印本。

2.《十九信条》

《十九信条》，全称《宪法重大信条十九条》。它是清政府于武昌起义爆发以后抛出的一个应付时局、挽救自身统治的应急性宪法文件，也是清朝统治集团颁布的最后一个宪法性文件。

1911 年 10 月 10 日，武昌起义爆发，并很快席卷大半个中国，南方各省纷纷宣布脱离清朝政府而独立。为挽救垂危的统治，清政府一方面急忙调兵遣将，企图用武力扑灭南方的革命烈火；另一方面被迫作出政治上的让步，下达“罪己诏”，并宣布解除党禁、赦免戊戌变法以来的“国事犯”，同时命令刚组成不久的“资政院”迅速起草宪法，企图以此度过统治危机。于是，资政院仅用三天时间就拟定出了《十九信条》，并于 1911 年 11 月 3 日（清宣统三年九月十三日）公布。

从总体上看，《十九信条》大大缩小了皇帝的权力，扩大了议会及政府总理的职权。《十九信条》规定：“皇帝之权以宪法所规定者为限”（第 3 条）；“皇位继承顺序，于宪法规定之”（第 4 条）；“宪法由资政院起草议决，皇帝颁布之”（第 5 条）；“海陆军直接皇帝统率，但对内使用时，应依国会议决之特别条件”（第 10 条）等。不过，《十九信条》仍强调“大清帝国皇统，万世不易”（第 1 条）、“皇帝神圣不可侵犯”（第 2 条），尤其是《十九信条》完全着眼于规定皇帝与国会之间的权力关系，并没有触及保障人民的权利义务的内容。从制定的背景和实际内容看，《十九信条》是清朝政府在政权崩溃前夕抛出的“急就章”，并没有取得其希望获得的效果。在《十九信条》公布后不到两个月，1912 年 2 月，清朝宣统皇帝被迫宣布退位，中华民国南京临时政府在南京正式成立，中国两千年的君主专制制度到此终结。

(三)“谘议局”和“资政院”

1. 谘议局

“谘议局”是清末“预备立宪”过程中清政府设立的地方咨询机构。1908 年 7 月（清光绪三十四年六月），宪政编查馆草拟了《谘议局章程》及《谘议局议员选举章程》，经奏准朝廷后公布。依照这两个章程的规定，谘议局以“钦尊谕旨为各省采取舆论之地，以指陈通省利病、筹计地方治安”① 为宗旨，其权限包括讨论本省兴革事宜、预算决算、税收、公债以及选举资政院议员、申复资政院或本省督抚的咨询，等等。但谘议局所议定事项，决定权全在本省督抚。本省督抚对于谘议局不仅有监督、裁夺的权力，而且有令其停会及奏请解散之权。按照这两个章程的规定，谘议局议员的选举资格和被选举的资格极为苛刻。因此，清政府在建立地方谘议局时虽号称为将来开设议会进行准备，但是谘议局并不具备资本主义制度下地方议会的性质。

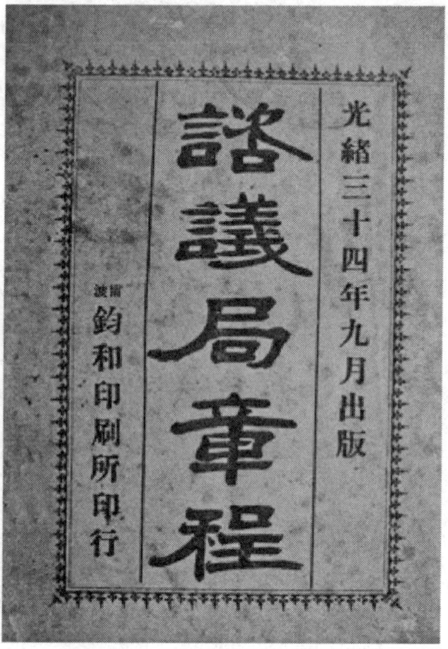

图 11－3 《谘议局章程》

① 《谘议局章程》第 1 条，载（清）北京政学社编：《大清法规大全·宪政部》，卷二，2 页，北京，北京政学社，1910。

2. 资政院

"资政院"是清朝政府在清末"预备立宪"过程中，于1910年设立的中央"咨询机关"。同"谘议局"一样，资政院的筹备工作也始于1907年。1909年8月23日（清宣统元年七月初八日），清政府公布包含近七十条条文的《资政院院章》。清朝廷在以宣统皇帝名义发布的《颁行资政院院章谕》中表示，该《资政院院章》"与现定谘议局章程，实相表里，即为将来上、下议院法之始基"①。《资政院院章》第1条云："资政院钦遵谕旨，以取决公论，豫立上下议院基础为宗旨。"所以，该院章规定资政院可以"议决"国家的预决算、税法及公债，议定宪法以外的新法典及法律修改事件及其他"奉特旨交议事件"。但是，资政院的一切决议，须会同军机大臣或各部行政大臣具奏，"请旨裁夺"。而且，皇帝可以以特旨谕令的形式令资政院停会，乃至解散。② 资政院的议员分"钦选"与"民选"两部分。所谓"钦选"者包括：(1) 宗室王公世爵；(2) 满汉世爵；(3) 外藩（蒙、藏、回）王公世爵；(4) 宗室觉罗；(5) 各部、院衙门官四品以下、七品以上者，但审判官、检察官及巡警官不在其列；(6) 硕学通儒；(7) 纳税多额者。很显然，"钦选"议员大部分是宗室王公、高官显贵。"民选"议员则是由各省谘议局议员"互选"产生的，但最后要由各省督抚"圈定"。可见，这种"资政院"只不过是承旨办事的御用机构，而根本不是近现代意义上的国家议会。

二、"官制改革"与单行法规

"官制改革"是清政府在20世纪初宣布"变法"、实行"新政"后推动的行政改革措施。在1906年发布的"宣示预备立宪谕"中，清政府就表示，"故廓清积弊，明定责成，必先从官制入手。亟应先将官制分别议定，次第更张"。两个多月以后，清廷即发布《厘定官制谕》，落实"官制改革"。按照该上谕的说法，此次官制改革，"其要旨惟在：专责成，清积弊，求实事，去浮文，期于厘百工而熙庶绩"③。

从宏观上看，此次所谓的"官制改革"，仅是对清朝原有行政体制作一些表面上的形式改动。其主要内容，实际上仅涉及中央一些部、院等行政机构的改名、合并或调整，以及官员称呼的改变。在机构调整方面，主要变化是：以巡警为民政之一端，改为民政部；户部改为度支部；将太常、光禄、鸿胪三寺并入礼部；将兵部改为陆军部，并将太仆寺、练兵处并入；将刑部改为法部，责任司法；大理寺改为大理院，专掌审判；将工部并入商部，改称农工商部；轮船、铁路、电线、邮政应设专司，更名为邮传部；将理藩院改为理藩部；原已设立的外务部、吏部仍旧。此外诸如军机处、内阁、宗人府、翰林院、步军统领衙门等"一切现制"，均"着照旧行"。为显示"革新"，在厘定官制过程中，清政府还改变一些中央机构官职的称号，如用"大臣""副大臣""左右丞""参议""参事"等时髦名称来代替"尚书""侍郎""员外郎"等传统官称。这些"变革"措施，充分说明清政府的所谓"官制改革"，只不过是用几个新鲜的

---

① （清）北京政学社编：《大清法规大全·宪政部》，卷首，5页，北京，北京政学社，1910。

② 参见《资政院院章》，第52、53条，载（清）北京政学社编：《大清法规大全·宪政部》，卷首，2～5页，北京，北京政学社，1910。

③ 《厘定官制谕》，载《大清光绪新法令》，第1册，17页，北京，大清商务印书馆编译所印，清宣统二年（公元1910年）。

名词来代替旧的称号而已，对原有的君主专制集权行政体制并没有实质性的触动。

在清朝政权存在的最后几年，为了加强对全社会的控制，清政府陆续颁布了《结社集会律》《违警律》《户口管理规则》《暂定京师调查户口规则》《调查户口执行法》《各学堂管理通则》等单行法规，企图运用这些法规来限制集会、结社等对清朝统治构成威胁的行为。宪政编查馆、民政部在《会奏结社集会律折》中表示："各国既以人民结社集会之自由明定之于宪法，而有特设各种律令以范围之。其中政治社会关系尤重，故国家之防范亦弥严。先事则有呈报，以杜患于未萌；临事则有稽查，以应变于俄顷，上收兼听并观之益，而下鲜嚣张凌乱之风。立宪精义，实存于此。"[①] 所以，《结社集会律》对所谓的结社、集会"自由"作了严格的限制。首先，"凡秘密结社，一律禁止"。凡违反该律规定"而纠集结社或列入者，均照刑律惩办"[②]。1909 年 9 月，宪政编查馆在《通咨各省查察集会结社文》中即强调："如查得以后该项结社集会，有宗旨前后歧异，会章迁改无定，以及限制内不准入会之人杂厕其中，或另有秘密会议情弊，除照限禁、解散、惩治各条外，仍应按照轻重酌加惩罚。以假托会名、秘密会议为最重，应按新刑律罪名处办。"[③] 其次，对人民参加合法的集会、结社活动，《结社集会律》第 9 条也予以严格的限制，下列人员被禁止参加政事结社及政论集会：（1）常备军人及征调期间之续备、后备军人；（2）巡警官吏；（3）僧道及其他宗教师；（4）各项学堂教习、学生；（5）男子未满 20 岁者；（6）妇女；（7）曾处监禁以上之刑者；（8）不识文义者。而且，"无论何种结社，若民政部或本省督抚及巡察道局、地方官，为维持公安起见，饬令解散或令暂时停办，应及遵照办理"；"无论何种集会或整列游行，巡警或地方官署，为维持公安起见，得量加限禁或饬令解散"[④]。

1908 年 5 月 9 日（清光绪三十四年四月十日）颁行的《违警律》共 45 条，对"政务之违警罪""公众危害之违警罪""交通之违警罪""通信之违警罪""秩序之违警罪""风俗之违警罪""财产之违警罪"等众多罪名作了极为苛刻的规定。例如，凡"无故散布谣言""于官吏办公处所聚众喧哗不听禁止""迁移婚娶生死不遵章程呈报"等，都构成"政务之违警罪"。对于违反《违警律》各款行为者，巡警人员不持传票即可"径行传案"[⑤]。由此足见清政府在政权崩溃前夕对民众的极端恐惧与防范。

基于同一心态，清政府在 1907 年至 1909 年陆续公布了《户口管理规则》、《暂定京师调查户口规则》、《调查户口执行法》及《各学堂管理通则》等法规，对民众实行严格的户口控制和政治威吓。对于知识分子、学堂学生的政治热情和其可能对专制政府造成的危害，清朝廷尤为感到恐惧，千方百计加以限制与控制。1907 年，清廷在《广刊学堂管理禁令定章之上谕》中即表示："此年以来，士习颇见浇漓，每不能专心力学，勉造通儒；动思逾越范围，干预外事，或侮辱官师，或抗违教令，悖弃圣教，擅改课程，变易衣冠，武断乡里；甚至本省大吏拒而不

① （清）北京政学社编：《大清法规大全·民政部》，卷七，1～2 页，北京，北京政学社，1910。

② 《结社集会律》第 21、32 条，载（清）北京政学社编：《大清法规大全·民政部》，卷七，1～2 页，北京，北京政学社，1910。

③ （清）北京政学社编：《大清法规大全·民政部》，卷七，2～3 页，北京，北京政学社，1910。

④ 《结社集会律》第 19、20 条，载（清）北京政学社编：《大清法规大全·民政部》，卷七，1～2 页，北京，北京政学社，1910。

⑤ （清）北京政学社编：《大清法规大全·民政部》，卷四，1～4 页，北京，北京政学社，1910。

纳，国家要政任意要求，动辄捏写学堂全体空名，电达枢部，不考事理。肆口诋諆，以至无知愚民随声附和，奸徒游匪借端煽惑，大为世道人心之害……欲挽颓风，非大加整顿不可。著学部通行京外有关学务各衙门，将学堂管理禁令定章广为刊布，严切申明，并将考核劝戒办法，前章有未备者，补行增订，责令实力奉行。”① 清廷发布的《各学堂管理通则》第九章“学堂禁令”，则具体规定了学堂学生的“十一不准”：（1）学生在学堂以专心学业为主，凡不干己事，一概不准预闻。（2）各学堂学生，不准干预国家政治及本学堂事务，妄上条陈。（3）各学堂学生，不准离经叛道，妄发狂言怪论，以及著书妄谈，刊布报章。（4）学生不得私充报馆主笔及访事人。（5）各学堂学生，不准私自购阅稗官小说、谬报、逆书；凡非学科内应用参考书，均不准携带入堂。（6）各学堂学生，凡有向学堂陈诉事情，应告知星期值日学生，代禀本学堂应管长官，不准聚众要求，借端挟制，停课罢学等事。（7）各学堂学生，不准联盟纠众，立会演说及潜附他人党会。（8）各学堂学生，不准干预地方词讼及抗粮阻捐等事。（9）各学堂学生，不准逾闲荡检，故犯有伤礼教之事。（10）各学堂学生，遇有本学堂增添规则、新施禁令，概不准任意阻挠，抗不遵行。（11）各学堂学生，不准传布谣言，捏造黑白及拨弄是非。以上各条犯者，除立行斥退外，仍分别轻重，酌加惩罚。该管理通则还规定：“所有学堂教习人员，如有明倡异说，干犯国宪及与名教纲常显相违背，查有实据，轻则斥退，重则革办。”②

从清政府公布的此类单行法规的内容看，在清政府存续的最后几年中，在“变法”“新政”的旗号之下，其实际上是在变本加厉地加强对全社会的控制和思想、文化专制。这些单行法规的公布、实施，也从一个侧面说明清朝政府推行“变法”“新政”的虚伪性和欺骗性。

三、清末刑律的修订

中国古代法律一向以刑法为重，通过刑事制裁来维护国家秩序。历朝历代的刑事法律集中体现了国家、社会的基本制度、基本价值观念。在清末变法修律过程中，刑律的修订也就成为争议最大、影响最为广泛的一个环节。

1902 年（清光绪二十八年），直隶总督袁世凯、两江总督刘坤一、湖广总督张之洞联名举荐刑部左侍郎沈家本、出使美国大臣伍廷芳主持修订法律，得到朝廷首肯。清廷随即发布《修订法律、改进司法谕》：“现在通商交涉事益繁多，著派沈家本、伍廷芳将一切现行律例，按照交涉情形，参酌各国法律，悉心考订，妥为拟议，务期中外通行，有裨治理。”以修订刑律为中心、制定诸法有分的近代法律体系的修律变法活动由此展开。

清末刑律的修订，大体上可以分为两个基本方面：一是删修旧律旧例，改订刑罚制度，废除一些残酷的刑种和明显不合潮流的制度，这以公布和实施《大清现行刑律》为代表；二是制定和颁行近代刑事法典，其代表就是公布了《大清新刑律》。

（一）《大清现行刑律》

《大清现行刑律》是清政府于 1910 年（清宣统二年）5 月公布的一部过渡性刑法典。《大清

① 《广刊学堂管理禁令定章上谕》，载（清）北京政学社编：《大清法规大全・教育部》，卷一，3 页，北京，北京政学社，1910。

② （清）北京政学社编：《大清法规大全・教育部》，卷二十一，3 页，北京，北京政学社，1910。

现行刑律》是在对《大清律例》进行局部修改的基础上完成的。早在1905年（清光绪三十一年），修订法律大臣沈家本等人就将《大清律例》内所附条例“今昔情形不同，及例文无关引用、或两例重复、或旧例停止者”，分别奏准删除344条。1907年（清光绪三十三年），清廷命刑部侍郎俞廉三与沈家本俱充“修订法律大臣”。沈家本等乃“征集馆员，分科纂辑”，加紧对旧律的修订与新律的制定工作，并“延聘东西各国之博士律师，借备顾问”。据《清史稿·刑法志》记载，1907年12月，修订法律馆“遵旨议定满汉通行刑律，又删并旧例四十九条。宣统元年，全书纂成缮进，谕交宪政编查馆核议。二年，复奏订定，名为《现行刑律》”。

《大清现行刑律》共36卷，389条，另有附例1327条，并在律例之后附有《禁烟条例》12条和《秋审条例》165条。清政府颁布《大清现行刑律》的目的是将其作为新刑法典完成之前的一个过渡性的法律，以平息国内对改革刑法的呼声及西方列强对清朝刑法的讥评和抨击。因此，《大清现行刑律》对相传已久的《大清律例》并没有作根本性的改动，其基本内容都是秉承旧律、旧例而来的。从宏观上看，《大清现行刑律》的变化，主要表现在以下几个方面。

（1）改律名为“现行刑律”，并突出“刑律”二字，以示与旧律的不同。

（2）取消了旧律按吏、户、礼、兵、刑、工六部名称而分的六律总目，除保留“名例”作为总则以外，将各条按其性质分隶30门，以示在体例上的改进。

（3）基于需要对律例条款进行调整、删节。这种局部的调整，包括两个方面：一是“因时事推移及新章递嬗而删者”，如“名例”中的“犯罪免发遣”“军籍有犯”条，“户律”“户役”门之“丁夫差遣不平”条，“婚姻”门之“同姓为婚”“良贱为婚姻”条等与刑事无关之条款，被逐条摘出，予以删除；二是“缘政体及刑制迁变而改者”，如将“户律”“刑律”中涉有“奴婢”条款中的“奴婢”改为“雇工人”等。经过调整以后，律文的数目有所减少，对一些关于婚姻、继承、析产、田宅、钱债等纯属民事性质的条款不再科刑，以示民事法与刑事法的区别。

（4）废除了一些残酷的刑罚方法，如删除了凌迟、枭首、戮尸、刺字等刑罚及缘坐制度，改笞杖刑为罚金、苦役，并停止刑讯，确立了以罚金、徒刑、流刑、遣刑、死刑（分斩、绞二等）等为主要内容的新刑罚体系。

（5）增加了一些新形势下出现的罪名，如“妨害国交”“妨害选举”“私铸银圆”“破坏交通”等。

由此可见，《大清现行刑律》只是对《大清律例》进行了局部的和形式的改动，大部分条文仍沿用了《大清律例》的条款，对于《大清律例》的基本精神、主要原则，并没有作根本性的改变。

（二）《大清新刑律》

《大清新刑律》是清政府于1911年（清宣统三年）1月25日公布的一部专门刑法典，也是中国历史上第一部近代意义上的专门刑法典。

《大清新刑律》的起草工作始于1906年。在法典起草过程中，修订法律馆除翻译参考西方各国刑法以外，还延聘了日本法学博士冈田朝太郎“兼充调查员，帮同考订”。经数易其稿后，修订法律馆于1907年（清光绪三十三年）完成。修订法律大臣沈家本等人在《奏进呈刑律草案折》中说明，新律于旧律变通者“厥有五端”：“一曰更定刑名，一曰酌减死罪，一曰死刑惟一，一曰删除比附，一曰惩治教育。”① 但此草案“经宪政编查馆奏交部、院及疆臣核议，签驳者多”。由于受到以张之洞、劳乃宣为首的“礼教派”的强烈反对和攻击，修订法律馆不得不将此草案收回，并重新草拟刑法。直到1911年1月（清宣统三年十二月），清政府才正式公布经过多次修改的《大清新刑律》，预定在宣统五年正式施行。但在此刑法典公布后不久，清王朝即告覆亡，故《大清新刑律》并未正式施行。

《大清新刑律》分为总则和分则两编，共53章、411条，另附有“暂行章程”5条。由于时势所迫，清政府在修订新刑律时，无论是在法典的编纂形式上，还是在法典规定的内容上都作了较大的改变，因而与《大清律例》及《大清现行刑律》相比较，《大清新刑律》在形式和一些内容上都具有近代刑事法典的特点。

第一，《大清新刑律》抛弃了以往旧律“诸法合体”的编纂形式，明确地将涉及罪名与刑罚及其运用等专属刑法范畴的条文作为法典的唯一内容，与罪名、刑罚无关的其他法律条款被排除在新刑法之外。所以，从技术层面看，《大清新刑律》基本上可以被看成是一部纯粹的刑法典，已经具备了近代意义上的刑法典特征。

第二，《大清新刑律》在体例结构上也抛弃了以往旧律以名例、吏律、户律、礼律、兵律、刑律、工律分类编纂的陈旧形式，改而采用西方近代以来刑法分总则、分则两编，下设各章、逐条罗列的方式。以总则统率全律、以分则具体规定罪名与刑罚。这种结构和体例，体现了法典编纂者试图采用近现代法律观念来构建新的刑法体系的主旨，在客观上极大地改变了中国传统刑法的面貌。

第三，《大清新刑律》确立了新的刑罚体系。经过变法修律以后陆续推行的“删除律内重法”及修订《大清现行刑律》等前期改革措施，到《大清新刑律》修订时，改革旧有残酷刑罚方法已无太大障碍。因此，《大清新刑律》规定了一套新的刑罚体系。刑罚分主刑与从刑两种。主刑包括：死刑（仅规定了绞刑一种）、无期徒刑、有期徒刑、拘留、罚金。从刑包括褫夺公权和没收财产两种。这种新的刑罚体系，与以往凌迟、枭首等残酷、野蛮的重刑相比，已经有了明显的进步。

第四，《大清新刑律》大量地采用了近代刑法原则和通用术语。如采用了罪行法定主义原则，删除了旧律中的比附制度；采用了近代的法律面前人人平等原则，取消了因官秩、良贱、服制而在刑律适用上形成的差别，并取消了沿用了数千年的“八议”制度；采用了近代以来资本主义国家刑法通用的制度和术语，如缓刑、假释、正当防卫、紧急避险等，并引进了对幼年犯惩治教育等制度。

从单纯技术的角度看，《大清新刑律》应该属于近代意义上的新式刑法典，与包括《大清律例》在内的中国古代成文法典在结构、体例、表现形式以及部分内容上，均有较大的不同。但清朝政府由于并非真正希望彻底改革刑法制度，而是企图通过变法修律来缓和社会矛盾，因而给修律活动设立了一条不可逾越的底线，这就是不可以改变最根本的君主专制制度。而且，在修订过程中，由于势力强大的保守派的坚持，《大清新刑律》的起草者不得不一再妥协退让，最终将充满浓厚君主专制集权色彩、极端保守的“暂行章程”5条附于新刑律之后。

---

① 《大清光绪新法令》，第19册，26～28页，北京，大清商务印书馆编译所印，清宣统二年（公元1910年）。

（三）关于“暂行章程”

在修订《大清新刑律》过程中，围绕着是否需要保存“干名犯义”条文、是否需要“存留养亲”制度等问题，沈家本与以“礼教派”为首的保守势力发生了激烈的争论。最终结果是一些反映中国传统政治法律伦理的主张得到了清廷的肯定，争论以“法理派”的退让而告终。“法理派”的妥协，除表现为在新刑律正文中保留了大量的体现君主专制、传统家庭伦理的条文，对侵犯皇帝权威、违反宗法伦理行为设立了许多特别的规定外，还表现为在律文之后附有5条“暂行章程”，在以下五个方面又作出了特别的规定：（1）凡属意图谋害皇帝、颠覆政府、通谋敌国、图利敌国以及杀伤尊亲属者死刑仍使用斩刑；（2）凡毁弃他人尸首、毁弃尊亲属尸首、挖掘尊亲属坟墓者，最高可处死刑；（3）犯强盗罪者，得因其情节仍处死刑；（4）无夫妇女犯和奸之罪及与之和奸者，加重处罚；（5）对尊亲属有犯，不得适用正当防卫之例。

四、清末民商律的修订

（一）《大清民律草案》

在清末修律过程中，民商律的修订也是沈家本、伍廷芳、俞廉三等人主持的修订法律馆所着力进行的一项工作。具体的编纂工作，自1907年即正式着手，包括：一方面聘请时为法律学堂教习的日本法学家松冈义正等外国法律专家参与起草工作，另一方面则派员赴全国各省进行民事习惯的调查。经过两年多的起草工作，修订法律馆于1911年8月完成全部草案。该《大清民律草案》共分总则、债、物权、亲属、继承五编，共1569条。其中，总则、债、物权三编由松冈义正等人仿照德、日民法典的体例和内容草拟而成，吸收了大量的近代民法的理论、制度和原则。而亲属、继承两编则由修订法律馆会同保守的礼学馆起草，其制度、风格带有浓厚的君主专制集权色彩，保留了许多传统法律的精神。同年修订法律大臣俞廉三在《奏进民律前三编草案折》中表示：“此次编辑之旨，约分四端：（一）注重世界最普通之法则。（二）原本后出最精确之法理。（三）求最适于中国民情之法则。（四）期于改进上最有利益之法则。”① 很显然，修订民律的基本思路，仍然没有超出“中学为体、西学为用”的思想格局。

《大清民律草案》完成后仅两个多月，就爆发了武昌起义，清王朝的腐败统治随即迅速瓦解。因此，这部民律草案并未正式颁布与施行。

（二）清末的商事立法

清末的商事立法，大致可以分为两个阶段：1903年至1907年为第一阶段，1907年至1911年为第二阶段。

在第一阶段，商事立法主要由新设立的商部负责。1903年，清廷发布上谕称：“通商惠工，为古今经国之要政，急应加意讲求，著派载振、袁世凯、伍廷芳，先订商律，作为则例。”奉此上谕，随即成立的商部开始着手商律的拟订，然考虑到“编辑商律门类繁伙，实非克期所能告成”，“而目前要图，莫如筹办各项公司，力祛向日涣散之弊，庶商务日有起色，不致坐失

---

① 故宫博物院明清档案部编：《清末筹备立宪档案史料》（下册），911～913页，北京，中华书局，1979。

利权"[①]。实际上，当时的商部仅考虑尽快制定出一些应急的法规，如"赶速先拟商律之公司一门，并于卷首冠以商人通例"，一起"缮具清册，恭呈御览"。此次修订的《商人通例》9条和《公司律》131条，在1904年1月（清光绪二十九年十二月）奏准颁行，定名为《钦定大清商律》，是清朝第一部商律。此外，清政府还陆续颁布了有关商务和奖励实业的法规、章程，如1904年6月颁行的《公司注册试办章程》，同年7月颁布的《商标注册试办章程》，1906年5月颁行的《破产律》等。

在第二阶段，主要商事法典改由修订法律馆主持起草，单行法规仍由各有关机关拟订，经宪政编查馆和资政院审议后请旨颁行。在此期间，修订法律馆于1908年9月起草了《大清商律草案》，于1911年9月农工商部起草了《改订大清商律草案》，此外还草拟了《交易行律草案》《保险规则草案》《破产律草案》，等等，但均未正式颁行。在此期间公布的单行商事法规有《银行则例》《银行注册章程》《大小轮船公司注册章程》等。

第四节 清末司法制度的变化

清政府在内外交困的局势下，被迫开始进行法律改革。其中，司法制度改革构成了法律改革的重要内容。清政府通过司法制度改革，制定和颁布了涉及司法体制、诉讼程序以及法律职业方面的法律法规，开始尝试设立相对独立的司法体制，建立法律职业制度，并开办法学教育机构，开展法学教育、培养法律人才。同时，19世纪中叶以后，外国势力通过与清政府签订一系列不平等条约，攫取了一系列不平等特权，其中就包括外国缔约国国民在华涉讼方面的一系列特殊待遇。外国人在华的领事裁判权制度，也成为西方列强通过这种独特的司法制度设计，保护本国公民在华利益的工具。

一、清末司法制度的改革

（一）主要诉讼法律法规的制定

在清朝末年，诉讼法律、法规的制定也是变法修律的重要内容之一。修订法律大臣沈家本等人认为："窃维法律一道，因时制宜，大体以刑法为体，以诉讼法为用。体不全，无以标立法之宗旨；用不备，无以收行法之实功。二者相因，不容偏废。"[②] 因此，在《现行刑律》和《大清新刑律》草拟、公布以前，修订法律馆就于1906年拟订出了一部《大清刑事民事诉讼法》。该诉讼法是中国历史上第一部近代意义上的诉讼法草案，共分总则、刑事规则、民事规则、刑事民事通用规则、中外交涉事件处理规则等共五章，260条。在该法律草案中，首次引进了近代的陪审制度和律师制度。该法律草案完成后，被朝廷分送各省督抚审议。而大部分守

---

① 《大清法规大全》，3021页，台北，考正出版社，1972。

② 沈家本等：《进呈诉讼法请先行试办折》，载《大清光绪新法令》，第19册，1～2页，北京，大清商务印书馆编译所印，清宣统二年（公元1910年）。

旧的地方大员、封疆大吏皆“议其窒碍”[①]，使这部法律草案未及颁行即遭夭折。其后，修订法律馆、法部等机构在继续修订诉讼法典的同时，配合官制改革和司法改革的需要，相继制定公布或初步拟订了《大理院审判编制法》《法院编制法》《各级审判厅试办章程》《大清监狱律草案》等诉讼法规或法规草案。1910 年，在经过多次、反复争论以后，清政府终于拟订完成了《大清刑事诉讼律草案》和《大清民事诉讼律草案》，但未及颁行，清王朝即告覆亡。

（二）司法机构的调整

清末司法机构的改革，主要也是在 1906 年官制改革过程中开始着手进行的。1906 年 11 月 6 日，清廷发布《厘定官制谕》，对包括刑部在内的中央官制进行改革，以示实施“新政”。此后，若干改革旧有司法体制、诉讼制度的措施，也随着诉讼法律、法规的修订而逐渐出台，主要的变化包括以下几个方面：

（1）改刑部为法部，专掌全国司法行政事务，不再承担任何审判职能，以示将行政与司法分立；同时，改按察使司为提法使司，负责对地方司法行政工作及地方司法的监督。

（2）改大理寺为大理院，作为全国最高审判机关，“专掌审判”；同时，在地方分别设立高等审判厅、地方审判厅、初级审判厅等审判机构，初步建立起一套新的司法系统。

（3）在各级审判厅内设置相应的检察厅，实行审检合署制度。检察厅负责对刑事案件进行侦查、提起公诉、实行审判监督，同时还可以参与民事案件的审理，充当诉讼当事人或公益代表人。

（4）设立警察机构。在清末变法以前，中国并无专门警察机构之设。在清朝，京城及地方治安，主要由步军统领衙门、绿营、地方团练等军事武装及各官署衙役来维持。1903 年，试办警察之议始纳入议事日程。1905 年，政务处、兵部会奏裁撤绿营，一律改为巡警。中央先设巡警部，后改为民政部。京师设内外城巡警总厅。各省则设巡警道，各厅、州、县则按奏定官制通则，设警务长，并各分区官若干员，办理本管巡警事务。

图 11－4　京师模范监狱

① 赵尔巽等撰：《清史稿·刑法志一》，4189 页，北京，中华书局，1977。

（5）建立新式监狱，并改良狱政管理制度。改良监狱，亦是清末变法修律过程中的着力点之一。1903年前后，以改造、教育罪犯为目的的“罪犯习艺所”开始在京城及部分省份设立。1907年，“改良监狱”又成为清政府的新口号，将旧式监狱改良成新式监狱的工作也逐步展开。但直到清朝灭亡时，大部分所谓的“模范监狱”都未竣工。

（三）诉讼制度的改革

虽然由于守旧势力的干预和影响，清末变法修律过程中对诉讼法律、法规的修订步履维艰，但其也初步引进了一系列近现代诉讼制度、审判原则和法律术语。如在诉讼程序上实行四级三审制度；在一些诉讼法规或法律草案中规定了刑事案件公诉制度、附带民事诉讼制度、民事案件的自诉及代理制度、证据制度、保释制度等中国旧法所没有的新式制度，并承认律师制度的合法性；在审判制度方面，规定了审判公开、允许辩论等原则，并明确了预审、合议、公判、复审等程序；初步规定了法官、检察官考试任用制度。

值得注意的是，清末推行的司法改革，如同整个“变法修律”“预备立宪”活动一样，大多停留在文字层面，有些措施即使被实施，也往往仅流于形式而已。这些诉讼上的改良与改进的意义，仅在于为中国司法诉讼制度的近代化过程积累了材料，准备了舆论，提供了初步的基础而已。

（四）近代法律职业与法学教育的建立

在外来法律文化的影响下，中国开始逐步了解和认识近代法律知识体系。清末变法时期，随着法律制度的改革，相对独立的司法体系的建立，中国开始出现近现代意义上的法治以及法律职业框架。清末变法的历史成就在于其打破了中国古代法律体系的“诸法合体”“司法行政不分”的传统，通过取法日本，间接借鉴了大陆成文法律体系，为逐步形成近代成文法律体系奠定了基础。20世纪初叶，清朝在实施法律改革的过程中，先后拟定了《大清刑事民事诉讼法草案》、《各级审判厅试办章程》和《法院编制法》等，从而规定了相对独立的司法制度体系，并确立了法官、检察官以及律师等法律职业。例如，《大清刑事民事诉讼法草案》“刑事民事通用规则”中专列“律师”一节，共9条，规定了律师资格、注册、登记、违纪处分、外国律师在通商口岸的公堂办案等内容。清政府其后颁布的《各级审判厅试办章程》和《法院编制法》，也从法律上进一步对律师的法庭活动作了具体规定。随着清末裁断诉讼的法院体系的建立，中国出现了体系上、形式上相对独立的法院制度，出现了近代意义上的专门化的法官、检察官以及律师。并且，在20世纪初叶，中国开始出现选任法律职业人员的资格考试制度。1910年8月，清政府曾经举办了第一次全国性的司法官考试。

在清末西学东渐以及法律改革的背景下，中国出现了培养新式法律人才的需求。早在20世纪60年代，京师同文馆就邀请美国传教士丁韪良传授他所翻译的《万国公法》，介绍近代国际法律知识。1895年创办的天津中西学堂开始开设专门的法律课程律例学，这也标志着中国近代法学教育机构的诞生。在修订法律过程中，修订法律大臣沈家本、伍廷芳等人十分重视对法律人才的培养，认为“法律成而无讲求法律之人，施行必多阻阂，非专设学堂培养人才不可”[①]，同时，1905 年，清政府废除了科举考试，实行奖励留学的官员选任政策，从而刺激了留学生前往海外留学。其中，很多留学生选择学习法律、政治科目。这些留学生中的一些人在回国后，纷纷开设法律学堂，培养新式法律人才。根据统计，“从 1904 年到 1909 年，在沈家本、伍廷芳、学部大臣孙家鼐等人的推动下，各省先后筹建法政专门学堂 22 所”[②]。在这一时期，一些当代重要法学教育机构的前身，包括京师大学堂、京师法政学堂、北洋大学法科、山西大学法科、东吴大学法科等纷纷建立，出现了一个法学教育的小高潮。这些法学教育机构传播了近代法律知识，培养了掌握新法的专业人才，为近代法律改革奠定了人员基础。

二、外国在华领事裁判权制度

（一）外国在华领事裁判权制度的确立

所谓“外国在华领事裁判权”，乃是以英国为首的西方列强在强迫中国与之订立的不平等条约中规定的一种司法特权。依照这种特权，凡在中国享有领事裁判权的国家，其在中国的侨民不受中国法律的管辖，不论其进行何种违背中国法律的违法或犯罪行为，或成为民事、刑事诉讼当事人，中国司法机关都无权裁判，只能由该国领事，或由其设在中国的司法机构依据其本国法律裁判。故领事裁判权也称“治外法权”。

攫取在其殖民地内的“治外法权”，是英国等西方列强在殖民扩张中惯用的手段。英国等西方侵略者对于攫取在华领事裁判权是蓄谋已久的。早在发动鸦片战争前四个月，即 1840 年 2 月，英国政府就拟订了准备在打败中国后强迫中国签订的《对华条约草案》，意欲迫使中国割让香港；如果此举不成，则代之以索取包括领事裁判权在内的多项特权。但在 1842 年 8 月签订《南京条约》时，腐败无能的清政府满口答应了英国提出的割让香港等各项无理要求。因此，在《南京条约》中尚未直接规定领事裁判权的内容。

外国在华领事裁判权正式确立于 1843 年 7 月 22 日在香港公布的《中英五口通商章程》及《海关税则》和随后签订的《五口通商附粘善后条款》（《虎门条约》）。这两个条约都是《南京条约》附约，是英国侵略者在摸清中国底细后进一步提出的无理要求。《中英五口通商章程》及《海关税则》中规定：“英人华民交涉词讼一款……其英人如何科罪，由英国议定章程、法律发给管事官照办。”[③] 此时的“治外法权”的适用范围尚仅限于宁波、上海、广州、厦门、南京等五个通商口岸。但在随后签订的《虎门条约》中，英国政府强调“倘有英人违背此条禁约，擅到内地远游者，交英国管事官依情处罪”，将“治外法权”的适用范围扩大到内地。1844 年，美国在强迫中国与之订立的《中美五口贸易章程》（《望厦条约》）中，将领事裁判权的适用范围直接由五个通商口岸扩大到中国沿海各个港口，不仅美国人与中国人之间的争讼要由美国领事审理，甚至美国人与其他国家侨民在中国发生的争讼、纠纷，也“应听两造查照本国所立条约办理，中国官员均不得过问”。此后，法、俄、日、奥等二十多个国家都援引英、

---

① （清）沈家本：《法学通论讲义序》，卷六，载（清）沈家本等：《历代刑法考·附寄簃文存》，第 4 册，2233 页，北京，中华书局，1985。

② 周少元：《清末法学教育的特点》，载《法商研究》，2001（1）。

③ 王铁崖：《中外旧约章汇编》，第 1 册，42 页，北京，三联书店，1957。

美先例，强迫中国与之签订不平等条约，相继取得了在华领事裁判权。至1845年，英、美、法三国驻上海领事趁小刀会起义之机，要挟中国政府修改《上海租地章程》，在租界内设立由外国领事直接控制的“工部局”和巡捕房，攫取了对租界内华人和无约国人的司法管辖权。

（二）西方列强行使“领事裁判权”的机构

外国侵略者通过订立不平等条约取得在华领事裁判权以后，开始在中国领土范围内直接设立各自的司法机构，来行使这种“治外法权”。从历史上看，西方列强对于其本国侨民间的诉讼，由他们自己建立的“海外司法系统”来处理。在这种司法系统中，首先是作为一审的基层法院。这一般是领事法院（设于各领事区，由领事兼理司法）或由公使或使馆人员组成的法院。其次是上诉法院。由于各国司法体制不同，其殖民地上诉法院系统也有差别。如英国在中国设立“英国驻华高等法院”，作为第二审法院，第三审法院则是英国本土的枢密院。法国海外司法系统中，第一审是驻华领事法院，第二审是设在越南的西贡法院，第三审是巴黎大理院。

（三）观审制度与“会审公廨”

由于中国国家孱弱，政府无能，西方列强在攫取了对其本国在中国的侨民的“治外法权”后，进一步以讹诈、欺骗等手段，取得了对于中国人与外国人之间争讼的“观审”和“会审”权，由此形成了清末涉外诉讼中的观审制度和“会审公廨”。

所谓观审制度，是西方列强取得在华领事裁判权以后确立的强行干预中国司法审判的制度。按照早期订立的不平等条约的规定，涉外诉讼中一般采用被告主义原则，即接受被告一方国家的司法管辖。但1876年《中英烟台条约》签订以后，西方列强开始强迫中国政府接受观审制度，即在原告是外国人、被告是中国人的案件中，原告所属国领事官员也有权前往“观审”，中国承审官应以观审之礼相待。如果观审官员认为审判、判决有不妥之处，有权提出新证据、再传原证，甚至参与辩论。这种观审制度是对原有领事裁判权的扩充，也是对中国司法主权的粗暴践踏。

“会审公廨”又称会审公堂，是1864年英、美、法三国驻上海领事借小刀会起义之机，要挟清政府同意在外国租界内设立的特殊审判机构。按照1868年订立的《上海洋泾浜设馆会审

图11－5　会审公廨

章程》的规定：凡涉及外国人的案件，必须有领事官员参加会审；凡中国人与外国人间的诉讼，若被告系有约国人，由其本国领事裁判，若被告为无约国人，也须有其本国领事陪审。甚至租界内纯中国人之间的争讼最终也须外国领事观审并操纵判决。实际上，所谓“会审”只是空有其名，审判的主动权完全为外国领事所控制，中国官员往往仅被当作象征性的陪衬。“会审公廨”制度的确立，也是外国在华领事裁判权的扩充和延伸。

鸦片战争前，中国是一个领土完整、主权独立的国家。唐、宋、明、清诸朝法律，都公平而合理地规定了外国人在中国违法犯罪的管辖问题。但在鸦片战争以后，以英国为首的自称文明之邦的西方列强却运用武力和武力讹诈的方法，攫取了在华领事裁判权。在从 1843 年到 1943 年的外国在华领事裁判权存续的一百年中，领事裁判权成为西方侵略者在中国逞凶肆虐、走私贩毒、进行各种犯罪活动的护身符。凭借这种“治外法权”，许多西方冒险者在中国杀人越货，横行无忌，而每每逍遥法外。外国在华领事裁判权的确立，不仅使中国丧失了对涉外案件的司法管辖权，而且使在中国领土上可以直接设立外国的司法机构，执行外国法律，行使外国的司法权力，结果使在中国领土上出现了“外人不受中国之刑章，而华人反就外国之裁判”① 的奇怪现象。这正是鸦片战争以后中国社会半殖民地化的深刻写照。

第五节　变法修律的特点及影响

如前所述，清末变法修律是清朝政府在内外各种压力之下被迫进行的一次重要的法律变革。从清朝廷主观上来说，这是不得已而为之的权宜措施。而且，在变法修律过程中，传统保守势力的反对与阻碍也极为强烈。在这种特殊情形之下，变法修律就成为一个极为复杂和艰难的过程，也形成了自身的一些特点。

首先，修律宗旨和基本方针存在着根本性的矛盾。一方面，进入 20 世纪以后，清朝政府迫于时局的激变，不得不“改弦更张”，实施变法，引进、学习近代法律。满足“交涉”之需要，“参酌各国法律”，即近代法律的形式，就成为变法修律的一个直接的目标。但另一方面，清朝廷及顽固、守旧的保守势力，一直把固守传统、维护“国粹”作为变法修律的实质要求。这两种相互矛盾的目标与宗旨，决定了清末变法修律过程中的矛盾性和复杂性，也决定了变法修律的局限性。

其次，在内容上，清末修订的法律表现出体现君主专制集权主义的传统法律内容与近代法律技术成果的奇怪混合。由清朝政权性质及传统保守势力的影响所决定，清朝政府一直坚持君主专制制度及传统伦理纲常“不可率行改变”，在变法修律过程中最大限度地保留了一些维护君主专制制度和传统伦理秩序的内容；同时又在“模范列强”的口号下大量引进近代法律理论、法律制度和法律术语。这样，使保守、落后的传统法律内容与先进的近代法律技术成果同时出现在新修订的法律之中。

最后，由于保守势力的顽固阻挠，变法修律过程一直充斥着改革与守旧的矛盾与冲突。其

① 赵尔巽等撰：《清史稿·刑法志三》，4205 页，北京，中华书局，1977。

中，著名的“礼法之争”就是这种矛盾与冲突的集中反映。一方面，这些思想、观念上的矛盾、冲突，特别是顽固派的刻意反对与掣肘，在客观上影响了变法修律的实际成效，使变法修律在很大程度上流于形式。但另一方面，这些理论上的争执，也向后人展示了传统法律文化、法律观念与现代法律文化的巨大差异。

图 11－6　清帝退位诏书

清朝政府在 20 世纪初叶所进行的大规模变法修律活动，虽然从主观上看是一种被迫进行的法律改革，修律本身也存在着明显的局限性；但此次变法是中国历史上自商鞅变法以来最重要的一次法律变革，产生了重要的影响，在中国法制发展史上占有重要地位。

（1）清末变法修律直接导致了中国旧法律体系的解体。在修律大臣沈家本等人的主持下，修订法律馆等修律机构陆续起草、制定了宪法、刑法、民法、商法、诉讼法等部门法律、法规草案。这些立法活动，在客观上改变了中国古代数千年相传的“诸法合体”的法典编纂形式，明确了不同类型的实体法、实体法与程序法之间的区别，中国传统法律制度的传统格局由此被打破。同时，由于在修律过程中大量引进近代的法律学说、法律制度和法律技术、术语，中国传统法律的“依伦理而轻重其刑”的特有性格也开始受到很大的冲击。经过清末法律修律，中国开始建立和形成诸法有分的成文法体系。

（2）清末变法修律为中国法律的近代化奠定了初步的基础。在变法修律的近十年时间中，修订法律馆参照德国、法国等近代国家的成文法体系和法律原则，制定了大量的法律、法规草案，初步建立起一套近代意义上的、与原有法律体系完全不同的法律制度和司法体制。这些变法的成果，在客观上直接成为北洋政府及南京国民党政权法律制度发展的基础，为中国法律由古代法律体系向近现代法律文明的转变奠定了基础。

（3）清末变法修律活动在客观上促进了近现代法律思想、法律观念的引进和传播。发生在 20 世纪初的清末变法修律，是中国历史上第一次全面系统地引进和介绍近代法律制度和法律学说。在变法修律过程中，在沈家本等人的主持下，修订法律馆等机构组织翻译了三百余种各国的法律文本和法律著作，并聘请外国法学家来华讲学，参与法律草案的研拟工作。这些活动，使西方近现代资本主义的政治、法律学说系统地传入到中国，在客观上促进了近现代法律知识在中国的传播和普及，有利于树立近现代法治理念和法治精神。

深度阅读

1. 故宫博物院明清档案部. 清末筹备立宪档案史料. 北京：中华书局，1979

2. 田涛，李祝环. 接触与碰撞：16 世纪以来西方人眼中的中国法律. 北京：北京大学出版社，2007

问题与思考

一、思考题

1. 简要说明清末变法修律的社会背景。
2. 评述清末“预备立宪”的主要活动及宪法文件。
3. 说明清末修律的指导思想、基本特点和影响。
4. 评述清末变法过程中刑律的修订。
5. 评述外国在华领事裁判权制度。
6. 评述清末司法制度的改革。

二、练习题

（一）单项选择题

1. 中国清末修订法律馆于 1911 年 8 月完成《大清民律草案》。下列有关该草案的表述错误的是（　　）。(司考)

A. 《大清民律草案》的结构顺序是：总则、债、物权、亲属、继承

B. 日本法学家参与了《大清民律草案》的起草工作

C. 《大清民律草案》的基本思路体现了“中学为体、西学为用”的精神

D. 《大清民律草案》经正式公布，但未及实施，清王朝即告崩溃

答案：D

2. 下列有关清末变法修律和司法体制变革的表述错误的是（　　）。(司考)

A. 清末修律在法典编纂形式上改变了传统的“诸法合体”形式，明确了实体法之间、实体法与程序法之间的差别

B. 清末修律使延续了几千年的中华法系开始解体，同时也为中国法律的近代化奠定了初步基础

C. 在司法机关改革方面，清末将大理寺改为大理院，作为全国最高审判机关；改刑部为法部，掌管全国检察和司法行政事务，实行审检分立

D. 清末初步规定了法官及监察官考试任用制度

答案：C

3. 关于清末“预备立宪”，下列选项可以成立的是（　　）。（司考）

A. 1908 年颁布的《钦定宪法大纲》作为中国近代史上第一部宪法性文件，确立了资产阶级民主共和国的国家制度

B.《十九信条》取消了皇权至上，大大缩小了皇帝的权力，扩大了国会与内阁总理的权力

C. 清末成立的资政院是中国近代第一届国家议会

D. 清末各省成立谘议局作为地方督抚的咨询机关，权限包括讨论本省兴革事宜、预决算等

答案：D

4. 下列法律文件属于中国近现代历史上第一部宪法性文件的是（　　）。（司考）

A.《重大信条十九条》　　B.《钦定宪法大纲》

C.《中华民国约法》　　D.《中华苏维埃共和国宪法大纲》

答案：B

5. 关于《大清新刑律》，下列选项错误的是（　　）。（司考）

A.《大清新刑律》是中国刑法史上第一部具有近代意义的法典

B.《大清新刑律》规定刑罚分主刑、从刑

C.《大清新刑律》的内容完全属于资本主义刑法性质

D.《大清新刑律》于 1911 年公布，但没有实施

答案：C

6. 1903 年 5 月 1 日，在上海英租界发行的《苏报》刊载邹容的《革命军》自序和章炳麟的《客帝篇》，公开倡导革命，排斥满人。5 月 14 日，《苏报》又指出：《革命军》宗旨专在驱逐满族，光复中国。清廷谕令两江总督照会租界当局严加查办，于 6 月底逮捕章炳麟，不久，邹容自动投案。由谳员孙建臣、上海知县王瑶庭、英国副领事三人组成的审判庭对邹容等人进行审理，最后判处章炳麟徒刑三年，邹容徒刑两年。对这一案件的说法，下列选项正确的是（　　）。（司考）

A. 这表明清廷实行公开审判原则

B. 这表明外国人在租界内对中国司法裁判权的直接干涉

C. 这表明外国人在租界内的领事裁判权受到了限制

D. 这表明清廷变法修律得到了国际社会的承认

答案：B

7. 中国法制近代化经历了曲折的渐进过程，贯穿着近代法律精神与中国法律传统的交汇与碰撞。关于中国法制近代化在修律中的特点，下列选项不正确的是（　　）。（司考）

A. 1910 年《大清民律草案》完成后，修律大臣俞廉三上陈奏进民律前三编草案折，认为民律修订仍然没有超出中学为体、西学为用的思想格局

B. 1911 年《大清新刑律》作为中国第一部近代意义的专门刑法典，在吸纳近代资产阶级罪刑法定等原则的同时，仍然保留了部分不必科刑的民事条款

C. 1910 年颁行的《法院编制法》规定，国家司法审判实行四级三审制

D. 1947 年颁行的《中华民国宪法》，所列各项民主自由权利比以往任何宪法性文件的都

充分

答案：B

（二）多项选择题

8. 清末外国在华领事裁判权制度中设有一种特殊的审判机构，即“会审公廨”。下列关于这一机构的表述正确的是（　　）。（司考）

A. 会审公廨是1864年清廷与欧洲列强通过协议建立的

B. 在会审公廨中，凡涉及外国人案件，必须有领事官员参加会审

C. 在会审公廨中，凡中国人与外国人间诉讼案，由本国领事裁判或陪审

D. 会审公廨设在租界内

答案：BCD

9. 下列关于中国古代法制思想和法律制度的说法，正确的是（　　）。（司考）

A. “礼法结合”为中国古代法制的基本特征

B. 夏商时代的法律制度明显受到神权观念的影响

C. 西周的“以德配天、明德慎罚”思想到汉代中期以后被儒家发展成为“德主刑辅、礼刑并用”的策略

D. 清末修律使中华法系“依伦理而轻重其刑”的特点没有受到冲击

答案：ABC

10. 司法制度是一国法律制度的重要组成部分。下列有关各国司法制度的表述正确的是（　　）。（司考）

A. 19世纪后期司法改革后，英国取消了普通法和衡平法两大法院系统的区别，统一了法院组织体系

B. “马布里诉麦迪逊案”对美国违宪审查制度的确立具有重要意义

C. 日本明治宪法颁行后，按法国和德国的模式建立了普通法院和行政法院系统

D. 中国清末的司法制度改革与废除领事裁判权有直接关系

答案：ABCD

11. 关于中国法律制度的发展和演进，下列表述正确的是（　　）。（司考）

A. 商鞅“改法为律”扩充了法律内容，强调了法律规范的普遍性

B. 汉武帝顺应历史发展废除肉刑进行刑制改革，为建立封建刑罚制度奠定了重要基础

C. 三国两晋南北朝时期更广泛、更直接地把儒家的伦理规范上升为法律规范，使礼、法更大程度上实现融合

D. 清末变法修律基本上是仿效外国资本主义的法律形式，固守中国的封建法制传统

答案：ACD

12. 关于清末变法修律，下列选项正确的是（　　）。（司考）

A. 在指导思想上，清末修律自始至终贯穿着“仿效外国资本主义法律形式，固守中国封建法制传统”的原则

B. 在立法内容上，清末修律一方面坚持君主专制体制和封建伦理纲常“不可率行改变”，另一方面标榜“吸引世界大同各国之良规，兼采近世最新之学说”

C. 在编纂形式上，清末修律改变了传统的“诸法合体”形式，明确了实体法之间、实体法与程序法之间的差别，形成了近代法律体系的雏形

D. 在法系承袭上，清末修律标志着延续几千年的中华法系开始解体，为中国法律的近代化奠定了初步基础

答案：ABCD

下　　编

同时期外国法律文化概况

从19世纪中叶开始，以美国和德国为代表的西方资本主义国家相继展开第二次工业革命，社会生产力再次得到大幅提升，人类文明开始步入“电气时代”。为满足经济与社会发展的需求，西方各国的法律制度均出现了较为明显的变化。

1865年结束的南北战争终结了美国的分裂状态。同年12月，废除奴隶制的第13条宪法修正案正式生效。作为美国内战的直接后果，该修正案标志着美国最终形成了统一的工业资本主义大市场，这为美国法从分散走向统一提供了重要的驱动力。为进一步巩固统一市场，联邦层面的政治权力不断扩大，制定法的比例大幅增加，各州的法律也呈现出统一化的趋势。这一时期，美国法在司法实践中形成了普通法的判例理论，形成以法院为中心、以判例法为基础的传统和具有美国特色的判例法“先例原则”，这使得州与州之间的法律分歧与此前的相比显著缩小。1868年，美国国会颁布第14条宪法修正案，将州政府侵害公民权利的行为纳入《权利法案》的保护范围之内，引发了真正意义上的宪法变革。1870年、1871年和1875年颁布的“民权法案”则将美国社会的民权运动推向了新的高潮。1870年就任哈佛大学法学院院长的兰德尔（Langdell，1826—1926）推崇与美国司法体制相适应的判例教学法，形成独具风格的美式法律教育，开创了美国法的一般理论，促使美国本土的法学获得了独立的品格。受其影响，美国统一州法全国委员会于1892年成立。这是一个州政府之间的学术机构，其目的在于向各州推荐具有示范意义的法律文本。此后，美国法快速走向统一化和体系化的发展道路。与此同时，为了保障竞争自由，平抑日益强大的商业组织对生产和流通领域的垄断，美国在1890年制定了世界上第一部反托拉斯法。

在19世纪中叶，法国在欧陆已经失去了优势地位，德意志地区各封建邦国有强烈的统一愿望。这一时期，德意志各地先后出现了《法兰克福宪法（草案）》（1849年，也称《保罗教堂宪法》）、《普鲁士宪法》（1850年）等宪法性文件；在民商事领域，出现了《奥地利普通民法典》（1811年）、《萨克森民法典》（1865年）、《德国普通票据法》（1848年）、《德意志普通商法典》（1861年）等民商事法典，这些法律成为德意志第二帝国制定民法典和商法典的重要渊源。1870年爆发的普法战争彻底改变了欧陆的政治格局，法国的惨败导致以普鲁士为核心的统一德国正式形成。建国之后，当局立即着手进行法典编纂的工作，其中颁布于1871年的《德意志帝国宪法》建立了君主立宪的近代德国政体；同年颁行的刑法典确立了一系列资产阶级的刑法原则和制度；《民事诉讼法》和《刑事诉讼法》颁布于 1877 年，《法院组织法》《律师法》等各项法律也陆续出台；分别颁布于 1896 年的《德国民法典》和 1897 年的《德国商法典》成为最重要的民商事法律渊源。值得一提的是，德国历史法学派的法学家将半个世纪以来的学术成就写入《德国民法典》，获得了巨大的成功，使之成为与《法国民法典》同样经典的法典作品。至 19 世纪末，六部最基本的部门法典均制定完毕并付诸实施，近代德国法的体系最终形成。

俄国和日本这两个相对落后的农业国家在 19 世纪中期也开始崛起。俄国沙皇亚历山大二世于 1861 年废除了农奴制，使农民获得人身自由和支配自己财产的权利，极大地解放了生产力。19 世纪 60 至 70 年代，沙皇政府又进行了一系列资产阶级性质的改革，其中在司法组织和诉讼制度等方面的改革尤为突出。1864 年颁行的《司法条例》设立了陪审法院、检察机关和律师团体，规定了司法侦查制、公开审理制、辩论制以及明确的审级制等资产阶级的诉讼原则和程序。俄国初步进入现代国家的行列。19 世纪末，沙皇政府成立了特设的法典编纂委员会，着手起草刑法、民法、诉讼法等基本法，但是其中体现资本主义经济要求的新的民法典草案一直未获通过。19 世纪的改革使俄国的经济走上了资本主义发展的道路，但是其政治仍然停留在沙皇体制之下。

日本直到 1853 年才被迫向西方列强打开国门，开埠通商。德川幕府先后同美、英、法、俄、荷等国签订了不平等条约，承认领事裁判权，并将关税自主权拱手出让。1868 年，一场自上而下的政治改革席卷了日本，史称“明治维新”，德川幕府正式还政于明治天皇。此后，日本政府同各国交涉，要求修改不平等条约，西方列强却提出，日本必须先在本国实施符合西方标准的法律。从 19 世纪 70 年代中期开始，明治政府着手组织法律起草委员会，力图在短期内制定出一系列西式法典。起初，日本主要仿效法国法的模式。在法国法学家博阿索那德的直接指导下，日本以法国法为蓝本，先后制定了刑法、治罪法、民法、商法等主要法典。1889 年，日本颁布了与普鲁士德国的宪法风格相当接近的《大日本帝国宪法》。自此之后，日本在法律现代化的进程中开始全面转向效仿德国。具体来说，立法委员会以德国的法典为模式，对民法、商法、刑法、刑事诉讼法典进行修订，并对前一时期德国人起草的法院组织法和民事诉讼法重新审议。至 1907 年，由宪法、民法、商法、刑法、诉讼法和法院组织法组成的日本六法全部编制完毕，为日本发展为近现代资本主义国家提供了制度性的保障。与英国、美国和法国不同，后崛起的德国、俄国和日本等国在其现代化转型的过程中都带有强烈的极权主义倾向，他们急迫的争霸愿望为 20 世纪的世界蒙上了战争的阴云。

爆发于 1914 年的第一次世界大战是西方国家以争夺全球霸权为目的的一场大范围的战争。1917 年 11 月 7 日，以列宁为代表的布尔什维克党领导了彼得格勒武装起义，建立起了世界上第一个无产阶级专政的社会主义国家。1918 年，全俄苏维埃第五次代表大会通过《苏俄宪法》，这是世界历史上第一部社会主义类型的宪法。包括《刑法典》《民法典》《劳动法典》《土地法典》在内的具有社会主义性质的部门法典在 1920 年之后相继制定出台，标志着苏维埃社会主义法律体系的全面确立。1918 年 11 月，一战结束。在一战中失败的德国陷入严重的政治和经济危机，德意志第二帝国因而土崩瓦解。1919 年，德国通过了全新的《德意志联邦宪法》（《魏玛宪法》），第一次建立了共和国。除资本主义共和国宪法通常包括的那些内容之外，受到《苏俄宪法》的影响，《魏玛宪法》还规定了国家有调整经济生活、劳动关系的职责，特别将调整社会经济生活列为专章加以规定。这一时期，绝大多数在帝国时代颁行的部门法典继续有效，但是政府为了摆脱战败后出现的经济困难，扩大了经济立法的范围。1919 年，德国颁布了《煤炭经济法》。这是世界上第一个以经济法命名的产业统制法。同一时期颁行的重要经济立法还有《反不正当竞争法》（1909 年）、《关于社会化法律》（1919 年）、《关于劳工会议的法令》（1920 年）和《防止滥用经济权力法令》（1923 年）等等。伴随着德国政治、经济局势的改变，以国家积极干预市场经济为核心和目标的经济法法律体系逐步形成。

1929 年至 1933 年，全球爆发了严重的经济危机。为渡过这场危机，美国总统富兰克林·罗斯福在推行“新政”（New Deal）的 3 个月内，先后向国会提出了 70 多个法案，敦促国会通过了一系列旨在整顿工业、银行、农业和劳工的法律，例如《农业调整法》和《全国工业复兴法》等，对国民经济进行全面宏观调控。为了克服立法效率低、周期长的弊端，以总统为中心的行政权迅速扩张，行政命令成为落实经济和社会立法的重要保障手段。这一时期，除经济立法之外，社会立法也大量出现。1935 年，涵盖老年社会保险、盲人和残废者补助、老年补助、未成年人补助和失业社会保险等五个部分的《社会保障法》正式出台，美国在联邦层面建立起较为完整的社会保障体系。同年，《国家劳工关系法》出台，承认工人有组织工会、进行集体谈判和举行罢工的权利。

受到全球性经济危机的影响，德国魏玛政府的统治难以为继，国家社会主义工人党（简称“纳粹党”）趁机登上政治舞台，以极端种族主义理论欺骗群众，大肆制造社会紧张空气，将国内危机转嫁到国际社会。1933 年 1 月，德国进入法西斯统治时期，并于 1939 年挑起了第二次世界大战。从 1933 年到 1945 年的 12 年，纳粹政权并未废除德国原有的法律体系，但是对这些既存的法律进行了严重的扭曲。纳粹德国的法制自始至终贯穿着极权主义、恐怖主义和种族主义的特色，体现出反人类的本质属性。

第二次世界大战结束之后，美、英、苏三国政府签署《波茨坦协定》，以苏联为一方，美、英、法三国为另一方，分别对德国实行了军事占领和管制。美、苏两大阵营之间的严重对立，揭开了“冷战”的序幕。美国在这一时期制定了一系列镇压工人运动、反对共产党的法律。1949 年 5 月和 10 月，德意志联邦共和国（以下简称联邦德国）和德意志民主共和国相继成立，德国进入两德分立的历史时期，两德在不同意识形态的指引下走上了完全不同的发展道路。同年，联邦德国在波恩通过了作为国家法律根基的《基本法》，并将政党制度纳入宪法。冷战期间，两德均沿用 1900 年颁布的《德国民法典》，但也从本国政治体制出发对该民法典进行了完全不同的改造。两德分裂的状态直到 1990 年 10 月德国正式宣布实现统一才告结束。根据《统一条约》的规定，重新统一的德国沿用了联邦德国的名称、国旗和联邦制度，沿用制定于波恩的《基本法》以及联邦德国的各项法律制度。统一德国延续了联邦德国的法律体系，但也为适应统一后的形势作了部分修改。作为另一个在第二次世界大战中犯下严重罪行的法西斯国家，日本在战败后将本土交由美军接管。1946 年 2 月，日本在美国的主导之下开始制定新宪法，并于 11 月颁布。这部新宪法吸收了欧美资本主义国家宪法通行的原则，在捍卫资本主义私有制和资产阶级政治统治的前提下，以三权分立原则组织国家政权机关，削弱了天皇的权力，实行对国会负责的责任内阁制，扩大了公民的自由民主权利。新宪法在第 9 条明确规定放弃战争和不保持武装力量的原则，这一规定有利于防止日本复活军国主义和重走侵略战争的道路，也反映了日本人民坚决要求维护和平的决心。第二次世界大战后的日本政府仍旧维持 1898 年《日本民法典》的效力，但也从 1947 年起对该民法典进行了多次修改以适应社会生活方方面面的变化。

第二次世界大战期间，反法西斯同盟多次提出建立“一个国际机构维持世界和平与安全”的设想。1945 年 4 月，来自 50 个国家的代表在旧金山起草了有 111 条的《联合国宪章》，该宪章于当年 10 月正式生效。1948 年 12 月，联合国大会在巴黎通过了《世界人权宣言》。自此之后，联合国成为订立国际法和维护国际秩序的最重要的全球性机构。在欧洲，1951 年，法国、联邦德国、意大利、荷兰、比利时、卢森堡签订《罗马条约》，共同组建了“欧洲煤钢共同体”（ECSC）。1957 年，六国在罗马又签署了一系列的条约，建立了“欧洲原子能共同体”（Euratom）和“欧洲经济共同体”（EEC，也被称为“共同市场”）。这两个共同体设立了一些基本规则，例如在成员国之间取消关税，以及设置一些为各成员国共同遵守的贸易政策和农业政策等。1967 年，三个经济共同体合并起来，最终形成一个体现为单一治理结构的跨国组织，也就是欧洲共同体（EC）。欧共体的单一治理结构将行政、立法和司法三种权力分置开来，其中掌握行政权力的欧共体委员会设在布鲁塞尔，欧洲议会以及与之关系密切的立法委员会（由各成员国部长组成）设在斯特拉斯堡，欧洲法院设在卢森堡。1991 年，欧共体成员国在荷兰马斯特里赫特通过了《欧洲联盟条约》，欧盟正式成立。此后，欧盟迅速东扩，不断吸收新的成员国，至 2020 年，已有 27 个欧洲国家加入欧盟。由于欧盟的法律对于各成员国及其公民均可以产生直接的效力，因而欧盟已经从一个普通的国际组织转变成为一种拥有准联邦性的国家。对于很多欧洲国家来说，欧盟法正在变成新法律的最大来源。

第十二章
中华民国法律思想与制度

本章重点知识

1. “五权宪法”和“权能分治”理论。
2. 《中华民国临时约法》。
3. “天坛宪草”。
4. 《中华民国约法》。
5. 《中华民国宪法》。
6. 《中华民国训政时期约法》。
7. 《中华民国民法》。
8. 诉讼审判制度。

第一节　南京临时政府时期的法律思想与制度

一、南京临时政府时期的法律思想与立法背景

(一) 资产阶级革命派及其法律思想概述

随着中华民族内忧外患程度的加深，以激进式的革命取代渐进式的改良，就成为大势所趋和主流思想。具言之，戊戌变法的迅速失败，宣告了改良主义道路走不通。严酷的现实教育了中国人民，一批先进知识分子从中惊醒、奋起，另辟蹊径探索救国之道。在1900年前后，以孙中山为代表的资产阶级革命派开始成为时代主角。在与改良派、保皇派的激烈论战和斗争中，资产阶级革命民主思想迅速传播，逐渐成为20世纪初期的社会思潮。1905年，由孙中山领导的“兴中会”与黄兴、宋教仁等建立的“华兴会”以及蔡元培、章太炎等人成立的“光复会”，在日本联合组成了中国资产阶级的革命政党——中国同盟会。中国同盟会以“驱除鞑虏，

恢复中华，创立民国，平均地权”为政治纲领，奉行孙中山提出的“民族、民权、民生”的“三民主义”，并创立了《民报》来宣传自己的思想主张，同流亡海外的康有为、梁启超等人所鼓吹的君主立宪思想进行了针锋相对的论战，痛斥清廷的立宪骗局，对民主革命思想的传播发挥了重要作用。

在孙中山和“同盟会”的领导下，经过不断的艰苦奋斗和流血牺牲，终于在1911年，资产阶级革命派通过辛亥革命推翻了清王朝，从而结束了长达两千多年的君主专制，建立了“中华民国”。资产阶级革命派的法律思想成为新生的中华民国立法的指导原则，南京临时政府开创了中国历史的新纪元。资产阶级革命派的代表人物主要有孙中山、黄兴、章太炎、邹容、陈天华、朱执信、蔡元培、廖仲恺、宋教仁等，其中最有代表性的是孙中山。

资产阶级革命派中有许多理论家和思想家，他们大力宣传革命民主主义及法律思想，批判纲常礼教，使资产阶级民主革命思想迅速传播，深入人心。

资产阶级革命派的法律思想，其主要内容有以下几个方面：第一，推翻君主专制，实行三民主义。资产阶级革命派指出，只有通过革命，推翻清王朝的君主专制统治，才能拯救中国。他们的政治纲领是“三民主义”，并将其作为法律思想的理论基础和政治经济主张的指导原则。第二，批判君主立宪，主张“五权宪法”。资产阶级革命派批判清朝统治者借“预备立宪”之名，行专制统治之实。在资产阶级革命派看来，实行“五权宪法”，才最适合中国国情，才能把国家治理好。第三，实行资产阶级法治。资产阶级革命派认识到法律和法治的重要性，认为对一个现代国家来说，只有实行法治，才能国富民强。因此，他们主张实行资产阶级法治，这在当时是顺应世界历史潮流的。第四，批判纲常礼教。资产阶级革命派看到纲常礼教是专制统治的精神支柱，并根据资产阶级人性论和自由平等学说，对纲常礼教进行了批判。他们着重批判了“三纲”，提出了男女平等、妇女解放的要求。他们对纲常礼教的批判，无论在深度上，还是在广度上，都超过了戊戌变法时期的改良派，成为当时思想解放的一个重要标志，成为后来的五四运动中反纲常礼教、争取民主科学的先声。

可见，资产阶级革命派法律思想的主要特点是：第一，反专制性。他们尖锐地揭露和批判以清王朝为代表的专制主义和纲常礼教的黑暗、暴虐、腐朽和不平等。第二，民主性。他们热情地设计资产阶级民主共和国方案，宣传和提倡资产阶级的“自由、平等、博爱”学说、分权理论和法治原则，主张建立保障人民主权和民主共和政制的新法律。第三，民族性。孙中山的“五权宪法”学说，章太炎的“四权分立”主张，都是力图将资产阶级民主和中国民族特点结合起来的，具有一定民族性的法律思想。

（二）孙中山的主要法律思想

孙中山（1866—1925）名文，字德明，号逸仙，别号中山，广东香山县（今中山市）人。青少年时期，曾在檀香山、广州、香港、厦门等地读书，接受了资产阶级的文化教育。他是资产阶级革命派的领袖，近代中国“伟大的革命先行者”，建立了中国第一个资产阶级革命团体“兴中会”。1905年8月他建立了统一的资产阶级政党中国同盟会，提出了“驱除鞑虏，恢复中华，创立民国，平均地权”的政治纲领。同年11月，孙中山在中国同盟会机关报《民报》发刊词中，明确提出以民族主义、民权主义、民生主义为基本内容的三民主义。三民主义是资产阶级民主革命的指导思想，也是其法律思想的理论基础。他主张实行西方资产阶级的法治，而且结合当时的国际形势和中国的实际提出了"五权宪法"的学说。但是，孙中山的资产阶级法律观也曾使他迷信法律至上的效力，相对忽视政权对法律的决定和保障作用。直至晚期，经过北洋军阀的反面教训和中国共产党的正面帮助，他才在法律与政治、法律与人民大众的关系等基本问题上产生认识上的飞跃。

1. "三民主义"的立法指导思想

"三民主义"是随着孙中山思想的不断发展而逐步充实和完善起来的，并经历了由旧三民主义到新三民主义的巨大转变。它不仅是孙中山政治、经济主张的理论基础，还是孙中山法律思想的指导原则。

民族主义是三民主义中的第一个主义。在旧三民主义中，民族主义的基本内容就是"驱除鞑虏，恢复中华"。"驱除鞑虏"指推翻满族统治的清政府，"满政府穷凶极恶，今已贯盈。义师所指覆彼政府，还我主权"[①]。"恢复中华"指光复汉民族的国家，"视满族为异类"。这种民族主义包含以汉族为本位的大汉族主义思想是显而易见的。但是，由于当时清王朝已成为君主专制集权主义和帝国主义互相勾结压迫中国人民的代表，并在其统治中国的二百余年中实行民族压迫政策，所以要求推翻把持国家政权的满族贵族的统治，显然是具有革命意义的。

民权主义是三民主义的核心，它的基本内容就是推翻腐朽的君主专制集权制度，建立民国。孙中山的旧民权主义基本上未超出西方"天赋人权"的范畴，即人人平等，同为一族，决不能以少数人压迫多数人；人人有天赋之人权，君主不能奴役臣民。在新三民主义时期，孙中山的民权主义已具有不同于西方的一些特点，侧重突出反帝、反传统帝制的革命性，并鲜明地指出西方资产阶级民权制度的虚伪性，这在近代宪法史上是前所未有的创见。"五权宪法"也就是在保障民权的思想指导下出台并践行的，体现出当时宪法法制的民主性、科学性与前瞻性。

民生主义是孙中山三民主义中最有特色的部分。他从民生主义出发，把着眼点放在占中国人口绝大多数的农民的生活问题上，这与当时对农民革命采取敌对态度，根本漠视农民的资产阶级改良派、立宪派完全不同。他把土地问题的解决列为资产阶级民主革命的中心问题，认为只要解决土地问题便可以直接实行社会主义，"预防"资本主义的祸害。孙中山的旧三民主义用来解决"资本"问题的具体办法是，实行一种所谓"集产资本主义"的国家资本主义，并幻想能有一种没有资本家的资本主义。这充分显示出，他看到了资本主义的许多弊端，但又低估了君主专制集权主义对社会的严重束缚，其理论带有一定的空想性。

孙中山将其"三民主义"的一贯精神概括为"自由（民族主义）、平等（民权主义）、博爱（民生主义）"。他的法律观就是旧三民主义的法律观，即以"自由、平等、博爱"为指导的法律观。他提出"大小讼务，仿欧美之法，立陪审之员，许律师代理，务为平允。"[②] 他也重视作为立法机关的国会的重要性及独立性。他指出：共和之根本在法律，而法律之根本在国会。他在晚年的法律思想中，提出了废除不平等条约，体现了为追求平等互尊主权而奋斗的民族自豪精神。

---

① 孙中山：《中国同盟会革命方略》，载孙中山著，广东省社会科学院历史研究室编：《孙中山全集》，第1卷，296～297页，北京，中华书局，1981。

② 孙中山：《致港督卜力书》，载孙中山著，广东省社会科学院历史研究室编：《孙中山全集》，第1卷，394页，北京，中华书局，1981。

2.“五权宪法”与“权能分治”理论

“五权宪法”是孙中山法律思想的重要组成部分，是他在研究各国宪法的基础上，结合中国的历史与国情加以融合的产物。他一贯认为，宪法的好坏对于治理国家至为重要：“我们要有良好的宪法，才能建立一个真正的共和国。”① 同时，他认为三权分立的学说在西方资产阶级革命时期曾经起过很大的作用，但现在已经不适用了，因此中华民国的宪法要创造一种新主义，即五权分立，以弥补三权分立的不足。

孙中山的所谓“五权”，就是在行政权、立法权、司法权之外，再加上考试权和监察权。以“五权分立”为基础内容的宪法就叫“五权宪法”。根据“五权宪法”设立行政、立法、司法、考试、监察五院，就叫五院制。他认为，只有用“五权宪法”所组织的政府，才是完全政府，才是完全的政府机关。按照他的设想，其结构如下：一曰行政院，二曰立法院，三曰司法院，四曰考试院，五曰监察院。孙中山认为，监察与考试独立是中国固有的东西，因此，中国应发扬自己的传统，将这二者独立。孙中山的“五权分立”学说本身是他体察中国民情国史而独创的宪法思想，或多或少的也带有牵强的色彩。但是，他主观上是在努力克服西方代议制在运作中的缺点，纠正选举制度的弊端，更重要的是他为人民描绘了一幅“世界上最完美、最良善，民有、民治、民享”的国家蓝图。

“权能分治”理论是孙中山民权思想的最完整体现。孙中山的“五权宪法”是以人民掌握政权、政府实施治权的权能分治的学说为依据的，是建立在人民主权基础之上的。他把政治权力分为政权与治权两种：“政是众人之事，集合众人之事的大力量，便叫作政权，政权就可以说是民权。治是管理众人之事，集合管理众人之事的大力量，便叫作治权，治权就可以说是政府权。所以政治之中包含两种力量，一个是管理政府的力量，一个是政府自身的力量。”他认为，“要把中国改造成新中国，必须把权和能分开。政权完全交到人民手内，要人民有充分的政权，可以直接去管理国事”；治权则“完全交到政府的机关之内，要政府有很大的力量，治理全国事务”。中国应该建设“全民政治”的国家，若想实现“全民政治”国家的理想，他认为人民真正应该掌握的权利包括选举权、创制权、复决权及罢免权这四权。同时这四权又可分为两类：一类是人民管理政府官吏的权利，即选举权与罢免权。他主张“人民要有直接民权的选举权”，全国实行分县自治，人民直接选举官吏，还必须有罢免权。另一类是管理法律的权利，即创制权与复决权，也就是人民有权利创订一种法律或根据需要废止一种法律抑或修改一种法律。孙中山强调说，真正的中华民国必须保障人民有此四种权，人民有了此四种权，才算是有充分的民权，才能真有直接管理政府之权。

值得重视的是，孙中山的“直接民权”和“五权宪法”思想及其“权能分治”的理论，都渗透着这样一种精神：首先，他反对照搬西方，主张结合中国国情吸收西方先进的东西；其次，他不满足于西方的代议政治，并试图避免资本主义制度带来的种种弊端，力求克服西方在立法、行政等方面的混乱，从而超越欧美。当然，他的法律思想及其理论由于受到世界观影响而具有局限性。他虽然忠诚地向往民主立宪和法治，但又认为必须经过“军政”“训政”等阶段。在后来与中国共产党的合作中，他的三民主义得到转化、演进，日渐进步，“联俄、联共、扶助农工”三大政策的出台即是明证。

---

① 孙中山：《五权宪法》，载孙中山著：《孙中山选集》，下卷，575页，北京，人民出版社，2011。

二、湖北军政府时期的主要立法活动及其内容

（一）《中华民国军政府暂行条例》与《中华民国鄂州约法》

湖北军政府是革命党人与军阀、旧官僚及立宪党人组成的一个联合政权。其组织制度最初是：军事与行政分开，军事由都督负责，行政由政务部长负责。由于此时的黎元洪犹豫不决，造成组织不力，革命党人则另外组织了谋略处，实际负责筹划处理军政府一切军事与行政事务。在革命党人蔡济民的主持下，又设秘书、参谋两个厅。随着武汉三镇的光复，革命形势如火如荼，黎元洪决定就任都督。汤化龙等人为了使黎元洪能大权独揽，匆匆起草《中华民国军政府暂行条例》并获通过。该条例共 6 章、24 条，其主要内容是：(1) 撤销谋略处。(2) 都督兼任军政府总司令。(3) 军事与行政权力分开。军政府设立军令、军务、参谋、政事 4 个部；政事部下设内务、外交、财政、交通、司法、文书、编制 7 个局。各部均直接受都督指挥、命令。《中华民国军政府暂行条例》显然排斥了革命党人的参政权利，通过革命党人的坚决抗争，1911 年 10 月 25 日军政府再次开会，经过激烈论争终于推翻了《中华民国军政府暂行条例》，制定并颁布了《中华民国鄂军政府改订暂行条例》，决定实行军政合一制度，取消政事部，将其所属 7 个局升格为部。军政府再次改组，设秘书处、总监察处。这样，一定时期内军政府的大部分权力实际掌握在革命党人手中。

《中华民国鄂州约法》是在武昌起义的鼓舞下，由同盟会主要领导之一宋教仁约同其他革命党为加强湖北军政府的正规化建设而制定的。《中华民国鄂州约法》共分总纲、人民、都督、政务委员、议员、法司、补则 7 章，计 60 条。该法规定，“鄂州政府由都督及其任命之政务委员与议会法司构成之”；凡鄂州政府取得之土地（含他省地方）均由鄂州政府统治，并受本约法约束，直到中华民国正式成立为止。

《中华民国鄂州约法》第二章对公民的一系列权利和义务作出了规定。它规定：“人民一律平等，享有言论、集会、结社、信教、居住、自由保有财产、自由营业权利；有人身、住宅不受侵犯的权利；有任官、考试、选举及被选举的权利，亦有纳税、服兵役之义务。”

《中华民国鄂州约法》规定：“都督由人民公举，任期三年，续举时得连任；但连任以一次为限。”都督总揽政务，在议会未开设前，有暂时制定公布法律之权；有依法律任命官吏、戒严、大赦及减刑之权，都督且对议会负责。

《中华民国鄂州约法》指出：“议会由人民于人民中选举议员组织之。”议会有制定法律，议定条约，审理预算、决算，向政务委员提出条陈、质问或弹劾的权力。议会在《中华民国鄂州约法》施行 3 个月后设立。

根据三权分立的原则，《中华民国鄂州约法》详细规定了作为行政机关的政务委员会、作为立法机关的议会和作为司法机关的法司的各自权限，使其相互牵制。

《中华民国鄂州约法》是革命党人以资产阶级自由、平等、博爱和“天赋人权”为思想基础，以三权分立为理论基础，制定、颁布的第一个带有宪法性质的重要文件。它以根本大法的形式，较清晰地勾勒出一个以总统制为蓝本的资产阶级共和国方案。虽在实际中并未得到完全实施，但它为其他各省提供了组建政府的蓝本，对动员人民起来推翻清政府的专制统治起到了推动作用。

（二）《中华民国临时政府组织大纲》

武昌起义的烽火迅速燃遍全国各地，在一个多月的时间里，有14个省、市相继宣告独立。此时的革命党人和独立各省的当务之急是组成一个统一的中央政府，以最后取代清王朝的专制统治。1911年11月29日，江苏、浙江、山东等11省的23位代表齐聚武汉；11月30日，正式召开会议，会议称“各省都督府代表联合会”。大会推举谭人凤为议长，决议组织中华民国临时政府，制定并由各省代表签名公布了《中华民国临时政府组织大纲》。大会同时决议，如袁世凯反正，当公举他为临时大总统。

《中华民国临时政府组织大纲》规定，其“施行期限，以中华民国宪法成立之日为止”，因而它是具有临时宪法性质的政府组织法。其特点是：以美国的国家制度为蓝本，确立临时政府为总统制共和政府，机关实行三权分立的原则。

《中华民国临时政府组织大纲》共4章、21条，其主要内容如下。

临时大总统、副总统由各省都督府代表选举产生，每省有一票权。临时大总统是国家元首，又是政府首脑。其有统治全国，统率海陆军之权；得参议院的同意有宣战、媾和、缔约、设立临时中央审判所之权；得制订官制及任免国务员、外交专使，但须参议院之同意。临时大总统下分设各部，部长为国务员，辅佐临时大总统办理各部事务，并对其负责。

参议院由各省都督府委派3名参议员组成，是行使立法权的机关。其有议决暂行法律、预算、税法、币制，发行公债，检查政府出纳，宣战，媾和，缔约和设立临时中央审判所之权，对临时大总统行使任免国务员和外交专使职权时有承诺权；有议决临时大总统交议事件，答复临时大总统咨询之权。参议院由议员选出议长、副议长主持院务。一般的议案，以到会议员过半数同意为有效，而宣战、媾和及缔约等重大事项，则须到会议员之2/3同意，才能议决。

《中华民国临时政府组织大纲》还规定，临时中央审判所为行使司法权的机关。

《中华民国临时政府组织大纲》是由各省都督的代表制定的，不具有立法主体的广泛性。但是，它作为一部划时代的法律文件是具有典范意义的，尤其是第一次以法律的形式确认了资产阶级共和政体的诞生，使中华民国临时政府据此得以成立，在人民群众面前树立了资产阶级共和国的具体形象，促进了人民民主意识的觉醒，具有重要的历史意义。

三、南京临时政府时期的主要立法活动及其内容

（一）宪法性文件

《中华民国临时政府组织大纲》作为“临时宪法”，经由南京临时政府成立后重新修订，成为所谓的《修正中华民国临时政府组织大纲》。这是我国资产阶级第一部全国性的宪法性文件。在《中华民国临时约法》制定和颁布之前，它实际上是南京临时政府的根本大法。

1.《中华民国临时约法》的主要内容

《中华民国临时约法》这部近代宪法史上真正具有资产阶级共和国宪法性质的法律文献是在国内形势发生剧变后，经参议院由合法程序而审议通过，并经孙中山签署而生效的。

《中华民国临时约法》（以下简称《临时约法》）共7章（总纲、人民、参议院、总统、国务员、法院、附则），56条。其主要内容有如下几个方面。

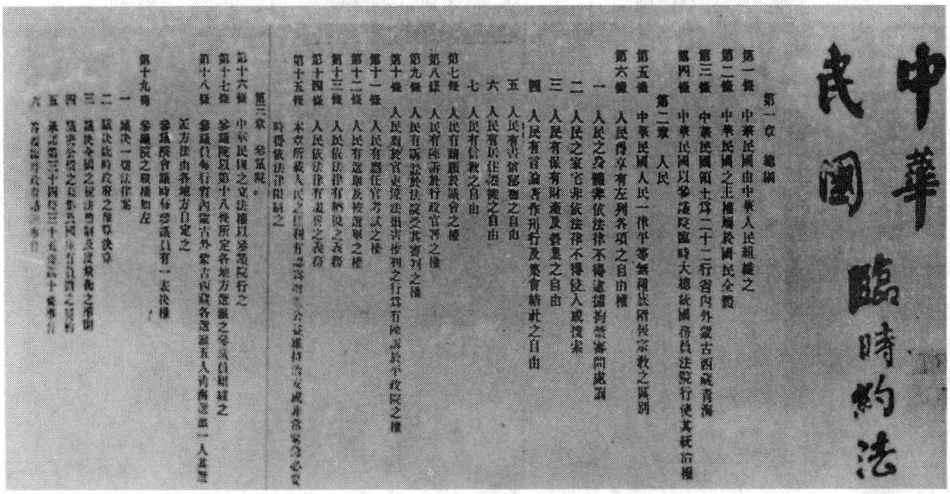

中華民國臨時約法

第一章 總綱

第一條 中華民國由中華人民組織之
第二條 中華民國之主權屬於國民全體
第三條 中華民國領土為二十二行省內外蒙古西藏青海
第四條 中華民國以參議院臨時大總統國務員法院行使其統治權

第二章 人民

第五條 中華民國人民一律平等無種族階級宗教之區別
第六條 人民得享有左列各項之自由權
一 人民之身體非依法律不得逮捕拘禁審問處罰
二 人民之家宅非依法律不得侵入或搜索
三 人民有保有財產及營業之自由
四 人民有言論著作刊行及集會結社之自由
五 人民有書信秘密之自由
六 人民有居住遷徙之自由
七 人民有信教之自由
第七條 人民有請願於議會之權
第八條 人民有陳訴於行政官署之權
第九條 人民有訴訟於法院受其審判之權
第十條 人民對於官吏違法損害權利之行為有陳訴於平政院之權
第十一條 人民有應任官考試之權
第十二條 人民有選舉及被選舉之權
第十三條 人民依法律有納稅之義務
第十四條 人民依法律有服兵之義務
第十五條 本章所載人民之權利有認為增進公益維持治安或非常緊急必要時得依法律限制之

第三章 參議院

第十六條 中華民國之立法權以參議院行之
第十七條 參議院以第十八條所定各地方選派之參議員組織之
第十八條 參議員每行省內蒙古外蒙古西藏各選派五人青海選派一人其選派方法由各地方自定之
參議院會議時每參議員有一表決權
第十九條 參議院之職權如左
一 議決一切法律案
二 議決臨時政府之預算決算
三 議決全國之稅法幣制及度量衡之準則
四 議決公債之募集及國庫有負擔之契約
五 承諾第三十四條三十五條四十條事件
六 答復臨時政府咨詢事件

图 12-1　《中华民国临时约法》局部

（1）确立了资产阶级的共和政体。

《临时约法》虽与前两部组织大纲相比将总统制改为责任内阁制，但共和政体的形式依然如故。

首先，《临时约法》规定了统治权的组成部分。第一章第 4 条明确规定："中华民国以参议院、临时大总统、国务员、法院，行使其统治权。"这样，统治权同西方资产阶级国家一样，被分为立法权（参议院）、行政权（总统、国务员）、司法权（法院）三部分。

其次，《临时约法》明确划分了各机关的权限，使其各司其职又相互制衡。根据《临时约法》的规定，参议院由各省选派之代表组成。它的权限在于：议决一切法律案，预算、决算、税法、币制、度量衡之准则，公债之募集及国库有负担之契约；对临时大总统宣战和媾和、缔结条约，宣告大赦、特赦、减刑、复决权和任命国务员、外交使节有同意权；选举临时大总统、副总统；弹劾临时大总统和国务员等。

临时大总统代表政府总揽政务、公布法律、统率全国海陆军队；经参议院同意制定官规，任命文武官员、国务员、外交使节，宣战和媾和、缔结条约，宣告大赦、特赦、减刑、复决权；依法律发布命令，宣告戒严；代表国家接受外国使节等。

"国务总理及各总长，均称为国务员"，"辅佐临时大总统负其责任"，"国务员于临时大总统提出法律案，公布法律及发布命令时，须副署之"。

法院由临时大总统及司法总长分别任命之法官组成，依法审判民、刑诉讼案件。

由此，立法、行政、司法三权分立，相互监督，彼此制约，一个资产阶级民主共和政体便用根本大法的形式确立下来了。

（2）确立了国民在国家中的地位。

《临时约法》先在法律上确立了国民在国家中的统治地位："中华民国，由中华人民组织之。""中华民国之主权，属于国民全体。""中华民国人民，一律平等，无种族、阶级、宗教之区别。"具体说来，公民享有人身、住宅、财产、营业、言论、著作、刊行、集会、结社、通讯、居住、迁徙、宗教等自由权利，享有请愿陈述、任官考试、选举及被选举等权利；同时公

图 12-2 中华民国南京临时政府内阁

民负有“依法律纳税之义务”及“服兵役之义务”。

(3) 规定中华民国是一个统一的多民族的国家，明文确立了国土疆域之范围。

2.《中华民国临时约法》的特点

《临时约法》与《中华民国临时政府组织大纲》《修正中华民国临时政府组织大纲》相比较，呈现出三个特点：第一，削弱了总统权力，将总统制改为责任内阁制。第二，扩大了参议院的权力，增加了制衡力量，加强了对总统的监督。第三，规定了极严格的修改程序。

《临时约法》的上述特点是当时政局急剧变化的表征。随着形势的发展，袁世凯继任临时大总统即将成为事实。革命党人为了维护资产阶级民主共和制度，保卫辛亥革命的果实而设立了这一法律防线，目的是因人置法，防止袁世凯的独裁。但《临时约法》后因袁世凯势力庞大以及其施用阴谋诡计而被破坏殆尽。

3.《中华民国临时约法》的历史地位

《临时约法》是辛亥革命的产物，它的内容揭示了崭新的进步的社会政治制度，代表了中国近代社会发展的方向。它是中国近代资产阶级宪政运动的结晶，是中国民族资产阶级的宪法文献，是中国法制史上的一个里程碑，在世界法制史上有着重要的地位。

第一，《临时约法》用国家根本大法的形式，废除了君主专制集权制度，确立了中华民国是新型的资产阶级民主共和国。

第二，《临时约法》用根本大法的形式破除了清代束缚资本主义发展的传统桎梏，为资本主义发展制定了新的立法，促进了民族资本主义的发展。其效果是显著的，具有巨大的社会进步意义。

第三，《临时约法》在亚洲19世纪末、20世纪初的资产阶级宪政运动史上具有重要的历史地位。它比较完整地反映了本国民族资本主义的利益，是当时亚洲最优秀的一部资产阶级民权宪章。

4.《中华民国临时约法》的局限性

《中华民国临时约法》的局限性也是非常明显的。它是中国民族资产阶级制定的，所以其内容只能是保护资产阶级的利益，建立和巩固资产阶级的统治。此外，它的局限性还在于对关系中国民族资产阶级的重大原则问题没有写进去，或阐述得不明确。这主要表现在以下方面。

第一，在近代中国，欲实现民族独立，建立资产阶级民主共和国，则必须反对西方列强的侵略，废除一切不平等条约，收回全部国家主权。《临时约法》恰恰只是高谈民族独立，空讲民主共和，对于反帝的重大问题避而不谈，没有明确表达。其初衷是以此来换取西方列强对中华民国的承认与支持，但结果是可想而知的。

第二，近代中国是一个农业大国，解决土地所有制问题是资产阶级民主革命的重要任务之一。资本主义经济的发展离开了农村，便失去了坚实的国内市场与原料产地。资产阶级革命离开了农民，便不可能取得最后的胜利。应当说，资产阶级革命党人最初对此是有充分认识的，中国同盟会的纲领上就写着“平均地权”。然而，在建立政权后，他们没有将其付诸实践，根本没有对传统土地制度进行任何改革。正是土地制度条款的缺失，致使绝大多数的国民所关心的重大原则问题被回避了，这是《临时约法》最大的局限性。

（二）其他法律法规

1. 保护和发展资本主义的法令

南京临时政府认为，“实业为民国将来生存之命脉”，“一政之成，非财不办，欲立根本之国，宜先注重实业”①。1912 年 2 月 3 日，南京临时政府颁布《内务部通饬保护人民财产令》，这一法令对于安定人心，巩固新生政权，分化敌人，有着十分重要的作用。

接着，南京临时政府颁布法令，宣布振兴实业，保护民族工商业。政府还拨款扶植拓植业，奖励农垦，鼓励华侨在国内投资开店，凡有损害民族工商业发展的行为，则严惩不贷。这些举措受到了民族工商业实业家的热烈拥护和响应，推动了民族资本主义经济的发展。

2. 加强军队维护治安作用的法令

为了保护人民生命财产安全，维护社会治安，南京临时政府颁布了一些重要的法令来整饬军队纪律，以发挥军队在维护社会治安方面的重要作用。1912 年 1 月 30 日，南京临时政府针对南京地区的治安恶化的状况，以南京卫戍总督名义发布告示，规定：凡遇暴力犯罪者，人人得而逮之，如有拒捕者，即行格杀。同年 2 月 4 日，其又以陆军部名义颁行《维持地方治安临时军律及文谕》，规定了军队官兵的日常行为纪律，甚为严格。此外，南京临时政府还颁布了《禁止私自招兵募饷》等军事法令，对于当时局势的稳定起到了积极的作用。

3. 保障人权和废除陋习的法令

为了革除传统法律所确立的等级特权和传统社会几千年积淀下来的陈规陋习，践行“天赋人权，胥属平等”的资产阶级法律原则，南京临时政府颁布大总统令，取消清律中对各类所谓贱民的歧视和特别限制。与此同时，南京临时政府还颁布《禁止买卖人口文》《禁绝贩卖猪仔及保护华侨办法文》《严惩贩卖猪仔文》等法令，严禁买卖人口，违者重罚，以“务使博爱平等主义，实力推行”。

针对鸦片流毒，南京临时政府颁布了《大总统令禁烟文》。针对清政府编辫和缠足两大陋规，南京临时政府先后发布了《大总统令内务部晓示人民一律剪辫文》《大总统令内务部通饬各省劝禁缠足文》，宣布革除陋习，对不遵从法令者予以处罚。同时南京临时政府还推行中山

---

① 中国史学会编：《辛亥革命》，148 页，上海，上海人民出版社，1957。

装。这些措施极大地振奋了中国人民的精神。

南京临时政府还力行教育改革。教育部颁布了《普通教育暂行办法》《教育部禁用前清各书通告各省电文》，这对于发展民国的教育事业有着积极意义。

4. 推行资产阶级司法制度的法令

南京临时政府成立伊始，就发布了有关司法法令，力图贯彻资产阶级的司法原则和司法制度。其主要内容有：其一，指出资产阶级实施刑法的目的“在维持国权，保护公安”，“非快私人报复之仇，亦非以示惩创”。其二，规定临时政府所属的行政司法官署，无论什么案件都要视证据充分与否，不偏重口供。其三，规定司法行政各官署，在审理判决民、刑案件时，不准刑讯逼供，使用不法刑具。其四，慎重选择法官，采用陪审制度、辩护制度、公开审理制度等。这充分体现了南京临时政府依法、尊法的精神。

四、南京临时政府时期的司法制度

（一）司法机构

1. 普通司法机关

根据《中华民国临时政府组织大纲》和《修正中华民国临时政府组织大纲》的规定，南京临时政府设立临时中央裁判所，作为民事和刑事诉讼的最高审判机构。但实际上，南京临时政府直至《中华民国临时约法》公布时，始终没有设立临时中央审判所，审判事务实由司法部负责，并明确规定司法部管理民事和刑事诉讼、户籍、监狱、保护出狱人员，管理其他司法行政事务，监督法官。

《中华民国临时约法》第六章“法院”第 48 条至第 52 条进一步明确了国家司法机关的属性，即“法院由临时大总统及司法总长分别任命之法官组织之。法院之编制及法官之资格，以法律定之”“法院依法律审判民事诉讼及刑事诉讼；但关于行政诉讼及其他特别诉讼，别以法律定之”。这实际上表明南京临时政府的司法机构的设置与法官的选任取决于行政首脑。因此，即使实行完全的三权分立，司法独立也是做不到的，况且南京临时政府存在的时间极短，其司法系统根本还没有建立起来，就被袁世凯的北京政府所取代了。

2. 军事司法机关

军事司法机关负责审理有关侵犯军事利益的犯罪案件。湖北军政府成立之初就于军务部内设执法课，掌军事裁判事项，凡关于犯罪事项应军法会议议决施行，但都督有特赦命令者，不在此限。[①] 后军政府内设部，执法课亦随之改为执法处。执法处内设轻、重两所，凡俘虏旗民与汉奸、间谍皆于重所锢之；凡关于他案人犯，则于轻所拘留之。军务部、政事部成立后，执法处专属司法机关，隶属于军务部，定名为执法科，一切案件均秉承军务部部长意见办理，其主要审理事关军务的间谍、汉奸、贻误战机、土匪等案件。

南京临时政府将执法科改编为军法局，内设编叙、裁折两科。陆军司法由陆军部负责审理，具体管理军事教育、军事司法等事宜。实际上陆军部拥有了自己的军事司法机关即“军法会议”。卫戍总督设执法处、监察处，各地方总督之下一般也设立军事执法处（科）。

---

① 湖北革命实录馆编：《武昌起义档案资料选编》，下卷，641～644 页，武汉，湖北人民出版社，1981。

（二）诉讼审判制度的改革

1. 禁止刑讯、体罚

1912年3月，南京临时政府先后颁布了《大总统令内务司法两部通饬所属禁止刑讯文》《大总统令内务司法两部通饬所属禁止体罚文》，指出：刑事立法的根本原则是“维持国权，保护公安”，“国家之所以惩创罪人者，非快私人报复之私，亦非以示惩创，使后来相戒，盖非此不足以保持国家之生存，而成人道之均平也”①，因而，反对报复主义和威胁主义。

南京临时政府推行资产阶级的人道主义，针砭清代官吏苛暴残酷“日糜吾民之血肉以快其淫威”，指出“本大总统提倡人道，注重民生”，明令各官署不论审理何种案件，一律不准体罚和刑讯逼供。

另外，南京临时政府还提出“罪责自负，反对株连”的法制原则，并在个案处理中充分履行，同时反对以思想定罪，规定如有过激意见，但“未见于行动者，自不必深究”②。

2. 审判公开及陪审制

《中华民国临时约法》第50条规定：“法院之审判，须公开之，但有认为妨害安宁秩序者，得秘密之。”这充分表明，南京临时政府引进西方资产阶级的陪审制度，选拔有识之士参与陪审，以提高案件的透明度。如南京临时政府在对江苏省山阳县令姚泽荣擅杀案进行审理时，就是由司法部派出精通中外法律的官员承审，由知名人士陪审，允许律师辩护，并公开审判之。这显示了南京临时政府严谨的法制精神。

3. 司法独立

司法独立作为资产阶级法治国家的一项基本制度，早在辛亥革命时期就成为革命党人追求的目标之一。湖北军政府在《江夏临时裁判所暂行条例》中明确申明：“本所为图司法独立”而设。其宪法性文件《中华民国鄂州约法》对司法独立的保障作了初步的规定：“法司以鄂州政府之名，依法律审判民事诉讼及刑事诉讼。”“法官非依法律受刑罚宣布或应免职之惩戒宣告，不得免职。”在案件的审理过程中，为了保证司法独立切实不受干扰，湖北军政府规定：“审判阶级虽有上下之分，而审判权限各相分立，虽上级审判，亦不能干涉下级，其他更不待言。”“非审判官自违法理，虽司法部不能干涉。”“如各部科局人员干涉诉讼，即当酌于惩罚。”这些是中国资产阶级以法律、法规的形式对司法独立作出的最早宣告。

《中华民国临时约法》第51条及第52条对司法独立有了进一步保障和申扬：“法官独立审判，不受上级官厅之干涉。”“法官在任中不得减俸或转职，非依法律受刑罚宣告，或应免职之惩戒处分，不得解职。惩戒条规，以法律定之。”由此，南京临时政府即完全按照西方资本主义国家模式，把国家统治权分为立法权（参议院）、行政权（临时大总统）、司法权（法院），一个西方式的三权分立民主共和政体得到确立。但在南京临时政府时期的特殊时代背景下，财政经费的短缺、行政权对司法权的钳制、军事对司法的干扰以及国民（包括政要）法律意识的极度淡薄，严重破坏了法律的权威性，司法独立仅停留在制度层面上。

4. 律师与法官考试制度

南京临时政府颁行了一系列单行诉讼法规，其中有《临时中央裁判所官职令草案》《法官

---

① 中国第二历史档案馆编：《中华民国史档案资料汇编》，第2辑，30页，南京，江苏人民出版社，1981。

② 中国科学院近代史研究所史料编译组编辑：《辛亥革命资料》，7页，北京，中华书局，1961。

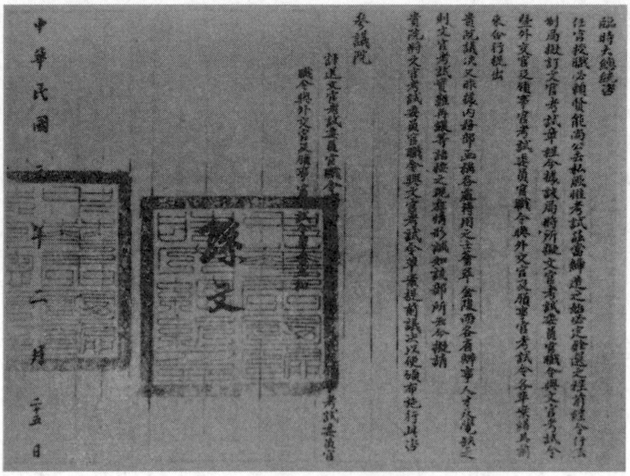

图 12-3 《文官考试令》

考试委员会官职令》《法官考试令》《律师法草案》等。在司法审判实践中，南京临时政府恪守律师辩护这一法制原则。为了在更大程度上保护被告人的诉讼权利，最大限度地利用辩护律师的诉讼权利牵制司法权，预防司法专横和司法腐败，1912 年 3 月，孙中山在《律师法草案》上批文指出："查律师制度与司法独立相辅为用，夙为文明各国通行，现各处既纷纷设立律师公会，尤应亟定法律，俾资依据。"辩护制度的推行无疑确认了当事人应有的诉讼权利，保护了当事人的合法利益。

实行严格的法官考试制度是现代司法审判制度的有力衔接环节，南京临时政府颁布了若干条法令以规制法官任用资格。法令规定法官是国家之司法人员，必须由精通法律且有高尚修持，能主持正义与公道，未有劣史和刑罚处分之过之人担任，能起到法律代言人的作用。一国若想真正实现司法之独立，无高尚之法官是万万不能的。可见，南京临时政府在司法审判制度建构中的周全考虑，对后来政府的法制建设也起到了极好的借鉴作用。

南京临时政府的司法制度改革具有历史的进步意义，是中国诉讼法制现代化进程中光辉的一页。这不仅体现为国民诉讼法律观念的提升以及法律效应现代化程度的提高，而且在诉讼价值意义上也是一个飞跃。最具革命意义的是，它始终以建立资产阶级民主共和国为政治目标，在诉讼法制上以资产阶级的"自由"、"平等"和"保障人权"的思想为价值取向和依归，并且在司法实践中真正贯彻实行之，从而使现代司法诉讼民主观念深入人心，中国近代资产阶级法制理论逐渐成熟，资产阶级民主革命的诉讼法律思想也得以形成和发展，中国诉讼法制现代化运动由此走向一个新的高度。

第二节　北京政府时期的法律思想与制度

北京政府（1912—1928 年）是在北洋军阀袁世凯篡夺辛亥革命成果以后建立起来的。以北洋军阀袁世凯、段祺瑞、曹锟和张作霖为首先后把持的，设在北京的中华民国政府的时期，是北洋军阀实际统治时期，通称北京政府时期。从1912年4月1日孙中山正式宣布解除临时大总统职务起，到1928年6月奉系军阀张作霖从北京退回关外止，这16年各派系军阀在各帝国主义国家势力操纵下，均以“中华民国”为名，制定了一系列法律法规。

图12－4　临时大总统袁世凯与北洋将领合影

一、北京政府时期的法律思想与立法背景

（一）清末法律思想的延续

1. *隆礼与重典法律思想*

隆礼与重典是中华民国北京政府重要的法律指导思想，其目的是维护军事集团政权的统治。隆礼是指通过传统的伦理纲常以维护军事集团政权的统治秩序。重典指的是以严刑峻法镇压人民的反抗。为此，北京政府在理论上大肆宣扬尊孔隆礼，并将其作为立法的基本指导思想。在刑罚思想上，北京政府继承了清代刑法的重典主张，用严刑峻法镇压人民，打击民主革命力量。袁世凯在1912年9月20日宣称：“中华民国，以孝悌忠义礼义廉耻为人道之大经，政体虽更，民彝无改。”他要求全国国民“恪循礼法，共济时艰”[①]。1913年和1914年，袁世凯先后两次通令全国各学校一律尊孔读经。后来北京政府制定的宪法草案也规定，“国民教育，以孔子之道为修身之本”，要用重典来除暴安民，严厉惩治违反法律的盗匪事件等，以维护社会秩序。

2. *君主立宪思想*

君主立宪思想是清末变法修律的主导法律思想，核心内容是指在保留帝制和君主的前提下，制定宪法和法律，实行所谓的宪制。这一思想在北京政府时期得到了延续。当时，袁世凯虽已成为事实上的民国总统，但袁世凯复辟帝制的梦想并未泯灭。为此，他授意身边的一些政客和官僚，重新提出了君主立宪的主张，为复辟帝制作舆论准备。1915年，袁世凯的美籍宪法顾问古德诺发表了《共和与君主论》一文，公开提出了君主立宪的主张。随后，立宪

---

① 《袁大总统书牍汇编》，卷二，17～18页，上海，广益书局，1914。

党人杨度等人组织了“筹安会”，宣传君主立宪思想。其主要的观点是：共和制不适合中国，反对民主共和，鼓吹君主立宪。这些思想为袁世凯复辟帝制提供了舆论基础。

3. 保护列强在华利益的敦睦邦交思想

1912年3月，袁世凯甫任临时大总统，即发布了《袁大总统通饬保护外人令》《临时大总统通告各省切实遵守条约令》等，以敦睦邦交为北京政府的对外政策。同年4月，在《莅参议院宣言》中，袁世凯又掩盖帝国主义在辛亥革命后加强对中国主权的侵略、镇压人民革命的丑恶行径，恭维帝国主义列强“对我皆和平中正，藉示赞助之诚”，并明确提出：“所有前清政府及中华民国临时政府与各外国政府所订立之条约、协约、公约，必应恪守；又各外国人民在中国按国际契约及国内法律并各项成案、成例已享之权利并特权豁免各事，亦切实承认，以联交谊，而保和平。”① 同时，北京政府的相关法律规定，如危害于外国君主及大统领者处死刑，损害在华人员生命财产安全者处以刑罚，在司法上，给予了无领事裁判权国罪犯一些特权。由此可见，北京政府这些思想的实质是假借敦睦邦交来维护列强在华的利益。

（二）西方法律思想的引入

1. 三权分立思想

三权分立思想，是近代中国社会变革、西法东渐的舶来品。三权分立，是西方一种关于国家政权架构和权力资源配置的政治学说，主张立法权、行政权和司法权三种国家权力分别由不同机关掌握，各自独立行使、相互制约制衡。这种思想在清末传入中国，被中国的资产阶级思想家接受、改造并付诸实践。辛亥革命后，为防止袁世凯篡夺革命的胜利果实，保护共和，南京临时政府于1912年3月公布了一部重要的宪法性文件——《临时约法》。这部法律肯定了三权分立的思想，并对此作了发挥。北京政府虽然试图否认这种分权思想及其实践，但是在制宪的过程中，当时国会中占多数的国民党人则想通过制定宪法，维护资产阶级民主共和制度。这反而进一步肯定了《临时约法》中确立的这些原则和制度。

2. 司法独立原则

司法独立原则，是由西方权力分立学说衍生出来的一种制度安排，包括机构独立、权力独立、预算独立、法官独立等层次，在不同国家和政体中，具有不同的表现形式。司法独立原则是近代以来西方主要国家的一项基本法律制度。这项制度传入中国以后，对中国传统的司法观念产生了很大的冲击，并为孙中山等民主革命先行者所接受。孙中山先生倡导“裁判人民的司法权独立”②。司法独立的原则在北京政府时期的一些重要法律文件中都得到了明确的肯定。

3. “联省自治”法律思想及其实践

“联省自治”的观点从美国的联邦制演变而来。早在清末维新时，就有人提出中国应效仿美国的联邦制度，借以限制中央集权。在辛亥革命以后，南京临时政府也认为，美国的这种制度值得仿效。“联省自治”之名首创于1920年，代表人物有湖南军阀谭延闿及胡适、章太炎等人。他们认为，治国的最好办法是实行“联省自治”，然后再建立一个“联省自治共和国”。这样，战乱就可消除，地方和民众无权的状况也可改变，中国就有希望了。“联省自治”思想的

---

① 《袁大总统书牍汇编》，卷首，8～9页，上海，广益书局，1914。

② 孙中山著，广东省社会科学院历史研究室编：《孙中山全集》，第1卷，320页，北京，中华书局，1981。

实践始于湖南省。1920 年 7 月，谭延闿以湘军总司令名义宣布湖南省要实行自治。随后，浙江、上海、云南、广西、贵州等省、市也开始响应。但实际上在当时北洋军事集团的统治下，这些思想指导下的“联省自治”活动是很难成功的。

（三）其他资产阶级法律思想

1. 改良主义法律思想

在中华民国成立前后，国内出现了资产阶级的改良思潮，这些思想主要包括“好政府”主义、制宪救国论等。支持“好政府”主义思想的主要代表有胡适、蔡元培等。他们认为改革中国政治的最低限度要求是必须组织一个“好政府”。“好政府”成员必须要由一批品行高洁，有历史责任感的人担任。“好政府”应该是“宪政的政府”、“公开的政府”和“有计划的政府”。“好政府”主义的思想寄托了中国早期的资产阶级思想家对社会改革的美好愿望。支持制宪救国论的代表人物有李三元、邓飞黄等人。他们认为，宪法为国家根本大法，在国家政治生活中有着重要的作用，因此，必须制定一部好的宪法，充分发挥宪法在国家政治生活中的作用；与此同时，他们还对宪法的指导思想、宪法的基本内容等作了明确的阐述。但制宪救国论过分夸大宪法的重要作用，否定了其他法律的作用。

2. 无政府主义法律思想

在北京政府时期，无政府主义思想泛滥是一个突出的特征。无政府主义的代表人物主要有刘师复、黄凌霜、区声白等。无政府主义者主张个人有绝对的自由，要求取消强权和废除国家、建立一个无政府的社会。这些主张体现在他们的法律思想当中，其主要内容有：法律是对个人绝对自由的限制和剥夺，因而必须加以废除；用“公益”和“契约”来调整社会，建立一个没有国家、没有军队、没有官吏、没有法律、没有警察、没有裁判所的理想社会。无政府主义的法律思想是一种空想的理论，虽然在当时其针对的主要对象是北京政府的军事独裁统治，但在实际中是行不通的。

二、北京政府时期的立法概况与法律形式

北京政府时期，各派军阀连年混战，割据严重，社会情况复杂多变，政权更替频繁。北京政府在 16 年的统治期间进行了大量的立法活动，制定了一系列的法律和单行法规，以此作为镇压和束缚人民，维护独裁统治的重要工具。其立法思想和法律制度具有很强的时代特征。

（一）社会背景与立法活动的特点

1. 对清末法律制度的继受

中华民国北京政府是清末政权的继续和发展。北京政府的立法活动，是以援用清代法律为始点的。袁世凯于 1912 年 3 月 10 日在北京宣誓就任中华民国临时大总统时，即发布《暂准援用新刑律令》：“现在民国法律未经议定颁布，所有从前施行之法律及新刑律，除与民国国体抵触各条，应失效力外，余均暂行援用，以资遵守。”① 3 月 11 日其又公布《临时大总统宣告暂

① 1912 年 3 月 11 日北京政府《临时公报》。

行援用前清法律及暂行新刑律令文》。大理院据袁世凯暂准援用前清法律的命令，发布大理院上字第 304 号判例说："民国民法典尚未颁布，前清现行律除与国体及嗣后颁行成文法相抵触之部分外，当然继续有效。"① 北京政府时期的法律在继受清末法律制度时强调"隆礼""重典"，轻权利，重义务，恢复部分传统刑法。

2. 以宪法为军事专制独裁粉饰正名

北京政府实行的是军事独裁统治。为了给自己披上"合法"的外衣，历届北京政府先关注的法律修订工作便是进行所谓的"立宪"活动。因此，制定宪法与宪法性文件，成为北京政府立法的重要方面。这当中，比较突出的有：袁世凯统治初期国会制定的《中华民国宪法草案》（又称"天坛宪草"），袁世凯政府撕毁《中华民国临时约法》而制定的《中华民国约法》（又称"袁记约法"），参政院制定的《中华民国国会组织法》和《大总统选举法》，曹锟、吴佩孚政府制定的《中华民国宪法》（又称"贿选宪法"）。

3. 单行法与法典草案并行

北京政府时期立法的一个重要特点就是采用单行法与法典草案并行的立法体例。其间制定的主要法典除一些宪法性法律草案以外，还包括《暂行新刑律》《民律草案》等。单行法多依大总统命令颁布施行，内容针对性强、立法手续简单、公布及时，便于实行军事独裁统治。这样就确立了单行法与法典草案并行的立法体例。

4. 特别法优于普通法

贯彻"特别法优于普通法"的司法原则，是北京政府立法、司法的主导思想之一。辛亥革命以后，民主共和国的观念日益深入人心，历史进步成为大势所趋。因此，北京政府的种种倒行逆施，必然激起人民群众的强烈不满和反抗。为了维护其军事独裁统治，北京政府实行了特别法统治的原则。其草拟和制定的各种法典都属普通法，单行法大部分是特别法，在法律效力上特别法高于普通法。特别法在整个法律体系中占有特殊地位，这对维护北京政府的军事独裁统治起着重要的作用。

5. 保护帝国主义国家在中国的特权和利益

北京政府是由各帝国主义国家扶持起来的，是依靠这些国家的支持而存在的，因而总是尽力保护帝国主义国家在中国的特权和利益。

（二）制宪过程与主要宪法文件

1.《中华民国宪法草案》

袁世凯就任临时大总统之初，尚受《临时约法》束缚，按约法规定："本约法施行后，限十个月内由临时大总统召集国会。"为此，袁世凯被迫于 1912 年 8 月 10 日公布由参议院制定的《中华民国国会组织法》，该法规定国会由参、众两院组成，并对两院的产生、议员任期、职权及会议制度等也均予以了规定。可见，以孙中山为代表的革命派幻想以议会政治限制袁世凯专横，确保民主共和国体。这虽不合袁世凯之意，但为利用国会爬上正式大总统宝座，袁世凯不仅签发了《国会组织法》，而且公布了《参议院议员选举法》和《众议院议员选举法》，进行议员选举，结果以中国同盟会为基础改组的国民党在选举中取得绝对优势。

---

① 郭卫：《大理院判决例全书》，29 页，台北，成文出版社，1972。

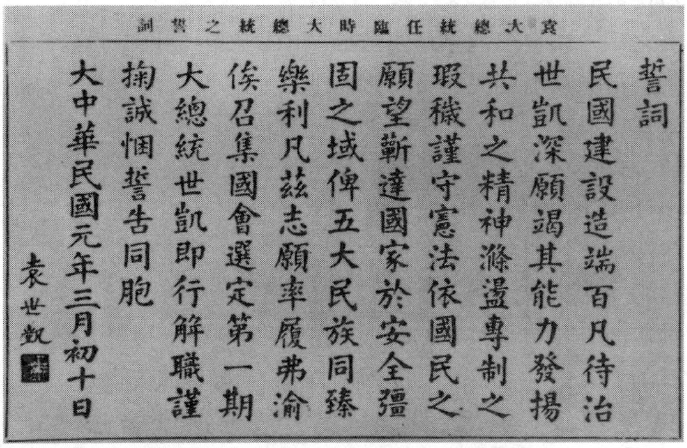

袁大總統任臨時大總統之誓詞

誓詞

民國建設造端百凡待治世凱深願竭其能力發揚共和之精神滌盪專制之瑕穢謹守憲法依國民之願望蘄達國家於安全彊固之域俾五大民族同臻樂利凡茲志願率履弗渝俟召集國會選定第一期大總統世凱即行解職謹掬誠悃誓告同胞

大中華民國元年三月初十日

袁世凱

图 12-5　袁世凯任临时大总统誓词

1913 年 4 月 8 日，民国首届国会正式召开。之后按《中华民国国会组织法》的规定，由参、众两院各选出委员 30 名，组成“宪法起草委员会”，集会于北京天坛祈年殿，开始宪法起草工作。因为这个草案拟定于北京天坛祈年殿，故又称“天坛宪草”。

其时，袁世凯一面打击国民党势力，一面以争取国际社会承认民国为由，提出先选举总统后制定宪法，并策动 19 省区都督通电同意。国会迫于袁世凯压力，改变先制定宪法后选举总统的程序，决定先行议决宪法中关于选举总统的部分。1913 年 10 月 4 日，参、众两院通过并宣布了《大总统选举法》，10 月 10 日在袁世凯的武力威胁下，国会未等制定宪法，就把他选为正式大总统。在此之后，为了限制袁世凯的权力，国会中的革命派议员拟定了宪法草案，同年 10 月 31 日国会“宪法起草委员会”三读通过了《中华民国宪法草案》，共 11 章 113 条。这部宪草采用了资产阶级宪法的形式和原则，肯定了中华民国为资产阶级共和国，规定国会有较大的权力，还规定采取责任内阁制，从而限制了袁世凯的权力，束缚了袁世凯的手脚。这使袁世凯深为不满。他施展种种手段，使国会达不到法定人数而无法开会；并在 1914 年 1 月 10 日下令解散国会，“天坛宪草”未及公布便成废纸。

图 12-6　北京政府时期的国会

2.《中华民国约法》

袁世凯解散国会之后，以自己的亲信组成的“中央政治会议”作为立法机关，以代替国会行使立法权。但由于政治会议名称太露骨，因而他决定另设立法机关。经一番筹划，这个政治会议秉承袁世凯的旨意，议决设立了一个所谓“改造民国国家之根本法”的机关——“约法会议”，由“约法会议”修改《临时约法》，着手拟定新约法草案。1914 年 2 月 18 日“约法会议”开幕，3 月 20 日，袁世凯向“约法会议”提出了《增修临时约法大纲》咨文案，列举了 7 个修改意见，其中有：宪法起草权属于总统及参政院；公民权利之被夺与恢复，总统得自由行之；总统有紧急命令之权；总统有紧急处分财产之权；等等。“约法会议”便遵照咨文案的精神，在美国宪法顾问古德诺的直接策划与参与下，拟定出《中华民国约法》，并于 5 月 1 日将其正式公布。时人讥称其为“袁记约法”。至此《临时约法》被正式废除。

《中华民国约法》分 10 章，即“国家”“人民”“大总统”“立法”“行政”“司法”“参议院”“会计”“制定宪法程序”“附则”，共 68 条。与《临时约法》相比，其显著特点有以下几点。

第一，废除责任内阁制，实行总统制。该约法第 14 条规定：“大总统为国之元首，总揽统治权。”第 39 条规定：“行政以大总统为首长，置国务卿一人赞襄之。”以附属于总统的国务卿，代替以前牵制总统的内阁总理，公开取消国会制以及国会对总统权利的限制。

第二，无限扩张总统权力。如该约法规定：大总统对外可以代表国家宣战、媾和或者缔结条约；对内可统率全国海陆军；制定官制、官规不再经参议院议决；任免国务员、外交大使，无须经参议院同意；还有任命法官、组织法院司法之权；等等。该约法特别赋予总统财政紧急处分权和发布教令权，把总统的权力扩大到完全和君主专制集权的皇帝的一样。其后，依据《中华民国约法》成立的参政院，又公布了《修正大总统选举法》，将总统任期改为 10 年，而且可以连选连任。该约法还规定换届之时，参政院可以议决现任总统连任，且无须改选；总统继位人可由现任总统指定，总统甚至还可以推荐自己的儿子。

第三，废除国会制，设立立法院。约法规定：立法院为立法机关，表面上采用一院制，立法院有议决法律、预算、募集公债等诸多职权。但立法院受总统领导，且无权弹劾总统，而总统却有解散立法院之权。该约法另设参政院，作为大总统咨询机构，并规定立法院未成立前，由参政院代行其职。而袁世凯执政期间立法院也就始终未能成立。袁世凯凭借这部独裁性“袁记约法”任命亲信官僚政客组成参政院，并假手参政院复辟帝制，终于做了 83 天的“洪宪皇帝”。

3.《中华民国宪法》

袁世凯死后，北洋军阀各派系间的混乱战争局面开始了。1922 年 6 月，直系军阀控制北京政权，为利用“法统”作工具以达政治目的，一方面其宣布再行《临时约法》，另一方面又重开国会，继续修订“天坛宪草”。曹锟急于当总统，和国会议员间进行了一场丑恶交易，结果曹锟以每票 5 000 银圆的贿赂收买国会议员当选了总统，国人愤怒地把当时的国会称为“猪仔国会”，曹锟也成了臭名昭著的“贿选总统”。五百多位“卖身”议员将几易其稿而未完成的宪法，仅用一周便通过了二读、三读，完成了一部《中华民国宪法》，即“贿选宪法”。1923 年 10 月 10 日，曹锟举行总统就职和宪法公布典礼。这是近代史上中国首部正式颁行的宪法。该宪法分 13 章，共 141 条，有如下主要内容及特点。

（1）以资产阶级共和国粉饰军事独裁专制。

该宪法第 1 条规定，“中华民国永远为统一民主国”；且明定，“国体不得为修改之议题”。实则其时既非统一民主国，曹锟也不打算实行“宪政”。所以该法将当时一些所谓“先进”的宪法条款或新思潮均抄袭下来。如该宪法规定：大总统各项权力行使，须依法律或经国会同意；任命国务总理须经众议院同意；众议院对大总统、国务员有弹劾权；等等。事实是有兵便有权，大总统作为一派军阀首领，决不会受制于无实权的国会。该宪法“地方制度”一章规定：省设省务院，省务员由省民直接选举；县设县长，县长由县民直接选举。这等于痴人说梦。

（2）以资产阶级民主自由掩盖军事独裁统治。

该宪法规定：中华民国人民一律平等，无种族、阶级、宗教区别，人民依法享有保有财产、营业、言论、著作、刊行、集会、结社、通信秘密、居住迁徙、信教等自由，有请愿、诉讼、选举、被选举等权利。事实则相反，仅 1923 年 2 月 7 日京汉铁路总罢工，武汉江岸一地，吴佩孚的军警当场就杀害工人 37 人，伤 200 多人，逮捕林祥谦等 60 多人。

北京政府的制宪活动，是对《临时约法》的背叛。“贿选宪法”出台后，遭到孙中山领导的国民党和中国共产党的反对，全国各地纷纷通电声讨，不及一年，曹锟政权垮台，该宪法也成了历史遗物。

（三）部门法的修订

北京政府时期，尽管军阀政权不断更替，袁世凯、段祺瑞、曹锟和张作霖等先后控制“中央政府”，但其军事独裁统治的性质却没有什么改变，其立法指导思想也一脉相承。他们大量地沿用清末颁布和草拟的法律，同时根据新的社会情况，修订并颁布了许多新的法律，形成了包括各个部门法的庞杂的法律体系。

1. 行政法律的修订

这一时期由于军阀在帝国主义国家的操纵下轮番控制国家政权，实行独裁统治，行政法律制度虽在不同时期表现不尽相同，但其本质没有根本的差别。

一是关于行政体制方面法律的修订。袁世凯窃取政权后，取消了《临时约法》确立的责任内阁制，废除了资产阶级国会制，将北京政府的行政体制规定为总统制，为袁世凯从行政体制上复辟帝制奠定了基础。袁世凯接着又修订了《大总统选举法》，使其成为终身总统，并于 1916 年正式改中华民国为中华帝国。袁世凯死后，民主运动高涨，特别是 1919 年五四运动的爆发，1921 年中国共产党的成立，使国内形势与各派政治力量对比关系发生了重要变化。控制北京政府的段祺瑞不得不重新改组从中央到地方的行政体制，宣布恢复《临时约法》和国会的同时，撤销了袁世凯时期的行政机构，从形式上实行《临时约法》所规定的国家行政体制。

二是北京政府修订颁布了一些单行行政法规，对官吏的考试、甄用、官等、官俸及纠弹惩戒诸方面作了具体规定。在官吏的考试任用方面，1915 年至 1917 年先后颁布过有关文官、外交官、领事官、司法官等职官的考试令，于 1919 年制定和颁行了《文官高等考试法》、《文官普通考试法》及《外交官领事官考试法》。关于官吏的纠弹惩戒方面，北京政府先后颁行了十多种法令，如 1913 年有《文官惩戒法草案》，1914 年有《纠弹法》《官吏犯罪特别管辖令》《官吏违法惩罚令》，1915 年有《司法官惩戒法》《审计官惩戒法》，1918 年有《文官惩戒条例》，之后又有《官吏犯赃治罪条例》。关于官吏的抚恤，1915 年公布了《文官恤金令》，规定文官恤金分为终身恤金、一次恤金、遗族恤金三种。

2. 刑事法律的修订

一是刑事立法。袁世凯发布暂时援用前清法律命令后，又令法部对《大清新刑律》进行删修，将该律中与“民国国体”抵触各条，如“侵犯皇室罪”“伪造制书罪”“伪造御玺国宝罪”等加以删除；将律文中带有明显帝制性质的名词概念加以修改，如将“帝国”改为“中华民国”，将“臣民”改为“人民”，将“复奏”改为“复准”，将“恩赦”改为“赦免”，等等；并取消附加的“暂行章程”5条，更名为《暂行新刑律》，实与《大清新刑律》没什么两样。该律从1912年起施行，直到1928年南京国民政府颁布刑法典后失效。

1914年，袁世凯为复辟帝制，企图以“礼教”“重典”慑服人心，于12月24日颁布《暂行新刑律补充条例》，共15条，内容与“暂行章程”5条性质相同，且有扩充，并分别加重了刑罚。如1915年，袁世凯御用的“法律编查会”，聘请日本法学家冈田朝太郎参加拟定第一个“刑法草案”。其增加了“侵犯大总统”和“私盐罪”两章。1918年的段祺瑞政府设立“修订法律馆”，拟定了第二个“刑法草案”，体系上有所变化，更多地采用资产阶级的刑法原则和内容。此外，北京政府还制定了一些单行刑事法规，主要有《戒严法》《惩治盗匪法》《治安警察法》《陆军刑事条例》《海军刑事条例》等。

二是援用君主专制集权法律，行威吓、报复主义刑法原则。1914年制定的《暂行新刑律补充条例》，增设了对嫡母、继母出于虐待行为，夫之尊亲属出于义绝或虐待行为的防卫过当罪；藏匿刑事暂保释人罪；强制亲属卖奸或为娼罪；奸良家无夫妇女罪；强卖和卖其被扶助养育保护之人罪和奸有夫之妇罪等。尊亲属轻伤卑幼免除处罪，行亲权之父母为惩戒其子可请求法院施以6个月以下监禁处分等。

此外，颁布《徒刑改遣条例》，恢复清末已废的遣刑，规定：凡被判无期徒刑、有期徒刑5年以上罪犯，所犯为内乱、外患、强盗等罪改为遣刑，发往吉林、黑龙江、新疆、甘肃、川边、云南、贵州、广西，允许改遣犯人携带家属，到配所后编入当地户籍。又公布《易笞条例》，重新恢复临时政府明令废止的笞刑，规定：16岁以上60岁以下男子，犯奸非、和诱、盗窃等罪，应处3个月以下有期徒刑、拘役或百元以下罚金折易监禁者，照刑期一日改易笞刑二下，这是古代折杖法的复萌。

三是严刑峻法镇压革命。1912年制定的《暂行新刑律》，专设“内乱罪”一章，规定：“意图颠覆政府，僭窃土地及其他紊乱国宪而起暴动者为内乱罪。”其矛头就是指向革命活动，对犯该罪者处罚严酷：“首魁”处死刑或无期徒刑；“执重要事务者”处死刑、无期徒刑或一等有期徒刑；“附和随行者”处二至四等有期徒刑。凡意图内乱，聚众掠夺公署之兵器、弹药、船舰、钱粮及其他军需品或携带兵器，公然占据都市城寨及其他军用之地者，均以内乱既遂论处。内乱罪的预备犯或阴谋犯，处一至三等有期徒刑。预知内乱而供兵器、弹药、船舰、钱粮及其他军需品者，处无期徒刑或二等以上有期徒刑。之后颁布的《惩治盗匪法》又进一步加重对内乱罪的刑罚，规定一律处死刑，且一再延长施行期限。

为钳制人民群众的活动，北京政府颁布了一系列剥夺人民权利的法规。1912年颁布的《戒严法》规定：遇有战争及其他非常事变，大总统可宣布全国或某地区戒严。地方司令官可宣布所在地区临时戒严。戒严时，所在地司令官有权停止集会、结社，或新闻、杂志、图画、告白等，禁止输出可供军需的民用物品，或停止海陆交通等。1914年3月公布的《预戒条例》

《治安警察条例》和1915年11月颁行的《违警罚法》，规定：行政官署可以以“维护公共秩序之安全及保障人民之自由幸福”为口实，对所谓的无一定职业，常有狂暴之言论、行为者，及对他人欲行妨害者和不知检束者，常有破坏社会道德或阻挠地方公益之言论行为者，等等，发布预戒命令；对结社、集会、集体游戏、张贴图画、演讲、罢工等，行使警察权；对妨害安宁、秩序、公务、交通、风俗、卫生、他人身体财产及伪证、湮没证据者，分别处以拘留、罚金、训诫三种主罚和没收、停止营业、勒令歇业三种从罚。

四是保护列强在华政治特权。《暂行新刑律》专立“妨害国交罪”章，设损坏、除去、污秽外国国旗、国章罪，私与外国开战罪，违背中立命令罪，严禁中国人民的反帝活动。《陆军刑事条例》又规定：“凡未受宣战之告知，或已受休战靖和之告知，无故对外开战者，处死刑。”

3. 民商事法律的修订

一是援用前清法律与订立新的商事法规。

大理院据袁世凯暂行援用前清法律的命令，发布大理院上字第504号判例说：“民国民法法典，尚未颁行，前清之现行律除裁判部分及与国体有抵触者外，当然继续有效。至于前清现行律虽名为现行刑律，而除刑事部分外，关于民商事之规定，仍属不少，自不能以名称为刑律之故，即误会其为已废。”大理院又在上字第938号判例中说：“前清现行律关于民事各条，除与国体及嗣后颁行成文法相抵触之部分外，仍应认为继续有效。”此即所谓“现行律民事有效部分”，包括《大清现行刑律》中的“服制图”“服制”“名例”中有关条款和“户役”“田宅”“婚姻”“钱债”等内容，以及清《户部则例》中户口、田赋、税租等条款。直到1929年10月南京国民政府公布民法时，“现行律民事有效部分”才告废止。

相关案例

分家析产纠纷案

1920年，安徽某县内有甲，甲有子乙、丙两人。丙于完婚后染精神病，四十年未愈。甲于二十年前，将所有家产，分给乙、丙各执。因丙有精神病，所分之产，历年以来，俱由甲为之管理。又因丙妻丁，前生一子夭亡，为丙纳孀妇戊为妾。戊过门之后，丁复生一子己，戊亦生一子庚。现己已成年，庚仅五岁。甲因年逾九旬，丙既丧失精神，丁又长厚，虑戊照护其前夫子女，丁不能制，危及丙之财产。趁自己生存时，请凭亲族，书立遗嘱，将前分给丙之家产，作为十一股，以六股分于己，四股分于庚，余一股作为丙生养死葬之费。令丙与己合度，由己扶养，丙故之后，所余膳产，即归己有，至庚所分之产，因庚系幼童，防戊滥用，甲仍照旧管理，言明每年凭族结算账目一次。戊不遵遗嘱，赴县告诉。经县传同甲、戊，及族证等讯明，判令照甲所立遗嘱办理，驳回戊之请求。戊仍不遵，乘县令更换之后，复行具诉该县，再为判决。认甲之遗嘱无效，断令平分，且以甲年老，不准管理庚之财产。甲不服，声明控诉。查一事不能再理，该县第一次判决，无论是否确定，其第二次判决，俱属根本无效。唯若第一次判决，应认为未确定时，则应以戊为控诉人。戊为丙妾，与丙并无夫妇关系，丙因患精神病，无处分及管理财产之能力，依大理院三年八月十八日上字第六六九号、三年八月三日上字第六零三号等判例，类推解释。系争财产，应由丁依法管理，唯丙之父甲尚在，财产向为甲管，则丁之管理权不无限制。兹甲继续管理，丁亦同意，戊以妾之身份，自无否认之理，又依民事法理，祖若父就所有家财，有自由处分之权，并得以遗嘱为死后之处分。至兄弟分析遗产，系在直系尊亲属死亡之后，则无论为嫡子，或为庶子，只应按人数均分，嫡子不能无故主张多分，自无可疑。若其祖于生存时，以遗嘱为嫡庶不平均之分析，并已得其母之同意，应否依直系尊亲属得自由处分财产之原则，认遗嘱为有效？如应认为无效，则庚既系幼童，丙、丁俱存，戊为丙妾，能否出头告争，不无疑义，应请解释等因到院。查丙既有精神病，其所分财产，又向由甲管理，自可认甲为丙之保护人。甲以丙保护人资格，为丙子分析家财，自属有效。至分析家财，除各该地方有长子，因特种费用（如别无祭资，应由长子负担之类），得酌量多给，以资抵补之习惯外，依律自应按子数均分，不得偏颇。己、庚既已分财易居，戊为生母，如无过误将因管理而危及庚之财产，自应仍由戊管理。甲遽收归自管，亦未尽合，又戊为所生子之分产，出而告争，亦属有权，相应函复查照，此复。[①]

——摘自郭卫编辑：《大理院解释例全书》

解析：

本案是一个分家析产纠纷，对案情进行梳理，可知本案的焦点是甲对争议财产的处分行为是否合法有效。本案的争议点在于：（1）大理院在判案中的依据及其适用顺序；（2）甲对争议财产处分行为的合法性；（3）妾戊能否提起家产争议之诉。总的来说，本案反映出了在北京政府这一特殊时期中国民事固有法逻辑与西方民事法理交相作用共同影响着司法实践。本案的处理以及前后作出的有关妾的判例反映出在社会大变革时期，北京政府大理院在既有法的框架下为尊重社会现实所作出的努力。[②]

此外，袁世凯于1915年授意“法律编查会”，在前清民律草案基础上吸收民国北京政府历年大理院判例，编订成一部新的《民律草案》，后于1925年至1926年分总则、债、物权、亲属、继承五编陆续公布，计1 745条。时值段祺瑞政府垮台，故其未正式通过。

在实施“现行律民事有效部分”的同时，北京政府也颁布了一些民商单行法规，主要有1914年的《国有荒地承垦条例》《公司条例》《商人通例》《矿业条例》《证券交易法》《森林法》，1915年的《著作权法》和1922年的《不动产登记条例》《商标法》等；后期还制定有票据、破产、海商法等草案，但均未颁布实施。

二是维护地主阶级利益。

北京政府以法律保护地主土地所有权和地租剥削。大理院判例上字第210号规定：“如典产到期，经典买主催告，原业主仍逾期不赎时，亦得为绝业之主张。”“现行律民事有效部分”的“典买田宅”条及其条例规定：若将已典卖与人的田宅重复典买的，以所得价钱计赃准盗窃论，追价还主，田宅从原典买主为业。典限未满而业主强赎者，依律治罪。如此，合法地使地主兼并农民土地。又如“盗卖、冒认地主田宅”条及其条例规定：田一亩，屋一间以下处五等罚；每田五亩，屋三间加一等，罪止徒二年。若系官田宅，则各加三等。如雇工、庄头因主人外出而私盗卖所遗田产至五十亩者，流三千里。对地租，也规定每年按期缴纳，不因地主怠于

① 参见郭卫编辑：《大理院解释例全书》，754页，台北，成文出版社，1972。

② 参见大理院解释例统字第1295号民国九年（1920年）五月十七日大理院覆安徽高等审判厅函。

行使而减轻，也不因积欠而免除。

三是立法保护官僚买办阶级的利益。

北京政府先后颁行了《中华汇业银行则例》《中国银行则例》《交通银行则例》《实业银行章程》《新华储蓄银行章程》等银行法规，确认这些全部为官僚买办阶级垄断的股份有限公司的银行，受政府委托可经理国库，募集资金或举借外债，发行国币等，即掌握国家的经济命脉。

《所得税条例》规定，“军官在从军中所得之俸给”，“不属营利事业之一时所得”，免纳所得税，使军阀官僚利用职务之便大肆搜刮民财，并用来大量圈购土地，购置房产，投资矿山、工厂、商店等。张作霖在东北有土地150万亩。徐世昌则是天津租界房地产大业主。

《不动产登记条例》又使军阀官僚的财产合法化，他们只需向有关审判厅或县公署登记，便可永享土地及建筑物的所有权等权益。

四是确认帝国主义列强在华利益。

北京政府统治时期，列强在华资本不断扩张，为确认其经济侵夺的合法，《矿产条例》规定：外国人与中国人合股可取得开采矿藏权。解释例统字911号又规定：“外国教堂依条约应特制认为法人，得享有土地所有权。”这为帝国主义在中国随意开矿设厂、霸占土地、掠夺资源提供了法律保障。

4. 诉讼法规的修订

一是诉讼立法。北京政府成立之初，沿用清末诉讼律典，后据需要对一些条文加以修正，并以单行法规形式公布，如1912年5月颁布的《民刑事诉讼律草案管辖各节》《县知事审理诉讼暂行章程》等。在此基础上，北京政府于1921年编成《民事诉讼条例》，1922年1月编成《刑事诉讼条例》，在“东省特别区法院”试行。这些条例，分别规定了有关管辖制度以及第一审、上诉审和执行等各环节的具体程序。关于法院组织，初用清末《各级审判厅试办章程》及《法院编制法》，并修正刊行，之后又多次修订；此外，还公布了《暂行各县地方法庭组织法》《东省特别区域法院编制条例》等法规。

同时，从1912年到1927年，大理院汇编的判例、解释例也成为其时的诉讼法规的重要法律渊源。

二是继续承认领事裁判权。中国当时外侨达35万多人①，侨民诉讼普遍存在，北京政府继续承认领事裁判权，并赋予无领事裁判权国家的侨民一些法律特权。1913年颁布的《约定华洋诉讼办法》规定：审理涉外（华洋）诉讼案件以地方衙门为第一审，不服则以该省通商交涉使衙门或外交特派交涉员署为上诉机关，从而自毁司法体系与审判权的统一行使。1920年公布《审理无领事裁判权国人民犯罪变通处刑办法文》更规定：如该国人犯重罪，依《暂行新刑律》应处死刑，而本国已废止死刑，酌处无期徒刑，且在判决理由书内声明。这扩大了领事裁判权。

5. 军事刑法与军人诉讼

民国北京政府主要是凭借和依靠军队、警察、官僚机构进行统治。为了维护其独裁统治，历届军阀政府对军事刑法非常重视，先后制定和公布了一系列法规，如1912年的《戒严法》，

① 参见黄逸平：《中国近代经济史论文选》（上册），175页，上海，上海人民出版社，1985。

1915年3月的《陆军刑事条例》和4月的《海军刑事条例》，等等。其中《戒严法》规定："遇有战争或其他非常变故"，可在全国或某一地区"宣告戒严"，并把戒严地区分为警备地域和接战地域。依据此法宣告戒严时，在接战地区，司令官统一行使一切行政、司法职权，民、刑事案件也由军政执法处审判，完全由军事长官决定一切；并规定对这种审判不得控诉及上告。同时，为了加强对军队的控制，《陆军刑事条例》和《海军刑事条例》规定了所谓"叛乱、擅权、辱职、抗命、暴力胁迫、逃亡"等罪名。凡属军事叛乱者，一律处死刑；"结伙""结党"的主谋，大都判处死刑；如对上级有暴力胁迫和反抗命令等行为，也视为犯罪，给予严刑惩处。除了《戒严法》规定的"不得控诉及上告外"，陆、海军审判条例还规定，军事审判案件不准旁听，不准选请辩护人。这是民国北京政府军阀专制在审判中的突出体现。

三、北京政府时期的司法制度

（一）司法机构

其时司法机关体系庞杂，仅法院就有普通法院、兼理司法法院、特别法院等之分。

1. 普通法院

（1）大理院、高等审判厅、地方审判厅、初等审判厅。

1）大理院。这是最高审判机关，设院长1人，总理全院事务，下设民事庭和刑事庭。各庭设庭长1人，推事若干人。审判案件时，由推事5人组成合议庭，以庭长为审判长。在离京师较远或交通不便的省高等审判厅内设立大理院分院。推事由大理院选任，或由所在高等审判厅推事兼任。

2）高等审判厅。其设厅长1人，下设民事庭和刑事庭。由推事3人组成合议庭，由庭长任审判长。高等审判厅也可在所属地方审判厅设立分庭。

3）地方审判厅。在城市设置。受理二审案件或重要的一审案件。属于第一审者，由推事1人独任。属于第二审者，采用合议制。

4）初等审判厅。初等审判厅审理第一审的轻微的刑事案件或诉讼标的价值较小的民事案件。1915年6月废除初级审判厅，行三级三审制。

（2）总检察厅、高等检察厅、地方检察厅、初等检察厅。

按照北京政府法院组织法的规定，检察系统设总检察厅、高等检察厅、地方检察厅、初等检察厅。它们分别设置于各该级审判厅官署内，由检察长、检察官组成，对刑事案件负责行使侦察、提起公诉与监督判决执行等检察权，对有关社会公益及风俗的民事案件，以国家代表身份参加。

2. 兼理司法法院

兼理司法法院，是指未设普通法院各县所设的兼理司法机关。1913年，北京政府在未设普通法院的各县建立审检所，由县知事专负检察业务，但人员由县知事呈请高等审判厅委用。1914年颁布《县知事审理诉讼暂行章程》，1917年颁布《县司法公署组织章程》，对县知事兼理司法的制度有所改进，如将检察、审判分开，县知事专司检察，但都未能实行。

3. 特别法院

特别法院分为军事审判机关和地方特别审判机关两类。前者依《海军审判条例》《陆军审判条例》，海、陆军分设高等军法会审、军法会审、临时军法会审三种组织，审理军人犯罪案件。后者是临时在少数民族地区或特别区域设立的司法组织，即特区法院，如在热河都统署、归绥都统署、察哈尔各旗群翼等，设审判处，但不用检察制度。又如东三省特别区，在哈尔滨设高等审判厅及地方分厅，并相应设主任检察官。

4. 平政院

平政院主管行政诉讼。《平政院编制令》规定：平政院察理行政官吏之违法不正行为，就行政诉讼及纠弹事件行使审判权。平政院设院长 1 人，评事 15 人。平政院还设肃政厅，置都肃政史 1 人，肃政史 16 人，纠弹行政官吏之违宪、违纪事件，并得提起行政诉讼，监视平政院裁决之执行。南京国民政府改平政院为行政法院。

（二）诉讼审判制度

1. 运用判例和解释例

北京政府确认大理院的判例与解释例具有法律效力，在司法审判中，大量运用判例和解释例。从 1912 年到 1927 年的 15 年间，其单从《大清律例》中就抄袭了 1 892 条。截至 1927 年，大理院汇编的判例达 3 900 条，解释例达 2 000 条，判例和解释例汇编共 6 000 多条。

2. 四级三审制

在审判管辖上，北京政府基本上实行四级三审制。轻微案件由初等审判厅作第一审，稍重的案件由地方审判厅作第一审。高等审判厅不受理第一审案件，大理院可以作为“内乱”及“妨碍国交”、“外患”等罪的第一审及终审机关。在审级及管辖问题上，北京政府前后也曾出现过一些反复。1914 年，袁世凯为巩固独裁专制统治，裁并地方审判、检察厅以及初等审判、检察厅，审、检归县知事兼理。但两年后，因人民强烈反对复辟帝制，其又恢复了地方审判厅，增设大理院分院、高等审判厅、地方审判厅等。之后，段祺瑞政府重新恢复审、检制度，在审判机构设置上，除保留大理院、高等审判厅、地方审判厅外，在县一级设立初等审判厅或司法公署，管理当地刑、民案件，从而使四级三审制确立下来。

3. 县知事兼理司法

北京政府时期，由于四级制的审判系统，特别是初等审判厅没有全面建立起来，因此，在未设立初等审判厅的地方，就由县知事兼理司法。1914 年颁布的《县知事兼理司法事务暂行条例》规定，凡未设法院的地方各县之司法事务，“委托县知事处理之”。由县知事行使审判权和检察权，被称为兼理司法县公署。

4. 军事审判取代普通审判

北京政府统治时期，军法审判机关和军法审判在司法审判中占有突出的地位。北京政府设有高等军法会审、军法会审和临时军法会审等三种军事审判机构。军法会审机构不仅审理军人违反《陆军刑事条例》和《海军刑事条例》的案件，而且把续备、后备和退役军人以及军属，也包括在军法审判的对象范围内。

审判中，军法和军法会审重于其他审判，一般司法审判只是军法审判的补充。依照《海军审判条例》《陆军审判条例》规定，军人犯海、陆军刑事条例，或刑律所列之罪，或违警罚及其他法律所定之罪，或军人附带民事诉讼以及非军人犯军法条例规定之罪，均依军法会审审判。这样，军人、平民犯罪，刑、民案件皆由军法会审审判，军法会审成为实际上最重要的审判机构。不仅如此，军法会审机构还可援用《惩治盗匪法》《戒严法》随时随地审理案件。由于军阀战乱不断，政府的审判权实际上为军阀、官僚把持，其草菅人命，无法可言。

(三) 狱政制度

北京政府成立后，改清法部典狱司为司法部监狱司，管理全国监狱。1913 年 12 月根据袁世凯援用前清法律的命令，修订《大清监狱律草案》，并予公布，定名《监狱规则》。该规则成为首部监狱法典，并规定依刑罚分监狱为徒刑监、拘役监，依性别分监狱为男监、女监，依年龄分监狱为成年监、幼年监，开中国设立女监、幼年监之先例。监狱设典狱长 1 人，看守长 3 人，投出 1 人，另设男女看守、教诲师、医生、药剂师若干人，实行典狱长负责制。全国设监狱及分监八十多处。

第一次世界大战期间，中国加入协约国。随着协约国的胜利，其国际地位有所提高，政府在国内压力下不得不在巴黎和会与华盛顿会议上同列强交涉收回领事裁判权事宜。列强一面拒绝废止该权利，另一面同意派员来华考察刑罚、审判、监狱状况后再作决定。北京政府遂仿西方各国对监狱进行改良，如设立模范监狱，构筑新式监狱等。但因军阀战事频繁，狱政不遑顾及，使改良流于形式，无实质性变化。

第三节　南京国民政府时期的法律思想与制度

一、法律思想与立法背景

在南京国民政府时期，法律思想内容丰富，形式多样。但从宏观角度来看，法律思想主要有三个方面：一是南京国民政府统治集团以孙中山的“三民主义”为幌子，实质上推行“以党治国”与“司法党化”。二是任立法院院长的胡汉民，作为孙中山“三民主义”思想的积极传播者，为了推行“三民主义”，坚持“国家社会本位”的法律思想。需要指出的是，胡汉民的“国家社会本位”的法律观，适应了救亡图存的现实需要，因此一经提出，即成为南京国民政府立法的指导原则，但是这种思想具有表面性和虚假性，其实质和根本目的是维护国民政府专制独裁。更何况，由于国内未经过个人本位法律文化的充分洗礼，国民的权利观念和参政意识不发达，胡汉民“国家社会本位”的法律思想为传统文化中压抑个人人格、践踏个人权利等落后观念的兴起埋下了祸根。三是任司法院院长的居正，主张成文法与判例法相结合的“混合法”理论。在这种思想指导下，判例进一步受到人们的关注，并在当时发挥了重要的作用。

(一) 以“三民主义”掩盖“以党治国”与“司法党化”

南京国民政府标榜其法律制度的渊源和指导思想是孙中山先生的三民主义学说。1929 年 3 月 12 日，国民党第三次全国代表大会通过了《确定总理遗教为训政时期中华民国根本法决议》，规定：“中国国民党中央执行委员会应根据总理遗教，编制过去党之一切法令规章，以形成一系统。”“确定总理所著三民主义、五权宪法、建国方略、建国大纲及地方自治开始实行为训政时期中华民国最高之根本法。”其后，国民党政府的重要立法及其报告都宣称系依据孙中山的三民主义学说而制定的。如1947年颁布的《中华民国宪法》，开头便说该宪法“依据孙中山创立中华民国之遗训”而制定，“中华民国基于三民主义”而建立。事实上，国民党政府在立法上极力以孙中山三民主义学说的权威来掩盖其法律的反动本质，以此抵御共产主义思想的影响。

实质上，“以党治国”是国民党政府立法的指导思想和基本原则，国民党的党规、党法和蒋介石的手令可以上升为国家的法律。

图12－7　南京国民政府立法院

国民政府“以党治国”的“训政”思想在司法领域贯彻的必然结果就是“司法党化”。从1926年开始，广州、武汉革命政府就积极推行以“司法党化”为中心的司法改革，确立了国民党享有最高立法权和司法权的法律体制。

1935年9月，时任司法院院长的居正在第一次全国司法会议上，对“司法党化”进行了具体解释。他提出：在“以党治国”一个大原则统治着的国家，“司法党化”应该视作“家常便饭”。在那里，一切政治制度都应该党化，何况司法是国家生存之保障，如果不把它党化了，换言之，如果尚容许旧社会意识偷藏、潜伏于自己司法系统当中，那就无异容许敌方派遣的奸细加入自己的队伍，这是何等一个自杀政策。他还认为，“司法党化”必须包含以下两个意义：司法干部人员一律党化，这是主观方面；适用法律之际必须注意于党义之运用，这是客观方面。“司法党化”应该把一切司法官都从那明了而且笃行党义的人民中选任出来，不一定要他们都有国民党的党证，却要他们都有“三民主义”的社会意识。“三民主义”之国家，要求每一个法官对于“三民主义”法律哲学都有充分的认识，然后可以拿党义充分地运用到裁判上。法律所未规定之处，应当运用党义来补充它；法律规定太抽象、空洞而不能解决实际的具体问题时，应当拿党义去充实它们的内容；法律已经僵化之处，应该拿党义把它活用起来；法律与社会实际生活明显的表现矛盾而又没有别的法律可据用时，可以根据一定之党义宣布该法律无效。①

（二）胡汉民“国家社会本位”的法律观

胡汉民（1879—1936），广东番禺人，原名衍鸿，字展堂，同盟会组织者之一，曾撰文批判改良派的政治主张，宣传孙中山的“三民主义”，并参加过多次武装起义。辛亥革命后，历任广东都督、中华革命党政治部长、护法军政府交通部部长、代行大元帅、国民政府主席等要职。1924年1月，中国国民党改组，他成为国民党右派首领。1928年8月，国民党实行训政。他作为国民党中央政治会议委员、立法院院长，为国民党法制建设出谋划策，成为国民党训政立法的灵魂。“国家社会本位”法律观是胡汉民法律思想的核心内容。“国家社会本位”法律观

---

① 参见居正：《司法党化问题》，载李贵连主编：《近代法研究》，第1辑，137～153页，北京，北京大学出版社，2007。原文刊载于1935年《东方杂志》，第32卷第10号。

的确立和实践，结束了清末以来中国“家族本位”和西方“个人本位”法律原则冲突、妥协、共存的局面，开创了中国现代法律思想发展的新阶段。[①]

1. 主张“国家社会本位”

胡汉民提出并坚持“国家社会本位”，认为立法应当以国家、社会利益为最高原则。胡汉民主张，国家与社会是高于个人之上的有机的统一体。因此立法要站在国家、社会的集体原则立场上，先为整个国家谋利益。当个人利益与国家利益冲突时，法律应无条件地维护至高无上的国家利益，限制乃至牺牲个人的权利与利益。社会成员的协作和经济利益的调和是国家、社会生存与发展的必要条件，所以个人在享受权利之前，必须先为社会尽义务和责任。基于此，胡汉民抨击、反对、否定“家族本位”“个人本位”。这反映在两个方面：公法领域的“国家至上”，以及私法领域的“社会至上”。

2. “国家至上”的公法观

在国民党建立全国政权之初，胡汉民、孙科等人就提出了《训政大纲提案说明书》，主张实施国民党的训政统治，认为一切权力都要集中在国民政府手中。因此，南京国民政府以各种形式限制、剥夺人民集会、结社、言论、出版等政治自由和权利。他们宣称：个人无自由，国家社会才有自由。这种所谓的“国家至上”，实质就是国民政府专制独裁的代名词。其目的是无限制地扩大南京国民政府的专制权力，否定人民的权利和利益。这种思想从根本上违背了民主共和的原则。

3. “社会至上”的私法观

胡汉民认为，在个人利益与社会利益的关系上，首先要保护社会群体的利益。个人在运用财产所有权，订立各种契约，追究某一方民事经济责任时，不应当离开社会整体的公共利益和目的，不应当有任何违反社会的意思和行为，否则，法律就要干涉他。而且，胡汉民还主张，为了社会的公共利益，国家应当运用法律手段积极地指导、干预对个人财产的使用权、收益权和处置权，这一精神在他们编制的法律法规中有较多的体现。然而，胡汉民这种“社会至上”的私法观，并不是真的要维护社会的共同利益，而是为了保护剥削制度，巩固剥削阶级的统治，本质是为了维护南京国民政府的专制统治。[②]

（三）居正“成文法”与“判例法”相结合的“混合法”思想

居正（1876—1951），早年加入同盟会，1928年南京国民政府成立后，历任国民党中央执行委员、司法院院长兼最高法院院长、司法行政部部长等职。在司法院任职的16年（1932—1947年）中，他锐意改革，提出并制定了许多具有积极意义的司法方案。确立“混合法”理论和运行机制就是他的一大贡献。他的“混合法”思想，是指不能单一适用成文法，而是应当根据实际需要适用判例，主张“成文法”与“判例法”相结合的法律样式。在南京国民政府时期，虽然逐渐形成了“六法全书”体系，但由于成文法本身的局限性，人们再一次认识到了判例的价值。居正就是众多有识之士中最突出的一位。

---

① 参见武树臣：《中国法律思想史》，356～357页，北京，法律出版社，2004。

② 参见上书，357～362页。

1. 立法与司法并非截然对立

居正从司法实际出发，反对单一适用“成文法”的司法体制，积极主张根据实际需要适用判例，提倡“成文法”与“判例法”相结合的法律样式。他批评那种认为司法工作就是司法人员根据法律条文消极地制裁犯罪，法官只要能熟知法条并正确地运用法条就算是做好本职工作的观点，并称这种观点是司法的狭义解释。他认为，把立法与司法、“成文法”（立法者立法）与“判例法”（法官立法）截然对立的做法，并不利于当前的法制建设。为了确定“判例法”在南京国民政府时期法制建设中的应有地位，他要求承认“判例法”的效力。

2. “成文法”与“判例法”应相辅相成

居正论证了“成文法”与“判例法”的关系，指出：“判例法”应当成为“成文法”重要的补充与辅助形式。他认为，立法时不可能预料未来的一切情形，这就需要具体灵活的判例来补充成文法的不足，以适应新环境和新情况。他还主张，这种判例一旦得到最高法院的确认，自然就应当对其他同类案件有指导意义。而且他从中外法律史的发展趋势出发，论证历史上就有判例并起到了重要作用，因此，当时也不可抛弃判例法这一法律传统。

3. 两大法系之融合已成大势

居正指出，由于历史的原因，世界上出现了两大法系，即英美法系和大陆法系。大陆法系注重成文法，英美法系注重判例法。他认为，当前这两大法系壁垒森严的界线已被打破，英美法系国家制定了众多的成文法，大陆法系国家也在司法审判中逐渐地适用判例。两大法系相互融合，已成为世界法制发展之潮流。在此时代条件下，任何国家都不能拘泥于某一种单一的传统或做法。

此外，居正还提出了寓立法于司法之中的命题。他不仅要求法官掌握成文法律并能正确运用，而且要求法官本着三民主义的法理，积极发挥主观能动作用，在司法审判中，妥善地解决一切法无明文规定或规定得过于宽泛的案件，并不断地创造出那些合情合理的判例，以作为判决同类案件的依据。

居正作为南京国民政府时期司法界的巨头，他的思想和主张对于当时法律界的影响是十分重大的。正是在这种思想指导下，当时的判例进一步受到人们的关注，并发挥了重要的作用。①

二、南京国民政府时期的立法概况与“六法全书”体系

（一）立法概况

1. 立法体制

如前所述，南京国民政府标榜其法律制度的渊源和指导思想是孙中山先生的三民主义学说。实质上，“以党治国”是国民党政府立法的指导思想和基本原则，国民党的党规、党法和蒋介石的手令可以上升为国家的法律。

国民党政府在立法过程中，由国民党行使立法权，如所谓全国代表大会是国民党政权的最高权力机关，中央执行委员会是全国代表大会闭会期间的最高权力机关，凡国家最重要的法

① 参见武树臣：《中国法律思想史》，363～366页，北京，法律出版社，2004。

律，或由中央执行委员会制定、颁行，或直接由国民党中央政治会议议决后公布。南京政府实行所谓五院制度后，虽然成立了正式立法机关，但立法制度依然如故。1932 年 6 月国民党中央常委会议决通过、交由国民政府通令施行的《立法程序纲领》明确规定：法律案的提出均由政治会议决定，立法院不得变更；立法院通过的法律案，政治会议认为必要时，得发交复议一次，立法院应即修正。这实际上公然让国民党中央政治会议攫取了立法批准权。对于统治集团认为特别重要的法律，则不经立法院仍由国民党中央自行制定，交由国民政府公布施行。如《国防最高委员会组织大纲》规定国防最高委员会为抗战期间统一党政军之指挥机关，这样重要的组织法就是由国民党中央执行委员会制定通过的。1947 年施行宪法后，这种体制在实际上没有发生任何变化。

2. 立法阶段

在国民党政府统治中国的 22 年中，其立法概况大致可分为三个阶段：第一阶段，法统创立时期；第二阶段，法统发展时期；第三阶段，法统完善与崩溃时期。

第一阶段，从 1927 年 4 月至 1937 年 7 月，为法统创立时期。其立法侧重于对各种法典的完成，以树立所谓三民主义的新法律体系。最显著的标志是《中华民国训政时期约法》和《中华民国宪法草案》的完成。同时，南京政府还颁布了一系列单行法规。

第二阶段，从 1937 年 7 月至 1945 年 9 月，为法统发展时期。最显著的标志是省、市、县参议会组织的建立，参议员选举条例的完成。

第三阶段，从 1945 年 9 月至 1949 年 4 月，为法统完善与崩溃时期，其完善的标志是《中华民国宪法》的完成。

3. 立法体系

1927 年 4 月，国民政府在南京建立后，颁布了一系列的法规。它不仅包括许多成文法、单行条例，而且包括了大量的判例和解释例。至 1949 年 4 月国民党政府崩溃时，其形成了一套比较完备的法律体系。

国民党法学家习惯上将国民党的法规分为宪法、民法、刑法、商法、诉讼法和法院组织法（有的分为宪法、民法、商法、刑法、民事诉讼法和刑事诉讼法）六类，仿照日本等国，将其汇编在一起，称为《六法全书》，亦称《六法大全》。在修订“六法全书”体系过程中，有学者坚持行政法为六法之一，商法可纳入民法，法院组织法可纳入行政法内，这种意见被采纳后，“六法全书”体系变为：宪法、民商法、刑法、民事诉讼法、刑事诉讼法、行政法。《六法全书》是国民党政府对六种法律的汇编，也是其成文法的总称，它构成了国民党政府法律制度的基本框架。

（二）南京国民政府的“六法全书”

1. 宪法及其关系法规

1928 年 10 月，南京国民政府制定了《训政纲领》，共 6 条，目的在于“实行总理三民主义，依照建国大纲，在训政时期，训练国民使用政权，至宪政开始，弼成全民政治”；同时，它也是国民政府组织法的依据。1931 年 5 月，国民会议通过《中华民国训政时期约法》，共 8 章、89 条，除规定中央政府与地方政府组织大纲外，尚有“人民之权利义务”“训政纲领”两章为最重要，旨在确立国民政府行使五种治权及训导人民行使四种政权。1936 年 5 月 5 日，国民政府颁布《中华民国宪法草案》，即“五五宪草”，共 8 章、148 条，宪草确立了在总统制下个人独裁的主旨。1946 年 11 月，国民党召开了由其操纵的所谓“国民大会”，通过了一个实际上维护专制、反对民主的《中华民国宪法》，并于 1947 年 1 月 1 日公布施行。该宪法共 14 章、175 条，是中华民国史上一部具有资产阶级色彩的宪法，也是一部以维护专制独裁为主旨的宪法。

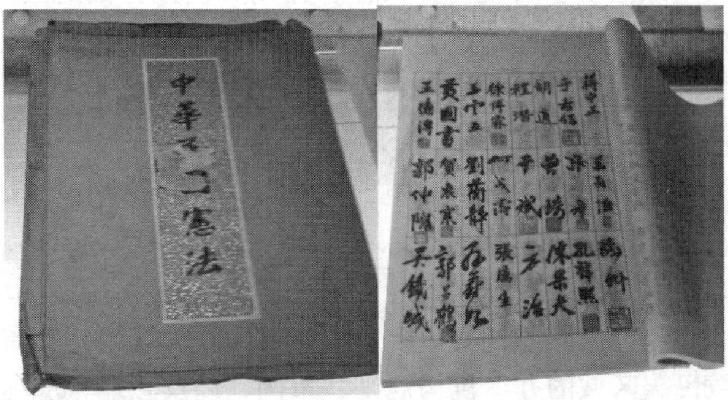

图 12-8 1947 年《中华民国宪法》

2. 民商法及其关系法规

民法包括总则、债、物权、亲属、继承 5 编，共 1 225 条，在 1928 年 5 月至 1930 年 12 月间陆续公布。它既抄袭德国、瑞士、日本等国的民法条款，又因袭清末以来有关民法的立法思想，故有较多的传统性，是国民党维护社会经济交往、亲属间伦理关系以及其时经济基础的主要工具。

商法主要由《公司法》《票据法》《海商法》《保险法》四部分构成，均在 1929 年 10 月至 12 月公布，有的曾被重新修正。此外，尚有《交易所法》《商标法》《破产法》等也属商法范围的法律。在当时的条件下，它是为了适应工商业发展的需要而制定的。

3. 刑法及其关系法规

1928 年 3 月，国民党政府曾颁布《中华民国刑法》，6 月公布《刑法实施条例》；1935 年 1 月，公布修改后的《中华民国刑法》，同年 4 月颁布《刑法施行法》。《中华民国刑法》的“总则”编为 12 章、99 条，“分则”编为 35 章、258 条，共计 47 章、357 条。它与其他刑事法规和特种刑事法规，如《暂行反革命治罪法》《限制异党活动办法》《危害民间紧急治罪法》《惩治盗匪条例》《后方共产党处置办法》等一起，成为维护国民党一党独裁的法律武器。

4. 民事诉讼法及其关系法规

民事诉讼法在 1930 年至 1931 年颁布，1935 年修改后重新公布。新的民事诉讼法为 9 编、12 章，共 636 条，主要是在诉讼程序上保证有关民事、商事法规的施行。

5. 刑事诉讼法及其关系法规

刑事诉讼法于 1928 年颁布，1935 年修改后重新公布。新的刑事诉讼法为 9 编、20 章，共 560 条，它是有关刑事诉讼的程序法，有利于《刑法》的正常施行。1937 年 7 月全面抗日战争开始后，国民党一方面为了加强抗战力量，维持社会治安；另一方面也为了防止共产党及进步人士的活动，又陆续颁布了许多特别法规，如《修正危害民间紧急治罪犯》、《妨害国家总动员惩罚暂行办法》、《各省高级军事机关代核军法案件暂行办法》、《县长及地方行政长官兼理军法暂行办法》以及《特种刑事案件诉讼条例》等，使“军法案件”无限扩大。

6. 行政法及其关系法规

第一是官制法规。官制，即组织法或组织条例，包括《中华民国国民政府组织法》《五院组织法》《军事参议院组织法》《参谋本部组织法》，文官部条例、各委员会条例以及行政院所属各部、各地方政府的组织法等。官规，即薪俸、任用和使用方面的法规。颁行的有：《暂行文官官等官俸表》、《公务员任用法》、《技术人员任用条例》、《官吏服务规程》、《考绩法》、《奖惩条例》、《公文程式条例》、《五院处务规程》、各部处务规程以及有关部门的“会议规则”“会议议事细则”等。

第二是考试法。考试法在新《六法全书》中被列为“宪法及其关系法规”，但依其法规性质仍为行政法。它包括：《考试法》《考试法实施细则》《分四类职位公务人员考试法》《公务人员升等考试法》《典试法》《监视法》等。

第三是内政法规。它包括内政部各委员会、司、室、处的规则，各省民政厅规程，市、县的政纲、组织法，少数民族区域的办事机构规则、条例，以及土地、水利、赈济各委员会的规程，还有《户籍法》《国籍法》《出版法》《古物保存法》《寺庙条例》，等等。

此外，其还包括外交侨务法规、军政法规、实业法规、单一性法规等，南京国民政府行政法体系可以说是一个包罗万象的万花筒。

三、南京国民政府时期的法律制度

（一）宪法性文件及其内容

1.《训政纲领》及其内容

1928 年 10 月 3 日，国民党中央第 172 次常务会议通过了根据胡汉民、孙科所提训政大纲而制定的《训政纲领》，并由国民政府公布，作为训政时期的政纲；同时，又公布了《中华民国国民政府组织法》，作为组织纲领。

《训政纲领》作为训政时期纲领性文件，就其内容来看，就是把一切大权都集中于国民党，由国民党一党专政。它虽然标榜是根据孙中山的遗教制定的，但从其内容来看，完全违背了孙中山的“训政”思想，违背了“主权在民”的原则。蒋介石集团的训政，其核心乃一党专政，强调国民党在国家政治生活中的决定性作用，以“训政”为借口，长期剥夺人民的各项权利。

2.《中华民国训政时期约法》的主要内容

1931 年 5 月 12 日三读通过，同年 6 月 1 日颁布施行的《中华民国训政时期约法》共 8 章、89 条：第一章总纲，第二章人民主权义务，第三章训政纲领，第四章国民计生，第五章国民教育，第六章中央与地方之权限，第七章政府之组织，第八章附则。概括起来，主要有以下几个方面。

首先，《中华民国训政时期约法》依照资产阶级宪法形式，写进了一些民主的条文。其次，《中华民国训政时期约法》规定国民党全国代表大会和中央执行委员会为最高权力机关，肯定了国民党一党专政的政治体制。最后，与《训政纲领》相比，《中华民国训政时期约法》削弱了国民党对政府的控制权，扩大了政府的权力，为蒋介石的个人独裁创造了条件。此外，关于中央与地方的权限，《中华民国训政时期约法》规定采均权制度。但就实际而言，在训政时期所执行的仍是中央集权制，地方并无实权。

3.《中华民国宪法草案》的主要内容

《中华民国宪法草案》的公布日期为 1936 年 5 月 5 日，亦被称为“五五宪草”，共 8 章、148 条：第一章总纲，第二章人民之权利义务，第三章国民大会，第四章中央政府，第五章地方制度，第六章国民经济，第七章教育，第八章宪法之施行及修正。

“五五宪草”规定中华民国为三民主义的共和国，实际上就是支持国民党一党专政。它确定了总统独裁制，并竭力维护四大家族的经济利益。因此，“五五宪草”是一部在形式上和文字上具有资产阶级民主色彩，而在实质上维护国民党一党专政，维护蒋介石个人独裁，反民主、反人民的宪法草案。

4.《中华民国宪法》的主要内容

1947 年元旦，国民政府颁布《中华民国宪法》，共 14 章 175 条：第一章为“总纲”，第二章为“人民之权利义务”，第三章为“国民大会”，第四章为“总统”，第五章为“行政”，第六章为“立法”，第七章为“司法”，第八章为“考试”，第九章为“监察”，第十章为“中央与地方之权限”，第十一章为“地方制度”，第十二章为“选举、罢免、创制、复决”，第十三章为“基本国策”，第十四章为“宪法之施行及修改”。

这部宪法的基本内容和特点有：第一，以“民有民治民享”的“民主共和国”之名，行国民党专政和蒋介石个人独裁之实。第二，抄袭资产阶级宪法原则，以标榜所谓人民各项民主自由权利。第三，打着“平均地权”的幌子，保护传统土地剥削。第四，极力维护四大家族的经济垄断。

（二）行政法律制度

国民政府的行政法是有关国家各个方面行政管理的法规总称，它包括行政组织及行政权与人民的关系。其在当时没有形成一部完整的、自成体系的行政法典，有关规定散见于各种形式的法律和法规中，故范围极其广泛，内容错综复杂。我们一般把国民党的行政法分为行政组织法和行政作用法两部分。前者规定行政机关的组织权限、编制及各部门的责任；后者规定行政机关与人民的关系，即确定行政机关对人民权利和义务的限定范围。

图 12－9　南京国民政府行政院

1. 国民政府的行政组织法

国民政府的行政组织法历经数次变易。1925 年 7 月 1 日颁行的《中华民国国民政府组织法》，共 10 条，内容十分简单，但明确了实行“党治”和采用合议制，并强化政府的权力。该组织法对于国民政府的权限未作丝毫限制性规定，亦未涉及对立法、司法等权力的分立。此后，组织法被多次修正。

2. 有关行政官员选拔、任用、弹劾的行政法规

这些行政法规可以分为四类：一是官等、官俸法。二是考试法，包括《文官高等考试法》《文官普通考试法》《外交官领事考试法》《考试法》《监试法》《襄试法》。三是公务员任用法，例如《公务者任用条例》《公务员任用法》《公务员任用法施行条例》。四是弹劾法。国民政府相继颁布了《弹劾法》、修正弹劾法全案。

3. 涉及内政的行政法规

涉及内政的行政法规：一是《国籍法》与《国籍法施行条例》，二是《户籍法》，三是《监督慈善团体法》，四是《救灾准备金法》。

4. 涉及军政的行政法规

涉及军政的行政法规：一是《兵役法》，二是《要塞堡垒地带法》，三是《国军剿匪暂行条例》。

5. 单一性的行政法规

单一性的行政法规主要有教育、财政、交通、司法行政四类，条文有数千条之多，主要有：中央学会与中央研究院组织法、大学组织法、专科学校组织法、中学法、小学法、师范学校法、职业学校法、国民体育法、教育会法；会计法、审计法、预算法、统计法、营业税法、印花税法、国民政府监督地方财政暂行法；国道条例、港商条例、航路标记条例、监督商办航空事业条例；司法官惩戒法、警械使用条例等。这些单一性的行政法规内容相当庞杂和具体，因此，这里不再一一列举叙述。

(三)《中华民国民法》与商事法规

1. 实行民商合一的编制体例

中国清末及北洋政府都采用民商分立制，分别编订民、商法草案。国民党政府原来也打算分别制定民法典和商法典。1928 年 5 月民法总则颁布后，立法院院长胡汉民、副院长林森等人向国民党中央常务会议呈递编订民商统一法典提案。随后，国民党中央第 183 次常务会议通过《民商划一提案审查报告》，递交立法院。国民党政治会议采纳了该报告的意见，决定“将通常属于商法总则之经理人及代办商、商行为之交互计算、行纪、仓库、运送营业及承揽运送”，均编入民法债权编；其他商事法规不能编入者，则另定单行法规，主要有《公司法》《票据法》《海商法》《保险法》等四大部分。

2. 民法

1928 年 5 月 23 日，南京国民政府公布了“民法总则”；1929 年 11 月又公布了“债”“物权”两编；1930 年年底公布了“继承”“亲属”两编。《中华民国民法》共 5 编，计 1 225 条。

(1) 民法总则的内容。第一，明确划分权利的主体与客体。第二，规定了法律行为与意思表示。

(2) 亲属与继承。1930年颁布的《民法》亲属编将亲属分为血亲、配偶、姻亲三种，以此明确划分了婚姻制度与财产关系，继承及其抛弃的法律关系。

(3) 物权与债的主要内容。规定了物与物权，还规定了债与债的种类。

南京国民政府的《中华民国民法》具有以下三个基本特征：第一，大量引进西方资产阶级法律术语，使民法打上了深深的资产阶级印迹。第二，在确定婚姻家族关系时，依然是男尊女卑。第三，保护债权人的利益，确立高利率的剥削。

3. 商事法规

从1929年10月起，南京国民政府陆续颁布施行了《票据法》《公司法》《保险法》《海商法》等几十个商事法规。这样，除民法债编中的商事法规内容外，单行商事法规系统也基本确立。

南京国民政府成立后制定的《中华民国民法》和商事法规，是近代社会之下资产阶级与帝国主义妥协的产物。它既带有中国资产阶级发展资本主义的强烈欲望，又烙着君主专制集权主义和帝国主义的印迹。但是，无论后者的影响多么大、多么明显，都是处在当时特定历史条件下的中国资产阶级为求发展的尝试，上述法律和法规的制定、实施，客观上促进了资本主义经济的发展与壮大。

(四) 经济法律规范和制度

南京国民政府的经济法律规范除在商法中涉及外，主要体现在其财政金融立法上。南京国民政府的财政金融法律规范和制度主要表现在田赋、货物税、币制等方面。

1. 田赋

田赋在国民党政府的财政收入中占重要的地位。1940年11月，国民党政府行政院通过“各省田赋得酌征实物”一案，于次年3月发出《各省田赋改征实物办法暂行通知》，决定从1941年下半年起，各省田赋一律改征实物。与此同时，国民政府还实行所谓“田赋征购和征借”“随赋带购”等制度，并强制发行和推销“粮食库券”。

2. 货物税

国民党政府统治时期实行的货物税，主要是“统税”，即对主要工业产品统一征税，不再重征其他一切税捐。统税的试办，始于1928年对卷烟统税的开征。统税的对象有卷烟、棉纱、火柴、水泥、麦粉、洋酒、啤酒、熏烟叶、火油等。这种统一征税，实际上并不能取消各种苛捐杂税。不但统税的施行未能取消杂税，而且统税本身也是一种苛捐。

3. 币制

国民党政府在建立之初，沿用北洋军阀的货币制度。1933年，国民党政府施行“废两改元”，即禁止“银两”流通，实行银圆本位制。1933年11月，国民党政府为了搜刮民财，摆脱金融危机，在美帝国主义帮助下实行所谓新货币制度：把由四大家族掌握的中央、中国、交通三银行（后来又增加中国农民银行）发行的纸币定为所谓“法币”；所有完粮、纳税以及一切公私款项支付和市面货币流通，均用法币，不得使用现银；所有银圆均须向中央等银行兑换法币，实行白银国有（也即四大家族所有）；为了稳定币值，还规定把法币与英镑联在一起，以每一元法币为一先令二便士半，使法币实际上成为英镑集团的附庸。此后，由于恶性通货膨胀，法币几乎一文不值，于是国民党又废除法币，发行“金圆券”。

图 12－10　国民政府发行的金圆券

（五）《中华民国刑法》与刑事特别法规

1.《中华民国刑法》

1928 年 3 月 10 日，国民政府正式公布《中华民国刑法》，这是我国历史上第一部以"刑法"为名称的刑法典。《中华民国刑法》分总则和分则两编，总则有 14 章，分则有 34 章，共 387 条。

这部法律的内容和特点是：第一，它维护了国民党政府的统治地位。第二，在对外关系方面继承清末和北洋军阀旧法的某些内容。第三，保护私人财产及维护社会经济秩序的稳定。第四，维护传统宗法家庭方面的规定。

2. 中华民国"新刑法"

1935 年 1 月 1 日，国民党政府公布修正后的《中华民国刑法》，人们通常称这部刑法为"新刑法"。此法分两编：总则编分 12 章，共 99 条，分则编分 35 章，共 258 条，共计 357 条。从具体内容来看，它与 1928 年《刑法》基本上是一脉相承的。

这部法律的内容和特点是：第一，维护南京国民政府的稳定，并对"首谋者"从重打击。第二，设置关于维护"国交"方面的条款，如"妨害国交罪"。第三，设置关于保护私有财产权和统治秩序的条款。第四，继承君主专制集权主义的法律传统。第五，确立"保安处分"原则。第六，采用"罪刑法定主义"原则。

3. 特别刑事法规

国民政府在不同时期先后颁布了许多特别刑事法规，构成了整个刑法体系的重要组成部分。这些法规是指适用于特定期间、特定地点、特定的人或事项的法律。特别刑事法规一般抛开通常的立法程序，直接由国民政府颁布，或由军事委员会或其他部、会制定公布，甚至由国民党中央或地方党部秘密颁发。特别刑事法规的大量颁行，是国民党立法活动的一个重要特点，也是历代反动政权在非常时期立法活动的共同特征。

（1）第二次国内革命战争时期，国民党政府为了配合反共产党、反人民和实行军事"围剿"，相继颁行了一些特别刑事法规。

（2）抗日战争时期，国民党政府为了推行其消极抗日、积极反共的顽固政策，大量颁行徒具虚名的特别刑事法规。

（3）第三次国内革命战争时期，国民党政府相继颁布了一系列特别法规，残酷镇压人民革命运动。

四、南京国民政府时期的司法制度

（一）司法机构

1. 普通法院系统：最高法院、高等法院、地方法院

依据国民政府于1932年10月公布的《法院组织法》，法院系统确定为三级。第一级是最高法院。它成立于1927年11月17日，隶属于司法院，为最高审判机关。第二级是高等法院。它设在省或特别区域，区域辽阔的可设高等法院分院。第三级是地方法院。它设于县或市，区域辽阔的县或市可设地方法院分院。此外，在那些没有设立法院的地方，“暂于县政府设县司法处”，兼理司法审判。

最高法院旧址（今南京中山北路401号）（摄于1930年代）

图12-11　南京最高法院

2. 特种刑事法庭

1927年12月，国民党政府为共产党人而设立“特种刑事法庭”。根据《特种刑事法庭组织条例》的规定：南京设“特种刑事中央临时法庭”，省、市设“特种刑事地方临时法庭”。中央特种刑事法庭与最高法院地位相等。首批特刑庭于1947年4月21日经司法行政部检定，在南京、上海、镇江、徐州、芜湖、合肥、九江、武汉等25个地方设立。其中南京的“首都特刑庭”于1948年2月20日正式成立。到1948年年底，全国有这样的法庭156所。

3. 兼理军法司法法院

南京国民政府的军事审判组织称“军法会审”，也是一种特别法庭。军法会审有以下三种：（1）简易军法会审，即在各种指挥部、各军部、各独立师部、各独立旅部或该营高级长官的驻在处所，由各该部高级军法官1人为审判长，军法官2人为审判官组成，审判所属上尉以下官佐士兵同等军人的犯罪者。（2）普通军法会审，设置处所与简易军法会审相同。它以高于或等于被告级别的审判长1人、审判官2人组成，审判所属校官及同等军人的犯罪者。（3）高等军法会审，设在总司令部或军政部、海军部。它由高于或等于被告级别的审判长1人、审判官2人组成，审判将官及同等军人的犯罪者。

军法会审实行两审终审制，第二审称复审。审判依据总司令或军政部长、海军部长或该管最高长官的命令进行。军法会审均不得旁听。军事检察官由各级司令部副官或军法官、宪兵长官、卫戍司令或警备部检察官担任。

（二）普通法院诉讼审判制度

1. 三级三审制

在国民政府建立之初，法院组织系统基本上沿袭北洋政府体制，实行四级三审制。1932年《法院组织法》颁布后，仿效德国和法国的司法体系，改四级三审制为三级三审制。地方法院及其分院为审判刑、民案件的一审，高等法院既为地方法院的上诉审，又是所谓的“妨害国交罪”“内乱罪”“外患罪”的第一审。最高法院名为第三审，实为法律审，即只受理审判违反法律的案件。国民党法院奉行“官无悔判”的反动原则，高等法院一般维持地方法院原判，很少作出改动；最高法院受理第三审不以案情为根据，只凭高等法院判决时认定的事实来进行终审判决。

2. 公开审判制

所谓公开审判，《中华民国临时约法》第47条规定：“法院之审判，须公开之。”《法院编制法》第54条也规定：“诉讼之辩论及判断之宣告，均公开法庭行之。”《法院组织法》第65条规定：“诉讼之辩论及裁判之宣示，应公开进行。”但这只是在形式上规定公开审判。秘密审判才最足以反映国民党政府司法审判的反革命本质。《法院组织法》第65条后半段即规定：“但有妨害公共秩序或善良风俗之虞时，法院之决议得不公开之。”国民党曾宣称：“政治犯之辩论，最易耸人听闻，且使旁听之人皆生破坏之欲，此不可公开也。”显而易见，这是害怕共产党人和其他革命志士利用国民党法庭作为宣传革命真理，揭露国民党反动派罪恶的讲坛。同时，秘密审判也便于国民党反动派任意进行法西斯式的恐怖镇压。

3. 陪审与辩护制

国民党政府在1929年8月颁发了《反革命案件陪审暂行法》。按照该暂行法的规定，陪审员必须是法院所在地的年龄25岁以上的国民党党员，并且由该地国民党高级党部指派充任，由6名国民党党员组成的陪审团有权评议决定被告是否有“罪”。同时，该法把被告上诉的理由限定于法律方面，被告上诉不合规定的，上一级法院不予受理。判决之后，当国民党高级党部提出不服的声明时，检察官“应即提起上诉”。

刑事诉讼法中规定，除有特别规定的以外，审判须经过“当事人之言词辩论为之”。这也是当时世界资本主义国家诉讼制度的一项基本内容。国民政府虽然规定了律师辩护制度，但这一制度是为统治阶级提供服务的，律师在行使辩护权时，必须严格遵守国民政府的规定，否则要受到惩处，而且在许多秘密审判中，根本就谈不上辩护。

4. 审检合署制

国民党政府实行审检合署制，取消了北洋军阀所设置的各级检察厅，将各级检察机构设于法院内。最高法院内设检察署，置检察官若干人，以1人为首席检察官。其检察官员只有1人时，不设首席检察官。检察机关的任务，依照其时《法院组织法》的规定，是实施侦查、提起公诉、协助自诉、担当自诉、指挥刑事裁判的执行，以及其他法令所定职务的执行。检察长和首席检察官有权监督下级检察官，提调其侦查的案件并亲自处理或转移给所属的其他检察官承办，必要时可动用司法警察或军队力量，作出“必要之处分”。检察机关实行垂直领导。最高法院和检察署均受司法行政部的监督。

（三）特务机构及其活动

在美帝国主义扶持和支持下的蒋介石反革命集团，为了维护其反动统治，镇压革命，除采取军事“围剿”镇压外，还仿效德、意法西斯建立庞大的特务机构，秘密逮捕革命人民，疯狂地镇压民主人士。

1. 主要的特务组织

国民党的特务组织，主要有两个系统：一是“国民党中央调查统计局”，简称“中统”，是在以陈果夫、陈立夫为首的“CC”系的基础上建立起来的。“CC”是取二陈的姓的第一个英文字母。二是“国民党军事委员会调查统计局”，简称“军统”，是在以戴笠为首的“复兴社”的基础上建立起来的。同时，“军统”方面还有“中美特种技术合作所”，即“中美合作所”。该组织由戴笠任主任，副主任为美国海军部情报署代表梅尔斯。其任务是帮助蒋介石训练军统特务和装备军统特务组织，使军统美式化。

2. 特务机构活动的特点

第一，非法的秘密恐怖活动。美蒋反动派建立起庞大的特务系统，派遣大批特务监视人民。凡不满美蒋反动统治的人及所谓有“嫌疑”的人，不需任何法律手续，就可以被秘密地逮捕、审讯，甚至被残酷杀害。特务机构的活动凌驾于一般司法机关之上，直接听命于蒋介石及其亲信。

第二，锋芒指向共产党人和革命者。蒋介石反动统治集团建立起庞大的特务组织，主要是为了镇压共产党人、革命者、爱国进步人士。

第三，施行惨无人道的酷刑。蒋介石的法西斯特务机构，在重庆、上饶、息烽、西安、天水等地设置了许多公开的监狱和秘密的集中营。在这些人间的魔窟里成千上万的共产党人和革命群众遭到严刑拷打和杀害。其残酷的刑罚有“水火夹攻”、电刑、钉指甲等。

综观国民党南京政府的法制运动，它是随着西方近现代法律文化的进一步冲击与渗透，逐步在形式上建立起较为完备的法律体系的；它几乎完全搬用和照抄了近现代西方法律的规范和条文；在法律理论上也似乎接受和继承了孙中山及西方国家的民主内容。但是，在法制实现及价值系统上，南京国民政府实行的独裁统治，使法制显现出浓烈的传统君主专制集权主义糟粕乃至残酷的法西斯主义专制色彩。除此以外，国民党整个“三民主义法制”均以国家社会本位为基调，诚如胡汉民所分析的：中国向来的立法是家庭的，欧美向来的立法是个人的，而我们现在三民主义的立法乃是社会的。其真谛即否定个人本位的法律观念，高扬社会本位的法律精神。但这里的“社会本位”实际上是蒋氏家族本位。所有这些，都鲜明地反映出南京国民政府法制在价值形态上抛弃了现代法律精神，而向中国传统法律文化回归和复辟。

深度阅读

1. 金冲及，胡绳武．辛亥革命史稿．上海：上海人民出版社，1991

2. 邱远猷，张希坡．中华民国开国法制史：辛亥革命法律制度研究．北京：首都师范大学出版社，1997

3. 张宪文．共和肇始：南京临时政府研究．南京：南京大学出版社，2012
4. 郭建林．北洋政府简史．天津：天津古籍出版社，2000
5. 蔡鸿源．民国法规集成．合肥：黄山书社，1999
6. 郭卫．大理院解释例全书·大理院判决例全书检查表．台北：成文出版社，1972
7. 黄源盛．民初法律变迁与裁判．台北：政治大学法学图书编辑委员会，2000
8. 谢振民．中华民国立法史．张知本，校订．北京：中国政法大学出版社，2000
9. 中国法规刊行社编审委员会．六法全书．上海：上海书店，1991

问题与思考

一、思考题

1. 简述孙中山“三民主义”立法指导思想的重要内容。
2. 简述孙中山的“五权宪法”思想和“权能分治”理论。
3. 简述《中华民国临时政府组织大纲》的主要内容和特点。
4. 简述《中华民国临时约法》的性质、基本内容和历史地位。
5. 中华民国南京临时政府诉讼审判制度的改革主要体现在哪些方面？
6. 简述《中华民国约法》与《中华民国宪法》的联系与区别。
7. 简述民国北京政府《民律草案》的主要内容和特点。
8. 简述民国北京政府诉讼审判制度的主要特点。
9. 简述民国北京政府《监狱规则》的主要内容和意义。
10. 试述南京国民政府时期代表性法律思想。
11. 南京国民政府立法体制的特点是什么？
12. 何谓“六法全书”？
13. “五五宪草”的性质和内容是什么？
14. 简述《中华民国宪法》的基本内容和特点。
15. 简述南京国民政府的“民商法统一合编”。
16. 试述南京国民政府刑事法制的内容及特点。
17. 简述南京国民政府普通法院诉讼审判制度的主要内容。
18. 简述南京国民政府司法机构的构成及司法活动的特点。

二、练习题

（一）单项选择题

1.《中华民国临时政府组织大纲》确立的政体是（　　）。

A. 责任内阁制　　B. 总统制　　C. 立宪制　　D. 帝制

答案：B

2.《中华民国临时约法》规定临时政府行使司法权的是（　　）。

A. 法院　　B. 临时大总统　　C. 参议院议长　　D. 临时中央裁判所

答案：A

3.《中华民国临时约法》由孙中山正式公布，经由三读通过的机构是下列的（　　）。

A. 资政院　　B. 各省都督府代表会议

C. 临时参议院　　D. 国会

答案：C

4. 南京临时政府关于社会改革的法令中不包括（　　）。

A. 慎重农事令　　B. 禁赌法令　　C. 剪辫法令　　D. 禁烟法令

答案：A

5.《中华民国临时政府组织大纲》中规定，临时政府的最高审判机关是（　　）。

A. 大理院　　B. 司法部　　C. 最高法院　　D. 中央裁判所

答案：D

6. 第一次以法律形式宣告废除帝制，规定实行“三权分立”原则的文件是（　　）。

A.《中华民国临时政府组织大纲》　　B.《中华民国临时约法》

C.《中华民国宪法》　　D.《中华苏维埃共和国宪法大纲》

答案：B

7. 北洋政府的最高审判机关是（　　）。

A. 最高法院　　B. 高等审判厅　　C. 大理院　　D. 刑部

答案：C

8.“天坛宪草”在政权体制上采用（　　）。

A. 责任内阁制　　B. 委员制　　C. 总统制　　D. 混合制

答案：A

9.“贿选宪法”的公布时期是在（　　）。

A. 袁世凯任总统　　B. 段祺瑞任国务院总理

C. 曹锟任总统　　D. 段祺瑞任执政

答案：C

10. 北京政府始终肯定并沿用的是（　　）。

A. 清末法律　　B. 湖北军政府时期的立法

C. 南京临时政府法令　　D.《临时约法》

答案：A

11. 北京政府的刑法典是（　　）。

A.《中华民国刑法》　　B.《暂行刑律》　　C.《暂行新刑律》　D.《暂行现行刑律》

答案：C

12. 中国近代史上确立“民商合一”的民法典编纂体例的政权是（　　）。（考研）

A. 清末政府　　B. 中华民国南京临时政府

C. 中华民国北京政府　　D. 中华民国南京国民政府

答案：D

13. 南京国民政府“六法”包括（　　）。（考研）

A. 宪法、民法、商法、刑法、民事诉讼法、刑事诉讼法

B. 宪法、民法、刑法、行政法、民事诉讼法、刑事诉讼法

C. 宪法、民法、军法、民事诉讼法、刑事诉讼法

D. 宪法、民法、刑法、经济法、民事诉讼法、刑事诉讼法

答案：B

14. 下列刑法典中，规定有“保安处分”的是（　　）。

A.《大清新刑律》　　B.《暂行新刑律》

C. 南京国民政府旧刑法　　D. 南京国民政府新刑法

答案：D

15. 孙中山在前期的革命生涯中，曾提出了“建国三时期”。下列不属于这三个时期的是（　　）。

A. 军政时期　　B. 建政时期　　C. 宪政时期　　D. 训政时期

答案：B

16.《中华民国训政时期约法》的制定机关是（　　）。

A. 国民会议　　B. 立法院

C. 国民党中央执行委员会　　D. 国民党中央政治会议

答案：A

17. 1935 年以后，南京国民政府普通法院的诉讼制度是（　　）。

A. 四级三审制　　B. 三级三审制　　C. 四级两审制　　D. 三级两审制

答案：B

（二）多项选择题

18. “五权宪法”是孙中山法律思想的重要组成部分，孙中山认为的五权包括（　　）。

A. 行政权　　B. 考试权　　C. 监察权　　D. 选举权

答案：ABC

19.《中华民国临时约法》为了限制袁世凯，规定（　　）。

A. 总统制　　B. 进一步扩大参议院的权力

C. 规定了严格的修改程序　　D. 准内阁制

答案：BCD

20. 南京临时政府诉讼审判制度的改革包括（　　）。

A. 禁止刑讯、体罚　　B. 审判公开及陪审制

C. 司法独立　　D. 律师与法官考试制度

答案：ABCD

21. 下列属于北京政府在司法方面的特点有（　　）。

A. 县知事审理司法　　B. 扩大外国人的司法权

C. 滥施军事审判　　D. 实行司法专横

答案：ABCD

22. 北京政府对清末法律作了删修，制成《删修新刑律与国体抵触各章条》，其中包括（　　）。

A. 改《大清新刑律》　　B. 将“侵犯皇室罪”删除

C. 将“恩赦”改为“赦免”　　D. 将“臣民”改为“人民”

答案：ABCD

23. 北京政府恢复的传统刑罚有（　　）。

A. 杖刑　　B. 刖刑　　C. 笞刑　　D. 流遣刑

答案：CD

24. 北京政府的立法活动包括（　　）。

A. 大量援用清末法律　　B. 制定、颁布了大量单行法规

C. 恢复封建刑罚　　D. 确认判例和解释例的效力

答案：ABD

25. 实行四级三审制的政权有（　　）。

A. 清末　　B. 北京政府

C. 南京临时政府　　D. 解放区人民民主政权

答案：AB

26. 在国民政府“六法”体系中，有基本法典的法律部门有（　　）。（考研）

A. 行政法　　B. 民法　　C. 民事诉讼法　　D. 刑法

答案：BCD

27. 南京国民政府的法律体系由下列哪些部分构成？（　　）

A. 六法基本法典　　B. 判例　　C. 解释例　　D. 关系法规

答案：ABCD

28. 南京国民政府颁行的民法典除总则编外，还包括下列哪些编目？（　　）（考研）

A. 继承编　　B. 亲属编　　C. 物权编　　D. 债编

答案：ABCD

29. 南京国民政府于1947年公布和实施《中华民国宪法》。下列对这部宪法的正确表述是（　　）。（司考）

A. 该法规定了选举、罢免、创制、复决等制度

B. 该法的基本精神沿袭《中华民国训政时期约法》和“五五宪草”

C. 该法体现了《动员戡乱时期临时条款》的立法原则

D. 该法确立的政权体制既不是内阁制，也不是总统制

答案：ABD

第十三章 中华人民共和国法律思想与制度（上）

本章重点知识

1.《中华苏维埃共和国宪法大纲》。
2. 土地法。
3. 劳动法。
4. 诉讼与审判制度。

第一节　革命根据地法律思想

一、中国共产党早期法律思想

（一）马克思主义法学思想在中国的传播

1. 马克思主义法学思想

马克思主义法学是马克思主义理论体系的重要组成部分。在 19 世纪 40 年代左右，马克思、恩格斯系统地总结了无产阶级革命的历史经验，批判继承了人类历史思想的积极因素，对资产阶级的法律制度和法律思想进行了深入批判，第一次科学地揭示了法的本质和法律现象产生和发展的基本规律。马克思主义法学将法律的本质与物质生活条件紧密联系，并指出：(1) 作为上层建筑的法，是由一定社会的经济基础所决定并反过来为经济基础服务的，这是法的本质属性。(2) 从其阶级属性上看，法是由掌握国家权力的统治阶级制定出来的，代表了统治阶级的利益。(3) 从其表现形式上看，法是国家制定或认可的社会规范，以国家强制力保证实施。(4) 从历史的角度看，法并非永恒，亦无法超越历史之局限，而是人类社会发展到一定阶段的产物。法律随着私有制、阶级和国家的产生而产生，并随着阶级和国家消亡，阶级意义上的法也将随之消亡。

2. 马克思主义法学思想传入中国

在19世纪末，梁启超、孙中山、廖仲恺、刘师培、朱执信等一批有识之士率先接触到马克思主义法学思想。他们将马克思主义视为西方最有影响力的思潮之一，并积极地将马克思、恩格斯的生平与著作介绍到国内，积极传播马克思主义法学思想。十月革命以后，李大钊、陈独秀、陈望道等人对马克思主义进行了系统的介绍，起到了重要的启蒙作用。李大钊撰写了《我的马克思主义观》，并在北京大学成立了马克思主义研究会。陈望道在陈独秀等人和共产国际的帮助下，率先翻译了《共产党宣言》。马克思主义法学思想在中国思想界、学术界生根发芽，并和多地共产主义早期组织的实践相辅相成，为中国共产党的诞生奠定了坚实的思想基础和理论基础。

（二）中国共产党革命纲领的变化

1. 中国共产党第一次全国代表大会确定的党的纲领

1921年7月23日，中共一大在上海秘密召开。因突遭法国巡捕搜查，会议被迫休会。7月31日，代表们来到南湖，在一艘游船上举行了一大第七次会议。会议通过了《中国共产党党纲》《关于当前实际工作的决议》，选举了党的领导机构。一大通过的党纲当中指出：革命军队必须与无产阶级一起，推翻资本家阶级的政权；必须援助工人阶级，直到社会阶级区分消除。无产阶级的专政将一直持续到阶级斗争结束为止，即直到社会的阶级区分消灭为止。为此，必须消灭资本家私有制，没收机器、土地、厂房和半成品等生产资料。一大召开标志着中国共产党的正式成立。自此，马克思主义法学的阶级理论和社会变革理论正式成为中国革命的指导思想。自从有了中国共产党，中国革命的面目就焕然一新了。

2. 中国共产党第二次全国代表大会确定的党的纲领

1922年7月16日至23日，中国共产党在上海召开第二次全国代表大会。大会根据列宁关于民族殖民地问题的理论和党成立后对中国革命基本问题的探索，讨论了中国社会的政治、经济状况和当前的革命任务，通过了《世界大势与中国共产党》《民主的联合战线》《中国共产党加入第三国际》等决议案和党的章程。大会发表了《中国共产党第二次全国代表大会宣言》，宣言分析了国际形势和中国社会半殖民地半封建的状况，阐明了中国革命的性质、对象和动力，制定了党的最低纲领和最高纲领。党的最低纲领，即党在民主革命阶段的纲领是：消除内乱，打倒军阀，建立国内和平；推翻国际帝国主义的压迫，达到中华民族完全独立；统一中国为真正的民主共和国。然后再进一步创造条件，以实现党的最高纲领：建立劳农专政的政治，铲除私有财产制度，渐次达到共产主义社会。党的二大第一次明确地提出了彻底的反帝反封建的民主革命纲领，它为中国各族人民的革命斗争指明了方向。

（三）第一次国共合作期间中国共产党的法律思想与实践

1. 国民党第一次全国代表大会的召开和第一次国共合作

中国共产党提出的反帝反封建革命纲领，原则上为改组后的国民党所接受。孙中山将其倡导的三民主义，重新解释为具有明显反帝反封建内容的三大政策（联俄、联共、扶助农工）的新三民主义。在国民党第一次全国代表大会上，第一次国共合作正式确立起来。广州国民政府成立时，中国共产党并未直接参加国民政府委员会，但却参加了作为决策机关的国民党中央执行委员会，因而发挥了参政议政和决定大政方针的作用。谭平山、吴玉章、恽代英、董必武、毛泽东、沈雁冰、澎湃、邓颖超等一批杰出的共产党人以国民党中央执行委员或者党部部长、秘书等身份领导了国民党在法律方面的走向，充分体现了国共合作的积极作用，更体现出中国共产党人为人民谋福利的不懈追求。

2. 国共两党共同领导下的广州国民政府法律思想

1925 年 7 月 1 日，中华民国第一届国民政府于广州成立，即广州国民政府。作为组建更为科学、建制更为完整的政府形态，广州国民政府采用委员制，以取代大元帅府的一长制，并以汪精卫、胡汉民、廖仲恺等 16 人为委员。广州国民政府宣称，其职责为履行总理遗嘱，对外废除不平等条约，消灭帝国主义势力；对内开展国民革命运动，消灭军阀势力。为此，广州国民政府以有为姿态进行了大量卓有成效的工作，积极整顿内部，实现了军政、民政和财政的统一，并进行了规模浩大且成果卓然的法律制度建设。

总体上看，中国共产党和国民党共同领导下的广州国民政府的法律思想和法律实践是相当全面的：

（1）在政治方面，两党强调政府应由集体领导，采用会议作为组织方式，突出民主集中制；强调政治清明，按章办事，官员各尽其责，行为严守纪律。

（2）在军事方面，两党强调军队应贯彻革命信仰与爱国救民的理念，尤其应该注重军队的思想政治建设。军队应当严守纪律，努力训练，上下同心。

（3）在经济方面，两党强调统一财政，兴办实业，税收自主，特别注重地价的核定和登记，以及弘扬国货以反对经济入侵。经济监督方面则强调审计工作的重要性。

（4）在社会管理方面，两党强调教育和卫生事业对于社会意义非凡，并特别注重改善民众的生活，使其脱离愚昧和困苦。婚姻关系方面应注重男女平等，对女性弱势群体加以保护，实行婚姻自主，一夫一妻，保护妇女儿童，反对纲常礼教对于人性和身体的摧残。

（5）在司法领域，两党强调确保法官、检察官职务廉洁性，审判工作不受外来影响，同时也十分注重司法系统的思想政治建设。在审判中，注重保障人权和公平正义。

（6）在外交方面，两党强调独立自主，废除一切不平等条约，为寻求民族独立和解放而不懈斗争。

此外，中国共产党还非常重视农民工作和工人工作，在农民运动当中力求没收土地分给农民，在工人运动中则强调罢工自由和工人基本权利的保障。

二、工农民主政权时期法律思想

（一）工农武装割据理论

1. 工农武装割据理论的诞生

毛泽东率领秋收起义部队，进军井冈山，经过一年艰苦卓绝的斗争，创建了以宁冈为中心的湘赣边界工农武装割据，革命形势迅猛发展，其影响也越来越广。然而在应对革命中出现的困难和危急的时候，有些同志的信心发生了动摇。现实斗争的发展要求党及时总结经验教训，从理论上回答红色政权的存在问题，统一认识，坚定斗争方向。1928 年 10 月 5 日，毛泽东写的《中国的红色政权为什么能够存在?》一文，以及同年 11 月 25 日，他写给中共中央的报告即《井冈山的斗争》，1930 年 1 月写成的《星星之火，可以燎原》，对上述问题作出了明确而详细的回答，总结了共产党领导武装起义和开辟农村革命根据地的经验，分析了中国社会的特点，建立了“工农武装割据”的理论。

2. 工农武装割据理论的内涵

毛泽东在《中国的红色政权为什么能够存在?》一文中开宗明义地提出工农武装割据的概念。他说：一国之内，在四围白色政权的包围中，有一小块或若干小块红色政权的区域长期地存在，这是世界各国从来没有的事。① 其内容包括：共产党领导下的武装斗争、土地革命、根据地建设，及其密切结合。武装斗争是中国革命的主要斗争形式，没有一支相当力量的红军和红军战争的胜利，就不能创建革命根据地和进行土地革命；土地革命是中国革命的中心内容，是广大农民的要求，没有土地革命，红军战争就得不到群众的支持，根据地也就不能巩固和发展；根据地是革命和革命战争胜利发展的立足点和出发点，不建设革命根据地，武装斗争就没有后方的依托，土地革命的成果就无法保持。

红色政权为什么能够发生、存在和发展？这有其独特的原因和相当的条件，包括客观的和主观的条件。毛泽东指出，这些条件包括以下几点：

（1）它的发生不能在任何帝国主义的国家，也不能在任何帝国主义直接统治的殖民地，必然是在帝国主义间接统治的经济落后的半殖民地的中国。因为帝国主义和国内买办豪绅阶级支持着的各派新、旧军阀相互间进行着继续不断的战争，白色政权间的长期的分裂和战争，给了共产党领导的红色区域在四围白色政权包围的中间发生和坚持下来的条件。

（2）中国红色政权先发生和能够长期地存在的地方，不是那种并未经过民主革命影响的地方，而是在 1926 和 1927 两年资产阶级民主革命过程中工农兵士群众曾经被积极地发动起来过的地方，例如湖南、广东、湖北、江西等省。这些省份的许多地方，曾经有过很广大的工会和农民协会的组织，有过工农阶级对地主豪绅阶级和资产阶级的许多经济的政治的斗争。而从革命中诞生的红军，也是从经过民主的政治训练和接受过工农群众影响的国民革命军中分化出来的。

（3）红色的割据政权能否长期地存在，本质上看，取决于全国革命形势是否向前发展的。当前，中国革命形势是在与国内买办豪绅阶级和国际资产阶级的不断分裂和战争中继续向前发展的。因而，不但红色割据政权的长期存在没有疑义，而且这些红色政权将继续发展，日渐接近于全国政权的取得。

（4）相当力量的正式红军的存在，是红色政权存在的必要条件。如果没有正规的红军，就难以对付凶残的敌人。即使是工农群众都被发动起来，若没有相当力量的正式武装，便决然不能造成割据局面，更不能造成长期的和日益发展的割据局面。所以“武装割据”的思想，是共产党和割据地方的工农群众必须充分具备的一个重要的思想。

（5）红色政权的长期存在并且发展，除上述条件之外，还有一个极为重要的条件，就是共产党的有力组织和其政策的正确性。在这一时期，党的政策是基本正确的，即坚决地和敌人作斗争，反对逃跑主义；进一步深化割据地区的土地革命；创造群众的割据，布置长期的斗争；集中红军以灵活战术迎击当前之敌，反对分兵；红色割据地区的扩大采取波浪式的推进政策，

① 《毛泽东选集》，第 1 卷，50～51 页，北京，人民出版社，1952。

反对冒进。

（二）苏维埃政权的构建

苏维埃是工农民主政权时期革命根据地最主要的政权组织形式。苏维埃是俄文的音译，其原意为“代表会议”，十月革命胜利以后，工农兵代表大会成为俄国无产阶级专政的政权组织形式。按照中华苏维埃共和国的来源和制度表述，其内涵也与先前俄国的组织形式十分类似，即以工农兵为基础的一种直接民主制度。在此时，红色政权的组织形式已经由临时性质的军政府、起义领导机构进化为无产阶级专政的政权组织形式，并由此进一步拓展为整个劳动者的联合专政政权。在苏维埃的制度体系下，工农民主专政的目的在于消灭一切封建残余，赶走帝国主义列强在华的势力，统一中国，并有系统地限制资本主义的发展，进行苏维埃的经济建设。在阶级方面，则要求提高无产阶级的团结力与觉悟程度，团结广大贫农群众在他的周围，同中农稳固的联合，以转变到无产阶级的专政。

可见，中华苏维埃政权所建设的，是工人和农民的民主专政国家。苏维埃政权属于工人农民、红色战士及一切劳苦民众。由此引申出的政权的管理和人民权利的保障等问题，也都反映了鲜明的革命性。

三、抗日民主政权时期法律思想

（一）抗日民族统一战线

1. 抗日民族统一战线的建立

1935 年，华北事变后，中日民族矛盾逐渐上升为中国社会的主要矛盾。同年 8 月 1 日，中国共产党发表《为抗日救国告全体同胞书》（“八一宣言”），号召全国人民团结起来，停止内战，抗日救国。同年底，经过长征到达陕北的中共中央在瓦窑堡举行政治局会议，通过《关于目前政治形势与党的任务决议》，确定了建立抗日民族统一战线的策略方针。[①] 1936 年 12 月，发生了震惊中外的西安事变。西安事变的和平解决，使国共两党间长达十年之久的内战基本上停下来，为第二次国共合作创造了前提条件。1937 年 2 月至 9 月间，国共两党代表先后进行了多次谈判。经过反复商谈，国民党终于同意将中国工农红军改编为国民革命军第八路军，并承认陕甘宁边区政府。同年 9 月 22 日，国民党中央通讯社公布《中共中央为公布国共合作宣言》；次日，蒋介石发表《对中国共产党宣言的谈话》，承认了中国共产党的合法地位。[②] 至此，第二次国共合作形成。第二次国共合作，促成了全国人民空前的大团结，也标志着抗日民族统一战线的形成。

2. 中国共产党在抗日民族统一战线中的方针和策略

中国共产党关于抗日民族统一战线的策略总方针是发展进步势力，争取中间势力，孤立顽固势力。进步势力是指工人、农民和城市小资产阶级，他们是统一战线的基础、抗日的主要依靠力量。中间势力主要是指民族资产阶级、开明绅士和地方实力派。毛泽东指出，为了争取中间势力，需要有三个条件：“（1）我们有充足的力量；（2）尊重他们的利益；（3）我们对顽固

---

①② 参见中共中央党史研究室：《中国共产党历史》（上卷），405、466 页，北京，人民出版社，1991。

派作坚决的斗争，并能一步一步地取得胜利。”①

顽固派指的是以蒋介石为代表的亲美派国民党和大资产阶级的抗日派。他们采取两面政策：既主张团结抗日，又限共、溶共、反共，并摧残进步势力。据此，中国共产党提出了“坚持抗战、反对投降，坚持团结、反对分裂，坚持进步、反对倒退”的口号②，在同顽固派的斗争中坚持有理、有利、有节的原则，不仅有效地打退了国民党发动的三次反共高潮，而且继续保持了国共合作、共同抗日的局面。

总结这个时期的统一战线经验，主要是坚持了四个原则：求同存异、既统一又独立、又联合又斗争、坚持依靠自己力量和争取外援相结合。毛泽东把统一战线视为取得革命胜利的三大法宝之一。他认为：“须知中国社会是一个两头小中间大的社会，共产党如果不能争取中间阶级的群众，并按其情况使之各得其所，是不能解决中国问题的。”他还强调：“在中国，这种中间势力有很大的力量，往往可以成为我们同顽固派斗争时决定胜负的因素，因此，必须对他们采取十分慎重的态度。”③

（二）“三三制”与精兵简政的政治法律思想

1. “三三制”的政府组织原则

中国共产党在抗日战争期间，为了把根据地建设成“民主的模范”，巩固和扩大抗日民族统一战线，普遍在根据地实行了“三三制”原则。

1941 年 4 月 27 日，中共中央政治局批准的《陕甘宁边区施政纲领》明确规定，“本党愿意与各党各派及一切群众团体进行选举联盟，并在候选名单中确定共产党员只占三分之一，以便各党各派及无党无派人士均能参加边区民意机关之活动与边区之行政管理。在共产党员被选为某一行政机关之主管人员时，应保证该机关之职员有三分之二为党外人士充任，共产党员应与这些党外人士实行民主合作，不得一意孤行，把持包办”④。

2. 精兵简政的政治改革思想

正因为中国共产党人与党外人士平等相处，合作共事，所以党外人士把自己当作根据地的主人，真诚地提出建议。“精兵简政”是党外人士李鼎铭等人在抗日战争困难时期提出的重要建议。1941 年 11 月李鼎铭在陕甘宁边区第二届第一次参议会上提出“精兵简政”的提案，提案建议“政府应彻底计划经济，实行精兵简政主义，避免入不敷出，经济紊乱之现象”，并且提出了具体的办法：(1) 政府应根据客观物质条件及主观经济需要而提出计划经济，以全面提高生产力，改善经济条件，加强经济基础。(2) 在现有经济基础上，政府应有量入为出的统一经济计划。(3) 在财政经济力量范围内和不妨碍抗战力量条件下，对于军事实行精兵主义，加强战斗力，以兵皆能战、战必能胜为原则，避免老弱残废滥竽充数等现象。对于政府应实行简政主义，充实政府机构，以人少事精、胜任职责为原则，避免机关庞大、冗员充塞，浪费人力、财力等现象。(4) 规定供给条例，避免不必要的供给与消耗。(5) 提倡节约、廉洁作风，

---

① 《毛泽东选集》，第 2 卷，747 页，北京，人民出版社，1991。

② 参见中共中央党史研究室：《中国共产党历史》（上卷），604 页，北京，人民出版社，1991。

③ 《毛泽东选集》，第 2 卷，748、783 页，北京，人民出版社，1991。

④ 韩延龙、常兆儒编：《中国新民主主义革命时期根据法制文献选编》，卷一，34～35 页，北京，中国社会科学出版社，1981。

避免不应有的浪费现象。

中共中央接受了李鼎铭等人的建议，于1941年12月初发出“精兵简政”的指示。在精兵方面，要求缩编主力部队及其指挥机关，充实连队，加强地方武装和发展民兵，加强整训，提高战斗力。在简政方面，要求抗日根据地切实整顿各级组织，紧缩机构和人员编制，加强基层，提高效能，节约人力、物力，反对官僚主义。

1942年9月，毛泽东根据10个月来推行精兵简政的情况，专门为延安《解放日报》撰写社论《一个极其重要的政策》，指出：“……假若我们缩小自己的机构，使兵精政简，我们的战争机构虽然小了，仍然是有力量的；而因克服了鱼大水小的矛盾，使我们的战争的机构适合战争的情况，我们就将显得越发有力量，我们就不会被敌人战胜，而要最后地战胜敌人。”他要求各根据地把精兵简政当作“一个极其重要的政策”①。

陕甘宁边区通过三次精兵简政，出现了“兵精粮足以胜敌，政简负轻而安民”的好局面。在政治方面，基本实现了精简、统一、效能、节约和反对官僚主义的目的。“精兵简政”的提出和实施，也表明中国共产党是真心在实践民主。谢觉哉指出：“党领导的政权，所以能够施行进步的民主，主要是由于党代表着最大多数民众，站在最大多数民众利益上，而不是要造就少数有力的统治者；议员或政府工作人员有不忠实于人民利益的行动，人民有权力罢免他，议员或政府工作人员拥护人民这种权力，因为这于他有益的。”②

四、解放区人民民主政权时期法律思想

（一）让人民监督权力：跳出历史周期率

1945年7月，黄炎培到延安考察，谈道：“其兴也勃焉，其亡也忽焉”，历朝历代都没有能跳出兴亡周期率。毛泽东表示，我们已经找到新路，我们能跳出这周期率。这条新路，就是民主。只有让人民来监督政府，政府才不敢松懈。只有人人起来负责，才不会人亡政息。

人民监督政府是解放区人民民主政权时期政治法律思想方面最具有代表性的思想。具体而言，大致包括以下几个方面的内容：

（1）以“人民政府”作为政府机构和司法机构等的名称，突出政权组织和政府机构的人民性，并以人民作为最为直接的权力来源。此举不仅突出了人民的主人翁地位，也兼有扩大了“人民”之范围的作用。革命根据地乃至日后即将成立的新中国之群众基础，已经超越了原有的表述范围，而形成了以阶级划分为主、以行为模式标准为辅、以政治立场为补充的认定模式。社会的各类主体基本都可以在新成立的革命根据地政权之中找到自身的位置，并有权利方面的确认和保护。

（2）应建立起系统完整的权力监督体系，不仅要将权力确认为从属于人民，也要建立完整的制度体系进行权力监督。革命根据地应当建立起包括监察院、人民监察委员会和党纪监察机构的一系列监察机构，并以巡视组、监察专员、监察督导等方式对官员、工矿企业和人民团体等进行监督、监察。应当突出人民在监察中的特殊地位，以人民监察通讯员、群众性检举以及

① 《毛泽东选集》，第3卷，882页，北京，人民出版社，1991。

② 谢觉哉：《谢觉哉文集》，352页，北京，人民出版社，1991。

报纸杂志等作为人民监察的具体方式，使人民能够有效行使检举揭发的权能。

（3）进一步整肃政治风气，严肃上下级关系和工作纪律，纠正以往工作中出现的无组织无纪律的倾向，并严厉打击"山头主义"等游击习气和官僚主义的恶劣风气。在工作中，确保工作按照预算决算进行，避免浪费民力、铺张浪费和内耗空转。作为华北人民政府负责人之一的董必武强调：政府的行政权，已深入社会的基层。政府要倾听群众的呼声，采纳群众的意见，了解群众的生活，保护群众的利益，但这还不够，还要使群众敢于批评政府，敢于监督政府，一直到敢于撤换他们不满意的政府工作人员。这样，群众才感觉到政权是他们自己手中的工具，政府才真正是他们自己的政府。

（二）民主建国与政治协商

在抗战胜利以后，革命形势出现了重大发展。国民党迫于全国爱好和平的人民群众的呼声和来自国外的压力，不得不开始进行和谈，并开始就民主建国和立宪等问题展开探讨。中国共产党提出的民主建国的倡导和纲领得到了民主党派的广泛认同，集中体现了中国共产党的民主建国主张。其核心内容为建立统一、自由、民主的新中国，保持国家的和平发展。在政治方面，其强调由一人集权制过渡到民主集权制，并要求国民党结束训政完成宪政，以建立一个各党派能参加的政府，改组政府必须以共同纲领为施政准绳。在军事方面，其要求有条件地承认军队国家化的原则，但坚持军队国家化和政治民主化必须同时进行，两者可以并行前进，归于一途，使军党分离、军民分治。这些思想和主张充分符合全国人民要求和平民主的愿望，代表了当时人民的利益，是党的统一战线的重要成果，也是人民争取民主的一次胜利。

此后，国民党悍然撕毁协议，发动内战，将中国人民为民主、和平作出的努力破坏殆尽。但是，由于中国共产党所倡导的民主思想已经深入人心，因而中国共产党得到了最广大群众的支持，无论是在军事方面还是在政治、思想领域方面，都取得了对敌斗争的胜利。

在人民解放军转入全面战略反攻后不久，毛泽东于 1947 年 10 月在《中国人民解放军宣言》中提出了中国共产党的政治纲领："联合工农兵学商各被压迫阶级、各人民团体、各民主党派、各少数民族、各地华侨和其他爱国分子，组成民族统一战线，打倒蒋介石独裁政府，成立民主联合政府。"[①] 随着解放战争进程的不断加快，中共中央于 1948 年 4 月 30 日至 5 月 7 日在河北阜平召开了城南庄会议，讨论通过了纪念"五一"节口号，其中第 5 条提出："各民主党派、各人民团体、各社会贤达迅速召开政治协商会议，讨论并实现召集人民代表大会，成立民主联合政府！"[②] 中国共产党的倡议充分体现出追求民主的真诚，因而得到了广泛响应。在 1949 年年初，革命形势进一步趋于明朗，中国共产党也进一步开始加快民主建国的进程。在中国人民解放战争胜利发展的形势下，中国人民政治协商会议第一届全体会议于 1949 年 9 月 21 日在北平胜利召开。会议通过的《中国人民政治协商会议共同纲领》（以下简称《共同纲领》）系统体现了中国共产党民主建国和政治协商的政治法律思想。

（1）中国共产党肯定了中华人民共和国是"新民主主义即人民民主主义的国家"，是中国工人阶级、农民阶级、小资产阶级、民族资产阶级及其他爱国民主分子的人民民主统一战线的

① 《毛泽东选集》，第 4 卷，1237 页，北京，人民出版社，1991。

② 中共中央文献研究室编：《毛泽东思想年编：1921—1975》，586、652 页，北京，中央文献出版社，2011。

政权。中国实行工人阶级领导的、以工农联盟为基础的、团结各民主阶级和国内各民族的人民民主专政。在民主权利方面，强调人民有思想、言论、出版、结社、通讯、人身、居住、迁徙、宗教信仰及示威游行的自由权。

（2）中国共产党在政权上和选举方面深入贯彻了民主思想，强调人民共和国的国家政权属于人民。人民行使国家政权的机关为各级人民代表大会和各级人民政府。各级人民代表大会由人民普选的方式产生，在人民代表大会闭会期间，各级人民政府为行使政权的机关。

（3）在经济方面，强调中华人民共和国的经济建设根本方针是以“公私兼顾、劳资两利、城乡互助、内外交流”的政策①，达到发展生产，繁荣经济之目的。国营经济、合作社经济、农民和手工业者的个体经济、私人资本主义经济、国家资本主义经济成分并存，在国营经济的领导下，分工合作，各得其所，以促进整个社会经济的发展。

在中国共产党的领导下，被国民党严重破坏的政治秩序和民主氛围重新建立起来。以《共同纲领》的颁布为契机，中国共产党在巩固解放政权的同时，加强了与各民主党派的联系，很好地发挥了各民主党派参政议政、民主监督、民主协商的积极性。解放区乃至整个中国也在此民主思想的影响下，呈现出人民得以当家作主、党派间活跃繁荣的局面。

第二节　工农民主政权的法律制度

一、宪法性文件和政权组织

（一）《中华苏维埃共和国宪法大纲》的主要内容及特点

1.《宪法大纲》的制定经过

早在井冈山时期，毛泽东倡议由党中央制定“一个整个民权革命的政纲”，“使各地有所遵循”。1930 年 7 月中共中央成立“中国工农兵苏维埃第一次全国代表大会中央准备委员会”，负责草拟宪法。1931 年 11 月 7 日中华工农兵苏维埃第一次代表大会在江西瑞金召开，通过了《宪法大纲》。1934 年 1 月的第二次代表大会对该大纲作了某些修改，最主要的是在第 1 条内增加“同中农巩固的联合”条文。②

2.《宪法大纲》的主要内容

《宪法大纲》遵循中共中央提出的“制宪七大原则”，规定了苏维埃政权的性质、政治制度、公民权利义务、外交政策等内容，共 17 条。其主要内容如下：

（1）规定了苏维埃国家性质“是工人和农民的民主专政国家”。所谓专政，一是将地主资产阶级（军阀、官僚、地主、资本家、豪绅、僧侣及一切剥削者）拒绝于政权之外；二是剥夺他们的言论、出版、集会、结社等自由；三是使用革命武力和法庭镇压一切反革命复辟活动。

---

① 参见中共中央文献研究室编：《毛泽东思想年编：1921—1975》，586、652 页，北京，中央文献出版社，2011。

② 参见韩延龙、常兆儒编：《中国新民主主义革命时期根据地法制文献选编》，卷一，13 页，北京，中国社会科学出版社，1981。

（2）规定了苏维埃国家政治制度是工农兵代表大会。它保证工农大众参加国家管理，便于工人阶级及其政党的领导，实行民主集中制和议行合一原则。它是根据革命实践及苏联经验建立的新式民主制度。

（3）规定了苏维埃国家公民的权利和义务，包括政治、经济、文化等各方面。工农兵及一切劳苦民众享有广泛的民主权利。各级政府采取切实有效的措施，提供力所能及的物质保障条件。

（4）规定了苏维埃国家的外交政策。宣布中华民族完全自由独立，不承认帝国主义在中国的特权及不平等条约；苏维埃国家与世界无产阶级和被压迫民族站在一起，苏联是巩固的同盟者；对受迫害的世界革命者给予保护；对居住在苏区从事劳动的外国人给予法定的政治权利。

3.《宪法大纲》的意义

（1）它是第一部由劳动人民制定、确保人民民主制度的根本大法，是中国共产党领导人民反帝反封建的工农民主专政的伟大纲领。

（2）它同资产阶级的约法以及旧中国反动政府制定的宪法有本质的区别。

（3）它肯定了革命胜利成果，提出了斗争的方向。尽管受到“左”的影响，但它仍是划时代的宪法性文件。

（4）它的颁行调动了苏区人民的积极性，为以后制定民主宪法提供了宝贵经验。

（二）苏区的政权组织

1. 中央政权的组织机构及其职权

中华苏维埃共和国在成立后，即成立中央临时政府的组织机构，后来在实践中又经过调整，到 1934 年 2 月 17 日正式公布《中华苏维埃共和国中央苏维埃组织法》[①]，对中央政权的组织机构及其职权作出如下规定。

（1）全国苏维埃代表大会。

全国苏维埃代表大会，是中华苏维埃共和国的最高政权机关。由各省、中央直属市、县苏维埃代表大会及红军所选举出来的代表组成。大会每两年召开一次，由中央执行委员会召集。如遇特别情形不能按期召集时，得延期召集。遇必要时亦可召集临时代表大会，由执行委员会自动召集或应代表全国人口 1/3 的地方苏维埃的要求，由执行委员会召集。

全国苏维埃代表大会听取中央执行委员会的报告并讨论之，制定和修改宪法及其他法律，决定全国的大政方针，改选中央执行委员会。

（2）中央执行委员会。

中央执行委员会由全国苏维埃代表大会选出，是代表大会闭幕期间的最高政权机关。它对代表大会负责并报告工作。执行委员会的名额不得超过 585 人。执行委员会的全体会议，每六个月举行一次，由执行委员会主席团召集。如遇特别情形不能按期召集时，得延期召集。由主席团决议，或半数以上执行委员之要求，得召集执行委员会的临时会议。

中央执行委员会可颁布各种法律和法令，审核和批准一切关于全国政治上、经济上的政策，改变国家机关的设置，停止和变更执行委员会主席团、人民委员会及其他机关的法令和决

① 参见韩延龙、常兆儒编：《中国新民主主义革命时期根据地法制文献选编》，卷二，85 页，北京，中国社会科学出版社，1981。

图 13－1　中华工农兵苏维埃第一次全国代表大会选举

议。选举执行委员会主席团、主席和副主席，选任人民委员会及其主席。①

（3）中央执行委员会主席团。

中央执行委员会主席团，是中央执行委员会选出的，作为执行委员会闭幕期间的最高政权机关。它对执行委员会负责并报告工作。主席团人数不得超过 25 人，设主席 1 人、副主席 2 人至 4 人。

中央执行委员会主席团的权力包括：监督宪法、法律和执行委员会的各种命令及决议的实施；停止或变更人民委员会和各人民委员部的决议和法令；停止或变更各省苏维埃代表大会及其执行委员会的决议或命令；颁布各种法律、命令；审查和批准人民委员会和各人民委员部及其他所属机关所提出的法令、条例和命令；解决人民委员会与各人民委员部之间的关系问题及各省苏维埃之间的关系问题。

（4）人民委员会。

人民委员会是中央执行委员会的行政机关，负有指挥全国行政的责任。人民委员会及其主席由中央执行委员会选任。被选任为人民委员的，应为中央执行委员会的委员。人民委员会对中央执行委员会及其主席团负责并报告工作。人民委员会由人民委员会主席、各人民委员及工农检察委员会主席组成。人民委员这个名称只有人民委员会的委员才能用，中央和地方的其他委员不得用这个名称。

人民委员会的权力主要有：在中央执行委员会所指定的范围内得颁布各种法令和条例，并

---

① 参见组织法专章规定的“全国苏维埃代表大会的专权”：代表中华苏维埃共和国对外订立各种条约及批准国际条约；制定法院的系统组织，并颁布民事、刑事及诉讼等法律；颁布劳动法、土地法、选举法、婚姻法、苏维埃组织法及一切单行的法律；决定内政外交的大方针；改订国家的边界；确定地方苏维埃的权力，改造或解散地方政权机关；对外宣战与媾和；制定度量衡和币制；发行内外公债；审查并批准预算、决算；制定税率；组织并指导海陆空军；制定中华苏维埃共和国国民的公民权及居住在中华苏维埃共和国领土内的其他国籍人民的居留和公民权；宣布全部或一部的赦免；制定国民教育一般原则；选任和撤销人民委员会的委员及主席；规定工业、农业、商业及交通事业的政策和计划，以及撤换和变更下级苏维埃执行委员会委员等。参见韩延龙、常兆儒编：《中国新民主主义革命时期根据地法制文献选编》，卷二，89～90 页，北京，中国社会科学出版社，1981。

得采取适当的行政方针，以维持行政上的迅速和秩序。其决议及所颁布的各种法令和条例，须报告中央执行委员会主席团；决议如与大政方针有关系者，应提交中央执行委员会或主席团审查批准；但遇紧急事项得先行解决，并报告中央执行委员会或其主席团。人民委员会有审查修改或停止各人民委员部所提出的法令及决议之权。各人民委员部及各省苏维埃执行委员会，如对人民委员会的决议和各种法令有不同意见，可向中央执行委员会或其主席团提出意见，但不得停止执行。

在人民委员会之下，设外交、劳动、土地、军事、财政、国民经济、粮食、教育、内务、司法共 10 个人民委员部，以及革命军事委员会、工农检察委员会和国家政治保卫局。

（5）最高法院。

最高法院是中央执行委员会下设的审判机关，设院长 1 人、副院长 2 人，由中央执行委员会主席团委任。最高法院设检察长 1 人、副检察长 1 人、检察员若干人。正、副检察长由中央执行委员会主席团委任。实际上最高法院未曾建立，只组织临时最高法庭，执行最高法院的职权。

（6）审计委员会。

审计委员会是中央执行委员会下设的审计机关。其职权为：审核国家的岁入与岁出；监督国家预算之执行。委员会由 5 人至 9 人组成，由中央执行委员会主席团委任，其中正、副主任各 1 人。①

*2. 地方政权的组织机构及其职权*②

为统一地方政权的组织机构，1931 年 11 月中央执行委员会第一次全体会议通过并颁布了《苏维埃地方政府的暂行组织条例》，1933 年 12 月又颁布《中华苏维埃共和国地方苏维埃暂行组织法（草案）》③，规定地方政权为省、县、区、市（城市）/乡四级。

（1）省、县、区政权的组织机构。

省、县、区（包括中央、省和县直属的市）政权的组织机构为：省、县、区苏维埃代表大

① 参见韩延龙、常兆儒编：《中国新民主主义革命时期根据地法制文献选编》，卷二，90、93 页，北京，中国社会科学出版社，1981。

② 苏区中央政权建立前地方政权的组织机构，不尽一致。比如：1927 年 11 月《江西省苏维埃临时组织法》规定组织机构分省、县、区、乡四级。在大市镇或大产业区设市。区（市）以上各级苏维埃的组织机构为苏维埃代表大会、执行委员会、执行委员会主席团，其下设军事、财政、土地、教育、内务……专门委员会。乡苏维埃的组织机构为全乡工农大会、执行委员会。不设主席团和各专门委员会，有关事宜由执行委员会直接办理。参见上书，101 页。1930 年 3 月《闽西苏维埃政权组织法》规定政权组织分闽西、县、区、乡四级。各级苏维埃政府分权力机关之系统和办事机关之系统，即各级工农兵代表大会、执行委员会、执行委员会常务委员会。其下分：权力机关之系统，设土地、经济、军事、财政……委员会（区、乡设委员）；办事机关之系统，设土地、经济、军事、财政……部（县设科，区、乡设委员）。参见上书，110～119 页。1930 年 7 月《湖南省工农兵苏维埃政府暂行组织法》规定苏维埃政权分省、县、区、乡、村五级。省、县、区苏维埃的组织机构为工农兵代表大会—执行委员会—常务委员会—主席，其下设各种委员会（区为委员）。乡、村苏维埃的组织机构为乡民代表大会或乡民大会（村群众大会）—执行委员会—主席，不设常务委员会和各种委员会。参见上书，127～146 页。1931 年 7 月《鄂豫皖区苏维埃临时组织大纲》规定该区的政权组织为鄂豫皖区、县、区、乡、村五级。鄂豫皖区组织机构与中央相似。县、区、乡、村的组织机构为苏维埃代表大会（乡、村为苏维埃大会）、执行委员会、执行委员会常务委员会，其下设内务、文教、土地……委员会（乡设委员；村不设监察委员会，在执委内分工）。鄂豫皖区、县、区、乡各级设工农监察委员会。各级工农监察组织，由各该级苏维埃代表大会选举产生，受代表大会指挥，与各级执行委员会是平行的机关。参见上书，146～150 页。

③ 参见韩延龙、常兆儒编：《中国新民主主义革命时期根据地法制文献选编》，卷二，25 页，北京，中国社会科学出版社，1981。但该草案是否颁行，未见资料说明。

会，省、县、区执行委员会，省、县、区执行委员会主席团。

1）省、县、区苏维埃代表大会。

省、县、区苏维埃代表大会为省、县、区各该级地方的最高政权机关，由各下一级的苏维埃代表大会和各级所属红军所选出的代表组成。省苏维埃代表大会每年召开一次，由各执行委员会召集。代表大会的任务是：听取和讨论执行委员会的工作报告，讨论和决定本地方范围内苏维埃工作的方针，选举本级执行委员会（省、县一年一次，区半年一次）。

2）省、县、区执行委员会。

省、县、区执行委员会，为各级苏维埃代表大会闭会期间的各地最高政权机关。省执行委员会会议每四个月召开一次，县级的每两个月召开一次，区级的每月召开一次，市级的每月召开一次，由各主席团召集。省、县、区执行委员会须向本级苏维埃代表大会作工作报告，向所属下一级的苏维埃代表大会作工作报告，向上一级苏维埃执行委员会作工作报告。

3）省、县、区执行委员会主席团。

省、县、区执行委员会主席团，为各级执行委员会闭会期间的各地最高政权机关。主席团由各执行委员会推选。主席团推选主席1人，副主席1人至2人。主席团会议，省级的每七天召开一次，县级的每五天召开一次，区级的每三天召开一次。

省、县、区（中央、省和县直属的市）执行委员会及其主席团，直接负责领导本地方的政务。执行委员会下设劳动、土地、军事、财政、粮食、内务等部。①

（2）乡（市）政权的组织机构。

乡（包括市之下的“市区”和隶属于区的市）政权的组织机构为：苏维埃全体代表会议，主席团。苏维埃全体代表会议为全乡（市区或市）最高政权机关，由全乡（市区或市）选举大会所选出的代表组成。全体代表会议下不设执行委员会，由全体代表会议选举5人至7人（在居民5万人以上的市，为9人至11人）组织主席团，为代表会议闭会期间的最高政权机关。主席团推选主席1人，副主席1人至2人，其下不分科。

（3）地方政权的职权。

根据《苏维埃地方政府的暂行组织条例》和《中华苏维埃共和国地方苏维埃暂行组织法（草案）》的规定②，省、县、区、乡（市）各级苏维埃享有如下职权：第一，执行中央政权机关的一切法律、命令、决议与指示，执行各该上级机关的命令、决议与指示。第二，决定并执行本区域内关于各种苏维埃建设工作的计划。办理土地、人口、婚姻、劳动、工商、文教、卫生、市政、救灾及组织地方武装、帮助红军作战等事宜。第三，解决一切地方性质的问题。第四，统一本区域内各级苏维埃机关的行政工作。

省苏维埃代表大会及其执行委员会对于全省各级苏维埃有监督之权；县苏维埃代表大会及其执行委员会对于全县各级苏维埃有监督之权。下级苏维埃机关绝对服从上级苏维埃机关。下级苏维埃的决议、命令及指示有违背中央政权机关的法律、命令、决议、指示及该管上级机关的命令、决议、指示者，上级苏维埃得予取消。下级苏维埃机关如有违抗上级苏维埃机关的命

---

① 参见韩延龙、常兆儒编：《中国新民主主义革命时期根据地法制文献选编》，卷二，7～20页，北京，中国社会科学出版社，1981。但1933年制定的《中华苏维埃共和国地方苏维埃暂行组织法（草案）》的规定与此略有不同，该草案中执行委员会的下设机构更多，且更强调垂直领导。

② 参见上书，25页。

令、决议、指示者，各该上级苏维埃机关得将其一部分改造或全部解散。

（4）基层政权的工作制度和群众性组织。

乡（市区与区属市）苏维埃，是苏维埃政权组织的基层政权。区以上各级苏维埃政权机关完全建立于乡（市）苏维埃的基础之上，各级苏维埃的法律、命令与决议，都要经过乡（市）苏维埃传达到群众中去，并由他们发动群众来执行。但基层政权——乡（市）苏维埃的常驻人员很少，工作直接依靠民众，广大民众直接参加乡（市）苏维埃的工作。其表现如下。

第一，经常代表会议制度。

乡（市）苏维埃全体代表会议每十天（在居民 5 万人以上的市，每二十天）一次。代表的任务：一方面是代表选举他们的选民到苏维埃工作，传达选民意见，将选民所要进行的工作提到乡（市）苏维埃去讨论；另一方面是将上级苏维埃所要进行的工作在经过代表会或主席团讨论之后，传达到群众中去，领导各代表所在范围的居民坚决执行上级苏维埃的命令和指示，执行乡（市）苏维埃的决议。

第二，代表与居民固定联系制度和代表主任制度。

为使代表与居民密切联系，便于吸收居民的意见，并领导工作，建立代表与居民固定联系制度和代表主任制度。①

第三，组织群众性的专门委员会。

乡（市）苏维埃，不设部或科，而组织群众性的专门委员会，以吸引群众中的积极分子参加各委员会的工作。不但乡（市）有各种委员会，村也有某些必要的委员会。乡可组织 25 个委员会，市可组织 28 个委员会，并得按照当地工作需要情况增加或减少。这样便把苏维埃工作组织成了网，使广大民众直接参加苏维埃的工作。②

基层政权的工作群众化，直接依靠民众，同广大民众结合起来发挥它的作用，保证了苏维

---

① 代表与居民固定联系制度：依照代表与居民住所的远近，将全体居民适当分配于各个代表的领导之下。通常以居民 30 人至 70 人置于一个代表的领导下，便于各个代表与其领导下一定范围内的居民发生固定的关系。代表主任制度：按代表住所远近，在 3 个至 7 个（或 5 个至 9 个）代表中，由主席团指定一个为代表主任，在主席团许可的范围内分配和指导其领导下各代表的工作，传达乡（市）苏维埃主席团的通知于其领导下各代表，召集其领导下的居民开会，解决居民中的较小的问题，必要时得参加主席团会议。参见韩延龙、常兆儒编：《中国新民主主义革命时期根据地法制文献选编》，卷二，25～28 页，北京，中国社会科学出版社，1981。

② 这些委员会，一类是常设的委员会，另一类是临时性的委员会。常设的委员会，如扩大红军委员会、优待红军委员会、慰劳红军委员会、失业救济委员会、贫民委员会、房屋委员会、户口委员会、工业委员会、农业委员会、工业研究委员会、农业研究委员会、国有财产委员会、商业税征收委员会、教育委员会、卫生委员会、桥路委员会、粮食委员会、备荒委员会、森林及山林委员会、水利委员会、土地登记委员会、各季农业生产委员会、工农检察委员会等。临时性的委员会，于任务完成后即行撤销，如没收征发委员会、农业税征收委员会、公债发行委员会、查田委员会、开荒委员会、选举委员会等。各委员会设主任一人，委员若干人。乡（市）苏维埃代表必须参加一个至两个委员会作为委员。委员会充分吸收代表以外的工农、贫民积极分子参加，按乡（市）代表会议及主席团的决议进行工作。区（市）苏维埃的各部，对于乡（市）苏维埃下设的各种委员会，按其任务的不同，经过乡代表会议及其主席团同它们发生密切关系，必要时得召集与自己有关的委员会的主任到区开会，指示工作。此外，乡（市）苏维埃还充分发挥群众团体的作用，如：职工会、贫农团、雇农工会、共青团、女工农妇代表会、赤卫队、少先队、儿童团、反帝拥苏同盟、互济会、劳动互助社、各种合作社等。它们从不同方面、不同角度拥有广大群众。苏维埃对各群众团体的工作，给以大力支持和指导，并吸收各团体的代表参加有关委员会，或直接经过这些团体去动员广大民众执行苏维埃的工作。参见上书，28～34 页。

埃政权巩固的基础。

二、土地法规的制定

（一）土地法规的三个发展阶段

（1）初期（1927年至1931年）。1927年中国共产党在“八七”会议上确定的土地革命方针政策，是土地立法的指导思想。① 这一时期的立法主要有《井冈山土地法》、《兴国土地法》、闽西《关于土地问题决议案》。② 这些法规的基本立法思想正确，但反映出缺乏经验，在政策变化上和具体实施中存在一些错误。③

（2）中期（1931年至1934年）。这一时期以1931年的《中华苏维埃共和国土地法》为代表。④ 它确立了“没收地主阶级的土地和富农全部土地”的政策，实行“地主不分田，富农分坏田”的做法。它适用时间最长，受“左”倾思想干扰很大，错误严重。

（3）后期（1934年至1937年），以《土地政策新的改变》为代表。为建立抗日民族统一战线，中共发布《关于改变对富农的策略》及《停止没收地主土地》的政策，排除“左”的干扰，使立法走入正轨。⑤

（二）土地立法的主要内容和意义

这一时期土地立法的内容主要规定了没收土地财产的对象和范围、土地财产分配的标准和方法，以及土地所有权等方面的内容。其意义在于调动了农民革命和生产的积极性，为探索土地革命积累了经验。

三、刑事法规的制定

（一）立法概况与立法原则

为严厉打击反革命活动，惩办其他犯罪分子，保卫工农民主政权，各地苏维埃政府颁行了《惩治反革命条例》《政治犯自首条例》等刑事法规。

1931年12月苏维埃共和国中央执行委员会通过的第6号训令，确立了反革命罪犯处理原则；1932年4月的第11号训令规定了审理反革命案件的原则和程序。这些为各地修订起草肃

---

① “八七”会议《关于最近农民斗争的决议案》提出：没收大地主及中地主的土地，将这些土地分给佃农及无地农民，实行“耕田农有”，分给农民的土地归农民所有。参见中国社会科学院经济研究所中国现代经济史组编：《第一、二次国内革命战争时期土地斗争史料选编》，161页，北京，人民出版社，1981。

② 参见江西省档案馆、江西省委党校党史教研室编：《中央革命根据地史料选编》（下册），361～365、387～397页，南昌，江西人民出版社，1982。

③ 在1927—1931年，随着阶级斗争形势和革命任务的变化，土地政策变化较大，呈现出明显的阶段性，依次表现为“没收大中地主土地”“没收一切土地”“没收地主阶级的土地”等。参见中国社会科学院经济研究所中国现代经济史组编：《第一、二次国内革命战争时期土地斗争史料选编》，161、267、277页，北京，人民出版社，1981。

④ 参见韩延龙、常兆儒编：《中国新民主主义革命时期根据地法制文献选编》，卷四，15页，北京，中国社会科学出版社，1984。

⑤ 参见中国社会科学院经济研究所中国现代经济史组编：《第一、二次国内革命战争时期土地斗争史料选编》，834、852页，北京，人民出版社，1981。

反条例与法令提供了法律依据。

1934 年 4 月颁行的《中华苏维埃共和国惩治反革命条例》[1] 既是这一时期立法、司法经验的结晶，也是代表性法规。

上述立法的主要原则是：分清首要和附和，区别对待；对自首、自新者实行减免刑罚；罪刑法定主义与类推原则相结合；废止肉刑，实行革命的人道主义；实行按阶级成分及功绩定罪量刑。

（二）犯罪种类

主要有以下两种。

（1）反革命罪。各文件确立了两个构成要件：其一，危害的客体须是苏维埃政府及革命利益；其二，犯罪主要目的须是保持或恢复地主资产阶级反动统治。凡具备二要件者，不论以何种方式，均依反革命罪论处。

（2）一般刑事犯罪。值得一提的是浪费罪。1932 年 12 月中央执行委员会第 26 号训令《关于惩治贪污浪费行为》规定，凡工作人员利用自己的地位贪没公款以图私利者，为贪污罪。凡工作人员玩忽职守而浪费公款，致使国家受到重大损失者，即构成浪费罪。将严重浪费行为列入刑罚的范围，这是一项应予肯定的经验。

（三）刑罚制度

散见于各地和中央刑事法规中的刑罚条款，主要包括以下几类：

（1）死刑。适用较多，主要适用于地主豪绅中罪大恶极的反革命分子及杀人犯，一般情况下须经特区或省级政府批准，一律执行枪决。

（2）监禁，即有期徒刑，最长为 10 年，最短为 3 个月。

（3）拘役及强迫劳动。拘役一般是“一月未满一日以上”；强迫劳动有 3 日、半年，长不过 1 年。

（4）褫夺公权。一般指剥夺参加政权、群众组织选举和充当红军的资格、权利，适用于监禁刑以上的罪犯，多为附加刑，亦可作独立刑种施用。

（5）没收财产。一是没收犯罪所用之物，二是没收犯罪者本人财产一部分或全部。

（6）驱逐出境。将反革命分子驱逐出苏区。

（7）罚金。对犯罪分子科处罚金，多作为独立刑施用。

上述刑事法规对于惩处反革命罪和其他刑事犯罪起过重大作用，积累了丰富经验，但也发生过肃反扩大化的错误。

四、劳动立法

根据中共六大的劳动政策，各地先后制定了一些关于劳动问题的决议和法令，如 1929 年

---

① 参见韩延龙、常兆儒编：《中国新民主主义革命时期根据地法制文献选编》，卷三，5～11 页，北京，中国社会科学出版社，1981。

10月《上杭县劳动法》、1930年2月《永定县劳动法》、1930年3月《闽西劳动法》、1930年5月《劳动保护法》等。中央工农政权建立后，制定了《中华苏维埃共和国劳动法》[①]，规定了维护工人劳动权益的若干原则和措施。1931年10月中央又颁布重新修订的第二个劳动法，修改和废除了第一个劳动法中某些过左的劳动政策和内容，对某些过高的福利要求作了适当限制，增加了调整农村劳动条文；废除对工人的各种剥削，规定了工人的各种权利，提高了工人的革命积极性；但有些“左”的政策规定，并未得到根本纠正。

五、婚姻法规的制定

（一）《中华苏维埃共和国婚姻法》的制定

随着劳动群众的翻身解放，新的婚姻家庭关系孕育成熟，工农民主政权相应制定了一些婚姻法规，如1930年3月《闽西第一次工农兵代表大会婚姻法》、1931年7月《鄂豫皖工农兵第二次代表大会婚姻问题决议案》等。

1931年12月工农民主政权在上述立法基础上制定了《中华苏维埃共和国婚姻条例》，经过几年实践后进行修订，于1934年4月公布了《中华苏维埃共和国婚姻法》[②]；并在起草过程中针对离婚后子女利益的保护等问题进行了尖锐争论，批驳了封建夫权。这对以后的婚姻家庭立法产生了重大影响，成为当时的代表性法规。

（二）婚姻法的主要内容

（1）基本原则，包括男女婚姻自由，严禁强迫、包办、买卖婚姻，废除童养媳和强迫守寡；实行一夫一妻制，严禁蓄婢纳妾。

（2）结婚与离婚。结婚须具备实质要件和形式要件：结婚须双方自愿；达到法定婚龄；无禁婚的血族关系和疾病；须去乡、市、区苏维埃登记领取结婚证，才是合法婚姻。离婚自由。

（3）离婚后财产处理和子女抚养。离婚后原土地财产、债务各自处理。离婚后家庭共有的土地和财产，按人口平分，子女得一份，子女归母或归父抚养的，财产可以带走。离婚前所生子女及怀孕小孩归女方抚养的，男方必须负担小孩必需的生活费的2/3，直至16岁为止。年长的子女由谁抚养尊重子女意见。

（4）保护军婚。红军战士之妻要求离婚，必须征得其夫同意。

（三）婚姻法的意义

工农民主政权的婚姻立法，砸碎了几千年束缚妇女的枷锁，使广大妇女从野蛮的封建婚姻制度下得到解放，实现了男女婚姻自由，建立了新民主主义婚姻制度，是中国家庭婚姻史上的重大变革。

---

① 参见韩延龙、常兆儒编：《中国新民主主义革命时期根据地法制文献选编》，卷四，584页，北京，中国社会科学出版社，1984。

② 参见上书，792页。

六、新型司法体制和审判制度

（一）司法体制

工农民主政权在局部地区，总结各地司法经验，颁布了裁判条例、司法程序训令[①]，形成了初具规模的司法机关。

新的司法体制否定了南京国民政府形式上“三权分立”的原则，实行各级司法机构受同级政府领导的体制。这种政审合一的体制适于当时战争需要，利于政府政策、法令的执行及对司法的领导。实行“审检合一”，检察机关附设于审判机关内。审判权和司法行政权在中央采分立制，在地方采“合一制”[②]。依上述原则，所设立的司法机关主要如下。

（1）中央设临时最高法庭。其下设刑事法庭、民事法庭和军事法庭，分别处理由其管辖的不同性质的案件。地方为省、县、区各级裁判部。由部长、裁判员、书记员组成。省、县裁判部设裁判委员会。各级裁判部设刑庭和民庭。省、县裁判部有权判决警告、罚款、没收财产、强迫劳动、监禁、枪决等刑事处罚和审理民事案件。区裁判部审理不重要的案件，判处强迫劳动或监禁的期限在半年以内的案件。

（2）检察机关附设于同级司法机关内。最高法庭设检察长 1 人、副检察长 1 人、检察员若干人。省、县裁判部各设检察员。区裁判部无检察员编制。各级检察员受同级裁判机关负责人领导，其职责是进行预审、起诉等工作。

（二）审判原则

（1）司法机关统一行使审判权。其他机关无司法权。

（2）废止肉刑，重视证据，依靠群众审判反革命分子。

（三）实行四级二审终审制

（1）实行四级二审终审制。在特殊地区及紧急情况下，对反革命、豪绅、地主犯罪，剥夺上诉权，一审终审。

（2）审判公开。涉及秘密的，可用秘密审理方式，但宣判仍应公开，有助于群众监督和法制教育。

（3）人民陪审。无选举权者不得充当陪审员。主审与陪审员存在意见分歧的，以主审的为准。陪审员是不脱产、义务非专职的，由职工工会、雇农工会、贫农团及其他群众团体选举产生。军事裁判所的陪审员由士兵选举产生。

（4）巡回审判。由各级裁判部在案发地点就地调查，在群众参与旁听下就地解决案件。审判的多为具有重大意义的典型案件或群众性的刑事案件。

（5）死刑复核。不论被告是否上诉，一律报请上级审判机关复核批准。须上诉期满，被

---

① 参见韩延龙、常兆儒编：《中国新民主主义革命时期根据地法制文献选编》，卷三，286～348 页，北京，中国社会科学出版社，1981。

② 同上书，306～312 页。

告、原告未上诉与抗诉，上级审判机关批准，原死刑判决方生效。

（6）合议制度和辩护制度。

（四）劳动感化院

重视对犯人的教育改造。对于被判处死刑以外刑罚的罪犯采取感化主义，即用革命的精神与劳动纪律去教育犯人，改变犯人犯罪的本质。1932 年 8 月颁布的《劳动感化院暂行章程》[①]规定，劳动感化院的目的是看守、教育及感化违反苏维埃法令的一切犯人，使这些人在监禁期满后不再违反苏维埃法令；并对狱政的指导思想及管理制度作了明确规定。这是新民主主义狱政制度的雏形。

第三节　抗日民主政权的法律制度

一、宪法性文件和政权组织

（一）施政纲领和人权条例的制定及其意义

1. 施政纲领的制定

抗日民主政权以 1937 年 8 月 25 日公布的《抗日救国十大纲领》为准绳，继承发扬苏区法制传统，建立起切合国情的抗日民主法制，标志着新民主主义法制的形成和重大发展。

继 1938 年《晋察冀边区军政民代表大会宣言》之后，陕甘宁边区政府于 1939 年 1 月公布了《陕甘宁边区抗战时期施政纲领》。[②] 前期纲领规定了"三民主义"的内容，具有革命民主主义的特色，奠定了边区民主政治的初步基础，为其他根据地树立了榜样。

后期，由于日寇对抗日根据地的"扫荡"，加上国民党对边区的包围封锁，抗日军民面临极端严重的物质困难。中国人民的抗日战争进入了最艰难的时期。为了适应这种新的情况，最大限度地调动抗日军民的积极性，巩固各抗日阶级、各党派和各民族的团结，争取时局好转，粉碎日寇"扫荡"和国民党封锁边区，赢得抗日战争的胜利，各抗日根据地制定了新的施政纲领。主要有 1940 年《晋冀鲁豫边区政府施政纲领》《晋察冀边区目前施政纲领》，1941 年《陕甘宁边区施政纲领》，1942 年《对巩固和建设晋西北的施政纲领》，1944 年《山东省战时施政纲领》。这些施政纲领以 1941 年《陕甘宁边区施政纲领》为代表，均有关于保障抗战、加强团结、健全民主、发展经济、普及文化教育的规定。《陕甘宁边区施政纲领》增加了"三三制"政权组织形式和保障人权等崭新内容。

2. 施政纲领的主要内容

（1）关于保障抗战的规定。团结边区内各阶级、党派，发动一切人力、物力、财力抗战。

---

① 参见韩延龙、常兆儒编：《中国新民主主义革命时期根据地法制文献选编》，卷三，313～315 页，北京，中国社会科学出版社，1981。

② 参见韩延龙、常兆儒编：《中国新民主主义革命时期根据地法制文献选编》，卷一，31～33 页，北京，中国社会科学出版社，1981。

严厉镇压汉奸及反共分子。

（2）关于加强团结的规定。坚持抗日民族统一战线方针，团结边区内各抗日阶级、工人、农民、地主、资本家。主要措施是调节各阶级的关系：地主减租息，农民交租息；改善工作、生活，让资本家有利可图；一致对外，共同抗日。

（3）关于健全民主制度的规定。施政纲领将其提到保证全国人民团结的高度，并规定了几项重大措施：其一，普遍、直接、平等、无记名投票的选举制度。其二，保障一切抗日人民的选举权与被选举权。其三，“三三制”政权组织原则。[①] 其四，保障一切抗日党派、团体、人民的人权、财权及各项自由。其五，人民享有用任何方式控告任何公务人员非法行为的权利。其六，男女平等，提高妇女地位，保护其特殊利益。其七，反对民族歧视，实行民族平等、自治，尊重宗教信仰、风俗习惯。

图 13－2　抗日民主根据地时期的选举

（4）关于发展经济的规定。从“发展经济，保障供给”总方针出发，发展农业、林业、牧业、手工业和工业，奖励扶助私人企业，保障经营自由。实施外贸统治。贯彻统筹统支的财政制度。征收统一累进税，巩固边币，维护法币。

（5）关于普及文化教育的规定。举办各类学校，普及免费义务教育。尊重知识分子，提高边区的人民政治文化水平。

3. 施政纲领的意义

施政纲领以反对日本帝国主义、保护抗日人民、调节各抗日阶级利益、改善工农生活、镇压汉奸反动派为基本出发点，全面、系统反映了抗日民族统一战线的要求和抗战时期的宪政主张，是实践经验的科学概括与总结。

4. 陕甘宁边区人权条例的主要内容和意义

在施政纲领保障人权原则指导下，各主要抗日根据地都制定了保障人权条例，如 1940 年 11 月的《山东省人权保障条例》、1941 年 11 月的《晋冀鲁豫边区保障人民权利暂行条例》、1942 年 2 月的《陕甘宁边区保障人权财权条例》、1943 年 2 月的《渤海区人权保障条例执行规则》、1944 年的《苏中区人权保障条例》，等等。有的抗日根据地，如鄂豫边区为了切实保障

---

① “三三制”原则是毛泽东在《抗日根据地的政权问题》中提出来的，当时的表述是在政权组织的人员分配上，“应规定为共产党员占三分之一，非党的左派进步分子占三分之一，不左不右的中间派占三分之一”。但在《中共晋察冀边区目前施政纲领》中的表述为“共产党员占三分之一，其他抗日党派及无党派人士占三分之二”。参见韩延龙、常兆儒编：《中国新民主主义革命时期根据地法制文献选编》，卷一，38 页，北京，中国社会科学出版社，1981。

人权，建立良好的社会秩序，结合本区的实际情况，由参议会通过了有关的提案。以专门立法保障人权是其时法制建设的重要经验。《山东省人权保障条例》和《陕甘宁边区保障人权财权条例》① 具有典型性。这两个条例具有如下主要内容。

（1）规定了人权的法律概念。也即“边区一切抗日人民，不分民族、阶级、党派、性别、职业与宗教，都有言论、出版、集会、结社、居住、迁徙及思想之自由，并享有平等之民主权利”。这说明，当时人权的主要内容有两个方面：一是抗日人民各项自由权，二是抗日人民民主平等权。

（2）规定了保障人权的重要措施。司法、公安机关逮捕人犯应证据充分，依法执行；其他任何机关、部队、团体不得对任何人逮捕、审问、处罚，但现行犯例外；过去反对边区逃亡在外的地主、富农，返回家园遵守法令，一律不咎既往，依法保护，禁止侵犯其人权。

此外，特别规定了对侵犯人权者的惩处办法。如《山东省人权保障条例》规定：凡各级政府公务人员违法侵害人民之自由或权利者，除依法惩办外，应负刑事及民事责任，被害人得就其所受损害依法请求赔偿。

这一时期的保障人权的司法实践创造了宝贵经验，如：公务员违反人权条例，从严治罪，犯罪不准株连等；同时也反映出边区政府对人民基本人权的重视和保护，并能贯彻落实到具体的案件处理中。这为加强团结一致抗日，巩固边区政权，起到了积极作用。其意义主要体现在以下几方面。

（1）深刻地体现了当时边区施政纲领确立的保障人权的立法原则，促进了抗日根据地民主法制建设的深入发展。

（2）有利于团结一切可以团结的力量，调动一切可以调动的积极因素，去完成民族解放的艰巨斗争任务。

（3）有利于克服根据地内存在的一些侵犯人权的现象，增强各级干部的法制观念，更好地维护人民群众的合法权益，建立良好的社会秩序。

（二）政权组织

与各级参议会组织相适应，抗日战争时期各根据地政府组织机构的设置也有三级、四级不等。如陕甘宁边区的政权组织分为边区政府、县政府、乡政府三级；山东解放区则分为省战时行政委员会（原战时工作推行委员会）、行政区公署、县政府、村公所四级。此外，各根据地均设行政督察专员公署和区公署（所）分别作为边区政府和县政府的派出辅佐机构。

1. 抗日根据地政府及其职能

抗日根据地政府或抗日根据地行政委员会，是抗日战争时期各根据地综理各抗日根据地政务的最高行政机关。其机构设置、人员编制均由专门组织法规作出详细规定。如《陕甘宁边区政府组织条例》规定：陕甘宁边区政府由陕甘宁边区参议会选举委员 13 人，组织边区政府委员会，呈请国民政府加以委任。陕甘宁边区设主席 1 人，副主席 1 人，由陕甘宁边区参议会在边区政府委员中选举之。其他根据地的规定与之大体相同，只是政府或行政委员的人数不一。

---

① 参见韩延龙、常兆儒编：《中国新民主主义革命时期根据地法制文献选编》，卷一，89～94 页，北京，中国社会科学出版社，1981。

边区政府内设各种职能部门，主持全边区各种行政工作。

各根据地政府或行政委员会作为抗日根据地最高行政机关，其职权比较广泛，如《陕甘宁边区政府组织条例》规定：陕甘宁边区政府综理全边区政务，受陕甘宁边区参议会之监督。陕甘宁边区政府对于边区行政有颁发命令权，制定边区单行条例及规程权；对所属各机关之命令或处分，认为有违背法令，逾越权限，或其他不当情形时，有停止或撤销权；执行权，即执行国民政府委托事项，执行边区参议会议决案事项以及执行边区政府决议之选举、预决算、所属行政人员任免、咨调地方部队及督促所属军警绥靖地方、边区地政设施建立及变更、处分公产或筹划边区公营事业等事项。陕甘宁边区政府主席的职权是：召集边区政府委员会，开会时为主席；代表边区政府，执行边区政府委员会之议、决案；代表边区政府，监督全边区行政机关执行职务；处理边区政府日常及紧急事务。

2. 行政公署及其职能

各根据地行政公署的设置不一。陕甘宁边区不设。其他根据地行政公署的设置大约有两种情况：一种情况是不作为一级政府机构，而只是边区一级政府的派出机构；另一种情况是本身为一级政府机构。晋察冀边区和晋冀鲁豫边区设置的行政公署，属前一种情况。而山东、晋西北行政公署则属后者。《山东省行政公署组织条例》规定：为适应战时环境，将全省划分为若干行政区，设行政公署。行政公署为行政区之行政最高领导机关。行政委员会由行政区临时参议会选举行政委员 7 人至 11 人。其职权为负责执行临时参议会之决议，在不抵触省法令范围内，可依照本行政区参议会之决议发挥独立自主精神，决定地方兴革事宜。但其在处理大问题时，须呈请上级政府批准。行政公署设立行政各处（科）。

3. 行政督察专员公署及其职能

各根据地一般均设行政专员督察公署，习惯上简称“专员公署”。此非一级政府组织，一般作为抗日根据地政府派出之督导机构。如 1943 年《修正陕甘宁边区行政督察专员公署组织条例》规定：“为加强县政权领导，提高行政效率起见，边区政府将边区所属县（市）划分为五个行政区，分设行政督察专员公署，为边区政府代表机关。分区专员公署之设立与命名，须经边区政府委员会决议，由边区政府以命令行之。”“专员公署设专员一人，必要时得设副专员一人，均由边区政府任命。”①

行政督察专员公署的职能主要为：掌握贯彻根据地政府法令与指示，对根据地政府负责；统一领导督察该分区所辖各县之一切行政事宜；组织与领导人民武装，协同军队维持地方治安；监督和指导驻在该分区的根据地政府各附属机关，监督所属各县财政经费之收支，处理所属各县之间的争议等。专员公署设政务、事务秘书各 1 人，精简后仅设一、二两科和保安处。

4. 县政府及其职能

各抗日根据地均设县政府，作为各该地区推行政务之枢纽，各根据地均以专门条例规定其组织机构设置，其组织严密，机构健全，以承担各县繁重的行政事务。根据县政府组织条例，县长、县政府委员均由县议会选举产生，组成县政府委员会。县长及政府委员的任期，一般为两年。1943 年《修正陕甘宁边区县政府组织暂行条例草案》规定：“县政府委员会对上级政府

① 韩延龙、常兆儒编：《中国新民主主义革命时期根据地法制文献选编》，卷二，215 页，北京，中国社会科学出版社，1981。

及县参议会负责，为县政府之权力机关。”[①] 陕甘宁边区县政府在1943年以前设六科加秘书室。1943年简政后，修正条例则规定县政府设政务、事务、秘书各1人，一、二两科，保安科及自卫大队。有些地区增设县佐公署、县政府办事处或县政府行署等，一般为县政府之辅佐机构，低于县级而高于区级，内部机构设置也较县政府的简单。在陕甘宁边区，凡未经县参议会或临时参议会正式选举县政府委员会之县，得成立县务委员会，临时代行县政府综理县内行政事宜。

县政府委员会的职能为：决议执行根据地政府及专员公署令行重要事项；县参议会之重要决议事项；县政府各部门工作计划；县财政收支及预决算事项；所属主要干部任免之建议事项；县单行条例颁发事项；县兴革事项及县政府委员会认为应讨论的其他事项。同时，该条例草案还规定：县政府得发布指示与政令；发扬民主政治，加强乡（市）政权工作；组织人民经济生活，发展公私生产、改善人民生活，保证抗战供给；推行财政、粮政、建立地方财政；推行各项抗战动员，加强拥军工作与优抗工作；建设民兵，加强保卫工作，巩固地方治安、维护社会秩序；管理该县各级政府干部之登记、审查、任免、调动、考绩、奖惩等事项；进行干部教育、改进国民教育；调解人民纠纷，公平处理民、刑诉讼；监督上级政府驻在该县的附设机关；县政府在不抵触边区政府法规前提下，得颁发单行条例，但须呈请边区政府核准；县政府下设各科之职掌与边区政府对口。其他根据地的规定较陕甘宁的简单，但职权相近。

5. 区公署（所）及其职能

各抗日根据地多设区公署（所），但一般不是一级政府组织，仅为县政府之辅佐或助理机关。但也有例外，如盐阜区，根据《盐阜区区级政府组织法》，区不仅有区公民代表大会，且置区政府，为一级政府机构。区政府行政长官由区公民代表大会选举产生。一般情况下，各根据地均在区公署内设区长一人，公署（所）内不设科室，而由区助理员或区员分工处理各项行政事务。但盐阜区除设区员外，区还可以设经常或临时性各种委员会。

区公署（所）的职能主要为：传达上级指示、命令、法令及反映政情等事项；计划、督导所辖各乡民政、财政、经济建设、文化教育及应兴应革事项；组织训练自卫队，进行全区锄奸保安等。区助理员或区员分掌上级政府职能部门对口事项。

6. 乡（市）政府或村公所及其职能

多数根据地以乡或村为民主政权基层单位，设乡（市）政府或村公所。乡（市）政府的性质和村公所的性质略有不同，而不仅仅是名称上的差异。陕甘宁边区乡（市）一级采议行合一制，乡（市）参议会为乡（市）政府最高政权机关，乡（市）参议会休会期间，乡（市）长负乡（市）行政最高责任。乡（市）政府委员会为乡（市）政权最高机关，乡（市）参议会休会时，则由乡政府综理所有政务。乡政府下设行政村，行政村下设自然村。村长协助乡政府工作，处理本村事务。乡政府之干部，除乡长、文书外，均不脱离生产。其他根据地不同于陕甘宁边区，以村公所为执行机关。如晋察冀边区村公所设村长、副村长各1人，由村民代表会主席、副主席兼任并报上级政府加委，各委员由村民代表会选举产生。盐阜区则设村政府，村政府组织构成复杂，有村公民大会、村行政委员会、村镇公民小组长会及各种专门工作委员会

---

① 韩延龙、常兆儒编：《中国新民主主义革命时期根据地法制文献选编》，卷二，227页，北京，中国社会科学出版社，1981。

等。作为最低一级行政机构，其职能主要在于进行地方自治，完成上级下达的任务。①

二、抗日根据地政府的立法特点及主要立法

（一）立法特点

（1）按照党中央方针政策，从根据地实际出发，继承工农民主政权立法实践中优良的传统，抗日根据地政府立法又有新的发展。集中体现党的抗日民族统一战线政策。如在劳动立法中提出劳资两利的原则；在土地立法中提出不但要照顾农民的利益，也要兼顾地主富农的利益，既减租减息又交租交息，保障地权、债权等；在婚姻立法中明确地提出了“男女平等”的立法原则等。这一时期，政府制定《施政纲领》、部门法规、单行条例等，并加以贯彻落实。

（2）根据当时形势的发展变化，各抗日民主政权在修订原有法律的同时，颁行了一批新的法律、法规，如制定专门的人权保障条例，惩治汉奸条例，军民诉讼条例，优待难民垦荒条例，奖励科学技术法令，危害军队、妨害公务法令，惩治破坏坚壁清野财物法令，等等。

（3）承认南京国民政府法律地位。边区政府采取灵活实用策略，允许各抗日民主政权在立法和司法工作中，有原则、有选择地援引国民政府的一些法律。关于援用的原则，边区政府明确规定：“一、适合抗战团结的需要；二、适合民主政策；三、适合边区历史环境；四、适合广大人民的利益。”② 这些做法，不论是在团结南京国民政府抗日、保护人民已经取得的权利方面，还是在同汉奸、盗匪作斗争方面，都起到了不可忽视的作用。

（二）土地法规的制定以及其主要内容

陕甘宁边区从1937年4月开始发布土地政策布告，要求停止没收地主土地。1937年8月颁布的《抗日救国十大纲领》确立了“减租减息”的原则。各根据地以此为指导制定本地区的土地法规。陕甘宁边区土地立法最有代表性。

1940年以前，土地法规的重点在于保护农民既得利益，确认农民分得地主土地的所有权。1939年《陕甘宁边区土地条例》③ 是这一时期的重大成果。1940年7月以后，土地法规的重点转为减租减息、保障佃权和低利借贷，先后制定有1942年《陕甘宁边区土地租佃条例草案》

---

① 具体为：实行边区施政纲领、边区政府法令及上级政府之指示；发展生产事业和文化教育；帮助军队，优待抗属，进行抗战动员；建立人民自卫武装，维护革命秩序；举办公益事宜，调解民间纠纷；进行本乡土地、人口及社会情况调查等。

除以上各级政府的组织及职能外，有些根据地如陕甘宁边区和晋西北还专设政务会议。陕甘宁边区所属专员公署、县政府、区公署和乡（市）政府均设政务会议，为陕甘宁边区各级政府执行政务之领导机构。直接对各级政府委员会和参议会负责。各级最高行政长官负责召集各级政务会议，各部门领导人均得出席。政务会议主要听取各行政部门的工作报告，讨论各方面的工作方针和具体计划，并形成相应的决议。对政务会议的决议，行政部门必须立即执行。在政务会议上，经集体讨论后，首长有最后决定权。这是首长负责制原则。集体领导首长负责制是抗日战争时期政权组织的一项重要制度。参见韩延龙、常兆儒编：《中国新民主主义革命时期根据地法制文献选编》，卷二，234～236页，北京，中国社会科学出版社，1981。

② 韩延龙、常兆儒编：《中国新民主主义革命时期根据地法制文献选编》，卷三，353～362页，北京，中国社会科学出版社，1981。

③ 参见上书，209～212页。

及 1944 年《陕甘宁边区地权条例》。[①] 上述土地立法具有如下主要内容。

（1）土地所有权。一是公有土地所有权归边区政府，二是私有土地所有权人在法定范围内可自由使用、收益、处分（买卖、典当、抵押、赠与、继承）。不论公、私土地所有权均受法律保护，强调保护农民土地所有权。

（2）减租交租。陕甘宁边区地租有四种，即定租，活租，伙种，安庄稼。不同形式的地租，减租额也不相同。收租人应依法收取法定租额，不得多收、预收、收取押租及欠租作息；承租人不得短少租额。

（3）保障佃权。减租条例定有四项收回租地的条件。除此条件外出租人不得随意收回租地。此外，部分抗日根据地的土地立法还规定有农民的优先承买、承典、承租权及永佃权。

（4）减租减息，低利借贷。现存债务减息。付息过本一倍，停利还本；过本两倍，本利停付，借贷关系视为消灭。

土地立法的意义在于减轻了剥削，激发了农民的抗日积极性，调整了农村阶级关系，加强了各革命阶级团结，为民族解放战争奠定了基础。在团结地主、富农抗日方面，土地立法也发挥了极为重要的作用。

（三）劳动法规的制定以及其主要内容

劳动立法体现了“调节劳资双方利益，团结资本家抗日”的原则，吸取了苏区劳动立法的经验教训。1942 年的《陕甘宁边区劳动保护条例草案》及 1941 年晋冀鲁豫边区的《劳工保护暂行条例》[②] 较为典型。劳动立法的主要内容可分为五部分。

（1）关于工人权利的规定。工人有组织工会的权利。雇主开除工人事先得工会同意。

（2）关于工时、工资、劳动保护的规定。实行 8 小时至 10 小时工作制。因工会工作请假，全年在 15 天内的，工资照发。工资标准由工会、雇主、工人三方协商，男女同工同酬。

（3）关于保护女工、青工、童工的规定。青工和童工每日工作时间须较成年工人的减少 1 小时到 2 小时，工作时间相对较短。禁止女工从事繁重的、有害健康的及地下的工作。禁止哺乳女工、孕妇、童工做夜工。女工产假为 2 个月，工资照发。对哺乳女工每日给予适当哺乳时间。对安全卫生亦有规定。

（4）关于劳动合同与集体合同的规定。缔结劳动合同以劳资双方自愿为原则。集体合同由工会代表工人与公营厂方或资方以协议方式订立。合同内容包括工时、工资、福利待遇、双方权利义务等。合同内容不得违反现行法律，否则无效。对合同纠纷的解决也详细予以规定。

（5）关于奖励技术发明的规定。按照陕甘宁、晋冀鲁豫等边区劳动法规的规定，工人或其他人对边区的农、林、牧、畜、水利、工矿等生产事业发明创造或对现有技术推广而有成就者，政府给予荣誉和物质奖励。

这些劳动立法对于发挥工人积极性，团结资产阶级抗日起了很大作用。

---

① 参见韩延龙、常兆儒编：《中国新民主主义革命时期根据地法制文献选编》，卷四，195～199 页，北京，中国社会科学出版社，1984。

② 参见上书，643～649 页。

（四）婚姻继承法规的制定及其主要内容

陕甘宁边区政府在成立初期，沿用中央工农民主政权的婚姻法。1939 年的《陕甘宁边区婚姻条例》经 5 年实践，于 1944 年修订为《修正陕甘宁边区婚姻条例》，增加不少新内容。1942 年的《陕甘宁边区继承条例》、1943 年的《陕甘宁边区抗属离婚处理方法》①，使已婚女子的继承权和抗日军人的婚姻得到法律保护。

婚姻立法的内容及发展可分为五点。

（1）立法原则。在苏区婚姻立法原则基础上，提出了男女平等的原则。继承苏区保护红军婚姻的原则，确立保护抗日军人婚约与婚姻的原则；除确知其夫死亡、逃跑、投敌外，未经军人同意不得离婚；并对娶抗日军人配偶，或和诱、通奸者处以刑罚。

（2）结婚年龄和法定手续。结婚年龄较之以前呈现下降的趋势，体现出灵活适用的原则。结婚条件严格化，亲属间禁止结婚的限制更趋严格。

（3）离婚原则和具体条件。规定婚姻关系非具备一定条件不准离婚。凡重婚、感情不和、无法继续同居、通奸、虐待对方、恶意遗弃对方、谋害对方、生死不明 3 年以上、有不治恶疾或不能人道、一方不务正业劝解无效影响对方生活，或有其他重大事由的，准予离婚。女方怀孕分娩期间，男方不得离婚，待产后一定期间如具备离婚条件，可办理离婚。

（4）离婚后财产处理。继承了苏区的规定并有修改。对共同债务原则上共同清偿。对赡养费规定，男方给女方最多以 3 年为限。

（5）离婚后子女抚养、教育。在继承苏区立法基础上又有修改。确定了女方再婚新夫的抚养责任，确保非婚生子女合法利益。严禁杀害、抛弃致死私生子，严禁堕胎、溺婴，违者以杀人罪、违反人道罪论处。

婚姻立法解放了妇女，婚姻自由、自主、自愿成了结婚信条，爱情、平等、意志代替了包办、压迫、金钱。边区政府在贯彻婚姻法过程中积累了丰富经验，主要有以下内容：（1）加强边区政治、经济、文化建设，奠定婚姻立法基础。（2）法律教育与适当处罚结合，保证婚姻法贯彻执行。（3）司法机关与群众结合，依法处理有关案件，取得良好的社会和法制效应。②（4）坚决贯彻婚姻条例，反对“左”“右”两种倾向。创立了离婚“犹豫期”制度。③

边区政府在遗产继承方面遵循男女平等、奉养父母的原则。《陕甘宁边区继承条例》对继承方式、范围、顺序，遗嘱形式及保障继承权的措施均予规定，如：配偶双方遗产相互继承，有子女的，与子女共同继承，无子女的，由一方全部继承；男方死时尚未继承的，寡妇与子女均有代位继承权等。

---

① 参见韩延龙、常兆儒编：《中国新民主主义革命时期根据地法制文献选编》，卷四，807～808 页，北京，中国社会科学出版社，1984。

② 此类案件的典型代表是“刘巧儿案”，参见 p. 369 脚注①。

③ 许多抗日民主政权为克服在婚姻问题上的错误倾向，严肃男女关系，创立此项制度。犹豫期有半年或 2 个月的，如《山东省胶东区修正婚姻暂行条例》就明确规定：男女一方请求离婚，经县政府考查属实后，应通知他方，并给以考虑答复的时间，以 1 个月至 2 个月为原则。这个制度的执行，在实践中起到很好的作用，不失为一条好经验。参见上书，864 页。

（五）刑事法规的制定以及主要内容、特点

运用刑罚手段，惩治汉奸反动派，是保卫边区和抗战的一项重要任务。陕甘宁边区制定的刑事法规主要有1939年《抗战时期惩治汉奸条例》《抗战时期惩治盗匪条例》《惩治贪污条例》《禁烟禁毒条例》，1941年《破坏金融法令惩罚条例》[①] 等。

1. 刑法原则的发展

边区政权创造性地发展了新民主主义刑法原则。其主要原则有以下三条。

（1）镇压与宽大相结合的原则。对汉奸分子除不愿悔改者外，不问过去行为如何，一律实行宽大政策，给予政治上、生活上出路。对绝对不愿改悔者，依法严办绝不放任。在实施中区分首要与胁从，惩办主要施于首要分子，宽大主要施于胁从分子。

（2）贯彻保障人权原则。不放过一个敌探奸细，不错办、冤枉一个好人。

（3）反对威吓报复，实行感化教育原则。特点是以无产阶级思想克服和改造罪犯的地主资产阶级腐朽没落思想。反对惩办主义，用说服方法帮助其认识错误；反对报复主义，减少罪犯痛苦，以利于其安心守法、彻底改造。实践证明这样做效果显著。

2. 主要犯罪种类的变化

各个边区刑事立法确定如下主要罪名：

（1）汉奸罪。凡以破坏抗战为目的的行为均构成汉奸罪，具体的构成要件和处刑办法在立法中有明确规定。

（2）盗匪罪。凡以抢劫为目的的各种法律规定的犯罪行为，均构成盗匪罪。

（3）破坏边区罪。凡以破坏边区为目的的各种法律规定的犯罪行为，均构成该罪。

（4）破坏坚壁财物罪。是敌后根据地特有罪名。坚壁财物也叫空室清野财物。该财物指因防止日寇、汉奸破坏与掠夺而藏于地窖、山沟等隐蔽场所的一切公私财物及土石堵塞的建筑物。凡勾结敌伪挖索上述财物，或毁损、窃盗上述财物等行为，均构成该罪。打击这类犯罪对保护边区财物，防止敌伪破坏，克服物质困难，保证反扫荡胜利，起到了重要作用。

除上述重大刑事犯罪，还有破坏经济秩序，妨害社会秩序，侵害人身权利、民主权利，侵犯财产，妨害婚姻家庭等方面的普通刑事犯罪。

3. 趋于完善的刑罚制度

各根据地制定的刑罚措施主要有以下几种：

（1）死刑。只对汉奸、盗匪、敌特及破坏边区的反革命首要分子判处死刑，在具体的适用上极为慎重。宣判死刑，要向群众公布，行刑有检察员临场监验。死刑执行一律用枪决。

（2）无期徒刑。各边区规定不一。实际上各边区未适用，有的边区则予以废止。

（3）有期徒刑。初期为最高5年，最低6个月。1942年3月后最高刑期改为10年或15年，实践中多为10年。

（4）拘役（又称劳役或苦役）。凡判处2个月以下1日以上，或3个月以下的罪犯，不由监所拘押，而是实行劳动改造，称拘役。这多用于轻微刑事犯罪。

---

① 参见韩延龙、常兆儒编：《中国新民主主义革命时期根据地法制文献选编》，卷三，55～75页，北京，中国社会科学出版社，1981。

（5）教育释放。这多适用于轻微犯罪。经一定时间关押教育，多则1个月，少则几天，不再判劳役，即行释放。

（6）当庭训诫。对犯极轻微罪行者在法庭上予以训诫，讲明道理、指明错误，使其不再犯。

除上述主刑外，从刑包括以下内容：

（1）褫夺公权。多数边区有此刑罚。其是指剥夺犯罪分子选举权与被选举权，担任公职及公职候选人之权，主要适用于汉奸、敌特、反动分子。从性质上来讲它是较重刑罚。刑期为1年至5年，自徒刑完毕日起算。1年以上徒刑才附加褫夺公权。

（2）没收财产。其主要适用于汉奸、盗匪。对象是动产与不动产。对违禁品、犯罪所用之物及非法所得也予以没收。

（3）罚金。其是指司法机关强制罪犯向边区政府交纳一定金钱的从刑，分并科、选科、易科、专科四种形式，主要用于以谋财为动机的犯罪。

在这一时期，由于惩处汉奸的需要，一些地方还制定了"锄奸公约"，在锄奸剿匪斗争中充分发动群众，贯彻保障人权的原则，保证了锄奸斗争的健康发展。

三、司法制度

为保证各项实体法的顺利实施，各根据地制定颁布了许多关于诉讼审判方面的法律、法规。如1939年4月，陕甘宁边区政府颁布的《陕甘宁边区高等法院组织条例》，1943年1月颁布的《陕甘宁边区军民诉讼暂行条例》，1943年3月颁布的《陕甘宁边区县司法处组织条例草案》，1940年5月颁布的《晋察冀边区陪审暂行办法》，以及1942年1月颁布的《晋西北巡回审判办法》等。这些法规成为抗日民主政权司法组织建立和进行活动的法律依据。

（一）司法机关及其职权①

（1）高等法院。作为根据地最高司法机关，负责全区审判及司法行政工作。其下设刑庭、民庭，各庭长、推事负责审判，必要时组织巡回法庭；还设有检察处、书记室、看守所、监狱。

（2）高等法院分庭。于1943年为便利诉讼，加强对县的司法领导而设置。它是高等法院派出机关，审理所辖分区、县司法处一审上诉案件，是二审机关，由分庭庭长（专员兼任）、推事、书记员组成。

（3）县司法处。初期只有一个裁判员主持审判业务，于1940年成立由县委书记、县长、裁判员、保安科长、保安大队长组成的裁判委员会。1941年"三三制"被取消。重大案件交县政府委员会或政务会议决定。

（4）边区政府审判委员会。其于1942年8月设立。职权是解释法令，审理高级法院一审及二审刑事上诉案和一审民事诉讼案及行政诉讼案、婚姻案、死刑复核案。1944年9月其因简政而被撤销。

① 参见韩延龙、常兆儒编：《中国新民主主义革命时期根据地法制文献选编》，卷三，353～369页，北京，中国社会科学出版社，1981。

（5）检察机关。高等法院设检察员，在院长领导下独立行使检察权。高等检察处曾被设立，1942 年简政时被撤销。实行审检合一制。职权是侦查、起诉，监督判决执行。

（二）诉讼原则的发展

（1）调查研究、实事求是的原则。毛泽东等边区领导人以身作则贯彻这一原则，为司法干部作出了典范。这一原则被写进了边区民事诉讼法草案。

（2）相信群众、依靠群众的原则。各根据地创造了许多依靠群众的诉讼组织形式。一是群众公审。这主要适用于汉奸、反革命、敌特、盗匪等政治性案件和人命案。二是就地巡回审判。这是指审判机关采用的审判方式。具体做法是审判员携卷下乡，亲赴出事地点，深入群众调查研究，在有威望、有能力的群众参与下，将舆论、法律、融为一体，就地判决。这种方式结案迅速，当事人省钱、省时，有利于生产。高等法院及其分庭运用这一审判方式受理新案和上诉案，检查下属司法处的审判及监管工作。

（3）法律面前人人平等的原则。1941 年 11 月边区第二届参议会宣布边区“法律保护各个革命阶级的利益，纠正资本主义国家各个阶级在法律面前的虚伪平等，而代之以真正的实质的平等”①，揭开了法律面前人人平等的新篇章。各根据地宪法性文件规定，凡赞成抗日民主的地主、富农、资本家与工人、农民在人权、财权、参政权和民主自由权各方面，平等地受法律保护。犯法，则适用同一法律定罪量刑。法律还规定，不论党员或群众，首长或公务员、民众，指挥员或战士，不论其资格、功劳、地位如何，任何人犯法均依法处理。黄克功死刑案就是典型的例子，为边区民主法制添了光彩。为真正贯彻这一原则，《陕甘宁边区施政纲领》规定党员犯法从重治罪，体现了无产阶级政党严于律己的精神。

（三）主要的审判制度

（1）上诉制度。民事案件上诉期为 15 天，刑事案件上诉期为 10 天。

（2）审级制度。各根据地基本实行三级三审终审制。由于抗日战争期间，各根据地是在认可南京国民政府是全国的最高领导机构的前提下制定相应的法律政策的，所以，法律规定基本上都认可南京的中央最高法院享有终审权。但是由于战争以及当时的实际情况，各根据地一般没有将案件送到南京作终局审判，多数根据地都在政府机构中设立独立的审判委员会作为各根据地的终审机关，行使终审权。②

（3）人民陪审制度。这是审判工作民主化的标志，也是群众监督司法工作的组织形式。

（4）审判公开和辩护制度。除法律另有规定，一律公开审判。当事人可请有法律知识的人或亲属充当刑事辩护人或民事代理人。

（5）复核和审判监督制度。少数死刑案判决书须高等法院复核核准，始得宣判；宣判后不论被告是否上诉，须再呈边区政府复核，经主席批准才能行刑。战时不在此限。1942 年 5 月高等法院将复核权交专署代行。审判监督制度分两种：其一是上级对下级监督，主要是审核案

---

① 西南政法学院函授部编辑：《中国新民主主义革命时期法制建设资料选编》，第 3 册，320 页，1982。

② 陕甘宁边区在 1940 年至 1942 年曾进行过一次司法改革，但由于过分强调专业化和诉讼程序，改革失败。以后又由于政策原因提出了“二级终审”的说法，但执行的时间并不长。

件，解决疑难问题；其二是群众监督，指司法机关向同级参议会报告工作，听取意见，执行参议会决议案。

(四) 马锡五审判方式

这是把群众路线的工作方法，创造性地运用到审判工作中去的司法民主的崭新形式，也是从一系列司法案件中总结归纳出的经验成果。①

1. 马锡五审判方式的特点

(1) 深入农村，调查研究，实事求是地了解案情。

(2) 依靠群众，教育群众，尊重群众意见。

(3) 方便群众诉讼，手续简便，不拘形式。

2. 马锡五审判方式的产生和意义

整风运动为其产生奠定了思想基础，群众智慧是其产生的力量源泉。这一方式是在巡回审判基础上成长起来的，是司法工作的一面旗帜。

其意义是：它的出现和推广，培养了大批优秀司法干部，解决了积年疑难案件，减少争讼、促进团结，利于生产、保证抗日，使新民主主义司法制度落到实处。

(五) 调解的法律化

1. 调解的原则

(1) 调解须双方自愿。不得强迫命令或威胁。②

图 13-3 古元版画《马锡五同志调解婚姻诉讼》

---

① 马锡五审判方式的特点和经验，主要体现在由马锡五亲自主持或指导审理的若干典型案例，具体包括：(1) 华池县封捧儿的婚姻上诉案（“刘巧儿案”）；(2) 曲子县苏发云兄弟“谋财杀人”嫌疑犯案；(3) 合水县丁、丑两家土地争议案；(4) 王治宽企图霸占王统一的场院地基案；(5) 延安县杨兆云多年缠讼案；(6) 周定邦杀人案。关于上述案例的详情可参见张希坡：《马锡五审判方式》，26～39 页，北京，法律出版社，1983。

② 参见张希坡：《革命根据地法制史研究与“史源学”举隅》，261 页，北京，中国人民大学出版社，2011。

（2）调解须以法律为准绳，照顾善良风俗，不是无原则、无条件的息事宁人。违背法令、不利抗战的，政府有权宣布撤销。

（3）调解不是诉讼的必经程序。任何个人、机关不得剥夺当事人的起诉权。司法机关不得以未经调解而拒绝受理。

2. 调解制度的内容和意义

（1）调解范围。调解范围初期仅限于某些民事案件，后来甚至命案也可调解。边区政府总结经验后确定民事纠纷除法律另有规定外，均可调解；轻微刑事案件也可调解；社会危险性较大的刑事案件不属调解范围。

（2）调解的类型。依主持调解的个人或单位不同，调解具体有如下几种类型。

第一，民间调解。这是群众自己解决纠纷的好形式。由当事人双方各自邀请地邻、亲友、劳动英雄、有威信和公正的人士参加，评议曲直，提出调解方案，劝导双方止争。它机动灵活，不拘形式，省钱省时，有利于生产团结。边区政府号召，最好百分之百的争执在乡村中自己解决。有的村成为几年无人打官司的模范村。

第二，群众团体调解。例如专设调解委员会。

第三，政府调解。这是在基层政权组织下调解纠纷。

第四，司法调解。这是司法机关处理案件的形式之一。达成的调解协议，对双方有强制效力，须无条件执行。

（3）调解处理方式。这一般有赔礼道歉、认错、赔偿损失或抚慰金以及其他善良习惯。

（4）调解和解书。这一般包括双方争执的简要事由、调解的方式、和解的原则，以及调解人姓名、签字、盖章等。其对促成和巩固调解成果有重要作用。

（5）调解纪律。这主要规定调解人须奉公守法，不受贿舞弊，尊重当事人人权，不乱打乱罚等。目的在于保证公正，取得民众信赖，维护调解声誉。

调解的意义特别重大：它解决矛盾，增强民间和睦团结，利于抗日民族解放事业；增强民众法制观念，减少纷争；利于司法机关集中精力处理重大刑事案件，提高办案质量；为解放战争时期和新中国人民调解工作提供了丰富的历史经验；是人民司法的一大特色和补充。

第四节　解放区人民民主政权法律制度

一、宪法性文件和民主政权的建设

（一）宪法性文件

这主要来自解放区各人民政权的施政纲领，中国人民解放军宣言、布告，包括 1946 年 4 月的《陕甘宁边区宪法原则》、1948 年 8 月的《华北人民政府施政方针》、1947 年 10 月的《中国人民解放军宣言》、1949 年 4 月的《中国人民解放军布告》等。①

1.《陕甘宁边区宪法原则》

《陕甘宁边区宪法原则》由 1946 年 4 月边区第三届参议会通过，分为“政权组织”“人民权利”“司法”“经济”“文化”五部分，分别作出许多新的规定。其主要内容有如下几个方面。

（1）确立边区、县、乡人民代表会议为管理政权机关，各级权力机关开始由抗日时的参议会过渡为人民代表会议制度。这为新中国基本政治制度奠定了初步基础。

（2）规定人民政治上行使的各项自由权利，受政府指导与物质帮助。边区人民不分民族一律平等。

（3）规定除司法机关、公安机关依法执行职务外，任何机关、团体不得有逮捕、审讯行为。人民有权以任何方式控告失职的任何公务员。司法独立，不受任何干涉。

（4）经济上采取公营、合作、私营三种方式，组织一切人力、财力促进经济繁荣，为消灭贫穷而斗争。做到劳动者有职业，企业者有发展机会。普及提高人民文化水平。确立耕者有其田的原则。

2.《华北人民政府施政方针》

《华北人民政府施政方针》由 1948 年 8 月华北临时人民代表大会通过，规定了人民政府的基本任务及有关各项政策，是当时具有宪法性质的代表性文件。其主要内容有如下几个方面。

（1）规定华北人民政府的基本任务是继续进攻敌人，支援前线，争取全国胜利；有计划、有步骤地进行建设和恢复发展生产；继续建设为战争和生产服务的民主政治；培养干部，吸收人才，奠定新中国的基础。

（2）规定了实现基本任务的方针政策。在政治方面，健全人民代表大会制度；保障人民民主权利及自由与安全；破除迷信；保护守法的外国人及合法的文化宗教活动。在经济方面，发展农业，颁发土地证确认地权；建立农民生产合作互助组织；促进城乡经济交流；发展工商业，贯彻公私兼顾、劳资两利方针。在文化教育方面，建立正规教育制度，提高大众文化水平；建立广泛的文化统一战线，团结知识分子为建设事业服务。

3.《中国人民解放军宣言》

该政治宣言于 1947 年 10 月 10 日由解放军发布。该宣言提出了“打倒蒋介石，解放全中国”的政治任务，制定了实现这一政治任务的基本政策，敲响了国民党南京国民政府的丧钟。

4.《中国人民解放军布告》

1949 年 4 月宣布该布告。内容为：第一，对国民党军政人员区别对待；第二，消灭封建剥削制度的步骤和政策；第三，保护人民合法利益的具体措施；第四，保护外侨政策。该布告共八章，成为推进革命取得全国胜利的一个纲领性文件。

（二）地方人民政府的成立

随着阶级关系的变化和全国解放战争的胜利发展，解放区不断扩大，逐步连成一片。为了

---

① 参见韩延龙、常兆儒编：《中国新民主主义革命时期根据地法制文献选编》，卷一，59、71 页，北京，中国社会科学出版社，1981。

适应新形势的发展，大区人民政府成立了。新解放区的大、中城市成立了军事管制委员会。此外，内蒙古还成立了第一个少数民族的自治政府。在大区人民政府之下，省（市）、县、乡甚至村的政权建立了起来，大区人民政府内的各行政机构、司法机构及其他有关的机构也得到进一步健全和发展。这些都为1949年后全国政权的组织建设奠定了基础，提供了直接的经验。

1. 大行政区人民政府

随着解放战争的胜利发展，全国解放区除华东解放区外，其他如西北、华北、东北、中原解放区都先后成立了大行政区人民政府，统一领导各该地区的政务工作。

（1）西北解放区。1949年2月，陕甘宁边区已与晋绥解放区连接起来，为了争取大西北的全面早日解放，陕甘宁边区参议会常驻议员、边区政府委员与晋绥解放区的代表召开联席会议，接受晋绥行署及晋绥临时参议会的请求，决定将两个解放区合并，成立陕甘宁边区政府。根据同年4月9日通过的《陕甘宁边区政府暂行组织规程》的规定，合并后的边区政府最高行政机关称陕甘宁边区政府，原晋绥边区行政公署撤销，划为晋南、晋西北两个公署，统归陕甘宁边区政府领导，扩大了政府组织机构，并规定了具体的权限。在新中国成立后，边区政府迁至西安市。1950年1月西北军政委员会建立，陕甘宁边区政府建制随之被撤销。

（2）华北解放区。1948年5月由晋察冀解放区和晋冀鲁豫解放区合并而成，设立华北联合行政委员会，为该解放区最高行政机关。同年8月7日华北临时人民代表大会在石家庄召开，会议通过了《华北人民政府组织大纲》，成立了华北人民政府，综理全华北区政务。此后陆续建起区内的省、县、市、村四级政权。华北人民政府的建立，不仅对华北人民的政治、经济、文化生活有很大意义，而且对联系其他各解放区，支援南线作战，恢复与发展生产发挥了极大的作用，特别是为1949年后中央人民政府各机关的建立奠定了基础。1949年10月25日，政务院呈请中央人民政府委员会宣布由政务院接管华北人民政府，其所辖五省二市划归中央直辖。同年10月27日华北人民政府奉命撤销建制。

（3）东北解放区。1946年8月在哈尔滨召开的东北各省市代表联席会议，通过了《东北各省市民主政府共同施政纲领》和《东北各省市（特别市）行政联合办事处组织大纲》，组织了东北行政委员会。辽沈战役后，东北全境解放，此后在整个东北解放区建立了村、县、省各级民主政权。1949年8月，东北人民代表会议在沈阳开幕，成立东北人民政府。

（4）中原解放区。1947年7月，晋冀鲁豫解放军收复了一年前撤离的中原解放区，而且与华东解放军配合作战又开辟了豫陕边、桐柏、江汉等解放区，从而迅速扩大了中原解放区的领域，先后建立起豫西、豫皖苏、鄂豫、皖西、桐柏、江汉、陕南等行政公署。1949年3月，中原解放区召开临时人民代表大会，选举产生政府委员与主席，成立了中原临时人民政府，直到1950年2月奉命撤销，为中南军政委员会所取代。

（5）华东解放区。该解放区直到20世纪50年代初才成立华东军政委员会。

2. 城市军事管制委员会

解放战争后期，根据中共中央1948年11月15日发布的《关于军事管制问题的指示》的精神，解放军在占领大中城市时，建立军事管制委员会，对该城市实行军事管制。军事管制的目的是迅速肃清国民党残余势力，建立新秩序，以保障国家和人民生命、财产的安全。实行军管的城市成立军事管制委员会，作为新解放区城市的过渡性的政权组织形式。

1949 年 2 月，北平市率先成立军事管制委员会，开始接管工作①；同年 4 月 23 日南京解放，成立南京市军事管制委员会；稍后，武汉、西安、上海相继解放，也都成立军事管制委员会。军事管制委员会在人民解放军总部、军区及前线司令部的领导下，作为各该城市在军事管制期间统一的军政机关。

军事管制委员会的组织构成，在各城市基本相同：设有主任、副主任、秘书长各 1 人，下设警备司令部（兼防空司令部）、市政府（设市长、副市长各 1 人，下设民政、财政、建设、工商、劳动及法院等机构）、财经接管部、交通接管部、文化接管部及公安处。这些部门分别履行相应的职权。军事管制委员会内设有秘书处、行政处，负责处理军事管制委员会对内、对外的日常工作及内部管理、生活供应、文牍等工作。

军事管制委员会的特点是：首先，它不是由人民选举产生的，而是由解放军总部及军区委任人员组成的。其次，它在形式上是一个军事性质高度集中的对敌专政机构，但实质上则是人民民主政权的一种表现形式。最后，设立军事管制委员会仅限于解放战争后期新解放的大中城市，并非所有城镇都设此机构。

总之，军事管制委员会是在一定历史条件下，在特定地区实行人民民主专政的一种过渡性的政权组织形式，它为肃清反革命势力、对抗敌人的破坏和捣乱、巩固人民民主政权，创造了一条成功的经验。

3. 内蒙古自治政府

1947 年 4 月《内蒙古自治政府暂行组织大纲》规定："内蒙古自治区域内，以内蒙古参议会为权力机关，参议会由内蒙古蒙古民族人民及其他民族人民选举之，参议会闭会期间，以内蒙古自治政府为最高行政机关。"②

自治区临时参议会由内蒙古人民代表会议选举产生，行使最高权力。参议会主要由蒙古族代表构成，但也有适当名额的汉、回各族参议员，任期 3 年。临时参议会选出议长、副议长和驻会参议员若干人，驻会参议员对临时参议会负完全责任。

内蒙古自治政府由临时参议会选出的主席、副主席及委员若干人组成，任期 3 年，自治政府对临时参议会负完全责任。自治政府下设办公厅、民政部、军事部、财政经济部、文化教育部、公安部、民族委员会、参事厅和最高法院分院等机构。各厅、部长及委员长由政府主席从

---

① 根据《北平市军事管制委员会组织条例》等的规定，军事管制委员会的主要任务有：（1）镇压反革命分子的活动，肃清一切残余的敌人、扰乱社会秩序的散兵游勇及武装抵抗分子，逮捕战犯及罪大恶极的反动分子，收缴一切隐藏在民间的军火武器及其他违禁品，解散国民党、三青团及南京政府系统下的一切反动党派团体，收缴其反动证件，登记其各级负责人员，对其中少数分子实行管制。（2）接管一切公共机关、公共产业、公共物资及其他公共财产，没收官僚资本。（3）保障我国人民及守法侨民的生命、财产安全，保护工、农、商、学各界正当的权利，迅速恢复市政建设，建立正常的社会秩序，消灭一切混乱现象。（4）动员一切公私力量沟通与建设城乡正常经济关系，特别要解决好城市人民的粮食及燃料的供应，稳定物价，力求安定人民生活。（5）发动与组织革命的群众团体，作为革命政权的群众基础。（6）建立系统的革命机关，革命的警察、法庭和监狱，及时召集各界代表会议。为了执行上述军事管制任务，军事管制委员会有权发布戒严令和依据中共中央及解放军的政纲，发布临时法令。参见韩延龙、常兆儒编：《中国新民主主义革命时期根据地法制文献选编》，卷二，498～500 页，北京，中国社会科学出版社，1981。

② 同上书，470 页。

委员中任命。自治政府有权制定、公布单行法。

内蒙古自治区地方行政区划分三级。自治区下辖盟、旗、县、市以及区（称努图克，游牧区称苏木）、街或村（称嘎查，游牧区称巴格）。各级地方行政区之权力机关为各级代表大会。各级地方政府均为民选，由自治区或各旗政府分别加委。①

二、“五四指示”和《中国土地法大纲》的主要内容

（一）“五四指示”的制定

在抗战胜利之初，解放区仍实行减租减息政策。内战再起后，地主与农民的矛盾日益尖锐。为发动农民准备自卫战争，1946 年 5 月 4 日中共中央发布《关于土地问题的指示》②，其因发布日期，又被称作“五四指示”。该指示决定改减租减息为没收地主土地的政策，拉开了解放区土地立法的序幕。

（二）《中国土地法大纲》③ 的主要内容

1947 年 10 月 10 日，中共中央召开全国土地会议，制定并公布了《中国土地法大纲》。该大纲共 16 条，规定废除封建性及半封建性剥削的土地制度，实行耕者有其田制度。其主要内容有如下几个方面。

图 13-4　宣传《中国土地法大纲》

---

① 参见韩延龙、常兆儒编：《中国新民主主义革命时期根据地法制文献选编》，卷四，473 页，北京，中国社会科学出版社，1984。

② 参见上书，417～422 页。

③ 参见上书，423～426 页。

（1）规定“土改”的基本任务是废除封建、半封建性剥削的土地制度，实行耕者有其田制度。

（2）规定“土改”须遵守的原则是依靠贫、雇农，团结中农，保护工商业者，正确对待地主富农。

（3）规定保护“土改”的司法措施。对一切对抗或破坏土地法大纲规定的罪犯，组织人民法庭予以审判和处分。其间有经验，亦有教训。

该大纲总结了中国共产党二十多年土地革命的基本经验教训，是一个正确的土地纲领，体现了土地改革的总路线；调动了农民革命与生产的积极性，为保证战争胜利起了决定性的作用，同时也为新中国的土地改革提供了宝贵的经验。

三、民事和经济立法

1947 年 12 月，中共中央提出的没收官僚资本、没收地主土地、保护民族工商业的三大经济纲领，成为解放区土地、经济、劳动立法的指导原则。

这一时期的民事和经济立法的主要内容是规定了没收官僚资本，保护民族工商业，以及处理城市房屋问题和私人借贷问题的原则；具体包括城市房屋法规，以及以工商、农林、税收、金融法规为代表的经济管理法规。

四、劳动立法的特点

（一）立法方针与内容

以“发展生产，繁荣经济，公私兼顾，劳资两利”为方针，各地政府及全国劳动大会、工会工作会议等先后制定了决议和法规。这些决议和法规规定：工厂设管委会和职代会；依靠工人阶级建设城市、管理生产；实行劳动保险制度；处理劳资关系及争议；提高工人的革命及生产积极性。

（二）劳动立法的主要特点

（1）依靠工人阶级建设、管理城市，管理生产。建立管委会及职代会。

（2）实行劳动保险制度，提高工人阶级革命与生产积极性。

（3）贯彻劳资两利原则，合理调处劳动争议。调处程序有协商、调解、仲裁和诉讼。①

五、婚姻、继承立法

解放区人民政府先后制定颁行新的婚姻条例、法规，包括 1946 年《陕甘宁边区婚姻条例》《陕甘宁边区抗属婚姻处理办法》，1948 年《华北人民政府司法部关于婚姻问题的解答》等，

① 参见韩延龙、常兆儒编：《中国新民主主义革命时期根据地法制文献选编》，卷四，775～781 页，北京，中国社会科学出版社，1984。

在离婚、军人婚姻、干部婚姻方面有许多新的规定。

（一）婚姻立法的特点

1. 制定处理城市婚姻政策

纠正城市中有人对婚姻自由的错误理解。解放区人民政府根据边区原有立法并结合城市特点作了具体规定。这对解放妇女，纠正错误的男女关系，粉碎反动派造谣起了很大作用。

2. 强调离婚的政治条件

男女间阶级地位、社会成分、政治思想及立场观点不同，往往是双方感情根本不合的重要原因，这一规定体现了当时的时代特点。

3. 确定了离婚后土地问题的处理原则

男女分得土地归个人所有。寡妇改嫁可带走归她本人的全部私产，任何人不得阻止干涉，女子出嫁可带走分得的土地与财产。

4. 规定干部离婚的原则和程序

（1）坚持“夫妻感情意志根本不合”的离婚原则。对有不正确思想、行为一方批评教育或限期改正。对采用威胁、利诱、欺骗等手段制造离婚理由的，原则上不准离婚。如感情意志根本不合，无法同居，劝说无效的，一方不同意仍判决离婚，但财产上须多照顾他方。

（2）离婚程序分为：一方提出离婚，须向被告所在地县政府提出；双方协议离婚，也可向县政府申请，发给离婚证方为合法，不得私下了结。取得正式离婚手续前擅自再婚者，以重婚论罪。针对这一时期出现的干部离婚问题，各地区制定了专门的规定，强调干部离婚必须严格依照程序，而且必须坚持“夫妻感情意志根本不合”的原则，并强调对于干部离婚案件应当尽量调解。

（二）继承方面的立法

1. 华北人民政府司法部《关于继承问题的解答》

1948 年华北人民政府司法部《关于继承问题的解答》（以下简称《解答》）是解放战争时期具有代表性的继承法规，其内容涉及妇女继承权问题。《解答》强调男女平等的原则。这是解放区人民政府继承法的鲜明特色。《解答》同时强调“男女无论结婚与否都有继承权”。在“土改”这种新的形势下，法律确认了妇女的地权，规定在土地改革中儿子分得一份土地，女儿同样分得一份土地，“男儿有继承父母的财产权，女儿也同样有继承父母的财产权”。

但是，贯彻男女平等的原则，还须从实际情况出发。针对土地平分后形成的社会的家庭共有经济形态，《解答》规定：女子出嫁，如在婆家分得财产，则享受婆家共有经济之继承权，同时不再享有娘家财产继承权；如在娘家分得土地，出嫁后带走，也丧失了继承权，若未带走，则婆家与娘家共同协商，继承其应得之一份。分配遗产时，若儿子对于经营父母的土地出过一定的劳力，女儿没有出劳力或出劳力很少，可以少继承一部分。由于有了这些规定，土地改革中妇女取得的经济权益得到切实保障。

2.《哈尔滨市处理继承办法草案》

1949 年哈尔滨市人民政府制定的《哈尔滨市处理继承办法草案》，是当时解放区比较具体的继承法规。其主要内容有如下几个方面。

（1）法定继承。它是以继承人与被继承人之间的婚姻、血缘关系为基础而确定的。在死亡人没有遗嘱的情况下，推定其本人的意思是把遗产留给他最亲近的亲属。法律规定的继承人的范围和顺序是配偶（包括同居 3 年以上的姘居关系人）、直系卑亲属（包括养子女）、无劳动力的父母，在被继承人临死之前曾连续受被继承人抚养 1 年以上丧失劳动力者；与被继承人在同一经济生活单位，且又为其生活所必需者。同一顺序的继承人有数人时，原则上按人数平均继承。但同时该草案又规定法院可参照各继承人的经济情况，按其需要分配遗产。继承人中在被继承人之前死亡的，其继承部分由该继承人的继承人代位继承。

（2）遗嘱继承。遗嘱是被继承人生前对遗产所作的处分行为。该草案规定财产所有人须是在未侵害未成年人或丧失劳动力的人的前提下，才得以遗嘱将其财产赠与国家机关、社会公益团体（不是封建迷信团体）或经济地位显然低于继承人的个人。

（3）关于一些特殊情况的规定。《哈尔滨市处理继承办法草案》对继承人失踪、死亡等情况作了规定：当失踪人失踪满 5 年时，法院得宣告其为死亡人。但失踪人系遭遇特别灾难者，满 3 年即可宣告死亡。自死亡宣告时起，其继承人开始继承。在继承人不知被继承人死亡或受死亡宣告，或继承人所在不明时，法院应通知或公示催告，限期呈报承认继承，逾期不呈报的，视为放弃继承权。

当继承人为其他社会主义国家或新民主主义国家的公民时，他有权继承中国人的动产或不动产的使用收益权，而其他外国人仅能继承中国人之动产。被继承人为社会主义国家或新民主主义国家的公民的，其继承权的确定依本国习惯。

该草案还规定：无继承权的财产应归国库。但若被继承人为其他社会主义国家或新民主主义国家之公民，其财产归该国国库。

（4）贯彻男女平等的继承原则。该草案第 4 条规定，女子与男子享有平等继承权，不因出嫁或寡妇改嫁而受影响。虽然原则上男女具有相等的继承权，但事实上许多人仍否认女方的继承权，并且认为丈夫死后其遗产由子女继承。因此，哈尔滨市法院明文规定，寡妇有代位继承权。

《哈尔滨市处理继承办法草案》的颁布和执行，保护了广大人民的利益，维护了社会秩序，也丰富了解放区的司法实践，并为新中国的继承法打下了良好的基础。

六、刑事法律规范

（一）刑事立法的主要任务及原则

主要任务是打击反动阶级的破坏活动。为此各边区、大行政区、各地军事管制委员会及人民政府先后制定了刑事法规。

刑法原则的重大发展是明确规定“首恶者必办、胁从者不问、立功者受奖”的方针。这一方针极大地丰富和发展了新民主主义刑事立法原则。

（二）犯罪种类

1. 战争罪

《惩处战争罪犯命令》规定：罪大恶极的内战祸首及战犯务必抓获归案，依法严办；又提出，凡能真心悔改、确有表现者，不论何人，给予宽大待遇。

2. 反革命罪

反革命罪重点打击下述几类对象。

（1）反动党团及特务组织，是进行反革命活动的骨干力量。分别情况严加惩处和管制。

（2）土匪，是国民党残余势力。对罪大恶极的匪首，依法严厉镇压。惩治贪污、盗窃等犯罪。

（3）恶霸分子，是地主阶级中最反动的分子，是封建势力的政治代表和国民党反动统治在乡村的基础，须集中力量打击。

（4）反动会道门首要分子。反动会道门利用封建迷信进行反革命活动的，须解散其组织，停止其活动，惩办其首要分子。被胁迫、诱骗参加者，一经退出停止活动，一律不予追究。

（三）刑罚制度的变化

与抗日战争时期的刑罚制度相比，刑罚制度的相同点是都规定了死刑、有期徒刑、劳役、罚金及褫夺公权、没收财产；不同点是在某些刑罚及执行上的变化，主要有以下两点。

（1）创造了新的刑种“管制”。解放区民主政权总结经验，适应处理、改造大批反革命分子的需要，把将某些反动或破坏分子交由群众监督、改造的做法加以制度化，定名为“管制”。“管制”指反动分子向政府登记后，由当地政府及群众监督、改造，每日或每周须向指定机关报告其行动，其自由受限制。它是发动群众对敌专政，改造罪犯的好形式。

（2）调整某些刑罚执行制度。这主要是取消了抗日战争时期一度实行的交乡执行刑罚的制度。一般规定案情较重者收监执行，刑期不长者教育释放，不再执行。随着形势的发展，广泛应用缓刑、假释制度势在必行，并应制定出相应的法规。

七、司法制度

（一）人民法院的建立

（1）摧毁国民党南京国民政府司法制度，建立各级人民法院和只负责审理与土地改革有关案件的临时人民法庭。各解放区均设立了大行政区、省、县三级司法机关，一律改称人民法院；继续沿用抗日战争时期的各项制度。①

（2）为保证“土改”顺利进行，建立人民法庭。人民法庭不同于地方法院，是县以下基层农会以贫、雇农为骨干，并有政府代表参加的群众性临时审判机关，专门审判一切违抗、破坏土地法的案件。一般由县政府委派的审判员和农民代表会选举的审判员 2 人至 4 人组成，互推一人为主任审判员，主持审判。人民法庭可判决罪犯当众坦白、赔偿、罚款、劳役、褫夺公权。判处徒刑、死刑，须经上级政府批准。它是农民打击反动地富分子的有力武器，是避免乱打乱杀的重要措施。②

---

① 参见韩延龙、常兆儒编：《中国新民主主义革命时期根据地法制文献选编》，卷三，353～513 页，北京，中国社会科学出版社，1981。

② 参见上书，544、582～588、607、625 页。

（二）实施新的法制原则

（1）实行人民民主法制原则。严禁乱打乱杀、使用肉刑，坚持有反必肃、有错必纠的方针。简化诉讼手续，执行群众路线的审判方式。放宽上诉制度，一般刑事案件的上诉期是 7 天至 10 天，民事案件的则为 20 天。严格复核制度，由过去的两级终审制普遍改为三级终审制，加强对下级司法机关的检查监督。同时解放区人民政府规定了各级法院受理案件的权限范围。

（2）废除国民党南京国民政府法统和“六法全书”，确立解放区司法原则。有法律、命令、条例、决议者，服从其规定；无前述规定者，服从新民主主义政策。[①] 人民法院以此来审理各种案件。

新民主主义时期人民民主政权法制，是中国共产党领导人民长期艰苦奋斗的结果。优良的革命传统、丰富的经验以及深刻的历史教训，对于加强建设具有中国特色的社会主义法制，有重大意义。

深度阅读

1. 韩延龙，常兆儒编. 中国新民主主义革命时期根据地法制文献选编（四卷本）. 北京：中国社会科学出版社，1981

2. 张希坡，韩延龙主编. 中国革命法制史. 北京：中国社会科学出版社，2007

3. 杨永华. 陕甘宁边区法制史稿：宪法、政权组织法篇. 西安：陕西人民出版社，1992

4. 张希坡. 革命根据地法制史研究与“史源学”举隅. 北京：中国人民大学出版社，2011

问题与思考

一、思考题

1. 试述革命根据地时期中国共产党法律思想的变化发展。
2. 简述《中华苏维埃共和国宪法大纲》的内容、特点及意义。
3. 简述《陕甘宁边区施政纲领》与《陕甘宁边区保障人权财权条例》的主要内容。
4. 简述《陕甘宁边区宪法原则》的主要内容。
5. 简述根据地时期婚姻、继承立法的主要内容以及其特点和意义。
6. 简述根据地时期刑事立法的主要内容以及其特点和意义。
7. 简述“五四指示”和《中国土地法大纲》的主要内容。
8. 简述根据地时期司法机构的发展变化。

① 参见韩延龙、常兆儒编：《中国新民主主义革命时期根据地法制文献选编》，卷一，87 页，北京，中国社会科学出版社，1981。

9. 简述马锡五审判方式与调解制度的主要内容。

二、练习题

（一）单项选择题

1. 中国共产党制定的《中国土地法大纲》颁布于（　　）。（考研）

A. 土地革命时期　　B. 抗日战争时期　C. 解放战争时期　D. 新中国成立时期

答案：C

2. 在中国历史上，第一个人民自己的宪法性文件是（　　）。

A.《中华民国临时约法》　　B.《华北人民政府施政方针》

C.《陕甘宁边区宪法原则》　　D.《中华苏维埃共和国宪法大纲》

答案：D

3. 为新中国基本政治制度奠定初步基础的文件是（　　）。

A.《陕甘宁边区施政纲领》　　B.《陕甘宁边区宪法原则》

C.《华北人民政府施政方针》　　D.《中国人民解放军宣言》

答案：C

4. 明确提出"首恶者必办、胁从者不问、立功者受奖"这一刑法原则是在（　　）。

A. 土地革命时期　　B. 抗日战争时期　C. 解放战争时期　D. 新中国成立时期

答案：C

5. "耕者有其田原则"确立于（　　）。

A.《陕甘宁边区施政纲领》　　B.《陕甘宁边区宪法原则》

C.《华北人民政府施政方针》　　D.《中华苏维埃共和国土地法》

答案：B

（二）多项选择题

6. 解放战争时期土地改革的原则是（　　）。（考研）

A. 依靠贫雇农　　B. 团结中农

C. 正确对待地主富农　　D. 保护工商业者

答案：ABCD

7. 抗日根据地时期，边区政权创造性地发展了新民主主义刑法原则，包括（　　）。

A. 镇压与宽大相结合的原则

B. 贯彻保障人权原则

C. 反对威吓报复，实行感化教育的原则

D. 明确确定"首恶者必办、胁从者不问、立功者受奖"的原则

答案：ABC

8. 工农民主政权初期的土地立法有（　　）。

A.《井冈山土地法》　　B.《中华苏维埃共和国土地法》

C.《中国土地法大纲》　　D.《兴国土地法》

答案：ABD

9. 工农民主政权的刑罚种类有（　　）。

A. 死刑　B. 监禁　C. 驱逐出境　D. 褫夺公权

答案：ABCD

10. 以下哪些属于《中国土地法大纲》规定的内容？（　　）

A. 确定减租减息政策

B. 宣布废除封建性、半封建性剥削的土地制度

C. 实行耕者有其田的制度

D. 确认保护工商业原则

答案：BCD

第十四章 中华人民共和国法律思想与制度（下）

本章重点知识

1. 第一代领导集体的法律思想。
2. 人民民主专政法制建设的历程。
3. 司法制度的建立与改革。

第一节 法律思想与立法背景

一、第一代领导集体的法律思想及其创新

在中华人民共和国成立后，中国共产党领导了社会主义改造运动，实现了社会主义革命的目标，迅速建立起社会主义基本制度。以毛泽东主席为核心的党的第一代中央领导集体带领人民，在医治战争创伤、恢复国民经济的基础上，用马克思主义的立场、观点和方法分析新民主主义社会的现实状况和发展趋势，不失时机提出了过渡时期总路线，创造性地完成了由新民主主义革命向社会主义革命的转变，使这个占世界四分之一人口的东方大国踏步迈进社会主义社会，成功实现了中国历史上最深刻、最伟大的社会变革。此后，中国共产党又领导全国人民开展了全面建设社会主义的伟大进程，极大地激发了人民的建设热情，促进了我国经济社会的发展，建立起独立的工业体系和国民经济体系。可以说，在毛泽东主席的领导下，中国共产党带领中国人民找到了新民主主义革命的正确道路，完成了反帝反封建的任务，成立了中华人民共和国，确立了社会主义基本制度，取得了社会主义建设的基础性成就，并为我们探索建设中国特色社会主义的道路积累了经验和提供了条件。[①] 以毛泽东主席为核心的第一代中国共产党人坚持把马克思列宁主义基本原理同中国具体实际和时代特征相结合，不断推进马克思主义中国

① 习近平：《在纪念毛泽东同志诞辰120周年座谈会上的讲话》，新华网，访问日期：2013-12-26。

化，实现了中国共产党人马克思主义观的第一次历史性飞跃。

由于中华人民共和国的社会主义建设是一项崭新的事业，中国共产党在共和国建立初期的法治实践探索中，始终在尝试如何站在坚持实事求是的立场上，将马克思主义基本原理与共和国建设实际更好地结合起来。可以说从1950年代到1970年代的法制建设尝试，为后来共和国的法治发展和完善提供了宝贵的经验和教训。其中最重要的一点，便是在探索中国法治建设道路和领导法治建设事业的过程中，如何坚持马克思主义立场、观点和方法，如何坚持理论联系实际的马克思主义学风，如何更好地实现马克思主义基本原理与中国特色法治建设实践的有机结合。

总体而言，从理论上来看，以毛泽东主席为核心的共和国第一代领导集体的法律思想可以被总结概括为十大方面：关于旧司法工作人员的改造问题；要重视司法工作；加强人民代表会议的工作；建立死缓制度；“搞宪法是搞科学”；不能废除死刑；处理国际法律关系的和平共处五项原则；专政要继续，民主要扩大；依法办事是进一步加强法制的中心环节；正确区分两类不同性质的矛盾，做好审判工作。这形成了以人民民主法律思想为中心的马克思主义法律思想中国化的第一次创新。然而，从实践来看，共和国走向法治的历程并不是一帆风顺的，而是一个极为艰难的选择。[①]

前事不忘，后事之师，新时代法治建设的理论与实践发展无不以共和国法制历史实践为镜鉴，随着在1999年“依法治国”被写入《宪法》，自中国共产党十八大以来，特别是在2020年11月首次召开“中共中央全面依法治国工作会议”以后，形成了对习近平法治思想的完整表述。[②] 这对指导我们回望共和国前期的法治历史，总结经验教训具有深远的指导意义。

二、苏联对共和国成立初期法制建设的影响

1949年，应中国政府邀请，苏联开始派法律专家来华，既帮助培训司法干部，又积极为司法制度的建设出谋划策。从1950年到1957年，我国共聘请了数百位苏联专家指导立法、司

---

① 参见付子堂：《马克思主义法律思想中国化的基本历史轨迹》，载《法制日报》，2008-07-10。

② 以习近平主席为核心的党中央在推进全面依法治国的伟大历史实践中，创造性地发展了中国特色社会主义法治理论，在多个重要历史节点为全面依法治国的推进明确了方向和举措。2020年11月党史上首次召开的“中共中央全面依法治国工作会议”以“十一个坚持”对习近平法治思想进行了系统概括，标志着习近平法治思想的正式形成。习近平法治思想的系统内容具体包括：坚持党对全面依法治国的领导；坚持以人民为中心；坚持中国特色社会主义法治道路；坚持依宪治国、依宪执政；坚持在法治轨道上推进国家治理体系和治理能力现代化；坚持建设中国特色社会主义法治体系；坚持依法治国、依法执政、依法行政共同推进，法治国家、法治政府、法治社会一体建设；坚持全面推进科学立法、严格执法、公正司法、全民守法；坚持统筹推进国内法治和涉外法治；坚持建设德才兼备的高素质法治工作队伍；坚持抓住领导干部这个“关键少数”。习近平法治思想深刻回答了法治中国建设由谁领导的问题，科学指明了推进全面依法治国的根本保证；深刻回答了法治中国建设为了谁、依靠谁的问题，科学指明了新时代全面依法治国的根本立场；深刻回答了法治中国建设走什么路的问题，科学指明了新时代全面依法治国的正确道路；深刻回答了法治与国家治理、法律制度与国家制度的关系问题，强调在法治轨道上推进国家治理体系和治理能力现代化，科学指明了推进国家治理现代化的正确路径；深刻回答了法治中国建设实现什么目标的问题，科学指明了新时代全面依法治国的总抓手。习近平法治思想是对毛泽东主席关于人民民主法律思想的时代化丰富和实践性深化，是对邓小平理论、“三个代表”重要思想和科学发展观关于中国特色社会主义法治观念的系统化坚持和理论化创新，标志着当代中国马克思主义法学发展的新境界，实现了马克思主义法律思想中国化的第五次创新和马克思主义法治理论中国化的新飞跃。参见中共中国法学会党组：《用习近平法治思想引领法治中国建设》，载《人民日报》，2020-12-25。

法以及承担法律教育工作，其中有30余位法学家。同时，从1951年到1956年，我国还向苏联派遣法科留学生，共80余名，学成归来后在法学界名气和贡献都比较大的约有20名。同时，从1952年到1956年，我国一共翻译、出版了400余种苏联法学教材和著作，以及一大批教学大纲。这种“请进来”“走出去”方式，深刻影响了共和国法学教育和法制建设的发展。

就立法来说，大量的苏联法律制度被引进。宪法的制定在某种程度上就是以苏联1936年宪法为蓝本的；在部门法方面，极度重视土地法、婚姻法、刑事法律的制定，经济法的概念也被接受。就司法制度而言，移植苏联的结果有以下几个方面：（1）具有一定的功利主义色彩。对符合阶级专政和适合强化阶级斗争理论的加以吸收，最后移植来的苏联司法制度到1966年“文化大革命”开始时，仅剩下“镇压反革命”的内容，从苏联移植的检察制度也全部被废除。（2）具有一定的形式主义特点。苏联许多体现人类法律发展共同规律的司法制度，例如无罪推定、审判（员）独立只服从法律、审判员的自由确信、检察机关的一般监督、检察机关实行垂直领导机制等，在1957年反右运动以后，都被斥责为“旧法”或“右派言论”而被否定。（3）具有一定的教条主义倾向。苏联推行的许多司法制度在共和国未必能实行。当然，法学界曾努力结合国情，有区别地对待苏联经验。例如：法院设立了审判委员会、检察署（院）设立了检察委员会，以便更加充分地发挥民主集中制在司法审判中的作用；将苏联的“审判员独立审判，只服从法律”改为“人民法院独立审判，只服从法律”，以更符合中国注重集体力量和智慧的传统；共和国成立初期移植了苏联的三级二审制，但考虑到当时中国审判人员的素质不高、节约诉讼成本、及时审结积案、加快打击犯罪活动以及历史上一直实行四级二审制的传统，在1954年之后转变为四级二审制，并一直沿用至今。苏联的审判员和人民陪审员都是由公民无记名选举产生的，在当时的中国只能先采用任命方式。这些经验无疑是共和国司法工作者在移植苏联经验之基础上作出的创造。总之，当时移植苏联法制完全是高度政治化的任务，其结果是到20世纪60年代上半叶中苏关系恶化之后，苏联的一切制度包括法律都被包含在批判范围之内。①

第二节 立法概况与法律形式

一、人民民主专政法制建设的历史新纪元

（一）第一届全国人民代表大会召开前的立法概况

按照马克思主义的法律观，法律是国家意志即统治阶级意志的体现，有什么样的国家政权就应该有什么样的法律。这就决定了共和国在成立初期势必要打碎旧的法律体系，建立新的人民民主专政的法律体系。1949年1月14日，毛泽东主席在《关于时局的声明》中提出了“废除伪宪法”“废除伪法统”的号召，鲜明地表达了中国共产党在夺取政权后对旧国民政府时期法律所持的否定立场。所谓的“废除伪法统”，即1949年9月29日通过的《共同纲领》第17

① 参见何勤华：《关于新中国移植苏联司法制度的反思》，载《中外法学》，2002（3）。

条规定的："废除国民党反动政府一切压迫人民的法律、法令和司法制度，制定保护人民的法律、法令，建立人民司法制度。"国民党反动政府一切压迫人民的法律、法令和司法制度需要废除，并不妨碍共和国在立法时汲取传统的经验，正如毛泽东主席认为1954年宪法"总结了从清朝末年以来关于宪法问题的经验，从清末的'十九信条'起到民国元年的《中华民国临时约法》，到北洋军阀政府的几个宪法和宪法草案，到蒋介石反动政府的《中华民国训政时期约法》，一直到蒋介石的伪宪法，这里面有积极的，也有消极的"。共和国成立初期的法制新纪元自此开启。

此后，在总结了无产阶级领导的反对帝国主义、反对封建主义、反对官僚资本主义的人民革命的经验基础上，毛泽东主席先后主持制定了保障妇女、农民和工人三大无产阶级利益的婚姻法、工会法和土地改革法，从法律上确保了共和国的人民属性。在《婚姻法》的起草过程中，毛泽东主席曾两次亲自主持召开由中央人民政府副主席、政务院总理和副总理及全国政协常委等参加的联席座谈会，讨论草案。1950年4月13日，中央人民政府委员会第七次会议通过了《婚姻法》，共8章27条，包括原则、结婚、夫妻间的权利和义务、父母子女间的关系、离婚、离婚后子女的抚养和教育、离婚后的财产和生活、附则，自1950年4月13日施行。毛泽东主席认为《婚姻法》的普遍性仅次于根本大法宪法。《婚姻法》完全贯彻了毛泽东主席的婚姻立法思想，如男女平等、婚姻自由、保护妇女和子女合法权益等。中共中央和政务院还下发了一系列关于宣传《婚姻法》和检查《婚姻法》执行情况的通知和指示，并于1953年开展了贯彻婚姻法运动月活动。1950年6月28日《土地改革法》公布，共6章40条，包括总则、土地的没收和征收、土地的分配、特殊土地问题的处理、土地改革的执行机关和执行方法、附则。该法关于"保存富农经济"的规定，与毛泽东主席高超的政治智慧不无关系。至1952年年底，土地改革工作基本完成，3亿多无地或少地的农民分得了约7亿亩土地和其他生产资料。1950年6月29日《工会法》公布，明确规定了工会组织在新民主主义国家政权中的法律地位与职责，可使全国工人阶级更好地组织起来，为建设新中国发挥应有的作用。该法颁布后，各地国营及合作社经营的企业、大部分私营企业陆续建立了基层工会组织。同时，全国开始组建铁路、煤炭、机械、纺织等各种全国性的产业工会。为了巩固人民民主政权，在总结"镇反"运动经验的基础上，1951年2月中央人民政府委员会通过了《惩治反革命条例》。为了反对腐败，保持国家机关和国家工作人员的廉洁，在总结"三反""五反"运动经验的基础上，1952年中央人民政府委员会批准了《惩治贪污条例》等。①

这一法制初创时期的立法工作主要按照中心任务和人民急需解决的问题，根据可能与必要把成熟的经验（或政策）定型化，将通报的典型经验（或政策）和各地的经验（或政策），逐步形成条文的建设方案。在共和国成立初期政策与法律不分的原因即在于此。总体而言，这一时期采取的是分散立法体制，县以上各级人民政府都享有立法权，在各自职权范围内对所辖行政区域内的部分或者全部事务依法行使立法权。这种立法体制极大提高了立法效率，从中央到地方立法速度得到了极大提升。据统计，从1950年到1953年，中央立法共435件，年均立法109件。关于地方立法虽无详细统计数字，但从浙江、内蒙古以及上海的立法统计数字就可以窥测一二：浙江从1950年到1953年共制定暂行法令条例和单行法规653件，年均立法163件；

---

① 参见汪铁民：《毛泽东与新中国的法制建设》，载《中国人大》，2013（24）。

内蒙古从1950年到1954年共制定各种条例和规范性文件368件，年均立法73.6件；上海从1950年到1954年9月共制定暂行法令条例和单行法规799件，年均立法159.8件。[①]

（二）第一届全国人民代表大会召开后的立法概况

在1954年第一届全国人民代表大会召开以前，经全国政协会议和中央人民政府委员会制定或者批准的法律、法令共有50件。1954年9月15日第一届全国人民代表大会召开，其间通过了共和国第一部宪法，即五四宪法；并将前一阶段实行的中央与地方分享立法权体制改为中央集权的立法体制。根据五四宪法的规定，全国人大是国家最高权力机关，也是行使国家立法权的唯一机关。除此之外，大会还通过了包括《全国人民代表大会组织法》《地方各级人民代表大会和地方各级人民委员会组织法》《国务院组织法》《人民法院组织法》《人民检察院组织法》在内的国家政权机关组织法，确保了国家机关在民主与法制的轨道上运行。在第一届全国人大召开后的短时间里，我国迅速制定颁布了近千件法律、法令和法规，同时抓紧起草刑法、民法、民事诉讼法、刑事诉讼法等基本法律，努力搭建社会主义法律体系的基本框架。

1955年一届全国人大二次会议通过了《关于授权常委会制定单行法规的决议》，把享有国家立法权的主体范围扩大到了全国人大常委会。1959年，二届全国人大一次会议进一步授权全国人大常委会在全国人大闭会期间根据情况的发展和工作的需要，有权修改现行法律中已经不适用的条文。到1957年上半年，全国人大及其常委会制定和批准的法律、法令有40多件，刑法、民法的起草工作开始进行，刑法草案已起草了22稿，民法草案的大部分初稿也已拟出。

总之，在共和国初期的法制建设中，以毛泽东主席为核心的中共第一代领导集体始终坚持实事求是、民主科学、原则性与灵活性相结合、古为今用和洋为中用的立法原则，开启了人民共和国法制的新纪元。

二、1957年至1977年的立法概况与法制状况

（一）政治运动与法制建设

1957年4月27日，中共中央发出《关于整风运动的指示》，决定在全党进行一次以正确处理人民内部矛盾为主题，以反对官僚主义、宗派主义和主观主义为内容的整风运动，发动群众向党提出批评建议，号召党外人士“鸣放”。1957年10月15日，中共中央发出《关于划分右派分子标准的通知》，全国兴起了一场大规模的“反右”运动。

在1957年9月召开的中共八届三中全会提出应该在经济建设上来一个“大跃进”。1958年5月，中共八大二次会议正式通过了“鼓足干劲、力争上游、多快好省地建设社会主义”的总路线，制定了第二个五年计划，提出在主要工业产品产量方面在十年内超过英国、在十五年内赶上美国（“超英赶美”）。会后，全国各条战线迅速掀起了“大跃进”高潮，政法战线不可避免地出现了许多违背社会发展规律的提法和做法，严重冲击了正常的政法教学秩序。

“大跃进”的目标是跑步进入共产主义，而在共产主义社会，国家和法律都将消亡，这导

---

① 参见李林：《新中国立法60年》，载李林主编：《新中国法治建设与法学发展60年》，7页，北京，社会科学文献出版社，2010。

致当时法律虚无主义盛行。1959年6月，国务院法制局被撤，致使负责社会主义法制建设的中央职能部门就此消失。1962年以后，学界提出了要编纂民法和刑法的设想，并于1963年10月和1964年11月分别完成了刑法草案和民法试拟稿。

在这一时期立法的中央集权在一定程度上严重阻碍了共和国法制的发展进程。据统计，至1966年“文化大革命”前，立法机关共制定法律、法令130多部；而从五四宪法颁布后到1979年，制定包括各种意见、办法、命令、决议、决定、通知、报告、答复、办法等在内的中央立法共1115件，年均59件，地方无立法权。①

（二）法制建设的全面停滞

进入十年“文化大革命”时期，法制建设全面停滞。一方面是立法工作中断。第三届全国人大任期自1964年12月至1975年1月，只召开一次会议。自1966年12月到1975年1月第四届人大召开期间，全国人大没有开过一次会议，也就没有制定一部法律。另一方面是司法工作几乎停滞。1968年检察院被撤销，法院停止运行，只有公安局还在勉强运转。

同时，其间法学研究和教育停滞，除仅存西南政法学院、北京大学法律系和吉林大学法律系外，其他所有政法院系都被解散。②

第三节　法律制度

一、宪法与行政法律制度

（一）宪法

所谓新民主主义的政治，即在国体上选择各革命阶级联合专政，在政体上选择民主集中制，以此为基础成立新民主主义的共和国。这是1940年毛泽东主席在《新民主主义论》中提出的抗日统一战线的共和国设想。1949年6月30日，毛泽东主席发表了《论人民民主专政》一文，特别强调中国共产党成立28周年的经验集中到一点，就是工人阶级（经过共产党）领导的以工农联盟为基础的人民民主专政，这是共产党要坚持的主要纲领。同年9月29日，中国人民政治协商会议第一届全体会议通过了起临时宪法作用的《共同纲领》，彻底摧毁了国民党政府的旧法统，为共和国的法制建设清除了障碍。《共同纲领》以中国共产党七届二中全会报告和《论人民民主专政》为基础，第一次从法律的层面明确了中华人民共和国的政治制度是民主集中制的人民代表大会制度。同时，会议还通过了《中央人民政府组织法》。这两个宪法性法律以及其他相关法律，奠定了中华人民共和国成立初期法制建设的基础。

1953年，肃清帝国主义、封建主义、官僚资本主义残余势力的社会改革运动基本完成，

---

① 参见李林：《新中国立法60年》，载李林主编：《新中国法治建设与法学发展60年》，10页，北京，社会科学文献出版社，2010。

② 参见何勤华：《中国法学史纲》，378～383页，北京，商务印书馆，2012。

国民经济进入大规模有计划的建设时期，第一个五年计划制定。此时中央提出要逐步实行比较完备的人民民主法制，来保护和促进社会生产力的进一步发展。推行人民民主法制，必然需要体现人民当家作主的专门性立法机构担当此任。1953年1月13日，中央人民政府委员会举行会议，毛泽东主席认为召开全国人民代表大会及地方各级人民代表大会的条件已经成熟，于是中央人民政府委员会通过了《关于召开全国人民代表大会及地方各级人民代表大会的决议》，决定于1953年召开由人民普选产生的乡、县、省（市）各级人民代表大会，然后在此基础上召开全国人民代表大会；1953年3月1日，以中央人民政府命令的形式公布实施了《选举法》，人民民主政治发展进入新的阶段。1954年9月15日至28日一届全国人民代表大会第一次会议召开，其中最重要的立法成果便是通过了共4章106条的五四宪法。

毛泽东主席亲自主持了五四宪法的起草工作，并出任宪法起草委员会主席。宪法起草委员会成立后，中央又指定了一个宪法起草小组。1954年1月9日，宪法起草小组集中到杭州正式开展工作，毛泽东主席亲自领导了小组的工作。同年6月14日，中央人民政府委员会召开第三十次会议，一致通过《中华人民共和国宪法（草案）》，并向全国征求意见。五四宪法于1954年9月20日经一届全国人大第一次会议全票通过。在五四宪法的顶层设计中，中国特色社会主义法治道路已初步显现：（1）第1条和第2条分别规定了我国的国体和政体。（2）第21条至第38条对全国人民代表大会各项职能包括其立法程序作出了详尽的规定。（3）第18条明确规定依法行政、为人民服务以及宪法和法律的最高权威。（4）第78条规定了司法独立和法律至上。

“文化大革命”期间，五四宪法本质上失去效力，临时性政策代替一切。

（二）行政法

据不完全统计，共和国成立后的四年间颁布的行政法律法规有100多件，到1956年激增至700多件。[①] 同时，《共同纲领》第19条第2款还规定，“人民和人民团体有权向人民监察机关或人民司法机关控告任何国家机关和任何公务人员的违法失职行为”。这为行政诉讼制度的创设奠定了宪法基础，但并未延续到五四宪法的具体条款中。

概言之，在20世纪50年代初至70年代末，我国颁布的行政法律法规主要是单方面规定行政管理相对人的义务和责任，以及行政机关在行政管理过程中享有的权力，普遍缺少约束行政机关的法律规范和保护相对人的权利救济规范；且行政立法结构简单、条文也较少。如1951年政务院颁布的《印铸刻字业暂行管理规则》仅10条，1965年国务院颁布的《边防检查条例》仅12条。

1954年政务院发布的《海港管理暂行条例》与1957年全国人大常委会制定的《治安管理处罚条例》是改革开放之前我国行政法制建设的两个亮点。改革开放前的法律、法规和法令一般没有关于行政诉讼的规定，而《海港管理暂行条例》第20条则规定：“港务局无任何法令依据，擅自下令禁止船舶离港，船舶得向港务局要求赔偿由于禁止离港所受之直接损失，并得保留对港务局之起诉权。”针对港务局的诉讼即为行政诉讼。这一条例是我国最早明确规定行政

---

① 参见张庆福主编：《行政执法中的问题及对策》，5～7页，北京，中国人民公安大学出版社，1996。

诉讼的单行法规，可惜这一规定未能普及和发展下去。

1957年的《治安管理处罚条例》注重保障被处罚人的权利，其中第18条规定了公安机关执行治安管理处罚时应当遵守的基本程序，明确规定被处罚人享有申诉权，同时还规定了从轻和免于处罚的法定情形。从20世纪50年代后期开始，法律虚无主义兴起并盛行，行政立法急剧减少：1958年行政法律法规的数量即由两年前的700多件锐减为147件；1960年减至50件；1966年仅为8件，而在1966年4月至1976年的十年间，除1975年1月有1件外，其余皆为零。在这种情况下，行政治理的依据主要是上级的政策、命令、指示和决定。

在共和国成立初期，由于工业欠发达，环境污染问题尚不显著。直至1972年3月，北京官厅水库污染事件才启动了国家第一项污染治理工程。1972年6月5日至16日，在瑞典斯德哥尔摩召开了联合国人类环境会议，当时我国派出代表团40多人参加了此次会议。1973年8月第一次全国环境保护会议在北京召开，提出了“全面规划、合理布局，综合利用、化害为利，依靠群众、大家动手，保护环境、造福人民”的32字环保工作方针和第一个环境保护文件——《关于保护和改善环境的若干规定（试行草案）》。至此，共和国环境保护事业和法制建设开始起步。同年11月17日，国家计委、国家建委和卫生部联合批准颁布了第一个环境标准——《工业“三废”排放试行标准》。

1974年10月25日，国务院环境保护领导小组正式成立。之后，各省、自治区、直辖市和国务院有关部门也陆续建立起环境管理机构和环保科研、监测机构，在全国逐步开展了以“三废”治理和综合利用为主要内容的污染防治工作。到1978年宪法正式规定：“国家保护环境和自然资源，防治污染和其他公害。”1979年9月，《环境保护法（试行）》颁布，第一次从法律上要求各部门和各级政府在制定国民经济和社会发展计划时必须统筹考虑环境保护，为实现环境和经济社会协调发展提供了法律保障。此后，环境保护单项法律法规相继制定颁布。

二、刑事法律制度

（一）刑法

1. 单行刑法的制定

从1949年到1979年，共和国的刑法典一直处于空白状态。这个时期虽然没有刑法典，但并不等于没有任何规范，社会并没有完全处在混乱状态。当时的社会治理主要依赖政策，同时颁布了若干单行刑法，只就某个特定领域的犯罪进行规制，具有专门法的性质。而普通刑事犯罪，例如杀人、放火、强奸、抢劫等，则缺乏应有的刑法规范。

1950年7月，政务院、最高人民法院经呈请毛泽东主席批准，发布了《关于镇压反革命活动的指示》。这是镇压反革命运动初期审理反革命犯罪的主要法律依据。为了严肃公正地惩处反革命罪犯，1951年2月，中央人民政府委员会公布施行了《中华人民共和国惩治反革命条例》。这是共和国成立后颁布的第一个单行刑法。

在土地改革运动中，各大行政区军政委员会为了保障土地改革的顺利开展和为惩治不法地主确定量刑标准，先后颁布了一系列刑事暂行条例，例如1950年9月颁布的《华东军政委员会惩治不法地主暂行条例》，1950年11月颁布的《中南区惩治不法地主暂行条例》，1950年12月颁布的《西南区惩治不法地主暂行条例》。为了保护国家货币，稳定金融秩序，政务院于

1951年4月颁布了《妨害国家货币治罪暂行条例》。为了处理“三反”“五反”运动中揭发出的问题，1952年4月，《中华人民共和国惩治贪污条例》公布。从1953年起，我国进入社会主义过渡时期。为适应这一时期发展的需要，政务院先后颁布了一系列行政命令，对投机倒把和造谣破坏统购统销政策的行为进行惩治。在1956年社会主义制度基本确立以后的最初两年，我国先后出台了一些单行刑法，在颁布的一些非刑事法律中也包含有一些刑事规范。这些都是当时审理刑事犯罪的主要法律依据。

由于当时还没有统一的刑法典来规定刑罚体系，各地人民法院使用的刑罚名称很不一致，有的是同种异名，有的是同名异种，使用的刑罚名称有132个之多。在这种情况下，1956年最高人民法院对刑事案件的罪名、刑种进行了研究总结，把各地使用过的刑种加以整理，初步归纳为10种：（1）死刑；（2）无期徒刑；（3）有期徒刑；（4）劳役；（5）管制；（6）逐出国境；（7）剥夺政治权利；（8）没收财产；（9）罚金；（10）公开训诫。这对我国现行刑法实施以前统一各地人民法院的量刑起到了重要作用。

2. 刑法草案的准备

刑法的起草准备工作始于1950年，中央人民政府法制委员会为此专门成立了刑法大纲起草委员会，草拟了《中华人民共和国刑法大纲草案》，共157条；到1954年9月，又草拟出《中华人民共和国刑法指导原则草案（初稿）》。同年10月一届全国人大一次会议后，刑法的起草工作受中央书记处和彭真同志的直接领导，并由全国人大常委会办公厅法律室具体负责。当时不仅翻译了苏联和各人民民主国家以及法、德、美等资本主义国家的刑法典，而且搜集了中国历史上和革命根据地以及共和国成立以来的刑法资料。从1950年到1963年，刑法已经起草了33稿。到1979年刑法典诞生之前的刑法草案一共有38稿，其中最著名的是第22稿和第33稿。

1957年6月的刑法草案第22稿，呈给中央法律委员会和毛泽东主席。一届全国人大四次会议作出决议，同意将第22稿刑法作为草案公布试行，但因1957年的“反右”运动而被迫停顿。虽然第22稿没有公布成为正式的法律，但却成了法院主要参考的裁判依据。直到1961年10月，我国又开始对刑法典草案进行了一些座谈研究。[①]

1962年5月，全国人大常委会法律室在第22稿的基础上再次开始修订工作。经过多次的重大修改和反复征求意见，1963年10月的刑法草案第33稿完成。该草案也经过了中共中央政治局常委和毛泽东主席的审查并原则同意，然而1964年的“四清”运动很快开始，接着是1966年开始的“文化大革命”，刑法制定工作随之停滞。

（二）刑事诉讼法

在改革开放之前，共和国的刑事诉讼法典始终未能出台，尽管在1957年之前间或有涉及刑事诉讼规则的法律零星出台，如《人民法庭组织通则》（1950年）、《逮捕拘留条例》（1954年）、《人民法院组织法》（1954年）等，其中《人民法院组织法》关于程序的若干规定就成为刑事审判程序的基本规则。1956年9月，党的八大决议明确指出我国必须进一步加强人民民主法制建设，各项法规都应该逐步完备起来。之后，全国人大常委会委托最高人民法院组成了

---

① 参见高铭暄、赵秉志编：《中国刑法立法文献资料精选》，247～274页，北京，法律出版社，2007。

起草刑事诉讼法的专门组织机构。到 1957 年 3 月，该机构草拟出了《刑事诉讼法草案（草稿）》，共 7 篇 16 章 325 条；同年 6 月，对该草案进行了修订，命名为《刑事诉讼法（初稿）》。由于整风运动和“反右”运动，修订工作被迫停止。

1962 年春刑事诉讼法的修订工作得到恢复，在 1957 年《刑事诉讼法（初稿）》的基础上，于 1962 年 8 月推出修订稿，共 8 编 15 章 277 条；于 1963 年 4 月进一步推出了新的修订稿，共 7 编 18 章 200 条，条文数量被极度压缩。之后，由于“四清”运动和“文化大革命”，修订工作长期停滞不前。

三、民商事法律制度

（一）民商法

1. 民商事立法概况

1949 年的《共同纲领》在“总纲”中已经确立了民商事立法的基本原则：（1）没收官僚资本归人民的国家所有；（2）将封建半封建的土地所有制改变为农民的土地所有制；（3）保护国家的公共财产和合作社的财产，保护工人、农民、小资产阶级和民族资产阶级的经济利益及其私有财产；（4）废除束缚妇女的封建制度，妇女享有与男子平等的权利，实行男女婚姻自由。在此原则指导下，共和国成立初期制定的民商事法律规范多包含在一般行政法规之中。中央人民政府、各大行政区陆续颁布的有关民商事方面的法律法令主要内容有：确认和保护土地改革运动所确立的财产所有权关系；全国各地的庙宇、道观的土地一律收归国有；保护合法的借贷、典当等债权、债务关系，废除农民及其他劳动人民所欠地主的债务；确立了男女平等、养老育幼的婚姻家庭制度和男女平等、妻妾平等、嫡庶平等的财产继承原则，并废除了传统宗祧继承制度。

合同制度方面，1950 年 9 月，政务院财政经济委员会颁布了《机关、国营企业、合作社签订合同契约暂行办法》，贸易部发布了《关于认真订立与严格执行合同的决定》。① 自此到 1956 年各部委相继制定了一些合同法规约有 40 余件。至 1960 年，由于否定商品生产和商品交换，合同制度被取消。1962 年至 1966 年，合同制度又有了短暂的恢复，但尚未普遍推行，就因“文化大革命”的开始而再次被废弃。不过，这个时期的合同主要根据国家计划来订立与履行，并不是契约自由的产物，而是保证执行国家经济计划的措施。

1950 年 11 月 14 日，贸易部发布《关于取缔投机商业的几项指示》，明确了 8 种扰乱市场的投机商业行为，建立了基本的商品交换制度。1954 年 9 月 5 日，政务院通过《公私合营工业企业暂行条例》，规定：对资本主义工业企业实行公私合营，应当根据国家的需要、企业改造的困难和资本家的愿望，将私人资本主义的政策法律化。② 那种脱离或规避国家计划控制的自由买卖商品的交易活动，在很长一段时间被视为投机倒把的犯罪行为。

在财产制度方面，五四宪法规定国家依照法律保护农民的土地所有权和其他生产资料所有权，但由于社会主义改造和人民公社化运动，个人不再拥有土地所有权和主要的生产资料，国

---

① 参见韩延龙主编：《中华人民共和国法制通史》（上），296 页，北京，中共中央党校出版社，1998。

② 参见余能斌等：《世纪之交看新中国民商法的发展》，载《法学评论》，1998（5）。

家保护的只是公民的劳动收入、储蓄、房屋和对各种生活资料的所有权。至于股权、知识产权等财产权利，在经济生活中的绝少存在。少数可以归为知识产权制度的法律则极为简陋，例如：商标制度很不完善，仅有1950年7月政务院第四十三次政务会议批准公布的《商标注册暂行条例》；专利制度基本没有形成，《保障发明权与专利权暂行条例》从1950年8月公布到1963年11月废止，仅批准4件专利[①]；版权制度主要的依据是一些行政法规且内容简单，如1953年《关于纠正任意翻印图书现象的规定》《关于文学和社会科学书籍稿酬的暂行规定（草案）》。

2. 民法典的两次编纂

共和国民法典的编纂之路极为坎坷：改革开放之前曾两次启动民法典的编纂工作，但都因种种原因未获成功。1954年，随着五四宪法的诞生，全国人大常委会开始组织力量起草民法典，于1956年2月形成草案，包括总则、所有权、债、继承，共4篇525条。后来的民法草案定稿分为总则、所有权、债、继承，共4篇443条。其中，总则篇计37条，修改了四稿，于1957年1月完成；所有权篇计36条，修改了七稿，于1957年1月完成；债篇通则计53条，修改了三稿，完成于1957年2月；债的分则包括损害赔偿（5条，修改两次，完成于1957年2月）、无因管理（4条，三次修改，1957年2月完成）、不当得利（3条，改三稿，完成于1957年2月），债的分则还分别对信托（14条）、委任（15条）、买卖（21条）、供需（24条）、运送（16条）、承揽运送（12条）、结算（14条）、保险（25条）、承揽（20条）、基本建设包工（19条）、借贷（16条）、保管（19条）、租赁（25条）、赠与（4条）、借用（10条）、联营或合伙（12条）、农牧产品预购（9条）等共17种合同作了规定；最后是继承篇，九易其稿，计30条，完成于1958年3月。由于这一时期我国几乎全盘移植了苏联单一公有制的计划经济体制，所以该草案在体例和内容方面继受了1922年的《苏俄民法典》，但有的篇章中也可略见《德国民法典》的影子。值得一提的是，该草案对关系到国家经济命脉、作为社会主义制度经济基础的交通、运输、供需、买卖、保险、承揽、租赁、基建等方面的合同作了细致规定，可以说是较为成功的一次民法法典化的尝试。

1962年，在试图发展商品经济的背景下，民法典起草工作再次被提上议程。1964年7月，《民法草案（试拟稿）》出炉，共3编24章262条，包括总则、财产所有、财产流转。总则编主要规定民法的任务、原则、主体、时效、制裁和适用范围；财产所有编确立了国家、集体和个人三种所有权；财产流转编对预算、税收、信贷、借贷、储蓄、结算、物资分配、商品购销、农副产品收购、买卖、基建工程、运输、租赁、劳动报酬福利等关系作了规定。由于这一时期中苏关系破裂和有意抵制资产阶级民法，该草案探索了既不同于《苏俄民法典》也不同于《德国民法典》的全新体例。从渊源上说，该草案因袭了《法国民法典》（第一编“人”，第二编“财产及对于所有权的各种限制”，第三编“取得财产的各种方法”），但从理念来讲，似乎又与《法国民法典》相距甚远。该草案将“继承”和“侵权行为”排除在外，却又将预算、税收等财政关系及劳动工资报酬等劳动关系纳入其中。原因在于，这次民法起草并不具备民法典所需要具备的商品经济大环境：经过“反右”运动、“大跃进”，尤其是人民公社化运动，非公有制经济成分已被消灭，全社会形成了一种大而公的经济格局，一切真正意义上的商品交换关系

① 参见李顺德：《知识产权法律基础》，69页，北京，知识产权出版社，2005。

实际已不存在，等价有偿、公平自愿等都已被抛弃。因此，民法草案的整个内容充斥着体现国家直接干预经济活动所形成的诸多行政性法律规范。同时，有些条文十分简陋，规范性和可操作性不强，且混杂着大量的口号式、宣言式条文。此后民法起草工作随着“四清”运动以及“文化大革命”而被中断。①

（二）民事诉讼法

中央人民政府法制委员会于1950年12月31日草拟了《诉讼程序试行通则（草案）》，这是共和国第一部诉讼法草案，也是我国民事诉讼法制建设的开端。这部通则体例结构比较完整，除规定总则外，还对民事诉讼的管辖、起诉、代理、调解、审判、判决、上诉、抗告、再审、执行、监督审判等制度作了规定。虽然最后未能颁布实施，但其所确定的一些内容为此后的民事诉讼法所吸收。

1956年10月，最高人民法院总结了共和国成立以来的民事审判经验，印发了《各级人民法院民事案件审判程序总结》，较为全面、系统地规定了民事审判程序，对于纠正审判实践中存在的错误，提高法院的办案质量起了十分重要的作用。该总结共包括七个部分，即案件的接受、审理案件前的准备工作、审理、裁判、上诉、再审、执行等，但没有对诉讼管辖作出规定。民事诉讼法制已经逐步建立起来，但还不够全面。

从1957年下半年开始，“左”的思潮在全国开始蔓延，刚刚起步的民事诉讼法制建设停滞，某些方面还有倒退，表现之一是1957年最高人民法院草拟的《民事案件审判程序（草案）》未能通过，已经在全国印发的《最高人民法院关于各级人民法院民事审判程序总结》也未得到认真执行。直到“文化大革命”结束，民事诉讼法典始终未能出台。

四、经济与社会法律制度

（一）经济法

在20世纪50年代前期，我国相继制定了《关于统一国家财政经济工作的决定》《预算决算暂行条例》《基本建设工作暂行办法》《土地改革法》《高级农业生产合作社示范章程》《公私合营工业企业暂行条例》等重要经济法规，设置了经济保卫庭等经济司法机构。但在其后近三十年间，经济法律数量极少且谈不上体系，法律内容简陋且立法层次很低，而且除个别法律（如《土地改革法》）之外，大多数并未得到持续有效的实施。② 在1957年之后，经济领域的政策、法规的关注点在农业、工商业和财税三大方面。

在农业立法方面，以1958年到1959年，党中央先后召开了六次会议，制定了《关于人民公社管理体制的若干规定（草案）》和《关于人民公社的十八个问题》等文件。在对农村人民公社进行调查研究的基础上，1961年3月，中共中央制定了《农村人民公社工作条例（草案）》（“农业60条”）。1961年6月，中共中央正式公布《农村人民公社工作条例（修正草案）》。

---

① 参见李步云主编：《中国法学：过去、现在和未来》，252页，南京，南京大学出版社，1988。

② See Chen Su，“The Establishment and Development of the Chinese Economic Legal System in the Past Sixty Years”，*Columbia Journal of Asian Law*，Vol. 23，No. 1，Fall 2009.

在工商业立法方面，1957年11月，第一届全国人大常委会第八十四次会议批准了《国务院关于改进工业管理体制的规定》和《国务院关于改进商业管理体制的规定》，其目的是放权。为了进一步放权和整顿工业企业，加强和改善企业管理，中共中央于1961年9月制定并颁布了《国营工业企业工作条例（草案）》（“工业70条”）。同年，中央还颁布了《关于城乡手工业若干政策问题的规定（试行草案）》（“手工业60条”）和《关于改进商业工作的若干规定（试行草案）》（“商业40条”）。

在计划与财税立法方面，中央与地方的财权分配始终是财政管理体制变化的重点。1957年通过的《关于改进财政管理体制的规定》，划定了中央与地方的财政收支范围、比例与方式。1950年颁布的《全国税收实施要则》，是共和国税政统一、新税制建立的标志。1958年颁布《农业税条例》，规定了农业税的征收实行比例税制。1958年颁布了《工商统一税条例（草案）》，1973年全面试行工商税，其后国营企业只征收工商税，集体所有制企业只征收工商税和工商所得税。税种愈来愈减少，税制愈来愈简单。中央还于1961年1月作出《关于调整管理体制的若干规定》，批准大幅调低农业税税率。同年10月，国家计划委员会提出《关于改进计划工作的几项规定》，得到中共中央批准并转发给各级计委试行。

中央人民政府也曾通过发行公债筹集财政收入，例如1949年12月通过《关于发行人民胜利折实公债的决定》。为加速国家经济建设，从1954年到1958年的每年，我国制定专门条例分别发行国家经济建设公债，但自20世纪50年代末以后停止发行政府债券。

总体而言，经济领域的法制建设中“以政策代替法律”“要政策不要法律”“政策就是法律”的观念成为主导思想。[①] 这导致经济法制经历了在1956年之前获得了一定的重视，自1957年到1961年被忽视，1962年到1964年又准备恢复，在1965年后则被废弃的波折命运。

（二）社会法

由于私营企业的存在，在共和国成立之初即出现了国营企业的社会主义劳动关系与私营企业的劳资关系并存的局面。为此，劳动立法必须正确地贯彻“公私兼顾、劳资两利”的政策。《共同纲领》第32条对此提出了指导原则：在国家经营的企业中，当前时期实行工人参加生产管理的制度，即建立在厂长领导下的工厂管理委员会。私人经营的企业，为实现劳资两利的原则，应由工会代表工人职员与资方订立集体合同，公私企业一般应实行8小时至10小时的工作制，特殊情况得酌情办理。人民政府应按照各地各业情况规定最低工资，并逐步实行劳动保险制度。保护青工、女工的特殊利益，实行工矿检查制度以改进工矿安全和卫生设备。

为了贯彻《共同纲领》确立的劳动立法原则，国家颁布了一系列的劳动法规：1949年11月，中华全国总工会就制定了《关于劳资关系暂行处理办法》和《私营工商企业劳资双方订立集体合同的暂行办法》。1950年2月中央财经委员会公布了《关于国营公营工厂建立工厂管理委员会的指示》。同年3月政务院公布了《关于废除各地搬运事业中封建把持制度暂行处理办法》，燃料工业部发出了《关于全国各煤矿废除把头制度的通令》。同年5月劳动部公布了《工厂卫生暂行条例（草案）》，6月劳动部公布了《救济失业工人暂行办法》，11月劳动部颁布了《关于劳动争议解决程序的规定》。1951年2月，政务院颁布了《劳动保险条例》，在上述各项

① 参见张友渔主编、王叔文副主编：《中国法学四十年》，90页，上海，上海人民出版社，1989。

劳动法规颁布，实施之后，五四宪法对我国的劳动关系调整与公民的基本权利和义务作了规定：第16条明确规定了我国劳动的性质和国家对劳动的鼓励与支持的态度；第91条规定了公民的劳动权和国家对待职工工资待遇与改善劳动条件的原则；第92条规定了公民的休息权；第93条规定了公民的物质帮助权；此外，第100条还规定了公民遵守劳动纪律的义务。

在工资立法方面，比较重要的是1956年6月国务院公布的《关于工资改革的决定》和1956年10月颁布的《关于新公私合营企业工资改革中若干问题的规定》，其使工资水平得到了适当增长。在劳动保护立法方面，1956年5月国务院公布了“三大规程”，即《工厂安全卫生规程》《建筑安装工程安全技术规程》《工人职员伤亡事故报告规程》，以及《关于防止厂、矿企业中矽尘危害的决定》，使厂矿企业在改进劳动环境工作方面有了统一的标准。1958年第二个五年计划开始，国务院公布了《关于工人职员退职处理的暂行规定》《关于企业、事业单位和国家机关中普通工和勤杂工的工资待遇的暂行规定》《关于国营、公私合营、合作社营、个体经营的企业和事业单位的学徒的学习期限和生活补贴的暂行规定》《关于工人、职员回家探亲的假期和工资待遇的暂行规定》等四项重要规定。这是根据中国共产党八届三中全会总结的劳动立法经验而制定的，反映了统筹兼顾、合理安排劳动工资的精神，既照顾了职工的眼前利益，又照顾了长远利益，既照顾了个人利益，也照顾了国家利益。

在“文化大革命”时期，劳动法仅有几项重要的法令：1971年11月国务院发布的《关于改革临时工、轮换工制度的通知》和《关于调整部分工人和工作人员工资的通知》，以及1975年4月国务院发布的《关于转发全国安全生产会议纪要的通知》。①

与此类似，义务教育、社会救济等制度及农村养老、合作医疗制度也有了雏形，此不赘述。总之，与计划经济体制相适应的劳动制度和社会保障制度逐步形成，普通劳动者和其他社会弱势群体的社会权利有了初步的保障。

第四节　司法制度

一、制度概况

（一）破旧立新的司法改革

共和国在成立初期主要仿照苏联模式建立了社会主义的法院、检察院等基本司法体制。同时，为建立符合国家需要的新型司法体制，共和国在对既有司法制度进行改造的同时，也加紧了对司法意识形态的改造，尤其注重从思想上、政治上和组织上整顿及纯洁化各级司法人员旧的司法观点、司法作风。

1949年发布的《关于废除国民党〈六法全书〉和确定解放区司法原则的指示》强调：“司法机关应该经常以蔑视和批判国民党《六法全书》及其他一切反动法律法令的精神，以蔑视和批判欧美日本资本主义国家的一切反人民法律法令的精神，以学习和掌握马列主义毛泽东思想

---

① 参见关怀：《六十年来我国劳动法的发展与展望》，载《法学杂志》，2009（12）。

的国家观、法律观及新民主主义的政策、纲领、法律、命令、条例，决议的办法，来教育和改造司法干部。”据此开始了自1952年6月到1953年2月的司法改革运动。如果说废除《六法全书》是摧毁旧法统，针对的是制度，那么司法改革则是摧毁旧法观念，针对的是人心，意义同样重大。时任中共中央政法委书记的董必武在政务院政治法律委员会会议以及全国政法工作会议上做了两个报告，分别是《关于整顿和改造司法部门的一些意见》和《关于改革司法机关及政法干部补充、训练诸问题》，认为当时人民的司法机关存在很多问题，需要进行改革。1952年8月，政务院第148次政务会议批准了第一任司法部部长史良给周恩来总理的《关于彻底改造和整顿各级人民法院的报告》，其内容主要是改造旧的司法观念和旧的司法作风。旧的司法观念主要包括：一是法律面前人人平等；二是既往不咎，即“法不溯及既往”；三是司法独立；四是“年轻年老”，即刑事责任年龄问题；五是犯罪未遂；六是推事主义，即法官主义（自由心证主义）；七是不告不理、无诉状不理、证据不足不理、当事人不适格不理、管辖地区不合不理、民事不管刑事、刑事不管民事；八是尊重诉讼程序；九是法治；十是罪刑法定。这些观念都出现在“六法全书”中。“旧的司法作风”是指当时司法太拖拉，百姓承受不起，希望案件尽快判决。

1953年2月，司法改革运动落下帷幕。此次运动产生了如下几个结果：一是旧的司法观念被定性为反动、反人民的谬论，全部遭到否定。二是旧的司法人员（约占当时司法队伍人数的三分之一）被清除出了司法队伍。三是受到过旧的司法观念影响的法律工作者通过学习马克思主义、毛泽东思想，以及在这两种思想指导下的国家观、法律观等进行思想改造。四是建立起一些便民的审判制度，县设立巡回法庭，实行陪审制。人民法院下设人民问事处、接待处，还设立了调解委员会，学习马锡五审判方式，方便人民诉讼。①

（二）“摧枯拉朽”式的司法革命

1957年至“文化大革命”时期的“革命运动”完全混淆了司法与行政、政治与法律的界限从思想上、理论上和制度上扰乱和破坏了许多行之有效的法律制度。②

二、司法机构

（一）法院系统

在共和国成立初期，政务院实际上对最高人民法院和最高人民检察院行使领导权，对法律从业人员的遴选突出政治要求。截至1951年4月，全国共建立了人民法院2 458个，其中包括最高人民法院及其6个分院，省级人民法院50个、省分院194个，县级人民法院2 208个。到1953年止，全国各地（除西藏外）从上至下建立了各级人民法院（西藏各级人民法院则在1966年建成）。在这一时期，人民法院配合“土改”、“镇反”、“三反”、“五反”和建立新的婚姻制度等各项社会改革运动，积极开展审判工作。1954年9月《人民法院组织法》的公布实

① 参见何勤华：《论新中国法和法学的起步：以“废除国民党六法全书”与“司法改革运动”为线索》，载《中国法学》，2009（4）。

② 参见熊秋红：《新中国司法建设六十年》，载《学习时报》，2009-10-19。

施，使人民法院的建设进入一个新的阶段，审判工作从配合群众运动逐渐向依照法律程序办案过渡。这是在国家进入大规模经济建设和健全国家法制的形势下出现的历史性变化。

人民法院组织体系设置的法律依据始于 1949 年 12 月通过的《最高人民法院试行组织条例》。该条例规定了最高人民法院的组织机构设置。随后，1951 年 9 月《人民法院暂行组织条例》颁布。该条例规定：人民法院分为三级，即最高人民法院及其分院、省级人民法院及其分院、县级人民法院，实行两审终审制。各级人民法院设立审判委员会，有权决定重大疑难案件并指导具体审判工作。该条例还规定了公开审理、人民陪审、使用本民族语言等审判原则和上诉、再审程序以及人民检察院的抗诉程序。接着就是 1954 年 9 月颁布的《人民法院组织法》，将法院的组织体系由三级改为四级，即基层人民法院、中级人民法院、高级人民法院和最高人民法院，基层人民法院还设立若干人民法庭作为派出机构；同时，设立军事法院、铁路运输法院和水上运输法院等专门人民法院。最高人民法院是国家最高审判机关，监督地方各级人民法院和专门人民法院的审判工作。最高人民法院院长由全国人大选举产生，副院长、审判员、审判委员会委员由全国人大常委会任免。最高人民法院向全国人大及其常委会负责并报告工作。地方各级人民法院分别由本级人大及其常委会选举产生，并向本级人大及其常委会负责和报告工作。

在 1957 年下半年到 1960 年的一段时间内，人民法院的审判工作曾发生过“左”的失误，但也积累了一些宝贵经验。在这一阶段，人民法院大力推进人民调解工作，深刻认识到人民调解工作对于发扬人民民主，团结广大群众，加强人民民主专政的重大意义；同时，实施对失足的犯罪青少年依靠基层组织和群众给予批评教育，对就地改造的罪犯依靠群众监督落实改造措施等。

在“文化大革命”期间，人民法院在思想、组织、制度、审判等各方面均遭到严重破坏。

（二）检察系统

1949 年 9 月 27 日中国人民政治协商会议第一届全体会议通过的《中央人民政府组织法》确定了检察制度是我国一项不可或缺的司法制度。同年 12 月《最高人民检察署试行组织条例》颁布。该条例规定我国检察机关系统内机构分为领导机构、业务机构和综合管理机构三类，形成了依据检察职能划分内设机构的标准，并沿用至今。1951 年《最高人民检察署暂行组织条例》和《地方各级人民检察署组织通则》颁布。这些组织条例规定人民检察署是国家的法律监督机关，最高人民检察署是国家的最高检察机关，受中央人民政府直接管辖，并领导下级人民检察署，对各级政府机关、政府工作人员和全国人民严格遵守法律负有检察监督的责任，对司法机关的违法判决提出抗诉，对刑事案件提出公诉，对监狱、监所的违法行为进行监督，代表国家参与有关社会和人民利益的重要民事案件和行政案件的审理。全国检察系统的组织体系与法院对应设置。在 1951 年年底，全国编制会议召开，决定精简国家机关，提出让检察机关只保留名义，不设机构，不配备干部，工作由公安机关兼办。而后在毛泽东主席的干预下检察机关才得到保留。从五四宪法和 1954 年《人民检察院组织法》的颁布到 1957 年“反右”运动前，检察工作得到了迅速发展。到 1955 年年底，全国检察机构普遍设立，检察人员由 5 600 余人增至 2.3 万余人，全面开展了批捕、起诉、控诉、劳改等检察工作，开始了对贪污、渎职案件的侦查，并有重点地启动了一般监督工作，发挥了法律监督的作用，展现了检察工作的重要性。

从 1957 年开始，经过“大跃进”和“反右”运动之后，检察工作受到很大的冲击和削弱。1960 年冬，取消检察机关的声音再次出现，还有人要求公检法合署办公、最高人民检察院归公安部领导，但最终检察机构还是保留了，检察工作得到了恢复和发展。

1966 年，最高人民检察院遭到造反、夺权，工作陷于瘫痪。在 1968 年年底，最高人民检察院、军事检察院和地方各级检察院先后被撤销，人民检察制度中断。直到 1978 年 6 月 1 日，最高人民检察院正式挂牌，启用印鉴，检察系统才逐渐恢复办公。

（三）公安系统

1949 年 7 月 6 日，中共中央革命军事委员会决定，在军事委员会下设立公安部，统辖各地公安机关的工作。1949 年 10 月 19 日人民革命军事委员会公安部改名为中央人民政府公安部。在第一届全国公安会议召开之后，经中共中央批准，我国统一设置全国各级公安组织机构。当时全国有六个大区，大区称公安部，设部长、副部长，下设政治保卫处、经济保卫处、治安行政处、人事处、财务处和办公室、公安干部学校，共五处一室一校。各级公安部门均实行党组制，公安部门党组受同级政府党组领导。各级公安部门既要接受同级政府的领导，同时又要在方针政策业务上接受上级公安部门的领导。随着全国公安体制的统一，铁道部也于 1950 年 3 月召开第一次铁路公安会议，统一全国铁路公安体制：铁道部设公安局，铁路局设公安处，铁路分局设公安分处，铁路地区设公安段，三等以上车站设公安派出所、分驻所。1951 年以后，交通、林业、民航等系统的公安机构也逐步建立起来。在建设人民公安机关的同时，我国还组建了人民公安部队，即武警部队的前身。

1949 年 12 月通过的《中央人民政府公安部试行组织条例》规定，公安部主管全国公安事务，主要职权是侦办刑事案件。1951 年公安机关又承担了监所管理职责。在没有设置检察机关的地方，公安机关还代行检察权。1954 年全国人大常委会通过的《逮捕拘留条例》对于规范公安工作发挥了积极的作用。从 20 世纪 50 年代初期开始，各级公安机关继续同暗藏的少数反革命分子和美帝国主义、国民党留在大的间谍、特务作斗争，及时打击反革命破坏活动；坚持发动和依靠群众，做好对反动阶级分子的改造工作。公安机关组织专门力量，开展对盗窃、抢劫、杀人、放火、强奸、诈骗和其他刑事犯罪活动的侦查工作，及时破获了大量案件，依法惩处了大批刑事犯罪分子；发动和依靠群众做好治安防范工作，检举、揭发违法犯罪活动，教育、改造违法犯罪者。在城市，公安机关还协助民政部门收容安置旧社会遗留下来的大量游民，以及新出现的盲目流动人口，防止他们因为生活无着而违法犯罪、扰乱社会治安。其间，公安机关相继制定了有关户口管理、公共治安秩序管理、枪支弹药和爆炸物品管理、特种行业管理、消防管理、出入境管理、城市交通管理等一系列法律法规和行政规章，形成了比较完整的社会治安管理法律体系。各级公安机关还积极开展内部保卫工作，保障机关、团体、企业事业单位安全。

在“文化大革命”时期，人民公安工作亦遭到了极大破坏。

（四）司法行政系统

共和国成立后，根据《中央人民政府组织法》，于 1949 年 10 月 30 日设立中央人民政府司法部。五四宪法颁布后，该部改称中华人民共和国司法部，同时在各大行政区成立了行政区司法部。司法部主管全国司法行政工作，承担着监狱、劳教、强制隔离戒毒、法制宣传教育、律师、公证、法律援助、司法鉴定、司法协助等重要司法行政职能。地方除在各大行政区设立司法部外，省和县的司法行政工作由本辖区的人民法院代管。在大行政区被撤销后，各省级人民政府设立司法厅，行政专署设司法处，县级司法行政工作仍由县人民法院代管。到 1959 年，全国司法行政机关被撤销，这种情况一直延续到“文化大革命”结束。

1. 监狱系统

1951 年 5 月，根据中共中央的指示精神，公安部召开了第三次全国公安会议，会议专门研究了组织罪犯劳动改造的问题。由毛泽东主席亲自修改和审定并经中共中央批准转发的《关于组织全国犯人劳动改造问题的决议》指出：大批应判徒刑的犯人，是一个很大的劳动力，为了改造他们，为了解决监狱的困难，为了不让判处徒刑的反革命分子坐吃闲饭，必须立即着手组织劳动改造工作。根据这一决议，各地迅速建立了罪犯劳动改造机构，大规模地组织罪犯参加国家基本建设，如兴修水利，修筑铁路、公路，垦荒，开矿及从事手工业、农业、副业等生产活动。通过大规模地组织罪犯参加劳动改造，从根本上解决了监狱关押的罪犯坐吃闲饭、监管场所拥挤、监狱经费不足等一系列问题，确立了改造罪犯的基本途径。

1954 年 9 月颁布实施的《劳动改造条例》标志着我国监狱工作进入了法制化发展阶段。该条例共 9 章 77 条，明确规定了我国监狱的性质、任务、组织机构，监狱工作的方针、政策，监狱的刑罚执行，改造罪犯的方法、手段以及监狱的经费等。同时，我国逐步建立了一批大型工业企业、大型农场，形成了一个门类比较齐全的监狱企业体系，为国民经济的发展作出了贡献。不过，该条例的规定多是原则性的，比较粗放、笼统，其实质是监狱工作政策的法制化。此后，有关监狱工作的法律，政策主要有：（1）惩办与宽大相结合。其主要内容是：首恶必办，胁从不问；坦白从宽，抗拒从严；立功折罪，立大功受奖。基本目标是：分清犯罪轻重，态度好坏，讲究策略，区别对待，分化瓦解罪犯，孤立打击少数，教育改造大多数，化消极因素为积极因素。(2) 劳动改造与政治思想教育相结合。其实质内容是：通过劳动改造，可以使罪犯认识到劳动的伟大，养成劳动习惯，学会劳动生产技能。通过政治思想教育，可以转化犯罪思想，矫正犯罪恶习。(3) 阶级斗争与革命人道主义相结合。其主要内容是：对反革命犯和重大刑事犯必须实行专政，必须讲阶级斗争，只准规规矩矩、老老实实接受改造，不能乱说乱动。但同时要把犯人当人看，不打骂体罚虐待，不搞逼供信，维护和保障犯人的合法权利，关心罪犯的生活，解决其实际困难。(4) 区别对待。其基本要求是：在管理上，针对不同犯罪类型、刑期、年龄、性别，实行分管分押；在奖惩上，针对罪犯改造表现好坏，赏罚严明；在教育上，针对罪犯的犯罪性质、认罪程度、改造表现的不同情况，进行分类教育和个别教育；在劳动上，针对罪犯的身体条件、生理特点、技术专长，合理安排劳动。(5) 给出路。其主要内容是：对犯罪分子，除罪大恶极不杀不足以平民愤者外，都实行劳动改造，给生活出路、给重新做人的机会；对确有悔改或立功表现的，及时减刑或假释；罪犯在刑满释放后，一律不戴帽子，尽可能安排其就业，政治上不歧视。

在“文化大革命”期间，我国监狱工作方针、政策被全面否定，监狱所属的工业企业、农场被大量挤占和被迫交出，监狱法规遭到践踏，监狱内正常的监管秩序遭到破坏。

2. 律师系统

1950年7月，政务院公布实施的《人民法庭组织通则》规定，“县（市）人民法庭及其分庭审判时，应当保障被告人有辩护及请人辩护的权利”。同年12月，中央人民政府发出了《关于取缔黑律师及讼棍事件的通报》，旨在摧毁旧的律师制度及取缔讼棍的非法活动。1954年7月，司法部发出了《关于试验法院组织制度中几个问题的通知》，决定在北京、上海、天津等大城市试行开展律师工作。五四宪法规定“被告人有权获得辩护”，《人民法院组织法》亦规定：“被告人除自己行使辩护权外，可以委托律师为他辩护，可以由人民团体介绍的或经人民法院许可的公民为他辩护，可以由被告人的近亲属、监护人为他辩护。”于是，律师制度升格为国家基本法律制度。1956年1月，国务院批准了司法部《关于建立律师工作的请示报告》，律师工作逐步展开。同年7月《律师收费暂行办法》颁布。1957年上半年，《律师暂行条例（草案）》脱稿，律师工作进入快速发展阶段。这一时期律师的职能主要限于担任辩护人，维护被告人的合法权利，但其在维护法律实施及保障人权方面，仍发挥了一定的作用。至1957年，全国已有19个省、市、自治区成立了律师协会，并有专业律师2 572人、兼职律师350人。①

1957年4月开展整风运动之后，有极少数资产阶级右派反革命分子乘机向党和新生的社会主义制度发动疯狂进攻。1957年6月，中共中央发出组织力量反击右派分子进攻的党内指示，反右运动被严重地扩大化。自此至“文化大革命”时期，律师制度的实施遭到破坏。

3. 其他系统

（1）劳动教养。

1951年4月，中共中央发布《对土地改革业已完成地区的地主参加劳动生产及就业问题的指示》，决定对那些有劳动能力而又无其他职业的地主，编成劳役队强迫劳动，由此产生了强制劳动制度。1955年7月，中共中央发出《关于展开斗争肃清暗藏的反革命分子的指示》，在各级党政军和群众团体间开展肃清暗藏的反革命分子的运动。同年8月，中共中央发布了《关于彻底肃清暗藏的反革命分子的指示》，即肃反运动。劳动教养作为肃反运动的成果应运而生。1956年1月，中共中央发出了《关于各省、市应立即筹办劳动教养机构的指示》。劳动教养实际包含着强制劳动和教育改造的双重含义。其中，强制劳动生产是手段和途径，进行政治改造和思想改造是最终的目标。后来劳动教养逐渐适用于“反革命分子”和“坏分子”以外的其他人。这些人主要是指“流氓不守规矩”“游手好闲”，以及危害社会治安、屡教不改，尚不够逮捕判刑的人。劳动教养的审批制度开始形成，劳动教养期间的劳动生产制度也逐渐有了雏形。例如，劳动教养的决定必须由各省市党委五人小组负责审查和批准；劳动教养机构应在省市人民委员会领导下，设立一个有公安、民政、司法行政三部门负责人参加的领导小组。关于劳动教养的期限、审批程序以及被劳动教养人的申请救济等问题却都没有明确的规定。到了1957年“反右”运动期间，劳动教养成为当时处置“右派分子”的首要手段。1957年8月，经一届全国人大常委会批准，国务院正式发布了《关于劳动教养问题的决定》，对劳动教养的对象、性质、处罚内容、审批程序、管理机构等作出了明确的规定。劳动教养正式成为经过全国人大批准实施的一项法律制度。

为了解决当时劳改与劳教不分、劳动教养权下放到县、劳动教养随意审批等问题。1961

① 参见茅彭年：《中国律师制度研究》，36、40页，北京，法律出版社，1992。

年，公安部发布的《关于当前公安工作十个具体政策问题的补充规定》指出：收容劳动教养人员须经过专署（市）公安处、局长批准；劳动教养在指导思想、性质和执行场所方面要区别于劳改；劳动教养的期限一般为二年到三年，由劳动教养机构“内部掌握”，只在收容时向本人及其家属宣布；对表现不好的劳动教养人员，可以延长劳动教养期限。同时，劳动教养机构必须由专署、市经省级党委批准才可以设立。①

在“文化大革命”期间，劳动教养被管制等其他更便捷、更有力的形式取代。

（2）其他司法行政工作。

在公证方面，第一，共和国成立初期，公证由市和县的人民法院负责办理。1951 年《人民法院暂行组织条例》对公证工作作出了规定。1954 年公证工作转归司法行政机关直接领导和管理。1956 年初，司法部在参照苏联模式的基础上向国务院报送了《关于开展公证工作的请示报告》，并经批准后在有 30 万以上人口的市设立公证处，其他的市和侨眷较多的县在人民法院附设公证室。到 1957 年，全国共有 51 个市设立了公证处，553 个市、县人民法院附设公证室，652 个县人民法院指定专人办理公证，全年办证量达到 29.35 万件。公证制度的建立为国民经济恢复和社会主义改造的顺利进行提供了制度保障。

在 20 世纪 50 年代末期，由于受“左”倾错误思潮的影响，公证制度受到极大削弱，几近于取消。1959 年司法部被撤销，公证划归人民法院管理。在这一时期，除按照国际惯例办理少量涉外公证业务外，其他公证业务基本处于停滞状态。

第二，在司法鉴定方面，共和国的司法鉴定体制主要是借鉴了苏联的模式，“司法鉴定”一词也是经由俄文翻译而来，其建立在传统的职权主义模式和信赖公检法机关能够忠实、客观地履行职责的基础上，赋予当事人的权利很少，律师的作用有限，公、检、法机关垄断了司法鉴定。

1955 年 7 月“最高人民法院华东分院法医研究所”在更名为“中央司法部法医研究所”的同时，成立了“司法鉴定科学研究所”，承担法医学和刑事技术的检验鉴定工作。1957 年卫生部公布了《解剖尸体规则》。1959 年 4 月，“中央司法部法医研究所”和“司法鉴定科学研究所”并入“公安部刑事技术研究所”。1960 年“公安部刑事技术研究所”被撤销。1972 年 12 月 6 日，国务院批准公安部成立“一二六所”②。

第三，在法律援助方面，1956 年 7 月，司法部发布的《律师收费暂行办法》第 6 条规定：“有下列情况之一者，律师应免费给予法律帮助：（一）关于因生产事故致受损伤请求赔偿的案件；（二）关于请求赡养费和抚育费的案件；（三）关于请求抚恤金的案件；（四）关于当事人请求法律帮助给予口头解答的案件，但关于对具体诉讼案件提供口头意见的除外；（五）经证明当事人确属经济困难，无力负担的。”这是共和国法律援助制度的雏形。而后，囿于法律援助制度所需的物质条件、法制条件和社会条件均不具备，故而在改革开放之前，我国始终没有出台正式的法律援助制度。

（五）监察系统

在共和国成立初期，中共中央以马克思关于无产阶级革命政党的党内监督思想为指导，吸

① 参见陈瑞华：《劳动教养的历史考察与反思》，载《中外法学》，2001（6）。

② 郭华：《司法鉴定理论研究的五十年历程回顾与评价》，载《中国司法》，2008（8）。

收中国传统监察思想的精髓，构建出既有别于中国传统以维护皇权为核心的集权型监察机制，又与西方“三权分立”下监察隶属于立法或行政机构的模式明显不同的中国特色监察制度体系。国家行政监察制度是这一制度体系中的重要一环。

一直以来，国家行政监察机关都是隶属于政府，维护政纪的职能部门。《共同纲领》第19条规定，“在县市以上的各级人民政府内，设人民监察机关”。1949年10月，政务院人民监察委员会成立，作为政务院下设的四个委员会之一，地位高于各部、会、院、署、行。地方同时设立了对应的监察机构。1951年7月，人民监察委员会制定了《各级人民监察委员会试行组织通则》，并经政务院批准施行。到1953年年底，共建立大行政区、省（市）、市（专署）、县（市）四级人民监察机构3 586个，监察对象覆盖县（市）以上各级国家机关和公务人员，不仅包括行政机关及其工作人员，也包括审判机关、检察机关及其工作人员。1951年政务院还公布了《各级人民政府人民监察委员会设置监察通讯员试行通则》，规定在各级政府内广泛聘请人民监察通讯员，调查政府机关、企业部门及其公务人员的违法失职、作风不良、损害国家或人民利益等情况，向人民监察委员会作通讯报告；征集群众对政府政策、法令、设施的意见，向人民监察委员会作通讯报告；宣传监察制度的意义及其作用等。1952年以后省（市）以上各级人民政府财经机关和国营财经企业部门建立了监察机构，在该机关及下属独立单位执行监察任务。在领导体制上，县（市）以上各级人民政府的监察机关受同级人民政府的领导，同时也受上级监察机关的业务指导；省（市）以上政府财经机关和国营财经企业部门的监察机构，接受该机关、部门首长及其上级机关监察机构的双重领导。1954年4月，一些财经部门下属重点企业，实行监察机构受所隶属财经部门监察机关垂直领导的体制。

1954年9月21日，一届全国人大一次会议通过了《国务院组织法》，原政务院人民监察委员会改为国务院监察部，地位降至与其他部委平级。本着力量集中、机构精简的精神，1954年年底，根据《地方各级人民代表大会和地方各级人民委员会组织法》，国务院撤销了县和不设区的市的监察机关，适当地扩大了省、自治区、直辖市、设区的市和专员公署监察机关的规模，并对因工作需要的县和不设区的市，由专员公署或省的监察机关派驻监察组。这一时期的监察机关主要监督国家行政机关、国营和合作企业及其任免或管理的人员。1955年10月，国务院又对中央和地方财经部门监察机关组织设置进行调整，将各企事业单位的监察机关加以收缩，撤销了小型企业和某些事业单位的监察机关，在重工业部等15个部设立国家监察局。同年11月，国务院发布《监察部组织简则》，规定监察部对国务院各部门、地方各级国家行政机关，国营企业、公私合营企业，合作社实施监督。在领导体制上，地方各级监察机关受同级人民委员会领导和上级监察机关的业务指导，但在一些县和不设区的市，由专员公署或省的监察机关派驻的监察组，则由派遣机关垂直领导。为了更好地监督国家机关、国营企业及其工作人员，监察机关被赋予了检查权和间接处置权。在15个部设立的国家监察局中，铁道部、财政部、商业部的国家监察局受监察部垂直领导，其他各部的国家监察局受其所属部和监察部的双重领导。1956年，各大企事业单位的监察机关改为由所在单位和所属上级部门的监察机关双重领导，专员公署或省的监察机关派驻的监察组改为县政府的组成部门，受县人民委员会和上级监察机关的双重领导。1957年，原设置在中央和地方各财经部门及其所属企业单位的国家监察机关，改为各部门和各单位的内部监察机关，由各部门、各单位自行领导。同时，1957年颁布的《监察部关于国家监察机关处理公民控诉工作的暂行办法》及其他有关法规，为人民群众实施批评、建议、检举、控告、申诉等监督手段提供了法律保证，在一定程度上强化了群众监督，密切了党群、干群关系。

除监察机关之外，权力机关、检察机关也都负有监督之责，在行政机关、国营企业内部也存在着上级对下级、单位对工作人员的层级监督。与这些监督相比，监察机关的监督并无特殊之处，监察机关作为内部监督机构，反而要面对更多来自被监督部门和领导干部的阻力。1959年4月，二届全国人大一次会议通过国务院关于撤销国家监察部的议案，监察部和各级人民监察机关相继被撤销。

三、审判制度

（一）民事审判

1. 审判类型与变化趋势

在共和国成立初期，全国法院受理的案件只有民事和刑事两种，虽然五四宪法第97条规定，“中华人民共和国公民对于任何违法失职的国家机关工作人员，有向各级国家机关提出书面控告或者口头控告的权利。由于国家机关工作人员侵犯公民权利而受到损失的人，有取得赔偿的权利”，但因为历史原因，这一规定在20世纪80年代之前并未得到真正落实。民事案件包括婚姻、继承、劳资、土地、房屋、工商、债务、赔偿等8种类型。随着社会主义改造的逐渐完成，人民生活开始多元化，到1956年民事案件又增加了抚养、加工订货、代购代销、贷款、合伙合营、山林水利等类型。

当时的民事案件以婚姻案件为主。1950年4月13日《婚姻法》颁布、实施，全国各级人民法院充分运用审判职能，通过对典型婚姻案件的审判，宣传《婚姻法》精神，激发广大妇女同封建婚姻作斗争的勇气。从1954年至1960年，人民法院受理的婚姻案件逐年下降：由于生产资料所有制的变化和社会主义生产关系的建立，在婚姻家庭领域中，强迫、包办、买卖等虽然仍是引起婚姻纠纷案件的主要原因，但已大为减少，因喜新厌旧以及经济问题引起的离婚案件日益增多。在“文化大革命”期间，人民法院职能被严重削弱，这一时期的各类案件不仅数量极少，而且很多都与政治有关，婚姻案件也不例外。

共和国成立初期，人民法院受理的财产纠纷案件，主要是债务、房屋、土地及劳资纠纷。其中，债务纠纷案件的数量仅次于婚姻案件，居第二位。在共和国成立初期起诉到人民法院的债务案件，大多数是共和国成立前形成的债务，主要是借贷纠纷。随着国民经济的恢复和发展，特别是“土改”后，由于农民的生产积极性空前高涨，与生产直接相关的土地、水利纠纷案件成倍上升。之后，由于广大农民陆续进入农业合作社，国家对资本主义工商业实行了公私合营，城市私房纳入社会主义改造等政策的陆续施行，个人私有财产的范围明显缩小，各类财产权益纠纷案件相应逐年减少。1958年“大跃进”和人民公社化运动开始以后，财产纠纷案件急剧下降。自1961年起，通过落实农村人民公社各项经济政策，实行农业生产责任制，大大调动了广大干部群众的生产积极性。在这种形势下，人民法院受理的财产纠纷案件又大量增加。

2. 审判依据与基本原则

在计划经济时代以“计划指导的原则”“私人利益服从国家利益的原则”强调保护国家、集体利益，忽视对个人权益的平等保护。自1957年后，对外要反击修正主义，对内要主抓阶级斗争，于是，人民调解受到了空前的重视，处理民事纠纷也要依靠群众运动。

1962 年，最高人民法院发文要求在全国法院系统把人民法庭的工作整顿和健全起来。1963 年，第一次全国民事审判工作会议提出“调查研究，就地解决，调解为主”的民事审判方针。1964 年，民事审判工作的方针又进一步发展为“依靠群众，调查研究，就地解决，调解为主”。民事审判采用纠问式的审理方式，职权主义色彩浓厚，法官成为整个诉讼程序的推动者和主导者。总体而言，在 1978 年之前，我国的民事审判继续沿用了革命时期的马锡五审判方式。

（二）刑事审判

1. 审判类型与变化趋势

共和国成立初期的犯罪对象主要集中体现为人民法院严厉惩罚的反革命罪犯和“三反”“五反”中揭发出的贪污、盗窃分子以及其他刑事罪犯。到 1956 年生产资料所有制的社会主义改造基本完成以后，国内政治形势发生了根本变化，刑事案件总数有所下降，人民内部矛盾突出起来，犯罪分子的成分发生明显变化，反革命罪犯所占比重下降，普通刑事犯罪的比重上升。1958 年，在“大跃进”运动的影响下，各地司法部门提出司法工作也要“大跃进”，在办案数量上普遍提出了每人月结几十件甚至上百件的高指标，使该年成为共和国历史上审结刑事案件最多的一年。为了纠正“左”的错误，同时鉴于反革命残余势力已经基本肃清、人民民主专政政权更加巩固的形势，1958 年 12 月中共中央提出了“捕人、杀人要少，管制也要比过去少”的“三少”政策，导致刑事案件锐减。从 1961 年下半年起，在中共中央的领导下，最高人民法院指导各级人民法院采取有力措施，纠正审判工作中“左”的错误，到 1966 年刑事案件总体呈平稳下降趋势。

2. 审判依据与基本原则

从共和国成立到“文化大革命”结束，各级法院一直没有通行的刑事审判程序。其间颁布的零星的刑事诉讼规则在相当程度上是苏联体制影响的产物，与当时全面移植苏联制度的背景相关。

1979 年前的刑事诉讼审判实际上是强烈的阶级斗争意识形态对传统司法模式的现代演绎。一方面，当时的刑事诉讼是在废除伪法统的基础上对近代中国刑事诉讼模式的改良，如反对忽视调查研究及形式主义调查的“坐大堂式审判”，主张就地审判、巡回审判甚至人民陪审、听众发言制、公审制及注重调解，注重宣教等基本原则。另一方面，尽管反对和批判旧法的逼供、骗供、舞弊等司法弊端，但这在司法实践中并不罕见。①

四、非诉讼程序制度

（一）仲裁制度

在共和国成立后，我国建立了涉外仲裁和国内仲裁两套制度，其中涉外仲裁始于 20 世纪 50 年代中期。根据政务院于 1954 年和国务院于 1958 年作出的相关决定，中国国际贸易促进委

---

① 参见左卫民：《中国道路与全球价值：刑事诉讼制度三十年》，载《法学》，2009（4）。

员会先后于1956年设立了对外贸易仲裁委员会，于1959年设立了海事仲裁委员会，并制定了相应的仲裁规则。涉外仲裁从一开始就遵循国际通行的民间仲裁、自愿仲裁、一裁终局的原则。

对外贸易仲裁委员会的成立标志着现代仲裁制度的初步建立，是中国国际经济贸易仲裁委员会的前身。在1994年《仲裁法》出台前，我国约有14部法律、82个行政法规和190个地方性法规对仲裁进行了相关规定。然而，这些规定并不完全是仲裁法意义上的仲裁，多数属于行政仲裁。所谓的行政仲裁是在1955年至1966年，为了与计划经济体制相适应，借鉴苏联的行政仲裁模式而建立的，主要针对经济合同纠纷，当事人只能通过经济仲裁委员会进行仲裁和处理，人民法院不能受理；当事人不服一审裁决的，可申请上一级行政机关复审。

1966年至1977年，国内仲裁全面停止。

（二）调解制度

根据调解主体不同，调解可以分为人民调解、法院调解、行政调解、仲裁调解以及律师调解等。其中，法院调解属于诉内调解，其他都属于诉外调解。以人民调解为例，在共和国成立后，人民调解制度作为司法制度建设和社会主义基层民主政治制度建设的重要内容，得到了党和政府的关怀与支持。

1953年第二届全国司法工作会议后，全国区、乡党委和基层政权组织开始有组织、有步骤地建立、健全人民调解体系。1954年，政务院颁布了《人民调解委员会暂行组织通则》，统一了人民调解组织的性质、名称、设置，规范了人民调解的任务、工作原则和活动方式，明确规定人民调解委员会是群众自治性组织，要求必须依法及社会公德调解，遵守平等、自愿及不剥夺诉权的三项原则。该通则的颁布具有里程碑的意义，使法院的诉讼调解从人民调解中分立出来，从而形成了司法调解与人民调解并存的局面，人民调解制度开始独立发展。

1957年下半年起，不少地区在"左"的指导思想下，将人民调解委员会改为调处委员会，甚至将其同基层治保组织合并了。从1961年下半年起，人民调解制度才又回到《人民调解委员会暂行组织通则》的轨道上来。1963年后，人民调解制度获得了较大的发展。在"文化大革命"期间，人民调解制度被取消。

深度阅读

1. 张希坡. 人民代表大会制度创建史. 北京：中共党史出版社，2009

2. 杨一凡，等. 中华人民共和国法制史. 北京：社会科学文献出版社，2010

问题与思考

一、思考题

1. 试论中共第一代领导集体法律思想的基本内容和意义。

2. 简论苏联对共和国成立初期法制发展的影响。

3. 试比较第一届全国人民代表大会召开前后的立法概况。

4. 简述共和国成立之后两次民法典编纂的过程及意义。

5. 概述1952年到1953年的司法改革运动。

二、练习题

单项选择题

1. 以下不属于以毛泽东主席为核心的共和国第一代领导集体的法律思想（　　）。

A. 关于旧司法工作人员的改造问题　　B. 开创性提出建立死缓制度

C. 不能废除死刑　　D. 主张民主科学制定宪法

答案：D

2. 中共提出了“废除伪宪法”和“废除伪法统”的号召是在（　　）。

A. 1949年11月14日　　B. 1949年1月14日

C. 1948年12月10日　　D. 1949年3月15日

答案：B

3. 1949年9月29日，中国人民政治协商会议第一届全体会议通过了起临时宪法作用的（　　）。

A.《中国人民政治协商会议共同纲领》　　B.《中央人民政府组织法》

C.《中华人民共和国宪法》　　D.《关于时局的声明》

答案：A

4.（　　）年9月20日经第一届全国人民代表大会第一次会议全票通过了《中华人民共和国宪法》。

A. 1949　　B. 1952　　C. 1954　　D. 1955

答案：C

后　记

本书是中国人民大学出版社出版的“新编21世纪法学系列教材”之一，是按照教育部所确定的法学专业核心课程要求和颁布印发的《全国高等学校法学专业核心课程基本要求》编写而成，主要供法学专业本科教学使用。

本书由曾宪义、赵晓耕教授任主编，由夏锦文教授任副主编。各章撰稿人（以撰写章节先后为序）如下：

曾宪义（中国人民大学）：总序；

赵晓耕（中国人民大学）：总论，第六、八、九、十三章；

高仰光（中国人民大学）：同时期外国法律文化概况；

李 力（中南财经政法大学）：第一、三章；

肖洪泳（湖南大学）：第二章；

朱 腾（中国人民大学）：第四章；

崔永东（华东政法大学）：第五章；

刘晓林（吉林大学）：第七章；

范忠信（杭州师范大学）：第十章；

丁相顺（中国人民大学）：第十一章；

夏锦文（江苏省社会科学院）：第十二章第一、三节；

肖周录（西北工业大学）：第十二章第二节；

刘盈辛（山西省委党校）：第十四章。

第七版修订中，对第六版中各章的“延伸阅读”、“相关案例”、“深度阅读”、“问题与思考”及插图，由赵晓耕教授、阮致远博士生作了进一步修改和完善。

图书在版编目（CIP）数据

中国法律史/曾宪义，赵晓耕主编. --7版. --北京：中国人民大学出版社，2023.4
新编21世纪法学系列教材/曾宪义，王利明总主编
ISBN 978-7-300-31647-5

Ⅰ.①中… Ⅱ.①曾… ②赵… Ⅲ.①法制史-中国-高等学校-教材 Ⅳ.①D929

中国国家版本馆CIP数据核字（2023）第064417号

普通高等教育“十一五”国家级规划教材
教育部全国普通高等学校优秀教材（一等奖）
新编21世纪法学系列教材
总主编 曾宪义 王利明
中国法律史（第七版）
主 编 曾宪义 赵晓耕
副主编 夏锦文
Zhongguo Falüshi

出版发行	中国人民大学出版社		
社　　址	北京中关村大街31号	**邮政编码**	100080
电　　话	010－62511242（总编室）		010－62511770（质管部）
	010－82501766（邮购部）		010－62514148（门市部）
	010－62515195（发行公司）		010－62515275（盗版举报）
网　　址	http://www.crup.com.cn		
经　　销	新华书店		
印　　刷	北京宏伟双华印刷有限公司	**版　　次**	2000年10月第1版
开　　本	787 mm×1092 mm　1/16		2023年4月第7版
印　　张	26.75 插页1	**印　　次**	2024年3月第2次印刷
字　　数	643 000	**定　　价**	68.00元

《　　　　　　　》※任课教师调查问卷

为了能更好地为您提供优秀的教材及良好的服务，也为了进一步提高我社法学教材出版的质量，希望您能协助我们完成本次小问卷，完成后您可以在我社网站中选择与您教学相关的1本教材作为今后的备选教材，我们会及时为您邮寄送达！如果您不方便邮寄，也可以申请加入我社的**法学教师QQ群：436438859（申请时请注明法学教师）**，然后下载本问卷填写，并发往我们指定的邮箱（cruplaw@163.com）。

邮寄地址：北京市海淀区中关村大街甲59号文化大厦1202室收

邮　　编：100080

再次感谢您在百忙中抽出时间为我们填写这份调查问卷，您的举手之劳，将使我们获益匪浅！

基本信息及联系方式：※

姓名：________ 性别：________ 课程：________

任教学校：________ 院系（所）：________

邮寄地址：________ 邮编：________

电话（办公）：________ 手机：________ 电子邮件：________

调查问卷：※

1. 您认为图书的哪类特性对您选用教材最有影响力？（　　）（可多选，按重要性排序）
   A. 各级规划教材、获奖教材　　B. 知名作者教材
   C. 完善的配套资源　　D. 自编教材
   E. 行政命令
2. 在教材配套资源中，您最需要哪些？（　　）（可多选，按重要性排序）
   A. 电子教案　　B. 教学案例
   C. 教学视频　　D. 配套习题、模拟试卷
3. 您对于本书的评价如何？（　　）
   A. 该书目前仍符合教学要求，表现不错将继续采用
   B. 该书的配套资源需要改进，才会继续使用
   C. 该书需要在内容或实例更新再版后才能满足我的教学，才会继续使用
   D. 该书与同类教材差距很大，不准备继续采用了
4. 从您的教学出发，谈谈对本书的改进建议：________

____

____

选题征集：如果您有好的选题或出版需求，欢迎您联系我们：

联系人：黄　强　吴静雨　联系电话：010-62515955/5727

索取样书：书名：________

书号：________

备注：※ 为必填项。

任课教师调查问卷